Philippe de Commynes

(Sire d'Argenton)

Zeichnung eines unbekannten Meisters im Museum zu Arras

PHILIPPE DE COMMYNES

# MEMOIREN

## EUROPA IN DER KRISE
## ZWISCHEN MITTELALTER UND NEUZEIT

In neuer Übertragung herausgegeben von

FRITZ ERNST

ALFRED KRÖNER VERLAG STUTTGART

Der Übersetzung aus dem Altfranzösischen ist ein aus dem Vergleich der neuesten wissenschaftlichen Ausgaben hergestellter Text zugrunde gelegt. Sie wurde in Zusammenarbeit mit dem Herausgeber besorgt von Dr. Marga Krabusch-Schaefer

 Printed in Germany
Druck von Strauß & Cramer GmbH, 6901 Leutershausen
ISBN 3 520 811 02 2

# INHALT

*Inhalt*

# EINLEITUNG

## I.

„Die wahren Politiker kennen die Menschen besser als die Philosophen von Fach, ja, ich möchte sagen, sie sind die wahreren Philosophen.“ Dieses Wort von Vauvenargues bezog Sainte-Beuve 1850 in seinen ‚Causeries du Lundi‘ auf Commynes, denn er fand bei ihm diese Wahrheit bestätigt. Er schloß sich mit seiner Eloge der Reihe französischer Bewunderer der Memoiren Commynes' an, zu denen Montaigne und Madame de Sévigné gehörten, jener, indem er die Echtheit von Form und Inhalt, diese, indem sie das gefällige Gewand der tiefen und klugen Lebenskenntnis rühmte.

Man hat von den Memoiren des Philippe de Commynes vor 300 Jahren sagen können, sie gehörten nach der Bibel zu den am häufigsten gedruckten Büchern. Eine belgische Bibliographie hat bis gegen Ende des 19. Jahrhunderts 123 Ausgaben festgestellt und konnte dabei die später erschienenen, heute allein noch brauchbaren wissenschaftlichen Editionen noch gar nicht mitzählen. Eine so gewaltige Verbreitung läßt sich mit dem allgemeinen literarischen und philosophischen Interesse, wie es uns bei den genannten Autoren entgegentritt, allein nicht erklären. Ein großer Teil der schnell und in allen größeren Ländern einander folgenden Drucke der Memoiren ist in die Bibliotheken von Staatsmännern und Diplomaten gewandert, die in diesem Buche Belehrung für die besonderen Aufgaben ihres Berufes suchten, häufig allerdings, ohne sich öffentlich zu ihrem Lehrmeister zu bekennen. Wicquefort, der Politiker und Geschichtsschreiber, hat in seinem kurz vor 1700 erschienenen diplomatischen Handbuch, an dem seither die angehenden Diplomaten sich bildeten, besonders auf Commynes hingewiesen: „Mögen unsere Politiker Tacitus den höchsten Preis erteilen, wenn sie wollen; ich aber wage zu behaupten: Philippe de Commynes, Herr von Argenton, steht ihm, wenn man nur billig urteilen will, in keinem Punkte nach... Es gibt kein Buch, aus dem die Fürsten und ihre Diener so viel Nutzen ziehen könnten wie aus den Memoiren von Commynes.“ Diese Sätze stehen in einer Aufzählung des großen politischen und historischen Lehrstoffes, die von Thukydides über Machiavelli bis zu den Diplomaten des 17., des Jahrhunderts von Wicquefort reicht.

Kenntnis der Menschen und des Lebens, Beherrschung der Technik der Diplomatie und der politischen Geschäfte, das hat man bei Commynes gesucht und gefunden, jedenfalls bis zum Ende des Ancien Régime. Das Interesse an den Memoiren als einem das wirkliche Leben spiegelnden und deshalb großen literarischen Werk hat bis heute angehalten, doch das technisch-diplomatische Interesse verwandelte sich in ein historisch-kritisches. In einer neueren quellenkundlichen Übersicht wird festgestellt, Commynes habe die große Reihe der französischen Memoiren eingeleitet und sein Werk stehe damit am Anfang eines in besonderem Maße französischen Beitrags zur Weltliteratur, und es ist wieder Sainte-Beuve, der die einfache Formel findet, die politische Geschichte in Frankreich beginne mit dem Buch von Commynes. Der Historiker aber wird sich heute gerne darauf berufen, daß die Memoiren einen Anstoß gegeben haben zur Ausbildung unserer kritischen Methode. Ranke sagt in dem Rückblick, den er als Neunzigjähriger diktierte, er habe einst Commynes mit Walter Scotts ‚Quentin Durward' verglichen: „Bei der Vergleichung überzeugte ich mich, daß das historisch Überlieferte selbst schöner und jedenfalls interessanter sei als die romantische Fiktion. Ich wandte mich hierauf überhaupt von ihr ab und faßte den Gedanken, bei meinen Arbeiten alles Ersonnene und Erdichtete zu vermeiden und mich streng an die Tatsachen zu halten." Er beschritt den Weg zu den Quellen.

Diesen Urteilen aus verschiedenen Zeiten und Richtungen ist eines gemeinsam: sie sehen in den Memoiren einen echten Spiegel wirklichen Lebens, und das ist im Grunde auch von den im einzelnen kritischen Stimmen nicht bestritten worden. Aber alle diese Urteile nähern sich Commynes' Buch von seiner späteren Wirkung her. Wir werden sehen, wie der Spiegel und das in ihm gespiegelte Leben verbunden sind in der besonderen Voraussetzung der Geschichte Frankreichs am Ende des Mittelalters.

## II.

Der Verfasser der Memoiren, Philippe de Commynes — in seiner burgundischen Zeit gewöhnlich Sire de Renescure, in seiner französischen Sire d'Argenton genannt —, ist etwa 1447 als Sproß einer adeligen flämischen Familie geboren. Sein Vater hat im Dienste des Herzogs Philipp des Guten von Burgund wichtige Ämter bekleidet und das Vertrauen seines Herrn genossen, der dann auch als Pate dem Sohn seines getreuen Dieners den Namen gab. Nicht mehr der Vater, der bald starb, leitete die Erziehung des Sohnes, sondern ein Verwandter; aber es war doch wohl im väterlichen Sinne, daß der junge Philippe 1464 an den burgundischen Hof gebracht und als Knappe dem Sohne seines Paten, Karl dem Kühnen (damals noch Graf von Charolais) beigegeben wurde. In jenen Jahren begann Karl seinem alternden Vater die Regierung immer mehr aus der Hand zu nehmen. Der junge Commynes an seiner Seite war so zwar nicht an der Stelle der letzten Entscheidungen, aber des stärksten Willens innerhalb der burgundischen Politik.

Seit etwa einem Jahrhundert gab es einen burgundischen Staat unter einer Dynastie, die einen Seitenzweig des französischen Königshauses der Valois darstellte. Dieser Staat, der sich auf dem Höhepunkt seiner Macht in seinen Hauptgebieten um das alte Burgund mit Dijon und um Brabant und Flandern mit Brüssel und Gent konzentrierte, entstammte dem Keimboden des hundertjährigen Krieges zwischen Frankreich und England. An Allerheiligen des Jahres 1337 hatte der Bischof von Lincoln dem Valoiskönig Philipp VI. in Paris den Absagebrief seines Herrn, Eduards III. von England, überbracht und Philipp feierlich aufgefordert, der französischen Krone zu entsagen. Es ging um das Recht der weiblichen Erbfolge, nach der Eduard den Vorzug vor dem Valois gehabt hätte, und es ging um den Konflikt englischer und französischer Interessen in der Guyenne, die der englische König vom französischen zu Lehen trug, in Flandern, wo die Engländer ihre Wolle absetzten und keine französische Macht dulden wollten, und in Schottland, das sich den Franzosen immer wieder als Bundesgenossen gegen den englischen Nachbarn anbot. Im Juli 1338 fuhr Eduard III. mit einer Flotte von 400 Schiffen in einem Tage über den Kanal und schuf sich eine Basis in Antwerpen. Mit dieser schnellen Überfahrt hatte ein Krieg begonnen, der, zwar von Perioden der Waffenruhe unterbrochen, Generationen in Atem halten sollte. Stets flammte er aus wechselnden Anlässen wieder von neuem auf, denn der Gegensatz blieb der gleiche. Dieser Krieg ist der bedeutendste historische Vorgang des Spätmittelalters. Mehrmals war das Königtum der Valois am Rande des Verderbens. Zuletzt wurde es nur noch durch die große, stark nationaldynastische Bewegung gerettet, in deren Mittelpunkt die Jungfrau von Orléans stand.

In den Kämpfen des „Hundertjährigen Krieges" war der Staat Burgund als Verbündeter Englands emporgekommen. Aber etwa dreißig Jahre vor dem Beginn des Hofdienstes des jungen Philippe de Commynes hatte sich Burgund in dem Vertrag von Arras (1435) aus den generationenalten Verwicklungen um die französische Krone herausgelöst und sein Bündnis mit England aufgegeben. Der Sonderfriede hatte eine Periode politischer Konsolidierung Burgunds und eine Zeit großen Wohlstandes für seine Städte und Länder eingeleitet. Die Kämpfe zwischen den Anhängern des französischen Königs und den alleingelassenen Engländern liefen kurz nach der Mitte des Jahrhunderts aus, aber die härter betroffenen Gebiete Frankreichs erholten sich nur schwer. Burgund dagegen, das vom Kriege selbst nur am Rande berührt worden war, hatte nun den Vorsprung eines Menschenalters friedlicher Entwicklung. Doch ein neuer Konflikt zwischen der französischen Krone und Burgund zog herauf, als im Jahre 1461 König Ludwig XI. den Thron bestieg, der Herrscher, unter dessen Regierung der Krieg der Hundert Jahre dann wirklich beendet wurde, und der auf den von seinem Vater geschaffenen Voraussetzungen die französische Monarchie gegen die großen Vasallen, den alten Adel und gegen die englische Gefahr sichern wollte.

Nur auf Grund weniger belangloser Formen, die zudem in Arras als für die Person Philipps des Guten unwirksam erklärt worden waren, konnte der Herzog von Burgund noch als Vasall der französischen Krone betrachtet werden. Doch auf die Dauer war Burgund von der Welt der französischen Politik nicht zu trennen. Die Kämpfe um die Macht in Frankreich mußten, wie schon vor Generationen, jeden unternehmungsfreudigen Burgunder zum Eingreifen verlocken. Karl der Kühne stellte sich an die Spitze des Widerstandes der französischen Großen gegen den neuen König, und in seinem Gefolge nahm Commynes an den Kämpfen und Verhandlungen des Krieges der „Öffentlichen Wohlfahrt" teil. Doch es gelang Ludwig XI., seine Gegner durch Nachgeben erst zu besänftigen und später zu trennen.

Am Hofe Karls des Kühnen, der nach dem Tod seines Vaters 1467 die Herrschaft auch dem Namen nach antrat, gewann Commynes allmählich eine bedeutende Stellung. Er wurde Kammerherr und schon 1468, kaum mehr als 21 Jahre alt, scheint er zu den nächsten Vertrauten Karls gehört zu haben, der ihn wenig später zu wichtigen diplomatischen Missionen verwandte. So hat Commynes mit den Engländern in Calais verhandelt und war mit anderen Aufträgen in der Bretagne und in Kastilien. Aber in der Nacht vom 7. auf den 8. August 1472 verließ er Karl und ging, wie der Herzog es noch am Morgen des 8. in einem Befehl zur Beschlagnahme der Güter Commynes' aussprach, „zur gegnerischen Macht" über.

Diese Macht war der französische König Ludwig XI., der damals seine Politik ganz auf sein außenpolitisches Hauptziel einstellte, die Engländer, mit denen noch kein Friede geschlossen war, von einer Rückkehr nach Frankreich abzuhalten und die selbständige Macht Burgunds zu vernichten. Der Sonderfriede von Arras, der Burgund zunächst Ruhe und Reichtum gebracht hatte, erwies sich damit auf die Dauer doch als gefährlicher für diesen Staat als für England, das damals alleingelassen worden war. Es hatte zwar sein festländisches Herrschaftsgebiet mit Ausnahme von Calais verloren, überstand aber auf seiner Insel die dadurch hervorgerufene Krise des Krieges der beiden Rosen. Das viel leichter verwundbare Burgund dagegen blieb ein Stachel im Fleische Frankreichs und mußte einen klarblickenden und entschlossenen König zu dem Versuche reizen, diese Macht zu brechen, wenigstens die von der französischen Krone lehensabhängigen Gebiete wieder an sich zu ziehen. Dies war das Ziel Ludwigs, seitdem er die Rückschläge seiner ersten Regierungsjahre überwunden und seine anderen Gegner auf französischem Boden unschädlich gemacht hatte. Auch ohne das besondere Moment der Eigenschaften Karls des Kühnen war die Lage für Burgund gefährlich geworden. Das Erbe der Politik von Arras, für die Philipp der Gute verantwortlich gewesen war, bedrohte die Voraussetzung der burgundischen Macht: das Bündnis mit einem größeren Partner, der den französischen König in Atem halten konnte, also im Grunde die Konstellation des Hundertjährigen Krieges. Im Jahre 1470 begann Ludwig mit offen feindseligen Handlungen gegen den Herzog Karl, der sich über die veränderte Lage und die Schwere der Gefahr von Westen her nicht klar gewesen zu sein scheint. Durch einen Waffenstillstand mit Ludwig, der damals auf der Höhe seiner Staatskunst stand, hatte er sich dazu verleiten lassen, sich im Osten um eine Krone des Reiches und um die Macht am Rhein zu bemühen und nach dem Scheitern dieser Versuche sich gegen die Eidgenossen zu wenden. Von ihnen schwer geschlagen, ist er im Kampf um das Herzogtum Lothringen, das die Brücke zwischen seinem nördlichen (heute niederländisch-belgischen) und seinen südlichen Gebieten, dem alten Burgund, bilden sollte, in den ersten Tagen des Jahres 1477 gefallen.

Commynes erlebte den Sturz seines früheren Herrn und damit die Vernichtung des Staatsgebildes, dem schon sein Vater gedient hatte, auf französischer Seite. Als vertrauter Berater Ludwigs XI. stand er damals im Alter von etwa 30 Jahren auf dem Gipfel seiner Macht. Nach dem Fall Burgunds wurde er vorwiegend als Sachverständiger für italienische Verhältnisse verwendet und war 1478 in Florenz und Mailand. Seit 1480 begannen die Kräfte seines Herrn und Meisters nachzulassen, aber bis zu dessen Tode (1483) war Commynes dem König nahe, und nur selten scheint das stets wache und bereite Mißtrauen des Herrschers ihre Beziehungen getrübt zu haben.

Doch danach sollte es Commynes nie mehr vergönnt sein, an den Entscheidungen über die Geschicke Frankreichs und des westlichen und südlichen Europa so unmittelbar mitzuwirken.

Der Sohn Ludwigs, Karl VIII., war beim Tode seines Vaters 13 Jahre alt. Die Regentschaft führten seine ältere Schwester, Anne de Beaujeu, und deren Gemahl. Der Stern Commynes' verblaßte: der Besitz einiger ihm von Ludwig verliehener Ämter und Güter wurde ihm streitig gemacht, und als er sich an einer unglücklich verlaufenen Bewegung der feudalen Opposition beteiligte, machte man ihm den Prozeß. Er wurde ins Gefängnis geworfen und 1489 für zehn Jahre auf seine Güter verbannt. Nur eine bald darauf erlassene allgemeine politische Amnestie hat diese Strafe stark gekürzt. 1492 finden wir ihn schon wieder in der offiziellen Politik Frankreichs, nämlich an den Verhandlungen zum Frieden von Senlis beteiligt, in dem der Streit um das burgundische Erbe zwischen der französischen Krone und den Habsburgern zunächst einmal beigelegt wurde.

Karl VIII. führte nun die Politik selbst. Frankreich schien jetzt noch stärker als in den letzten Jahren Ludwigs. Von England war wenig mehr zu befürchten, das burgundische Problem schien gelöst. Durch die Heirat des jungen Königs mit der Erbin der Bretagne wurde auch dieses Land mit der französischen Krone verbunden und damit die Einheit Frankreichs, von ungefährlichen Ausnahmen abgesehen, im wesentlichen vollendet. Kein mächtiger Vasall mehr konnte jetzt, auf sein Land gestützt, der starken Monarchie widerstreben. So richteten sich die Blicke der jungen Generation nun auf Frankreichs Ansprüche und Interessen in Italien. Der französische Staat, noch unter Ludwig ganz auf seine innere Konsolidierung und seine, wenn auch offensive, Sicherung abgestellt, begann, die weit ausgreifende Politik aus den Zeiten vor dem Hundertjährigen Krieg wieder aufzunehmen. Damit leitet er die großen internationalen Entwicklungen ein, die nacheinander die wichtigsten Mächte Europas ins Spiel brachten. 1494 überschreitet Karl VIII. die Alpen mit dem Marschziel Neapel, aber schon im folgenden Jahre weicht er vor den in der Liga von Venedig vereinten Mächten Italiens, Spaniens und Deutschlands wieder in sein Reich zurück.

Commynes hat an dem berühmten Zuge teilgenommen, doch er gehörte nicht zu den Beratern des Königs, ja, er hat das ganze Unternehmen mißbilligt. Aber seine diplomatische Erfahrung wurde an der wichtigsten Stelle verwendet: er sollte die Venezianer für die französischen Pläne gewinnen. Das ist ihm nicht gelungen; nicht einmal den Abschluß der Liga gegen die Franzosen konnte er verhindern. Doch Erfolg hatte er bei dem Versuch, mit diplomatischen Mitteln den Rückmarsch der französischen Truppen zu erleichtern.

Die Mission in Venedig ist, soweit wir wissen, das letzte Kapitel von Commynes' selbständiger politischer Arbeit. Er hat, inzwischen fünfzig Jahre alt geworden, auch Karl VIII. überlebt und große Hoffnungen auf dessen Nachfolger, Ludwig von Orléans (Ludwig XII.) gesetzt, mit dem ihn — besonders nach dem Tode seines großen Gönners und Meisters — enge Beziehungen verbunden hatten. Aber diese Hoffnungen wurden zunächst enttäuscht. Erst 1505 scheint er wieder Einfluß am Hof erlangt zu haben, vor allem durch die Vermittlung der Königin Anna, jener Erbin der Bretagne, die zuerst Karl VIII., dann seinen Nachfolger Ludwig geheiratet hatte. 1507 war Commynes mit Ludwig XII. noch einmal in Italien, aber wohl ohne Anteil an der Führung des Zuges. Nach der Rückkehr hat er nicht mehr lange gelebt: am 18. Oktober 1511 ist er im Alter von etwa 64 Jahren gestorben. Seine Frau, Hélène de Chambes, hat ihn um 21 Jahre, seine Tochter nur um 4 Jahre überlebt. Er wurde, wie später seine Gattin, in einer von ihm gestifteten Kapelle eines Pariser Klosters beigesetzt. Das noch erhaltene Grabmal zeigt das Paar kniend und betend. Außer dieser Porträtskulptur gibt uns nur eine Zeichnung im Museum von Arras noch eine Vorstellung vom Aussehen des Philippe de Commynes.

Wenn Liebhaber der Geschichte oder Kunstgeschichte Frankreichs diese beiden Bildnisse zum Anlaß nähmen, sich mit der Person des Dargestellten näher zu beschäftigen, ohne daß seine Memoiren existierten, so würde er in der Reihe jener burgundischen Herren erscheinen, die Karl den Kühnen, der seine Diener nicht zu behandeln verstand, im Laufe der Jahre verließen. Man würde wohl auch verfolgen, wie er unter Ludwig XI. sein Glück gemacht, es aber unter der Regent-

eine bestimmte, unmittelbar auf die Macht zielende Absicht verbunden war, worunter man sich vielleicht den Einfluß auf die politische Bildung des noch jungen Karl VIII. vorstellen könnte.

Auf einer anderen Ebene steht der zweite Teil, das siebente und achte Buch der Memoiren. Commynes schrieb hier unter dem unmittelbaren Eindruck seiner Beobachtungen, in Beziehung zu dem gleichen König und der gleichen Regierung, von denen der Italienzug eingeleitet und geführt worden war. Immer wieder betont er, daß er den Marsch über die Alpen für einen Fehler hielt. Er lehnt die Motive der Verantwortlichen ab, aber er stand außerhalb ihres Kreises und kann keinen Anspruch darauf erheben, lückenlos informiert zu sein. Sein Thema und seine Situation lassen die Erzählung des Geschehenen in den Vordergrund treten, grundsätzliche politische Überlegungen und Ratschläge kommen nur noch selten vor. Alles in allem entspricht dieser Teil in seinen Vorzügen und Mängeln viel mehr dem Schema, das für Memoiren gilt, besonders in den Mängeln. Als Quelle für die Vorgänge und die Zusammenhänge wird er heute ebenso stark benützt wie der erste Teil für die Regierung Ludwigs XI., denn auch die Schilderung des Italienzuges ist eine Quelle durchaus eigener Art und kann durch keine andere ersetzt werden. Will man aber von Commynes mehr hören als Berichte über Handlungen und Motive und sein Urteil darüber, dann wird man sich immer an die früheren Bücher halten, da er am unmittelbaren Erleben von Glück und Sturz Karls des Kühnen, von Größe und Grenzen seines Meisters Ludwig und an seinem eigenen Schicksal in den Jahren nach 1483 zu den Einsichten gereift ist, die ihn unsterblich gemacht haben.

## III.

Zu den berühmtesten Szenen in Commynes' Memoiren gehört die Begegnung Ludwigs XI. mit Eduard IV. von England bei Picquigny an der Somme im Jahre 1475, als es sich darum handelte, zwischen den beiden so lange verfeindeten Reichen endlich Frieden zu schließen. Von der einen Seite des Flusses soll der französische, von der anderen der englische König kommen, und ihre Besprechung soll auf einer eigens dafür errichteten Brücke stattfinden. Doch diese Brücke ist keineswegs frei, sondern, nach den bösen Erfahrungen des Jahrhunderts, in der Mitte durch ein Gitter gesperrt, von dem Commynes sagt: „ein starkes Netzgitter aus Holz, wie man es bei Löwenkäfigen macht".

Wie bei Löwenkäfigen! Das soll nur ein technisch anschaulicher Vergleich sein, aber für uns hat er noch eine andere Bedeutung. Besser als lange Schilderungen bezeichnet er die Atmosphäre des Vorgangs und die der hier gemachten Politik überhaupt. Wie die Gitter für Raubtiere sind die Schranken, die die Fürsten voneinander trennen; es gibt keine andere Sicherung gegen Überfall und Gewalt. In solchen Fürsten, die sich in geballter, sprungbereiter Kraft gegenüberstehen, verkörpert sich das Gesetz einer neuen Politik, wie sie aus den Wirren und Entwicklungen des Hundertjährigen Krieges entstanden ist, der nun mit Picquigny eigentlich erst zu Ende geht. Es ist das Gesetz der *Politik* schlechthin, die Commynes am Ausgang des Mittelalters zum erstenmal nördlich der Alpen aus der erlebten Geschichte heraus als eigene Welt erkennt und darstellt. Von ihr, seiner politischen Welt, sei hier zuerst gesprochen.

In ihrem Mittelpunkt stehen die Fürsten, vor allem die Herrscher über Frankreich, Burgund und England. Sie sind die Träger des Strebens nach Macht. Jeder erwartet vom anderen alles Böse, nämlich als einziges Ziel: stärker, mächtiger zu werden, seinen Staat auf Kosten der Nachbarn zu vergrößern — wobei eine Trennung zwischen der Machtausdehnung nach innen und der nach außen noch kaum besteht.

Die Wege und Methoden, dieses Ziel zu erreichen, sind verschieden, ebenso auch Wirkung und Erfolg. Commynes und König Ludwig, sein Herr, bemühen sich vor allem darum, die Möglichkeiten und Motive zu durchschauen, das Vergängliche vom Beständigen zu trennen. Mehr als andere versuchen sie, sich über die Bedingungen klar zu werden, unter denen das allgemeine Machtstreben zu dauerndem Erfolg führen kann. Sie ringen um die Erkenntnis der Hintergründe, um Klarheit über die Triebkräfte des politischen Menschen und — wenigstens Commynes — um ein Bewußtsein von den Grenzen aller Berechnung und allen Handelns. Das führt vom Besonderen zum Allgemeinen, vom einzelnen Erlebnis zu seiner Einordnung in eine Gesamterfahrung, von der taktischen Überlegung zur Reflexion über die Gesetze von Plan und Gelingen. Wie weit Ludwig XI. selbst schon an solchen Erkenntnissen seines Dieners beteiligt war, können wir nicht mehr ausmachen; sicher aber ist, daß er Commynes dabei ein gutes Stück Wegs begleitet hat.

Der politische Geist, der hier waltet, wird vielleicht am deutlichsten aus dem Gegenbild Karls des Kühnen von Burgund, so wie er, sicher etwas einseitig beleuchtet, bei Commynes erscheint. Karl hat die Eigengesetzlichkeit politischen Handelns und die ihr zugehörige Ordnung der Werte noch nicht erkannt. Er überschätzt noch den Kampf der Waffen, den militärischen Sieg und er überschätzt die Ehre. Das ist die spätritterliche Welt des burgundischen Kreises, in der Commynes selbst groß geworden ist. Bei näherem Zusehen wird wohl deutlich, daß auch der Karl der Memoiren längst nicht mehr einfach nur nach ritterlichen Prinzipien handelt, wenn er auch im wesentlichen, vor allem in seinen öffentlichen Argumentationen, doch dieser Welt des Waffenruhmes und der Ehre noch angehört. Commynes, der von ihm aus in die Meisterschule Ludwigs gekommen ist, fragt nun aber: Was bleibt denn von der Ehre? Der Nutzen, der echte Erfolg bestimmt die wirkliche Ehre. Nicht der laute, aber vergängliche Sieg in der Schlacht, sondern die Erringung eines Zustandes dauernder Überlegenheit und Sicherheit ist ausschlaggebend, darauf muß sich alles Bemühen richten. Militärische Mittel sind dabei freilich nicht belanglos, man muß stark sein. Aber nur der Leichtsinnige, vom Rausch des Waffenerfolges Trunkene, der das Wesen der Dinge nicht durchschaut, liebt die Schlacht. Der Kluge sieht in ihr nur eines unter mehreren Mitteln zur Erreichung des dahinterliegenden Zieles und fürchtet ihr Risiko, das es zu vermeiden gilt.

Ludwig XI. ist dieser Kluge. Doch Commynes gibt keine Biographie des Königs, nirgends eine zusammenhängende Charakteristik von ihm. Das lag nicht in seiner Absicht. Er will Ludwig von Fall zu Fall als Träger der größten politischen Klarheit bei seinen Überlegungen, Plänen und Taten zeigen, ihn, der den Ort und den Zweck jedes Zuges beim Spiel der Mächte im Hinblick auf das Ziel, den politischen Erfolg, sieht. Dieser König ist immer und ganz besonders im Strategischen vorsichtig. Trotzdem macht er große, sein Volk drückende Aufwendungen für die Schlagkraft seines Heeres, wobei ihn am meisten die junge, so unritterliche Waffe der Artillerie interessiert. Im Ernstfall ist er ein mutiger Führer; so zeigt ihn Commynes, und so kennen wir ihn auch aus anderen Quellen. Aber er sucht den Ernstfall, die Schlacht, zu vermeiden.

Für Ludwig ist das militärische Vorgehen eingeordnet in einen größeren Zusammenhang; es wird nur angewendet, wo es unvermeidbar scheint. Er weiß andere, sicherere Mittel, die politische Umwelt nach seinem Willen zu formen. Dazu hat er die Menschen, den Menschen studiert. Durch unmittelbare Berührung oder durch Zeugnisse aller Art, um die er sich eifrig bemüht, kennt er die wichtigsten Menschen des Abendlandes, ihre Interessen und ihre Schwächen; und diese registrierende Kenntnis hat für ihn nur den Sinn, ihm zu Einfluß auf sie zu verhelfen. In diesem Feld liegt der Schwerpunkt seiner Tätigkeit, darauf verwendet er einen großen Teil seiner geistigen Energie und seiner finanziellen Mittel, und darauf beruhen seine Erfolge.

An dem Bild Ludwigs XI. und seiner Regierung, der Widerstände gegen ihn und ihrer Überwindung, aber auch an den Fehlern des Königs, seiner Unausgeglichenheit und seinem Hang zur Übereilung, demonstriert Commynes seine eigene, mühsam gewonnene Klarheit über das Wesen politischen Handelns, über die Wege zur Vergrößerung und zur Sicherung der Macht. Er spricht nur von Politik in seinem Buch, von nichts anderem; jede kleine Erzählung hat ihre politische Beziehung. Die Politik ist eine eigene Welt geworden, in welcher der politische Erfolg als letzter Wert gesetzt wird und alles Handeln bestimmen muß. Mag Ludwig auch mehr aus sicherem Instinkt so verfahren sein, wie er verfuhr — Commynes formuliert diese Ordnung in klarem Bewußtsein.

Der politische Erfolg als letzter Wert. Ist er wirklich der letzte? Und ist denn alles auf dem Wege dahin berechenbar, ist mit dem Einkalkulieren menschlicher Widerstände und der Möglichkeiten ihrer Überwindung das Ziel sicher zu erreichen? Nein, es gibt da eine Grenze. Wir hatten sie schon anzudeuten, als wir vom Risiko der Schlacht sprachen. Nun, dieses Risiko kann ein kluger und vorsichtiger Politiker häufig vermeiden, aber nicht immer. Diese Grenze der rationalen Berechnung, des Kalküls und des Willens, ist auch anderswo da, an Stellen, die nicht so einfach zu vermeiden sind. Ja, im Grunde genommen kann man jeden Augenblick auf sie stoßen.

Der politische Erfolg kann berechnet, er muß mit allen Mitteln erstrebt werden. Aber Berechnung und Streben können scheitern, wo sie auf den Willen Gottes treffen. Oft wird diese Macht lange nicht sichtbar, ganze Aktionen gelingen nach Plan und Möglichkeiten, wie sie auf Grund des Wesens, der ratio, der Dinge gelingen müssen. Aber manchmal geschieht schon bald etwas Nichtberechnetes, Unerwartetes, etwas, das gar nicht zu berechnen war: Gott hat eingegriffen. Vielleicht ließ er einen Menschen sterben, vielleicht gab er dem Schwächeren oder Schlechteren den Sieg, vielleicht aber änderte er auch nur eines Menschen Sinn, trübte seine Überlegungen, ließ ihn falsche Entschlüsse fassen, Fehler machen. Erst dann setzt der rational-kausale Ablauf wieder ein, und die Fehler haben die zu erwartenden, berechenbaren bösen Folgen.

Das Verhältnis des politischen Menschen zu Gott ist das Zentralproblem bei Commynes. Nicht so sehr für ihn selbst und in seinem Bewußtsein, und keinesfalls auf der Ebene irgendeines Systems; aber dieses Verhältnis bildet die erregende Spannung, die seinem Werk zugrunde liegt. Man kann vereinfachend sagen: hier trifft die überlieferte Religion, in der er glaubt, auf die neue Politik und ihren Eigenwert. In größerem Zusammenhang gesehen bildet Commynes das Vorfeld einer Entscheidung, die später und anderswo immer wieder gesucht werden wird. Bei ihm gibt es aber noch keine festen Fronten, ja ihm selbst ist die Unvereinbarkeit beider Kräfte noch gar nicht bewußt. Sie überschneiden einander, gehen ineinander über, so daß der eine Leser mehr das politische, der andere mehr das religiös-christliche Feld sieht. Daraus erklärt sich auch, daß noch heute das Urteil über Commynes schwankt. Die einen, von der Beschäftigung mit dem Mittelalter herkommend, empfinden ihn als modern; sie haben das Gefühl, daß bei ihm die mittelalterlichen Ordnungen schon zerstört oder, soweit sie noch zu leben scheinen, in der Auflösung begriffen sind. Daran ändert auch nichts, daß so vieles bei Commynes echt mittelalterlich ist: so die Hervorhebung des Adels auf Kosten der Bürger und vor allem der Bauern, die Gleichsetzung dessen, was alt, mit dem, was recht ist, der Glaube an den mittleren Weg und der, daß Gott seine Macht am stärksten in der Behandlung der Großen zeige. Für die anderen, die mit neuzeitlichem Staatsdenken vertraut sind, ist Commynes' Stellung gekennzeichnet durch ein „Noch nicht“ im Vergleich zur Klarheit und Diesseitigkeit späterer Politik, besonders zu Machiavelli und dem von diesem repräsentierten Ideenkreis. Aber vielleicht darf man behaupten, daß es auf diesem Gebiet kaum Ergreifenderes gibt als den Monolog

Commynes', in dem der Widerstreit zwischen zwei Kräften zu spüren ist, deren Kampf die Neuzeit erfüllen wird.

Gott ist bei Commynes überall, greift überall ein. Wie aber verhält sich sein Eingreifen zu den politischen Vorgängen? Wir sagten schon, es ist oft gar nicht sichtbar. Oft gehen die Dinge, wie sie nach der ratio gehen müssen, alles Handeln bleibt in der Immanenz der politischen Berechnung des Menschen. Da ist alles, jeder Erfolg und jeder Mißerfolg, erklärbar aus dem Diesseitigen, aus menschlichen Eigenschaften, aus dem Handeln und Gegenhandeln heraus. Aber nicht immer ist das so. Je größer die Menschen und die Entscheidungen, desto näher steht die Möglichkeit von Gottes Eingreifen.

Im Diesseitigen kann Commynes alles erklären, er geht auch den letzten psychologischen Motiven nach, untersucht und wägt sie. Kann er auch die Motive Gottes erkennen, kann er erklären, warum Gott gerade da und warum er gerade so eingegriffen hat?

Ja, denn er ist Christ, und häufig weiß er, warum Gott so handelt. Vor allem: Gott belohnt und bestraft, durch irgendein äußeres Geschenk oder durch einen unerwarteten Verlust, vor allem aber, indem er bei den Menschen eine Sinnesänderung bewirkt, bei dem einen zu einer ungewöhnlichen Erkenntnis, bei dem anderen zu einem Fehler. Auch Karl der Kühne ist letztlich nicht einfach darum gefallen, weil er die Ehre überschätzte, sein Sturz beruht vielmehr auf einem viel verwickelteren Vorgang, bei dem die Hauptstufen göttlicher Wirkung, wie Commynes sie sah, besonders deutlich werden. Seit seinen Erfolgen im „Krieg der öffentlichen Wohlfahrt" 1465 war Karl geneigt, seine militärischen Fähigkeiten und den Waffenruhm zu überschätzen. Und was noch mehr bedeutet, er führte sein Glück auf seine Verdienste zurück und vergaß, dabei an Gottes Gnade zu denken. In der Leidenschaft seiner Rachsucht bricht er das Wort freien Geleits, das er dem Grafen von Saint-Pol gegeben hatte. Gott aber straft, einmal Karls Hybris, die nur das menschliche Verdienst sieht, und dann noch im besonderen seinen Wortbruch. Er blendet ihn, läßt ihn zunächst die Ehre überschätzen, benützt also eine an sich schon vorhandene Neigung Karls, übersteigert sie zum verhängnisvollen Irrtum, aus dem heraus der Herzog Fehler auf Fehler begeht. Gott läßt ihn als Fürst und Ritter die Schweizer Bauern verachten, erweckt ihm in dem Lothringer Herzog einen zunächst kaum gewürdigten Feind und in seinen eigenen Reihen einen Verräter. Und so, im Neben- und Ineinander göttlichen Eingreifens und diesseitiger Kausalität, entwickelt sich die Folge der Schläge: von der verspielten Chance bis zur Schlappe, von der Schlappe zur Niederlage, von der Niederlage zu Katastrophe und Tod im aussichtslos gewordenen Endkampf.

So hat Gott Karl den Kühnen gestraft. In diesem Zusammenhang verliert der christliche Hinweis auf eine Bestrafung im Jenseits an Gewicht. Er taucht zwar oft auf und steht auch im Hintergrund der politischen Anthropologie Commynes', aber in der politischen Welt ist die Spannung des Verhältnisses vom Diesseits zum Jenseits in dem Sinne gelöst, daß im Grunde nur die Diesseitsstrafe Gottes zählt. Nur sie wird wirksam im politischen Bereich, nur mit ihr kann das staatsmännische Denken rechnen. Im Grunde zählt nur, wer lebt und handeln kann. Der frühe Tod eines Mächtigen kann für ihn Strafe, für seinen Gegner Lohn Gottes sein; jedenfalls bedeutet er ein Abtreten von der Bühne. Commynes ist sich dabei nicht bewußt, daß er damit den echten christlichen Gott beiseite schiebt, sich für ihn nur interessiert, wenn er im irdischen Treiben sichtbar wird. Der im Jenseits strafende Gott und die Hölle sind keineswegs vergessen, aber sie wirken nur als Warnung für alle Menschen, die Mächtigen und die Machtlosen. Strafen und Lohn im Diesseits allein aber sind ein Stück der politischen Wirklichkeit, sie vermögen dauernd neue Lagen zu schaffen und diese Wirklichkeit umzuändern. Hier endet zwar nicht das Fragen, aber die Möglichkeit menschlicher Antwort: Warum straft Gott den einen hienieden und den anderen nicht, warum läßt er dieses Böse hingehen und ein anderes, vielleicht geringeres, nicht? Warum duldet er, daß ein Unrecht durch Brauch Recht wird? „Solche Fragen werden im Himmel entschieden“, sagt Commynes.

In *einer* Versuchung aber stehen alle Mächtigen: sie alle wollen mehr, keiner begnügt sich mit dem, was er hat. Darum haben sie keine Ruhe und sind nicht glücklich. Das gilt auch für den großen Ludwig. In dem erschütternden Schlußkapitel des ersten Teils zeigt Commynes, daß die Großen nicht zu beneiden sind, daß sie gehetzt werden von ihrer Macht, die nach Vergrößerung drängt. Das ist die Last der Stellung, in die sie hineingeboren sind.

Von dem Stand, dem er selbst angehört, von den Beratern der Großen, den Staatsmännern und Diplomaten, spricht Commynes nicht ganz so viel. Aber es wird doch deutlich, daß auch für diesen Stand ähnliches gilt wie für die Fürsten selbst, nur in einer größeren Distanz von Gott; sie sollen recht und menschlich raten und handeln. Daß sie, wenigstens zum größten Teil, sich der Teilhaberschaft an der Macht entziehen und damit die Versuchung und Gefahr der Macht vermeiden könnten, davon ist nicht die Rede. Doch wenn Commynes auch nirgends sagt, was er darüber dachte — wie er in diesem Punkte fühlte, wissen wir aus seinem Leben. Er hat sich immer wieder zur Macht gedrängt, sich für einen berufenen Berater der Herrscher gehalten. Auch diese Berufung mußte von Gott gekommen sein, von dem gleichen Gott, der die guten Fürsten, vor allem Ludwig, mit politischer Einsicht begnadete. Sie führte zwar in größere Gefahr, aber die einmal verspürte Macht hat Commynes nicht mehr losgelassen. Hier fand er die Lust des Erkennens und des Entscheidens zugleich. Trotzdem dürfen wir glauben, daß er auch seinen Sturz nach 1483 und sein ganzes Schicksal als Werk Gottes hingenommen hat.

Wir haben bisher nur von dem politischen Weltbild Commynes' gesprochen und daraus ein paar Züge herausgegriffen. Aber nirgends hat er seine Gedanken etwa systematisch niedergelegt. Er wäre dazu weder willens noch fähig gewesen. Commynes will kein System seiner Auffassung geben, denn er hat gar keines; er will zunächst nur erzählen, was er im Politischen erlebt und gelernt hat.

Hierbei nun gab er alle Schemata der literarischen Überlieferung auf und schuf eine eigene Form. In diesem Sinne steht er außerhalb der Tradition. Er erzählt Erlebtes und geht, wo es für den Zusammenhang notwendig ist, auch über das im strengen Sinn Selbsterlebte hinaus. Aber seine Erzählung ist, vor allem im ersten Teil, gemischt mit mehr oder weniger ausführlichen Reflexionen, die sogar häufig als Ratschläge formuliert sind. Diese Reflexionen wachsen aus der Erzählung heraus, in wechselnden Formen der Komposition. Oftmals gipfelt eine Szene erst in dem Kommentar, den er zu ihr gibt. Jedenfalls lassen sich Schilderung und Überlegungen nicht voneinander lösen, sie sind aufs engste verflochten. Ja man kann sagen, der Gang der Erzählung wird bis zu einem gewissen Grad von den Reflexionen bestimmt, und diese sind andererseits Kommentare, denn sie lassen sich nicht verstehen ohne den Vorgang, aus dessen Schilderung sie emporwachsen.

Desgleichen hatte es bis dahin noch nicht gegeben. Es bestand die Literatur der „Fürstenspiegel", die auf Grund einer großen Tradition dem Fürsten ein Idealbild allgemeinen ethischen Verhaltens entwarfen, aber von der neuen Entwicklung einer selbständigen Politik nichts in sich trugen und die historische Erfahrung selten, höchstens mit einzelnen Beispielen heranzogen. Und es gab die ebenso in den Rahmen ihrer Vorbilder gefügte Geschichtsschreibung der Chronisten verschiedener Art. Sie hatte sich wohl in Italien und in Frankreich-Burgund in einzelnen Richtungen deutlich über die Vorgänger aus dem Hohen Mittelalter hinaus entwickelt, in Italien vornehmlich in der Stadtgeschichtsschreibung, die schon unter den Staufern neue Wege gesucht hatte, in Frankreich-Burgund etwa durch Froissart, der die Taten des Hundertjährigen Krieges seinen Gewährsleuten nacherzählte. Aber im ganzen war die Geschichtsschreibung der Entwicklung der politischen Praxis nur von ferne gefolgt, und gerade im burgundischen Bereich, wo sie im 15. Jahrhundert zu hoher literarischer Blüte gelangte, gab sie im wesentlichen nur die eine Seite der Wirklichkeit wieder, die ritterliche. Die realistische italienische Chronistik dagegen hatte nicht eigentlich belehrende Absichten, und wo man im Norden belehren wollte, da geschah es im Sinne der ritterlichen Vorbilder, so daß diese Seite der Geschichtsschreibung sich wieder mit den Fürstenspiegeln berührte.

Commynes durchbrach mit seinem Werk die herrschenden Formen. Er wollte und konnte weder ein Historiograph noch ein Fürstenspiegler im konventionellen Sinne sein; er schrieb aus seiner Erfahrung und wollte damit nicht unterhalten, sondern belehren. Es ging ihm nicht mehr darum, ein Ideal zu vertreten, sein Anliegen war vielmehr, die von ihm erlebte und erkannte Wirklichkeit zu analysieren und aus ihr die Lehren für seine Leser zu schöpfen, und zwar so, daß die Schilderung der erlebten Wirklichkeit und die dabei gewonnene Lehre untrennbar waren.

Dazu gehört nun aber, daß die Möglichkeiten und Grenzen des Versuchs einer Darstellung des wirklich Erlebten neu erkannt wurden. So wenig die Fürstenspiegel dem Wesen der Politik, wie sie sich seit dem vierzehnten Jahrhundert herausgebildet hatte, gerecht geworden waren, so sehr war auch die übliche Geschichtsschreibung dem Kern dessen fern geblieben, was sie nach Commynes' Meinung hätte beschreiben müssen. Die herkömmliche Form, in der die eigens dazu angestellten gelehrten Chronisten die „Taten" ihrer Herren aufzuzeichnen pflegten, konnte nicht mehr genügen. Die Dinge, wie sie wirklich waren, d. h. die Politik, wie und warum sie gemacht wurde, konnte nur kennen und beschreiben, wer zu dem engeren Kreise derjenigen gehörte, die die Entscheidungen trafen oder an ihrer Begründung und Vorbereitung mitwirkten. Das war ja gerade das Neue am Wesen der Politik, daß sie nicht mehr auf großen Hoftagen besprochen wurde, sich nicht in den Verhandlungen bei den öffentlichen Audienzen der Gesandten erschöpfte und weder im höfischen Szenarium noch im Gewühl der Schlachten gemacht wurde, die beide sich dem Bericht der Chronisten so leicht darboten. Man lernte die Politik nur kennen, wenn man teilhatte an den Geheimnissen, wie sie in den kleinen Kabinetten der Fürsten, oder in den inoffiziellen Besprechungen der fürstlichen Räte mit den fremden Gesandten ausgetauscht wurden, die bei ihren öffentlichen Audienzen mit keinem Wort auf ihren eigentlichen Auftrag anspielten. Nur in dieser Sphäre, nicht am Schreibpult des Chronisten, der die großen Dokumente, die publizierten Verträge, die von Rhetorik geschwellten Ansprachen studierte und Berichte von Augenzeugen vielfach weit überschätzte, konnte man dahinterkommen, was wirklich geplant war und wie „die Geschäfte dieser Welt" betrieben werden — nur so konnte man den politisch handelnden Menschen und seine Motive kennenlernen. Es ist gewissermaßen die geflüsterte, nicht die laut ausgesprochene Geschichte, um die es hier geht. Wo das Mißverhältnis zwischen den tausend Plänen und Ränken und dem wenigen Erreichten sichtbar wurde, nur dort konnte man auch die Grenzen dieser Politik und ihrer Träger erkennen. Die offizielle Geschichtsschreibung ging vom Erreichten, von den „Taten" aus und rekonstruierte die Motive und Pläne, wenn sie schon von ihnen sprach, ganz unbefangen aus dem Erfolg.

Hier drang eine neue Wirklichkeit in die große Literatur ein. Welche Voraussetzungen waren dafür gegeben? Das Land revolutionärer Umbildung der Staatsformen im Späten Mittelalter ist Italien gewesen. Seit dem 13. und 14. Jahrhundert bildeten sich dort in den Signorien neue Gewalten, deren Recht häufig nur auf ihrer Macht beruhte und deren

Grundproblem, die Fragwürdigkeit ihrer Legitimität, noch Generationen hindurch im Bewußtsein ihrer Untertanen und Nachbarn stand. Die Frage der Macht zeigte sich um so weniger verhüllt, als Italien ja schon in den Jahrhunderten des Hohen Mittelalters in wesentlichen Bezirken seines Lebens einer realistischen Weltauffassung stattgegeben hatte. Nördlich der Alpen war der Ausgangspunkt anders und ging alles langsamer. Mehr als die Berührung mit Italien war es, wenigstens für Frankreich, die Erschütterung des Hundertjährigen Krieges, die den bestehenden Staat und seinen Aufbau in eine Krise brachte. Nicht so sehr die rechtliche Grundlage der wiederholten englischen Thronansprüche, sondern die einfache Tatsache, daß es eine Zeitlang zwei Könige in Frankreich gab, zwischen denen eine Entscheidung möglich war, und weiter der Umstand, daß der Wiederaufstieg der alten französischen Dynastie durch ganz moderne Hilfsmittel staatlicher Organisation gefördert wurde, mußte den Blick für das Wesen alles Politischen schärfen. Auch hier war die Legitimität lang und wirksam in Zweifel gezogen und dann mit nackten Machtmitteln neu befestigt worden. Das ergibt eine Ausgangssituation, nicht so extrem, aber in schwächerer Analogie doch der von Italien vergleichbar.

In dieser Lage nun hatte Commynes ein politisches Bildungserlebnis von einzigartiger Gewalt. Er war aufgewachsen in der burgundischen Tradition, hatte die Staatsgeschäfte zu beobachten gelernt am Hofe Karls des Kühnen und war aus dessen keineswegs unpolitischem, aber von ritterlichen Formen erfülltem Kreise hinweg angezogen worden von der mächtigen Kraft des Königs Ludwig. Nun konnte er vergleichen, und er erlernte bei diesem die Dinge nüchtern durchschauenden Herrscher die Kunst der politischen Analyse. Ludwig hat ihn jahrelang als seinen nächsten Vertrauten in seine Geheimnisse eingeweiht und ihn für Frankreichs Beziehungen zu den raffiniertesten Partnern im politischen Spiel, den Italienern, als Sachverständigen benützt. Ja noch mehr, wir sehen deutlich, daß Ludwig sich sogar die Zeit genommen hat, mit ihm wichtige Phasen der französisch-burgundischen Politik aus den Jahren vor Commynes' Übergang zu besprechen, so daß nun Commynes in der Lage war, die Dinge aus den Kernzellen sowohl der burgundischen wie der französischen Stellung zu sehen und damit Zug um Zug gewissermaßen stereoskopisch zu beurteilen. Diese unerhörte Gelegenheit des Lernens hätte ihm sein König natürlich nicht geboten, wenn er nicht auch seinerseits daraus Nutzen gezogen hätte, und zwar nicht nur aus der Tatsachenkenntnis Commynes', sondern auch aus dessen Urteilsvermögen. Commynes ist nicht einfach ein Geschöpf des Königs, vielmehr begegneten sie sich auf der gleichen Ebene, und die Memoiren sind uns das literarische Zeugnis dieser Begegnung.

Ludwig, der im wesentlichen außerhalb des Bereichs der Literatur Gebliebene, und Commynes, der mit seinen Memoiren eine neue Literaturgattung schafft, sind beide Ausdruck derselben Bewegung, nämlich der Übertragung einer in der gleichzeitigen Geistesgeschichte schon länger sichtbaren Richtung auf die Erkenntnis und (bei Commynes) literarische Darstellung des politischen Lebens. Wir können uns in diesem Zusammenhang mit dem Hinweis begnügen, daß es sich bei jener Richtung einmal darum handelt, aus der wirklichen, im Leben erworbenen Erfahrung zu lernen, und zum anderen um den Versuch, die Welt dieser Erfahrung bis in ihre letzten Bestandteile hinein ganz rational zu erklären, „hinter die Dinge" zu kommen; dies jedoch nicht etwa im Sinne früherer Jahrhunderte mit der Absicht einer allegorischen Deutung, sondern in dem Bestreben, jedes einzelne Ding und seinen Lebensbereich aus seinem Wesen zu verstehen. Der moderne Forscher ist leicht geneigt, diese Richtung nur in ihren literarischen, vor allem also philosophischen Spuren anzuerkennen. Er ist dabei in Gefahr, das Alter und die Breite dieser Strömung in der Entwicklung der praktischen Denkformen des Abendlandes zu unterschätzen. Sie hat in Europa auch in Zeiten bestanden, deren Philosophie ganz erfahrungsfern, ganz unempirisch war. Das ergibt sich schon aus der Entwicklung der Wirtschaftsformen: nur ein die Erfahrung ganz rational bewältigendes Denken konnte den Aufschwung des Großhandels in der Mittelmeerwelt, aber auch nördlich der Alpen bewirken. Dieses Denken war also zweifellos ein Stück der bürgerlichen Welt. In Italien gab es zudem mindestens seit der Wende zum 14. Jahrhundert eine politische Lehre — wenn auch zunächst im hohen Maße als Geheimlehre der Eingeweihten —, die die nüchterne Praxis des Handelns von der Erfahrung her bestimmte; nur hat sie dort vor Machiavelli keinen unmittelbaren literarischen Ausdruck größeren Formats gefunden.

In Frankreich nun schafft sich diese Form des politischen Denkens, ein Ergebnis des Hundertjährigen Krieges, ihren Ausdruck im Werke Commynes'. Er will sich nicht in den bestehenden literarischen Richtungen bewähren, sein Werk ist eine neue Richtung. Darum ist es beinahe paradox, daß das Empfinden, außerhalb der literarischen Tradition zu stehen, Commynes veranlaßt, sich ganz im Stile ihrer Gepflogenheiten hinter der Fiktion zu verschanzen, er wolle dem Gelehrten Angelo Cato, dem Erzbischof von Vienne, nur eine Vorarbeit liefern. Er ist keineswegs so ungebildet, wie er sich — ebenfalls durchaus konventionell — dabei darstellt. Wir wissen heute, daß er wertvolle historische Handschriften besaß, französische Übersetzungen von Augustins „De Civitate Dei" und vom Werk des im Mittelalter viel gelesenen spätrömischen Geschichtsschreibers Valerius Maximus, und daß eine gleichfalls reich illustrierte Prachthandschrift des Froissart für ihn angefertigt worden ist, die heute in London verwahrt wird. Zwar war es in den vornehmen Kreisen um Ludwig XI. üblich, wertvolle Handschriften zu sammeln, auch bei Leuten, deren literarisches Verständnis sicher gering war; für Commynes jedoch müssen diese historischen Werke mehr bedeutet haben als nur Prachtstücke zum Vorzeigen. Das dürfen wir mit Sicherheit annehmen, obwohl bei ihm irgendeine unmittelbare literarische Abhängigkeit nicht festzustellen ist. Sie wäre auch ganz unmöglich, denn Commynes erhebt ein neues Stück Wirklichkeit in die literarische Sphäre, er schafft eine politische Literatur, die im Gegensatz zu der bisherigen Entwicklung im Mittelalter ihr Gesetz von der politischen Praxis, ja im Grunde von der Anerkennung der Politik als eines eigenen Lebensbereiches empfängt. Die Beschäftigung mit den „grans affaires", den großen Geschäften der Könige und Staaten, mit der hohen Politik also, hat ihre eigenen Gesetze, ihre eigene „raison" (ratio), und damit auch die ihr gewidmete Literatur. Aber sie steht nicht ganz beziehungslos da: noch ist die Politik wie das ganze Leben überwölbt von der göttlichen Ordnung, und erst dem späteren Leser der Memoiren wird die Spannung zwischen dem, was von unten heraufgewachsen ist, und der von oben gesetzten Ordnung schon ganz sichtbar.

Dabei ist nun aber zu beachten, daß auch Commynes den Auftrag zu seinen Memoiren nicht von irgendeinem Fürsten, etwa noch von Ludwig, erhalten hat. Selbst bei diesem König besteht kein Anlaß zu glauben, er habe sich eine Darstellung nach der Art der uns vorliegenden Memoiren gewünscht. Soweit wir heute zu sehen vermögen, hat Ludwig wenig getan, um für die Überlieferung seiner Regierung in einem Geschichtswerk zu sorgen. Wo er aber etwas dafür getan und wo sonst er sich um die Literatur zur politischen Erziehung gekümmert hat (wie wohl im ‚Rosier de Guerres'), da entfernte er sich nicht wesentlich von der Konvention. Nicht in erster Linie die Richtung, sondern mangelndes Interesse hebt ihn da von seinen burgundischen Nachbarn ab. Die Fürsten, ihre Berater und ihre Feldhauptleute waren gewohnt, sich in der herkömmlichen Art der Literatur gespiegelt zu sehen, ja es war ihr Ehrgeiz; von der Realität ihres Handelns brauchte dabei nicht viel wiedergegeben zu sein. Auch die Burgunder sahen die Welt nicht nur ritterlich, auch sie fühlten sich nicht nur als Helden, aber eine andere literarische Verewigung ihrer Taten als im ritterlichen Stil konnten sie sich nicht denken und wünschen. Sich die Praxis ihres politischen Alltags als literaturfähig vorzustellen, war ihnen unmöglich. Das Ritterliche in diesem extremen Maße ist bei den meisten ihrer Zeitgenossen weggefallen, natürlich vor allem bei Ludwig. Aber auch für ihn gilt die Diskrepanz zwischen Erlebtem und Darzustellendem; auch er, der Realist, erstrebte hier keine neuen Formen. Eine so offene Schilderung wie die seines getreuen Dieners hätte er sich gar nicht vorstellen, auf keinen Fall wünschen können. Für ihn hatte die Weitergabe echter politischer Ratschläge nichts mit Literatur zu tun, und das nicht nur aus Stilgründen. Hier waren Geheimnisse zu wahren, die man nur unter Freunden austauschte.

Commynes läßt alle diese Bedenken hinter sich, wenn er auch noch nicht von allen Seiten des politischen Getriebes mit gleicher Ausführlichkeit spricht. Die finanziellen und wirtschaftlichen Dinge haben auch bei ihm noch nicht völlig den Platz, den sie in der damaligen Praxis einnahmen. Auch er rechnete noch mit einem begrenzten Kreis von Lesern: mit den an der Macht Teilhabenden, das sind im wesentlichen die Fürsten und ihre Berater. Sie will er unterrichten, wobei er hofft, von den Besten unter ihnen verstanden zu werden. Das Volk ist im ganzen nur Objekt. Aber er wagt es, nun von dem auszugehen, was diese Leser praktisch interessieren muß, nicht im Sinne einer verherrlichenden, wir würden sagen, idealisierenden Darstellung des politischen Lebens, sondern von dem, was sie für ihre Tätigkeit brauchen. So allein hofft er, seine Leser nicht nur tüchtig für die Geschäfte, sondern auch reif für ihre Verantwortung machen zu können.

Das Gesagte bezieht sich im wesentlichen auf die ersten sechs Bücher, also auf den ersten Teil. Im zweiten Teil, in der Schilderung des Italienzugs, tritt das Moment der Reflexion und Belehrung stark zurück. Hier gibt es kein im Mittelpunkt stehendes Demonstrationsobjekt mehr, wie es dort Ludwig gewesen war. Aber aus einem anderen Grunde wird Commynes auch hier vor die letzten Fragen seiner Anschauung gestellt. Nach seiner Meinung war der Zug Karls VIII. schlecht vorbereitet und schlecht geführt. Er ist trotzdem in seinem ersten Angriff gelungen, und als danach die Mächte Italiens mit einigen Nachbarn sich gegen die Franzosen zusammenschlossen, konnte die französische Armee wider Erwarten Commynes' beinahe unversehrt auf heimatlichen Boden zurückkehren. Das aber war allein das Werk Gottes, der den unerfahrenen und schlecht beratenen König geschützt und ihn als Werkzeug gebraucht hatte, um die italienischen Mächte, vor allem die Herren von Neapel, zu bestrafen.

Hier steht Commynes deutlich unter dem Einfluß von Savonarola. Im übrigen ließen sich seine Erfahrungen in Italien und besonders in Venedig nur schwer zu den Verhältnissen der alten monarchischen Staatsgebilde von Burgund, Frankreich und England in Beziehung setzen, mit denen er sich im ersten Teil beschäftigt hatte. Doch Venedig führt ihn immer wieder auf Rom. Mehrmals wird nun Livius angeführt, denn Commynes ist mit der Welt der italienischen Renaissance in nähere Berührung gekommen. Die Gründe für die innere Stabilität Venedigs interessieren ihn sehr, aber sein Hauptinteresse ist dabei doch das außenpolitische: wie wird die durch den Zug von 1494 eingeleitete Bewegung und wie vor allem wird die aufsteigende Macht Venedigs die Verhältnisse Italiens und seiner Nachbarn beeinflussen?

In der kurzen Auswahl des Wesentlichen, die uns der Rahmen einer Einleitung aufzwingt, bleibt nun noch von der Wirkung der Memoiren zu sprechen. Dabei müssen wir manches von dem schon Gesagten unter neuem Gesichtspunkt wiederaufnehmen.

Im Aufspüren, Zergliedern und Beurteilen der Motive der Handelnden, im Abwägen von Erfolg und Mißerfolg, in der eindringlichen

Frage nach der Wirklichkeit der Dinge hinter allem Schein und aller Fassade der Politik, da liegt Commynes' Geschlossenheit und deshalb auch die Stärke seiner Wirkung. Gott, auf den er immer wieder stößt, ist für ihn nicht, wie man viel später hat meinen können, bloß eine künstliche Hilfskonstruktion zur Erklärung des eigentlich Unerklärbaren, auch keine Konzession an die noch Gläubigen und Frommen. Wir haben gesehen, wie Commynes mit ihm ringt. Oft glaubt er ganz selbstverständlich, die Motive des göttlichen Eingreifens zu kennen, immer wieder aber muß er sich eingestehen, daß die Dinge nach menschlichen Gesichtspunkten nicht ganz erklärbar sind. Commynes selbst ist sich nicht bewußt, wie weit der Eigenwert des Politischen seinen Gott schon an den Rand drängt.

Trotzdem müssen wir im Hinblick auf die Frage der Wirkung zunächst festhalten: bei Commynes erscheint der Politiker noch nicht als völlig autonom. Noch ist da die große Macht, die belohnt und straft, und seine Warnung vor ihr ist echt. Es fragt sich, ob sie in diesem Zusammenhang gehört werden konnte. Commynes macht deutlich, daß auch das Leben des politischen Menschen wie das aller Menschen unter dem dumpfen Gesetz des Leidenmüssens steht. Zwar ist die Herkunft des Leidens verschieden: die Masse, die Kleinen, sind an sich schon genug gestraft, weil sie von den Mächtigen abhängig sind, unter ihren Kriegen und Steuern leiden; diese selbst aber, die Mächtigen und Großen, stellen das hauptsächliche Wirkungsfeld Gottes dar. Sie, deren Leben vor den Augen aller Menschen sich abspielt, die keinen Irdischen mehr über sich haben, sie stehen unmittelbar im Strahlungsbereich der göttlichen Gnade oder Ungnade; desto mehr hätten sie Grund, Gott nicht zu reizen und die Hybris zu meiden. Ja, auch ihre Macht läßt sie nicht glücklich sein: gerade die Größten unter ihnen leiden besonders, sind unruhig in ihrem Streben und lassen sich in den Strudel immer neuer Wünsche ziehen, statt sich zu begnügen; der beste von ihnen, Commynes' Herr Ludwig XI., hetzt sich auf der Jagd ab, wenn er nicht mit Politik oder Krieg beschäftigt ist. Die Großen wie die Kleinen stehen unter dem Gesetz der armen leidenden Kreatur: für die Kleinen bedient sich Gott der Großen als Züchtiger, die Großen jedoch züchtigt er selbst, unmittelbar, wenn er sie sich nicht gegenseitig strafen läßt. Er hat es so eingerichtet, daß kein Fürst, kein Staat zu mächtig werden kann: jeder hat einen feindlichen Nachbarn oder Gefahren im eigenen Bereich, einen Stachel im Fleisch. Und so, aus dem göttlichen Willen zur Begrenzung der Macht, entwickelt Commynes ein System nicht gerade eines europäischen Gleichgewichts, aber eines die Hybris der Staaten zügelnden Spiels der Widermächte, der Stachel. Alles ist so geordnet, daß die Bäume nicht in den Himmel wachsen. Auch hier liegt die Warnung: ein politischer Tatbestand wird aus Gottes erzieherischer Absicht gedeutet.

Noch bedeutsamer für die Wirkung Commynes' scheint ein anderer

Umstand zu sein. Die Erzählung folgt liebevoll und belehrend den verwickeltsten Vorgängen der gerade damals erwachenden modernen Diplomatie, sie demonstriert Beispiele unwiderstehlicher Menschenbeeinflussung, die Commynes bei Ludwig XI. gesehen und die er oft genug — das wissen wir aus anderen Quellen — auch selbst geübt hat. Die Schilderung ist bestimmt durch die Ordnung der Zwecke nach ihrem immanent politischen Rang. Als der oberste Zweck erscheint der gesicherte politische Erfolg. Wohl möchte Commynes dabei auf der anderen Seite — das ist sie für uns, nicht für ihn — vor der maßlosen Anwendung dieser Methode warnen, die er selbst doch erst am historischen Beispiel ihrer Praxis zur Bewußtheit erhebt und deren Handhabung er beinahe zur Lust macht. Er möchte warnen vor der Hybris der neuen Politik und glaubt auch, praktische Wege zur Bekämpfung dieser Hybris zu kennen. Das Handeln des starken Monarchen, als der des neuen Politikers im eigentlichen Sinne, will er begrenzen, zunächst durch den Zwang zur Befragung seines Rates, dann durch die Verpflichtung zum regelmäßigen Beiziehen der Stände, besonders bei Entscheidungen über die Belastung des Volkes. Und diese Begrenzung durch Verfassungsinstitutionen scheint ihm zutiefst begründet in der Verpflichtung des Herrschers gegenüber Gott, in dem Verbot, Willkür zu üben und andere Menschen leiden zu lassen.

Doch diese Forderungen sind eben in erster Linie nur als Forderungen aufgestellt, werden gerade am lebendigen Bild im Mittelpunkt der Memoiren, an Ludwig XI., nicht als erfüllt demonstriert. Neben diesem Bild wiegt der Hinweis auf das parlamentarische System Englands nicht schwer genug, denn gerade England erscheint ja als der Verlierer in dem Spiel gegen den französischen König. Ludwig selbst erscheint bei Commynes klüger als seine Räte, er hat sie wohl angehört, aber häufiger sie belehrt als sich von ihnen belehren lassen müssen, und von den Ständen hat er in den Jahren seiner großen Erfolge keinen Gebrauch mehr gemacht. So haben an Commynes' Werk nicht die Reflexion, auch nicht der Hinweis auf die Bindung an Gott und seine Gesetze, nicht die Erinnerung an das kurze Glück und das lange Leiden der Mächtigen am stärksten gewirkt. Die Schilderung des kranken, mißtrauischen Ludwig, der sich in seinem Schlosse gegen die Eigenen verbarrikadierte, hat nur die Phantasie der Dichter und mancher Historiker beeinflußt; die Fürsten und Staatsmänner aber haben an seiner Schilderung des vollkräftigen Ludwig gelernt, des Mannes, der Commynes selbst 1472 in seinen Bann gezogen hatte.

Diese Wirkung entsprang allerdings nicht nur der Überlegenheit der farbigen Erzählung der Erfolge und Methoden gegenüber aller Reflexion, des Bildes gegenüber dem Kommentar, sie war auch bedingt durch die ganze Aufnahmesituation des Abendlandes. Als in der ersten Hälfte des 16. Jahrhunderts Commynes' Schrift sich verbreitete, war die starke Monarchie nicht mehr aufzuhalten. Die französischen Stände wurden auch durch die Berufung auf Commynes' Empfehlungen ihren Königen gegenüber nicht stärker. Die raffiniert entwickelte Geheimdiplomatie, die stehenden Heere und die bei Commynes noch nicht zur Geltung kommende neue Rechtsauffassung gaben den Herrschern Mittel in die Hand, vor deren Möglichkeiten alle Warnung verblassen mußte. Es ist ja auch dem viel lückenloser gegossenen Gedankenwerk des Machiavelli nicht nur aus Gründen der Komposition widerfahren, daß es sich in seiner Wirkung den bestehenden Formen der politischen Ordnung anpassen mußte. Commynes' Wirkung im einzelnen ist noch nicht untersucht und der Natur der Dinge nach auch wohl schwer genau abzumessen. Doch wird man im ganzen behaupten können, daß sein praktischer Einfluß auf die Welt des Ancien Régime in die angegebene Richtung ging. Seine „liberalen" Tendenzen, wie man sie genannt hat, besonders seine grundsätzliche Ständefreundlichkeit und seine Bewunderung für England, sind weniger im eigentlich politischen, als in einem weiteren geistigen Zusammenhang bedeutsam geworden.

Soviel vom Nachleben der Gedanken Commynes'. Wie aber steht es mit dem geschichtlichen Bericht, in dem sie eingekleidet sind? Das Werk wurde in den ersten Drucken als „Chronik", dann nach dem von Commynes selbst gebrauchten Ausdruck als „Memoiren" bezeichnet, und zwar wurden in erster Linie die Bücher über Ludwig XI. verbreitet. Commynes selbst hätte einer Publikation unter dem Titel „Chronik" sicher nicht zugestimmt; jedoch erst, als in seiner Nachfolge die Bezeichnung „Memoiren" üblicher wurde, erschien auch sein Werk unter diesem Namen. Der Titel „Chronik" sprach mehr den historisch als den politisch-praktisch interessierten Teil des Publikums an, der weniger Commynes' Reflexion als seine Darstellung der Regierung Ludwigs und im zweiten Teil den Bericht über den Italienzug suchte, das Werk also als geschichtliche Quelle im engsten Sinne verwertete. Auch hier kann man jedoch natürlich nicht trennen. Es liegt nahe, daß das Urteil über den Quellenwert des Werkes auch das Gewicht beeinflussen mußte, das man den darin vorgetragenen politischen Erkenntnissen beimaß. Beides führte auf die Frage der Zuverlässigkeit überhaupt, also auf den Charakter des Verfassers.

Im allgemeinen kann festgestellt werden, daß Widerspruch gegen die tatsächlichen Angaben seines Berichts hauptsächlich aus der Schule der burgundischen Tradition kam. Der Kampf zwischen König Ludwig und Herzog Karl hat sich in der Beurteilung Commynes' als Quelle fortgesetzt, beinahe bis zum heutigen Tage; denn ein großer Teil der Einwände der quellenkritischen Periode des 19. Jahrhunderts stammt aus der belgischen Wissenschaft. Doch auch von anderer Seite sind Commynes die naheliegenden Vorwürfe gemacht worden, er habe im ersten Teil zugunsten von Ludwig, im zweiten zuungunsten von Karl VIII. und seinen Beratern gefärbt. Immerhin hat sich heute sein Bericht im allgemeinen durchgesetzt. An der Folge der in den letzten hundert

Jahren erschienenen wissenschaftlichen Ausgaben der Memoiren ist festzustellen, daß das Ansehen der Quelle Commynes gewachsen ist; der letzte Herausgeber, Joseph Calmette, ist sein wärmster Verteidiger.

Jedenfalls ist Commynes für alle Bereiche, aus denen er Selbsterlebtes berichtet, unter den konkurrierenden Quellen die wichtigste, und er wurde auch im einzelnen auf die Dauer durch solche Konkurrenz nicht ernstlich angefochten. Wie jeder Berichterstatter ist er auf seinen Blickpunkt begrenzt. Seine dankbare Bewunderung für König Ludwig gibt er offen kund, seine Vorbehalte gegenüber Karl VIII. und seiner Umgebung verleugnet er nie. Aber es macht den Eindruck, als bemühe er sich auch bei Gegnern und bei Dingen, die ihm fremd sind, gerecht zu sein. Bis heute haben wir keinen begründeten Anlaß, an dem Ernst dieser Bemühung zu zweifeln. Vor allem aber gilt, besonders für den ersten Teil, dies: was er vorträgt, ist nur das Material, aus dem er seine politischen Erkenntnisse schöpft; die Gültigkeit dieser Erkenntnisse aber ist ihm ein so ernstes Anliegen, daß er auch das Material dazu nicht fälschen kann. Und wenn wir nicht alle seine Hinweise auf Gott und das göttliche Urteil als Schauspielerei beiseite schieben wollen — und das ist nach dem inneren Gesetz des Werkes unmöglich —, dann müssen wir annehmen, daß er auch seine Memoiren unter dieses Urteil stellte. Das heißt nicht, daß nicht da oder dort, mehr noch im zweiten als im ersten Teil, eine Verzeichnung oder ein einseitiges Urteil möglich wäre; aber wir meinen damit, daß er mit Erzählung und Reflexion das Höchste zu leisten versuchte, was ihm möglich war.

Modernen Memoiren pflegt der Mangel anzuhaften, daß ihre Verfasser sich bei der Schilderung der Geschehnisse zu sehr in den Mittelpunkt stellen und ihren Anteil an den Ereignissen übertreiben. Daß Commynes im Gegensatz dazu eher zu wenig als zu viel von seinen Handlungen spricht, ist schon oft bemerkt worden. Natürlich hat er bei der Arbeit an den Memoiren auch an ihre künftige Wirkung in bezug auf seine Person gedacht. Aber auch da liegt der Akzent anders als bei den später üblich gewordenen Darstellungen eigener Erlebnisse. Commynes will nicht in erster Linie durch seine historische Rolle wirken, sie gibt ihm nur die Vollmacht des Berichterstatters und Beurteilers. Wodurch er wirken will, was er mit dem Gewicht seiner Persönlichkeit vertritt und womit er weiterzuleben hofft, das ist eben dieses Urteil, über die Geschehnisse, über die handelnden Menschen und über die Voraussetzungen allen Geschehens und Handelns.

Diese Erkenntnis muß uns über die Tatsache trösten, daß wir über die Arbeitsweise Commynes' so gut wie gar nichts wissen. Für den zweiten Teil ist das ziemlich belanglos; den schrieb Commynes im unmittelbaren Anschluß an den Italienzug, und wo er Dinge außerhalb seines engsten Erlebniskreises berichtet, gibt er seiner Gewohnheit gemäß meistens seine Quellen an. Wie aber brachte er es im ersten Teil zustande, Vorgänge, die er ein Vierteljahrhundert vor der Abfassung der

Memoiren als kaum Zwanzigjähriger erlebt hatte, bis in die Einzelheiten genau festzuhalten? Verwendung von Notizen aus seiner Hand oder von Dokumenten läßt sich nicht nachweisen. Ausgeschlossen ist sie nicht, doch würde das Vorhandensein von Notizen für die ersten, also gerade die der Niederschrift fernsten Jahre schon eine sehr frühe Absicht zu späterer Darstellung voraussetzen, woran zu glauben kein Anlaß besteht. So bleibt zunächst nur eine Erklärung des ungewöhnlichen Phänomens: ein schon sehr früh entwickeltes Verständnis und ein damit zusammenhängendes außergewöhnliches Gedächtnis für die Vorgänge.

Jede Kritik und jedes Urteil über Commynes sieht sich letzten Endes immer der Gesamterscheinung des Mannes gegenüber. Die Wirkung der Memoiren als einer großen Darstellung großen Lebens ist so stark, daß sie eine quellenkritische Behandlung im üblichen Sinne erschwert und immer wieder schrankenlose Bewunderung oder völlige Ablehnung erzeugt. Und wer sich zu der kritischen Nachprüfung der Angaben im einzelnen entschlossen hat, ist in ständiger Gefahr, das geistige Band zu vergessen, das alles umschließt und allem seinen Platz gibt. Commynes kann nicht als Steinbruch benützt werden, aus dem man nur einen gerade gesuchten Stein, eine einzelne Nachricht, herausschlägt. Er bietet nicht Brocken, sondern ein lebendiges Ganzes, und die Herauslösung eines Stückes ohne Rücksicht auf das Lebensgesetz des Ganzen wird sich immer rächen. Dieses Lebensgesetz ist freilich nur aus dem Studium der Memoiren selbst zu erkennen, es läßt sich nicht aus Analogien anderer Werke ableiten.

Wir können zusammenfassend sagen: im Vergleich mit der Literatur vor und nach ihm erscheint das Buch Commynes' als ein Werk sui generis. Sein Verhältnis zu der Literatur vor ihm und zu den literarischen Strömungen seiner Zeit bedarf noch genauerer Untersuchung. Eine unmittelbare Abhängigkeit von einer literarischen Tradition können wir aber jedenfalls verneinen und feststellen, daß er auch keine engeren Beziehungen zum frühen französischen Humanismus hatte. Doch war er sicher literarisch nicht ungebildet. Wohl schreibt er unter dem Eindruck eines Erlebnisses, für dessen Gestaltung er keine Vorbilder hatte, wohl gelingt es ihm, seiner Darstellung den Hauch ungebrochener Frische zu geben, aber die Komposition der Darstellung läßt sich nicht völlig durch sein natürliches Erzählertalent erklären. Jedoch, wenn er unter literarischem Einfluß steht, dann jedenfalls nur in einem ganz allgemeinen Sinn. Denn das letzte Gesetz seiner Komposition ist doch der politische Zusammenhang, und seine Sprache ist die politische der französischen Monarchie, wie wir sie ähnlich, natürlich viel einfacher, in den Briefen seines Königs, in diplomatischen Depeschen seiner Zeit und in seinen eigenen Briefen wiederfinden.

Commynes' Wirkung hat die Gattung der Memoiren geschaffen. Schon vor ihm gab es Erzählungen von Erlebnissen ihrer Verfasser, früher mehr im autobiographischen Sinne, zuletzt im wesentlichen in der ritterlich gesehenen militärischen Sphäre. Doch er lieferte nun das Vorbild für Memoiren mit stark politisch-psychologischem Einschlag und mit deutlichem Verzicht auf jede umfassend autobiographische Absicht. Seine untrennbare Einheit von analysierender Erzählung und belehrender Reflexion ist dann allerdings auf der gleichen Ebene nicht mehr erreicht worden. Commynes hat keinen ernstlichen Nebenbuhler gefunden. Der Grund dafür ist zunächst das Geheimnis seiner schöpferischen Kraft, dann aber auch die Gunst der einmaligen Stunde zur Bewährung dieses Schöpfertums. Die folgenden Generationen sahen sich in anderer Lage. Träger und Diener der erstarkenden, bald absoluten Monarchie, auch wenn sie schriftstellerische Ambitionen und Fähigkeiten hatten, wurden sich immer deutlicher der Notwendigkeit bewußt, das Getriebe ihrer Arbeit nach außen zu verkleiden. Das hat sogar bei der Verbreitung der Memoiren Commynes' eine Rolle gespielt. Noch 1596 meint der englische Übersetzer der Memoiren, Danett, in seinem Vorwort, solche Bücher „treating of Princes secrets were unfit to be published to the vulgare sort", sie sollten nicht in eine Volkssprache übertragen werden. Zu dieser Hemmung kam bei Commynes' Epigonen noch eine andere: es fehlte ihnen die spontane Aufnahmefähigkeit dem nun schon von Generationen her Überkommenen gegenüber, die Commynes als der literarische Entdecker des Neuen besaß. So ist er ein einsamer Gipfel geblieben. Es ist die Einzigartigkeit der historischen Stunde, die den Memoiren den Raum gab. Daß aber Philippe de Commynes ihn auszufüllen verstand, bleibt das Geheimnis seiner Persönlichkeit.

Es lag nicht in seiner Absicht und nicht in seinem Vermögen, sein Erlebnis und seinen Glauben in ein harmonisches System zu bringen. Er konnte nicht ahnen, wie verhängnisvoll die einmal in Gang gesetzte Schwungkraft der autonomen Politik den künftigen Weg des Abendlandes bestimmen werde. Er selbst hat sich immer wieder an die Macht gedrängt und in der Ungnade wenigstens um seine im öffentlichen Dienst erworbenen Reichtümer zäh gekämpft. Glücklich scheint er weder durch Amt noch durch Reichtum geworden zu sein. Jedoch das Bewußtsein, in den Memoiren seine Meinung über die erlebte Geschichte und die Kräfte, die alles Geschehen bestimmen, ausgesprochen und vor der Hybris der Macht gewarnt zu haben, mochte ihm erlösenden Trost gewähren. Solange Politik und Macht ihre dämonische Kraft in der Welt üben, wird es Menschen geben, die sich von den Bildern und von dem Ringen Commynes' erschüttern und befreien lassen.

## *Handschriften und Ausgaben*

Den ursprünglichen Text des Werkes von Commynes wiederherzustellen, ist nicht leicht, obwohl seit Jahrhunderten viele Gelehrte sich darum bemüht haben. Wir besitzen kein Manuskript, das auf Commynes zurückginge, weder ein von ihm geschriebenes noch ein von ihm diktiertes und durchgesehenes. Aller Wahrscheinlichkeit nach hat er diktiert. Die auf uns gekommenen Handschriften gehen in wichtigen Lesarten auseinander, und keine läßt sich aus inhaltlichen Gründen ohne weiteres über alle andern stellen. Da die Bemühung um einen authentischen Text schon sehr früh begonnen hat, ist kaum anzunehmen, daß heute noch eine auf Commynes selbst zurückgehende Handschrift unerkannt vorhanden ist. Der Weg zu dem echten Wortlaut mußte also über die frühesten erhaltenen Manuskripte führen, um durch ihren Vergleich dem Ziel möglichst nahe zu kommen.

Von den sechs Manuskripten, die sich dafür bieten, kommen vor allem zwei in Betracht. Das wohl älteste muß 1524 fertig oder nahezu fertig gewesen sein, wie sich aus dem Wappen des Auftraggebers sicher erschließen läßt, der in diesem Jahre starb, ohne einen Sohn zu hinterlassen. Dieses Manuskript, ein Prachtband mit vierzehn Miniaturen, ist einmal nach Rußland, dann nach England gewandert und kam 1847 in die Hände des Sammlers Dobrée, der es mit seiner übrigen Sammlung dem Département Loire-Inférieure vermachte (Manuskript Dobrée in Nantes). Das zweite, erst seit 1880 der allgemeinen Forschung zugängliche Manuskript läßt sich auf die weitere Familie Commynes' zurückverfolgen; es hat Anne de Polignac gehört, einer Nichte Commynes', der Tochter des Herrn de Beaumont et de Polignac, den Commynes im 5. Kapitel des 8. Buchs erwähnt, und der Jeanne de Chambes, der Schwester von Commynes' Frau. Es scheint etwa aus dem Jahre 1530 zu stammen, ist weniger prächtig als das vorher genannte, denn es enthält nur zwei Bilder, bringt aber als einziges von den frühen Manuskripten auch den Text des zweiten Teils der Memoiren, die Geschichte des Italienzuges. Heute ist es im Besitz der Bibliothèque Nationale in Paris (Manuskript Polignac).

Die Ordnung und wissenschaftliche Beurteilung der Handschriften in dem vorgetragenen Sinne ist erst bei der Arbeit an den beiden neuen wissenschaftlichen Ausgaben der Memoiren vorgenommen worden, die wir zwei führenden französischen Historikern der letzten fünfzig Jahre verdanken. Alle früheren Drucke beruhen auf einer ungenügenden handschriftlichen Grundlage.

Die Geschichte der Commynes-Ausgaben bis zur Gegenwart bildet ein eindrucksvolles Kapitel der politischen Geistesgeschichte Frankreichs und Europas. Der erste Teil der Memoiren erschien im April 1524 zum erstenmal im Druck; er muß einem verbreiteten Wunsch entsprochen haben, denn noch im Herbst des gleichen Jahres wurde er verbessert wiedergedruckt. Diese rasche Folge der Drucke bleibt charakteristisch für das Interesse auch der nachfolgenden Generationen. Wir erwähnten schon oben die wissenschaftliche Bibliographie, die bis zum Ende des 19. Jahrhunderts 123 Ausgaben zählt.

Im Jahre 1528 erschien ein Druck des zweiten Teils. Vollständigen Drucken des ganzen Werkes begegnen wir erst gegen Mitte des 16. Jahrhunderts, erst damals wird der Text in Kapitel und dann in Bücher eingeteilt. Jetzt, 1552, taucht auch der erste Druck auf, der als wissenschaftliche Ausgabe bezeichnet werden kann; er stammt von Denis Sauvage, der nun dem Werke auch nach dem Sprachgebrauch des Verfassers den Titel „Memoiren" gibt, zweifellos, weil sich dieser Titel inzwischen als Name einer Gattung historischer Aufzeichnungen verbreitet hat. Dieser Text wurde nun überall nachgedruckt, in Frankreich, aber auch in Genf und in Leiden. Erst die Mitte des 17. Jahrhunderts bringt eine neue Edition, die von Théodore und Denis Godefroy stammt; sie wurde im Louvre gedruckt, und bei einem feierlichen Besuch in dieser Druckerei hat der zehnjährige Ludwig XIV. 1648 das erste Blatt aus der Presse genommen. Nun begann man, dem Text andere Dokumente zur Illustration der Zeitgeschichte beizugeben; einige dieser Ausgaben, vor allem eine vom Beginn des 18. Jahrhunderts, haben sich durch diese Beilagen einen bleibenden Wert gesichert.

Und so mündet die Geschichte unsres Werkes in die Zeit der modernen kritischen Methode, wie sie in der ersten Hälfte des 19. Jahrhunderts sich durchsetzt. Auf der ganzen uns heute zur Verfügung stehenden Handschriftengrundlage beruhen nur zwei Editionen, die einander ergänzen: die von Bernard de Mandrot in der „Collection de textes pour l'étude et l'enseignement de l'histoire" (1901/03) und die handliche von Joseph Calmette in den kleinen Bändchen „Les Classiques de l'histoire de France au Moyen Age" (1924/25).

Auf einen aus der Vergleichung dieser Ausgaben herstellbaren Text geht die vorliegende Übersetzung zurück. Sie reiht sich einer großen Zahl früherer an, von denen die lateinische des deutschen Historikers Johannes Sleidanus (Philippi aus Schleiden), 1545 in Straßburg erschienen, die berühmteste ist, allerdings den Text stark gekürzt wiedergibt; sie ist auch nicht die einzige Übersetzung ins Lateinische geblieben. In die lebenden Sprachen Europas wurden Commynes' Memoiren schon früh übersetzt. Die Italiener waren noch vor Sleidan auf dem Platze, sie haben es im Laufe der Zeit sogar zu einer ganzen Reihe italienischer Ausgaben gebracht. Doch sind ältere Übersetzungen in alle großen abendländischen Sprachen bekannt. Die ersten deutschen hatten den von Sleidanus geschaffenen lateinischen Text zur Grundlage. Die heute vergriffene Übersetzung von S. Aschner aus dem Jahre 1920 stützte sich auf den Text von Mandrot.

Jede Übersetzung des Commynes wird einmal durch die Unsicherheit der Textüberlieferung erschwert, zum andern durch die Eigenart seiner Sprache, die selbst den neuen französischen Herausgebern noch Schwierigkeiten bereitet. Commynes spricht nicht die literarische Sprache seiner Zeit, für die es Hilfsmittel gibt, sondern die politische, und zwar in einer Steigerung und Dichte, wie wir sie sonst nirgends antreffen. Eine Übersetzung muß sich bemühen, die Wörter des Textes in ihrem ganzen Bedeutungsumfang gleich wiederzugeben, auch dort, wo wir im Ausdruck wechseln würden; darum wurden für wichtige Begriffe auch in unserer Übersetzung verhältnismäßig farblose deutsche Wörter verwendet und die Wiedergabe durch verschiedene Entsprechungen vermieden. Die größten Schwierigkeiten aber bot der verwickelte syntaktische Zusammenhang, die oft sehr langatmigen Perioden, in denen die Beziehungen der einzelnen Glieder zueinander häufig vielfältiger sind, als es sich heute in unserer Sprache ausdrücken läßt. Hier mußte manche Unebenheit in Kauf genommen werden, doch der Leser wird schon nach den ersten Kapiteln den Sinn solcher Stellen und ihre Bedeutung für das Verständnis Commynes' erkennen. Das Ziel einer wissenschaftlichen Übersetzung muß möglichst große Texttreue sein. Sie hat gerade bei dem Werk Commynes' den Vorzug, daß sie der Lebendigkeit und Spannung der Memoiren auf die Dauer am besten gerecht wird.

## *Bibliographische Angaben*

Wegen ihrer Anmerkungen und allgemeinen Belege ist die erste mit modernen wissenschaftlichen Mitteln hergestellte Ausgabe noch zu benützen: „Mémoires de Philippe de Commynes", 3 Bde herausgegeben von Mlle. Dupont (für die Société de l'Histoire de France), 1840—47. Für die Arbeit am Text sind heute nur noch die beiden neuesten Ausgaben, und zwar womöglich nebeneinander, heranzuziehen: „Mémoires de Philippe de Commynes" herausgegeben von B. de Mandrot, 2 Bde. (Collection de Textes pour servir à l'étude et à l'enseignement de l'histoire 33, 36), 1901, 1903, und „Philippe de Commynes, Mémoires" herausgegeben von Joseph Calmette, 3 Bde (Les Classiques de l'Histoire de France au Moyen Age 3, 5, 6) 1924/25.

Von deutschen Übersetzungen ist nur noch die 1920 bei Georg Müller in München erschienene brauchbar: „Die Denkwürdigkeiten Philipps von Commynes, Herrn von Argenton" übersetzt und eingeleitet von Dr. S. Aschner. Eine verdienstliche Übersetzung, deren Wert aber durch das Bemühen um ein altertümelndes Deutsch und durch einige Freiheiten (so die häufige Verwandlung von indirekter in direkte Rede) eingeschränkt wird; sie ist auch nicht frei von Mißverständnissen.

Zugrunde zu legen sind die Einleitungen von Mandrot und Calmette; dazu ergänzend die Einleitung der vorliegenden Übersetzung.

Weitere Arbeiten

a) über den geschichtlichen Hintergrund:


B. Schmeidler, Das Spätere Mittelalter, Handbuch f. d. Geschichtslehrer (herausgegeben von Kende), IV, 1, Leipzig und Wien 1937.

E. Fueter, Geschichte des europäischen Staatensystems 1492—1559; Below-Meinecke, Handbuch der mittelalterlichen und neueren Geschichte, München 1919.

Calmette-Déprez, Les premières grandes puissances, Bd. VII, 2 der Histoire du Moyen Age (Histoire Générale herausgegeben von Glotz), Paris 1939.

J. Calmette, L'Elaboration du Monde Moderne, „Clio", 3. Ed., Paris 1949.

H. Hauser und A. Renaudet, Les Débuts de l'Age Moderne, „Peuples et Civilisations", 2. Ed., Paris 1938.

J. Huizinga, Herbst des Mittelalters. Studien über Lebens- und Geistesformen des 14. und 15. Jahrhunderts in den Niederlanden. Dte. Übersetzg. 5. A. 1939.

P. E. Schramm, Der König von Frankreich. Das Wesen der Monarchie vom 9. bis zum 16. Jahrhundert. 2 Bde, Weimar 1939.

F. Ernst, Über Gesandtschaftswesen und Diplomatie an der Wende vom Mittelalter zur Neuzeit, Archiv für Kulturgeschichte 33, 1950.


b) über Commynes:


A. Molinier, Les sources de l'histoire de France, Bd. V., Paris 1904.

E. Fueter, Geschichte der neueren Historiographie (Below-Meinecke, Handbuch der mittelalterlichen und neueren Geschichte) 1911, Neudruck mit bibliographischen Ergänzungen 1936.

F. Ernst, Zeugniswert und Ziel der Memoiren von Philipp von Commynes, Die Welt als Geschichte, IX 1943.

COMMYNES

MEMOIREN

# PROLOG

Herr Erzbischof von Vienne[1], es hat Euch gefallen, mich zu bitten, ich möge Euch in einer Aufzeichnung niederschreiben, was ich von den Taten des Königs Ludwig XI., dem Gott gnädig sei, unsres Herrn und Wohltäters, eines Fürsten, würdig des besten Andenkens, erlebt und erfahren habe. Ich bin dieser Bitte nachgekommen, so wahrheitsgemäß wie es meinem Vermögen und meiner Erinnerung entspricht.

Von seiner Jugendzeit weiß ich nur das zu sagen, was ich ihn selbst davon sprechen und erzählen gehört habe; aber seit der Zeit, in der ich in seinen Dienst getreten bin, bis zu seinem Tode, bei dem ich anwesend war, habe ich dauernd wie kein anderer meines Standes, der immer mindestens der eines Kammerherrn gewesen ist, mit ihm gelebt oder war in seinen großen Angelegenheiten beschäftigt. Bei ihm, wie auch bei allen anderen Fürsten, die ich gekannt oder denen ich gedient habe, habe ich Gutes und Böses kennengelernt, denn sie sind alle Men-

[1] Über den Adressaten dieser Widmung, Angelo Cato, sind wir erst durch einen Aufsatz von Benedetto Croce in den Atti della Reale Accademia di Scienze morali e politiche Band 55 (1933) Seite 139 ff, genauer, wenn auch immer noch nicht genau genug, unterrichtet worden; die Hinweise in den Commynes-Ausgaben sind dadurch überholt. Der Erzbischof stammte aus Benevent (das „de Supino“ ist Beiname der Familie), wurde 1465 von König Ferdinand I. zum Professor für Naturphilosophie und Astronomie an der Universität Neapel ernannt und begleitete als Arzt den Sohn Ferdinands auf der Reise, die sie 1475 zu Karl dem Kühnen führte. Während der Kämpfe Karls mit den Eidgenossen haben sie am Vorabend der Schlacht von Murten den Burgunder verlassen und sind zu König Ludwig XI. von Frankreich gegangen. Dieser hat Angelo Cato als erfahrenen Arzt, aber auch wegen seiner Fähigkeit, die Zukunft vorherzusagen, an sich gezogen und 1482 zum Erzbischof von Vienne wählen lassen. Angelo Cato hat sich — mindestens zunächst — mehr in Paris bzw. am Hof aufgehalten. Im März 1495 scheint er gestorben zu sein.

Der ganze Prolog stellt eine Widmung mit Angabe des Inhalts der Memoiren dar. Er bezieht sich nur auf den ersten, bis 1491 geschriebenen Teil (Buch 1—6). Ludwig soll im Mittelpunkt stehen, aber Ludwig mit seinen guten Herrschereigenschaften: auf die Problematik des Fürstenberufes wird schon hier hingewiesen. Commynes geht von einer Aufforderung des Erzbischofs aus, er möge seine Erinnerungen an den König niederschreiben. Wenn er dann seine Hoffnung ausdrückt, Angelo Cato werde sein Material für ein lateinisches Werk über Ludwig benutzen, so darf man diese Bemerkung nicht wörtlich nehmen, wie es meist geschehen ist. Die ganze Bemühung und schon die Sprache Commynes' schließt aus, daß er hier nur eine Materialsammlung für die Arbeit eines anderen vorlegen wollte. Noch im Prolog selbst spricht er von „den Lesern“ seiner Schrift. Eine Beziehung zu Angelo Cato ist nicht zu bestreiten, wohl auch nicht die Tatsache, daß er Commynes zur Niederschrift aufgefordert oder ermutigt hat. Die Fiktion einer bloßen Materialsammlung aber steht in einem weiteren literarischen Zusammenhang vom Mittelalter her und nähert sich hier dem Charakter eines Topos, ohne daß allerdings eine unmittelbare Abhängigkeit daraus erschlossen werden könnte.

schen wie wir. Gott allein ist vollkommen. Aber wenn in einem Fürsten die Tugend und die guten Anlagen die Laster übertreffen, ist er großen Lobes würdig, da sie mehr als andere Menschen zu willkürlichen Dingen neigen, sowohl wegen der Erziehung und geringen Lenkung, die sie in ihrer Jugend gehabt haben, als auch, weil die meisten Leute, wenn sie ins Mannesalter gekommen sind, versuchen, sich ihnen, ihrem Temperament und ihrem Charakter anzupassen.

Weil ich nicht lügen will, kann es sein, daß sich an irgendeiner Stelle dieses Werkes etwas findet, was ihm in keiner Weise zum Lobe gereicht. Aber ich habe die Hoffnung, daß diejenigen, die es lesen, die genannten Gründe berücksichtigen werden. Und dies wage ich zu seinem Lobe zu sagen: es scheint mir nicht, daß ich jemals einen Fürsten gekannt habe, der, im Ganzen gesehen, weniger Laster in sich trug als dieser. Und ich habe doch so viele große Fürsten gekannt und so viel Umgang mit ihnen gehabt, wie kein Mensch, der zu meiner Zeit in Frankreich lebte, ob sie nun in unserem Königreich, in der Bretagne, in flandrischen Gebieten, in Deutschland, England, Spanien, Portugal und Italien herrschten, ob es weltliche oder geistliche Herren waren; und von mehreren, die ich nicht gesehen habe, erhielt ich Kenntnis durch die Vermittlung ihrer Gesandtschaften, durch Briefe und ihre Instruktionen, durch die man sich genug Einblick in ihre Art und ihren Charakter verschaffen kann.

Dennoch beabsichtige ich keineswegs, die Ehre und den guten Ruf der anderen zu schmälern, indem ich ihn hier lobe, sondern schicke Euch das, an was ich mich genau erinnerte, und hoffe, daß Ihr es verlangt, um es in einem Werke zu verwenden, das Ihr in lateinischer Sprache zu schreiben beabsichtigt, in der Ihr so bewandert seid. In diesem Werk wird sich die Größe des Fürsten, von dem ich Euch erzählen werde, und auch die Eueres Geistes zeigen. Und da, wo ich versage, werdet Ihr Herrn Du Bouchage und andere finden, die Euch besser davon erzählen können und es in eine schönere Sprache zu kleiden wissen als ich. Aber verpflichtet durch die Ehre, den vertrauten Umgang und die Wohltaten, die er mir ohne Unterbrechung bis zu seinem Tode gewährt hat, muß ich bessere Erinnerung daran haben als irgendein anderer, und das auch wegen der Verluste und Schmerzen, die ich seit seinem Hinscheiden erfahren habe, was wohl geeignet ist, die mir von ihm erwiesenen Gnaden ins Gedächtnis zu rufen; es ist freilich eine ganz gewöhnliche Sache, daß nach dem Ableben eines so großen und mächtigen Fürsten starke Veränderungen eintreten, wobei die einen gewinnen, die anderen verlieren. Güter und Ehren nämlich werden nicht nach dem Geschmack derer vergeben, die sie begehren.

Um Euch, wie Ihr es wollt, über die Zeit zu unterrichten, in der ich von unserem Herrn Kenntnis habe, muß ich vor dem Augenblick beginnen, in dem ich in seinen Dienst trat. Dann werde ich meine Schilderung der Reihenfolge nach weiterführen bis zu der Stunde, in der ich sein Diener wurde, und dann bis zu seinem Tode fortfahren.

# ERSTES BUCH

## *Erstes Kapitel*

Als meine Knabenzeit vorüber war und ich in das Alter kam, da man zu Pferde steigt, wurde ich nach Lille zum Herzog Karl von Burgund gebracht, damals noch Graf von Charolais genannt, der mich in seine Dienste nahm: das war im Jahre 1464.

Ungefähr drei Tage danach kamen in Lille die Gesandten des Königs an[1]; es waren der Graf von Eu, der Kanzler Frankreichs mit Namen Morvilliers und der Bischof von Narbonne. In Gegenwart des Herzogs Philipp von Burgund, des Grafen von Charolais und ihres ganzen Rates wurden diese Gesandten bei geöffneten Türen angehört. Morvilliers sagte in sehr anmaßendem Ton, daß der Graf von Charolais, als er in Holland war, ein kleines, von Dieppe ausgelaufenes Kriegsschiff hätte angreifen lassen. In diesem befand sich der Bastard von Rubempré. Er hätte ihn gefangen genommen und beschuldigt, nur dorthin gekommen zu sein, um ihn, den Grafen, in seine Gewalt zu bringen. Dieses hätte der Graf überall, und besonders in Brügge, wo Leute aus aller Herren Länder verkehren, durch einen Ritter Burgunds, Herrn Olivier de La Marche[2], ausrufen lassen.

---

[1] Die Gesandten des Königs sind am 5. November 1464 in Lille angekommen. Die hohe Politik selbst schenkt in dieser Audienz dem jungen Commynes zu Beginn seines öffentlichen Dienstes eine glänzende „Exposition“: er erlebt die Audienz mit, an die sich die folgende Handlung anschließt, der Krieg „du Bien Public“ wird in dieser Unterhandlung für die burgundische Seite vorbereitet, Karl der Kühne erscheint in seinem empfindlichen Temperament, jederzeit bereit, die Ehre Burgunds zu verteidigen. Ludwig selbst tritt noch nicht auf, aber sein Schatten liegt mächtig über der Szene. Das erste politische Erlebnis des jungen Commynes bildet mit innerem Recht den Ausgang der Memoiren; es führt in die Lage ein, die das erste Buch erfüllt, und zeigt den Gegensatz des Grafen von Charolais gegen die Ansprüche des Königs, den Gegensatz, der für Commynes' Leben bestimmend geworden ist. Ein Vergleich mit anderen Quellen, besonders der Chronik des burgundischen Hofhistoriographen Chastellain, zeigt kleinere Ungenauigkeiten in dem Bericht Commynes'. Er stand damals wohl im 18. Lebensjahr, war jedenfalls nicht viel älter. Seine Memoiren hat er etwa 25 Jahre nachher geschrieben. Über die Audienz mag später noch viel gesprochen und dadurch das Gedächtnis des jungen Politikers für dieses erste große Erlebnis geschärft worden sein. Zweifellos hat auch seine später erworbene nähere Kenntnis Karls des Kühnen auf das hier am Anfang gegebene Bild zurückgewirkt.

[2] Olivier de La Marche, burgundischer Hofmann und Verfasser bekannter Memoiren. Hier stellt sich die Grundfrage der Gerichtshoheit: wer hat über den Burgunder de La Marche zu richten, sein Herzog oder der französische König?

Aus diesen Gründen fühle sich der König durch diesen — wie er sagte — der Wahrheit widersprechenden Akt angegriffen und fordere vom Herzog Philipp, daß Herr Olivier de La Marche ihm gefangen nach Paris gesandt würde, damit er ihn, wie es der Fall erfordere, bestrafe. Darauf antwortete ihm Herzog Philipp, daß Herr Olivier de La Marche aus der Grafschaft Burgund gebürtig und sein Kammerherr, in keiner Weise aber ein Untertan der Krone sei. Sollte er aber irgendetwas gegen die Ehre des Königs gesagt oder getan haben, was sich bei einer Untersuchung herausstellen müßte, dann würde er selbst die dem Fall gemäße Bestrafung übernehmen. Und was den Bastard von Rubempré beträfe, so sei es wahr, daß er wegen feindlicher Kundgebungen und der Haltung verhaftet wurde, die er und seine Leute in der Umgebung vom Haag in Holland eingenommen hätten, wo sich zu der Zeit gerade sein Sohn, der Graf von Charolais, aufhielt. Der Graf sei nun einmal sehr argwöhnisch, aber das hätte er nicht von ihm, denn er sei es nicht, sondern von seiner Mutter, die die argwöhnischste Dame gewesen sei, die er jemals gekannt habe; obgleich er nun, wie gesagt, niemals argwöhnisch gewesen sei, hätte er an Stelle seines Sohnes auch den Bastard von Rubempré verhaften lassen, als dieser sich in seiner Umgebung befand. Wenn er nicht angeklagt wäre, seinen Sohn gefangen nehmen zu wollen, wie man allgemein annehme, würde er ihn unverzüglich ausliefern und dem König zurückschicken, wie es seine Gesandten forderten.

Danach begann Morvilliers wieder, und zwar mit heftigen und ehrenrührigen Anklagen gegen den Herzog Franz von der Bretagne, indem er sagte, daß der Herzog und der Graf von Charolais, als dieser in Tours beim König gewesen sei und den Herzog dort gesehen habe, untereinander Urkunden ausgetauscht hätten, worin sie sich ihre Waffenbrüderschaft durch Herrn Tanneguy Du Chastel hätten bestätigen lassen, der seitdem Statthalter von Roussillon geworden sei und große Macht im Königreiche hätte. Morvilliers stellte diesen Bund als entsetzlich und verbrecherisch hin und sparte nichts, was zu diesem Zweck vorgebracht werden konnte, um Schmach und Tadel auf einen Fürsten zu häufen.

Wegen solcher Beleidigungen gegen seinen Freund und Bundesgenossen leidenschaftlich erregt, versuchte der Graf mehrere Male zu antworten. Morvilliers jedoch unterbrach ihn immer wieder und sagte: „Herr de Charolais, ich bin nicht gekommen, um mit Euch zu sprechen, sondern mit Euerem Herrn Vater.“ Der Graf bat wiederholt seinen Vater, er möge ihm erlauben zu antworten; dieser aber sagte zu ihm: „Ich habe für dich so geantwortet, wie es mir richtig erscheint, daß ein Vater für seinen Sohn antworten muß. Wenn du jedoch gern selbst reden willst, denke heute darüber nach und sage morgen deine Wünsche.“ Morvilliers sagte noch, er könne nicht anders denken, als daß der Graf von Charolais diesen Bund mit dem Herzog der Bretagne eingegangen sei, weil der König ihm seine Pension nebst der Statthalterschaft der Normandie verliehen und wieder entzogen hätte.

Am folgenden Tage sprach der Graf von Charolais vor wiederum versammeltem Rate, auf einem Sammetkissen knieend, zu seinem Vater. Er begann mit dem Bastard von Rubempré und verteidigte die Gründe der Verhaftung als gerecht und vernünftig, wie sich ja im Prozeß erweisen würde. Dennoch glaube ich nicht, daß sich jemals etwas hat erweisen lassen, wenn auch die Verdachtsgründe schwerwiegend waren: ich habe ihn selbst gesehen, als er nach fünf Jahren aus der Haft befreit wurde. Danach begann er den Herzog der Bretagne und sich selbst zu entlasten: es sei wohl wahr, daß der Herzog der Bretagne und er Bündnis und Freundschaft miteinander geschlossen hätten und Waffenbrüder geworden seien, in keiner Weise aber sei dieses Bündnis zum Schaden des Königs und seines Reiches geschlossen, sondern im Gegenteil, um ihm zu dienen und ihn zu unterstützen, wenn es nötig sei. Was die Pension anbeträfe, die man ihm fortgenommen hätte: von der hätte er niemals mehr als ein Viertel in Höhe von neuntausend Franken gehabt und niemals würde er sie oder die Statthalterschaft der Normandie zurückfordern. Da er die Gunst seines Vaters wiedererlangt habe, könne er auf alle übrigen Wohltaten verzichten. Ich glaube gern, daß er sehr viel rauher gesprochen hätte, wenn er nicht Furcht vor seinem Vater gehabt hätte, der anwesend war, und an den er seine Worte richtete. Die Schlußworte des Herzogs Philipp waren sehr bescheiden und weise; er bat den König, nicht schlecht von ihm und seinem Sohn zu denken und ihn in seiner guten Gnade zu erhalten.

Dann wurden Wein und Konfekt gereicht, und die Gesandten nahmen von Vater und Sohn Urlaub. Als es soweit war, daß der Graf von Eu und der Kanzler vom Grafen von Charolais Abschied nahmen, der von seinem Vater ziemlich entfernt stand, sagte er zum Bischof von Narbonne, den er zuletzt sah: „Empfehlt mich sehr ergeben der guten Gnade des Königs und sagt ihm, er habe mich von seinem Kanzler hier ganz gut waschen lassen, aber bevor noch ein Jahr vorüber sei, werde er es bitter bereuen." Der Bischof von Narbonne überbrachte diese Botschaft dem König, als er wieder zurück war, wie Ihr hier später noch hören werdet. Diese Auseinandersetzung erzeugte großen Haß des Grafen von Charolais gegen den König: dazu kam noch, daß vor noch nicht langer Zeit der König die Städte an der Somme wie Amiens, Abbeville, St-Quentin und andere mit vierhunderttausend Talern wieder eingelöst hatte, die von König Karl VII. im Frieden von Arras an Herzog Philipp von Burgund abgetreten worden waren, zu seinem und seiner Erben Nießnutz[3].

---

3 Im Artikel 24 des Vertrags von Arras vom 21. September 1435 waren die Städte beiderseits der Somme, darunter St-Quentin, Amiens, Abbeville und die anliegenden Gebiete, vom französischen König Karl VII. an den Burgunderherzog Philipp den Guten abgetreten worden unter der Bedingung, daß der französische König das Recht habe, die Städte und Gebiete um 400 000 Gold-

Nun befand sich der Herzog in hohen Jahren, und alle Regierungsgeschäfte wurden von den Brüdern Herrn de Croy und de Chimay und anderen ihres Hauses geleitet; er bekam vom König sein Geld wieder und gab die Länder zurück. Darüber war der Graf, sein Sohn, sehr ungehalten, denn es waren die Grenzgebiete ihres Herrschaftsbereiches, und sie verloren dort viele Untertanen und gute Kriegsleute. Er gab denen von Croy wegen dieser Angelegenheit die Schuld, und als sein Vater ins höchste Greisenalter gekommen war, dem er schon sehr nahe stand, jagte er alle die von Croy aus den Ländern seines Vaters und nahm ihnen alle ihre festen und beweglichen Güter, die sie besaßen.

## *Zweites Kapitel*

Wenige Tage nach der Abreise der Gesandten kam der Herzog Johann von Bourbon, der kürzlich gestorben ist, nach Lille und gab vor, seinen Onkel zu besuchen, der von allen Herrscherhäusern der Welt das Haus Bourbon besonders liebte. Er war der Sohn von Herzog Philipps Schwester, die seit langem verwitwet mit ihren drei Töchtern und einem Sohn bei ihrem Bruder lebte. In Wirklichkeit aber war der Grund seines Kommens der, den Herzog von Burgund zu gewinnen und zu der Einwilligung zu überreden, in seinem Land ein Heer aufzustellen. Das gleiche wollten alle anderen französischen Fürsten auch tun, um dem König die schlechte Ordnung und die schlechte Gerechtigkeit zu zeigen, die er in seinem Reiche halte. Wenn er sie nicht ändere, wollten sie Gewalt anwenden, um ihn dazu zu zwingen. Seitdem wurde dieser Krieg „Die allgemeine Wohlfahrt" genannt[4], da er unter dem Vorwand, es sei für das allgemeine Wohl des Königreiches, unternommen wurde.

Herzog Philipp, der seit seinem Tode Philipp der Gute genannt wurde, willigte ein, daß man Leute aufbringe; der Hintergrund dieser Sache aber wurde ihm niemals entdeckt; auch dachte er nicht daran, daß diese Pläne je zur Ausführung gelangen würden. Unverzüglich begannen sie, ein Heer aufzustellen. Der Graf von St-Pol, seitdem Konnetabel von Frankreich, kam zu dem Grafen von Charolais nach Cambrai, wo sich damals Herzog Philipp aufhielt; nachdem dorthin auch der Marschall von Burgund aus dem Hause Neufchâtel gelangt war, berief der Graf von Charolais eine große Versammlung von Räten und anderen Leu-

taler zurückzukaufen, wenn er wolle. Von diesem Recht hatte Ludwig XI. im Herbst 1463 Gebrauch gemacht. Das Sommegebiet war für Franzosen und Burgunder von größter Bedeutung. Der Text des Vertrags von Arras ist am leichtesten greifbar in „Les grands traités de la guerre de cent ans", herausgegeben von E. Cosneau (in der Collection de Textes) 1889.

[4] Die „Ligue du Bien Public".

ten seines Vaters in das Haus des Bischofs von Cambrai und erklärte dort alle aus dem Hause de Croy zu seinen und seines Vaters Todfeinden, obgleich der Graf von St-Pol schon vor langem seine Tochter Herrn de Croy zur Frau gegeben hatte, wenn auch, wie er sagte, nur gezwungen. Es endete jedenfalls damit, daß sie aus den Ländern des Herzogs von Burgund fliehen mußten und viele ihrer Güter verloren.

All dieses mißfiel Herzog Philipp sehr, dessen erster Kammerherr Herr de Chimay war, ein junger, gut veranlagter Mann, der Neffe des Herrn de Croy. Dieser entfloh, ohne seinem Gebieter Lebewohl zu sagen, da er um sein Leben bangte: sonst wäre er nämlich getötet oder gefangen genommen worden, wie man es ihm angedroht hatte. Das hohe Alter ließ den Herzog alles geduldig ertragen, und diese ganze Erklärung, die sich gegen seine Leute richtete, geschah nur wegen der Rückgabe seiner an der Somme gelegenen Herrschaftsgebiete, die Herzog Philipp an König Ludwig für vierhunderttausend Taler ausgeliefert hatte. Der Graf von Charolais beschuldigte die Herren de Croy, daß sie sich die Einwilligung zur Rückgabe von Herzog Philipp geholt hätten.

Der Graf von Charolais versöhnte sich mit seinem Vater so gut er konnte. Unverzüglich stellte er die Reisigen ins Feld gemeinsam mit dem Grafen von St-Pol, der der oberste Leiter seiner Angelegenheiten und Feldhauptmann seiner Armee war. Er mochte wohl dreihundert Kriegsleute und viertausend Bogenschützen unter seinem Kommando haben; außerdem unterstanden ihm auf Befehl des Grafen von Charolais viele gute Ritter und Junker aus den Ländern Artois, Hennegau und Flandern. Ähnlich große Heere hatten Herr de Ravenstein, der Bruder des Herzogs von Kleve, und Herr Anton, Bastard von Burgund, die mit ihrer Führung beauftragt worden waren. Er hatte auch noch andere Heerführer, die ich der Kürze halber jetzt nicht nennen will. Unter diesen befanden sich zwei Ritter, die bei dem Grafen in großem Ansehen standen: der eine war Herr de Hautbourdin, ein alter Ritter, Bastardbruder des Grafen von St-Pol, der in den ehemaligen Kriegen zwischen Frankreich und England gelernt hatte, zur Zeit als König Heinrich V. von England in Frankreich regierte und Herzog Philipp mit ihm vereint und sein Verbündeter war[5]. Der andere war Herr de Contay, ein Zeit- und Altersgenosse der ersteren. Diese beiden waren sehr tapfere und kluge Ritter und hatten den ersten Rang im Heer.

Junge gab es genug; unter ihnen war Herr Philipp de Lalaing sehr berühmt, der aus einem Geschlecht stammte, in dem man wenige fand, die nicht tapfer und mutig gewesen waren, und aus dem fast alle im Dienste ihrer Herren auf dem Schlachtfeld gefallen waren. Das Heer mochte etwa vierzehntausend Reisige stark sein, schlecht bewaffnet und

[5] Heinrich V. von England, König 1413—1422. Das englisch-burgundische Bündnis wird 1435 durch den Vertrag von Arras (zwischen Frankreich und Burgund) gelöst.

schlecht ausgebildet; denn lange Zeit hatten die Länder in Frieden gelebt, und seit dem Vertrag von Arras hatten sie wenige Kriege gesehen, die lange gedauert haben. Nach meiner Schätzung haben sie mehr als sechsunddreißig Jahre Ruhe gehabt, außer einigen kleinen Feldzügen gegen die Genter, die nicht lange dauerten. Die Reisigen waren sehr gut beritten und begleitet, denn nur wenige hättet Ihr sehen können, die nicht fünf oder sechs große Pferde bei sich gehabt hätten. Acht- oder neuntausend Bogenschützen waren dort, und nach der Musterung hatte man mehr Mühe damit, sie wieder fortzuschicken, als sie anzuwerben; die Besten wurden ausgewählt.

Damals lebten die Untertanen des Hauses Burgund in großem Reichtum wegen des langen Friedens, den sie genossen hatten und wegen der Güte des Fürsten, der sie regierte und der wenig Steuern von ihnen forderte. Mir scheint, daß damals seine Länder mit mehr Recht Länder der Verheißung genannt werden konnten als alle anderen auf der Erde. Sie waren angehäuft mit Reichtümern und befanden sich in tiefem Frieden; dies alles hatten sie seitdem nicht mehr; es mögen seither wohl dreiundzwanzig Jahre vergangen sein. Aufwand und Kleidung waren sowohl bei den Männern als auch bei den Frauen prächtig und im Überfluß, Gelage und Bankette größer und verschwenderischer als an jedem anderen Ort, von dem ich weiß, Badereien und andere Lustbarkeiten mit Frauen groß, zügellos und ohne Scham; ich meine hier die sittenlosen Weiber. Überhaupt konnte den Untertanen des Hauses Burgund kein Fürst imponieren, der es nicht wagte, sich Respekt zu verschaffen. Und heute kenne ich kein Land in der ganzen Welt, das so sehr in Not wäre, und ich zweifle nicht daran, daß die Sünden in den Zeiten ihres Glückes ihnen solch ein Unglück gebracht haben. Vor allem erkannten sie nicht, daß all diese Gnaden von Gott kamen, der sie wieder fortnehmen kann, wenn es ihm gefällt.

So war dieses Heer in einem Augenblick mit allem gerüstet, wovon ich hier vorher gesprochen habe, und der Graf von Charolais setzte sich mit der ganzen Armee in Marsch. Alle waren zu Pferde außer denjenigen, die seine Artillerie führten, die zu der Zeit schon schön und groß war. Auch hatte er eine so große Anzahl von Wagen, daß man damit den größten Teil seines Heerlagers einschließen konnte, und zwar nur mit seinen eigenen Wagen. Er nahm seinen Weg nach Noyon und belagerte eine kleine Burg, genannt Nesle, worin Kriegsvolk lag. In wenigen Tagen nahm er sie ein. Der französische Marschall Joachim, der von Péronne aus aufgebrochen war, hielt sich immer in seiner Nähe, fügte ihm aber keinen Schaden zu, weil er nur wenige Leute hatte und zog sich nach Paris zurück, als sich der Graf der Stadt näherte.

Auf dem ganzen Wege beging der Graf keine Feindseligkeiten, und seine Leute nahmen nichts ohne Bezahlung. Auch ließen die Städte an der Somme und alle anderen seine Leute in kleiner Zahl eintreten und gaben ihnen für ihr Geld alles, was sie begehrten; es schien so, als ob sie abwarteten, wer der Stärkere sein würde, der König oder die Fürsten. So setzte der Graf seinen Weg fort und kam nach St-Denis in die Nähe von Paris, wo sich alle großen Herren des Königreiches einfinden sollten, wie sie versprochen hatten; aber sie waren noch nicht da.

Bei dem Grafen war als Gesandter für den Herzog der Bretagne dessen Vizekanzler Rouville, der leere Zettel mit der Unterschrift seines Herrn mit sich führte und sich dieser für Nachrichten und Schreiben je nach den Umständen bediente. Er war Normanne und ein sehr geschickter Mann; seine Schlauheit kam ihm bei dem Murren der Leute zugute, das sich gegen ihn erhob.

Der Graf war dabei, sich vor Paris zu zeigen, und hatte dort ein sehr hitziges Scharmützel bis vor die Tore, das zum Nachteil der Pariser auslief. Von Reisigen waren dort nur Joachim mit seiner Kompanie[6] und Herr de Nantouillet, der seitdem Großmeister war und auch dem König in diesem Jahr so treu gedient hat, wie ein Untertan einem König von Frankreich in seiner Not nur dienen konnte. Am Ende wurde er dafür schlecht belohnt, mehr durch die Umtriebe seiner Feinde als durch den Fehler des Königs; aber keine von beiden Seiten ist in allen Punkten zu entschuldigen. An diesem Tage waren Leute aus dem geringen Volk, wie ich später gehört habe, sehr erschreckt und schrien: „Sie sind drin!" So haben mir es nachher mehrere erzählt. Aber das war grundlos. Herr de Hautbourdin, von dem ich vorher gesprochen habe, der dort aufgewachsen war, meinte jedoch, man hätte die Stadt angreifen können; sie war auch damals noch nicht so stark befestigt wie heute. Die Reisigen hätten es wohl gewollt, da sie das Volk verachteten, denn das Scharmützel ging bis an die Tore. Dennoch ist es wahrscheinlich, daß man sie nicht eingenommen hätte. Der Graf zog sich nach St-Denis zurück.

Am nächsten Morgen wurde Rat gehalten, ob man den Herzögen von Berry und der Bretagne entgegenziehen solle, die in der Nähe seien, wie der Vizekanzler der Bretagne sagte, der Briefe von ihnen vorzeigte; diese aber hatte er auf die leeren Blätter selbst geschrieben und etwas anderes wußte er auch nicht. Man beschloß, über die Seine zu setzen, obgleich mehrere meinten, man solle lieber umkehren, da die anderen ihre Verabredung versäumt hätten. Es genüge vollkommen, die Somme und Marne zu überschreiten, ohne über die Seine zu gehen. Einige hegten große Bedenken, da sie dann im Rücken keine Plätze hätten, wohin sie sich zurückziehen könnten, wenn es nötig sei.

Das ganze Heer murrte heftig gegen den Grafen von St-Pol und den Vizekanzler. Dennoch setzte der Graf von Charolais über den Fluß

---

[6] Seit der Reform von 1445 rechnet man in Frankreich eine Kompanie nach der damals festgesetzten Stärke einer „Ordonnanzkompanie", diese sollte aus 100 „Lanzen" bestehen. Eine vollzählige Lanze war eine Einheit von 6 Leuten, von denen vier, an ihrer Spitze der „homme d'armes", der Reisige, als Kämpfer zählen konnten.

und lagerte an der Brücke von St-Cloud. Am nächsten Tage nach seiner Ankunft kamen Nachrichten von einer Dame des Königreiches zu ihm, die ihm eigenhändig geschrieben hatte, daß der König aus dem Bourbonnais aufgebrochen sei und in großen Tagesmärschen heraneile, um ihn zu treffen.

Nun muß ich ein wenig erzählen, wie der König ins Bourbonnais gekommen war. Als er erkannt hatte, daß sich alle Fürsten des Reiches gegen ihn, oder zumindest gegen seine Regierung verschworen hatten, beschloß er, sich zuerst auf den Herzog von Bourbon zu werfen, den er für feindlicher als die anderen Fürsten hielt und von dessen Land er glaubte, daß es schwach sei. Dieses meinte er bald bezwungen zu haben. Er nahm ihm mehrere feste Plätze weg und hätte sicher das Übrige noch vollendet, wenn nicht Hilfe aus Burgund durch den Marquis de Rothelin, den Herrn de Montagu und andere gekommen wäre. Dort trug Herr Guillaume de Rochefort, der ein sehr geschätzter Mann war und heute Kanzler von Frankreich ist, den Harnisch.

Diese Versammlung hatten in Burgund der Graf von Beaujeu und der Kardinal von Bourbon, der Bruder des Herzogs Johann von Bourbon, gemacht, und sie warfen die Burgunder nach Moulins. Auf der anderen Seite kamen dem Herzog der Herzog von Nemours, der Graf von Armagnac und Herr d'Albret mit einer großen Anzahl von Kriegsvolk zu Hilfe. Unter diesen waren einige gute Krieger ihrer Länder, die die Ordonnanzkompanie des Königs verlassen hatten, um sich zu ihnen zurückzuziehen. Die meisten von ihnen waren in sehr schlechter Verfassung, da sie keine Löhnung erhalten hatten und vom Volk leben mußten.

Trotz ihrer großen Anzahl machte ihnen der König viel zu schaffen; und so verhandelten sie um irgendeine Art des Friedens, insbesondere der Herzog von Nemours, der dem König schwur und versprach, seine Partei zu halten; dennoch tat er später das Gegenteil davon, was den König veranlaßte, den Haß, den er gegen ihn gehegt hatte, zu erneuern, wie er mir mehrere Male gesagt hat.

Als nun der König sah, daß er sobald nichts erreichen könne, und daß der Graf von Charolais sich Paris näherte, fürchtete er, die Pariser würden ihm, seinem Bruder und dem Herzog der Bretagne, die von der Küste der Bretagne heranzogen, die Tore öffnen, weil sie alle vorgaben, es sei für das Wohl des Reiches. Da er nun fürchtete, daß alle anderen Städte dem Beispiel von Paris folgen würden, entschloß er sich, in großen Tagesmärschen nach Paris zu eilen, um zu verhindern, daß sich die beiden großen Heere vereinigten. Er kam damals nicht in der Absicht zu kämpfen, wie er mir mehrere Male erzählte, wenn er von dieser Sache sprach.

## Drittes Kapitel

Als der Graf von Charolais den Abmarsch des Königs aus dem Bourbonnais, wie ich oben gesagt habe, erfuhr und glaubte, daß er geradeswegs auf ihn losgehe, entschloß er sich, ihm entgegenzuziehen. Er gab daraufhin den Inhalt seiner Briefe bekannt, ohne die Dame zu nennen, und ermahnte jeden, sich tapfer zu halten, da er sich entschlossen hätte, das Glück zu versuchen. Er lagerte in einem Dorf bei Paris, Longjumeau genannt, und der Konnetabel mit seiner ganzen Vorhut in Montlhéry, drei Meilen weiter. Späher und Reiter wurden ausgesandt, um die Ankunft und den Weg des Königs auszukundschaften[7].

In Gegenwart des Grafen von St-Pol wurde Ort und Platz der Schlacht bei Longjumeau ausgewählt und unter ihnen vereinbart, daß sich der Graf von St-Pol auf Longjumeau zurückziehen solle, falls der König käme; dort sollten sich Herr de Hautbourdin und Herr de Contay befinden. Nun muß man wissen, daß Herr du Maine mit siebenhundert oder achthundert Reisigen vor den Herzögen von Berry und der Bretagne stand, die in ihrer Truppe kluge und angesehene Ritter hatten, die König Ludwig, als er zur Regierung kam, abgesetzt hatte, obgleich sie seinem Vater bei der Wiederherstellung und Befriedung im Reich treu gedient hatten. Viele Male bedauerte er später, sie so behandelt zu haben, als er seinen Irrtum einsah. Unter den anderen war dort der Graf von Dunois, ein in allen Dingen sehr geschätzter Mann, der Marschall de Lohéac, der Graf von Dammartin, Herr de Bueil und viele andere; etwa fünfhundert Reisige sind aus dem Dienst des Königs geschieden, die alle zu dem Herzog der Bretagne zurückkamen, dessen Untertanen sie waren; sie waren gebürtige Bretonen und die Blüte des Heeres.

Wie ich gesagt habe, fühlte sich der Graf du Maine nicht stark genug, um mit ihnen zu kämpfen, sondern wich immer vor ihnen zurück in die Nähe des Königs; sie dagegen suchten, sich mit den Burgundern zu vereinigen. Einige wollten wissen, daß der Graf du Maine im Einverständnis mit ihnen handelte, aber ich weiß es nicht und glaube es auch nicht[8].

Als nun der Graf von Charolais, wie gesagt, in Longjumeau und seine Vorhut in Montlhéry waren, wurde ihm von einem Gefangenen, den man ihm vorführte, berichtet, daß der Graf du Maine sich mit dem König vereinigt hätte; dort befänden sich alle Ordonnanzkompanien des Reiches, etwa zweitausendzweihundert Reisige und das zweite Aufgebot der Dauphiné mit vierzig oder fünfzig savoyischen Edelleuten, alles mäch-

---

[7] Longjumeau liegt etwa 20 km südlich von Paris, Montlhéry 6 km südwestlich von Longjumeau.

[8] Hier hat sich Commynes getäuscht: der Graf von Maine hat wirklich mit den Gegnern des Königs konspiriert. Näheres in der Ausgabe von Mandrot, I, Seite 24, Anm. 4.

tigen Leuten. Der König hielt Kriegsrat mit dem Grafen du Maine, dem Großseneschall der Normandie, de Brézé, mit dem Admiral von Frankreich aus dem Hause de Montauban und anderen. Endlich entschloß er sich, überhaupt nicht zu kämpfen, was sie auch immer sagen mochten, sondern sich nur nach Paris zu begeben, ohne dem Lager der Burgunder zu nahe zu kommen. Meiner Ansicht nach war seine Meinung richtig. Dem Großseneschall der Normandie mißtraute er und bat ihn, er möge ihm sagen, ob er den Fürsten, die ihm feindlich gesonnen waren, seine Unterschrift gegeben habe oder nicht. Darauf antwortete der Großseneschall, daß er sie gegeben habe, und daß sie ihnen auch bliebe, sein Leben aber gehöre dem König; dieses sagte er scherzend, denn er war gewohnt, so zu sprechen. Der König gab sich damit zufrieden und vertraute ihm die Führung seiner Vorhut an, weil er, wie gesagt, diese Schlacht vermeiden wollte. Der Großseneschall sagte daraufhin in guter Laune zu einem seiner Freunde: „Heute werde ich die beiden so dicht zusammenführen, daß derjenige, der es versteht, sie auseinanderzubringen, sehr geschickt sein muß." So tat er es auch; die ersten jedoch, die fielen, waren er selbst und seine Leute. Diese Worte hat mir der König selbst erzählt, denn ich war ja damals noch beim Grafen von Charolais.

Diese Vorhut befand sich am 27. Juli 1465 bei Montlhéry, wo der Graf von St-Pol lag. Der meldete in aller Eile die Ankunft dem Grafen von Charolais, der drei Meilen davon entfernt in Erwartung der Schlacht lag, und bat, ihm schleunigst zu Hilfe zu kommen; Reisige und Bogenschützen seien schon abgesessen und dicht bei seinem Troß; sich zu ihm zurückzuziehen, wie ihm befohlen worden war, sei nicht mehr möglich, denn wenn er aufbräche, würde es nach Flucht aussehen, und das sei sehr gefährlich für das ganze Heer. Der Graf von Charolais ließ in großer Eile den Bastard Anton von Burgund mit einer großen Anzahl von Leuten, die unter seiner Führung standen, zu ihm stoßen; er selbst überlegte sich, ob er gehen solle oder nicht. Schließlich marschierte er hinter den anderen her und kam um 7 Uhr morgens dort an; schon waren dort fünf oder sechs Fähnlein des Königs, die längs eines großen Grabens zwischen den zwei Heeren angekommen waren.

Noch waren im Heerlager des Grafen von Charolais der Vizekanzler der Bretagne, Rouville, und ein alter Reisiger mit Namen Madré, der die Brücke St-Maxence übergeben hatte; sie hatten Furcht vor dem Murren, das sich gegen sie erhoben hatte, als man sah, daß es in die Schlacht ging, und daß sich die Leute, durch die sie verstärkt werden sollten, nicht eingefunden hatten; bevor die Schlacht begann, machten sie sich auf die Flucht, den Weg einschlagend, auf dem sie die Bretonen zu treffen gedachten.

Der Graf von Charolais traf den Grafen von St-Pol zu Fuß, und alle anderen stellten sich in einer Linie auf, so wie sie kamen; die Bogenschützen trafen wir abgesessen an, jeder hatte einen Pflock vor sich aufgepflanzt, außerdem gab es viele Fässer Wein, denen zum Trinken der

Boden ausgeschlagen war. Nach dem Wenigen, was ich gesehen habe, muß ich sagen, daß ich niemals Leute von größerer Kampfeslust sah, und das schien mir ein gutes Zeichen und eine große Beruhigung zu sein. Beim ersten Anblick wurde befohlen, daß alle ohne Ausnahme vom Pferde absitzen sollten; dann änderte man den Befehl wieder, und fast alle Reisigen stiegen wieder zu Pferde; vielen guten Rittern und Junkern wurde befohlen zu Fuß zu bleiben; unter ihnen waren Herr des Cordes und sein Bruder. Herr Philipp de Lalaing war auch abgesessen, denn unter den Burgundern waren damals diejenigen am meisten geehrt, die mit den Bogenschützen zu Fuß kämpften, und immer begaben sich viele Adlige dorthin, damit das Volk sich sicherer fühle und besser kämpfe; das hatten sie von den Engländern gelernt, mit denen Herzog Philipp in seiner Jugend in Frankreich Krieg führte, der zweiunddreißig Jahre ohne Unterbrechung dauerte; den Hauptteil trugen die Engländer, die reich und mächtig waren und zu jener Zeit einen weisen König hatten, König Heinrich, der schön und sehr tapfer war, kluge und tapfere Männer und große Feldherren, wie den Grafen von Salisbury, Talbot und andere hatte, von denen ich schweigen will, da dieses nicht zu meiner Zeit war, obgleich ich die letzten davon noch gesehen habe; denn als Gott müde wurde, ihnen Gutes zu tun, starb dieser weise König im Wald von Vincennes. Sein wahnsinniger Sohn wurde in Paris zum König von Frankreich und England gekrönt. So änderten sich auch die anderen Machtverhältnisse in England, Zwietracht erhob sich unter ihnen, die fast bis auf den heutigen Tag gedauert hat, da das Haus York das Königreich an sich riß oder es mit Recht bekam; ich weiß nicht mit welchem, denn die Teilung solcher Dinge wird im Himmel gemacht.

Ich komme nun zu meinem Stoff zurück: die Burgunder hatten mit ihrem Auf- und Absitzen großen Zeitverlust und Schaden erlitten. Hier fiel dann der tapfere und junge Ritter Philipp de Lalaing, da er schlecht gewappnet war. Die Leute des Königs kamen in einer Linie durch den Wald Torfou; als wir ankamen, waren es noch nicht vierhundert Reisige; wäre man unverzüglich auf sie losmarschiert, hätte man keinen Widerstand gefunden, wie es Vielen schien, denn, wie gesagt, konnten die Hinteren nur in einer Linie vorrücken; dennoch wurden sie immer zahlreicher. Als dies der kluge Ritter Herr de Contay sah, eilte er zu seinem Gebieter, Herrn de Charolais, und sagte zu ihm, daß es Zeit sei zu marschieren, wenn er diese Schlacht noch gewinnen wolle. Er sagte auch die Gründe dafür. Wenn er schon eher begonnen hätte, wären seine Feinde längst geschlagen, denn er hätte sie in kleiner Zahl angetroffen, die ständig wuchs; und das war die Wahrheit.

Da jeder seine eigene Meinung abgab, änderten sich alle Befehle und jeder Rat, aber schon war ein lebhaftes und heftiges Scharmützel am Ausgang des Dorfes Montlhéry zwischen den Bogenschützen beider Parteien im Gange. Die Königlichen befehligte Poncet de Rivière; es waren alles Bogenschützen der Ordonnanz mit vom Goldschmied ausgeschlagenen Röcken und in gutem Zustand. Die Burgunder waren ohne Ordnung und ohne Kommando, als sie von sich aus die Scharmützel begannen; bei ihnen waren zu Fuß Herr Philipp de Lalaing und Herr Jacob Du Mas, ein sehr berühmter Mann, der später erster Kammerherr des Herzogs Karl von Burgund wurde. Die Burgunder waren in der Überzahl; sie eroberten ein Haus und nahmen zwei oder drei Türen, die ihnen als Schutz dienten, begannen in die Straße einzudringen und zündeten ein Haus an. Der Wind half ihnen, da er das Feuer gegen die Königlichen trug; diese begannen zu weichen, auf ihre Pferde zu steigen und die Flucht zu ergreifen.

Auf diesen Lärm und dieses Geschrei hin begann der Graf von Charolais zu marschieren und verließ, wie ich sagte, jegliche vorher vereinbarte Ordnung. Es war befohlen worden, in drei Abteilungen vorzurücken, weil der Abstand zwischen den beiden Schlachtreihen groß war. Die Königlichen standen bei dem Schloß von Montlhéry und hatten eine große Hecke und einen Graben vor sich; außerdem waren die Felder voll von Korn, Bohnen und anderen starken Halmfrüchten, denn das Land war hier sehr gut. Alle Bogenschützen des Grafen marschierten zu Fuß in schlechter Ordnung vor ihm her, obgleich es meine Meinung ist, daß sie für die Schlachten am wichtigsten sind; aber sie müssen zu Tausenden sein, denn in kleiner Zahl taugen sie nichts; außerdem müssen sie schlecht beritten sein, damit sie den Verlust ihrer Pferde nicht bedauern, oder sie müssen überhaupt keine haben. Diejenigen, die noch nichts gesehen haben, vollbringen an einem Kampftage ihre Aufgabe besser, als die, die schon etwas mitgemacht haben. Das ist auch die Meinung der Engländer, die die besten Bogenschützen der Welt haben.

Es war gesagt worden, daß man zweimal unterwegs rasten solle, um das Fußvolk ausruhen zu lassen, da der Weg lang war, und die großen und kräftigen Feldfrüchte es am Gehen hinderten; dennoch wurde gerade das Gegenteil davon getan, als ob man sich möglichst schnell zugrunde richten wollte. Darin bewies Gott, daß die Schlachten in seiner Hand liegen und er nach seinem Belieben den Sieg verteilt. Ich glaube nicht, daß der Geist eines Menschen eine so große Menschenmasse in Ordnung halten kann, noch daß die Dinge im Feld sich so vollziehen, wie sie im Zimmer angeordnet worden sind; wenn ein Mensch mit klarem Verstand glaubt, das zu können, versündigt er sich gegen Gott. Wohl aber muß ein jeder das tun, was er vermag, und er muß erkennen, daß die Schlachten zu den Vollzügen göttlichen Willens gehören, die Gott manchmal durch kleine Anregungen und Hinweise begonnen hat, der bald diesem bald jenem den Sieg verleiht. Dieses Geheimnis ist so groß, daß Königreiche und große Herrschaften dadurch manchmal in Verwüstung enden, während andere anwachsen und zu existieren beginnen.

Wir kommen nun zu unserem Thema zurück: Der Graf drängte in einem Stoß vorwärts, ohne den Bogenschützen und dem Fußvolk eine

Rast zu gönnen. Die Königlichen, alles Reisige, kamen an zwei Enden hinter der Hecke hervor; als sie so nahe herangekommen waren, daß sie die Lanzen einlegen konnten, durchbrachen die burgundischen Reisigen die Reihen der Bogenschützen und stießen nach vorn, ohne ihnen Zeit zu lassen, auch nur einen Pfeilschuß zu tun, und doch war das die Hoffnung ihres Heeres; denn ich glaube nicht, daß unter den ungefähr zwölfhundert Reisigen fünfzig sind, die eine Lanze richtig einlegen können. Es gab dort nicht einmal vierhundert im Harnisch und nicht einen einzigen bewaffneten Knappen infolge des langen Friedens und weil dieses Herrscherhaus keine Söldner hielt, um das Volk nicht mit Steuern zu belasten. Seit diesem Tag hat das Land bis heute keine Ruhe mehr gehabt, und jetzt ist es schlimmer denn je.

So brachen sie selbst die Blume ihrer Hoffnung. Dennoch wollte Gott, der über solchem Geheimnis waltet, daß die Seite zur Rechten des Schlosses, auf der sich der Graf befand, siegte, ohne irgend einen Widerstand zu finden. Ich war an diesem Tage immer mit ihm zusammen und empfand weniger Furcht als ich auf den Schlachtfeldern gehabt habe, auf denen ich mich später befand, weil ich noch jung war und die Gefahr nicht kannte; aber ich war erstaunt, wie jemand es wagen konnte, sich gegen diesen Fürsten, bei dem ich war, zu verteidigen, den ich für den größten von allen hielt. So sind die Leute, die noch wenig Erfahrung haben und daher viele unbegründete und unvernünftige Reden führen; auf sie kann man wohl die Meinung derjenigen anwenden, die sagen, daß man niemals bereut, zu wenig geredet zu haben, wohl aber oft, zu viel.

Zur Linken war Herr de Ravenstein, Herr Jakob de St-Pol und mehrere andere, denen es schien, als hätten sie nicht genug Reisige, um den Feinden standzuhalten, die sie vor sich hatten; sie waren sich aber schon so nahe gekommen, daß eine neue Ordnung nicht mehr möglich war. In der Tat wurden diese glatt durchbrochen und bis zum Troß gejagt: die meisten flohen bis in den Wald, der eine halbe Meile entfernt war. Beim Troß sammelte sich wieder einiges burgundisches Fußvolk. Die Eifrigsten bei dieser Jagd waren die Edlen der Dauphiné und die Savoyer und auch viele Reisige. Sie wähnten schon, die Schlacht gewonnen zu haben. Auf diesem Flügel fingen die Burgunder an zu fliehen, auch die großen Herren, und die meisten von ihnen flohen, um die Brücke St-Maxence zu erreichen, weil sie glaubten, sie würde noch für sie gehalten. Viele blieben im Wald, unter anderem hatte sich auch der Konnetabel dorthin zurückgezogen, der eine starke Begleitung hatte. Der Troß befand sich sehr nahe bei diesem Wald. St-Pol zeigte bald darauf, daß er die Sache noch nicht für verloren hielt.

## *Viertes Kapitel*

Der Graf von Charolais verfolgte von seiner Seite aus mit geringer Begleitung eine halbe Meile über Montlhéry hinaus. Dennoch verteidigte sich niemand, obgleich er viel Kriegsvolk traf; daher glaubte er schon, den Sieg in der Hand zu haben. Ein alter Edelmann aus Luxemburg mit Namen Anthoine le Breton kam zu ihm, um ihn zurückzuholen; er sagte ihm, die Franzosen hätten sich auf dem Feld wieder gesammelt; wenn er ihnen noch weiter nachjage, sei er verloren. Er ließ aber nicht davon ab, obgleich er es ihm zwei- oder dreimal sagte. Unverzüglich kam Herr de Contay, von dem ich oben schon gesprochen habe, und sagte ihm dasselbe, was der alte Edelmann aus Luxemburg ihm schon gesagt hatte, aber er sagte es ihm so kühn und bestimmt, daß er auf sein Wort und seinen Sinn etwas gab und sofort umkehrte. Ich glaube, daß er gefangen genommen worden wäre, wie viele andere, die vor ihm jagten, wäre er noch zwei Bogenschüsse weitergeritten. Als er beim Dorf vorbeiritt, traf er auf einen Trupp fliehenden Fußvolks. Er jagte ihnen mit noch nicht hundert Pferden im ganzen nach. Nur ein Fußsoldat wandte sich um und versetzte ihm einen Stoß in die Magengegend, wovon man am Abend die Spur sehen konnte. Die meisten der anderen retteten sich durch die Gärten, dieser aber wurde getötet.

Als er dicht bei der Burg vorbeiritt, sahen wir die Bogenschützen der königlichen Garde, die unbeweglich vor dem Tor standen. Hierüber war er erschrocken, da er bei ihnen keine Gegenwehr mehr erwartet hatte; er wandte sich zur Seite, um das freie Feld zu erreichen, wo ihn etwa fünfzehn oder sechszehn Reisige anrannten. Ein Teil der Seinen war schon von ihm getrennt. Gleich zu Beginn erstachen sie seinen Truchseß Philippe d'Oignies, der eine Standarte trug. Der Graf war in großer Gefahr; er erhielt mehrere Hiebe, unter anderem auch einen Degenstich in die Kehle, dessen Narbe ihm lebenslänglich geblieben ist, da ihm der Panzer dort durch einen Fehler abgerutscht war. Er war am Morgen schlecht befestigt worden, und ich habe ihn selbst fallen sehen. Man legte schon Hand an ihn und rief: „Herr, ergebt Euch! Ich erkenne Euch wohl; laßt Euch nicht töten!"

Er verteidigte sich weiter; diesem Gefecht kam der Sohn eines Arztes aus Paris, Meister Jean Cadet, der in seinen Diensten war, ein dicker, schwerfälliger und grober Mensch, auf einem Pferd gleicher Statur, in die Quere und trennte die Kämpfenden. Die Königlichen zogen sich über den Rand des Grabens zurück, wo sie am Morgen gewesen waren, da sie vor einigen Furcht hatten, die sie heranmarschieren sahen; zu denen zog sich der Graf, der noch stark blutete, in die Mitte des Feldes zurück. Das Banner des Bastards von Burgund war ganz zerfetzt, so daß es kaum noch einen Fuß lang war, ebenso das Banner der gräflichen Bogenschützen. Es waren im ganzen nicht einmal vierzig Mann beisammen;

wir selber, noch nicht dreißig Mann, vereinigten uns mit ihnen in großer Sorge. Sogleich wechselte der Graf das Pferd, das ihm Simon de Quingey vorführte, der damals sein Page war und später ein sehr bekannter Mann wurde.

Der Graf sprengte durchs Feld, um seine Leute wieder zu sammeln; ich merkte, daß wir, die wir dort geblieben waren, in dieser halben Stunde nur die Flucht im Sinne gehabt hätten, wenn nur hundert Feinde gegen uns vorgedrungen wären. Mittlerweile kamen zehn, zwanzig Mann bei uns an, teils zu Fuß, teils zu Pferde, müde und verwundet, sowohl durch die Anstrengung, die wir ihnen am Morgen zugemutet hatten, als auch durch den Feind. Nach und nach kamen mehr. Unser Feld war auch ganz platt, wo eine halbe Stunde vorher noch das Korn hochgestanden hatte, und der Staub der fürchterlichste von der Welt: das ganze Schlachtfeld war mit Toten und mit Pferdeleichen übersät; wegen des Staubes jedoch konnte man keinen Toten erkennen.

Bald sahen wir auch schon den Grafen von St-Pol aus dem Gehölz herauskommen, der etwa vierzig Reisige und sein Fähnlein mit sich führte; er marschierte geradeswegs auf uns zu, und die Zahl seiner Leute wuchs; aber sie schienen noch sehr weit entfernt zu sein. Man schickte drei- oder viermal zu ihm mit der Bitte, sich zu beeilen, er aber rührte sich kaum von der Stelle und kam nur im Schritt. Von seinen Leuten ließ er die Lanzen aufheben, die auf der Erde lagen, und er kam in guter Ordnung an, was unseren Leuten großen Mut machte. Sie versammelten sich in großen Scharen bei uns, so daß wir etwa achthundert Reisige waren. Fußvolk war wenig oder gar nicht da, was den Grafen daran hinderte, den völligen Sieg zu erringen, da sich ein Graben und eine große Hecke zwischen den beiden Schlachtreihen befanden.

Auf der Seite des Königs flohen der Graf du Maine und mehrere andere, außerdem etwa 800 Reisige. Einige haben sagen wollen, daß der Graf du Maine im heimlichen Einverständnis mit den Burgundern gestanden hätte, aber ich glaube nicht, daß in Wirklichkeit etwas daran war[9]. Niemals war eine Flucht auf beiden Seiten größer gewesen, so daß eigentlich nur die beiden Fürsten im Feld blieben. Auf der Seite des Königs floh ein Mann von Stande ohne anzuhalten bis nach Lusignan, und auf des Grafen Seite ein anderer großer Mann bis nach Le Quesnoy Diese beiden wollten sich wohl davor hüten, sich gegenseitig zu töten.

Als sich die beiden Schlachtreihen so gegenüberstanden, feuerten sie mehrere Kanonenschüsse ab, durch die auf beiden Seiten Leute getötet wurden. Niemand wünschte mehr zu kämpfen. Unsere Schar war viel größer als die des Königs; dennoch waren seine Anwesenheit und die guten Worte, die er den Reisigen gab, von großem Wert. Ich glaube wirklich nach allem, was ich erfahren habe, daß alle geflohen wären, wenn er nicht dagewesen wäre. Auf unserer Seite wollten einige den

[9] Siehe letzte Anmerkung Seite 11.

Kampf gern wieder aufnehmen, besonders Herr de Hautbourdin, der eine feindliche fliehende Linie sehen wollte. Hätte man nur ungefähr hundert Bogenschützen gefunden, um durch die Hecke zu schießen, wäre auf unserer Seite alles wieder marschiert.

Als wir noch mit dieser Sache und diesen Gedanken beschäftigt waren ohne alles Scharmützeln, wurden wir vom Anbruch der Nacht überrascht. Der König zog sich nach Corbeil zurück, während wir glaubten, er lagere und schlösse sich in seiner Stellung ein. Von ungefähr hatte dort, wo der König gewesen war, eine Pulvertonne Feuer gefangen und hatte einige Wagen längs der großen Hecke ergriffen, so daß wir glaubten, es seien ihre Lagerfeuer.

Der Graf von St-Pol, der wirklich den Eindruck eines Kriegshauptmannes machte, und noch mehr Herr de Hautbourdin, befahlen, daß man die Wagen an den Ort, an dem wir uns befanden, brächte, damit wir von ihnen eingeschlossen würden; so wurde es gemacht. Wie wir uns dort wieder gesammelt hatten und in Schlachtordnung waren, kamen viele der Königlichen von ihrer Verfolgung zurück und glaubten, daß für sie alles gewonnen sei; sie waren gezwungen, unsere Reihen zu durchqueren. Einige nur entrannen, die meisten wurden getötet. Bei den Königlichen fielen von namhaften Männern Herr Geoffroi de St-Belin, der Großseneschall und der Hauptmann Floquet; auf burgundischer Seite Herr Philipp de Lalaing und von Fußknechten und geringem Volk mehr als auf seiten der Königlichen; mehr Reiter aber verlor die Partei des Königs.

Die Königlichen brachten an Gefangenen von denjenigen, die geflüchtet waren, die besten ein. Auf beiden Seiten fielen mindestens zweitausend Mann; es war tapfer gekämpft worden, und auf beiden Seiten befanden sich gute und sehr erschöpfte Leute. Aber es war meiner Meinung nach auch eine große Anstrengung, sich auf dem Schlachtfeld wieder zu sammeln und sich drei bis vier Stunden in dieser Haltung gegenüberzustehen. Darum müßten die beiden Fürsten diejenigen wohl schätzen, die ihnen in solchen Gefahren gute Kameradschaft gehalten haben. Aber sie sind auch nur Menschen und keine Engel. So verlor einer seine Ämter und seinen Rang, weil er geflohen war, die dann anderen gegeben wurden, die sich noch zehn Meilen weiter entfernt hatten. Bei uns verlor einer sein Ansehen und wurde aus der Nähe seines Gebieters verstoßen; nach einem Monat jedoch hatte er mehr Einfluß als vorher.

Dicht von der Wagenburg umschlossen lagerten alle so gut es ging. Wir hatten eine große Anzahl Verwundeter; die meisten waren entmutigt und erschreckt, da sie fürchteten, die Pariser würden mit ihren zweihundert Reisigen und dem Marschall Joachim, des Königs Statthalter in dieser Stadt, ausfallen, und man müßte dann nach zwei Seiten hin kämpfen. Mitten in der Nacht befahl man fünfzig Lanzenträgern auszukundschaften, wo der König lagere. Es gingen aber ungefähr nur zwanzig. Von unserem Lager bis zu der Stelle, an der wir den König vermuteten, mochten es etwa drei Bogenschuß sein. Unterdessen aß und trank Herr de Charolais ein wenig, und jeder an seinem Platz, und er ließ sich seine Wunde am Hals verbinden. An der Stelle, wo er aß, mußte man vier oder fünf Tote aufheben, um ihm Platz zu machen, und er saß auf zwei Strohbündeln. Als man die Toten fortschaffen wollte, bat plötzlich einer dieser armen nackten Leute um einen Trunk; man flößte ihm etwas Ptisana ein, von dem der Graf getrunken hatte. Als ihm das Leben wiederkam, wurde er erkannt: es war ein sehr bekannter Leibbogenschütze unseres Herrn mit Namen Savarot; er wurde gepflegt und genas.

Man hielt Rat, was nun zu tun wäre; als erster äußerte der Graf von St-Pol seine Meinung und sagte, daß man in Gefahr sei; er riet daher, bei Tagesanbruch die Straße nach Burgund zu ziehen, einen Teil des Trosses zu verbrennen und nur die Artillerie zu sichern; nur derjenige, der mehr als zehn Lanzen bei sich hätte, dürfe Troß mit sich führen; es sei unmöglich, ohne Lebensmittel hier zwischen Paris und dem König zu bleiben. Danach äußerte Herr de Hautbourdin dieselbe Meinung mit dem Vorbehalt, sie nach dem Bericht der Kundschafter zu ändern. Ebenso drei bis vier andere. Als letzter sagte Herr de Contay, daß sich alles auf die Flucht begeben würde, wenn dieser Lärm im Lager losginge; dann würde der Graf gefangengenommen, noch ehe er zwanzig Meilen zurückgelegt hätte. Er sagte noch mehrere gute Gründe dafür und riet jedem, es sich in dieser Nacht noch so bequem wie möglich zu machen, um am nächsten Tag beim Morgengrauen den König anzugreifen; man müsse sterben oder leben; er fände diesen Weg sicherer als die Flucht.

Ungefähr um Mitternacht kamen diejenigen, die man ausgesandt hatte, zurück und meldeten, daß der König bei den Feuern lagere, die sie gesehen hätten; man kann sich daher denken, daß sie nicht weit gegangen waren. Unverzüglich schickte man andere aus, und nach einer Stunde war jeder wieder zum Kampfe gerüstet. Die meisten allerdings hatten mehr Lust, die Flucht zu ergreifen. Als es tagte, begegneten diejenigen, die man ausgeschickt hatte, einem unserer Fuhrleute, der am Morgen gefangengenommen worden war, als er ein Fuder Wein aus dem Dorf brachte; der sagte ihnen, alle seien fortgegangen. Diese Neuigkeiten schickten sie ins Lager und gingen selbst dorthin. Sie fanden alles so vor, wie er es ihnen gesagt hatte, kehrten um und meldeten es. Im Lager war darüber große Freude, und viele, die vor einer Stunde noch ein sehr erschöpftes Aussehen gehabt hatten, meinten, man solle ihnen nachreiten. Ich hatte ein altes Pferd, das sehr müde war; es soff eine Bütte Wein aus, in die es zufällig sein Maul gesteckt hatte. Ich ließ es gewähren: niemals habe ich es so munter und frisch gesehen.

Als es heller Tag wurde, stieg man zu Pferde; wenn auch die Reihen sehr gelichtet waren, kamen doch viele Leute wieder, die sich in den Wäldern versteckt hatten. Herr de Charolais ließ einen Mönch kommen und befahl ihm zu verbreiten, er käme aus dem Lager der Bretonen; sie selbst würden an diesem Tage noch da sein. Dadurch wurde das Heer ermutigt, wenn es auch nicht gerade jeder glaubte. Bald darauf, ungefähr um zehn Uhr morgens, kam der Vizekanzler der Bretagne, Rouville, und mit ihm Madré, von denen ich oben schon gesprochen habe, und brachten zwei Gardebogenschützen des Herzogs der Bretagne mit, die seine Abzeichen trugen. Darüber freuten sich die Leute sehr; obgleich man vorher über sie gemurrt hatte, wurden sie ausgeforscht und gelobt wegen ihrer Flucht, mehr aber noch wegen ihrer Rückkehr; jeder machte ihnen gute Miene.

Den ganzen Tag über blieb Herr de Charolais noch auf dem Schlachtfeld in froher Stimmung, in dem Glauben, der Ruhm des Sieges falle ihm zu, was ihm später teuer genug zu stehen kam: denn seitdem hörte er nicht mehr auf den Rat eines Menschen, sondern nur noch auf seinen eigenen. Vor diesem Tage war er kriegerischen Dingen fremd und liebte nichts, was damit zusammenhing; aber seitdem änderten sich seine Gedanken, denn er hat bis zu seinem Tode unaufhörlich Krieg geführt. Dadurch endete er sein Leben und zerstörte sein Haus; wenn es auch noch nicht ganz am Boden liegt, so ist es doch in sehr übler Lage.

Seine Vorfahren, drei große und weise Fürsten, hatten es hochgebracht, und es gab wenige Könige, außer dem von Frankreich, die mächtiger waren als er; an schönen und großen Städten kam ihm keiner gleich. Zu hoch darf man nicht von sich selbst denken, und besonders ein großer Fürst darf das nicht tun: man muß erkennen, daß alle Gnade und alles gute Geschick von Gott kommen. Zwei Dinge will ich noch von dem Grafen sagen: ich glaube, daß es niemanden gab, der in allen Fährnissen mehr Strapazen ertragen konnte als er, wenn es galt, seine eigene Person einzusetzen; das andere ist, daß ich meiner Meinung nach keinen gekannt habe, der kühner gewesen wäre als er. Ich habe ihn nie sagen hören, daß er müde sei, noch einen Anschein von Furcht an ihm beobachtet, und doch bin ich sieben Jahre ununterbrochen mit ihm im Krieg gewesen, wenigstens im Sommer; manchmal auch winters und sommers. Seine Gedanken und Entschlüsse waren groß; doch wenn Gott mit seiner Allmacht nicht hilft, kann niemand sie zu Ende führen.

Am nächsten Tage, dem dritten nach der Schlacht, machten wir in dem Dorfe Montlhéry Quartier. Das Volk war teils in den Kirchturm, teils auf die Burg geflüchtet. Der Graf ließ sie zurückkommen; keiner verlor einen roten Heller, da jeder seine Zeche bezahlte, als sei er in Flandern. Die Burg hielt sich und konnte nicht erobert werden. Als der dritte Tag zu Ende ging, brach unser Herr auf Anraten des Herrn de Contay auf, um Etampes zu erreichen, ein gutes und großes Quartier in fruchtbarem Gelände; er wollte es eher erreichen als die Bretonen, die auch diesen Weg nahmen, um Müde und Verwundete zu bergen und die anderen in die Felder zu legen. Dieser gute Aufenthaltsort rettete vielen seiner Leute das Leben.

## *Fünftes Kapitel*

Hier kamen an: Herr Karl von Frankreich, damals Herzog von Berry, der einzige Bruder des Königs, der Herzog der Bretagne, die Herren de Dunois, de Dammartin, de Lohéac, de Bueil und Herr de Chaumont mit seinem Sohn Karl d'Amboise, der später im Königreich ein großer Mann geworden ist. Alle diese genannten Herren hatte der König abgesetzt und ihrer Würden entkleidet, als er auf den Thron kam, obgleich sie seinem Vater und dem Königreich bei der Eroberung der Normandie und in mehreren anderen Kriegen gute Dienste geleistet hatten.

Herr de Charolais und alle Großen seines Heeres gingen ihnen entgegen, empfingen sie und geleiteten sie in ihre Quartiere nach Etampes; die Reisigen blieben auf den Feldern. In ihrem Heer hatten sie achthundert auserlesene Reisige, von denen die meisten Bretonen waren, die kürzlich das Heer des Königs verlassen hatten, wie ich anderswo schon sagte, und ihr Heer gut ergänzten. Bogenschützen und andere mit guten Panzern bewaffnete Krieger waren in großer Zahl vorhanden und im ganzen ungefähr sechstausend Reiter in gutem Zustand. Wenn man dieses Heer sah, wußte man wohl, welch großer Herr der Herzog der Bretagne sein mußte, da es aus seinen Geldtruhen lebte.

Der König, der sich, wie gesagt, nach Corbeil zurückgezogen hatte, unterließ nichts, was ihm von Vorteil sein konnte. Er brach in die Normandie auf, um Kriegsvolk zu sammeln, und aus Furcht vor einem Aufstand im Land zog er einen Teil seiner Reisigen in die Umgebung von Paris, wo er sah, daß es nötig war.

Am ersten Abend, als alle genannten Herren in Etampes angekommen waren, erzählten sie einander Neuigkeiten. Die Bretonen hatten einige Gefangene von denen gemacht, die auf seiten der Königlichen geflohen waren; wenn sie noch ein wenig weiter vorgerückt wären, hätten sie ein Drittel des Heeres gefangennehmen oder zersprengen können. Sie hatten wohl Rat gehalten, ob man einige Leute ausschicken solle, da sie meinten, die beiden Heere hätten sich einander genähert; dennoch tadelten sie aber einige. Trotzdem drangen Herr Karl d'Amboise und einige andere weiter als ihr Heer vor, um zu sehen, ob sie niemanden anträfen; dabei machten sie, wie gesagt, mehrere Gefangene und erbeuteten auch Artillerie. Diese Gefangenen sagten ihnen mit Gewißheit, der König sei tot: denn so glaubten sie es, da sie bereits bei Beginn der Schlacht geflohen waren.

Diese Neuigkeiten brachten sie in das Lager der Bretonen, die sich darüber sehr freuten, da sie es für wahr hielten und auf Belohnungen hofften, die sie erhalten würden, wenn Herr Karl König werden würde. Sie hielten schon Rat, wie mir später ein Edelmann erzählte, der dabei gewesen ist, um herauszubringen, wie sie die Burgunder verjagen könnten, um sich von ihnen zu befreien, und es herrschte bereits bei fast allen die Meinung, man solle sie, wenn man könnte, einfach überfallen.

Ihre Freude dauerte zwar nicht lang, aber Ihr könnt daran sehen, wieviel Unruhe in diesem Königreich bei jedem Wechsel entsteht.

Ich komme nun zu meiner Erzählung über das Heer von Etampes zurück: Als alle zu Abend gegessen hatten und viele Leute in den Straßen herumschlenderten, standen Herr Karl von Frankreich und Herr de Charolais an einem Fenster in vertraulichem Gespräch zusammen. In dem Heer der Bretonen war nun ein kleiner Mann, der sich einen Spaß daraus machte, Schwärmer in die Luft zu schleudern, die, wenn sie wieder herunterkommen, zwischen die Leute rollen und eine kleine Flamme verursachen: er hieß Meister Jean Boutefeu oder des Serpens. Damit ihn keiner bemerkte, warf er von einem Hause zwei oder drei dieser Schwärmer in die Höhe, die unter die Leute liefen. Einer davon sprang gegen das Fensterkreuz, an dem die beiden Fürsten so dicht ihre Köpfe zusammenhatten, daß kaum ein Fuß Abstand zwischen ihnen war. Beide fuhren erschrocken zurück, betrachteten sich gegenseitig und schöpften Verdacht, daß dieses ausdrücklich angelegt worden sei, um ihnen etwas Böses anzutun. Herr de Contay kam und sprach mit seinem Gebieter, Herrn de Charolais; als der ihm ein Wort ins Ohr geflüstert hatte, eilte er hinunter und ließ alle seine Garden, Leibbogenschützen und andere Krieger alarmieren.

Daraufhin sagte Herr de Charolais zum Herzog von Berry, er möchte gleichfalls seine Bogenschützen alarmieren, und in wenigen Minuten standen zwei- bis dreihundert bewaffnete Reisige und eine große Anzahl Bogenschützen vor dem Tor. Inzwischen suchte man überall nach der Herkunft des Feuers. Der arme Kerl, der es verursacht hatte, warf sich vor ihnen auf die Knie, gestand, daß er es gewesen sei und warf noch drei oder vier andere Schwärmer. Damit nahm er vielen Menschen den Verdacht, den sie gegeneinander hegten, und brachte sie darüber zum Lachen. Jeder entwaffnete sich wieder und ging schlafen.

Am nächsten Morgen wurde ein sehr großer und schöner Kriegsrat gehalten, zu dem sich alle Herren mit ihren vornehmsten Dienern einfanden; es wurde in Erwägung gezogen, was zu tun sei. Da sie von verschiedenen Parteien waren und nicht einem Einzigen gehorchten, wie es in einer solchen Versammlung sein sollte, hatten sie auch verschiedene Meinungen. Unter den verschiedenen Reden, die wohl aufgenommen und gehört wurden, zeigte Herr de Berry[10] durch seine Worte, daß er schon des Krieges müde sei; er war noch sehr jung und hatte niemals solche Waffengänge mitgemacht. Er führte die große Anzahl der Verwundeten an, die er bei den Leuten des Herrn de Charolais gesehen hatte, und zeigte durch seine Worte, daß er Mitleid mit ihnen hätte. Er sagte, es wäre ihm lieber gewesen, diese Sache wäre niemals unternommen worden, als soviel Elend mitanzusehen, das durch ihn und seine Unternehmung verursacht worden sei. Diese Worte mißfielen Herrn

[10] Karl von Frankreich, der Bruder des Königs. Siehe den Anfang des Kapitels.

de Charolais und seinen Leuten sehr, wie ich später noch erklären werde. Dennoch wurde im Rat beschlossen, daß man vor Paris zöge, um zu versuchen, ob man die Stadt für die Sache der „öffentlichen Wohlfahrt" des Reiches zurückgewinnen könnte, für die sie ja alle versammelt seien. Es schien ihnen, daß alle übrigen Städte des Königreiches das gleiche tun würden, wenn ihnen diese Gehör verliehe.

Wie gesagt, versetzten die von Herrn Karl im Rat geäußerten Worte Herrn de Charolais und seine Leute in Sorge, so daß sie sagten: „Habt Ihr diesen Mann sprechen hören? Geht er durch die Stadt, ist er erschrocken, sieben- oder achthundert Verwundete zu finden, die ihn nichts angehen und die er nicht kennt. Er könnte noch erschrockener werden, wenn ihm selbst etwas derartiges zustoßen würde, und wäre wohl der Mann dazu, leicht einen Vergleich zu schließen und uns in der schwierigen Situation allein zu lassen. Was die alten Kriege betrifft, die in früheren Zeiten zwischen seinem Vater, dem König Karl, und dem Herzog von Burgund, meinem Vater, geführt worden sind, so könnten sich diese beiden Parteien leicht wieder gegen uns zusammenfinden. Daher ist es nötig, sich nach Freunden umzusehen." Wegen dieses einzigen Argwohnes wurde der Protonotar Herr Wilhelm de Cluny, der als Bischof von Poitiers gestorben ist, zu König Eduard von England geschickt, der damals regierte. Mit diesem hatte Herr de Charolais immer in Feindschaft gelebt, denn er hielt es gegen ihn mit dem Hause Lancaster, aus dem er von mütterlicher Seite her abstammte. In der Instruktion des Herrn de Cluny war ihm vorgeschrieben, er solle in Verhandlungen wegen einer Heirat mit der Schwester des englischen Königs, Margarete, eintreten, den Handel aber nicht abschließen. Da er nun wußte, daß der englische König diese sehr wünschte, erwartete er, daß er zum mindesten nichts gegen ihn unternehmen würde und daß er ihn gegebenenfalls für seine Zwecke brauchen könne. Obgleich er nicht im entferntesten daran dachte, diesen Handel einzugehen und nichts auf der Welt in seinem Herzen mehr haßte als das Haus York, wurde diese Angelegenheit doch soweit fortgeführt, daß sie mehrere Jahre danach abgeschlossen wurde. Er erhielt dazu den Hosenbandorden und trug ihn sein ganzes Leben hindurch.

Solche Dinge, wie die eben geschilderten, kommen in der Welt häufig vor und besonders unter großen Fürsten, die viel argwöhnischer sind als andere Leute, wegen der Zweifel und der Zuträgereien, die zu ihnen gelangen, oft aber auch wegen der Schmeicheleien, — und das alles ohne jeden Anlaß.

## *Sechstes Kapitel*

So brachen denn, wie es beschlossen worden war, alle diese Herren von Etampes auf, wo sie sich einige wenige Tage aufgehalten hatten und zogen nach St-Mathurin-de-Larchant und nach Moret im Gastinois.

Herr Karl und die Bretonen blieben in diesen beiden Städten, während der Graf von Charolais sich auf einer großen Aue am Ufer der Seine lagerte; er hatte ausrufen lassen, jeder solle Pflöcke herbeibringen, um die Pferde anzubinden. Er ließ sieben oder acht kleine Boote und mehrere in Stücke geschlagene Fässer auf Wagen heranfahren, um eine Brücke über die Seine zu schlagen, da die Herren hier keinen Übergang hatten.

Herr de Dunois begleitete ihn in einer Sänfte, da er wegen seiner Gicht nicht reiten konnte; sein Banner wurde ihm nachgetragen. Sobald sie den Fluß erreicht hatten, setzten sie die mitgebrachten Boote ins Wasser und erreichten eine kleine Insel, die sich ungefähr in der Mitte befand. Sie ließen Bogenschützen landen, die mit einigen Reitern scharmützelten, welche am anderen Ufer den Übergang zu verteidigen hatten. Dort waren der Marschall Joachim und Salazar. Die Stelle war für sie sehr ungünstig, da sie sehr hoch auf den Weinbergen standen. Auf burgundischer Seite hatte man sehr viel Artillerie, die von einem sehr bekannten Artilleristen namens Girault geführt wurde, der als Königlicher in dieser Schlacht von Montlhéry gefangengenommen worden war. Das Ende davon war, daß die Feinde den Übergang preisgeben mußten und sich nach Paris zurückzogen. Am Abend wurde eine Brücke bis zu dieser Insel geschlagen; der Graf ließ sich sofort ein großes Zelt spannen und verbrachte dort die Nacht mit fünfzig Reisigen seines Hauses.

Beim Morgengrauen wurde eine große Anzahl Fässer in Arbeit genommen, die aus den mitgebrachten Dauben gemacht wurden; vor Mittag noch wurde die Brücke bis zum anderen Ufer des Flusses fertiggestellt. Gleich darauf ging der Graf von Charolais auf die andere Seite hinüber und ließ dort seine Zelte spannen, von denen er eine große Anzahl hatte. Außerdem ließ er sein ganzes Heer und die Artillerie über diese Brücke bringen und lagerte auf einem Hügel, dessen Abhang sich bis zum Fluß hinunterzog. Sein Heer bot dort einen sehr schönen Anblick für diejenigen, die noch drüben waren.

Den ganzen Tag hindurch konnten nur seine Leute übersetzen. Am nächsten Tage bei Sonnenaufgang zogen die Herzöge der Bretagne und von Berry mit ihrem ganzen Heer hinüber; sie fanden die Brücke sehr schön und mit großer Sorgfalt gemacht und zogen ein wenig weiter, um ebenfalls auf den Höhen zu lagern. Als die Nacht hereinbrach, begannen wir in einiger Entfernung von uns, soweit der Blick reichte, eine große Anzahl von Lagerfeuern zu bemerken. Einige glaubten, es sei der König. Aber noch vor Mitternacht wurde man gewahr, daß es der Herzog Johann von Kalabrien sei, der einzige Sohn des Königs René von Sizilien, und mit ihm wohl neunhundert Reisige des Herzogtums und der Grafschaft Burgund, begleitet von vielen Reitern, aber nur von wenig Fußvolk. Wenn auch die Zahl der Leute, die dieser Herzog zur Verfügung hatte, nur gering war, so habe ich doch niemals eine so schöne und im Kriegshandwerk erprobte Schar gesehen. Er mochte wohl hundertzwanzig geharnischte Reisige haben, alles Italiener oder zum mindesten in den italienischen Kriegen groß geworden. Unter ihnen waren Giacomo Galeotto, Graf Campobasso, Herr de Baudricourt, jetzt Statthalter von Burgund, und viele andere; das waren alles Reisige, die etwas vom Kriege verstanden, und, um die Wahrheit zu sagen, fast die Blume unseres Heeres, zum mindesten im Verhältnis zur Zahl. Er hatte vierhundert Armbruster, die ihm der Pfalzgraf[10a] geliehen hatte, gut gerüstete Leute, die vom Krieg etwas zu verstehen schienen. Außerdem fünfhundert Schweizer zu Fuß, die die ersten waren, die man im Königreich sah und die denjenigen, welche nach ihnen kamen, den Ruf erworben haben: denn sie zeigten sich an allen Orten, an denen sie sich befanden, sehr tapfer.

Diese Schar, von der ich sprach, kam am Morgen an und zog den ganzen Tag lang über unsere Brücke. So kann man sagen, daß die ganze Macht Frankreichs mit Ausnahme der Königlichen, über diese Brücke gegangen sei. Und ich versichere Euch, daß es eine schöne und große Schar gewesen ist mit einer großen Anzahl Adliger und Leute in gutem Zustand; man hätte wünschen sollen, daß die Freunde und Gönner des Königreiches sie gesehen hätten, damit sie es, so wie es ihm gebührt, achteten; und in gleicher Weise die Feinde, denn niemals hätten sie den König und sein Reich mehr gefürchtet als in dieser Stunde.

Der Führer der Burgunder war Herr de Neufchâtel, der Marschall von Burgund; im Verein mit ihm waren sein Bruder, Herr de Montagu, der Marquis de Rothelin und viele Ritter und Knappen, von denen einige, wie ich zu Beginn meiner Erzählung sagte, im Bourbonnais gewesen waren. Sie alle hatten sich mit dem Herzog von Kalabrien vereinigt, wie ich schon erwähnte, um sicherer zu sein; dieser zeigte sich als wahrer Fürst und großer Kriegsherr, wie ich keinen anderen im Heer gesehen habe. Zwischen ihm und dem Grafen von Charolais bahnte sich eine gute Freundschaft an.

Als das ganze Heer, das man auf hunderttausend gute wie schlechte Pferde schätzte, was ich auch glaube, vorübergezogen war, beschlossen die Herren aufzubrechen, um vor Paris zu ziehen und vereinigten ihre gesamte Vorhut. Für die Burgunder führte sie der Graf von St-Pol, für die Herzöge von Berry und der Bretagne Odet d'Aydie, der spätere Graf von Comminges, und der Marschall de Lohéac, wie mir scheint; so zogen sie ihres Weges. Alle Fürsten blieben beim Hauptheer. Der Graf von Charolais und der Herzog von Kalabrien gaben sich große Mühe zu kommandieren und in ihren Reihen Ordnung zu halten. Sie ritten gut bewaffnet einher und schienen den guten Willen zu haben, ihre Pflicht zu erfüllen. Die Herzöge von Berry und von der Bretagne dagegen ritten behaglich auf ihren Stuten, gewappnet mit kleinen, leichten Waffenröcken; einige behaupteten sogar, daß sie höchstens mit kleinen vergoldeten Nägeln über dem Stoff befestigt seien, damit sie sie

---

10a Kurfürst Friedrich der Siegreiche von der Pfalz (1451—1476).

weniger drückten! Ich weiß aber nicht, ob das wahr ist. So ritt das ganze Heer bis zur Brücke von Charenton in der Nähe von Paris (kaum zwei Meilen davon entfernt), die bald einer Schar Bogenschützen entrissen wurde, die sie verteidigte. Das ganze Heer zog daraufhin über die Brücke, und der Graf von Charolais schlug sein Lager von dieser bis zu seinem Quartier in Conflans den Fluß entlang auf. Ein großes Stück Land wurde von seinen Wagen und von der Artillerie eingeschlossen, in dem das ganze Lager untergebracht war. Mit ihm lagerte sich dort der Herzog von Kalabrien. Die Herzöge von Berry und der Bretagne bezogen ihr Quartier mit einem Teil ihrer Leute in St-Maur-les-Fossés, die übrigen schickten sie nach St-Denis, das auch zwei Meilen von Paris entfernt war. Dort blieb das ganze Heer elf Wochen bis zu den Begebenheiten, von denen ich nachher erzählen will.

Am nächsten Tage begannen gleich die Scharmützel bis vor die Tore von Paris, wo der Großmeister Herr de Nantouillet war, der, wie ich an anderer Stelle schon sagte, dem König treu diente, und wo sich außerdem der Marschall Joachim befand. Das Volk zeigte sich sehr erschreckt, und einige Würdenträger wollten die Herren gern in der Stadt haben, da sie dieses Unternehmen als gut und nützlich für das Königreich ansahen. Auch gab es andere dort aus ihren Herrschaften, die hofften, wenn sie für ihre Sache tätig seien, durch ihre Vermittlung zu irgendwelchen Ämtern und Würden aufzurücken, die in dieser Stadt so heftig wie in keiner anderen begehrt werden. Denn diejenigen, die sie bekleiden, nutzen sie so aus, wie sie es können und nicht, wie sie es sollten; es gibt unbesoldete Ämter, die für achthundert Taler angeboten werden, und andere mit ganz geringer Besoldung, die für mehr angeboten werden, als ihre Auszahlung in fünfzehn Jahren beträgt. Selten nur wird einer eines Amtes enthoben; das Parlament duldet diesen Zustand; er trifft nämlich fast jeden. Unter den Räten befinden sich immer viele gute und ehrenwerte, aber auch sehr oft solche mit einem schlechten Charakter. Und so ist es in allen Würden.

## *Siebentes Kapitel*

Ich spreche von diesen Ämtern und Einflußstellen, da sie den Wunsch nach Umsturz erwecken, und das nicht nur zu unserer Zeit. Als die Kriege zur Zeit Karls VI. begannen, die bis zum Frieden von Arras dauerten, mischten sich die Engländer in das Königreich ein. Bei den Friedensverhandlungen von Arras, die zwei Monate dauerten, waren auf seiten des Königs vier oder fünf Fürsten, Herzöge oder Grafen, fünf bis sechs Prälaten und zehn bis zwölf Parlamentsräte; auf der des Herzogs Philipp hohe Persönlichkeiten in sehr viel größerer Zahl; den Papst vertraten zwei Kardinäle als Vermittler, und die Engländer wurden durch große Herren vertreten. Der Herzog von Burgund wünschte sehr, mit den Engländern einig zu werden, bevor sie sich voneinander trennten, wegen der Bündnisse und Versprechungen, die sie miteinander eingegangen waren. Deshalb wurden dem englischen König für sich und die Seinen die Herzogtümer Normandie und Guyenne angeboten, vorausgesetzt, daß er sie zu Lehen vom König nehmen würde, so wie es auch seine Vorfahren getan hatten, und daß er alles, was er im Reiche außer diesen beiden Herzogtümern besäße, wieder herausgäbe. Die Engländer weigerten sich, da sie den Lehnseid nicht leisten wollten. Das wurde später ihr Unglück; denn nachdem sie von Burgund verlassen worden und ihre Verbindungen im Königreich aufgehoben waren, verloren sie immer mehr an Einfluß. Damals war für die Engländer der Herzog von Bedford, König Heinrichs V. Bruder, Regent in Frankreich, der mit der Schwester des Herzogs Philipp von Burgund vermählt war und in Paris residierte. Das Geringste, was er in diesem Amte bezog, waren zwanzigtausend Taler monatlich! Sie verloren Paris und dann nach und nach den Rest des Reiches. Als sie nach England zurückgekehrt waren, wollte keiner seinen Rang und seinen „Staat" vermindern. Die Güter aber reichten im englischen Königreich nicht aus, um alle zufriedenzustellen. Wegen der Machtstellungen brach unter ihnen Krieg aus, der lange Jahre hindurch anhielt. König Heinrich VI., der in Paris zum König von Frankreich und England gekrönt worden war, wurde in der Burg von London gefangengesetzt und zum Verräter und Majestätsverbrecher erklärt. Dort verbrachte er die längste Zeit seines Lebens und wurde schließlich ermordet. Der Herzog von York, der Vater des zuletzt verstorbenen Königs Eduard, nannte sich König; einige Tage danach wurde er in der Schlacht geschlagen und getötet; ihm und dem Grafen von Warwick, der kürzlich gestorben ist und sehr großen Einfluß in England gehabt hat, wurden die Köpfe abgehauen[11]. Warwick führte den Grafen La March, später König Eduard genannt, der mit einigen Leuten aus der Schlacht floh, über das Meer nach Calais. Er unterstützte nämlich das Haus York, der Herzog von Somerset dagegen das Haus Lancaster. Diese Kriege dauerten so lange, bis alle aus den Häusern Warwick und Somerset entweder geköpft wurden oder in der Schlacht fielen. König Eduard ließ seinen Bruder, Herrn von Clarence, in einer Tonne Malvasier sterben, weil er sich — so sagt man — zum König machen wollte. Als er selbst tot war, ließ sein zweiter Bruder, der Herzog von Gloucester, seine beiden Söhne töten, die Töchter zu Bastarden erklären und sich zum König krönen.

---

[11] Commynes verwechselt in diesem Satz Richard, Herzog von York, der wirklich nach der Krone strebte, mit Richard Nevill, dem Vater von Warwick, der am Tage nach dem Tode Warwicks in der Schlacht von Barnet (14. April 1471) enthauptet wurde. Auch der Zeitpunkt ihres Todes ist hier nicht klar; zwischen der Schlacht von Wakefield (30. Dezember 1460), in der York fiel, und dem Todestage Warwicks liegen elf Jahre.

Nicht lange danach setzte Graf Richmond[12], der jetzige König, der lange Jahre in der Bretagne gefangen gehalten wurde, nach England über. Er schlug und tötete den grausamen König Richard in der Schlacht, der noch kurz vorher seine Neffen hatte sterben lassen. So sind nach meiner Erinnerung in diesen englischen Auseinandersetzungen wohl achtzig Männer der königlichen Linie Englands umgebracht worden, von denen ich einen Teil gekannt habe; von den anderen ist mir durch Engländer, die am burgundischen Hofe weilten, erzählt worden, als ich dort war.

So geschieht es nicht nur in Paris und in Frankreich allein, daß man sich um die Güter und Ehren dieser Welt streitet. Alle Fürsten und solche, die über große Gebiete herrschen, sollten sich wohl davor hüten, Zwistigkeiten in ihren Häusern aufkommen zu lassen, denn das Feuer läuft von dort aus durch das Land. Doch meiner Meinung nach geschehen solche Dinge nur nach göttlichem Ratschluß: denn wenn Fürsten oder Königreiche in großem Wohlstand und Reichtum gewesen sind und verkennen, woher ihnen diese Gnade gekommen ist, schickt Gott ihnen einen Feind oder Feinde, die man nicht erwartet hätte, wie Ihr an den Königen, die in der Heiligen Schrift genannt werden, erkennen könnt, außerdem an den Vorgängen in England, die erst wenige Jahre vergangen sind, an denen des Hauses Burgund und an anderen Orten, wie Ihr gesehen habt und alle Tage wieder sehen könnt.

## *Achtes Kapitel*

Schon zu lange verweile ich bei diesem Thema, und es wird daher Zeit, daß ich zu meiner Erzählung zurückkomme.

Sobald die Herren vor Paris angekommen waren, fingen sie dort an, ihre Fäden zu spinnen und denjenigen, die ihnen in ihrer Sache dienen wollten, Ämter und Güter anzubieten. Nach drei Tagen berief man eine große Versammlung in das Rathaus von Paris; nach großen und langen Reden und nach Anhörung der Anträge und Aufforderungen, die die Herren ihnen öffentlich und zur großen Wohlfahrt des Reiches, wie sie sagten, unterbreiteten, wurde beschlossen, zu ihnen zu schicken, um sich wegen des Friedens zu verständigen. Eine große Anzahl vornehmer Herren kam zu den Fürsten nach St-Maur; das Wort führte Meister Wilhelm Chartier, damals Bischof von Paris, der ein sehr großer Mann war. Auf seiten der Herren sprach der Graf von Dunois. Den Vorsitz führte der Herzog von Berry, des Königs Bruder, auf einem Throne sitzend; alle anderen Herren standen. Auf der einen Seite die Herzöge der Bretagne und von Kalabrien, auf der anderen Herr de Charolais, der, abgesehen vom Kopf und von den Armschienen, gänzlich gewappnet war und einen sehr reichen Umhang über dem Küraß

[12] Heinrich VII. von England, der erste Tudorkönig (1485—1509).

trug, da er von Conflans kam. Er hatte viele Leute bei sich, denn der Wald von Vincennes wurde noch von den Königlichen gehalten: daher war es nötig, in starker Begleitung zu kommen. Die Schlußforderung der Herren war, in Paris einzuziehen, um sich mit ihnen freundschaftlich über die Reform des Reiches zu unterhalten, das, wie sie sagten, schlecht geführt werde; dabei brachten sie schwere Anklagen gegen den König vor. Die Antworten waren sehr sanft, verzögerten aber den endgültigen Bescheid. Seitdem war der König weder mit dem Bischof, noch mit denen, die bei ihm waren, zufrieden. So kehrten sie zurück, blieben aber dennoch in eifriger Tätigkeit, da jeder mit ihnen besonders verhandelte. Ich glaube wohl, daß im geheimen von einigen vereinbart wurde, daß die Herren in ihrem gewöhnlichen Stand in die Stadt einziehen dürften; ihren Leuten dagegen sollte erlaubt werden, in kleineren Trupps hindurchzuziehen, wenn es ihnen gut schien. Dieses Gespräch hätte nicht nur den Gewinn der Stadt bedeutet, sondern den der ganzen Unternehmung; denn nur zu leicht hätte sich das Volk aus verschiedenen Gründen auf ihre Seite gestellt, und dem Beispiel dieser Stadt wären alle anderen gefolgt.

Gott gab dem König einen weisen Rat, und er führte ihn aus. Unterrichtet von allen diesen Dingen, noch bevor diejenigen, die zu den Herren gekommen waren, ihren Bericht gemacht hatten, erschien er in Paris in dem Zustand, in dem man kommen muß, um das Volk zu bestärken: er kam nämlich in sehr großer Begleitung und warf wohl zweihundert Reisige in die Stadt, alles Edle der Normandie, eine große Anzahl von freien Bogenschützen, Leute seiner Hausgarde und andere Ritter, die sich bei solchen Gelegenheiten beim König befinden. So wurde diese Verhandlung unterbrochen, und das ganze Volk änderte seinen Sinn. Nun wurde keiner mehr von denen, die vorher bei uns gewesen waren, gefunden, der gewagt hätte, ein Wort über diesen Handel zu sprechen. Einigen ist er auch schlecht bekommen. Dennoch verfuhr der König in dieser Sache nicht grausam; einige nur verloren ihre Ämter, andere mußten die Stadt verlassen. Ich rechne es ihm zum Lobe an, daß er sich nicht anders rächte, denn wenn das Begonnene Wirklichkeit geworden wäre, wäre die Flucht aus dem Reich noch das beste gewesen, das ihm hätte geschehen können. Mehrere Male sagte er mir später, daß die Stadt von ihm abgefallen wäre, wenn er nicht hätte einziehen können; dann wäre er zu den Schweizern oder zu dem Herzog Franz von Mailand geflohen, den er für einen guten Freund von sich hielt. Dieser bewies seine Freundschaft durch die Hilfstruppen, die er ihm schickte, und die von seinem ältesten Sohn Galeazzo, dem späteren Herzog, geführt wurden. Es waren fünfhundert Reisige und dreitausend Fußknechte, die bis nach Forêt kamen und mit Herrn de Bourbon Krieg führten; als aber Herzog Franz starb, kehrten sie wieder zurück. Auch hatte er ihm einen Rat gegeben, als er in die Friedensverhandlungen von Conflans eintrat: er ermahnte ihn nämlich, er solle ja nichts verweigern, was man von ihm fordere, um diesen Bund zu trennen, und wenn ihm auch nur seine eigenen Leute übrigbleiben würden.

Meiner Meinung nach hatten wir nicht länger als drei Tage vor Paris gelegen, als der König ankam. Sofort begann er einen sehr heftigen Krieg gegen uns, besonders gegen unsere Fouragiere, da man gezwungen war, wegen des Futters ziemlich weit zu gehen und dafür viele Leute als Schutz brauchte. Man muß schon sagen, daß diese Ile-de-France und Paris so günstig gelegen sind, daß sie zwei so mächtige Heere zu ernähren vermögen. Denn niemals verspürten wir einen Lebensmittelmangel, und auch die in Paris bemerkten nicht, daß sie belagert wurden. Nur das Brot wurde teurer, etwa um einen Schilling. Denn wir besetzten die drei Flüsse Marne, Yonne und Seine, in die noch mehrere kleine einmünden, nicht. Alles in allem habe ich keine Stadt gesehen, die von besserem und üppigerem Gelände umgeben ist als Paris; es ist fast unglaublich, wieviel Güter ihr zugeführt werden. Ich bin seit dieser Zeit mit König Ludwig ein halbes Jahr lang ohne Unterbrechung dort gewesen, wohnte in Tournelles, speiste und schlief gewöhnlich mit ihm zusammen. Nach seinem Tode wurde ich unfreiwillig als Gefangener zwanzig Monate in seinem Palast gehalten, von dessen Fenstern aus ich sehen konnte, was von der Normandie die Seine aufwärts kam. Von dort oben kam unvergleichlich viel mehr, als ich je geglaubt hatte; ich aber habe es selbst gesehen.

So fielen also aus Paris jeden Tag eine Menge Leute aus und es gab heftige Scharmützel. Unsere Wache, die bei La-Grange-aux-Merciers hielt, war fünfzig Lanzen stark; die Reiter hatte sie so nah wie möglich nach Paris herangeschoben; sie wurden aber sehr oft bis zu dieser zurückgeworfen und häufig geschah es sogar, daß sie bis zum Ende unserer Wagen kamen, wobei sie sich im Schritt zurückzogen, manchmal aber auch im Trab flohen. Dann schickte man ihnen Hilfe, so daß sie die Feinde häufig wieder bis fast vor die Tore von Paris zurückwerfen konnten. So ging es zu allen Stunden; in der Stadt nämlich gab es mehr als zweitausendfünfhundert Reisige, gute Leute und in guter Stellung, außerdem eine große Anzahl Edler aus der Normandie und Bogenschützen. Und dann sahen noch die Damen jeden Tag zu, wodurch sie Lust bekamen, sich zu zeigen.

Auf unserer Seite hatten wir wohl eine große Anzahl Leute, aber nicht so viele Reiter, da nur die Burgunder ungefähr zweitausend gute wie schlechte Lanzen aufwiesen, die aber lange nicht so gut ausgerüstet waren wie die in der Stadt, wegen des langen Friedens, den sie genossen hatten, wie ich an anderer Stelle schon erwähnte. Dazu kamen noch zweihundert Reisige in Lagny, wo der Herzog von Kalabrien stand. Unser Fußvolk war gut und zahlreich.

Das Heer der Bretonen befand sich in St-Denis und kämpfte, wo sich Gelegenheit dazu bot; die anderen Herren hatten sich wegen der Lebensmittel getrennt. Endlich kamen noch der Graf Armagnac, der Herzog von Nemours und Herr d'Albret. Ihre Leute blieben weit zurück, da sie keine Bezahlung erhalten hatten und unser Lager ausgehungert hätten, wenn sie genommen hätten, ohne zu bezahlen. Ich weiß wohl, daß der Graf von Charolais ihnen bis zu fünf- oder sechstausend Franken gegeben hatte; es wurde aber befohlen, daß ihre Leute nicht weiter vorrücken sollten. Sechstausend Reiter waren sie, die viel Böses taten.

## *Neuntes Kapitel*

Ich komme nun zu den Vorgängen bei Paris zurück und zweifle nicht daran, daß kein Tag ohne Verlust oder Gewinn auf beiden Seiten verging; zu ausgedehnten Kämpfen aber kam es nicht, da der König es nicht litt, daß seine Leute in großen Banden ausfielen und überhaupt nichts auf das Zufallspiel einer Schlacht ankommen lassen wollte, sondern Frieden wünschte und klug diese Vereinigung auflösen wollte.

Dennoch geschah es eines Tages am Morgen, daß sich viertausend freie Bogenschützen, die Edlen der Normandie und einige Reisige den Fluß entlang am nahen Ufer festsetzten, gerade dem Rathaus Conflans gegenüber. Andere Reisige der königlichen Ordonnanz blieben eine viertel Meile von dort entfernt in einem Dorfe, von wo sich bis zu ihrem Fußvolk eine schöne Ebene zog. Zwischen uns und ihnen befand sich die Seine. Nun begannen die Königlichen bei Charenton einen Graben auszuheben und machten damit ein Bollwerk aus Holz und Erde bis zum Ende unseres Heerlagers. Dieser Graben zog sich bis vor Conflans hin, wobei, wie gesagt, zwischen den beiden Heeren nur der Fluß war. Dort fuhr starke Artillerie auf, die gleich zu Beginn alle Leute des Herzogs von Kalabrien aus Charenton jagte; diese mußten sich in großer Eile bei uns einquartieren. Es wurden Leute und Pferde dabei getötet. Herzog Johann bezog einen kleinen Teil des Schlosses, gerade vor demjenigen des Herrn de Charolais, dem Fluß gegenüber.

Die Artillerie begann nun ebenso durch unser Heerlager zu feuern und erschreckte damit die Leute sehr, da sie gleich zu Anfang einige tötete. Zwei Schüsse feuerte sie außerdem durch das Zimmer des Herrn de Charolais und traf dabei, wie er speiste, eine Ordonnanz auf der Treppe tödlich, die gerade eine Platte Fleisch bringen wollte. Nach dem Essen begab sich der Graf in das untere Stockwerk und beschloß, von dort nicht mehr zu weichen; er richtete sich dort ein, so gut er konnte.

Am Morgen kamen alle Herren, um Rat zu halten, der immer nur bei dem Grafen von Charolais abgehalten wurde. Nach Beendigung des Rates speisten gewöhnlich alle zusammen, wobei die Herzöge von Berry und der Bretagne auf der Bank Platz nahmen, der Graf von Charolais und der Herzog von Kalabrien ihnen gegenüber. So ehrte der Graf alle, da er sie zur Tafel einlud. So mußte er es auch wohl tun, da es bei ihm war. Es wurde beschlossen, daß die gesamte Artillerie des Heeres gegen die des Königs aufgefahren werden sollte. Herr de Charolais besaß eine sehr starke, ebenso hatten die Herzöge von Kalabrien und der Bretagne eine schöne. Man brach große Löcher in die Mauern, die sich hinter dem Rathaus Conflans den Fluß entlang ziehen. Hier stellte man alle besseren Stücke auf — ausgenommen die Steinschleuder und andere große Stücke, die nicht schossen — den Rest dort, wo er nützen konnte. So waren auf der Seite der Herren viel mehr als auf der des Königs. Der Graben, den die Königlichen gemacht hatten, war sehr lang und zog sich bis nach Paris hin; immer noch zogen sie ihn weiter vor und warfen Erde nach unserer Seite hin auf, um sich vor der Artillerie zu dekken; denn alle hatten sich im Graben versteckt, und kein einziger hätte es gewagt, seinen Kopf herauszustrecken. Sie waren an einem Ort, der so flach war wie eine Hand und in einer schönen Aue.

Niemals habe ich in so wenigen Tagen ein so starkes Schießen erlebt, denn von unserer Seite hatte man sich vorgenommen, die Gegner mittels der Artillerie zu verjagen. Diese bekamen jeden Tag von Paris Unterstützung, entwickelten großen Eifer und sparten nicht an Pulver. Viele der Unsrigen machten neben ihrem Quartier Gräben in die Erde, obgleich es schon genug davon gab, da dort Steinbrüche waren. So deckte sich jeder, und es vergingen drei oder vier Tage. Die Furcht auf beiden Seiten war viel größer als der Verlust, da kein Mann von Namen dabei fiel.

Als die Herren sahen, daß die Königlichen sich nicht bewegten, erschien es ihnen schmählich und gefahrvoll; denn die Pariser wurden dadurch wieder ermutigt; an einem Tage der Waffenruhe sah man so viel Volk, daß es schien, als sei nichts mehr in der Stadt zurückgeblieben. In einem Rat wurde beschlossen, auf großen Schiffen eine sehr starke Brücke zu bauen, indem man die Spitzen der Schiffe verband und Holz darüber legte. Am Ende sollten große Anker angebracht werden, um sie an Land zu werfen. Es wurden nun mehrere große Seineschiffe herangeführt, die auf einen Schlag eine große Anzahl Fußvolk übersetzen konnten. So wurde beschlossen, den Fluß zu überqueren. Diese Aufgabe wurde Meister Girault, dem Geschützmeister, übertragen, dem es für die Burgunder von großem Vorteil zu sein schien, daß die anderen die Erde nach unserer Seite hin aufgeworfen hatten; wenn nämlich die Angreifer über dem Fluß seien, befänden sich die Königlichen in ihren Gräben unter ihnen und würden aus Furcht vor der Artillerie nicht wagen, aus diesen herauszukommen.

Diese Gründe machten den Unsrigen großen Mut überzusetzen. Die Brücke wurde gebaut und gerichtet, außer der letzten Kuppelung, die zum Gebrauch bereit zur Seite gewendet wurde, und alle Boote wurden herangeführt. Als sie gerade gerichtet wurde, kam ein Waffenherold des Königs und sagte, daß das gegen den Waffenstillstand sei, der für heute und gestern vereinbart wäre, und daß man gekommen sei, um zu sehen, was es gäbe. Zufällig traf er Herrn de Bueil und mehrere andere auf der Brücke, mit denen er sprach. An diesem Abend lief der Waffenstillstand ab. Es konnten gut drei Reisige, die Lanze über dem Schenkel, nebeneinander hinüberreiten. Sechs große Schiffe waren da, von denen jedes tausend Mann auf einmal fassen konnte, und mehrere kleine. Die Artillerie wurde herangezogen, um ihnen beim Übergang zu helfen; es wurden Einheiten gebildet und Listen geführt von denjenigen, die übersetzen sollten; der Graf von St-Pol und Herr de Hautbourdin hatten den Oberbefehl. Als Mitternacht vorüber war, begannen alle, die dabei waren, sich zu waffnen, und schon vor Anbruch des Tages war alles gerüstet. Einige hörten in Erwartung des Tages eine Messe und taten, was gute Christen in einem solchen Falle zu tun pflegen. In dieser Nacht befand ich mich in einem großen Zelt in der Mitte des Lagers, wo man Wache hielt; ich war dabei, denn niemand wurde davon ausgenommen. Der Kommandant der Wache war Herr de Châteauguion, der bei Murten gefallen ist. Man erwartete die Stunde des Kampfes. Plötzlich hörten wir, daß die Gegner in ihren Gräben zu schreien anfingen: „Ade, Nachbarn, ade!"; unverzüglich zündeten sie ihre Quartiere an und zogen die Artillerie zurück. Der Tag brach an. Die zu dieser Unternehmung Befohlenen waren schon, mindestens teilweise, auf dem Fluß und sahen die anderen bereits weit entfernt, die sich nach Paris zurückzogen. So begann jeder, sich zu entwaffnen und war sehr froh über diesen Rückzug.

In Wirklichkeit hatte der König die Leute ja nur dahingelegt, um unser Heer mit Artillerie anzugreifen, nicht aber, um eine Schlacht zu schlagen, da er ja, wie ich anderswo schon sagte, nichts dem Zufall überlassen wollte, obgleich seine Macht für alle Fürsten zusammen groß genug gewesen wäre. Seine Absicht war vielmehr, wie dieses deutlich zeigt, wegen des Friedens zu verhandeln und den Bund zu zersprengen, ohne die so große und schöne Würde, der König dieses mächtigen und gehorsamen französischen Reiches zu sein, der Gefahr einer so ungewissen Sache, wie einer Schlacht, auszuliefern.

Jeden Tag bahnten sich kleine Unterhandlungen an, um sich gegenseitig Leute abspenstig zu machen, und einige Tage lang gab es Waffenstillstand und Versammlungen auf beiden Seiten, um über den Frieden zu verhandeln. Eine Versammlung fand in La-Granche-aux-Merciers statt, dicht bei unserem Lager. Von des Königs Partei kamen der Graf du Maine und mehrere andere, von der der Verbündeten der Graf von St-Pol, mehrere andere und auch Abgeordnete aller Fürsten. Viele Male versammelten sie sich, ohne etwas fertigzubringen, während der Waffenstillstand andauerte und sich die Leute der beiden Heere flüchtig sprachen; zwischen ihnen war ein großer Graben gleich einem Mittelweg, der weder von der einen, noch von der anderen Seite während der Waffenruhe überschritten werden durfte. Es verging kein Tag, an dem nicht infolge dieser Gespräche zehn oder zwölf Mann auf die Seite der Herren überliefen, manchmal auch einige mehr. Am andern Tag gingen dann einige der Unsrigen; deshalb nannte man diesen Ort seitdem „der Markt“, weil solche Geschäfte dort gemacht wurden.

Um die Wahrheit zu sagen: solche Versammlungen und Berührungen in dieser Form sind sehr gefährlich, und besonders für denjenigen, der allem Anschein nach unterliegen wird. Natürlicherweise sind die meisten Menschen darauf bedacht, sich zu bereichern oder sich zu sichern, wodurch sie sich leicht zu den Stärkeren hingezogen fühlen. Es gibt allerdings einige, die so gut und fest sind, daß sie nichts darauf geben, aber das sind nur wenige. Besonders groß ist die Gefahr, wenn es Fürsten sind, die versuchen, Leute zu gewinnen. Es ist eine große Gnade, die Gott dem Fürsten erweist, der das zu tun versteht, und ein Zeichen dafür, daß dieser nicht an dem tollen Laster des Hochmutes hängt, das gegen alle Menschen Haß erzeugt. Wenn man daher zu einem solchen Handel, wie es ein Friedenskongreß ist, schreitet, soll man ihn nur, wie ich sagte, mit den zuverlässigsten Dienern der Fürsten beschicken, mit Leuten mittleren Alters, damit ihre Schwäche sie nicht dazu verleitet, einen unehrenhaften Handel einzugehen, oder ihren Herren bei ihrer Rückkehr mehr als nötig zu erschrecken. Eher sind solche zu schicken, die von ihren Herren irgendeine Gnade oder Wohltat erhalten haben, als andere; es müssen aber vor allen Dingen weise Leute sein, da niemand aus einem Narren Nutzen ziehen kann. Auch sollen diese Verhandlungen besser fern als nah geführt werden. Wenn die Gesandten zurückkehren, sollen ihre Herren sie allein oder in einem kleinen Kreis anhören, damit, wenn ihre Worte den Leuten Furcht einflößen könnten, man ihnen sagt, wie sie antworten sollen, wenn sie gefragt werden; denn jeder möchte Neuigkeiten von ihnen wissen, wenn sie wiederkommen, und viele sagen: „Der wird mir nichts verheimlichen.“ Wenn sie so sind, wie ich sagte, werden sie so handeln und erkennen, daß sie einen klugen Herrn haben.

## *Zehntes Kapitel*

Ich bin auf diesem Punkt angekommen, weil ich viel Betrug auf dieser Welt gesehen habe; viele Diener hintergehen ihre Herren und häufiger betrügen sie die hochmütigen Fürsten und Herren, die wenig auf die Ratschläge anderer Leute geben, als die demütigen, die gern hören. Von allen, die ich jemals gekannt habe, war König Ludwig XI., unser Herr, der weiseste, wenn es hieß, sich in schlechten Zeiten aus einem Mißgeschick herauszureißen, und der bescheidenste in Worten und Formen, der viel daran arbeitete, einen Mann zu gewinnen, der ihm dienen oder schaden konnte. Er ließ sich auch nicht abschrecken, von einem Menschen, den er versucht hatte, für sich zu gewinnen, zurückgewiesen zu werden, sondern fuhr im Gegenteil ständig fort, ihm große Versprechungen zu machen und gab ihm tatsächlich Geld und Würden, von denen er wußte, daß sie ihm gefallen würden. Diejenigen, die er in Zeiten des Friedens und Wohlstandes verjagt und verstoßen hatte, kaufte er sehr teuer zurück, wenn er sie brauchte, bediente sich ihrer und trug ihnen Vergangenes nicht nach.

Seiner Veranlagung nach war er ein Freund des mittleren Standes und ein Feind aller großen Herren, die ohne ihn auskommen konnten. Niemand hörte die Leute so bereitwillig an, wie er es tat, kümmerte sich um so viele Dinge oder wollte so viele Menschen kennenlernen. Er kannte auch wirklich alle Leute von Einfluß und Ansehen in England und Spanien, in Portugal, in Italien und in den Ländern der Herzöge von Burgund und der Bretagne ebenso wie seine Untertanen. Diese besagte Art des Umganges mit Menschen war es, die ihm die Krone gerettet hat angesichts der vielen Feinde, die er sich bei seinem Regierungsantritt im Königreich geschaffen hatte.

Aber vor allem hat ihm seine große Freigebigkeit genützt; denn, so weise er auch im Unglück verfuhr, so brachte er, sobald er sich sicher fühlte oder auch nur im Waffenstillstand war, im Gegensatz dazu die Leute durch kleine Züge gegen sich auf, die ihm wenig nützten und ihn den Frieden nur mit Mühe einhalten ließen. Er war leichtsinnig in dem, was er über Menschen sagte, sowohl in ihrem Dabeisein als auch in ihrer Abwesenheit, außer bei denjenigen, die er fürchtete; das waren sehr viele, denn er war von Natur aus sehr vorsichtig. Hatte er nun durch seine Reden irgendeinen Schaden erlitten oder einen Verdacht geschöpft, dann pflegte er zu dem Betreffenden zu sagen, um es wieder gut zu machen: „Ich weiß wohl, daß mir meine Zunge schon großen Schaden gebracht hat, manchmal aber macht sie mir auch Freude. Jedenfalls ist es recht, daß ich den Schaden bezahle." Diese vertraulichen Worte sprach er nie, ohne dem Betreffenden, mit dem er gesprochen hatte, irgendein Geschenk zu machen, und zwar kein kleines.

Ein Fürst wird von Gott sehr begnadet, wenn er das Gute vom Bösen unterscheiden kann, und besonders dann, wenn das Gute überwiegt, wie bei unserem Herrn, dem König. Meiner Meinung nach hat ihm die Not, die er in seiner Jugend erlitten hat, als er sechs Jahre lang flüchtig vor seinem Vater bei Herzog Philipp von Burgund gewesen war, viel geholfen, denn er war gezwungen, denjenigen, auf die er angewiesen war, gefällig zu sein[13]. Das hat ihn das Unglück gelehrt, und das ist nicht wenig. Als er nun ein großer und gekrönter König geworden war, sann er am Anfang nur auf Rache, aber bald stellte sich der Schaden ein und nach und nach die Reue; diese Torheit und diesen

13 Ludwig war fünf Jahre, von 1456—1461, Gast Philipps des Guten in Burgund.

Irrtum machte er wieder gut, indem er diejenigen, denen er Unrecht getan hatte, wieder zurückrief, wie Ihr noch hören werdet[14].

Hätte er nicht eine andere Erziehung gehabt als die anderen Herren, deren Erziehung ich im Königreich gesehen habe, glaube ich nicht, daß er sich jemals wieder hätte aufrichten können: denn man erzieht sie nur zu Narren sowohl in Kleidung als auch in ihren Reden; von keinem Buchstaben wissen sie etwas, und kein kluger Mann kommt in ihre Umgebung; sie haben Erzieher, mit denen man über ihre Angelegenheiten spricht, während man es mit ihnen niemals tut; diese bestimmen dann über ihre Sachen. Es gibt solche Herren, die nicht 13 Pfund Rente in Silber haben und sich rühmen, indem sie sagen: „Sprecht mit meinen Leuten“; dadurch glauben sie, die allergrößten Herren nachzuahmen. Auch habe ich oft genug gesehen, wie ihre Diener ihren Nutzen aus ihnen zogen und ihnen zu verstehen gaben, daß sie Dummköpfe seien. Wenn aber einmal einer zu sich kommt und will erkennen, was ihm gebührt, ist es meistens schon zu spät, so daß es ihm kaum noch etwas nützt. Denn man muß wissen, daß alle Menschen, die jemals groß gewesen sind und Großes geleistet haben, in ihrer Jugend angefangen haben, und das liegt an der Erziehung oder an Gottes Gnade.

## *Elftes Kapitel*

Nun habe ich mich lange an diesem Punkt aufgehalten; aber er ist so beschaffen, daß ich nicht davon loskomme, selbst wenn ich es will. Um nun aber zum Krieg zurückzukommen, habt Ihr zuletzt vernommen, wie die Königlichen, die in dem Graben längs der Seine lagen, von dort aufbrachen, als man sie angreifen wollte. Die Waffenruhe dauerte niemals länger als einen oder zwei Tage. An den anderen Tagen wurde so erbittert wie möglich Krieg geführt, und die Scharmützel dauerten vom Morgen bis zum Abend.

Starke Gruppen fielen nicht aus Paris aus; dennoch trieben sie oft unsere Wache zurück, die man dann wieder verstärkte. Ich habe keinen einzigen Tag gesehen, an dem es nicht Kämpfe gegeben hätte, und wenn sie auch noch so gering waren. Wenn der König es gewollt hätte, glaube ich, daß es größere Kämpfe gewesen wären; aber er war oft in großem Argwohn; das war ohne Grund. Er hat mir einstmals erzählt, daß er eines Nachts das Tor der Bastille St-Antoine, das auf die Felder hinausführt, offen gefunden hätte, was ihm starken Verdacht gegen Herrn Karl de Melun eingeflößt hätte, weil dessen Vater dort befeh-

[14] Es liegt nicht in der Absicht Commynes', hier eine Gesamtcharakteristik Ludwigs zu geben. Die hier angeführten Eigenschaften des Königs ergeben sich aus dem Anlaß, der Commynes auf das Thema brachte: die Klugheit Ludwigs, der sich nicht täuschen ließ (siehe Schluß von Kapitel 9).

ligte. Ich aber sage nichts anderes über Herrn Karl als das, was ich schon gesagt habe: daß der König nämlich in diesem Jahr keinen besseren Diener gehabt hat.

Eines Tages wurde in Paris geplant, mit uns zu kämpfen und uns von drei Seiten her anzugreifen. Ich glaube, daß nicht der König, sondern die Hauptführer das beschlossen hatten. Die Hauptmacht sollte von Paris her kommen, ein anderer Teil von der Brücke von Charenton, der uns kaum etwas hätte schaden können, und zweihundert Reisige aus dem Wald von Vincennes. Von diesem Entschluß erhielt das Heer etwa gegen Mitternacht von einem Pagen Kunde, der vom anderen Ufer des Flusses herüberrief, daß einige gute Freunde der Herren sie von diesem Unternehmen unterrichten möchten; er nannte einige bei Namen und zog sich eilig wieder zurück.

Bei Tagesgrauen kamen Herr Poncet de Rivière vor die Brücke von Charenton und Herr Du Lau mit einigen anderen aus dem Wald von Vincennes zu unserer Artillerie; dabei töteten sie einen Mann. Der Schrecken war sehr groß, da alle glaubten, es sei der von dem Pagen angekündigte Überfall. Sofort war Herr de Charolais in Waffen, aber noch schneller Herzog Johann von Kalabrien, denn bei allen Alarmen war er der erste Mann, der völlig gewappnet, und dessen Pferd immer gerüstet war. Er trug ein Waffenkleid wie die Condottieri in Italien, erschien wohl als Fürst und Feldhauptmann und ging geradeswegs bis zu den Grenzen des Lagers, um die Leute am Ausfall zu hindern. Er fand ebensoviel Gehorsam wie Herr de Charolais, und das ganze Heer gehorchte ihm gern, denn er war wirklich würdig, geehrt zu werden.

In einem Augenblick war das ganze Heer in Waffen und zu Fuß hinter der Wagenburg, außer zweihundert Reitern, die draußen auf Wache waren. Außer an diesem Tage habe ich niemals bemerkt, daß man in Erwartung des Kampfes gewesen sei, aber dieses Mal rechnete jeder damit. Auf den Lärm hin kamen die Herzöge von Berry und der Bretagne, die ich nur an diesem Tage gerüstet gesehen habe. Der Herzog von Berry war mit allen Stücken gewappnet. Sie hatten wenige Leute. So ritten sie durchs Lager und hielten sich draußen ein wenig auf, um die Herren von Charolais und Kalabrien zu finden und sprachen da zusammen. Die inzwischen verstärkten Reiter kamen bis in die Nähe von Paris und sahen dort mehrere ihnen entgegenkommende Reiter, die wissen wollten, warum im Lager solch ein Lärm sei.

Als die Leute des Herrn Du Lau unserer Artillerie zu nahe gekommen waren, hatte sie zu feuern begonnen. Der König hatte eine gute Artillerie auf der Mauer in Paris, die mehrere Schüsse bis in unser Heerlager absandte; das ist eine große Schußweite, denn es sind zwei Meilen bis dahin, aber ich glaube wohl, daß man den Feuerschlünden die Nasen sehr hoch gehalten hat. Dieser Artillerielärm ließ beide Seiten glauben, es sei eine große Unternehmung im Gange. Das Wetter war sehr dunkel und wenig klar. Unsere Reiter, die sich nahe an Paris herangepirscht hatten, erblickten viele Reiter und hinter ihnen in der Ferne eine große Anzahl aufrecht stehender Lanzen; es schien ihnen, als ob es alle Schlachtreihen des Königs seien und das ganze Volk von Paris: eine Einbildung, die ihnen das trübe Wetter hervorrief.

Sie machten schnell zu den Fürsten kehrt, die sich außerhalb des Lagers aufhielten, überbrachten ihnen diese Nachrichten und versicherten ihnen, daß des Königs Heer dort stehe. Die von Paris kommenden Reiter rückten immer nach, da sie die Unsrigen weichen sahen, was sie nur um so mehr an die Schlacht glauben ließ. Daraufhin kam der Herzog von Kalabrien zu dem Platz, auf dem sich die Standarte des Grafen von Charolais befand; in seinem Gefolge waren die meisten Edelleute seines Hauses mit dem Banner und der Heerfahne, die sie zu entfalten bereit waren, wie es in diesem Hause Brauch war. Zu uns allen sprach der Herzog Johann: „Nun haben wir das, was wir alle gewünscht haben! Seht dort den König mit seinem ganzen Volk aus der Stadt ausfallen! Sie marschieren auf uns zu, wie unsere Reiter gemeldet haben. Seid alle guten Mutes. Ebenso wie sie aus Paris kommen, wollen wir sie nach Pariser Maß messen, und das ist das größte!“ So ermutigte er das Heer.

Unsere Reiter hatten wieder ein wenig Mut gefaßt, als sie sahen, daß die anderen nur schwach waren. Sie näherten sich nochmals der Stadt und fanden die Schlachtreihen noch am selben Ort stehend, wo sie sie verlassen hatten, was ihnen erneut zu denken gab. Sie näherten sich nun so weit, wie sie konnten; der Tag war etwas weiter vorgerückt und klarer geworden. Nun bemerkten sie, daß es große Disteln waren und ritten bis vor die Tore, wo sie niemanden draußen fanden. Dieses meldeten sie den Herren, die gleich darauf eine Messe hörten und etwas aßen. Diejenigen, die diese Nachrichten berichtet hatten, waren nun sehr beschämt darüber, aber das Wetter und das, was der Page in dieser Nacht gerufen hatte, entschuldigte sie.

## *Zwölftes Kapitel*

Die Friedensverhandlungen dauerten unausgesetzt an; zwischen dem König und dem Grafen von Charolais enger als zwischen den anderen, da sie den Ausschlag gaben. Die Forderungen der Herren waren groß; besonders die des Herzogs von Berry, der die Normandie als seinen Teil haben wollte, was der König nicht billigte. Der Graf von Charolais begehrte die Sommestädte wie Amiens, Abbeville, St-Quentin, Péronne und andere, die der König vor noch nicht drei Monaten von Herzog Philipp für vierhunderttausend Taler zurückgekauft hatte. Dieser hatte sie im Frieden von Arras von König Karl VII. bekommen. Der Graf von Charolais sagte ihm, daß er sie zu seinen Lebzeiten nicht mehr zurückkaufen dürfe und erinnerte ihn daran, wieviel er seinem Hause verdanke. Denn vor seinem Vater Karl flüchtig, sei er dort aufgenommen und sechs Jahre lang unterhalten worden, hätte Gelder von ihm für seinen Lebensunterhalt bezogen und sei dann noch von ihnen bis nach Reims und Paris zur Krönung geführt worden. Deshalb war der Graf von Charolais über den Rückkauf dieser Länder sehr erzürnt gewesen.

Diese Friedensverhandlungen wurden so weit geführt, daß der König eines Morgens, von einer großen Anzahl Reiter an das Ufer des Flusses begleitet, zu Schiff an einer Stelle gerade gegenüber unserem Lager anlangte. In seinem Schiff waren nur vier bis fünf Personen außer denjenigen, die ruderten. Es waren Herr Du Lau, Herr de Montauban, damals Admiral, Herr de Nantouillet und andere. Die Grafen von Charolais und St-Pol waren auf ihrer Seite am Ufer des Flusses und erwarteten den König.

Der König fragte Herrn de Charolais: „Mein Bruder, gebt Ihr mir Sicherheit?“, denn früher hatte der Graf seine Schwester zur Frau gehabt. Dieser antwortete: „Ja, Majestät.“ Ich und viele andere haben es gehört. Der König stieg nun mit seiner Begleitung an Land. Die Grafen erwiesen ihm, wie es sich ziemt, große Ehre, und auch er kargte nicht damit und begann das Gespräch, indem er sagte: „Mein Bruder, ich erkenne, daß Ihr ein Edelmann und aus dem Hause Frankreich seid.“ „Warum, Sire?“ fragte der Graf. „Das will ich Euch sagen“, antwortete der König. „Als ich kürzlich meine Gesandten nach Lille zu meinem Oheim, Eurem Vater, und zu Euch schickte, und als dieser närrische Morvilliers Euch so zusetzte, ließet Ihr mir durch den Erzbischof von Narbonne (der sich als Edelmann zeigte, und jeder war mit ihm zufrieden) ausrichten, daß ich die Worte, die Euch der besagte Morvilliers gesagt hätte, noch vor Jahresfrist bereuen würde.“ Und der König fuhr fort: „Ihr habt Wort gehalten, und das noch vor Jahresfrist.“ Diese Worte sagte er mit freundlicher Miene und lachte dazu, da er genau wußte, daß die Natur des Angeredeten so war, daß er an ihnen Vergnügen fände; und wirklich freuten sie ihn. „Mit solchen Menschen, die halten, was sie versprechen, will ich gern zu tun haben.“ Er schob alles auf Morvilliers, indem er sagte, er habe ihn niemals beauftragt, solche Reden an ihn zu richten. In der Tat erging sich nun der König lange Zeit zwischen den beiden Grafen; eine große Anzahl Bewaffneter war da, die sie aus nächster Nähe betrachteten. Dort wurden das Herzogtum Normandie, die Somme und andere Forderungen für jeden vorgebracht und noch andere vor einer gewissen Zeit bereits gemachte Eröffnungen für die Wohlfahrt des Reiches; doch war von dieser am wenigsten die Rede, da die „öffentliche“ Wohlfahrt sich in viele „Privatwohlfahrten“ verwandelt hatte. Von der Normandie wollte der König auf keinen Fall etwas hören, gewährte aber die Forderungen des Grafen von Charolais und bot dem Grafen von St-Pol das Amt des Konnetabels als Vergütung für den Grafen von Charolais an. Ihr Abschied war sehr höflich. Der König begab sich wieder auf sein Schiff und kehrte nach Paris zurück, die anderen nach Conflans.

So gingen die Tage dahin, die einen in Waffenruhe, die anderen in Kämpfen; aber alle Verhandlungen in La-Grange-aux-Merciers, wo sich die Abgeordneten beider Parteien zu versammeln pflegten, waren abgebrochen. Nur zwischen dem König und Herrn de Charolais wurde weiter verhandelt; trotz des Krieges wurden Gesandte von einem zum anderen geschickt. Auf seiten des Grafen von Charolais waren es Wilhelm Biche und ein anderer mit Namen Guyot d'Usie, obgleich beide ehemals vom König Wohltaten empfangen hatten, der sie auf Bitten des Herrn de Charolais aufgenommen hatte, als sie von Herzog Philipp verbannt worden waren.

Diese Gänge gefielen nicht allen, und schon begannen die Herren sich gegenseitig zu mißtrauen und ihrer überdrüssig zu werden. Wäre das nicht gewesen, was sich einige Tage später begab, wären sie alle schmählich auseinandergelaufen. Ich habe sie dreimal Rat halten sehen in einem Zimmer, in dem sie alle versammelt waren. An einem Tage mißfiel dieses dem Grafen von Charolais sehr, denn es war schon zweimal in seiner Gegenwart geschehen, und dabei hatte er doch die größte Macht im Heere; es dürfe in seinem Zimmer nicht mehr Rat gehalten werden ohne ihn einzuladen. Als er davon sprach, sagte Herr de Contay, ein, wie ich schon bemerkte, sehr weiser Mann, zu ihm, er solle es ruhig ertragen; wenn er sie nämlich erzürne, fänden sie ihr Abkommen mit dem König schneller als er; so, wie er der Stärkste sei, müsse er auch versuchen, der Weiseste zu sein, indem er sie vor Zwietracht bewahre, sie mit all seiner Kraft zusammenhalte und so tue, als ob diese Dinge nicht geschehen seien. Allerdings wundere man sich sehr, auch bei ihm selbst, daß er zwei so niedrige Leute, wie die beiden oben Genannten es waren, mit einer so schwierigen Aufgabe betraut hätte. Das sei sehr gefährlich, zumal sie mit einem König zu tun hätten, der so großzügig sei wie dieser. Herr de Contay haßte nämlich Wilhelm Biche; dennoch sagte er nur, was auch viele andere über ihn gesagt haben, daß er nicht, um zu verdächtigen, so sprach, sondern, daß er von der Notwendigkeit getrieben wurde. Dem Grafen von Charolais gefiel dieser Rat; er schloß sich nun wieder enger und mit mehr Liebenswürdigkeit als vorher an die Herren an und hatte mehr Verbindung mit ihnen und ihren Leuten, was er gar nicht mehr gewohnt gewesen war.

Meiner Ansicht nach war das auch sehr nötig, da die Gefahr bestand, daß sie getrennt wurden. Ein weiser Mann nützt viel in einem solchen Bund, vorausgesetzt, daß man ihm glauben will, und er könnte nicht zu teuer erkauft werden. Niemals aber habe ich einen Fürsten gekannt, der den Unterschied zwischen den Menschen richtig gesehen hätte, bis zu dem Augenblick, in dem er sich in einer Notlage befindet, und wenn sie ihn kennen, übersehen sie ihn und teilen ihre Gunst lieber denjenigen mit, die ihnen angenehmer sind, entweder wegen des Alters, das ihnen gemäßer ist, oder weil sie in ihren Meinungen besser verstanden werden; manchmal werden sie auch von Leuten geführt, die ihre kleinen Schwächen kennen und sich ihrer bedienen. Die verständigen Leute aber werden zurückgeholt, sobald sie vonnöten sind.

In dieser Lage habe ich den König, den Grafen von Charolais damals, den König Eduard von England und viele andere gesehen. Zu der Zeit hatten diese drei gute Ratgeber dringend nötig und brauchten, wie ich sah, diejenigen, die sie verachtet hatten. Nachdem der Graf von Charolais eine Weile Herzog von Burgund gewesen war und Fortuna ihn höher gestellt hatte als jemals einen Fürsten seines Hauses, und zwar so hoch, daß er keinen Fürsten mehr als seinesgleichen fürchtete, ließ ihn Gott von der Höhe seines Ruhmes fallen und blendete ihm den Sinn so, daß er allen anderen Rat auf der Welt außer seinem eigenen verachtete. So beendete er auch bald jämmerlich sein Leben mit einer großen Anzahl seiner Leute und Untertanen und ruinierte, wie Ihr jetzt seht, sein Haus.

## *Dreizehntes Kapitel*

Ich habe wieder viel von den Gefahren gesprochen, die bei solchen Verhandlungen entstehen und davon, wie weise und erfahren die Fürsten mit den Leuten, die sie schicken, sein müssen und besonders derjenige, der nicht die beste Chance hat. Jetzt wird man verstehen, was mich bewogen hat, so lange bei diesem Gegenstand zu verweilen.

Während dieses in den Besprechungen verhandelt wurde und man gegenseitig Berührung hatte, wurde anstatt des Friedens von einigen vielmehr darüber verhandelt, daß das Herzogtum Normandie in die Hände des Herzogs von Berry, des Königs einzigen Bruders, als sein Anteil kommen, und dieser dem König dafür Berry lassen sollte. Dieser Handel wurde so weit geführt, daß die Frau Großseneschall der Normandie und einige ihrer Diener und Verwandten auf ihr Geheiß den Herzog Johann von Bourbon auf das Schloß von Rouen und von dort aus in die Stadt führten. Sie willigte in diesen Umschwung ein, da sie sehr einen Fürsten wünschte, der im Lande der Normandie bliebe. Dasselbe taten mit wenigen Ausnahmen alle Städte und Plätze der Normandie. Den Normannen hatte es schon immer geschienen und scheint ihnen auch heute noch, daß ein so großes Herzogtum wie das ihre einen eigenen Herzog brauche. Es ist auch, um die Wahrheit zu sagen, von großem Wert, und man erhebt hier bedeutende Abgaben. Ich habe gesehen, daß dort neunhundertfünfzigtausend Franken erhoben wurden; einige sagten sogar noch mehr.

Nachdem Rouen abgefallen war, leisteten alle Einwohner dem Herzog von Bourbon für den Herzog von Berry den Huldigungseid, mit Ausnahme des Vogtes Houaste, der beim König als Kammerherr gedient hatte und sein Günstling war, als dieser in Flandern weilte, und eines Mannes namens Wilhelm Picard, der später zum obersten Einnehmer der Normandie ernannt worden ist. Auch der heutige Großseneschall der Normandie wollte den Eid nicht leisten, sondern kehrte gegen den Willen seiner Mutter, die, wie gesagt, den ganzen Abfall herbeigeführt hatte, zum König zurück.

Als der König von diesem Umschwung erfuhr, beschloß er, Frieden zu machen, da er das, was geschehen war, nicht mehr abwenden konnte. Unverzüglich ließ er Herrn de Charolais, der in seinem Lager war, wissen, daß er mit ihm sprechen wolle und nannte ihm die Stunde, in der er sich auf den Feldern in der Nähe des Lagers, das sich bei Conflans befand, einfinden wollte. Zur festgesetzten Stunde nahm er etwa hundert Reiter, hauptsächlich Schotten seiner Garde, von anderen aber wenige mit. Der Graf von Charolais kam fast ohne Begleitung und ohne alle Zeremonie; dennoch kamen so viele dazu, da er schließlich mehr mitgenommen hatte als der König. Er ließ sie etwas zurückbleiben und beide gingen eine Weile auf und ab; der König sagte ihm, wie der Friede gemacht sei und berichtete ihm von den Vorfällen in Rouen, von denen der Graf noch nichts wußte. Er sagte, seinem Bruder wäre mit seinem Einverständnis niemals dieser Teil gegeben worden, aber da die Normannen diese Neuerung selbst eingeführt hätten, sei er damit einverstanden und würde den Vertrag in derselben Form annehmen, wie er einige Tage vorher vereinbart worden sei. Nur noch wenige andere Punkte gab es zu vereinbaren.

Herr de Charolais freute sich darüber sehr, denn sein Heer litt großen Mangel an Lebensmitteln und hauptsächlich an Geld. Und wenn sich dieses nicht ereignet hätte, wären alle Herren, wie sie da waren, schändlich abgezogen. Dennoch gelangten bei dem Grafen an diesem oder einige Tage später Verstärkungen an, die ihm sein Vater, Herzog Philipp von Burgund, schickte; es waren unter der Führung des Herrn de Saveuses hundertzwanzig Reisige, fünfzehnhundert Bogenschützen, hundertzwanzigtausend Taler auf zehn Saumtieren und eine große Anzahl Bogen und Pfeile. So wurde das Heer der Burgunder gut versorgt; es war mißtrauisch, daß die übrigen sich ohne es einigen würden.

Diese Friedensreden gefielen dem König sehr und dem Grafen von Charolais, wie ich ihn später habe erzählen hören. Sie ereiferten sich so, den Rest zu vollenden, daß sie nicht darauf achteten, wohin sie gelangten. So gingen sie gerade auf Paris zu und kamen so weit, bis sie in ein großes Werk von Erde und Holz eintraten, das der König ziemlich weit außerhalb der Stadt am Ende eines Grabens hatte errichten lassen; durch diesen konnte man in die Stadt gelangen. Bei dem Grafen waren nur vier oder fünf Personen. Als sie sich drinnen befanden, erschraken sie heftig; dennoch bewahrte der Graf von Charolais eine möglichst feste Haltung. Man kann sich denken, daß seit der Zeit keiner der beiden

Herren sonderliches Vertrauen in den anderen setzte, obgleich keiner dem anderen etwas Böses tat.

Als die Nachricht ins Lager kam, daß Herr de Charolais in das Bollwerk eingetreten sei, erhob sich dort ein großes Murren. Der Graf von St-Pol, Herr de Contay, Herr de Hautbourdin und mehrere andere versammelten sich und tadelten den Grafen von Charolais und diejenigen, die bei ihm waren, sehr wegen dieser Dummheit und zitierten als Beispiel das Unglück, das seinem Großvater in Montereau-Fault-Yonne in Gegenwart König Karls VII. geschehen sei. Unverzüglich ließen sie alle, die sich in den Feldern ergingen, ins Lager zurückholen; der Marschall von Burgund, mit Zunamen de Neufchâtel, richtete an sie folgende Worte: „Wenn dieser junge, tolle oder wahnsinnige Fürst verloren ist, laßt uns das Haus, die Sache seines Vaters und die unsrige retten. Darum ziehe sich jeder in sein Quartier zurück und halte sich bereit, ohne vor dem Angst zu haben, was kommen kann; denn wir sind stark genug, wenn wir zusammenhalten, um uns bis zum Hennegau oder zur Pikardie oder nach Burgund zurückzuziehen."

Nach diesen Worten stieg er aufs Pferd, und der Graf von St-Pol ging vor dem Lager auf und ab, um zu erspähen, ob von Paris her nichts käme. Nachdem er eine lange Zeit dort gewartet hatte, sah man vierzig bis fünfzig Reiter ankommen; das waren der Graf von Charolais und andere von den Leuten des Königs, die ihn zurückbegleiteten, sowie Bogenschützen und andere; als der Graf die Seinen herannahen sah, ließ er diejenigen, die ihn begleitet hatten, umkehren und richtete seine Worte an den Marschall de Neufchâtel, vor dem er Angst hatte, da er ihn mit sehr rauhen Worten anfuhr. Dieser gute und ihm ergebene Ritter wagte ihm zu sagen: „Solange Euer Vater lebt, bin ich Euch nur geliehen." Darauf antwortete der Graf: „Tadelt mich nicht, denn ich kenne meine große Dummheit wohl, aber ich habe zu spät bemerkt, daß ich dem Werk nahe war." Der Marschall sagte ihm nun in seiner Anwesenheit nur noch gründlicher, was er schon in seiner Abwesenheit gesagt hatte. Der Graf senkte das Haupt ohne ein Wort zu erwidern und ging ins Lager zurück, wo alles erfreut war, ihn wiederzusehen; jeder lobte die Loyalität des Königs. Dennoch begab sich der Graf seitdem niemals wieder in seine Gewalt.

## *Vierzehntes Kapitel*

Endlich war alles geregelt, und am folgenden Tage hielt der Graf von Charolais eine große Musterung, um zu sehen, wie viele Leute er noch hätte und wie viele er verloren haben mochte. Ohne weitere Benachrichtigung kam der König hierhin mit dreißig bis vierzig Reitern zurück und besichtigte alle Kompanien, eine nach der anderen, außer derjenigen des Marschalls von Burgund, der ihn nicht liebte, da er ihm vor einiger Zeit die Stadt Epinal in Lothringen gegeben und bald darauf wieder fortgenommen hatte, um sie Herzog Johann von Kalabrien zu verleihen, wodurch der Marschall großen Schaden erlitt.

Nach und nach versöhnte der König die guten und namhaften Ritter wieder mit sich, die seinem Vater gedient hatten, von ihm bei seinem Regierungsantritt abgesetzt worden waren und sich aus diesem Grunde den Verbündeten angeschlossen hatten; denn er hatte seinen Irrtum eingesehen. Es wurde verabredet, daß der König sich am nächsten Tage im Schloß des Vincennes-Waldes einfinden würde, ebenso alle Herren, die ihm einen Lehnseid zu leisten hatten; zur Sicherheit für alle sollte der König das Schloß dem Grafen von Charolais übergeben.

Am nächsten Tage waren der König und alle Fürsten ohne Ausnahme da; Tor und Tür waren von bewaffneten Leuten des Grafen von Charolais besetzt. An diesem Ort wurde nun der Friede geschlossen. Herr Karl leistete dem König den Lehnseid für das Herzogtum Normandie, der Graf von Charolais für die Länder der Pikardie, von denen gesprochen worden ist, und andere für andere Gebiete; der Graf von St-Pol sprach seinen Amtseid als Konnetabel. Es hat aber niemals eine so schöne Hochzeit gegeben, daß nicht einer schlecht gegessen hätte. Die einen bekamen das, was sie wollten, die anderen nichts. Der König zog gute Leute mittleren Standes an sich. Dennoch blieben aber die meisten bei dem neuen Herzog der Normandie und dem Herzog der Bretagne, die nach Rouen gingen, um ihre Besitztümer zu übernehmen. Beim Aufbruch vom Schloß des Vincennes-Waldes nahmen alle voneinander Urlaub, und jeder zog sich in sein Quartier zurück. Alle Urkunden und Begnadigungsbriefe und anderen Dinge, die zum Frieden nötig waren, wurden ausgestellt. An einem Tage zogen die Herzöge der Normandie und der Bretagne ab, und der Graf von Charolais, um nach Flandern zu gehen. Als der Graf unterwegs war, kam der König zu ihm und begleitete ihn bis zu dem Dorfe Villiers-le-Bel, vier Meilen von Paris entfernt und zeigte mit Eifer, daß er des Grafen Freundschaft wünschte. Beide quartierten sich diesen Abend hier ein. Der König hatte wenige Leute bei sich, hatte aber zweihundert Reisige kommen lassen, um ihn zurückzubegleiten. Wie der Graf von Charolais hiervon erfuhr, als er gerade zu Bett gehen wollte, schöpfte er großen Verdacht und ließ eine große Anzahl Leute wappnen. So könnt Ihr sehen, daß es fast unmöglich ist, daß sich zwei große Herren untereinander einigen wegen der Zuträgereien und des Argwohns, denen sie zu jeder Zeit ausgesetzt sind. Zwei große Fürsten, die sich untereinander liebgewinnen wollen, dürfen sich niemals sehen, sondern sollen sich gegenseitig gute und weise Diener schicken, die ihre Sachen führen oder ihre Fehler beseitigen.

Am nächsten Morgen nahmen die beiden Herren mit vielen und guten Worten voneinander Abschied. Der König kehrte in Begleitung derer, die gekommen waren, ihn zu holen, nach Paris zurück; das zerstreute den Verdacht, den man wegen ihres Kommens gehegt hatte. Der Graf von Charolais nahm den Weg über Compiègne und Noyon, wo ihm überall auf Befehl des Königs geöffnet wurde. Von dort aus ging er nach Amiens und nahm die Huldigung der Somme-Städte und der Länder der Pikardie entgegen, für die der König vor noch nicht neun Monaten vierhunderttausend Taler bezahlt hatte, wie ich schon oben sagte.

Unverzüglich zog er weiter in das Lütticher Land, da die Lütticher schon fünf bis sechs Monate, als er abwesend war, seinen Vater in den Ländern von Namur und Brabant bekriegt hatten. Schon hatten die Lütticher dort einen Raubzug unternommen. Dennoch aber konnte er wegen des Winters keine großen Dinge beginnen. Eine große Anzahl Dörfer wurde verbrannt und kleine Raubzüge gegen die Lütticher ausgeführt; dann schloß man Frieden. Die Lütticher verpflichteten sich bei großer Geldstrafe, ihn zu halten. Daraufhin kehrte der Graf nach Brabant zurück.

## *Fünfzehntes Kapitel*

Um auf die Herzöge der Normandie und der Bretagne zurückzukommen, die gekommen waren, um von der Normandie Besitz zu ergreifen: sie begannen bereits nach ihrem Einzug in Rouen zu streiten, wie sie die Beute teilen sollten: denn noch waren die genannten Ritter bei ihnen, die von König Karl mit hohen Stellen und großen Ehren verwöhnt waren; diese glaubten am Ende der Unternehmung zu sein und dem König nicht trauen zu dürfen; jeder von ihnen wollte nun den größtmöglichen Nutzen aus dieser Angelegenheit ziehen. Andererseits wollte der Herzog der Bretagne entschädigt werden, denn er hatte die größten Unkosten und Aufgaben bei allen Dingen gehabt. Ihre Zwietracht ging so weit, daß der Herzog der Bretagne sich auf den St. Katharinenberg bei Rouen zurückzog, da er sich seines Lebens nicht mehr sicher fühlte. Es kam so weit, daß die Leute des Herzogs der Normandie mit den Bürgern der Stadt Rouen bereit waren, den Herzog der Bretagne an dem genannten Ort anzugreifen; dadurch wurde er gezwungen, sich auf dem nächsten Weg in die Bretagne zu begeben.

Auf diesen Zwist hin rückte der König nahe an das Land heran. Ihr könnt Euch denken, daß er es vorausgesehen und mitgeholfen hatte, ihn zu schüren, denn in dieser Wissenschaft war er Meister. Ein Teil von denen, die die festen Plätze innehatten, begann sie ihm auszuliefern und mit ihm ins Einvernehmen zu kommen. Ich weiß von diesen Dingen das, was er mir davon erzählt hat, denn ich war nicht an diesen Orten. Er hatte eine Unterredung mit dem Herzog der Bretagne, der einen Teil der Plätze in der Niedernormandie besaß, in der Hoffnung, ihn in allen Punkten von seinem Bruder abzubringen. Sie waren einige Tage zusammen in Caen und schlossen dort einen Vertrag, durch den die Stadt Caen und andere mit einer Anzahl Söldner in den

Händen des Herrn de Lescun bleiben sollten; dieser Vertrag aber war so verwirrt, daß ich glaube, keiner der beiden hat ihn je so recht verstanden. Der Herzog der Bretagne ging fort, und der König machte kehrt, um gegen seinen Bruder zu ziehen. Als der Herzog der Normandie sah, daß er nicht widerstehen konnte, und daß der König Pont-de-l'Arche und andere Plätze einnahm, entschloß er sich, die Flucht zu ergreifen und nach Flandern zu ziehen. Der Graf von Charolais war noch in St-Trond, einer kleinen Stadt im Lüttícherlande, sehr beschäftigt. Das Heer war zur Winterszeit zerstreut und aufgelöst, ein Teil war gegen die Lütticher eingesetzt. Den Grafen schmerzte der Anblick dieser Teilung; denn am meisten auf der Welt wünschte er, einen Herzog in der Normandie zu sehen, wodurch ihm der König um ein Drittel seines Reiches geschwächt zu werden schien. Er ließ Leute in der Pikardie sammeln, um sie nach Dieppe zu werfen. Bevor sie bereit waren, machte der Kommandant von Dieppe seinen Frieden mit dem König. So kehrte das ganze Herzogtum Normandie zum König zurück außer den Plätzen, die durch das Abkommen in Caen Herrn de Lescun blieben.

## *Sechzehntes Kapitel*

Der Herzog der Normandie hatte sich, wie ich gesagt habe, plötzlich entschlossen, nach Flandern zu fliehen; sogleich aber söhnte sich der Herzog der Bretagne wieder mit ihm aus, da beide ihre Irrtümer einsahen und erkannten, daß durch Zwietracht alle guten Dinge der Welt verderben müssen. Es ist ja fast unmöglich, daß viele große Herren gleichen Standes sich lange vertragen können, es sei denn, sie haben ein Oberhaupt, und das muß weise und geachtet sein, um bei allen Gehorsam zu finden. Ich habe mit eigenen Augen viele Beispiele dieser Art gesehen und spreche nicht vom Hörensagen. Wir alle sind geneigt, uns zu unserem Schaden zu entzweien, ohne auf die Folgen zu achten, die kommen können. So habe ich es fast in der ganzen Welt gehen sehen. Mir scheint, daß ein weiser Fürst, der Macht über zehntausend Mann und genügend Mittel hat, sie zu unterhalten, mehr zu fürchten ist als zehn Verbündete, von denen jeder sechstausend stellt; denn durch die Dinge, die unter ihnen erst entwirrt und vereinbart werden müssen, wird die Hälfte der Zeit verloren, bevor etwas beschlossen und ausgemacht wird.

So zog sich der Herzog der Normandie in die Bretagne zurück, armselig, geschlagen und verlassen von all den Rittern, die bei König Karl gewesen waren und ihren Frieden mit dem König gemacht hatten, der sie mit größeren Ämtern versah, als es je sein Vater getan hatte. Die beiden besagten Herzöge wurden nach dem Schlag — wie man bei den Bretonen sagt — weise und hielten sich in der Bretagne. Herr de Lescun, der vornehmste ihrer Vasallen, hat viele Gesandtschaften geschickt: die gingen und kamen vom König zu ihnen beiden und von diesen zum König und zum Grafen von Charolais, der später Herzog von Burgund geworden war, und von diesem wieder zu ihnen, ebenso vom König zum Herzog von Burgund und von diesem zum König; die einen, um Neuigkeiten zu erfahren, die anderen, um unter dem Vorwande guter Freundschaft Leute abspenstig zu machen und schlechten Handel zu beginnen. Einige gingen auch in guter Absicht, da sie glaubten, die Dinge befrieden zu können. Aber es ist eine große Dummheit derer, die sich für so gut und weise halten, daß sie glauben, ihre Gegenwart allein könne so große und schlaue Fürsten wie diese, die so genau ihre Ziele kennen, zum Frieden bringen, wo sich weder auf der einen noch auf der anderen Seite irgendeine vernünftige Überlegung dazu anbot. Aber es gibt nun einmal Leute, die den Ehrgeiz haben, immer, wie es ihnen scheint, mit Dingen umzugehen, von denen sie nichts verstehen, denn manchmal entdecken ihnen ihre Herren auch nicht ihre geheimen Gedanken.

Die Gesellschaft derer, von denen ich sprach, geht sehr häufig nur hin, um das Fest auf Kosten der Fürsten bereiten zu helfen. Immer ist ein schlechter Mensch dabei, der irgendeinen Handel für sich macht. So habe ich es wenigstens zu allen Zeiten, von denen ich rede, und auf allen Seiten gesehen. Ebenso wie ich gesagt habe, daß die Fürsten in der Wahl derjenigen, in deren Hände sie ihre Geschäfte legen, weise sein sollen, so sollen diejenigen, die hinausgehen, es sich wohl überlegen, sich mit diesen Geschäften zu befassen. Die wären sehr weise, die sich davon entschuldigten und sich nicht darauf einließen, außer, wenn sie sich gut darauf verständen und Liebe zu den Geschäften hätten. Ich habe viele große Leute gekannt, denen diese Dinge über den Kopf wuchsen.

Zwei Arten von Fürsten habe ich gesehen: die einen waren so schlau und argwöhnisch, daß man nicht wußte, wie man mit ihnen zusammenleben sollte, da sie immer glaubten, man betrüge sie; die anderen verließen sich ganz auf ihre Diener, aber so schwerfällig und wenig verständig in ihren Geschäften, daß sie nicht einmal erkennen konnten, was ihnen nützlich und was ihnen schädlich war. Jene aber schwanken ständig zwischen Liebe und Haß und Haß und Liebe. Obgleich es unter beiden Arten sehr wenig Gute gibt und große Festigkeit und Sicherheit nicht vorkommen, ziehe ich es doch immer vor, unter den Klugen als unter den Dummen zu leben, da es bei ihnen größere Möglichkeiten gibt, sich zurückzuziehen oder ihre Gnade zu erlangen: denn mit den Toren kann man keinen Weg finden, da man niemals mit ihnen, sondern immer nur mit ihren Dienern zu tun hat. Dennoch muß jeder ihnen dort dienen und gehorchen, wo sie regieren, da er dazu gehalten und verpflichtet ist.

Aber, alles wohl bedacht, soll unsere ganze Hoffnung in Gott sein, denn in ihm ruht alle Festigkeit und Güte, die nirgends auf der Welt gefunden werden kann; aber jeder von uns erkennt das erst zu spät, wenn er in Not geraten ist. Dennoch ist es besser spät als nie.

# ZWEITES BUCH

## *Erstes Kapitel*[1]

So vergingen einige Jahre, in denen der Herzog von Burgund immer wieder mit den Lüttichern Krieg führte. Als der König ihn dort beschäftigt sah, begann er mit den Bretonen einen neuen Streit anzufangen, indem er die Lütticher ein wenig unterstützte. Bald wandte sich der Herzog von Burgund gegen ihn, um seinen Verbündeten zu helfen, oder sie schlossen von selbst einen Vertrag oder Waffenstillstand.

Im Jahre 1466 wurde Dinant, das im Lütticher Land liegt, eine sehr mächtige, große und reiche Stadt, wegen des Handels, den sie mit Kupferartikeln, die man „Dinanterie" nennt, trieb (das sind Töpfe, Tiegel und ähnliche Dinge), vom Herzog von Burgund eingenommen, dessen Vater, Herzog Philipp, damals noch lebte, der im Juni 1467 gestorben ist. In seinem hohen Alter ließ sich der Herzog Philipp von Burgund in einer Sänfte hintragen, so sehr haßte er sie wegen der großen Grausamkeiten, die sie gegen seine Untertanen in der Grafschaft Namur verübten, besonders gegen die Bürger von Bouvignes, einer kleinen Stadt, die eine Viertelmeile von Dinant entfernt liegt, und von dieser Stadt nur durch die Maas getrennt wird. Es war noch nicht lange her, daß die Leute von Dinant acht Monate hindurch die Belagerung mit dem Fluß zwischen beiden gehalten haben und viele Grausamkeiten in der Umgebung verübten; während dieser Zeit schossen ständig zwei Bombarden und andere Stücke der schweren Artillerie zwischen die Häuser von Bouvignes und zwangen dadurch die armen Leute, sich in ihren Kellern zu verkriechen und dort zu bleiben.

Der Haß, den diese beiden Städte gegeneinander hegten, ist kaum zu glauben. Sie hätten sich kaum ihre Kinder gegenseitig in die Ehe gegeben, wenn sie nicht von allen anderen Städten so weit entfernt gewesen wären. Im letzten Jahr vor der Zerstörung von Dinant, in dem der Graf von Charolais von Paris, wo er mit den anderen Herren Frankreichs, wie ihr gehört habt, gewesen war, zurückkam, hatten sie einen Vertrag und Frieden mit ihm gemacht und ihm eine gewisse Summe Geldes gegeben. Sie hatten sich von der Stadt Lüttich getrennt und ihre Sachen allein durchgeführt; es ist ein wahres Zeichen für den Verfall eines Landes, wenn diejenigen, die zusammenhalten sollen, sich voneinander los-

[1] In den ersten Kapiteln des zweiten Buches tritt Ludwig etwas zurück. Die Kämpfe der Burgunder gegen Lüttich und der Tod Philipps des Guten (1467), der den Weg zur Alleinherrschaft Karls des Kühnen frei macht, leiten über zu den neuen französisch-burgundischen Verwicklungen, die sich um die Begegnung von Péronne (1468) gruppieren.

sagen und sich verlassen. Ich sage das ebensogut für Fürsten und Herren, die miteinander verbündet sind, wie für Städte und Gemeinden; hiervon aber will ich schweigen, weil ich glaube, daß jeder davon genügend Beispiele gesehen oder gelesen hat. Nun muß man wissen, daß König Ludwig, unser Herr, die Kunst, Leute zu trennen, besser verstanden hat, als jeder andere Fürst, den ich jemals gekannt habe. Er sparte hierbei weder Geld noch Gut noch Mühe sowohl gegen die Herren als auch gegen die Diener.

Die Bürger von Dinant begannen bald darauf, dieses besagte Abkommen zu bereuen und ließen vier ihrer angesehensten Bürger, die diesen Vertrag gemacht hatten, grausam töten. Dann begannen sie den Krieg wieder in der Grafschaft Namur, sowohl aus diesen Gründen, als auch auf die inständigen Bitten der Bewohner von Bouvignes hin; Herzog Philipp trug eine Belagerung vor Dinant; die Führung des Heeres aber hatte sein Sohn; ihnen zu Hilfe kam der Graf von St-Pol, Konnetabel von Frankreich, der ohne Ermächtigung des Königs und auch ohne seine Reisigen von zu Hause aufgebrochen war und nur Leute, die er in den Marken der Pikardie gesammelt hatte, heranführte.

Die Belagerten machten, von Hochmut geschwellt, einen Ausfall zu ihrem großen Schaden. Am achten Tage wurde die Stadt erstürmt, nachdem sie noch heftig bombardiert worden war. Ihre Freunde hatten keine Zeit mehr, daran zu denken, ob sie ihnen helfen sollten. Die Stadt wurde eingeäschert und geschleift; bis zu achthundert Gefangene wurden vor Bouvignes auf eifriges Bitten der Bürger dieser Stadt ertränkt. Ich weiß nicht, ob Gott es wegen ihrer großen Schlechtigkeiten zugelassen hat, aber die Rache kam grausam über sie.

Am Tage nach der Einnahme der Stadt kamen die Lütticher in großer Anzahl angerückt, um ihnen gegen ihre Verpflichtung zu helfen, denn sie waren von ihnen durch ein Abkommen getrennt, wie auch die von Dinant sich von ihrer Stadt getrennt hatten. Herzog Philipp zog sich wegen seines hohen Alters zurück, und sein Sohn rückte mit dem ganzen Heer den Lüttichern entgegen. Wir trafen sie viel eher, als wir gedacht hatten: denn durch Zufall verirrte sich unsere Vorhut durch Verschulden derer, die sie führen sollten, und wir stießen auf sie mit der Hauptmacht, bei der sich die obersten Befehlshaber des Heeres befanden. Es war schon spät; dennoch traf man Vorbereitungen, sie anzugreifen. Währenddessen kamen Abgeordnete von ihnen zu dem Grafen von Charolais und baten ihn, er möge zu Ehren der Jungfrau Maria, deren Geburt morgen begangen würde, Mitleid mit diesem Volke haben, deren Fehler sie entschuldigten, so gut sie konnten. Ganz im Gegensatz zu den Reden ihrer Gesandten waren die Lütticher noch immer in der Haltung, die Leute einnehmen, die eine Schlacht wünschen. Dennoch wurde von ihnen vereinbart, nachdem sie noch zwei- bis dreimal gegangen und gekommen waren, den Frieden des vergangenen Jahres zu halten und eine gewisse Summe Geldes zu zahlen; zur Sicherheit, um dieses besser zu halten als das vergangene Mal, versprachen sie dreihundert Geiseln zu stellen, die in einer Rolle vom Bischof von Lüttich und seinen Dienern namentlich aufgeführt und bis zum nächsten Morgen um 8 Uhr im Lager ausgeliefert werden sollten. In dieser Nacht war das Lager der Burgunder in großer Sorge, denn es war weder geschlossen noch befestigt, außerdem getrennt an einem für die Lütticher günstigen Ort, die alle zu Fuß waren und das Gelände besser kannten als wir. Einige von ihnen hatten Lust, uns anzugreifen, und nach meiner Ansicht wäre ihnen das sehr gut gelungen. Diejenigen aber, die den Vertrag gemacht hatten, vereitelten dieses Vorhaben.

Als der Tag anbrach, versammelte sich unser Heer in wohlgeordneten Schlachtreihen. Die Zahl war groß: dreitausend Reisige, gute wie schlechte, zwölftausend bis dreizehntausend Bogenschützen und viel anderes Fußvolk aus den benachbarten Ländern. Man zog ihnen geradewegs entgegen, entweder, um die Geiseln in Empfang zu nehmen oder um mit ihnen zu kämpfen, falls diese ausbleiben würden. Wir fanden sie schon entzweit in Banden aufgelöst und in schlechter Ordnung wie Volk, das schlecht geführt wird. Es war schon fast Mittagszeit, und immer noch hatten sie keine Geiseln gestellt. Der Graf von Charolais fragte den Marschall von Burgund, der dabei war, ob er gegen sie vorgehen solle oder nicht. Der Marschall antwortete ja und sagte, daß er sie ohne Gefahr besiegen könne und keine Hemmungen haben sollte, da die Schuld bei ihnen läge. Danach befragte er noch Herrn de Contay, den ich schon mehrere Male genannt habe; dieser war derselben Meinung und betonte, daß er niemals einen so schönen Vorteil gehabt hätte; er zeigte ihm, wie die Lüttícher, schon in einzelne Banden aufgeteilt, davonliefen und ermahnte ihn dringend, nicht länger zu zögern. Nun wurde noch der Konnetabel Graf von St-Pol befragt, der der entgegengesetzten Ansicht war; er sagte nämlich, daß es gegen die Ehre und gegen das Versprechen sei, so zu handeln, und daß so viele Leute sich nicht so bald wieder in einer solchen Sache, wie die Stellung einer großen Anzahl von Geiseln es ist, einigen würden. Er empfahl, zu ihnen zu senden, um ihre Absichten zu erfahren. Die Meinungsverschiedenheiten der drei Genannten mit dem Grafen waren sehr groß. Auf der einen Seite sah er seine großen und alten Feinde geschlagen und ohne Widerstand, auf der anderen mahnte man ihn an sein Versprechen. Schließlich schickte man einen Trompeter zu ihnen, der die Geiseln traf, die man ihm zuführte. So endete die Sache, und jeder kehrte an seinen Ort zurück. Den Reisigen mißfiel der Rat, den der Konnetabel gegeben hatte, sehr, denn sie sahen die schöne Beute bereits vor ihren Augen. Unverzüglich schickte man eine Gesandtschaft nach Lüttich, um diesen Frieden zu bestätigen. Das Volk, das sehr unbeständig ist, sagte ihnen sofort, man habe es nicht gewagt, anzugreifen, schoß mit Feldschlangen nach ihren Köpfen und tat ihnen mehrere Grobheiten an.

Der Graf von Charolais kehrte nach Flandern zurück. Zu dieser Zeit starb sein Vater[2], dem er ein sehr großes und feierliches Hochamt und Begräbnis in Brügge halten ließ; er zeigte den Tod dieses Herrn dem König an.

## *Zweites Kapitel*

Immer wurden geheime Dinge und Pläne zwischen den Fürsten verhandelt. Der König war sehr stark gegen den Herzog von Burgund und den Herzog der Bretagne erzürnt; die beiden hatten große Mühe, voneinander zu hören: denn oft wurden ihre Boten behindert, und in Kriegszeiten geschah es, daß sie übers Meer kommen mußten; mindestens von der Bretagne nach England hinüber und dann auf dem Landweg bis Dover und von dort aus wieder übers Meer bis Calais; wenn sie aber den direkten Weg nahmen, kamen sie in große Gefahr.

In allen diesen und den folgenden Jahren der Streitigkeiten, die ungefähr zwanzig Jahre oder länger gedauert haben, zum Teil mit Krieg, zum Teil in Waffenstillstand und gegenseitigem Hinhalten, wo jeder der Fürsten in die Waffenruhe seine Verbündeten einbezog, hat Gott dem Königreich Frankreich die Güte erwiesen, daß die Kriege und Zwistigkeiten in England noch andauerten, die fünfzehn Jahre vorher begonnen hatten, in denen große und grausame Schlachten geschlagen und viele Edelleute getötet wurden. Da zwei Häuser nach der Krone Englands strebten, nannten sie sich gegenseitig Verräter: das waren die Häuser Lancaster und York. Zweifellos hätte das Königreich viele Schwierigkeiten gehabt, wenn die Engländer noch in dem Zustand gewesen wären, in dem sie damals waren.

Der König versuchte immer, mit der Bretagne schneller als mit anderen Dingen ein Ende zu machen, da sie ihm leichter zu erobern und von geringerer Widerstandskraft schien als das Haus Burgund; auch waren es die Bretonen, die seine Feinde, wie seinen Bruder und andere, aufnahmen, die Beziehungen im Reiche unterhielten. Aus diesem Grunde spann er Fäden mit Herzog Karl von Burgund an, um ihn durch mehrere Angebote dazu zu bewegen, die Bretonen fallen zu lassen; damit würde er auch die Lütticher und andere seiner Widersacher preisgeben; das ließ sich jedoch nicht vereinbaren. Der Herzog aber zog erneut gegen die Lütticher, die ihm den Frieden gebrochen, die Stadt Huy genommen, die Leute hinausgejagt und die Stadt geplündert hatten, ohne an die große Geldstrafe und an die ihm im vergangenen Jahre gegebenen Geiseln zu denken, die hingerichtet werden würden, wenn sie die Verträge brächen. Er sammelte sein Heer in der Gegend von Löwen im Lande Brabant und an den Marken von Lüttich. Dort kam zu ihm der Graf von St-Pol, Konnetabel von Frankreich, der damals in allen

2 Philipp der Gute ist am 15. Juni 1467 gestorben; das Leichenbegängnis fand in Brügge am 16. August 1467 statt.

Punkten zum König zurückgekehrt war und mit ihm zusammenhielt; außerdem der Kardinal Balue und andere, die dem Herzog von Burgund anzeigten, daß die Lütticher sich mit dem König verbündet hätten und in seinen Waffenstillstand mit einbegriffen seien; sie ließen ihn wissen, daß er ihnen zu Hilfe kommen würde, wenn der Herzog sie angriffe. Jedoch boten sie ihm an, daß der König ihm mit den Lüttichern freie Hand lassen wolle, wenn er einwillige, daß er in der Bretagne Krieg führen könne. Ihre Audienz war kurz und öffentlich; sie blieben nur einen Tag.

Der Herzog von Burgund brachte als Entschuldigung vor, daß die Lütticher ihn angegriffen hätten, und auch der Frieden von ihnen und nicht von ihm gebrochen worden sei. Aus diesen Gründen dürfe er seine Verbündeten nicht preisgeben. Die genannten Gesandten wurden abgefertigt. Als er am Tage nach ihrer Ankunft zu Pferde steigen wollte, sagte er zu ihnen mit sehr lauter Stimme, daß er den König bäte, ja nichts in der Bretagne zu unternehmen. Der Konnetabel drang in ihn und sagte: „Herr, Ihr wählt nichts aus, denn Ihr nehmt alles und wollt Krieg mit unseren Freunden machen, wie es Euch gefällt; uns wollt Ihr in Ruhe halten, damit wir unsere Feinde nicht niederwerfen können, so wie Ihr es mit Eueren macht. Das kann nicht geschehen, und der König wird es nicht dulden." Der Herzog nahm mit folgenden Worten von ihnen Abschied: „Die Lütticher sind versammelt, und ich erwarte die Schlacht innerhalb von drei Tagen. Wenn ich sie verliere, glaube ich gern, daß Ihr davon auf Eure Art Gebrauch machen werdet; gewinne ich sie aber, werdet Ihr die Bretonen in Frieden lassen." Nach diesen Worten stieg er zu Pferde, und die Gesandten gingen in ihre Quartiere, um sich reisefertig zu machen. Der Herzog brach von Löwen in Waffen und mit sehr großer Begleitung auf und belagerte eine Stadt, die St-Trond genannt wird. Sein Heer war sehr groß, da alles, was von Burgund kommen konnte, sich mit ihm vereint hatte. Ich habe bei ihm niemals so viele Leute versammelt gesehen.

Kurz vor seiner Abreise hatte er in Erwägung gezogen, ob man die Geiseln töten solle, oder was man sonst mit ihnen mache. Einige, besonders Herr de Contay, von dem ich schon mehrere Male gesprochen habe, waren der Meinung, man solle sie alle töten; diesen habe ich niemals so schlecht und grausam sprechen hören wie dieses Mal. Daher ist es nötig, daß ein Fürst mehrere Leute in seinem Rat hat, denn auch die weisesten irren mitunter; entweder, weil sie durch Liebe oder Haß gegenüber der Sache, über die man spricht, voreingenommen sind, oder weil sie einem anderen widersprechen wollen, manchmal auch, weil sie einfach nicht in Stimmung sind: deshalb soll man niemals von dem Rat etwas halten, der nach dem Mittagessen gegeben worden ist. Einige könnten dagegen sagen, daß Leute, die solche Fehler begehen, nicht im Rate eines Fürsten sein dürften. Darauf aber muß man antworten, daß wir alle nur Menschen sind, und daß diejenigen, die solche suchen wollen, die immer weise sprechen und die sich zu allen Zeiten in der gleichen Ruhe befinden, solches nur im Himmel tun können, denn unter den Menschen findet man sie nicht. Zur Entschädigung aber wird es Männer im Rate geben, die sehr weise und gut sprechen, die es aber nicht häufig tun. So berichtigen die einen die anderen.

Wir kehren nun wieder zu unserer Diskussion zurück: zwei oder drei waren derselben Meinung und schätzten die Größe und den klugen Sinn des besagten Contay; denn in einem solchen Rat finden sich viele Leute — und es gibt davon genug —, die nur den anderen nachsprechen, ohne von der Sache selbst etwas zu verstehen, und die immer nur demjenigen, der gesprochen hat, gefallen wollen, wenn er ein Mann von Ansehen ist. Dann wurde Herr de Humbercourt befragt, der, aus der Gegend von Amiens gebürtig, einer der weisesten und verständigsten Ritter war, die ich jemals gekannt habe; dieser sagte, seine Meinung sei, daß der Herzog Gott auf seine Seite bringen und der ganzen Welt zu erkennen geben solle, daß er nicht grausam und rachsüchtig sei, indem er die dreihundert Geiseln zurückgebe; außerdem seien sie ja in der guten Absicht und Hoffnung geschickt worden, daß der Friede aufrechterhalten bliebe; man solle ihnen aber, wenn sie fortgingen, die Gnade vor Augen halten, die der Herzog ihnen angedeihen lasse und sie bitten, zu versuchen, dieses Volk wieder zum Frieden zurückzuführen; falls es nicht hören wolle, würden mindestens die Geiseln wegen der Güte, die man ihnen erwiesen habe und die sie dankbar erkennen, nicht an einem Kriege gegen ihn oder ihren Bischof, der in seinem Heere weile, teilnehmen. An dieser Meinung wurde festgehalten, und die besagten Geiseln machten diese Versprechungen, als man sie freiließ. Auch wurde ihnen gesagt, daß es jedem, der sich für den Krieg entschiede und gefangengenommen würde, den Kopf kosten würde. So gingen sie von dannen.

Nachdem Herr de Contay dieses grausame Urteil über die armen Geiseln, das Ihr gehört habt, gesprochen hatte, von denen sich ein Teil aus wahrer Güte gestellt hatte, schien es mir gut gesagt zu sein, als einer, der mit im Rat war, mir ins Ohr flüsterte: „Seht Ihr wohl diesen Mann? Obgleich er schon ziemlich alt ist, ist er doch noch sehr gesund; aber ich möchte viel wetten, daß er in einem Jahr nicht mehr lebt. Dieses sage ich wegen der schrecklichen Meinung, die er geäußert hat.“ Und so geschah es, denn er lebte nicht mehr lange. Vor seinem Tode aber diente er seinem Herrn noch treu an einem Tage in der Schlacht, von der ich gleich sprechen werde.

Wir kehren nun zu unserem Gegenstand zurück: Ihr habt gehört, wie der Herzog die Belagerung vor St-Trond trug und seine Artillerie aufstellte, nachdem er von Löwen abgezogen war. In der Stadt waren etwa dreitausend Lütticher unter dem Befehl eines sehr guten Ritters; es war derselbe, der im vergangenen Jahre den Frieden verhandelt hatte, als wir uns ihnen gegenüber in Schlachtordnung befunden hatten. Am dritten Tag nach der Belagerung kamen die Lütticher in großen Scharen, dreißigtausend Mann und mehr, gute wie schlechte, sämtlich Fußvolk, abgesehen von etwa fünfhundert Reitern, mit sehr starker Artillerie, um unsere Belagerung aufzuheben. Um zehn Uhr morgens befanden sie sich in einem festen Dorfe, Brusthem genannt, das auf der einen Seite von Sümpfen eingeschlossen war und eine halbe Meile von uns entfernt lag. Bei ihnen befand sich François Royer, der Amtmann von Lyon, der damals des Königs Gesandter bei den Lüttichern war. Bald kam in unserem Lager der Alarm. Um die Wahrheit zu sagen, erfuhr man erst durch die fliehenden Fourageure von der Ankunft des Feindes, da die Vorposten auf den Feldern schlecht verteilt waren.

Niemals bin ich an einem Ort mit dem Herzog gewesen, an dem ich ihn selbständig gute Befehle habe geben sehen, außer an diesem Tag. Unverzüglich ließ er alle Schlachtreihen auf den Feldern auseinanderziehen, außer einigen, denen er befahl, bei der Belagerung zu bleiben. Bei diesen ließ er fünfhundert Engländer zurück. Auf beiden Seiten des Dorfes stellte er wohl eintausendzweihundert Reisige auf; er selbst blieb dem Dorf mit achthundert Reisigen gegenüber, aber etwas entfernter als die anderen. Er hatte unter den Bogenschützen eine große Anzahl Edelleute zu Fuß und viele Reisige. Herr de Ravenstein ging mit der Vorhut des Herzogs, lauter Fußvolk, das aus Reisigen und Bogenschützen bestand, und mit einem Teil der Artillerie bis an den Rand ihrer Gräben vor, die groß, tief und mit Wasser gefüllt waren; mit Pfeil- und Kanonenschüssen wurden sie zurückgeworfen; ihre Gräben und ihre Artillerie wurden genommen. Als den Unsrigen die Pfeile ausgingen, faßten die Lütticher sich wieder ein Herz und griffen mit ihren langen Piken, sehr wirksamen Stangen, unsere Bogenschützen und ihre Führer an; in einem Augenblick töteten sie von einer Truppe vierhundert bis fünfhundert Mann; alle unsere Fähnlein wankten, fast wie Leute, wenn sie geschlagen sind. Jetzt ließ der Herzog die Bogenschützen seiner Schlachtreihe vorgehen, die Herr Philipp de Crèvecoeur, Herr des Cordes und mehrere andere Edelleute führten; diese fielen mit großem Geschrei über die Lütticher her, die in einem Augenblick geworfen wurden.

Die auf beiden Seiten aufgestellte Reiterei, von der ich sprach, konnte den Lüttichern wegen der Sümpfe nichts antun, ebensowenig konnte es der Herzog von Burgund von seinem Standort aus; sie sollten den Lüttichern aber auch nur dann begegnen, wenn diese die Vorhut durchbrochen hätten und über die Gräben bis zur Ebene vorgestoßen wären. Diese ergriffen den Gräben entlang die Flucht und wurden nur von Fußvolk verfolgt. Ein Teil der Reiterei, die beim Herzog war, wurde von diesem auf die Verfolgung geschickt; sie mußten aber einen Umweg von gut zwei Meilen machen, um eine Furt zu finden. Die Nacht überraschte sie und rettete vielen Lüttichern das Leben. Die anderen sandte der Herzog vor die Stadt, da er Lärm hörte und einen Ausfall fürchtete. Sie fielen wirklich dreimal aus, wurden aber immer wieder zurückgeschlagen; hierbei taten sich die Engländer, die dort zurückgeblieben waren, besonders hervor.

Nachdem die Lütticher geschlagen worden waren, sammelten sie sich wieder ein wenig bei ihrem Troß; sie hielten dort aber nicht lange. Es mögen wohl sechstausend Mann gefallen sein, was allen Leuten, die nicht lügen wollen, viel erscheint; aber seitdem ich auf der Welt bin, habe ich an vielen Orten erlebt, daß man für einen Mann, den man getötet hatte, hundert angab, um zu gefallen; mit solchen Lügen täuschen sie wohl manchmal ihre Herren. Wäre nicht die Nacht hereingebrochen, wären wohl mehr als fünfzehntausend gefallen. Da es schon sehr spät und diese Sache beendet war, zog sich der Herzog mit seinem ganzen Heer ins Lager zurück, außer den tausend bis zwölfhundert Reitern, die zwei Meilen von dort übergesetzt waren, um die Flüchtenden zu verfolgen; denn anders hätten sie wegen eines kleinen Flusses nicht an sie herankommen können. In der Nacht vermochten sie keine großen Taten mehr zu vollbringen, töteten aber dennoch einige und nahmen einige gefangen. Die übrigen und der größte Teil der Kompagnie retteten sich in die Stadt. An diesem Tage leistete Herr de Contay bei der Wiederherstellung der Ordnung gute Dienste; einige Tage danach starb er in der Stadt Huy und hatte ein gutes Ende. Er war tapfer und weise gewesen, lebte aber nach diesem grausamen Urteil, das er über die Lütticher Geiseln ausgesprochen hatte, von dem Ihr oben gehört habt, nicht mehr lange.

Sobald der Herzog Waffen und Rüstung abgelegt hatte, rief er einen Sekretär und ließ ihn einen Brief an den Konnetabel und an die anderen schreiben, die ihn vor vier Tagen erst in Löwen verlassen hatten, wohin sie, wie gesagt, als Gesandte gekommen waren; er kündigte ihnen den Sieg an und bat sie, von den Bretonen nichts zu fordern.

Zwei Tage nach dieser Schlacht änderte sich der Stolz dieses dummen Volkes, obgleich ihr Verlust nicht groß war. Jeder aber, wer er auch sei, soll sich davor fürchten, seine Macht dem Hasardspiel einer Schlacht auszusetzen, wenn es sich vermeiden läßt; denn wenn man auch nur wenig Menschen verliert, so bedrückt doch eine verlorene Schlacht den Mut der Leute so sehr, daß es nicht zu glauben ist; sie erschrecken vor ihren Feinden und mißtrauen ihren Herren und deren vertrauten Dienern; sie beginnen zu murren und Ränke zu spinnen, fordern kühner, daß man sie bezahle, und werden zornig, wenn man es ihnen verweigert. Ein Taler war ihnen vorher mehr wert als hinterher drei. Wenn derjenige, der eine Schlacht verloren hat, klug ist, riskiert er in dieser Jahreszeit nichts mehr mit denen, die geflohen sind, sondern ist auf der Hut und versucht, die Gelegenheit zu einem leichten Siege zu erwischen, wo sie die Oberhand haben, damit ihnen der Mut wiederkommt und die Furcht genommen wird. In jeder Hinsicht hat eine verlorene Schlacht immer große und schlimme Folgen für die Unterlegenen. Es ist allerdings wahr, daß die Eroberer sie suchen müssen, um ihre Arbeit abzukürzen, auch solche, die gutes Fußvolk haben und besseres als ihre Nachbarn, wie wir es heute von den Engländern oder Schweizern sagen können. Ich sage das nicht, um die anderen Völker zu mißachten; diese aber haben große Siege errungen, und ihre Leute können nicht lange tatenlos im Felde liegen, wie es die Franzosen oder Italiener können, die viel verständiger und leichter zu führen sind. Der Sieger dagegen gewinnt an Ruf und Achtung bei seinen Leuten; der Gehorsam gegen ihn wächst bei allen seinen Untertanen; man gewährt ihm in dieser Hochachtung alles, was er fordert; seine Leute werden mutiger und kühner; daher werden auch die Fürsten manchmal so stolz und hochmütig, daß ihnen hinterher ein Unglück zustößt. Alle solche Fügungen kommen von Gott, der die Dinge je nach Verdienst und Verschulden sich ändern läßt.

Als die in St-Trond sahen, daß die Schlacht für sie verloren war, und daß sie gänzlich von allen Seiten eingeschlossen waren, hielten sie die Niederlage für sehr viel größer als sie wirklich war, übergaben die Stadt, ließen die Waffen im Stich und stellten dem Herzog zehn beliebige Leute zur Auswahl, die er enthaupten ließ; darunter waren sechs aus der Zahl der Geiseln, die er erst wenige Tage vorher unter den Bedingungen, die Ihr oben gehört habt, entlassen hatte.

Er hob sein Lager auf und zog nach Tongern, das die Belagerung erwartete. Diese Stadt war jedoch nicht sehr stark und bot, ohne sich erst zusammenschießen zu lassen, die gleiche Kapitulation an, indem sie zehn Mann stellte, unter denen sich wieder fünf oder sechs der besagten Geiseln befanden. Alle zehn starben wie die anderen.

## *Drittes Kapitel*

Von dort aus zog der Herzog vor Lüttich, wo man in großer Aufregung war. Die einen wollten die Stadt halten und verteidigen, indem sie sagten, sie wären Manns genug. Dieser Ansicht war hauptsächlich ein Ritter namens Raez de Linter. Andere dagegen, die das ganze Land verbrannt und zerstört sahen, wollten Frieden um jeden Preis. Als sich der Herzog der Stadt näherte, wurden einige kleinere Friedenseröffnungen von geringen Leuten gemacht; diese Angelegenheit wurde von einigen der besagten Geiseln geführt, die den ersten, von denen ich gesprochen habe, entgegengesetzt handelten; sie erkannten die Gnade, die man ihnen hatte angedeihen lassen, dankbar an und führten dreihundert der angesehensten Leute der Stadt in bloßem Hemd, barfuß und barhäuptig hinaus, die dem Herzog die Schlüssel der Stadt brachten und sich ihm ohne Vorbehalt auf Gnade und Ungnade ergaben; nur Brennen und Plünderung nahmen sie aus. Am selben Tage fand sich als Gesandter Herr de Moy und ein Sekretär des Königs, Meister Johann Prévost, ein, die gekommen waren, um die gleichen Bitten und Forderungen zu stellen, die der Konnetabel einige Tage vorher gestellt hatte.

Am Tage der Übergabe wollte der Herzog in die Stadt einziehen; er schickte Herrn de Humbercourt dorthin, damit er als erster einträte, weil er in der Stadt gut bekannt war, da er in den Friedensjahren die Verwaltung innegehabt hatte. Dennoch wurde ihm für diesen Tag der Eintritt verweigert, und so machte er in einer kleinen Abtei außerhalb des einen Tores Quartier; ungefähr fünfzig Reisige hatte er mit sich. Im ganzen mochte er wohl zweihundert Streiter haben, und ich war auch dabei. Der Herzog von Burgund ließ ihn wissen, daß er von dort nicht weggehen solle, wenn er sich sicher fühle; wenn aber der Ort nicht befestigt genug sei, solle er sich auf ihn zurückziehen, da der Weg sehr schlecht geeignet sei, ihm Hilfe zu bringen, weil sich in dieser Gegend lauter Felsen befänden. Herr de Humbercourt entschloß sich, nicht fortzugehen, da der Ort sehr fest war; er hielt bei sich fünf bis sechs von den mächtigen Leuten der Stadt zurück, die gekommen waren, um die Schlüssel zu übergeben, um sich ihrer zu bedienen, wie Ihr noch hören werdet.

Als es neun Uhr abends war, hörten wir ihre Glocke läuten, die sie zur Versammlung rief; Herr de Humbercourt fürchtete, das sei das Zeichen uns anzugreifen, denn er war wohl davon unterrichtet, daß Herr Raez de Linter und mehrere andere dem Frieden nicht zustimmen wollten; sein Verdacht war richtig und gut, denn sie hatten es wirklich vor und waren zum Angriff bereit.

Herr de Humbercourt sagte: „Wenn wir sie bis Mitternacht beschäftigen können, sind wir gerettet, denn dann sind sie müde und wollen zu Bett gehen, und diejenigen, die Böses gegen uns im Sinne haben, werden die Flucht ergreifen, wenn sie sehen, daß ihre Unternehmung fehlgeschlagen ist.“ Um dieses zu erreichen, schickte er eiligst zwei der Bürger, die er, wie ich sagte, zurückgehalten hatte, ab und gab ihnen gewisse sehr freundliche Artikel schriftlich mit. Er tat dieses aber nur, um ihnen Gelegenheit zu geben, zusammen zu sprechen und dadurch Zeit zu gewinnen, denn sie hatten die Gewohnheit und haben sie noch, das ganze Volk durch das Glockengeläute beim Palast des Bischofs zu versammeln, wenn Neuigkeiten einlaufen. So kamen denn unsere beiden Bürger — sie waren von den gutgesinnten Geiseln — an das Tor, denn der Weg war kaum zwei Bogenschüsse lang, und trafen dort auf große Volksmassen in Waffen. Die einen wollten, daß man angriffe, die anderen nicht. Sie sagten sehr laut zum Bürgermeister der Stadt, sie brächten schriftlich einige gute Nachrichten von Herrn de Humbercourt, dem herzoglichen Statthalter in dieser Mark, und es wäre gut, sie im Palast zu verlesen. So geschah es. Gleich darauf hörten wir die Glocke im Palast läuten: daraus erkannten wir, daß sie beschäftigt waren.

Unsere beiden Bürger kamen nicht wieder; nach Verlauf einer Stunde aber hörten wir einen noch viel größeren Lärm am Tor als vorher; es kamen noch viel mehr Menschen zusammen, die über die Mauern schrien und uns Grobheiten sagten. Nun merkte Herr de Humbercourt, daß die Gefahr für uns viel größer war als vorher und schickte die anderen vier Geiseln hinterher, die er noch hatte; diese brachten von ihm schriftlich, daß er sie, als er Statthalter des Herzogs gewesen sei, immer gut behandelt habe und daß er auch jetzt nicht ihren Untergang zugeben werde, denn es sei noch nicht lange her, daß er in einer ihrer Zünfte gewesen sei, nämlich in der Zunft der Huf- und Grobschmiede, und ihr Gewand getragen habe. Das müßte doch das Vertrauen zu dem, was er sage, erhöhen: Wenn sie also noch zum Frieden gelangen und ihr Land retten wollten, so sei es nötig, daß sie, nachdem sie einmal die Schlüssel der Stadt übergeben hätten, ihr Versprechen hielten und noch die Dinge tun müßten, die schriftlich niedergelegt worden seien. Er instruierte diese vier Männer gut, und sie gingen zum Tor, wie vorher die anderen, das sie ganz geöffnet fanden. Die einen empfingen sie mit großen Reden und wilden Drohungen; die anderen waren zufrieden, ihren Auftrag anzuhören und kehrten zum Palast zurück. Sofort hörten wir wieder die Glocke des Palastes läuten, worüber wir uns sehr freuten; der Lärm, den wir am Tor gehört hatten, verstummte. In der Tat blieben sie sehr lange beim Palast, bis ungefähr zwei Stunden nach Mitternacht; dort beschlossen sie, das Abkommen, das sie geschlossen hatten, zu halten und am Morgen eines der Tore Herrn de Humbercourt zu übergeben. Dann zogen sich alle zur Ruhe zurück, so wie Herr de Humbercourt es vermutet hatte. Gleich darauf entwich Herr Raez de Linter mit seinem ganzen Anhang aus der Stadt.

Ich hätte nicht so lange von diesen Vorfällen erzählt, deren Stoff kaum bedeutend ist, wenn sie nicht dazu geeignet wären, einmal zu zeigen, mit welchen Mitteln und mit welcher List, die aus einem klugen Sinn kommen, man große Gefahren, Schäden und Verluste vermeiden kann.

Beim Morgengrauen des nächsten Tages kamen mehrere der Geiseln, um Herrn de Humbercourt zu sagen, sie bäten ihn, in den Palast zu kommen, wo das ganze Volk versammelt sei; dort möge er die beiden Punkte über das Brennen und Plündern beschwören, worüber das Volk noch im Zweifel sei. Danach wollten sie ihm eines der Tore übergeben. Er meldete es dem Herzog von Burgund und ging hin. Nachdem er den Eid gesprochen hatte, kehrte er zum Tor zurück; sie ließen diejenigen, die oben waren, abziehen. Er besetzte es mit zwölf Reisigen und Bogenschützen und pflanzte das Banner des Herzogs von Burgund auf das Tor. Dann ging er zu einem anderen und gab es in die Hände des Bastards von Burgund, der in diesem Abschnitt stand, und ein drittes dem Marschall von Burgund; ein viertes bekamen die Edelleute, die noch bei ihm waren. So wurden vier Tore mit Leuten des Herzogs von Burgund gut besetzt und seine Banner darüber entfaltet.

Nun muß man wissen, daß Lüttich damals neben vier oder fünf anderen eine der mächtigsten und volkreichsten Städte der Gegend war. Viel Volk hatte sich aus der Umgebung hereingeflüchtet, wodurch man von dem Verlust der Schlacht nichts merkte. Sie hatten keinerlei Mangel an Vorräten. Es war tief im Winter, und unbeschreiblich große Regenfälle gingen hernieder, wodurch das Land sehr schlammig und weich war. Wir dagegen waren in großer Lebensmittel- und Geldnot, und das Heer befand sich in schlechter Stimmung; daher hatte der Herzog von Burgund keine Lust, sie zu belagern und hätte es auch gar nicht gekonnt. Wenn die Lütticher noch zwei Tage mit der Übergabe gewartet hätten, hätte er unverrichteter Dinge wieder umkehren müssen. Darum möchte ich daraus schließen: daß er den großen Ruhm und die Ehre, die ihm auf dieser Fahrt zuteil wurde, allein erwarb, das rührte entgegen aller Vernunft von der Gnade Gottes her; denn er hätte es nicht gewagt, ihn um einen solchen Vorteil zu bitten. Nach dem Urteil der Menschen erhielt er alle diese Ehren und Güter wegen der Gnade und Güte, die er, wie Ihr oben gehört habt, gegen die Geiseln anwandte. Ich sage dieses absichtlich, da sich die Fürsten und andere oft darüber beklagen, wie wenn es ihnen Kummer mache, und sagen, es hätte ihnen nur Unglück gebracht, wenn sie jemandem etwas Gutes erwiesen oder ein Vergnügen bereitet hätten; in Zukunft würden sie nicht wieder so leichtsinnig sein, ihnen zu verzeihen und irgendeine Großmütigkeit oder einen anderen Gnadenbeweis zu erteilen, was doch alles zu ihrem Herrscheramt gehöre. Meiner Meinung nach ist das schlecht gesprochen und zeugt für ein träges Herz derjenigen, die so handeln und reden; denn ein Fürst oder ein anderer Mensch, der niemals getäuscht worden ist, kann nur ein Dummkopf sein, der keine Kenntnis von Gut und Böse hat und den Unterschied zwischen beidem nicht sieht. Außerdem haben die Menschen nicht alle die gleiche Veranlagung, und man soll es wegen der Schlechtigkeiten eines oder zweier Menschen nicht unterlassen, den anderen Gutes zu tun, wenn Gelegenheit und Zeit sich dazu bieten. Ich bin allerdings der Meinung, daß man ein gutes Urteil darüber haben sollte, welche Personen in Frage kommen, denn nicht alle sind der gleichen Verdienste würdig, und ich kann es fast nicht glauben, daß ein kluger Mensch gegen irgendeinen undankbar sein kann, der ihm eine Wohltat erwiesen hat. Und diejenigen Fürsten sind sehr verblendet, die Umgang mit Narren pflegen, da er ihnen auf die Dauer nichts nützt. Mir scheint, es ist etwas vom klügsten, was ein Herr zeigen kann, wenn er mit wertvollen und ehrenhaften Männern umgeht und sie an sich zieht; denn er wird von den Menschen so beurteilt werden, wie diejenigen sind, die sich in seiner nächsten Nähe befinden. Und, um diesen Punkt abzuschließen: mir scheint, daß man niemals erlahmen sollte, Gutes zu tun; denn schon ein einziger Mensch, und sei er auch der geringste von allen, denen man je eine Wohltat erwiesen hat, kann einem im gegebenen Falle einen solchen Dienst erweisen und so große Dankbarkeit zeigen, daß er alle Trägheit und Bosheit, die alle anderen an dieser Stelle zeigen, reichlich wettmacht. So habt Ihr es an den Geiseln gesehen, von denen einige gut und dankbar, die meisten jedoch schlecht und undankbar gewesen sind. Fünf oder sechs nur führten dieses Werk den Absichten des Herzogs von Burgund gemäß zu Ende.

## *Viertes Kapitel*

Der Herzog zog am Tage, nachdem die Tore übergeben worden waren, in großem Triumph in die Stadt Lüttich ein; zwanzig Klafter der Mauer wurden für ihn niedergelegt und der Graben in der Länge der großen Straße damit ausgefüllt. In seiner Umgebung zogen mit ihm zweitausend Reisige zu Fuß in voller Rüstung und zehntausend Bogenschützen ein, so daß noch eine große Anzahl Leute im Lager blieb. Er war zu Pferde mit den Leuten seines Hauses und den Obersten des Heeres, die so köstlich wie möglich ausstaffiert und geschmückt waren, und stieg so an der Kathedrale ab. Um es kurz zu machen: er hielt sich einige Tage in der Stadt auf und ließ fünf oder sechs der ehemaligen Geiseln hinrichten, unter anderen den Stadtboten, den er sehr haßte. Er gab ihnen einige Gesetze und neue Ordnungen und legte ihnen eine große Geldstrafe auf, die sie ihm, wie er sagte, wegen des in den letzten Jahren gebrochenen Friedens und der Verträge schuldig seien.

Er ließ ihre ganze Artillerie und alles Rüstzeug fortschaffen und alle Türme und Mauern der Stadt schleifen. Dann kehrte er in sein Land zurück, wo er mit großem Glanz und in großem Gehorsam empfangen wurde, besonders von den Gentern, die noch vor seinem Einmarsch in das Lütticher Land mit einigen der anderen Städte beinahe in Aufruhr waren. In dieser Stunde aber empfingen sie ihn als Sieger, und alle Banner wurden von den Angesehensten der Stadt vor ihn bis nach Brüssel getragen; ihre Träger gingen zu Fuß. Das geschah aus folgendem Grunde: Nach seines Vaters Tode hielt er zuerst in Gent vor allen anderen Städten seines Landes seinen Einzug, da er glaubte, in dieser Stadt seines Landes am meisten geliebt zu werden; dem Beispiel von Gent würden sich die anderen unterordnen. Hierin täuschte er sich nicht: denn am Tage nach seinem Einzug versammelten sich die Genter in Waffen auf dem Markt, brachten dorthin einen Heiligen, den sie den heiligen Liévin nannten, und schlugen mit dem Schrein dieses Heiligen gegen ein kleines Haus, das La Cuillette genannt wurde; dort erhob man nämlich einige Auflagen auf das Korn, um die Stadtschulden zu zahlen, die sie gemacht hatten, um den Herzog Philipp von Burgund nach dem mit ihnen vereinbarten Frieden zu entschädigen, denn sie hatten zwei Jahre lang mit dem Herzog Krieg geführt. In der Tat sagten sie, der Heilige wolle durch das Haus ohne auszuweichen, und rissen es in einem Augenblick nieder. Der Herzog kam auf den Markt und ging in ein Haus hinauf, um mit ihnen zu sprechen. Eine große Anzahl angesehener Männer erwartete ihn, als er vorüberkam, und sie boten ihm an, mit ihm zu gehen. Er ließ sie vor dem Rathaus bleiben, um ihn dort zu erwarten; nach und nach zwang sie das geringe Volk, auf den Markt zu gehen. Als der Herzog wieder dort war, befahl er ihnen, den Schrein aufzuheben und in die Kirche zurückzutragen. Einige hoben ihn auf, um zu gehorchen, andere aber setzten ihn wieder hin. Sie stellten Forderungen an ihn gegen einige Patrizier der Stadt, die Geldzahlungen betrafen. Er versprach ihnen, Gerechtigkeit walten zu lassen; sobald er sah, daß er sie nicht zerstreuen konnte, zog er sich in sein Quartier zurück. Sie aber blieben acht Tage lang auf dem Markt.

Am nächsten Morgen legten sie ihm Artikel vor, in denen sie von ihm alles, was Herzog Philipp ihnen im Frieden zu Gavre[3] genommen hatte, zurückforderten, unter anderem, daß jede Zunft (es waren zweiundsiebzig) ihr Banner führen dürfe, wie sie es gewohnt waren. Wegen der gefährlichen Lage, in der er sich sah, wurde er gezwungen, ihnen alle ihre Forderungen und die Privilegien, die sie haben wollten, zu gewähren. Als er ihnen das nach mehrmaligem Kommen und Gehen gesagt hatte, pflanzten sie alle Banner auf dem Markt auf, die schon hergestellt waren; dadurch zeigten sie wohl, daß sie sie auch gegen seinen Willen genommen hätten, wenn er sie ihnen nicht gewährt hätte.

Der Herzog hatte guten Grund zu sagen, daß die anderen Städte sich ein Beispiel an dem Verhalten Gents bei seinem Einzug nehmen würden, da mehrere Städte nach diesem Vorbild rebellierten, die Beamten töteten und andere Ausschreitungen verübten. Wenn er dem Wort seines Vaters geglaubt hätte, wäre er niemals so getäuscht worden: dieser sagte nämlich, daß die Genter wohl den Sohn des Fürsten lieben, niemals aber den Fürsten selbst. Und, um die Wahrheit zu sagen, ist kein Volk nach den Lüttichern so unbeständig. Trotz ihrer Bosheit aber haben sie eine Tugend: an der Person ihres Fürsten vergreifen sie sich niemals, und die Bürger und Patrizier sind sehr gute Leute, die an der Torheit des Volkes keinen Gefallen finden.

Der Herzog mußte allen diesen Ungehorsam hinnehmen, um nicht mit seinen Untertanen und den Lüttichern zugleich Krieg führen zu müssen. Er machte aber seine Rechnung richtig, daß er sie zur Vernunft bringen würde, wenn der Zug, den er gegen Lüttich unternehmen wollte, glückte. Und so geschah es. Denn, wie ich schon sagte, brachten sie ihm alle ihre Banner zu Fuß bis nach Brüssel mit allen Privilegien und Briefen, die er bei seinem Abzug aus Gent unterzeichnen mußte. In einer glänzenden Versammlung im großen Saal von Brüssel überreichten sie ihm in Gegenwart vieler Gesandter die Banner und ebenso alle Privilegien, damit er darüber verfüge.

Seine Waffenherolde nahmen auf seinen Befehl alle Banner von den Lanzen, an denen sie befestigt waren, und sie wurden alle nach Boulogne-sur-Mer geschickt, zehn Meilen von Calais entfernt. Dort be-

---

3 1453.

fanden sich schon diejenigen, die ihnen zur Zeit seines Vaters nach den Kriegen abgenommen worden waren, die er mit ihnen geführt, und in denen er sie besiegt und unterworfen hatte. Der Kanzler des Herzogs nahm alle ihre Privilegien und hob eines auf, das ihr Stadtrecht betraf. Denn in allen anderen Städten Flanderns erneuerte der Fürst jedes Jahr die Obrigkeiten und ließ sie ihre Rechnungen vorlegen; in Gent aber konnte er wegen dieses Privilegs nur vier Männer wählen, die dann den Rest von zweiundzwanzig Schöffen einsetzten, da es im ganzen sechsundzwanzig sind. Wenn nun die Obrigkeiten dem Grafen von Flandern ergeben sind, herrscht in diesem Jahre dort Frieden, und sie gewähren seine Forderungen; im entgegengesetzten Falle aber entsteht dort häufig Aufruhr. Außerdem bezahlten die Genter dreißigtausend Gulden an den Herzog und sechstausend an diejenigen, die in seiner Umgebung waren, und verbannten einige aus ihrer Stadt. Alle anderen Privilegien wurden ihnen zurückgegeben. Die anderen Städte erkauften den Frieden mit Geld, da sie nichts gegen ihn unternommen hatten.

An allen diesen Dingen könnt Ihr das Gute, das dem Sieger zuteil wird und den Nachteil desjenigen, der besiegt wird, ermessen. Daher soll man sich wohl hüten, sich dem Zufall einer Schlacht anzuvertrauen, wenn man nicht dazu gezwungen ist; ist aber diese Notwendigkeit da, so mache man sich vorher auf alle schlechten Möglichkeiten gefaßt, die man sich denken kann. Denn häufig treffen diejenigen, die die Dinge mit Furcht tun, gute Vorkehrungen und gewinnen öfter als diejenigen, die mit großem Hochmut zu Werke gehen, wiewohl nichts etwas nützt, wenn Gott seine Hand darauf legen will.

Es waren fünf Jahre her, daß diese Lütticher hier wegen der Zerwürfnisse mit ihrem Bischof exkommuniziert waren. Sie achteten aber nicht darauf, sondern fuhren in ihrer Tollheit und bösen Meinung fort, ohne daß sie zu sagen gewußt hätten, was sie dazu veranlaßte, es sei denn, daß sie zu viel Reichtümer hatten und zu hochmütig waren. König Ludwig gebrauchte ein Wort, das meiner Meinung nach sehr weise war; er sagte, wenn Hochmut voranreite, folgen Schande und Schaden gleich hinterher. Von diesem Laster war er ganz frei.

Als diese Dinge beendet waren, zog sich der Herzog nach Gent zurück, wo ihm ein Einzug mit großem Aufwand bereitet wurde; er zog dort in Waffen ein. Die Genter strömten auf die Felder, damit er nach seinem Belieben Leute aus oder in die Stadt bringen könnte. Mehrere Gesandte des Königs kamen dorthin und gingen von ihm zu diesem. Ebenso kamen Gesandte aus der Bretagne, und auch dorthin schickte er einige. So verging dieser Winter. Immer wieder versuchte der König, den Herzog zu der Einwilligung zu bestimmen, mit dem, der in der Bretagne war, nach seinem Belieben zu verfahren, indem er ihm als Entschädigung einige Vorschläge machte. Hierin willigte der Herzog nicht ein, was dem König angesichts dessen, was seinen Verbündeten, den Lüttichern, geschehen war, sehr mißfiel.

## *Fünftes Kapitel*

Endlich, als der Sommer[4] gekommen war, konnte sich der König nicht mehr länger gedulden, drang in die Bretagne ein, oder vielmehr seine Leute für ihn, und nahm zwei kleine Burgen, Chantocé und Ancenis. Unverzüglich erreichten diese Neuigkeiten den Herzog von Burgund, der von den Herzögen der Normandie und Bretagne inständig um Hilfe gebeten wurde. In aller Eile bot er sein Heer auf und schrieb an den König, er möchte bitte von dieser Unternehmung ablassen, da sie in seinen Waffenstillstand einbegriffen und seine Verbündeten seien. Da er keine befriedigende Antwort erhielt, zog er mit einer großen Anzahl Leute in die Nähe der Stadt Péronne zu Felde. Der König war in Compiègne und sein Heer immer in der Bretagne.

Als der Herzog sich dort drei bis vier Tage aufgehalten hatte, kam als Gesandter des Königs der Kardinal Balue, der dort nur kurz verweilte; er machte einige Angebote und sagte dem Herzog, diejenigen, die in der Bretagne seien, könnten sich auch ohne ihn einigen. Immer gingen die Pläne des Königs dahin, sie zu trennen. Der Kardinal wurde bald wieder entlassen, und es wurde ihm Ehre und gute Aufnahme erwiesen. Er kehrte mit der Antwort zurück, der Herzog sei nicht zu Felde gezogen, um den König zu kränken oder Krieg gegen ihn zu führen, sondern nur, um seinen Verbündeten zu helfen; so wurden auf beiden Seiten nur sanfte Worte gewechselt. Gleich nach dem Fortgang des Kardinals kam zu dem Herzog ein Herold namens „Bretagne", der ihm Briefe der Herzöge der Normandie und Bretagne brachte, in denen stand, daß sie Frieden mit dem König geschlossen und allen Bündnissen, namentlich dem mit Burgund, entsagt hätten. Für alle Anteile und besonders für den Verzicht auf die Normandie, die ihm eben erst gegeben worden war, solle der Herzog der Normandie mit sechzigtausend Pfund Rente abgefunden werden. Hiermit war Herr Karl von Frankreich nicht sehr zufrieden; er wurde aber gezwungen, dieses hinzunehmen.

Der Herzog von Burgund war sehr aufgeregt über diese Neuigkeiten, da er nur ins Feld gezogen war, um den besagten Herzögen zu helfen. Der Herold geriet in große Gefahr, und der Herzog glaubte, weil er beim König vorbeigekommen war, dieser habe die Briefe gefälscht. Er empfing jedoch dieselben Briefe auch von anderer Seite.

Dem König schien es nun, er sei ans Ziel seiner Wünsche gelangt und könne den Herzog leicht dazu bringen, gleichfalls die genannten Herzöge zu verlassen. Geheime Boten begannen von einem zum anderen zu gehen; schließlich gab der König dem Herzog einhundertzwanzigtausend Goldtaler für die Ausgaben, die er zur Aufbringung des Heeres gehabt hatte, von denen er die Hälfte in bar bezahlte, bevor er abzog. Der Her-

---

[4] 1468.

zog sandte an den König seinen Kammerdiener Jean Boschuysen, einen Mann, der ihm sehr vertraut war. Nun faßte der König großes Vertrauen und wollte gern mit dem Herzog sprechen, da er hoffte, ihn in allen Punkten seinem Willen gefügig zu machen angesichts der bösen Streiche, die ihm die besagten Herzöge gespielt hatten, und der großen Summe Geldes, die er ihm gegeben hatte; einiges davon ließ er dem Herzog durch den besagten Boschuysen melden; er schickte mit ihm wieder den Kardinal Balue zurück und Herrn Tannieguy du Chastel, Statthalter von Roussillon, die durch ihre Reden zu erkennen gaben, daß der König das Zustandekommen dieser Begegnung sehr wünschte. Sie trafen den Herzog in Péronne, der gar keine große Lust dazu zeigte, da die Lütticher indessen Zeichen gaben, daß sie rebellieren wollten. (Der König hatte nämlich vor dem Waffenstillstand, den er erst vor wenigen Tagen mit den beiden Herzögen und allen anderen Verbündeten geschlossen hatte, zwei Gesandte zu ihnen geschickt, um sie zu bereden, dieses zu tun.) Darauf antworteten die Gesandten, sie würden dieses nicht wagen, da er sie im vergangenen Jahre aufgerieben und ihre Mauern geschleift hätte: wenn sie dieses Übereinkommen sähen, würde ihnen der Entschluß dazu schon vergehen, falls sie ihn überhaupt gehabt hätten. So wurde denn endlich beschlossen, daß der König nach Péronne kommen solle, da es nun einmal sein Wunsch war. Der Herzog schrieb ihm einen eigenhändigen Brief, in dem er ihm vollständige Sicherheit des Kommens und Gehens zusagte. Damit reisten die Gesandten ab und kamen zum König, der in Noyon weilte. Der Herzog, in dem Glauben, Ordnung in die Lütticher Affären zu bringen, ließ den Bischof aus Lüttich entfernen, um dessenwillen der ganze Streit im Lande war; mit ihm zogen sich Herr de Humbercourt, des Herzogs Statthalter im Lande, und mehrere andere zurück.

## *Sechstes Kapitel*

Ihr habt gehört, wodurch beschlossen worden war, daß der König nach Péronne kommen sollte. So tat er es auch und brachte keine Garde mit, da er in jeder Beziehung in der Obhut und Sicherheit des Herzogs kommen wollte. Er wünschte, daß Herr des Cordes ihm mit den Bogenschützen des Herzogs, bei dem er damals war, entgegenkomme, um ihn zu begleiten. So wurde es gemacht. Es kamen nur wenig Leute mit ihm, immerhin waren es große Leute, wie der Herzog von Bourbon, sein Bruder, der Kardinal von Bourbon, der Graf von St-Pol, der Konnetabel, der sich um dieses Treffen in keiner Weise gekümmert hatte, das ihm im Gegenteil sehr mißfiel; denn damals war ihm der Mut gewachsen, und er benahm sich nicht mehr so demütig gegen den Herzog wie früher, weshalb zwischen den beiden auch keine rechte Liebe mehr bestand. Ferner kamen der Kardinal Balue, der Statthalter von Roussillon und andere dorthin.

Als der König sich der Stadt Péronne näherte, kam der Herzog ihm mit stattlicher Begleitung entgegen, führte ihn in die Stadt und quartierte ihn in dem Hause des Einnehmers ein, der ein schönes Haus in der Nähe der Burg hatte; denn die Wohnräume der Burg taugten nichts, und es waren zu wenig.

Zwischen zwei großen Fürsten ist ein Krieg sehr leicht begonnen, aber schwer wieder beendet wegen der Vorfälle, die sich dabei ereignen und die davon abhängen; denn auf beiden Seiten wird mit viel Eifer daran gearbeitet, dem Feind Schaden anzutun, was nicht so plötzlich wieder zurückgenommen werden kann; so hatten es auch diese beiden Fürsten getan, die dieses Zusammentreffen so schnell unternommen hatten, ohne ihre Leute, die in der Ferne waren, davon zu benachrichtigen; diese vollführten überall die Aufgaben, die ihnen ihre Herren gegeben hatten.

Der Herzog von Burgund hatte das burgundische Heer herbefohlen, in dem zu der Zeit hoher Adel diente. Damit kamen Herr de Bresse, der Bischof von Genf, der Graf von Romont, alles Brüder und Söhne des Hauses Savoyen — denn die Savoyer und Burgunder hielten zu allen Zeiten sehr gute Beziehungen zueinander — und auch einige Deutsche, die sowohl Savoyen als auch der Grafschaft Burgund benachbart und in dieser Schar waren. Nun muß man wissen, daß der König ehemals Herrn de Bresse in Haft gehalten hatte wegen zweier Ritter, die er in Savoyen hatte töten lassen; deshalb bestand da keine große Liebe. In dieser Gruppe waren noch Herr Du Lau (den der König gleichfalls lange Zeit hindurch gefangengehalten hatte, nachdem er seiner Person sehr nahe gestanden war, der dann aus der Haft entronnen war und sich nach Burgund zurückgezogen hatte), Herr Ponçet de Rivière und Herr d'Urfé, der später Großkämmerer von Frankreich war. Diese ganze genannte Schar langte gerade in Péronne an, als der König einzog. Herr de Bresse und die drei, von denen ich gesprochen habe, gingen, das Andreaskreuz tragend, in die Stadt Péronne und glaubten, noch zur rechten Zeit zu kommen, um den Herzog von Burgund zu begleiten, wenn er dem König entgegenginge. Aber sie kamen ein wenig spät. Sie traten geradeswegs in das Zimmer des Herzogs ein und machten ihm ihre Reverenz. Herr de Bresse führte das Wort und bat den Herzog, daß die drei Obengenannten in seiner Sicherheit kommen dürften trotz der Ankunft des Königs, so wie es mit ihnen in Burgund vereinbart und versprochen worden war, als sie dort eintrafen. Sie seien auch bereit, ihm zu dienen mit allen und gegen alle. Diese Bitte gewährte ihnen der Herzog mündlich und dankte ihnen. Das übrige Heer, das der Marschall von Burgund geführt hatte, lagerte sich, wie befohlen, auf den Feldern. Der Marschall wünschte dem König nicht weniger Böses als die anderen, von denen ich gesprochen habe, wegen der Stadt Epinal in Lothringen, die er ihm ehemals gegeben hatte und dann wieder wegnahm, um sie dem Herzog Johann von Kalabrien zu geben, von dem in diesen Memoiren schon oft genug gesprochen worden ist.

Sofort wurde der König von der Ankunft aller dieser genannten Leute und von der Rüstung, in der sie kamen, benachrichtigt. Er bekam große Furcht und schickte, um den Herzog zu bitten, daß er in der Burg wohnen könne, da alle diejenigen, die angekommen seien, ihm übel wollten. Der Herzog freute sich darüber sehr, ließ ihm sein Quartier herrichten und versicherte ihm, er brauche keine Sorge zu haben.

Groß ist die Narrheit eines Fürsten, sich in die Gewalt eines anderen zu begeben, besonders wenn sie sich im Krieg befinden. Und es ist für die Fürsten von großem Vorteil, in ihrer Jugend Geschichten gelesen zu haben, in denen häufig solche Versammlungen, Betrügereien, Täuschungen und Meineide vorkommen, die einige der Alten gegenseitig verübt haben, und bei denen sie diejenigen, die sich ihrer Sicherheit anvertraut hatten, gefangennahmen oder töteten. Es ist nicht gesagt, daß sich alle dieser Mittel bedienten, aber das Beispiel eines einzigen genügt schon, um mehrere klug zu machen und sie zu lehren, sich zu hüten. Und nach allem, was ich durch Erfahrung in dieser Welt gesehen habe, wo ich achtzehn Jahre oder länger in der Umgebung der Fürsten gelebt und klare Einsicht in die größten und geheimsten Dinge gewonnen habe, die im Königreich Frankreich und in den benachbarten Herrschaften verhandelt worden sind, scheint mir das Lesen der alten Geschichten eines der besten Mittel zu sein, einen Menschen weise zu machen; durch diese Geschichten und Beispiele unserer Vorgänger lernt er, wie er sich verhalten und hüten muß. Denn unser Leben ist so kurz, daß es nicht dazu ausreicht, über so viele Dinge eigene Erfahrung zu haben. Ebenso wie wir altern, und weder das Leben der Menschen so lang ist noch die Körper so stark wie früher, so sind wir gegenseitig schwächer geworden in Treue und Ehrenhaftigkeit. Ich wüßte nicht zu sagen, durch welches Band sich die Menschen gegeneinander sichern könnten und besonders gegen die Großen, die häufig geneigt sind, nach ihrem eigenen Willen zu handeln, ohne auf andere Gründe zu hören; und was noch schlimmer ist, sie sind meistens von Leuten umgeben, die nur darauf aus sind, ihren Herren willfährig zu sein und alle ihre Werke zu loben, ob sie gut oder schlecht sind. Und wenn sich einmal einer findet, der es besser machen will, dann gibt es Streit.

Auch kann ich mich nicht enthalten, die unwissenden Herren zu tadeln. Bei allen Herren befinden sich häufig einige Sekretäre und Juristen, wie es recht ist; sie sind dort sehr passend, wenn sie gut sind, sonst aber sehr gefährlich. In allen Sachen haben sie gleich ein Gesetz oder eine Geschichte als Beispiel zu zitieren, und aus der besten Geschichte, die sich finden läßt, springt noch ein schlimmer Sinn heraus; die Klugen und Belesenen aber werden damit niemals getäuscht, und so frech sind die Leute nicht, daß sie sie anlügen. Glaubet nicht, daß Gott das Königs- oder Fürstenamt eingesetzt hat, daß es durch Dumme ausgeübt wird, noch durch solche, die aus Eitelkeit sagen: „Ich bin kein Gelehrter; ich lasse alles durch meinen Rat machen und vertraue meinen Räten in allem", und ohne etwas Vernünftiges zu bestimmen, gehen sie zu ihren Vergnügungen. Wären sie aber in ihrer Jugend besser erzogen worden, würden sie vernünftiger handeln und würden es lieber mögen, wenn man ihre Person und ihren Wert schätzte.

Ich will nicht sagen, daß alle Fürsten schlechte Leute als Diener haben, aber wohl die meisten von ihnen, die ich gekannt habe, sind von ihnen nicht immer verschont geblieben. In Zeiten der Not habe ich allerdings gesehen, daß einige weise Herrscher es verstanden haben, sich von den Besten dienen zu lassen und sie zu suchen, ohne sich über irgendetwas beklagen zu müssen. Von allen Fürsten, die ich gekannt habe, hat dieses der König, unser Meister, am besten verstanden, und er hat die guten und wertvollen Männer am höchsten zu ehren und zu schätzen gewußt. Er war sehr gebildet. Er liebte nach allem zu fragen und von allem zu hören, er hatte einen vollkommen ausgezeichneten natürlichen Sinn, der alle Wissenschaften beherrschte, die man auf dieser Welt lernen kann; und alle Bücher, die geschrieben worden sind, dienen doch nur dazu, die Vergangenheit ins Gedächtnis zurückzurufen, und man sieht in einem einzigen Buch in drei Monaten mehr, als zwanzig Männer von Rang mit ihren Augen sehen und durch Erfahrung lernen könnten, auch wenn immer einer nach dem anderen lebte.

Um nun diese Sache zu beenden: es scheint mir, daß Gott einem Land keine größere Plage schicken kann, als einen unverständigen Fürsten: denn von diesem kommen alle Übel. Zuerst kommen davon Zwistigkeiten und Krieg, da er seine Autorität, die er doch mehr wahren sollte als alles andere, immer in andere Hände legt. Und aus diesem Zwist entstehen Hungersnot, Sterben und andere Schrecken, die mit dem Kriege zusammenhängen. Ihr seht nun, wie sehr die Untertanen eines Fürsten klagen müssen, wenn sie sehen, daß seine Kinder schlecht erzogen werden und in Hände von schlechten Leuten geraten.

## *Siebentes Kapitel*

Ihr habt von der Ankunft des burgundischen Heeres gehört, das fast gleichzeitig mit dem König in Péronne eintraf; der Herzog konnte nämlich keinen Gegenbefehl mehr geben, da es sich schon vor der Verhandlung über das Kommen des Königs in der Champagne befand; so trübte es die Festfreude durch den Verdacht, der davon herrührte. Dennoch wiesen beide Fürsten ihre Leute an, miteinander zu verkehren und über ihre Angelegenheiten so freundschaftlich wie möglich zu verhandeln. Als sie schon drei bis vier Tage gut in ihrem Werk vorwärts gekommen waren, trafen aus Lüttich ungeheuerliche Neuigkeiten ein, von denen ich Euch erzählen will.

Als der König nach Péronne kam, hatte er nicht mehr daran gedacht, daß er zwei Gesandte nach Lüttich geschickt hatte, um die Lütticher gegen den Herzog aufzuwiegeln[5]. Diese Gesandten hatten sich schon so angestrengt, daß sie einen großen Aufruhr zustande gebracht hatten. Gleich hatten sich die Lütticher daran gemacht, die Stadt Tongern zu nehmen, in der der Bischof von Lüttich und Herr de Humbercourt mit ungefähr zweitausend Mann oder mehr waren; sie nahmen den Bischof und Herrn de Humbercourt gefangen, töteten wenige Leute und ergriffen nur die beiden und einige Vertraute des Bischofs. Die anderen flohen und ließen alles zurück wie Leute, die völlig geschlagen sind; die Lütticher machten sich wieder auf den Weg nach Lüttich, das in der Nähe von Tongern liegt. Auf dem Wege einigte sich Herr de Humbercourt wegen seiner Auslösung mit einem Ritter mit Namen Jean de Wilde. Der entließ ihn auf sein Ehrenwort, aber er kam nicht mehr dazu, sich darauf zu berufen, denn er selbst wurde wenig später getötet.

Dieses Volk war über die Gefangennahme seines Bischofs, des Herrn von Lüttich, sehr erfreut. Sie hatten großen Haß gegen mehrere Domherren, die sie an diesem Tage als Auftakt gefangengenommen hatten, und töteten von ihnen fünf oder sechs. Unter den anderen befand sich ein gewisser Meister Robert, ein Vertrauter des Bischofs, den ich mehrere Male in voller Rüstung hinter seinem Herrn gesehen habe, wie es Brauch der Prälaten in Deutschland ist. Diesen erschlugen sie vor den Augen des Bischofs und zerhackten ihn in mehrere Stücke, die sie sich unter großem Gelächter gegenseitig an den Kopf warfen. Bevor sie die sieben oder acht Meilen zurückgelegt hatten, die sie gehen mußten, brachten sie bis zu sechzehn Personen um, Domherren oder andere Edelleute, fast alles Diener des Bischofs. Da sie erfuhren, daß die Friedensverhandlungen schon begonnen hatten, waren sie sehr zufrieden, sagen zu können, dieses richte sich nur gegen ihren Bischof, den sie als Gefangenen in ihre Stadt führten.

Die Flüchtlinge, von denen ich gesprochen hatte, brachten die Teile des Landes, durch die sie kamen, in großen Schrecken; und so kamen diese Nachrichten bald dem Herzog zu Ohren. Die einen sagten, alles sei tot, die anderen das Gegenteil. Solche Dinge berichtet häufig nicht ein Bote allein, sondern es kamen einige, die die Hinrichtung der Domherren mit angesehen hatten und glaubten, der Bischof und Herr de Humbercourt seien unter dieser Zahl und die übrigen seien tot. Sie versicherten, des Königs Gesandte in dieser Schar gesehen zu haben und nannten sie mit Namen. Dieses alles wurde dem Herzog erzählt, der es sofort glaubte. Von rasendem Zorn ergriffen, sagte er, der König sei nur gekommen, um ihn zu täuschen. Sofort ließ er die Tore der Stadt und

[5] Siehe oben am Ende des 5. Kapitels. Es ist kaum wahrscheinlich, daß Ludwig seine Einmischung in Lüttich vergessen hatte. Vielleicht mochte er gehofft haben, sie würde nicht bekannt werden, jedenfalls nicht während seines Aufenthaltes in Péronne.

der Burg schließen und gab dafür einen ziemlich billigen Grund an: dieses geschehe, weil ein Kasten verloren sei, in dem sich Kleinodien und Geld befunden hätten. Als der König sich in dieser kleinen Burg eingeschlossen sah mit einer Schar Bogenschützen vor dem Tor, war er nicht ohne Sorge. Außerdem sah er sich dicht bei einem mächtigen Turm untergebracht, in dem einst ein Graf von Vermandois einen seiner Vorgänger auf dem Throne Frankreichs hatte töten lassen[6].

Damals war ich noch beim Herzog, diente ihm als Kammerherr und hatte jederzeit Zutritt zu seinem Zimmer, wie es in diesem Hause Brauch war. Wie der Herzog die Tore geschlossen sah, ließ er die Leute aus seinem Zimmer fortgehen und sagte zu uns wenigen Anwesenden, der König sei gekommen, ihn zu verraten, er selbst habe dieses Treffen mit all seiner Macht verhindern wollen, es sei gegen seinen Willen geschehen. Nun erzählte er die Neuigkeiten aus Lüttich, und wie der König sie durch seine Gesandten dahin gebracht hätte, und wie alle seine Leute getötet worden seien. Er war schrecklich gegen den König aufgebracht und drohte ihm heftig; ich glaube wirklich, wenn er in diesem Augenblick einige gefunden hätte, an die er sich hätte wenden können und die ihm bestätigt und geraten hätten, sich an dem König zu vergreifen, er hätte es getan; mindestens hätte er ihn dann in den großen Turm werfen lassen. Mit mir waren bei diesen Reden nur zwei Kämmerer anwesend. Einer hieß Charles de Visen, gebürtig aus Dijon, ein ehrenhafter Mann, der bei seinem Herrn gut angesehen war. Wir erbitterten ihn nicht noch mehr, sondern suchten ihn nach Kräften milder zu stimmen. Gleich darauf sprach er einige dieser Worte noch zu anderen, und so durchliefen sie die ganze Stadt bis zu dem Zimmer des Königs, der darüber heftig erschrak; und das tat allgemein jeder, der das Herannahen des Unglücks sah: daran merkt man, wie viele Dinge es zu erwägen gibt, um einen Streit friedlich beizulegen, wenn er einmal zwischen zwei so großen Fürsten entbrannt ist, und welchen Irrtum alle beide begingen, daß sie ihre Diener, die von ihnen entfernt für ihre Angelegenheiten beschäftigt waren, nicht vorher benachrichtigten, und was plötzlich daraus entstehen kann.

## *Achtes Kapitel*

Es ist von zwei großen Fürsten, die etwa gleich an Macht sind, eine große Dummheit, wenn sie sich sehen und sprechen, es sei denn, daß sie noch sehr jung sind, da sie in dieser Zeit nur an ihr Vergnügen denken. Wenn sie aber in das Alter kommen, wo die Lust sich regt, ihre

6 Karl der Einfältige starb 929 in Péronne als Gefangener des Grafen Heribert von Vermandois, es besteht aber kein Anlaß zu glauben, daß er ermordet worden ist.

Macht auf Kosten der anderen zu vergrößern, nehmen doch ihre Feindschaft und Eifersucht zu, und so ist selbst Lebensgefahr kaum zu vermeiden. Darum tun sie besser daran, ihre Streitigkeiten durch weise und gute Diener beilegen zu lassen, wie ich anderswo schon ausführlich in diesen Memoiren gesagt habe. Aber von einigen Erfahrungen, die ich zu meiner Zeit erlebt und gemacht habe, will ich noch sprechen.

Wenige Jahre nach der Krönung unseres Königs und vor dem Krieg der „Öffentlichen Wohlfahrt" fand ein Zusammentreffen des Königs mit dem König von Kastilien statt; diese beiden waren die am engsten verbündeten Fürsten in der Christenheit, nämlich von König zu König, von Reich zu Reich und von Mann zu Mann, und waren daher verpflichtet, sich vor großen Beschimpfungen wohl zu hüten. Zu diesem Treffen kam König Heinrich von Kastilien mit stattlichem Gefolge bis nach Fuentarabia; der König war in St-Jean-de-Luz, vier Meilen von dort entfernt. Jeder befand sich an den Grenzen seines Reiches[7].

Ich selbst war nicht dabei, aber der König hat mir davon erzählt und Herr Du Lau auch; auch ist mir in Kastilien von einigen Herren, die im Gefolge des Königs von Kastilien waren, davon erzählt worden. Dort waren der Großmeister von San Jago und der Erzbischof von Toledo, damals die ersten Granden von Kastilien. Außerdem war der Graf Ledesma, sein Mignon, in großer Pracht da und seine ganze Garde, die aus dreihundert Reitern bestand. Es ist wahr, daß König Heinrich persönlich nur wenig taugte; er vergab seine ganze Erbschaft, oder ließ sie sich von dem nehmen, der sie wollte oder nehmen konnte. Unser König hatte auch eine starke Begleitung, wie Ihr gesehen habt, und wie es seine Gewohnheit war. Besonders seine Garde war schön. Zu dieser Begegnung fand sich auch die Königin von Aragon ein wegen einiger Streitigkeiten, die sie mit dem König von Kastilien um Estrella und einige andere Plätze in Navarra gehabt hatte. Bei diesem Streite wurde der König Schiedsrichter.

Um mit dem Gegenstande fortzufahren, daß nämlich ein Zusammentreffen der Fürsten nicht notwendig ist: diese beiden hatten niemals Differenzen gehabt oder etwas, das sie trennen konnte, und sie sahen sich nur ein- oder zweimal am Ufer des Flusses, der die beiden Königreiche trennt bei einem kleinen Schloß Urtubie, und der König von Kastilien kam auf diese Seite herüber. Sie schätzten sich nicht sehr; besonders unser König erkannte, daß der König von Kastilien kaum etwas tun konnte, das nicht dem Großmeister von San Jago und dem Erzbischof von Toledo gefiel, weswegen er auch ihre Freundschaft suchte. Sie kamen zu ihm nach St-Jean-de-Luz, und er erreichte mit ihnen gutes Einvernehmen und gute Freundschaft und achtete ihren König wenig.

Die meisten Leute beider Könige waren in Bayonne einquartiert, wo sie sich gleich zu Anfang ganz tüchtig schlugen. Trotz aller Bundes-

---

7 Begegnung vom 28. April 1463.

genossenschaft waren die Sprachen doch verschieden. Graf Ledesma setzte mit einem Boot über den Fluß, dessen Segel aus Goldstoff war, und trug mit kostbaren Steinen besetztes Schuhwerk; so kam er zum König. Die Franzosen sagten, er hätte sie sich geliehen und das Tuch aus den Kirchen geborgt; das war freilich nicht wahr, denn er hatte große Güter, wie ich ihn später als Herzog von Alburquerque und im Besitz eines großen Landes in Kastilien gesehen habe. Spöttereien erhoben sich auf beiden Seiten. Der König von Kastilien war häßlich, und seine Kleidung mißfiel den Franzosen, die sich darüber lustig machten. Unser König kleidete sich sehr kurz und so schlecht, wie es schlimmer nicht sein konnte, und hatte manchmal sehr schlechtes Tuch; er trug einen schlechten Hut, der von den anderen abstach, mit einem bleiernen Bild darauf. Die Kastilier mokierten sich darüber und sagten, er täte es aus Geiz. Tatsächlich trennte sich die Versammlung voll von Spott und Sticheleien. Seitdem mochten sich die beiden Könige nicht mehr sehr. Unter den Dienern des Königs von Kastilien erhoben sich große Wirren, die bis zu seinem Tode und noch lange Zeit darüber hinaus gedauert haben; ich habe ihn als den armseligsten König gesehen, der mir jemals begegnet ist; er war von seinen Dienern gänzlich verlassen.

Die Königin von Aragon beklagte sich über den Schiedsspruch, den der König zu Gunsten des Königs von Kastilien gefällt hatte, und haßte ihn seitdem; so auch der König von Aragon, obgleich er ihnen ein wenig in ihrer Not gegen die von Barcelona half. Diese Freundschaft dauerte jedoch nicht lange, aber der Krieg zwischen dem König und dem König von Aragon hat mehr als sechzehn Jahre gedauert, und die Streitereien dauern noch an.

Wir müssen noch von anderen sprechen. Herzog Karl von Burgund ist später auf seinen dringenden Wunsch mit Kaiser Friedrich zusammengetroffen, der heute noch lebt, und machte dafür große Ausgaben, um seine Pracht zu zeigen. Sie verhandelten über mehrere Fragen in Trier, wo die Begegnung stattfand, unter anderem auch über die Heirat ihrer Kinder, die später vollzogen worden ist[8]. Als sie mehrere Tage zusammen gewesen waren, reiste der Kaiser, ohne Lebewohl zu sagen, zur großen Schande und Demütigung des Herzogs, ab. Seitdem liebten weder sie, noch ihre Leute sich. Die Deutschen tadelten die Pracht und die Worte des Herzogs, die sie seinem Hochmut zuschrieben. Die Burgunder verachteten das kleine Gefolge des Kaisers und die ärmlichen Kleider; die Sache artete so aus, daß der Krieg von Neuß daraus entstand.

Auch sah ich eine Zusammenkunft zu St-Pol im Artois zwischen dem Herzog von Burgund und König Eduard von England[9], dessen Schwester er geheiratet hat, und die Ordensbrüder des goldenen Vließes waren.

---

[8] Ende September bis Ende November 1473. Über den Krieg um Neuß siehe unten viertes Buch, erstes Kapitel.

[9] Januar 1471, siehe sechstes Kapitel des dritten Buches.

Sie waren zwei Tage zusammen. Die Diener des Königs waren in Aufregung. Beide Parteien beklagten sich beim Herzog. Er verlieh den einen mehr Gehör als den anderen, wodurch ihr Haß sich nur vergrößerte. Dennoch half er dem König und seinem Reich und gab ihm Leute, Geld und Schiffe, als er vom Grafen Warwick verjagt wurde. Trotz dieses Dienstes, durch den er das Königreich eroberte, liebten sie sich seitdem nicht mehr und sprachen nicht gut voneinander.

Ich sah zum Herzog den Pfalzgrafen vom Rhein kommen[10], um ihn zu besuchen. Er wurde mehrere Tage in Brüssel sehr gefeiert, empfangen, geehrt und in reich ausgestatteten Zimmern beherbergt. Die Leute des Herzogs sagten, die Deutschen seien schmutzig, würfen ihre Stiefel auf die schön bereiteten Betten und hätten keinen Anstand wie wir; und so achteten sie sich weniger, als vor ihrer Bekanntschaft. Die Deutschen dagegen mißbilligten wie neidische Leute den großen Prunk. Tatsächlich liebten sie sich seitdem nicht mehr und taten einer dem anderen keinen Dienst mehr.

Auch sah ich zum Herzog den Herzog Sigismund von Österreich kommen[11], der ihm die Grafschaft Pfirt nahe bei der Grafschaft Burgund um einhunderttausend Goldgulden verkaufte, weil er sie nicht gegen die Schweizer verteidigen konnte. Diese beiden Herren fanden aneinander kaum Gefallen; seitdem vertrug sich Herzog Sigismund mit den Schweizern und nahm dem Herzog die Grafschaft Pfirt wieder weg, ohne das Geld zurückzuzahlen; daraus erwuchsen dem Herzog von Burgund unendliche Übel. Zur selben Zeit kam der Graf von Warwick[12] dorthin, der dem Herzog von Burgund seitdem auch nicht mehr freundschaftlich gesonnen war, und dieser ebenfalls nicht.

Ich war bei der Zusammenkunft zugegen, die in Picquigny zwischen unserem König und König Eduard von England stattfand, von der ich bei passender Gelegenheit ausführlicher sprechen werde. Es wurde wenig von dem gehalten, was dort versprochen worden war. Sie verhandelten in Heuchelei, hatten aber tatsächlich keinen Krieg mehr: auch war das Meer zwischen ihnen; richtige Freundschaft aber hat es niemals wieder gegeben.

So scheint es mir denn, daß große Fürsten sich niemals sehen dürften, wenn sie Freunde bleiben wollen, wie ich schon gesagt habe. Dies sind die Anlässe, die Unruhe hervorrufen: die Diener können sich nicht enthalten, von vergangenen Dingen zu reden; die einen oder die anderen werden davon irritiert; es kann nicht geschehen, daß die Leute und der Aufzug des einen besser geschmückt sind als die des anderen, ohne daß daraus Spöttereien erwachsen, die den Ausgelachten sehr mißfallen; und

10 Begegnung mit Friedrich dem Siegreichen von der Pfalz in Brüssel im Februar 1467.

11 Frühjahr 1469.

12 29. August 1475: siehe im zehnten Kapitel des vierten Buches.

wenn es zwei verschiedene Nationen sind, so haben sie eine verschiedene Sprache und verschiedene Kleidung; was dem einen gefällt, gefällt dem anderen nicht. Von beiden Fürsten hat einer für die Leute ein eindrucksvolleres und angenehmeres Wesen als der andere, was ihm Ruhm einbringt und worüber er sich freut, wenn man ihn lobt; das aber kann man nicht tun, ohne den anderen zu tadeln. In den ersten Tagen nach ihrer Abreise sagt man sich alle diese Geschichten leise ins Ohr; dann erzählt man sie aus Gewohnheit beim Mittag- und Abendessen; schließlich werden sie beiden Seiten berichtet, denn auf der Welt bleiben wenige Sachen geheim und am wenigsten solche, über die man spricht. Dies ist ein Teil meiner Erfahrungen, die ich auf diesem Gebiet gemacht habe.

## *Neuntes Kapitel*

Vieles habe ich angeführt, bevor ich wieder zu meinem Thema, der Gefangenschaft, in der der König sich in Péronne wähnte, zurückkehrte; ich habe davon oben gesprochen und bin davon ausgegangen, um den Fürsten für solche Zusammenkünfte meinen Rat zu erteilen. Zwei oder drei Tage dauerte es, daß die Tore so geschlossen waren und die Wachen so davor standen, wie ich es Euch erzählt habe. Indessen sah der Herzog von Burgund den König nicht, und von den Königlichen ließ er nur wenige durch das kleine Pförtchen des Tores eintreten. Aus des Königs Umgebung wurde niemand entfernt, aber nur wenige oder gar keine Leute des Herzogs kamen in sein Zimmer, um mit ihm zu sprechen, wenigstens keine, die in irgendeinem Ansehen bei ihm standen.

Am ersten Tage liefen Schrecken und Unruhe durch die Stadt. Am zweiten war der Herzog schon etwas abgekühlt. Er hielt den größten Teil des Tages bis in die Nacht hinein Rat. Der König ließ mit allen denen sprechen, von denen er annahm, daß sie ihm helfen könnten, und unterließ es nicht, Versprechungen zu machen. Fünfzehntausend Taler ließ er verteilen; aber derjenige, der diese Aufgabe hatte, behielt einen Teil davon zurück und erfüllte seine Pflicht schlecht, wie der König später erfuhr. Der König fürchtete sich vor denjenigen heftig, die ihm ehemals gedient hatten, mit dem burgundischen Heer, von dem ich berichtet habe, gekommen waren und sich schon für seinen Bruder, den Herzog der Normandie, erklärten.

In dem genannten Rat waren die Meinungen geteilt. Die Mehrzahl war dafür, daß die dem König gewährte Sicherheit aufrecht erhalten werden müsse, zumal, da er den Frieden in der schriftlich niedergelegten Form durchaus zugestand; andere wollten ohne weiteres seine Verhaftung; wieder andere schlugen vor, man solle eiligst den Herrn von der Normandie, seinen Bruder, kommen lassen, um einen für alle Fürsten Frankreichs vorteilhaften Frieden zu schließen. Denjenigen, die diese

Vorschläge machten, schien es gut, daß der König dann, wenn sie angenommen würden, eingeschlossen sei und man ihn unter Bewachung hielte, und daß ein so großer Gefangener sich niemals oder doch nur mit Schaden befreien würde, wenn man ihm eine so große Beleidigung zufügte. Diese Dinge waren so weit gediehen, daß ich schon einen Mann gestiefelt und gespornt sah, der bereit war, abzureisen und schon mehrere Briefe an den Herrn der Normandie, der in der Bretagne weilte, hatte und nur noch des Herzogs Briefe erwartete. Dennoch wurde das wieder aufgegeben.

Der König ließ Vorschläge machen und bot an, den Herzog von Bourbon, seinen Bruder, den Kardinal, den Konnetabel und mehrere andere als Geiseln zu stellen; er möchte, nachdem der Frieden vollzogen wäre, nach Compiègne zurückkehren und würde veranlassen, daß die Lütticher alles vergüteten, andernfalls er sich gegen sie erklären würde. Diejenigen, die der König als Geiseln genannt hatte, boten sich dazu an, wenigstens vor den Leuten. Was sie unter sich sagten, weiß ich nicht. Ich fürchte, sie wollten nicht und glaube wahrhaftig, daß er sie hier gelassen hätte und nicht zurückgekommen wäre.

In dieser Nacht — es war die dritte — entkleidete sich der Herzog nicht. Er legte sich nur zwei- oder dreimal auf sein Bett und ging dann auf und ab, wie es seine Gewohnheit war, wenn er erregt war. Ich schlief in dieser Nacht mit in seinem Zimmer und ging mehrmals mit ihm hin und her. Gegen Morgen erfaßte ihn ein größerer Zorn denn je, er stieß Drohungen aus und war bereit, ungeheuere Dinge zu begehen. Doch besänftigte er sich dahin, daß er sich zufrieden geben würde, wenn der König den Frieden beschwöre und mit ihm nach Lüttich zöge, um ihm zu helfen, den Bischof von Lüttich, seinen nahen Verwandten, zu rächen. Plötzlich ging er weg, um in das Zimmer des Königs zu kommen und ihm diese Worte zu überbringen.

Der König hatte einen Freund, der ihm dieses berichtete und ihm versicherte, es würde ihm nichts geschehen, wenn er diese beiden Punkte annähme; andernfalls aber würde er sich in eine so große Gefahr begeben, wie keine größere ihm widerfahren könnte. Als der Herzog eintrat, bebte ihm die Stimme, so stark war er erregt und nahe daran, in Zorn auszubrechen. Er zeigte eine demütige Haltung, seine Gesten und seine Rede aber waren heftig, als er den König fragte, ob er den Friedensvertrag halten wolle, der niedergeschrieben und bewilligt worden war, und ob er ihn so beschwören wolle. Der König antwortete: „Ja." In Wahrheit war hier nichts verändert worden, was in bezug auf den Herzog von Burgund vor Paris abgeschlossen worden war, oder doch nur wenig. Für den Herzog der Normandie wurde viel beansprucht; er sollte zwar auf die Normandie verzichten, dafür aber die Champagne, Brie und andere benachbarte Länder als seinen Anteil bekommen. Danach fragte ihn der Herzog, ob er mit ihm nach Lüttich ziehen wolle, um ihm zu helfen, den Verrat zu rächen, den die Lütticher an ihm durch sein Verschulden verübt hatten. Er hielt ihm auch die nahe Verwandtschaft vor, die zwischen dem König und dem Bischof von Lüttich bestehe, da dieser aus dem Hause Bourbon sei. Zu diesen Worten sagte der König „ja", vorausgesetzt, daß der Friede beschworen werde, was er sehr wünsche; er sei es zufrieden, mit ihm nach Lüttich zu gehen und so wenig oder so viel Kriegsvolk mitzunehmen, wie es ihm gut schiene. Diese Worte erfreuten den Herzog sehr; sofort wurde der Friedensvertrag herbeigebracht und aus dem Koffer des Königs das echte Kreuz hervorgeholt, das der heilige Karl der Große getragen hatte, das Siegeskreuz genannt; darauf wurde der Friede beschworen. Bald darauf wurden die Glocken in der Stadt geläutet, und alle Welt war sehr erfreut.

Später hat es dem König gefallen, mir die Ehre anzutun, daß er sagte, ich hätte bei der Herbeiführung dieses Friedens gute Dienste geleistet[13].

Unverzüglich schrieb der Herzog diese Neuigkeiten in die Bretagne und schickte eine Ausfertigung des Vertrages mit, durch den er mit ihnen vereint und verbündet blieb. Herr Karl hatte dabei einen guten Teil erwischt, wenn man den Vertrag betrachtet, den sie kurz vorher in der Bretagne geschlossen hatten, und durch den ihm nur eine Pension blieb, wie Ihr schon gehört habt.

## *Zehntes Kapitel*

Am nächsten Tag, nachdem der Friede geschlossen war, reisten der König und der Herzog ab und zogen gen Cambrai und von dort ins Lüttticher Land. Es war zu Beginn des Winters, und das Wetter war sehr schlecht. Der König hatte die Schotten seiner Garde und wenige Reisige bei sich, ließ jedoch bis zu dreihundert Reisige nachkommen. Das Heer des Herzogs war in zwei Teile getrennt; den einen führte der Marschall von Burgund, von dem Ihr oben schon gehört habt, und dort waren alle Burgunder und die besagten Herren von Savoyen; mit ihnen waren eine große Anzahl Leute aus dem Hennegau, aus Luxemburg, Namur und Limburg. Der andere Teil stand unter dem Herzog. Als man sich der Stadt näherte, wurde in Gegenwart des Herzogs Rat gehalten; einige

[13] Es ist sicher, daß Commynes' Tätigkeit in Péronne sich nicht nur darauf beschränkte, Karl den Kühnen milder zu stimmen (was er am Ende des siebten Kapitels beschrieben hat). Der Freund des Königs, den er oben erwähnt, war wohl er selbst. Jedenfalls bestätigt Ludwig in einer Urkunde vom Oktober 1472, in der er dem zu ihm übergegangenen Commynes einige Herrschaften schenkt, dieser habe ihm, als er sich in den Händen von Rebellen befand, wichtige Mitteilungen gemacht und er, der König, sei durch seine Hilfe den Rebellen entronnen. Commynes habe diese Hilfe geleistet, ohne auf die Gefahr Rücksicht zu nehmen. Seit Péronne haben Beziehungen zwischen dem König und Commynes bestanden, über die wir nichts genaues wissen.

meinten, es wäre gut, einen Teil des Heeres zurückzuschicken, da ja die Tore und Mauern der Stadt im vergangenen Jahr geschleift worden seien, und sie von keiner Seite Hoffnung auf Hilfe hätten; auch sei der König in Person gegen sie da, der ihnen einige Vorschläge mache, die fast den Forderungen an sie entsprächen. Dem Herzog gefiel diese Meinung nicht, was sehr gut für ihn war, denn niemals war ein Mann so nahe daran, alles zu verlieren. Der Argwohn, den er gegen den König hegte, ließ ihn den klügeren Teil erwählen, und er war sehr schlecht auf diejenigen zu sprechen, die gesagt hatten, man sei stark genug. Das war ein sehr großes Stück von Hochmut oder von Dummheit. Solche Meinungen habe ich viel gehört; und manchmal vertraten sie die Hauptleute, entweder weil sie wegen ihrer Kühnheit geachtet werden wollten, oder weil sie nicht genug von dem verstanden, was sie zu tun hatten; wenn aber die Fürsten klug sind, geben sie hierauf nichts. Dieses verstand der König, unser Meister, besonders gut, dem Gott gnädig sei; denn er war zögernd und furchtsam vor seinen Unternehmungen; aber bei dem, was er unternahm, sorgte er so gut vor, daß er kaum verfehlen konnte, der Stärkere zu sein und die Oberhand dabei zu behaupten.

So wurde befohlen, daß der Marschall von Burgund und alle, die in seiner Kompanie waren, und von denen ich gesprochen habe, sich in der Stadt einquartieren sollten; verwehre man ihnen den Eintritt, sollten sie ihn, wenn sie es könnten, mit Gewalt erzwingen; denn schon kamen und gingen Leute der Stadt dorthin, um ein Übereinkommen zu treffen. So kamen die Obengenannten nach Namur. Am nächsten Tag langten der König und der Herzog dort an, und die anderen zogen weiter. Als sie sich der Stadt näherten, machte das dumme Volk einen Ausfall gegen sie, wurde aber mit Leichtigkeit vernichtet, wenigstens ein großer Teil. Der Rest zog sich zurück. Ihr Bischof entrann und kam zu uns.

Es war da ein Legat des Papstes, der gesandt worden war, um Frieden zu stiften und den Streit des Bischofs mit dem Volke kennenzulernen, denn es war wegen der Beleidigungen und der oben angeführten Gründe im Bann der Exkommunikation. Der Legat überschritt seine Vollmacht in der Hoffnung, selbst Bischof der Stadt zu werden, begünstigte das Volk, befahl ihm, zu den Waffen zu greifen, sich zu verteidigen und andere Dummheiten mehr. Als der Legat die Gefahr sah, in der sich die Stadt befand, ging er hinaus, um zu fliehen. Er wurde mit allen seinen etwa fünfundzwanzig gut ausgerüsteten Leuten gefangen genommen. Als das der Herzog hörte, ließ er denen, die ihn gefangen hatten, sagen, sie sollten ihn, ohne ihm etwas davon zu sagen, fortschaffen und ihren Vorteil wie von einem Kaufmann daraus ziehen; denn wenn er es öffentlich erfahren hätte, hätte er ihn nicht zurückhalten können, sondern er hätte ihn zu Ehren des apostolischen Stuhles ausliefern müssen. Sie taten es aber nicht, sondern zankten sich darum und kamen öffentlich, als er zu Mittag aß, vor ihn, um sich gegenseitig über die zu beklagen, die daran teilhatten. Unverzüglich ließ er den Legaten in seine Hand bringen und ihnen wegnehmen, ließ ihm alles wiedergeben und erwies ihm Ehre.

Die große Anzahl der Leute, die in dieser Vorhut waren, die der Marschall von Burgund und Herr de Humbercourt führten, marschierten geradeswegs auf die Stadt zu und hofften dort einzuziehen; von großer Habgier bewogen, zogen sie es vor, sie zu plündern, anstatt den Vertrag anzunehmen, der ihnen angeboten wurde. Es schien ihnen schon unnötig zu sein, auf den König und den Herzog zu warten, die sieben bis acht Meilen hinter ihnen herkamen. Sie drängten so vorwärts, daß sie bei Anbruch der Nacht in einer Vorstadt anlangten und bis in die Gegend eines Stadttores zogen, das wieder ein wenig ausgebessert worden war. In einigen Gesprächen konnten sie sich nicht einigen. Die Finsternis der Nacht überraschte sie; sie hatten kein Quartier gemacht und auch nicht genügend Platz und waren in großer Verwirrung. Die einen gingen umher, die anderen riefen ihren Herrn oder ihre Truppen und die Namen ihrer Hauptleute. Meister Jean de Wilde und die anderen Hauptleute der Lütticher sahen diese Dummheit und die schlechte Ordnung und faßten Mut. Jetzt half ihnen ihr Unglück, nämlich der Einsturz ihrer Mauern, denn sie konnten ausfallen, wo sie wollten; sie drangen durch die Breschen ihrer Mauern und griffen die ersten von vorn an; durch die Weinberge und Hügel warfen sie sich auf die Pagen und Diener, die sich am Ende der Vorstadt, durch die sie hereingekommen waren, befanden und dort viele Pferde herumführten. Sie töteten sehr viele von ihnen. Eine große Anzahl von Leuten ergriff die Flucht, denn die Nacht kennt keine Schande. Sie führten ihr Unternehmen so gründlich durch, daß sie mehr als achthundert Mann töteten, davon einhundert Reisige.

Die guten und tapferen Männer dieser Vorhut hielten zusammen (es waren fast alles Reisige und Leute aus gutem Hause) und zogen mit ihrem Fähnlein geradeswegs vor das Tor, da sie fürchteten, jene würden von dort ausfallen. Wegen des beständigen Regens, der herniederkam, waren dort große Pfützen, in denen die Reisigen bis über die Knöchel wateten, da sie alle zu Fuß waren. Auf einmal wollte das übrige Volk durch das Tor mit großen Windlichtern und Fackeln ausfallen. Die Unsrigen, die dicht davor standen, hatten vier Stücke guter Artillerie und feuerten zwei oder drei Schüsse durch die große Straße und töteten viele Leute. Daraufhin zogen sie sich zurück und schlossen die Tore. In der ganzen Länge der Vorstadt ging der Kampf weiter; der Feind gewann einige Wagen und verschanzte sich dahinter nahe der Stadt, und sie blieben dort draußen von zwei Uhr nach Mitternacht bis sechs Uhr morgens. Dennoch wurden sie, als der Tag hell wurde und man sich gegenseitig sehen konnte, zurückgeschlagen. Hierbei wurde Meister Jean de Wilde verwundet und starb zwei Tage danach in der Stadt und noch einer oder zwei andere ihrer Führer.

## Elftes Kapitel

Wenngleich Ausfälle manchmal sehr nötig sind, so bergen sie doch für die Belagerten große Gefahren in sich, denn für sie ist ein Verlust von zehn Mann mehr als der von hundert bei den Belagerern, da ihre Zahl nicht gleich ist und sie sich nicht, wenn sie wollen, ergänzen können; und wenn sie ein Oberhaupt oder einen Führer verlieren, so ist das sehr häufig der Grund dafür, daß die übrigen Kriegsleute nur den Platz verlassen wollen.

Dieser sehr große Schrecken gelangte bis zum Herzog, der vier bis sechs Meilen von der Stadt entfernt lagerte. Vom ersten Anblick wurde ihm gesagt, alles sei vernichtet. Sofort stieg er mit seinem ganzen Heer zu Pferde und befahl, dem König hiervon nichts zu sagen. Als er sich der Stadt von einer anderen Seite her näherte, wurde ihm die Nachricht gebracht, daß alles gut ginge, und daß man nicht so viel Tote habe wie zuerst angenommen; es sei auch kein Mann von Namen tot außer einem Ritter aus Flandern, der Herr de Sengmeur hieß; die Edelleute aber, die dort seien, befänden sich in großer Not und Pein, denn sie hätten die ganze vergangene Nacht dicht unter den feindlichen Toren im Schlamm stehend verbracht. Einige der Flüchtlinge seien zurückgekehrt (ich spreche vom Fußvolk), aber sie seien so entmutigt, daß sie schlecht geeignet zu sein schienen, große Waffentaten zu vollbringen. Sie möchten sich um Gottes willen mit dem Marsch beeilen, damit ein Teil der Städter gezwungen würde, sich auf die Verteidigungsstellungen zurückzuziehen; er möchte ihnen doch bitte Lebensmittel mitbringen, denn sie hätten nicht mehr ein Stück zu beißen. In aller Eile ließ er zwei- bis dreihundert Reiter zu ihnen abgehen, so schnell die Pferde sie tragen konnten, um ihnen zu helfen und sie zu ermutigen und um ihnen die wenigen Lebensmittel zukommen zu lassen, die er finden konnte. Zwei Tage und fast eine Nacht hatten sie weder etwas getrunken noch gegessen außer denjenigen, die irgendeine Flasche mitgebracht hatten, und sie hatten das schlechteste Wetter der Welt. Sie hatten eine große Anzahl Verwundeter, unter anderen den Prinzen von Oranien, den ich vergessen habe zu nennen, und der sich als Mann von großer Tapferkeit zeigte, da er niemals weichen wollte. Die Herren Du Lau und d'Urfé machten hier beide ihre Sache gut. In dieser vergangenen Nacht waren mehr als zweitausend Mann entflohen.

Es war schon fast Nacht, als der Herzog diese Nachrichten erhielt; und nachdem er diese besagten Dinge erledigt hatte, ging er dorthin, wo sein Fähnlein war, um alles dem König zu erzählen, der darüber sehr froh war, denn das Gegenteil hätte ihm Schaden bringen können. Unverzüglich näherte man sich der Vorstadt; eine große Anzahl von Edelleuten und Reisigen stiegen mit den Bogenschützen ab, um die Vorstadt einzunehmen und Quartier zu machen. Es waren der Bastard von Burgund, der ein hohes Kommando unter dem Herzog hatte; außerdem

Herr de Ravenstein, der Graf von Roussy, der Sohn des Konnetabels, und viele andere Edelleute. Leicht wurde in dieser Vorstadt bis unter das Tor, das sie wie das andere wiederhergestellt hatten, Quartier gemacht; der Herzog richtete sich in der Mitte der Vorstadt ein, und der König blieb in dieser Nacht in einer großen ummauerten Meierei, eine Viertelmeile von der Stadt entfernt, und viele Leute lagerten in seiner Umgebung, sowohl von den Seinen als auch von den Unsrigen.

Die Stadt liegt auf Bergen und in Tälern, in einem sehr fruchtbaren Land, durch das die Maas fließt, und kann wohl an Größe mit Rouen verglichen werden. Damals war die Stadt sehr bevölkert. Von dem Tor, an dem wir uns gelagert hatten bis zu dem, wo sich unsere Vorhut befand, war der Weg durch die Stadt kurz, draußen herum aber waren es drei Meilen wegen des unebenen Geländes und der schlechten Wege; außerdem war man mitten im Winter. Alle ihre Mauern waren geschleift, und sie konnten ausfallen, wo sie wollten. Es gab nur einen kleinen Damm und keine Gräben, da der Boden aus sehr rauhen und harten Felsen besteht.

Als sich der Herzog am ersten Abend in ihrer Vorstadt einquartiert hatte, waren die Leute unserer Vorhut sehr erleichtert, denn die feindliche Macht drinnen war schon in zwei Teile geteilt. Ungefähr um Mitternacht wurden wir sehr rauh alarmiert. Sofort eilte der Herzog auf die Straße, und ein wenig später kamen der König und der Konnetabel an, die sich sehr beeilt haben mußten, um von so großer Entfernung zu kommen. Die einen riefen: „Sie fallen durch ein Tor aus!" Andere sagten andere erschreckende Worte, das Wetter war so schlecht, und es war dunkel, daß es nur dazu beitrug, die Leute zu erschrecken. Der Herzog von Burgund ließ es zwar an Kühnheit nicht mangeln, wohl aber manchmal an Klarheit der Befehle. Und, um die Wahrheit zu sagen, bewahrte er zur Stunde, von der ich spreche, nicht eine so gute Haltung, wie es viele seiner Leute in des Königs Gegenwart wohl gern gesehen hätten. Der König ergriff die Befehlsgewalt und sagte zu dem Konnetabel: „Zieht mit dem, was ihr an Leuten habt, an diese Stelle; denn wenn sie kommen, nehmen sie diesen Weg." Als man seine Rede hörte und seine Haltung sah, schien er so recht als König von großem Mut und großem Geist, der sich in solchen Situationen schon vordem befunden hatte[14]. Es war jedoch nichts, und der König und der Herzog von Burgund gingen wieder in ihre Quartiere.

Am nächsten Morgen kam der König, um in der Vorstadt in einem kleinen Häuschen dicht bei der Wohnung des Herzogs von Burgund Quartier zu beziehen. Seine Garde von einhundert Schotten hatte er bei

14 Commynes hatte in Péronne den König als klugen Politiker kennen gelernt und war unter seinen Einfluß geraten, während er das Auf und Ab in der Stimmung Karls des Kühnen aus der Nähe beobachten und besänftigen mußte. Jetzt, in der Nacht vor Lüttich, erweist sich Ludwig vor den Augen Commynes' auch als der überlegene militärische Führer.

sich, und Reisige waren in seiner Nähe in einem Dorfe einquartiert. Der Herzog war in großem Argwohn, daß der König in die Stadt einziehe, oder daß er vor ihrer Eroberung fliehe, oder daß er, da er so in der Nähe war, ihm selbst etwas antun würde. Zwischen den beiden Häusern jedoch befand sich eine große Scheune, in die er dreihundert Reisige legen ließ, worunter sich die Blüte seiner Hausgarde befand. Sie durchbrachen die Wände der Scheune, um leichter ausfallen zu können, und konnten auf das Haus des Königs sehen, das dicht davor lag. Dieses Vergnügen, daß keiner, weder der Herzog noch ein anderer, sich entwaffnete, dauerte acht Tage, denn am achten Tage wurde die Stadt genommen.

Am Abend vor der Einnahme war beschlossen worden, am nächsten Morgen anzugreifen; das war am Sonntag, den 30. Oktober 1468, und es wurde mit den Leuten unserer Vorhut vereinbart, daß sie, wenn sie einen Bombardenschuß und zwei schwere Serpentinen losgehen hörten, ohne weitere Schüsse unverzüglich kühn angreifen sollten; denn auf seiner Seite würde der Herzog stürmen. Das sollte um acht Uhr morgens beginnen. Am Vorabend, an dem dieses beschlossen worden war, entwaffnete sich der Herzog von Burgund, was er bis dahin noch nicht getan hatte, und ließ alle seine Leute die Waffen ablegen, damit sie sich wieder erfrischten, besonders diejenigen, die in der Scheune waren. Sehr bald darauf, als wenn die Städter davon Nachricht erhalten hätten, beschlossen sie, einen Ausfall an dieser Seite zu machen, so wie sie es vorher an der anderen gemacht hatten.

## *Zwölftes Kapitel*

Nun merkt Euch, wie plötzlich ein großer und mächtiger Fürst durch eine kleine Anzahl von Feinden ins Unglück stürzen kann: darum sollten alle Unternehmungen wohl erwogen und durchgesprochen werden, bevor man sie in die Tat umsetzt.

In dieser ganzen Stadt gab es keinen einzigen Kriegsmann mehr, der nicht aus ihren Ländern gewesen wäre. Sie hatten weder einen Ritter noch einen Edelmann bei sich; denn die wenigen, die sie gehabt hatten, waren vor zwei oder drei Tagen entweder getötet oder verwundet worden. Sie hatten weder Tore, noch Mauern, noch Gräben, noch ein einziges Stück Artillerie, das etwas taugte, sie hatten nichts als das Stadtvolk und sieben- bis achthundert Fußknechte aus einem kleinen Gebirge hinter Lüttich, Franchimont genannt; die Leute aus diesem Gebiet sind in der Stadt immer als sehr tapfer bekannt gewesen.

Als sie sich von aller Hilfe verlassen sahen, da ja auch der König in Person gegen sie da war, beschlossen sie, einen großen Ausfall zu machen und alles zu riskieren, da sie sich sowieso verloren sahen. Ihr

Plan war, daß die sechshundert Männer aus Franchimont, die Besten die sie hatten, durch die Breschen ihrer Mauern, die sich hinter dem Quartier des Herzogs von Burgund befanden, ausfallen sollten. Als Führer hatten sie die Hauswirte von des Königs Haus und von dem, in dem der Herzog einquartiert war. Sie konnten sich durch eine große Höhlung eines Felsens nahe genug an die Häuser der beiden Fürsten heranpirschen, bevor man sie bemerkte, vorausgesetzt, daß sie keinen Lärm machten. Und, falls einige Posten unterwegs seien, schien es ihnen, daß man sie töten oder ebenso schnell bei den Quartieren sein könne wie sie. Sie machten ihre Rechnung so, daß die beiden Wirte sie geradeswegs in ihre Häuser führten, wo die beiden Fürsten untergebracht waren, und daß sie sich nicht anderswo aufhielten. Dadurch würden sie sie aus so großer Nähe überraschen, daß sie sie töten oder gefangennehmen könnten, bevor noch ihre Leute versammelt seien; sie hätten es ja nicht weit, sich zurückzuziehen; und das Schlimmste, das geschehen könne, wenn sie eine solche Unternehmung ausführten, sei, daß sie sterben müßten; diesen Tod würden sie willig auf sich nehmen, da sie ja, wie gesagt, sahen, daß alles verloren war. Sie beschlossen außerdem, daß das gesamte Stadtvolk mit großem Geschrei aus dem Tor ausfallen sollte, das auf die Hauptstraße unserer Vorstadt hinausging, in der Hoffnung, alles, was in dieser Vorstadt läge, zusammenzuhauen. Sie waren nicht ohne Hoffnung auf einen großen Sieg oder zum mindesten und im schlimmsten Falle auf einen glorreichen Untergang. Hätten sie eintausend gute Reisige bei sich gehabt, hätte ihre Unternehmung sehr groß sein können. Dennoch hat auch so nicht viel daran gefehlt, daß sie zu ihrem Ziel gelangt wären.

Wie beschlossen, fielen die sechshundert Mann aus Franchimont durch die Breschen ihrer Mauern aus; ich glaube, es war noch nicht zehn Uhr abends; sie fingen die meisten der Posten und töteten sie; unter anderen starben dabei drei Edelleute aus dem Hause des Herzogs von Burgund. Wenn sie, ohne sich hören zu lassen, bis dort, wohin sie beabsichtigt hatten, geradeaus gezogen wären, hätten sie ohne Schwierigkeiten die beiden Fürsten töten können, die auf ihren Betten schliefen. Hinter dem Quartier des Herzogs war ein großes Zelt, in dem sich der heutige Herzog von Alençon und Herr de Craon befanden. Hier hielten sie ein wenig an, stachen mit ihren Piken quer durch und töteten einen Diener. Dadurch erhob sich Lärm im Lager, was einige Leute veranlaßte, sich zu bewaffnen oder mindestens sich zu erheben. Sie ließen nun das Zelt fahren und kamen geradeswegs auf die beiden Häuser des Königs und des Herzogs von Burgund zu. Die besagte Scheune, in die der Herzog dreihundert Reisige gelegt hatte, befand sich dicht bei den beiden Häusern; dort verweilten sie nun und stachen wieder mit ihren Piken durch die Löcher, die zum Ausfall gemacht worden waren. Alle diese Edelleute hatten sich, wie ich sagte, vor noch nicht zwei Stunden entwaffnet, um für den Angriff am Morgen frisch zu sein. So trafen sie sie alle oder fast alle waffenlos. Dennoch hatten einige auf den Lärm hin, den sie im Zelt des Herrn von Alençon gehört hatten, ihren Küraß umgeworfen und kämpften mit ihnen durch die Löcher und an der Tür, wodurch die beiden Fürsten gänzlich gerettet wurden; denn diese Verzögerung gab vielen Leuten die Möglichkeit, sich zu waffnen und auf die Straße zu eilen.

Ich schlief mit zwei Edelleuten seiner engsten Umgebung mit in des Herzogs Zimmer, das sehr klein war; über ihm waren nur zwölf Bogenschützen, die angekleidet und bewaffnet die Wache hielten und Würfel spielten. Seine Hauptwache war weit von ihm entfernt gegen das Stadttor zu. In der Tat kam der Hauswirt mit einer Schar Lütticher und begann, sein Haus zu bestürmen, in dem der Herzog sich befand; dieses alles geschah so plötzlich, daß wir dem Herzog nur mit großer Mühe noch den Küraß und die Haube für den Kopf anlegen konnten. Sofort eilten wir die Treppen hinunter, um auf die Straße zu gelangen. Wir fanden unsere Bogenschützen damit beschäftigt, die Türen und Fenster gegen die Lütticher zu verteidigen, und es war ein großes Geschrei auf der Straße. Die einen riefen: „Burgund!“, die anderen: „Es lebe der König!“ und: „Tötet sie!“ Wir mußten länger als zwei Paternoster warten, ehe die Bogenschützen und wir mit ihnen aus dem Hause herauskommen konnten.

Wir wußten nicht, in welchem Zustand sich der König befand, noch mit wem er es hielt, was uns große Sorge machte[15]. Als wir nun außerhalb des Hauses waren mit zwei oder drei Fackeln, trafen wir noch andere Fackeln und sahen Leute um uns, die miteinander kämpften; aber es dauerte nicht lange, denn von allen Seiten kamen Leute zum Quartier des Herzogs gelaufen.

Der erste Mann von ihnen, der getötet wurde, war der Hauswirt des Herzogs; er starb nicht sofort, und ich hörte ihn noch sprechen. Sie wurden alle oder fast alle getötet. Ebenso griffen sie das Haus des Königs an, in das sein Hauswirt eindrang, der dort von den Schotten niedergemacht wurde, die sich als gute Leute zeigten, da sie von ihrem Herrn keinen Schritt wichen und eine große Anzahl Pfeile verschossen, wodurch sie allerdings mehr Burgunder als Lütticher verwundeten. Diejenigen, denen befohlen worden war, durch das Tor auszufallen, fielen aus, fanden aber eine große Zahl von Leuten auf dem Posten, die sich dort schon versammelt hatten und sie bald zurückschlugen; sie zeigten sich auch nicht so heftig wie die anderen.

Nachdem diese Leute so zurückgeschlagen waren, besprachen der König und der Herzog sich zusammen. Da man viele Tote sah, hatten sie Sorge,

---

[15] Diese großartig geschilderte Szene ist eine eindrucksvolle Illustration der allgemeinen Atmosphäre des Mißtrauens; man vergleiche dazu die entsprechenden, allerdings viel leichter wiegenden Szenen im Feldzug der Ligue du Bien Public, so etwa die Geschichte mit dem Feuerwerker (fünftes Kapitel des ersten Buches).

sie seien von den Ihren. Doch fand man von diesen hier nur wenige, aber desto mehr Verwundete. Es ist nicht daran zu zweifeln, daß sie den König und den Herzog getötet und wahrscheinlich auch das übrige Heerlager vernichtet hätten, wenn sie sich an den beiden besagten Orten nicht aufgehalten hätten, besonders nicht an der Scheune, wo sie auf Widerstand trafen, und wenn sie den beiden Wirten, die ihre Führer waren, gefolgt wären. Jeder der beiden Herren zog sich, sehr erschrocken über diese kühne Unternehmung, in sein Quartier zurück und hielt sofort Rat, was für den nächsten Tag betreffs des vereinbarten Angriffs zu tun sei. Der König geriet in große Furcht, daß das Unglück auf ihn kommen würde, wenn der Herzog diese Stadt im Sturm nicht einnehmen könnte, und daß er entweder in Gefahr bleiben oder in jedem Fall festgenommen würde, da der Herzog Angst haben würde, daß er abzöge oder ihn von der anderen Seite bekriegte.

Hier seht Ihr die schlimme Lage der beiden Fürsten, die sich in keiner Weise gegeneinander sichern konnten. Diese beiden hatten vor noch nicht vierzehn Tagen einen endgültigen Frieden geschlossen und hatten feierlich geschworen, ihn treu einzuhalten. Dennoch konnte zwischen ihnen auf keine Weise Vertrauen herrschen.

## *Dreizehntes Kapitel*

Der König rief, um sich von seinen Zweifeln zu befreien, eine Stunde nachdem er sich in sein Quartier zurückgezogen hatte und der besagte Ausfall vorbei war, einige der nächsten Diener des Herzogs zu sich, die sich schon im Rat befunden hatten und fragte sie nach dem, was beschlossen worden war. Sie sagten ihm, daß der Angriff auf die Stadt für morgen in der Form festgesetzt worden sei, wie es beschlossen war. Der König flößte ihnen große und sehr kluge Bedenken ein, was den Leuten des Herzogs sehr angenehm war, da sie diesen Angriff heftig fürchteten, wegen der großen Anzahl des Stadtvolkes und auch wegen der großen Kühnheit, die es ihnen vor noch nicht zwei Stunden erst gezeigt hatte. Sie wären sehr zufrieden gewesen, noch einige Tage zu warten und mit ihm wieder zu einer Verständigung zu gelangen. Sie kamen zum Herzog und erstatteten ihm Bericht, wobei ich zugegen war, und sagten ihm alle Bedenken, die der König und sie hegten; sie schoben aber alles auf den König, da sie fürchteten, er möchte es ihnen übelnehmen. Darauf antwortete der Herzog, der es übel aufnahm, der König tue es nur, um die Lütticher zu retten; die Sache sei nicht zweifelhaft, da man von der Seite der Belagerten keine Artillerie aufstellen könne; es gebe keine Mauern und das, was sie an den Toren wiederhergestellt hätten, sei schon wieder zusammengeschossen; er wolle nicht mehr länger warten und den Angriff am Morgen, wie beschlossen, beginnen. Wenn es aber dem

König gefiele, nach Namur zu gehen und dort abzuwarten, bis die Stadt genommen sei, wäre er damit einverstanden, aber er dürfe von dort nicht eher fortgehen, bis man den Ausgang dieser Sache sähe. Diese Antwort gefiel keinem der Anwesenden, denn jeder hatte von diesem Ausfall Furcht bekommen. Dem König wurde dieser Bescheid nicht so rauh, sondern so höflich wie möglich gegeben. Er hörte mit Klugheit zu und sagte, er wolle nicht nach Namur gehen, sondern sich am Morgen bei den anderen befinden. Meiner Meinung nach hätte der König, wenn er gewollt hätte, in dieser Nacht ruhig davongehen können, denn er hatte hundert Bogenschützen seiner Garde und einige Edelleute seines Hauses bei sich, und dreihundert Reisige in der Nähe. Aber ohne Zweifel wollte er sich dort, wo es um die Ehre ging, nicht Feigheit vorwerfen lassen.

Jeder ruhte bewaffnet noch ein wenig in Erwartung des Tages; einige dachten an ihre vergangenen Sünden, da das Unternehmen sehr gefährlich war. Als es hell wurde und die achte Stunde des Tages herannahte, in der man, wie ich gesagt habe, angreifen wollte, ließ der Herzog die Bombarde und die zwei Schüsse der Serpentinen abfeuern als Signal für die Vorhut, die, wie gesagt, weit von uns entfernt, auf der anderen Seite war; durch die Stadt aber war es kein großer Weg. Sie hörten das vereinbarte Zeichen. Unverzüglich bereiteten sie sich zum Angriff vor. Die Trompeten des Herzogs begannen zu blasen, und die Fähnlein, begleitet von denjenigen, die ihnen folgen sollten, näherten sich der Mauer.

Der König war stark begleitet mitten auf der Straße, denn alle dreihundert Reisigen waren dort und einige Herren und Edelleute seines Hauses. Wie man nun aber so weit war, daß man glaubte, die Feinde zu treffen, fand man überhaupt keine Verteidigung, und es waren nur zwei oder drei Leute auf Wache, denn alle waren zum Essen gegangen und glaubten, da Sonntag sei, werde man keinen Angriff machen; in jedem Haus fanden wir den Tisch gedeckt. Es ist wenig Staat mit einem Volk zu machen, das nicht von irgendeinem Oberhaupt geführt wird, vor dem es Respekt und Furcht hat; nur in Zeiten der Raserei ist es zu fürchten.

Schon vor dem Angriff waren diese Lütticher sehr geschwächt, sowohl wegen der Verluste, die sie bei den beiden Ausfällen erlitten hatten, und bei denen alle ihre Führer gefallen waren, als auch wegen der großen Anstrengungen, die sie acht Tage hindurch ausgehalten hatten; es war nämlich nötig, daß alles auf Wache war, da sie, wie Ihr gehört habt, von allen Seiten eingeschlossen waren. Meiner Meinung nach glaubten sie, diesen Sonntag als Ruhetag benutzen zu können; das Gegenteil davon aber geschah; und so fand sich, wie gesagt, keiner, um die Stadt auf unserer Seite zu verteidigen und noch weniger auf der Seite der Burgunder, die mit den anderen Genannten bei unserer Vorhut waren. Diese drangen vor und in die Stadt ein und töteten nur wenige Leute, denn das ganze Volk floh über die Maasbrücke in die Ardennen und versteckte sich dort an Orten, wo es sicher zu sein glaubte. Ich sah dort, wo wir waren, nur drei Männer und ein Weib tot liegen und glaube, daß nicht zweihundert Leute im ganzen gefallen sind, da der ganze Rest floh oder sich in Kirchen und Häusern verbarg. Gemächlich zog der König vor, da er sah, daß ihm niemand Widerstand leistete, und an zwei Enden rückte das ganze Heer, ich glaube, es waren vierzigtausend Mann, in die Stadt ein. Der Herzog war viel weiter in der Stadt, machte kurz vorm König kehrt und geleitete ihn bis zum Palast. Dann eilte er unverzüglich zum St-Lambertus-Dom, in den seine Leute mit Gewalt einbrechen wollten, um Gefangene und Schätze zu erbeuten; obgleich er schon seine Haustruppen hingeschickt hatte, gelang es ihnen nicht, die Oberhand zu gewinnen, und sie bestürmten die beiden Tore. Ich weiß es und habe es gesehen, daß der Herzog bei seiner Ankunft einen Mann eigenhändig getötet hat. Alles wurde auseinandergetrieben und die Kirche nicht geplündert; am Ende aber wurden die Leute, die drinnen waren, gefangengenommen und die Schätze erbeutet.

Die meisten der anderen Kirchen wurden unter dem Vorwand, Gefangene zu machen, geplündert. Lüttich hat eine große Anzahl Kirchen, und ich habe Herrn de Humbercourt sagen hören, der die Stadt gut kannte, es würden hier täglich ebensoviele Messen gelesen wie in Rom. Ich selbst war nur im Dom, aber so wurde es mir berichtet, und ich sah es an den Spuren. Noch lange Zeit danach verhängte der Papst gegen diejenigen, die irgendetwas besäßen, das den Lütticher Kirchen gehörte, und es nicht wieder herausgäben, schwere Kirchenstrafen, und der Herzog schickte Kommissare durch sein ganzes Land, die diesen Befehl des Papstes ausführen mußten.

So war die Stadt etwa gegen Mittag genommen und geplündert, und der Herzog kehrte in den Palast zurück. Der König, der schon gegessen hatte, zeigte große Freude über diese Einnahme und lobte den großen Mut und die Kühnheit des Herzogs sehr, denn er dachte sich, daß dieses ihm hinterbracht werden würde. Im Grunde seines Herzens hatte er keinen anderen Wunsch, als in sein Reich zurückzukehren. Nach der Mahlzeit trafen sich der Herzog und der König in großer Herzlichkeit; und wenn der König schon seine Taten hinter seinem Rücken gelobt hatte, so tat er es jetzt noch mehr in seiner Gegenwart, was dem Herzog Vergnügen machte.

Ich muß nun noch ein wenig von dem armen Volk erzählen, das aus der Stadt geflohen war, um einige Bemerkungen zu bestätigen, die ich weiter oben gemacht habe, als ich von dem Unglück sprach, das ich bei den Menschen als Folge einer verlorenen Schlacht oder eines weniger großen Verlustes gesehen habe. Diese unglücklichen Leute flohen mit Frauen und Kindern durch das Land der Ardennen. Ein im Lande gebliebener Ritter, der bis zu dieser Stunde ihre Partei gehalten hatte, überfiel eine große Schar von ihnen und, um die Gunst des Siegers zu erlangen, schrieb er dieses dem Herzog von Burgund und machte die Zahl der Toten und Gefangenen noch viel größer, als sie ohnehin schon war; dadurch machte er seinen Frieden. Andere flohen nach Mézières an der Maas ins Königreich; zwei oder drei ihrer Anführer wurden hier gefangen, von denen einer Madoulet hieß; dieser wurde vor den Herzog gebracht, der ihn hinrichten ließ. Einige dieses Volkes starben vor Hunger, Kälte oder Entkräftung.

## *Vierzehntes Kapitel*

Vier oder fünf Tage nach dieser Einnahme begann der König diejenigen, die er beim Herzog für seine Freunde hielt, zu beauftragen, sie sollten anfragen, ob er heimkehren dürfe; so sprach er auch selbst in kluger Weise mit dem Herzog und sagte, er brauche ihn nicht zu schonen, wenn er noch etwas für ihn zu tun habe; wenn er aber nichts mehr hätte, wünschte er nach Paris zu gehen, um dort ihren Vertrag im Parlamentshof veröffentlichen zu lassen, so wie es in Frankreich die Gewohnheit ist, alle Übereinkommen zu publizieren, da sie sonst nicht rechtskräftig werden. Doch vermögen die Könige hierbei sehr viel. Außerdem bat er den Herzog, sich mit ihm im nächsten Sommer in Burgund zu treffen und einen Monat fröhlich zusammen zu verbringen. Schließlich willigte der Herzog, der immer etwas in sich hineinmurmelte, hierin ein und wollte, daß der Friedensvertrag dem König nochmals vorgelesen werden sollte, damit er sicher sei, daß dieser nichts bereue; er stellte ihm anheim, ihn nach seinem Belieben anzunehmen oder zu verwerfen, und bat ihn um Entschuldigung, daß er ihn bis dorthin mitgenommen hätte. Im übrigen forderte er vom König die Zustimmung, daß in dem Vertrag ein Artikel zugunsten der Herren Du Lau, d'Urfé und Poncet de Rivière gemacht würde, der besagen sollte, daß ihnen ihre Länder und ihre Macht wiedergegeben würden, wie sie vor dem Kriege gewesen seien. Diese Forderung mißfiel dem König, denn sie waren nicht von seiner Partei; warum sollten sie in den Frieden mit einbezogen werden? Auch dienten sie Herrn Karl, seinem Bruder, und nicht ihm. Der König antwortete darauf, er sei es zufrieden, wenn er das gleiche für die Herren de Nevers und de Croy bewilligen würde. Dazu schwieg der Herzog; es schien mir, daß diese Antwort sehr klug war, denn der Herzog haßte diese sehr und hatte so viel von ihren Gütern, daß er niemals eingewilligt hätte. Zu allen anderen Punkten antwortete der König, daß er nichts ändern, sondern alles bestätigen wolle, was in Péronne beschworen worden sei. So wurde denn dieser Abschied bewilligt, und der König sagte dem Herzog Lebewohl, der ihn ungefähr eine halbe Meile begleitete.

Im Augenblick der Trennung fragte ihn der König: „Was soll ich tun, wenn zufälligerweise mein Bruder, der in der Bretagne ist, mit dem Anteil, den ich ihm aus Liebe zu Euch gewährt habe, nicht zufrieden ist?“ — Der Herzog antwortete ihm sehr schnell ohne nachzudenken: „Wenn er ihn nicht nehmen will, macht, daß er zufrieden ist, ich überlasse das Euch beiden.“ Aus dieser Frage und Antwort entstand später noch eine große Sache, wie Ihr hören werdet. So zog der König nach seinem Vergnügen von dannen; die Herren des Cordes und d'Aimeries, der Bailly des Hennegaues, begleiteten ihn bis außerhalb der Länder des Herzogs.

Der Herzog blieb in der Stadt. Sie wurde wirklich in allen Teilen grausam behandelt, hat sich aber auch grausame Ausschreitungen gegen die Untertanen des Herzogs zuschulden kommen lassen; seit den Tagen seines Großvaters hatten sie weder ein Versprechen gehalten, noch einen Vertrag, der zwischen ihnen vereinbart war. Schon war der Herzog das fünfte Jahr persönlich zu ihnen gekommen und hatte immer Frieden gemacht, der im folgenden Jahr von ihnen wieder gebrochen worden war. Schon lange Jahre waren sie wegen der Grausamkeiten, die sie gegen ihren Bischof verübt hatten, exkommuniziert. Den Geboten der Kirche, die diesen Streit betrafen, hatten sie niemals Ehrerbietung oder Gehorsam entgegengebracht.

Als der König abgezogen war, beschloß der Herzog, mit wenigen seiner Leute nach Franchimont zu gehen, einem rauhen, sehr berg- und waldreichen Land, das ein wenig hinter Lüttich liegt. Von dort kamen die besten Krieger, die sie hatten, und auch diejenigen, die die besagten Ausfälle gemacht hatten. Bevor er aus der Stadt ging, wurden in großer Anzahl die armen Gefangenen ersäuft, die sich zur Stunde der Einnahme in den Häusern versteckt gehalten hatten. Obendrein wurde beschlossen, die Stadt niederzubrennen, die zu allen Zeiten sehr bevölkert gewesen war, und zwar dreimal; drei- bis viertausend Fußknechten aus dem Land von Limburg, die ihnen benachbart waren, dieselben Bräuche hatten und dieselbe Sprache sprachen, wurde befohlen, diese Zerstörung zu vollbringen und nur die Kirchen zu schützen. Zuerst wurde eine große Maasbrücke niedergelegt, und dann wurde einer starken Anzahl Leute befohlen, die Häuser der Kanoniker in der Umgebung des Domes zu schützen, damit ein Platz für den Gottesdienst bliebe. Ebenso wurde für die anderen Kirchen ein Schutz angeordnet. Als das geschehen war, zog der Herzog nach dem besagten Franchimont. Bald nachdem er außerhalb der Stadt war, sah er das Feuer in einer großen Zahl von Häusern diesseits des Flusses, an dem er vier Meilen entfernt Quartier machen wollte. Es war aber schrecklich, in der Nacht den Lärm zu hören, den die einfallenden und zusammenbrechenden Häuser in der Stadt machten, denn auch in der Entfernung von vier Meilen hörten wir es so, als ob wir am Orte selbst seien. Ich weiß nicht, ob es durch den Wind kam oder durch den Fluß, an dem wir lagerten.

Am nächsten Tage zog der Herzog weiter, und diejenigen, die in der Stadt geblieben waren, führten die Zerstörung, wie ihnen befohlen worden war, fort. Aber alle oder fast alle Kirchen wurden gerettet und mehr als dreihundert Häuser, um die Diener der Kirche aufzunehmen. Und das war der Grund, weshalb die Stadt so bald wieder bevölkert war, denn viel Volk kam zurück, um mit den Priestern zu wohnen.

Wegen des großen Frostes und der Kälte wurde die Mehrzahl der herzoglichen Leute gezwungen, zu Fuß nach Franchimont zu marschieren, wo nur Dörfer und keine festen Städte waren. Der Herzog lagerte fünf oder sechs Tage in einem kleinen Tal in einem Dorf, das sich Polleur nannte. Sein Heer war in zwei Gruppen geteilt, um das Land schneller zerstören zu können; er ließ alle Häuser anzünden und alle Eisenhämmer, die sie im Lande hatten, brechen, welche ihre größte Verdienstmöglichkeit waren, die sie hatten. Sie suchten das Volk in den großen Wäldern auf, in denen es sich mit seinem Gut versteckt hielt; es gab viele Tote und Gefangene, und sie gewannen reiche Beute.

Ich habe dort beim Frost unglaubliche Dinge gesehen. Es war da ein Mann, der verlor einen Fuß, dessen er sich seitdem nicht mehr bedienen konnte; einem Pagen fielen zwei Finger von der Hand. Ich sah eine tote Frau mit ihrem Kind, das sie eben erst geboren hatte. Drei Tage lang wurde in des Herzogs Haus allen Leuten, die darum baten, Wein ausgeschenkt. Da er in den Fässern gefroren war, mußte man das Eisstück in einzelne Teile brechen, die die Leute sich in einen Hut oder in einen Korb legten, so wie sie es wollten. Ich könnte genug sonderbare Dinge erzählen, wenn es nicht zu weit führen würde. Nachdem wir dort acht Tage lang gewesen waren, ließ uns der Hunger in großer Eile fortziehen; der Herzog zog nach Namur und von dort aus nach Brabant, wo er wohl empfangen wurde.

## *Fünfzehntes Kapitel*

Nach dem Abschied vom Herzog kehrte der König in großer Freude in sein Reich zurück und unternahm nichts gegen diesen wegen der Behandlung, die ihm in Péronne und Lüttich widerfahren war; er schien es geduldig zu tragen; wenn auch später, nicht gleich, ein heftiger Krieg zwischen ihnen ausbrach, so war der besagte Friede nicht der Anlaß, wenngleich er dazu beigetragen hat, da er fast so war wie der, den der König bei Paris gemacht hatte. Aber der Herzog wollte unter dem Einfluß von Ratgebern seine Grenzen ausdehnen; dann wurden einige Listen angewandt, um den Streit wieder zu erneuern, von dem ich berichten werde, wenn es Zeit sein wird.

Herr Karl von Frankreich, des Königs einziger Bruder und seit kurzem Herzog der Normandie, war von dem Vertrag von Péronne und von dem Anteil, der ihm danach zufallen sollte, informiert; er schickte unverzüglich zum König und bat ihn, den Vertrag zu erfüllen und ihm das Versprochene zu geben. Wegen dieser Angelegenheit schickte der König zu ihm, und es gingen und kamen mehrere Gesandte. Auch der Herzog von Burgund schickte seine Gesandten an Herrn Karl und bat ihn, keinen anderen Anteil annehmen zu wollen als den der Champagne und Brie, der ihm durch seine Vermittlung zugesprochen worden sei; er zeigte ihm die Liebe, die er ihm in dem Augenblick erwiesen habe, als er von ihm verlassen worden sei; wie er gesehen habe, hätte er es nicht genau so machen wollen, und er hätte auch den Herzog der Bretagne in diesem Frieden als seinen Verbündeten aufgeführt. Außerdem ließ er ihm sagen, daß die Lage der Champagne und von Brie sehr günstig für sie beide sei; denn, wolle der König ihn zufällig bedrängen, könnte er am nächsten Tage schon Hilfe aus Burgund haben, da die beiden Länder aneinander grenzten. So sei sein Anteil von großem Wert, denn er erhielte daraus Abgaben und Hilfsgelder, und der König nichts als den Lehnseid und die Appellationsinstanz.

Herr Karl war ein Mann, der nichts oder nur wenig von selbst tat, sondern in allen Sachen von anderen geführt und geleitet wurde, obgleich er fünfundzwanzig Jahre oder noch älter war. So verging der Winter, der schon vorgerückt war, als der König von uns schied; unaufhörlich gingen und kamen Leute wegen des Anteils, denn der König konnte sich um nichts in der Welt entschließen, ihm das zu geben, was er versprochen hatte, denn er wollte seinen Bruder und den Herzog nicht so dicht benachbart wissen; nun verhandelte der König mit seinem Bruder über Guyenne mit La Rochelle, also fast ganz Aquitanien, das er ihm geben wollte und was doch viel mehr Wert sei als Brie und die Champagne. Herr Karl fürchtete, daß dies dem Herzog von Burgund mißfallen würde; außerdem hatte er Furcht, einen Freund und seinen Anteil zu verlieren, wenn er zustimme und der König ihm nicht Wort halte, und daß für ihn der schlechtere Teil übrig bliebe.

Der König, der klüger als jeder andere Fürst seiner Zeit war, wenn es hieß, solche Verhandlungen zu führen, sah ein, daß er Zeit verliere, wenn er nicht diejenigen, die bei seinem Bruder in Ansehen standen, gewinnen könne. Er wandte sich an Odet d'Aydie, Herrn de Lescun, den späteren Grafen von Comminges, der im Lande Guyenne geboren und vermählt war, und bat ihn, seinen Herrn zu überreden, dieses Land anzunehmen, das sehr viel größer sei als das, welches er fordere; sie möchten gute Freunde werden und so leben wie zwei Brüder; er und seine Diener würden daraus Nutzen ziehen und hauptsächlich er; der König versicherte ihnen, daß er nichts Falsches tun und ihnen den Besitz von Guyenne geben würde. Auf diese Weise wurde Herr Karl gewonnen und nahm Guyenne zum großen Ärger des Herzogs von Burgund und seiner Gesandten an, die am Ort waren.

Der Grund dafür, daß der Kardinal Balue, Bischof von Angers, und der Bischof von Verdun verhaftet wurden, war, daß der Kardinal an

Herrn de Guyenne[16] schrieb und ihn ermahnte, keinen anderen Anteil zu nehmen als den, den der Herzog von Burgund ihm durch den Frieden von Péronne verschafft habe, der in seine Hände geschworen und versprochen worden sei; er tat diesbezüglich ihm notwendig erscheinende Erwähnungen, die gegen die Wünsche und Absichten des Königs waren. So wurde Herr Karl im Jahre 1469 Herzog von Guyenne und hatte ein schönes Besitztum: er hatte das Land mit der Herrschaft von La Rochelle. Der König und er sahen sich und waren dort lange beisammen.

16 Also an Ludwigs Bruder Karl, der jetzt als Herr von Guyenne bezeichnet wird.

# DRITTES BUCH

## *Erstes Kapitel*

Im Jahre 1470 faßte der König den Vorsatz, sich an dem Herzog von Burgund zu rächen; es schien ihm, daß die Stunde dafür gekommen sei, und er verhandelte heimlich und ließ verhandeln, daß die Sommestädte wie Amiens, St-Quentin und Abbeville sich gegen den Herzog wandten, seine Reisigen herbeiriefen und sie hereinließen; denn die großen Herren, zum mindesten die klugen, wollen immer eine gute und ansprechende Begründung für ihr Vorgehen. Damit man die Listen, die in Frankreich angewandt werden, erkenne, will ich erzählen, wie dies arrangiert wurde; denn der König und der Herzog wurden beide dabei getäuscht, und es begann daraus der Krieg, der wohl dreizehn oder vierzehn Jahre dauerte und zuletzt sehr hart und erbittert geführt wurde. Es ist wahr, daß der König sehr begehrte, die Städte sollten sich erheben; er nahm als Vorwand, daß er sagte, der Herzog dehne seine Grenzen weiter aus, als der Vertrag es zuließe. Bei dieser Gelegenheit gingen und kamen Gesandte von einem zum anderen und reisten hin und her durch diese Städte, um die Intrigen zu führen. Es waren keine Garnisonen darin, sondern es herrschte Friede im ganzen Königreich sowohl auf der Seite des Herzogs als auch auf der des Herzogs der Bretagne. Herr de Guyenne war, wie es schien, mit dem König in guter Freundschaft. Dennoch wollte der König den Krieg nicht wieder aufnehmen, um nur eine oder zwei dieser Städte zu nehmen, sondern er versuchte, ob er im ganzen Lande des Herzogs von Burgund einen großen Aufstand erregen könne; hierdurch hoffte er, ihn in allen Punkten niederzuzwingen. Viele Leute mischten sich, um ihm zu gefallen, in diese Angelegenheit ein und meldeten ihm die Dinge als viel weiter fortgeschritten, als sie sie in Wirklichkeit vorfanden; die einen rühmten sich mit einer Stadt, die anderen sagten, sie würden die größten Herren seines Hauses abspenstig machen, die sich dann gegen ihn wenden würden. Für alles hatten sie einen Vorschlag. Wenn der König aber geahnt hätte, was dann geschah, hätte er nicht den Frieden gebrochen und den Krieg begonnen, obgleich er Grund haben mochte, sich über die Behandlung zu beklagen, die ihm in Péronne zuteil geworden war; doch hatte er den Frieden in Paris drei Monate nach der Rückkehr in sein Reich veröffentlichen lassen. Er erneuerte diesen Streit mit ein wenig Furcht; die Lust aber, die er zum Handeln hatte, ließ ihn das andere überwinden.

Folgendermaßen waren die Listen, die gesponnen wurden: Der Graf von St-Pol, Konnetabel von Frankreich, ein sehr kluger Mann, und andere Diener des Herzogs von Guyenne wünschten aus zwei Gründen

den Krieg zwischen diesen beiden Fürsten mehr als den Frieden: erstens fürchteten sie, daß ihre große Macht geschmälert würde, wenn der Friede fortdauere; denn der Konnetabel hatte vierhundert Reisige, die bei der Musterung besoldet wurden (sonst war keine Aufsicht darüber) und mehr als dreißigtausend Franken jährlich; außerdem die Gehälter seines Amtes und den Nutzen mehrerer schöner Plätze, die er befehligte. Zweitens wollten sie sich gegen den König stellen und sagten unter sich, seine Natur sei so, daß er mit seinen Dienern, Domestiken und Beamten Streit suche, wenn er ihn nicht nach außen gegen die Großen hätte; seiner Veranlagung nach könnte er nicht in Ruhe sein. Wegen dieser angeführten Gründe versuchten sie eifrig, den König wieder in Krieg zu verwickeln. Der Konnetabel bot sich an, St-Quentin zu jeder beliebigen Zeit wegzunehmen, da seine Länder in der Umgebung lagen. Er sagte, er habe noch mehrere gute Beziehungen in Flandern und in Brabant und könne mehrere Städte gegen den Herzog rebellisch machen. Der Herzog von Guyenne, der zur Stelle war, und alle seine vornehmsten Führer boten dem König ihre Dienste mit vier- oder fünfhundert Reisigen in diesem Streit an, die der Herzog von Guyenne in seiner Ordonnanz hielt. Ihre Absichten aber waren nicht die, welche der König vermutete, sondern diesen gerade entgegengesetzt, wie Ihr noch hören werdet.

Da der König immer in großer Förmlichkeit vorgehen wollte, ließ er in den Monaten März und April des Jahres 1470 die drei Stände nach Tours einberufen[1], was er niemals getan hatte und seitdem niemals wieder tat; er berief dorthin aber nur ernannte Leute, von denen er sich dachte, daß sie seinem Willen nicht widersprechen würden. Wegen mehrerer Unternehmungen des Herzogs gegen die Krone ließ er Vorstellungen machen und als Kläger den Grafen von Eu kommen, der sagte, der Herzog verweigere ihm St-Valéry und andere Lande, die er von ihm wegen Abbeville und der Grafschaft Ponthien besäße, und wolle ihm kein Recht dafür geben. Dieses tue der Herzog, weil ein kleines Kriegsschiff der Stadt Eu ein Kauffahrteischiff aus Flandern aufgebracht habe, wofür er ihm Genugtuung angeboten habe; außerdem wolle der Herzog ihn zwingen, ihm den Lehnseid gegen alle zu leisten, was er für nichts in der Welt tun würde, da es gegen die Autorität des Königs sei. Auf dieser Versammlung waren viele Leute von der Justiz, sowohl vom Parlament wie auch von anderswo her. Es wurde den Absichten des Königs gemäß beschlossen, der Herzog sei vorzuladen und habe persönlich in Paris vor dem Parlament zu erscheinen. Der König wußte wohl, daß er hochmütig antworten oder irgend etwas anderes gegen die Autorität dieses Hofes unternehmen würde; dadurch würde die Gelegenheit, ihm den Krieg zu erklären, immer größer.

Der Herzog wurde durch einen Parlamentsdiener in Gent vorgeladen,

[1] Commynes wirft hier zwei Versammlungen durcheinander, eine allgemeine Ständeversammlung von Tours (April 1468) und eine ausgesprochene „Notabeln"-Versammlung von 1470, ebenfalls in Tours.

als er gerade zur Messe ging. Er war darüber sehr entrüstet und unzufrieden, ließ den Diener gefangennehmen und mehrere Tage lang bewachen. Schließlich ließ man ihn wieder laufen.

Ihr seht nun die Dinge, die man vorbereitete, um gegen den Herzog vorzugehen; dieser wurde davon benachrichtigt und ließ eine große Anzahl Leute aufbringen, die mit einem besonderen Haussold bezahlt wurden. Es war sehr wenig, was sie dafür bekamen, daß sie sich in ihren Häusern bereit halten mußten. Jeden Monat jedoch hielten sie auf ihren Plätzen Musterung und bekamen Geld. Dies dauerte drei bis vier Monate; dann wurde der Herzog dieser Ausgaben überdrüssig, löste das Aufgebot auf, machte sich von der Furcht frei, da der König häufig zu ihm schickte, und begab sich nach Holland. Er hatte weder Ordonnanzen, die ständig bereit waren, noch Garnisonen in den Grenzstädten, wodurch er sich schwer schädigte.

Als er in Holland war, wurde er von dem verstorbenen Herzog Johann von Bourbon benachrichtigt, daß in Kürze der Krieg gegen ihn sowohl in Burgund als auch in der Pikardie losgehe, und daß der König dort und auch in seinem Hause gute Beziehungen hätte. Der Herzog, von Truppen ganz entblößt, da er ja das besagte Aufgebot wieder aufgelöst und nach Hause geschickt hatte, war über diese Nachrichten sehr erschreckt: unverzüglich überquerte er das Meer, zog nach Artois und von dort geradeswegs nach Hesdin. Er schöpfte dort einigen Verdacht sowohl gegen seine Diener als auch wegen der in diesen Städten geführten Verhandlungen, von denen ich gesprochen habe. Er machte ein wenig lange mit den Vorbereitungen, da er nicht alles glaubte, was man sagte. Zwei der Stadtobersten ließ er von Amiens rufen, die er wegen dieser Verhandlungen in Verdacht hatte. Sie entschuldigten sich aber so gut, daß er sie wieder gehen ließ.

Sofort verließen einige seiner Diener sein Haus und traten in die Dienste des Königs, wie der Bastard Baudouin und andere, was ihm große Furcht einflößte, es gäbe noch eine größere Nachfolge. Er ließ ausrufen, daß jeder sich rüste; aber nur wenige hielten sich bereit, denn es war zu Beginn des Winters, und der Herzog war erst vor wenigen Tagen aus Holland angekommen.

## *Zweites Kapitel*

Zwei Tage nach der Flucht seiner Diener im Dezember des Jahres 1470 rückte der Konnetabel in St-Quentin ein und ließ die Bewohner dem König huldigen[2].

Nun erkannte der Herzog, daß die Dinge für ihn schlecht standen, denn er hatte kein Heer bei sich und seine Diener fortgeschickt, die Leute

---

2 Wohl in den ersten Januartagen des Jahres 1471.

seines Landes aufzubringen. Dennoch zog er mit den wenigen Leuten, die er zusammenraffen konnte, nur mit vier- bis fünfhundert Reitern, nach Doullens in der Absicht, Amiens vor dem Abfall zu bewahren. Fünf oder sechs Tage verhandelten die Bürger von Amiens, denn das Heer des Königs war nahe und zeigte sich vor der Stadt. Einmal wiesen sie es ab, da ein Teil der Stadt zum Herzog hielt, der seinen Marschall hinschickte, um Quartier zu machen; wenn er Leute gehabt hätte, um zu wagen, selbst einzuziehen, wäre ihm die Stadt niemals verlorengegangen; so schlecht begleitet wagte er aber nicht einzurücken, obgleich er von mehreren Leuten der Stadt darum gebeten wurde. Als seine Gegner sein Ausweichen sahen und bemerkten, daß er nicht stark war, führten sie ihr Unternehmen durch und ließen die Königlichen in die Stadt. Die Bürger von Abbeville glaubten dasselbe tun zu müssen, aber Herr des Cordes zog dort für den Herzog ein und beugte dem vor.

Von Amiens bis nach Doullens sind es nur fünf kleine Meilen: sobald der Herzog Nachricht erhalten hatte, daß die Königlichen in Amiens eingezogen seien, wurde er gezwungen, sich zurückzuziehen; er ging in großer Eile und Angst nach Arras, denn er fürchtete, daß sich viele ähnliche Dinge ereignen würden, da er sich von Verwandten und Freunden des Konnetabels umgeben sah. Andererseits verdächtigte er seinen Bruder, den Großbastard von Burgund, wegen der Flucht des Bastards Baudouin. Immerhin trafen nach und nach seine Leute bei ihm ein. Nun glaubte der König mit seinen Angelegenheiten obenauf zu sein und vertraute dem Konnetabel und den anderen in dem, was sie über die Beziehungen, die sie hätten, gesagt hatten; wenn er diese Hoffnung nicht gehabt hätte, hätte er wohl nicht losgeschlagen.

Nun ist es Zeit, daß ich mich daran mache zu erklären, was den Konnetabel, den Herzog von Guyenne und seine vornehmsten Diener zu diesem Verhalten bewogen hatte, trotz der guten Taten, der Hilfe und der Ehrungen, die der Herzog von Guyenne vom Herzog von Burgund erhalten hatte, und welchen Gewinn sie davon haben konnten, wenn sie die beiden großen Fürsten, die, wie ihre Gebiete, in Ruhe lebten, in den Krieg stürzten. Einiges davon habe ich schon gesagt: das war, um ihre Macht sicherer behaupten zu können, und damit der König, wenn er in Ruhe lebte, nicht Zwietracht unter ihnen stiften könne. Aber das war noch nicht der Hauptbeweggrund: Der Herzog von Guyenne und die Seinen hätten nämlich dessen Ehe mit der einzigen Tochter und Erbin des Herzogs von Burgund sehnlichst gewünscht, denn dieser hatte keinen Sohn; mehrere Male schon war bei dem Herzog wegen dieser Heirat angefragt worden; immer hatte er zugestimmt, wollte sie aber niemals beschließen und unterhandelte deswegen noch mit anderen. Nun seht, welchen Weg diese Leute nahmen, um zu ihrem Ziel zu gelangen und den Herzog zu zwingen, seine Tochter herzugeben. Denn gleich nach der Einnahme der beiden Städte und der Rückkehr des Herzogs nach Arras, wo er so viele Leute zusammenraffte, wie er konnte, schickte der Herzog von Guyenne einen geheimen Boten, der ihm drei Zeilen seiner Hand brachte, die sich klein gefaltet in einem Wachsklumpen befanden; sie hatten folgenden Inhalt: „Kümmert Euch darum, Eure Untertanen zu befriedigen und sorgt Euch nicht, denn Ihr werdet Freunde finden."

Der Herzog von Burgund, den anfangs eine heftige Furcht befiel, schickte einen Mann zum Konnetabel und bat ihn, er möge ihm doch nicht das Schlimmste, das er könnte, zufügen und nicht so heftig auf diesem Krieg bestehen, der gegen ihn begonnen sei, ohne daß er ihn hervorgerufen oder über etwas geredet hätte. Der Konnetabel freute sich sehr über diese Worte, und es schien ihm gut, daß er den Herzog in dem Augenblick, in dem er seine Zuflucht zu ihm nahm, in dieser großen Furcht hielt. So ließ er ihn denn als Antwort wissen, daß er seine Sache in großer Gefahr sähe und nur ein Mittel wüßte, ihr zu entgehen: das wäre, dem Herzog von Guyenne seine Tochter in die Ehe zu geben. Wenn er das täte, würde eine große Anzahl Leute ihm zu Hilfe eilen, der Herzog von Guyenne und viele andere Herren sich für ihn erklären; er selbst würde ihm dann St-Quentin wieder zurückgeben und sich auf seine Seite stellen; ohne aber gesehen zu haben, daß er sich für diese Heirat erkläre, könne er nicht wagen, dieses zu tun, da der König zu mächtig sei, seine Sache gut stehe, und er große Beziehungen in den Ländern des Herzogs unterhalte; solche und ähnliche furchterregenden Worte sandte er an ihn.

Ich habe noch niemals bemerkt, daß ein Mann ein gutes Ende genommen hätte, der seinen Gebieter oder einen großen Fürsten, mit dem er zu tun hat, erschrecken oder in Unterwürfigkeit halten will, wie man am Konnetabel sehen wird. Denn obgleich der König damals sein Gebieter war, hatte er doch den größten Teil seines Besitzes und seine Kinder unter dem Herzog; aber immer hat er den Grundsatz verfolgt, beide vor ihm und voreinander in Furcht zu halten, was ihm übel bekommen ist. Und wiewohl überhaupt jeder Mensch versucht, sich aus Unterwürfigkeit und Furcht zu befreien und diejenigen haßt, die ihn darin halten, gibt es doch niemanden, der in diesem Fall den Fürsten gleichkommt, denn ich habe keinen von ihnen gekannt, der nicht einen tödlichen Haß gegen die gehabt hätte, die ihn haben niederhalten wollen.

Nachdem der Herzog von Burgund die Antwort des Konnetabels gehört hatte, wußte er wohl, daß er bei ihm keine Freundschaft finden würde, und daß er der Hauptanstifter dieses Krieges sei. Er warf einen furchtbaren Haß auf ihn, der ihm seitdem niemals wieder aus dem Herzen schwand, hauptsächlich, weil er durch solche furchterregenden Botschaften die Heirat seiner Tochter erzwingen wollte. Schon hatte er wieder etwas Mut geschöpft und viele Leute gesammelt. Man sieht jetzt aus den Botschaften des Herzogs von Guyenne und dann des Konnetabels, daß diese Sache unter ihnen ausgemacht war, denn dieselben

Worte und noch schrecklichere gebrauchte bald darauf der Herzog der Bretagne und ließ Herrn de. Lescun hundert bretonische Krieger in den Dienst des Königs stellen. So wurde dieser Krieg beschlossen, um den Herzog zu dieser Heirat zu zwingen, und man mißbrauchte den König, indem man ihm riet, diesen Krieg zu unternehmen; auch von den Beziehungen, von denen man ihm sagte, man hätte sie in den Ländern des Herzogs, war nichts wahr, sondern alles oder fast alles Lüge. Immerhin wurde dem König auf diesem ganzen Zug vom Konnetabel sehr gut und in großem Haß gegen den Herzog gedient, da er wußte, daß dieser ihn ebenso haßte. Gleichfalls diente ihm der Herzog von Guyenne in großer Begleitung in diesem Kriege, so daß die Dinge für den Herzog von Burgund sehr gefährlich wurden. Wenn er aber zu Beginn der besagten Streitigkeiten dem Herzog die Hand seiner Tochter zugesichert hätte, hätten sich der Herzog von Guyenne, der Konnetabel und mehrere andere mit ihrem Gefolge gegen den König gewandt und versucht, ihn so viel wie möglich zu schwächen. Was aber auch die Menschen in solchen Dingen beschließen wollen, Gott fügt es nach seinem Gefallen.

## *Drittes Kapitel*

Ihr habt nun ausführlich gehört, wodurch dieser Krieg verursacht wurde, und daß die beiden Fürsten zu Beginn so verblendet waren, daß sie sich bekriegten, ohne die Hintergründe dafür zu kennen, was eine ungeheure List derjenigen war, die ihn ins Werk setzten. Von ihnen kann man wohl sagen, daß die eine Hälfte der Welt nicht weiß, wie die andere gelenkt wird.

Alle diese besagten Ereignisse geschahen innerhalb weniger Tage. Denn nach der Einnahme von Amiens zog der Herzog in weniger als vierzehn Tagen bei Arras ins Feld, da er sich nicht noch weiter zurückziehen wollte; dann rückte er gegen die Somme und geradeswegs auf Picquigny vor. Unterwegs gelangte ein Bote des Herzogs der Bretagne, der nur ein Fußknecht war, zu ihm und sagte ihm im Namen seines Herrn, der König habe ihm mehrere Dinge mitgeteilt: unter anderem, daß er in mehreren großen Städten Beziehungen unterhalte, von denen er einige genannt hat, wie Antwerpen, Brügge und Brüssel. Auch ließ ihn der Herzog wissen, daß der König entschlossen sei, ihn in jeder beliebigen Stadt, wo er ihn träfe, zu belagern, selbst in Gent. Ich glaube, der Herzog der Bretagne tat dieses alles zugunsten des Herzogs von Guyenne, um ihn der Heirat gefügiger zu machen.

Der Herzog von Burgund aber nahm diese Nachrichten, die ihm der Herzog der Bretagne gesandt hatte, sehr unwillig auf und antwortete dem Boten auf der Stelle, sein Herr sei schlecht informiert, und er hätte einige schlechte Diener, die ihm Furcht einflößen wollten, damit er seine Pflicht, ihm zu helfen, nicht erfülle, wie er es wegen seiner Bündnisse tun müßte; auch sei er schlecht unterrichtet, was für Städte Gent und die anderen seien, von denen er sage, der König würde ihn darin belagern, sie seien viel zu groß für eine Belagerung; er möge seinem Herrn die Begleitung, in der er ihn angetroffen habe, beschreiben und ihm sagen, daß die Dinge jetzt anders stünden, denn er hätte sich entschlossen, über die Somme zu gehen und mit dem König zu kämpfen, wenn er ihn auf seinem Weg fände, um ihn aufzuhalten; er möchte den Herzog, seinen Herrn, bitten, sich zu seinen Gunsten gegen den König zu erklären und ihm ein solcher zu sein, wie der Herzog von Burgund für ihn gewesen sei, als der Vertrag von Péronne geschlossen wurde.

Am nächsten Morgen näherte sich der Herzog von Burgund einem sehr festen Ort an der Somme, der sich Picquigny nennt; dort beschloß er, eine Brücke über den Fluß zu schlagen, um die Somme zu überqueren. Zufällig aber waren in Picquigny vier- bis fünfhundert freie Bogenschützen und einige Edle einquartiert. Als diese den Herzog von Burgund übersetzen sahen, fielen sie auf einem langen Straßendamm zum Scharmützel aus und wagten sich so weit von ihren Stellungen fort, daß sie den Burgundern Gelegenheit gaben, sie zu jagen; diese erreichten sie so schnell, daß sie einen Teil von ihnen töteten, bevor sie in die Stadt zurückkommen konnten, und sie gewannen die Vorstadt, auf die dieser Straßendamm zulief. Dann zog man vier oder fünf Stücke Artillerie heran, obgleich die Stadt von dieser Seite uneinnehmbar war, weil der Fluß dazwischen lag. Dennoch bekamen die freien Bogenschützen Angst, daß man sie von der anderen Seite belagern könne, wenn man eine Brücke baute. So verließen sie den Platz und flohen. Die Burg hielt sich zwei oder drei Tage, dann zogen alle ohne Bewaffnung ab.

Diese kleine Aktion machte den Herzog von Burgund mutig, und er lagerte sich in der Umgebung von Amiens. Er ließ zwei- oder dreimal ein Lager errichten, um, wie er sagte, das Feld zu behaupten und zu sehen, ob der König zur Schlacht kommen wollte. Schließlich näherte er sich der Stadt so weit, daß die Artillerie hineinschießen konnte, ohne zu zielen. Dort hielt er sich sechs Wochen auf. In der Stadt waren wohl eintausendvierhundert königliche Reisige und viertausend freie Bogenschützen, der Konnetabel und alle Heerführer des Königreiches, wie der Großmeister, der Admiral, Marschälle, Seneschälle und viele Edelleute. Der König war unterdessen in Beauvais, wo er eine große Versammlung abhielt; bei ihm waren der Herzog von Guyenne, sein Bruder, und der Herzog Nikolaus von Kalabrien, der älteste Sohn des Herzogs Johann von Kalabrien und Lothringen und einzige Erbe des Hauses Anjou. Durch den Heerbann waren bei dem König die Edlen des Reiches versammelt. Nach dem, was ich seither gehört habe, kann man nicht daran zweifeln, daß diejenigen, die sich bei dem König befanden, schon sehr große Lust zum Kämpfen gehabt haben. Der König aber begann schon die Arglist dieses Unternehmens zu erkennen und sah wohl, daß er noch nicht damit fertig sei und sich mehr denn je im Krieg befinde.

Die Besatzung von Amiens plante einen Angriff auf den Herzog von Burgund in seinem Lager, vorausgesetzt, daß der König sein Heer, das mit ihm in Beauvais war, zu ihnen stoßen lassen wollte. Als der König von diesem Unternehmen unterrichtet war, sandte er es nur zur Verteidigung und um in allen Punkten den Plan zu vereiteln; denn obgleich es für den König vorteilhaft zu sein schien, so war es besonders für die aus der Stadt Ausfallenden ein Wagnis; denn sie mußten alle aus zwei Toren ausfallen, von denen eines dem Lager des Herzogs sehr nahe war; wenn sie gleich zu Beginn geschlagen würden, gerieten sie, da sie zu Fuß ausfallen sollten, in Gefahr, sich und die Stadt zu verlieren. Unterdessen schickte der Herzog von Burgund einen Pagen, Simon de Quingey, der später Bailly von Troyes wurde, und schrieb dem König sehr bescheiden sechs eigenhändige Zeilen und beklagte sich, daß er ihn auf Anstachelung irgendeines Dritten so anrenne; er glaube, der König hätte nicht so gehandelt, wenn er über alle Dinge gut unterrichtet gewesen wäre.

Nun hatte das Heer, das der König nach Burgund gesandt hatte, die ganze burgundische Streitmacht geschlagen, die ins Feld gezogen war, und viele Gefangene gemacht. Die Zahl der Toten war nicht groß, aber es war doch eine Niederlage. Und schon waren Plätze belagert und genommen, was den Herzog ein wenig erschreckte. Dennoch ließ er in seinem Lager das Gegenteil ausstreuen: bei den Seinen gehe alles zum Besten.

Als der König den Brief sah, den ihm der Herzog von Burgund geschrieben hatte, war er aus den obengenannten Gründen sehr froh, auch weil ihm die langwierigen Dinge lästig wurden. Er antwortete ihm und schickte Vollmacht an einige, die in Amiens waren, in einen Waffenstillstand einzutreten und schloß selbst einen auf zwei oder drei, vier oder fünf Tage. Schließlich schloß er einen, wie mir scheint, für ein Jahr ab, was dem Konnetabel, Grafen von St-Pol, sehr mißfiel; denn ohne Zweifel, was auch immer die Leute gedacht haben mögen oder zu denken glaubten, der Graf von St-Pol war damals der Hauptfeind des Herzogs von Burgund, und niemals hat seitdem zwischen ihnen wieder Freundschaft bestanden, wie Ihr an dem Ausgang gesehen habt. Sie haben aber wohl noch gegenseitig Gesandte zueinander geschickt, aber nur, um zu intrigieren und aus dem anderen Vorteil zu ziehen. Wenn der Herzog dieses tat, so nur immer deswegen, weil er glaubte, St-Quentin wiedererhalten zu können. Gleicherweise versprach der Graf, wenn er Angst oder Furcht vor dem König hatte, es ihm wiederzugeben. Es gab Unternehmungen, in denen sich die Leute des Herzogs von Burgund mit Zustimmung des Grafen auf zwei bis drei Meilen näherten, um eingelassen zu werden. Wenn es aber so weit kam, bereute es der Konnetabel wieder und gab den Gegenbefehl; das bekam ihm am Ende schlecht: denn er glaubte, durch die Situation, in der er sich befand und durch die große Anzahl von Leuten, die der König ihm bezahlte, die beiden mittels ihrer von ihm geschürten Zwietracht in Furcht zu halten; sein Unternehmen aber war sehr gefährlich, da beide viel zu groß, stark und geschickt waren.

Nachdem diese Heere aufgelöst waren, ging der König in die Touraine, der Herzog von Guyenne in sein Land und der Herzog von Burgund in das seine. Eine Zeitlang blieben die Dinge in diesem Zustand. Der Herzog von Burgund hielt eine große Ständeversammlung in seinem Land ab, um ihnen den Schaden zu zeigen, den er dadurch erlitten hätte, daß sie nicht, wie der König, ständig bereite Reisige gehabt hätten. Wenn er eine Anzahl von fünfhundert Reisigen bereit gehabt hätte, um die Grenzen zu schützen, hätte der König diesen Krieg niemals unternommen, und sie wären im Frieden geblieben. Er machte ihnen die Schäden klar, die ihnen deswegen noch bevorständen, und bestand heftig darauf, daß sie ihm die Besoldung von achthundert Lanzen bewilligen möchten. Schließlich gaben sie ihm noch hundertzwanzigtausend Taler zu dem, was sie ihm schon vorher gegeben hatten, worin Burgund nicht einbegriffen war. Aus mehreren Gründen fürchteten seine Untertanen sich, unter dieselbe strenge Herrschaft gebracht zu werden, unter der sie Frankreich durch die französischen Reisigen sahen. Ihre große Sorge war wirklich nicht ohne Grund, denn als er erst einmal fünfhundert Reisige hatte, wollte er bald mehr haben und um so kühner etwas gegen alle seine Nachbarn unternehmen; die hundertzwanzigtausend Taler ließ er bis zu fünfhunderttausend anschwellen, und die Zahl der Reisigen wuchs ungeheuer; darunter hatten seine Lande viel zu seufzen. Ich glaube wohl, daß die besoldeten Reisigen unter dem Befehl eines klugen Königs oder Fürsten gut beschäftigt sind; wenn er aber anders ist oder kleine Kinder hinterläßt, dann ist der Gebrauch, den ihre Regenten davon machen, weder für den König noch für seine Untertanen immer nützlich.

Zwischen dem König und dem Herzog von Burgund schwand der Haß nicht, sondern hielt im Gegenteil immer an. Als der Herzog von Guyenne in sein Land zurückgekehrt war, schickte er wieder häufig zum Herzog von Burgund wegen der Heirat seiner Tochter und setzte seine Werbung fort. Der Herzog hielt ihn damit hin, und so machte er es mit jedem Bewerber; ich glaube, er hätte niemals einen Sohn haben wollen und wollte seine Tochter auch zu seinen Lebzeiten nicht verheiraten, sondern wollte immer nur Leute an sich ziehen, um sich ihrer zu bedienen: denn er versuchte sich an vielen großen Dingen, für deren Vollendung seine Lebenszeit niemals lang genug gewesen wäre; es waren fast unmögliche Pläne, denn er hätte sich mit halb Europa nicht zufrieden gegeben. Er war kühn genug, um alle diese Dinge zu unternehmen; er selbst war allen damit verbundenen Mühen gewachsen. An Truppen und Geld war er überaus mächtig; er hatte aber nicht genug Scharfsinn und war nicht gerieben genug, um seine Unternehmungen durchzuführen. Wenn aber unter allen anderen Fähigkeiten, die man zum Erobern braucht, der klare Sinn fehlt, so sind sie nichts, und glaubt mir, der muß von Gott kommen. Hätte man einen Teil der Fähigkeiten unseres Meisters, des Königs, und einen Teil der seinen zusammentun können, hätte man einen vollendeten Fürsten geschaffen. Denn ohne Zweifel überragte ihn der König an Verstand und hat es endlich durch seine Taten bewiesen.

## *Viertes Kapitel*

Bei der Schilderung der vorangegangenen Dinge habe ich vergessen, von König Eduard von England zu sprechen; denn diese drei Herren waren zur selben Zeit groß: unser König, der Herzog von Burgund und König Eduard. Ich halte nicht die Reihenfolge der Darstellung ein, wie es die Geschichtsschreiber machen, noch führe ich Jahre oder die genaue Zeit auf, in der die Dinge geschehen sind, noch ziehe ich Euch vergangene Geschichten als Beispiel heran; denn davon wißt Ihr genug, und das hieße ja vor Mönchen lateinisch reden; ich sage Euch nur im ganzen, was ich gesehen und erfahren habe oder von den Fürsten, die ich Euch nenne, vom Hörensagen weiß. Ihr lebt in derselben Zeit, in der alle diese Dinge geschehen sind: daher ist es ja nicht nötig, Euch so genau die Stunden und Jahreszeiten zu nennen.

Wie es mir scheint, habe ich anderswo schon von den Motiven gesprochen, die den Herzog von Burgund bewogen, die Schwester König Eduards zu heiraten. Der Hauptgrund war, sich gegen den König zu stärken; denn sonst hätte er es niemals getan, da er das Haus Lancaster sehr liebte, dessen naher Verwandter er von seiner Mutter her war, die eine portugiesische Prinzessin gewesen war. Ihre Mutter war nämlich die Tochter des Herzogs von Lancaster. Ebensosehr, wie er dieses Haus liebte, haßte er das Haus York. Nun war zur Zeit dieser Heirat das Haus Lancaster gänzlich gestürzt, und vom Hause York sprach man nicht mehr, denn König Eduard war König und Herzog von York, und alles war in Frieden. Wie ich in diesen Memoiren schon gesagt habe, sind während der Kriege dieser beiden Häuser in England sieben oder acht große Schlachten geschlagen worden und sechzig bis achtzig Fürsten und Herren der königlichen Häuser grausam ums Leben gekommen. Und was nicht tot war, lebte flüchtig am Hofe des Herzogs von Burgund, alles junge Herren, deren Väter in England getötet worden waren; vor der Hochzeit hatte sie der Herzog in seinem Hause als seine Verwandten Lancaster aufgenommen. Bevor er Kenntnis von ihnen hatte, habe ich sie in so großer Armut gesehen, daß diejenigen, die um Almosen betteln, nicht ärmer sein können. So habe ich einen Herzog von Exeter barfuß hinter einem Zuge des Herzogs herlaufen sehen, sein Leben von Haus zu Haus fristend, ohne sich zu nennen. Er war der nächste Verwandte der Linie Lancaster und hatte die Schwester König Eduards zur Frau. Nachher wurde er erkannt und erhielt eine kleine Pension für seinen Unterhalt. Die Somersets und andere waren da. Alle sind seitdem in den Schlachten gefallen. Ihre Väter und Leute hatten das Königreich Frankreich ausgeraubt und zerstört und den größten Teil viele Jahre hindurch besessen. Alle töteten sich gegenseitig. Diejenigen, die in England noch am Leben waren, und ihre Kinder sind tot, wie Ihr seht. Und dann sagt man noch: „Gott straft die Leute nicht mehr, wie er es zu Zeiten der Kinder Israels getan hat, und läßt die bösen Fürsten und schlechten Menschen leben." Ich glaube wohl, daß er nicht mehr so zu den Menschen spricht, wie er es zu tun pflegte, denn er hat genug Beispiele in der Welt gelassen, daß man an ihn glaube; wenn Ihr aber diese Dinge lest — und Ihr wißt davon noch viel mehr — könnt Ihr sehen, daß die schlechten Fürsten und andere, die in dieser Welt Macht haben und sie grausam und tyrannisch gebrauchen, nicht ungestraft bleiben. Das geschieht aber nicht immer an einem festgesetzten Tag und nicht immer zu der Stunde, da diejenigen, die darunter leiden, es wünschen.

Kehren wir nun zu König Eduard zurück. Der vornehmste Mann in England, der das Haus York unterstützte, war der Graf von Warwick; der Herzog von Somerset hielt im Gegenteil das Haus Lancaster hoch. Der Graf von Warwick konnte sich fast, was seine Dienste und Erziehung betraf, Vater König Eduards nennen; er war auch zu großer Macht gelangt, da er außer dem, daß er von sich aus ein großer Herr war, große Herrschaften als Geschenk des Königs sowohl durch die Krone als auch durch Konfiszierung innehatte, und dann war er Hauptmann von Calais und bekleidete andere große Ämter; ich habe auf achtzigtausend Taler jährlich schätzen hören, was er ohne sein väterliches Erbe aus diesen angeführten Ländern und Ämtern einnahm.

Der Graf von Warwick überwarf sich mit seinem Herrn ein Jahr, bevor der Herzog von Burgund vor Amiens war; und hierzu half der Herzog sehr, da ihm der große Einfluß, den der Graf von Warwick in England hatte, mißfiel; sie vertrugen sich nicht, denn Herr von Warwick verständigte sich immer mit dem König, unserem Herrn. In der Tat habe ich ihn zu der Zeit oder ein wenig vorher so stark gesehen, daß er sich des Königs bemächtigte und den Vater der Königin, Herrn von Scales, und zwei seiner Kinder töten ließ und das dritte in große Gefahr brachte; das waren alles Menschen, die König Eduard sehr liebte. Außerdem ließ er einige Ritter hinrichten, nahm den König, seinen Herrn, eine Zeitlang in ehrenvolle Haft und umgab ihn mit Dienern, um ihn das andere vergessen zu lassen; es schien ihm, als sei sein Herr ein wenig einfältig.

Der Herzog von Burgund war sehr besorgt wegen dieser Ereignisse und verhandelte heimlich darüber, daß König Eduard entrinnen könne; er hatte die Möglichkeit, mit ihm sprechen zu lassen. Die Dinge entwickelten sich so weit, daß König Eduard entwischte, Leute um sich sammelte und eine Schar des Grafen von Warwick zersprengte. In seinen Schlachten ist er als König immer sehr glücklich gewesen, denn er hat mindestens neun große Schlachten gewonnen, und alle zu Fuß. Der Graf von Warwick fühlte sich sehr schwach. Er benachrichtigte seine heimlichen Freunde, was sie zu tun hätten, und begab sich mit dem Herzog von Clarence, der seine Tochter geheiratet hatte und zu seiner Partei gehörte, obgleich er König Eduards Bruder war, lustig auf die See. Sie nahmen Frauen, Kinder und eine große Anzahl Leute mit und befanden sich vor Calais. Sein Vertreter in der Stadt, Herr von Wenlock, und mehrere Diener seines Hauses begrüßten ihn, anstatt ihn zu empfangen, mit Kanonenschüssen. Als sie draußen vor Anker lagen, gebar die Herzogin von Clarence, die Tochter des Grafen von Warwick, einen Sohn. Herr von Wenlock und die anderen wollten kaum erlauben, daß man zwei Flaschen Wein herausbringe. Das war eine große Härte eines Dieners gegen seinen Herrn; denn man kann sich denken, daß er glaubte, an diesem Ort Macht zu haben, der das größte Juwel Englands und meiner Meinung nach die schönste Herrschaft der Welt, zum mindesten der Christenheit, ist. Während dieser Streitigkeiten war ich mehrere Male dort, und mir wurde für die Zeit, von der ich spreche, von dem obersten Aufseher der Speicherei von Calais als sicher gesagt, daß er dem englischen König fünfzehntausend Taler Pacht gäbe, denn der Hauptmann zieht den ganzen Nutzen aus dem, was es diesseits des Meeres gibt, gibt das freie Geleit und hat den größten Teil der Garnison zur Verfügung. Der König von England war mit Herrn von Wenlock wegen der genannten Ablehnung Warwicks sehr zufrieden und schickte ihm Briefe, um ihm das oberste Amt zu verleihen, denn er war ein kluger und alter Ritter, der den Hosenbandorden trug. Auch der Herzog von Burgund, der damals in St-Omer weilte, war sehr zufrieden mit ihm, schickte mich zu ihm und gab ihm tausend Taler Pension mit der Bitte, in der Liebe zu verharren, die er dem König von England erwiesen habe.

Ich fand ihn sehr entschlossen, dieses zu tun; im Haus der Stapelei von Calais leisteten er und ebenso alle Leute der Garnison und der Stadt in meine Hände dem König von England den Eid. Zwei Monate lang kam ich immer wieder zu ihm, um ihn dabei zu halten; in dieser Zeit hielt ich mich fast nur bei ihm auf. Der Herzog von Burgund befand sich in Boulogne und rüstete eine große Flotte gegen den Grafen von Warwick aus, der mehrere Schiffe seiner Untertanen nahm, als er von Calais wieder abfuhr. Dieses Kapern diente sehr dazu, uns wieder in den Krieg zu stürzen, da die Leute die Beute in der Normandie verkauften. Bei dieser Gelegenheit ließ der Herzog von Burgund alle französischen Kaufleute, die zur Messe nach Antwerpen kamen, gefangen nehmen.

Da es nützlich ist, ebenso über die Betrügereien und Schlechtigkeiten der Welt wie über das Gute Bescheid zu wissen, nicht, um sich dessen zu bedienen, sondern um sich davor zu hüten, will ich auch einen Betrug (oder eine List, wie man es nennen will) erklären, der sehr geschickt durchgeführt wurde, wobei man sowohl den Betrug unserer Nachbarn als auch unseren eigenen erkennen kann und sieht, daß es überall Gutes und Böses gibt.

Als der Graf von Warwick vor Calais kam und hoffte, dort als in seinen Hauptzufluchtsort einlaufen zu können, ließ ihn Herr von Wenlock, der sehr klug war, wissen, daß er verloren sei, wenn er einliefe: er hätte nämlich ganz England gegen sich und auch den Herzog von Burgund, die Bevölkerung der Stadt und mehrere der Garnison, wie Herrn de Duras, des Königs Marschall, und mehrere andere, die alle Leute in der Stadt hätten. Für ihn sei es das beste, wenn er sich nach Frankreich zurückzöge; und was Calais anbeträfe, darüber möchte er sich keine Sorgen machen, er würde ihm Rechenschaft darüber geben, wenn es Zeit dazu sei. Mit diesem Rate diente er seinem Hauptmann sehr gut, dem König aber schlecht. Was den Grafen von Warwick anbetrifft, so hat ihm niemand eine so große Loyalität gezeigt wie Wenlock, obwohl ihn der König von England zum Hauptmann gemacht und der Herzog von Burgund ihm viel gegeben hatte.

## *Fünftes Kapitel*

Diesen Rat nahm der Graf von Warwick an und begab sich in die Normandie, wo er vom König sehr gut aufgenommen wurde, der ihn reichlich mit Geld für den Unterhalt seiner Leute versorgte. Er befahl dem Bastard von Bourbon, Admiral von Frankreich, sich wohl auszurüsten, um diesen Engländern zu helfen, sich gegen die Flotte des Herzogs von Burgund zu schützen, die so stark war, daß ihr gegenüber niemand auf diesem Meere gewagt hätte, sich zu zeigen. Sie führte gegen die Untertanen des Königs Krieg zu Meer und zu Land und bedrohte sie. Dies alles geschah, wie ich gesagt habe, in der Zeit, bevor der König St-Quentin und Amiens nahm. Die Einnahme dieser Städte geschah im Jahre 1470.

Die Flotte des Herzogs von Burgund war stärker als die des Königs und des Grafen zusammen, der im Hafen von Sluys viele große spanische und portugiesische Schiffe, zwei genuesische und mehrere deutsche Transportschiffe gekapert hatte. König Eduard war kein zum Führen geeigneter Mann, aber er war ein sehr schöner Fürst, so schön, wie ich keinen in dieser Zeit gesehen habe, und er war sehr tapfer. Er machte sich über eine Landung des Grafen nicht so viel Sorgen wie der Herzog von Burgund, der in England Umwälzungen zugunsten des Grafen von Warwick zu fühlen glaubte und davon sofort König Eduard benachrichtigte. Dieser aber hatte keine Furcht; und es scheint mir eine große Art von Narrheit zu sein, wenn man seinen Feind nicht fürchtet und nichts glauben will, trotz aller Anzeichen, die man sieht.

Denn der König[3] kam mit allem, was er hatte und was er an Schiffen auftreiben konnte und bemannte sie mit einer großen Anzahl von Leuten. Er hatte die Heirat des Prinzen von Wales mit der zweiten Tochter des Grafen von Warwick vermittelt. Dieser Prinz war der einzige Sohn König Heinrichs von England, der noch lebte und im Tower von London gefangen war; diese ganze Sippe war bereit, in England zu landen. Es war eine seltsame Ehe; Warwick hatte den Vater des Prinzen gestürzt und vernichtet und gab ihm seine Tochter in die Ehe; dann wollte er den Herzog von Clarence, den Bruder des Gegenkönigs, unterstützen, der wohl fürchten mußte, daß die Linie der Lancaster wieder auf die Beine käme. So konnten diese Taten nicht ohne Heuchelei zu Ende geführt werden.

Zur Zeit dieser Zurüstungen war ich in Calais, um mit Herrn von Wenlock zu unterhandeln; bis dahin merkte ich seine Heuchelei noch nicht, die schon drei Monate gedauert hatte: denn ich forderte ihn angesichts der Nachrichten, die er hörte, auf, zwanzig bis dreißig der persönlichen Diener des Grafen von Warwick aus der Stadt zu entfernen; ich wüßte sicher, daß das Heer des Königs mit dem Grafen bereit sei, aus der Normandie aufzubrechen, wo es jetzt war; wenn es plötzlich in England Fuß fassen würde, könnte es wegen der Diener des Grafen von Warwick in Calais einen Aufstand geben, und er könne vielleicht darüber nicht Herr werden; ich bat ihn sehr, sie gleich hinauszuwerfen. Immer hatte er es mir zugesagt, bis zu der Stunde, von der ich spreche, in der er mich zur Seite nahm und mir sagte, daß er der Herr in dieser Stadt bleiben würde; er wolle mir aber noch etwas anderes sagen, um den Herzog von Burgund zu warnen: er riete ihm, wenn er der Freund Englands bleiben wolle, sich mehr um den Frieden zu bemühen und nicht um den Krieg; dieses sagte er wegen der Macht, die gegen Herrn von Warwick stand. Er sagte mir noch, daß es leicht zum Frieden kommen könne, denn an diesem Tage sei ein Fräulein durch Calais gereist, das nach Frankreich zu Lady Clarence ginge und eine Friedenseröffnung von König Eduard mitbrächte. Er sagte die Wahrheit; aber ebenso, wie er die anderen täuschte, wurde er von diesem Fräulein getäuscht; sie ging nämlich, um einen großen Handel abzuschließen, und sie führte ihn zum Schaden des Grafen Warwick und seines ganzen Anhanges. Von diesen geheimen Listen und Betrügereien, die in unseren Gegenden seit den letzten zwanzig Jahren verübt worden sind, werdet

[3] Ludwig.

Ihr von niemandem besser die Wahrheit erfahren. Die geheime Botschaft, die diese Dame brachte, ging dahin, Herrn von Clarence zu zeigen, daß er nicht die Ursache sein dürfe, seine Linie zu zerstören, und daß er nicht den Lancasters helfen dürfe, wieder zur Macht zu gelangen; er müsse den alten Haß und die Beleidigungen im Gedächtnis behalten; er müsse bedenken, daß der Graf, seitdem er seine Tochter mit dem Prinzen von Wales verheiratet habe, versuche, ihn zum König von England zu machen, dem er ja schon gehuldigt habe. Diese Dame führte ihre Sache so gut durch, daß sie den Herrn von Clarence gewann und von ihm das Versprechen erhielt, daß er zu seinem königlichen Bruder übergehen wolle, vorausgesetzt, daß dieser in England sei.

Diese Dame war weder närrisch noch leichtsinnig im Sprechen; sie hatte die Möglichkeit, zu ihrer Herrin zu gehen; aus diesem Grunde gelangte sie schneller dahin als ein Mann. Und wie geschickt auch Herr von Wenlock war, diese Dame täuschte ihn und hatte das Geheimnis bei sich, durch das der Graf von Warwick und sein ganzer Anhang zerstört und getötet wurde; daher ist es keine Schande, wenn man argwöhnisch ist und alle, die kommen und gehen, im Auge behält; schmählich aber ist es, durch seinen eigenen Fehler betrogen zu werden und alles zu verlieren. Doch sollte man nur mit Maßen argwöhnisch sein, und zu viel davon ist nicht gut.

Ich habe Euch zuvor gesagt, wie die Flotte des Herrn von Warwick, und das, was der König ausgerüstet hatte, ihn zu begleiten, bereit war auszulaufen, und wie die des Herzogs von Burgund, die ihnen gegenüber vor Anker lag, bereit war, sie zu bekämpfen. Gott wollte die Dinge so fügen, daß in dieser Nacht ein gewaltiger Sturm losbrach und die Flotte des Herzogs von Burgund fliehen mußte; einige der Schiffe fuhren nach Schottland, die anderen nach Holland; einige Stunden danach war der Wind dem Grafen günstig, um ohne Gefahr nach England überzusetzen.

Der Herzog von Burgund hatte dem König Eduard den Hafen angegeben, wo der Graf anlegen mußte, und er hielt ausdrücklich Leute bei ihm, um ihn zu seinem Nutzen anzuspornen; das aber feuerte ihn nicht an, und er ging nur auf die Jagd. Er hatte keine vertrauteren Menschen bei sich als den Erzbischof von York und den Markgrafen von Montagu, Warwicks Brüder, die ihm einen feierlichen Eid geschworen hatten, ihm gegen ihren Bruder und alle anderen zu dienen, und darauf vertraute er.

Als der Graf von Warwick gelandet war, versammelte sich eine große Anzahl Leute bei ihm, und er fand sich stark. Sobald König Eduard dies erfuhr, begann er an seine Aufgaben zu denken, wo es fast schon zu spät war, schickte zum Herzog von Burgund und bat ihn, seine Schiffe immer auf dem Meer zu halten, damit der Graf nicht nach Frankreich zurückkehren könne; zu Lande würden die Dinge schon gut gehen. Diese Worte gefielen dem nicht, an den sie gerichtet waren, denn es schien ihm, daß es besser gewesen wäre, ihn gar nicht erst in England Fuß fassen zu lassen, als erst zu einer Schlacht gezwungen zu sein.

Fünf oder sechs Tage nach der Landung war der Graf von Warwick schon sehr mächtig; er lagerte drei Meilen von König Eduard entfernt, der noch immer mehr Leute hatte — wenn sie ihm nur alle treu geblieben wären — und die Schlacht mit dem Grafen erwartete. König Eduard hatte sich in einem befestigten Dorf einquartiert[4] oder zum mindesten in einem Quartier, das nur durch eine Brücke zugänglich war, was für ihn, wie er mir selbst erzählt hat, sehr gut gewesen ist. Der Rest seiner Leute lagerte in anderen nahen Dörfern. Als er speiste, sagte man ihm plötzlich, daß Warwicks Bruder, der Markgraf von Montagu, und einige andere zu Pferde gestiegen seien und ihre Leute hätten rufen lassen: „Es lebe König Heinrich!" Zuerst glaubte er es nicht, schickte aber unverzüglich mehrere Boten hin, wappnete sich und ließ die Leute die Ausfallstore seines Lagers besetzen, um es zu verteidigen. Einen weisen Ritter hatte er bei sich, mit Namen Herr von Hastings, Großkämmerer von England, der bei ihm größtes Ansehen genoß. Zur Frau hatte er die Schwester des Grafen von Warwick. Dennoch war er seinem Herrn ergeben und führte in diesem Heer, wie er mir selbst erzählt hat, wohl dreitausend Reiter. Ein anderer war dort, Herr von Scales, der Bruder von König Eduards Frau, und mehrere gute Ritter und Junker, die alle merkten, daß die Sache schlecht ging; denn die Boten berichteten, daß es wirklich wahr sei, was man dem König gesagt habe, und sie versammelten sich schon, um gegen ihn anzurennen.

Gott meinte es mit dem König so gut, daß dieser nahe am Meer lagerte, wo ein Proviantschiff lag, das ihm folgte, und zwei holländische Holken, Kauffahrteischiffe. Es reichte ihm gerade noch hinzugehen und sich darin zu verkriechen. Sein Kämmerer blieb ein wenig zurück und sagte zu dem Hauptmann der Leute und zu mehreren Vertrauensleuten des Lagers, sie möchten zu den anderen gehen, aber er bäte sie, gegen den König und gegen ihn einen guten Willen zu bewahren. Dann ging er mit den anderen, die bereit waren abzufahren, in das Schiff. In England ist es Sitte, daß diejenigen, die in der Schlacht obenauf sind, niemanden töten und besonders nicht Leute aus dem Volk, da jeder versucht, ihm zu gefallen, um dann stärker zu sein, und daß sie kein Lösegeld wollen. Deshalb geschah allen diesen Leuten nichts Böses, als der König abgefahren war. Mir hat aber noch König Eduard erzählt, daß er in allen seinen gewonnenen Schlachten, sobald er obenauf war, zu Pferde stieg und rief, man solle das Volk schonen und die Herren töten; von diesen entrann so gut wie keiner.

So entfloh also König Eduard im Jahre 1470 mit diesen zwei Holken und seinem kleinen Schiff, begleitet von ungefähr sieben- bis achthundert Mann, die nichts anderes anzuziehen hatten als ihr Kriegsgewand. Sie

---

[4] Doncaster (Yorkshire).

hatten kein Geld und wußten kaum, wohin sie kamen. Es war wohl sehr sonderbar für diesen armen König (denn so konnte er sich wohl nennen), so zu fliehen und von seinen eigenen Dienern verfolgt zu sein. Er hatte sich nun schon zwölf oder dreizehn Jahre mehr als jeder andere Fürst, der zu seiner Zeit gelebt hat, an seine Freuden und Vergnügungen gewöhnt. Nichts anderes hatte er im Sinn gehabt als Damen, und zwar mehr als vernünftig, als Jagden und als die Pflege seiner Person: ging er im Sommer auf die Jagd, dann ließ er immer mehrere Zelte für die Damen mitnehmen. In der Tat wurde dort immer gut getafelt; er war auch der beste Mann dazu, solches zu tun, den ich jemals gesehen habe: denn er war jung und so schön, wie kein Mann, der in seiner Zeit gelebt hat. Ich sage: zur Zeit dieses Unglücks, denn später ist er sehr dick geworden.

Nun seht Ihr, wie er in das Unglück dieser Welt stürzte. Er floh geradeswegs nach Holland. In dieser Zeit war die Hanse den Engländern und auch den Franzosen feindlich und hatte mehrere Kriegsschiffe auf dem Meer; nicht ohne Grund war sie von den Engländern sehr gefürchtet, denn die Hanseaten sind gute Kämpfer und hatten ihnen in diesem Jahr großen Schaden zugefügt, indem sie mehrere ihrer Schiffe kaperten. Die Hanseaten bemerkten von weitem die Schiffe, auf denen der König floh, und begannen, sieben oder acht Schiffe, die sie waren, auf ihn Jagd zu machen. Er war ihnen weit voraus und erreichte die holländische Küste oder eigentlich ein wenig tiefer die friesische nahe der kleinen Stadt Alkmaar; er legte sein Schiff vor Anker, da sie wegen der Ebbe nicht in den Hafen einfahren konnten; sie fuhren aber so dicht an die Stadt heran, wie es möglich war. Die Hanseaten kamen und ankerten gleichfalls dicht bei ihnen in der Absicht, sie bei der nächsten Flut zu erreichen. Ein Unglück und eine Gefahr kommen selten allein. Das Glück dieses Königs hatte sich sehr geändert und auch seine Gedanken. Noch vor kaum vierzehn Tagen wäre er höchst erstaunt gewesen, wenn ihm einer gesagt hätte: „Der Graf von Warwick wird Euch aus England hinausjagen und wird dort in elf Tagen Herr sein." Denn länger brauchte er nicht, um Gehorsam zu erlangen. Überdies machte er sich über den Herzog von Burgund lustig, der sein Geld ausgab, um das Meer zu verteidigen, indem er sagte, er wünsche ihn schon in England! Und welche Entschuldigung hätte er auch finden sollen für diesen großen Verlust, den er durch seinen eigenen Fehler gehabt hatte, wenn er sagte: „Ich habe nicht gedacht, daß die Dinge so kommen würden." Erröten sollte ein Fürst, wenn er in diesem Alter noch solche Ausreden gebraucht, denn sie sind nicht stichhaltig.

Dieses hier ist ein schönes Beispiel für die Fürsten, die niemals Furcht noch Sorge vor ihren Feinden haben und sie als Schande empfinden; und die Mehrzahl der Diener unterstützt diese Meinung, um ihnen zu gefallen; es scheint ihnen dann noch, daß sie gepriesen und geschätzt würden, und daß man von ihnen sagen werde, sie hätten mutig gesprochen. Ich weiß nicht, was man von ihnen sagen wird, aber die klugen Männer halten solche Worte für eine große Dummheit; Furcht zu haben, wo man es sollte, und sich gut vorzusehen, ist wohl ehrenhaft. Für einen Fürsten ist es von großem Wert, wenn er in seinem Gefolge einen klugen Mann hat, und es gibt ihm große Sicherheit, wenn er ihm glauben kann und weiß, daß dieser es sich zum Gesetz gemacht hat, ihm die Wahrheit zu sagen.

Nun war gerade Herr von Gruthuse, der Statthalter des Herzogs von Burgund, in Holland, damals an dem Ort, wo König Eduard landen wollte. Dieser wurde sofort davon benachrichtigt, da sie Leute an Land setzten, und auch von der Gefahr, in der er vor den Hanseaten schwebte; er schickte den Hanseaten sogleich ein Verbot, ihn anzurühren und ging selbst in das Schiff des Königs, um ihn zu empfangen. Er landete mit etwa eintausendfünfhundert Mann, wobei sein Bruder, der Herzog von Gloucester, war, der sich später König Richard nannte.

Der König hatte keinen Pfennig und gab dem Kapitän des Schiffes einen Mantel mit schönem Marderpelz und versprach ihm, ihm in Zukunft mehr zu geben. Eine so armselige Gesellschaft war wohl niemals dagewesen. Herr von Gruthuse aber hielt sie ehrenvoll, denn er gab ihnen mehrere Kleider und bezahlte alles bis nach dem Haag in Holland, wohin er ihn führte. Dann benachrichtigte er den Herzog von Burgund von diesem Vorfall.

Dieser war sehr entsetzt über die Nachrichten und hätte lieber seinen Tod gewünscht, denn er war in großer Sorge über den Grafen von Warwick, der sein Feind war und in England die Oberhand hatte. Dieser fand bald nach seiner Landung eine unendliche Zahl Leute für sich, denn das Heerlager, das König Eduard verlassen hatte, ging aus Liebe und aus Furcht zu ihm über. Jeden Tag kamen neue. So ging er nach London. Viele der guten Ritter und Junker, die später König Eduard treu dienten, begaben sich in die Freistätten, die es in London gab; das tat auch die Königin, seine Gemahlin, die dort in großer Armut einen Sohn gebar.

## *Sechstes Kapitel*

Als der Graf von Warwick in London angekommen war, eilte er in den Tower — das ist die Burg — und zog daraus König Heinrich hervor, den er ehemals dort vor langer Zeit hineingeworfen und angeschrien hatte, er sei ein Verräter und sei des Majestätsverbrechens schuldig. Nun nannte er ihn König, führte ihn in seinen Palast nach Westminster und setzte ihn in Gegenwart des Herzogs von Clarence in sein königliches Amt ein, was diesem nicht gefiel. Er schickte sofort drei- bis vierhundert Mann nach Calais, die das ganze Land von Boulogne durchstreiften. Diese wurden von Herrn von Wenlock, von dem ich gesprochen habe, gut aufgenommen, woran man den guten Willen erkennen konnte, den er immer gegen seinen Herrn, den Grafen von Warwick, fühlte.

An dem Tag, als der Herzog von Burgund die Nachrichten von der Ankunft König Eduards in Holland erhielt, war ich bei ihm von Calais her eingetroffen; ich erreichte ihn in Boulogne und wußte noch nichts davon, auch nicht von der Flucht des Königs. Die erste Nachricht, die der Herzog erhielt, besagte, er sei tot. Das bekümmerte ihn nur wenig, denn er zog die Linie der Lancaster der der Yorks vor. Dann hatte er in seinem Haus die Herzöge von Exeter und Somerset und mehrere andere von König Heinrichs Partei: dadurch schien es ihm, daß er sich mit dieser Linie leicht einigen würde. Den Grafen Warwick aber fürchtete er sehr; und er wußte nicht, wie er König Eduard zufriedenstellen sollte, der sich zu ihm zurückgezogen hatte, dessen Schwester er geheiratet und dessen Ordensbruder er geworden war, denn der König trug das Goldene Vlies und der Herzog den Hosenbandorden.

Mit einem oder zwei Edelleuten von der neuen Partei Heinrichs schickte mich der Herzog unverzüglich nach Calais und gab mir Anweisungen, was ich mit dieser veränderten Welt machen solle; er bat mich noch sehr dringlich, dorthin zu gehen und sagte, es sei nötig, daß ihm in dieser Angelegenheit gedient würde. Ich reiste bis Tournehem, einer Burg bei Guines, und wagte nicht weiterzugehen, weil ich flüchtendes Volk traf, da die Engländer zu Felde zogen und das Land durchstreiften. Ich sandte sofort nach Calais, Herrn Wenlock um freies Geleit zu ersuchen, denn ich war schon gewohnt, ohne besondere Erlaubnis dorthin zu gehen, und da wurde ich immer ehrenvoll empfangen, da die Engländer sehr anständig sind.

Dies alles war mir sehr neu, da ich niemals vorher einen Umschwung in dieser Welt gesehen hatte. Noch in dieser Nacht hatte ich den Herzog von der Furcht, die ich hatte, weiterzureisen, benachrichtigt, ohne ihm mitzuteilen, daß ich um Sicherheit eingekommen war, da ich noch an der Antwort zweifelte, die ich erhalten würde. Er sandte mir einen Ring, den er am Finger trug, als Zeichen und gab mir auf, ich möchte weiterreisen; wenn sie mich fangen würden, würde er mich loskaufen. Er scheute sich nicht sonderlich, einen seiner Leute in Gefahr zu bringen, um sich seiner zu bedienen, wenn er ihn nötig hatte; ich aber hatte durch das Mittel dieser Sicherheit vorgesorgt, die ich von Herrn von Wenlock mit sehr gnädigen Briefen erhielt, worin er sagte, daß ich kommen könne, wie ich es gewohnt sei. Ich ging nach Guines und traf den Hauptmann vor der Burg, der mir etwas zu trinken anbot, ohne mich in die Burg zu führen, wie es sonst seine Gewohnheit war; er erwies den Edelleuten, den Parteigängern König Heinrichs, die bei mir waren, viel Freundlichkeit und große Ehre. Ich ging nach Calais. Niemand ging mir entgegen, wie sie es sonst zu tun pflegten. Jeder trug die Kleidung des Herrn von Warwick. An die Tür meiner Wohnung und meines Zimmers machten sie mehr als hundert weiße französische Kreuze und Reime, die besagten, daß der König von Frankreich und der Graf von Warwick eines Sinnes seien.

Ich fand dieses alles sehr sonderbar und schickte nach Gravelines, fünf Meilen von Calais entfernt, den Auftrag, alle englischen Kaufleute und Waren anzuhalten, da sie so durch das Land gestreift waren. Herr von Wenlock bat mich zum Essen; er trug einen goldenen Stab, Warwicks Zeichen, an der Mütze, ebenso alle anderen; und wer ihn nicht aus Gold haben konnte, hatte ihn aus Tuch. Bei Tisch wurde mir gesagt, daß in weniger als einer Viertelstunde, nachdem der Bote, der diese Nachricht gebracht habe, aus England angekommen sei, jeder dieses Zeichen getragen hätte. So hastig und plötzlich war dieser Umschwung vor sich gegangen: das war das erstemal, daß ich die Erfahrung machte, daß die Dinge dieser Welt wenig beständig sind. Herr von Wenlock sagte mir nur höfliche Worte und einige Entschuldigungen zu Gunsten des Grafen, seines Hauptmanns, und sprach von den Wohltaten, die dieser ihm erwiesen habe. Was die anderen betraf, die bei ihm waren, so waren sie nie ihren Leidenschaften so ausgesetzt wie damals, und die, von denen ich dachte, daß sie am meisten für den König seien, waren gerade die, die ihn am meisten bedrohten, und ich glaube wohl, daß die einen es aus Furcht taten und die anderen aus guter Überzeugung. Die Diener des Grafen Warwick, die ich vor einiger Zeit aus der Stadt haben wollte, waren jetzt in großer Gunst. Sie haben jedoch niemals erfahren, daß ich mit Herrn von Wenlock über sie gesprochen hatte.

Ich antwortete ihnen auf alle Fragen, ich wüßte ganz genau, daß König Eduard tot sei, obgleich ich sehr gut das Gegenteil davon wußte; ich sagte ihnen auch, wenn das nicht so sei, so seien doch die Bündnisse, die der Herzog von Burgund mit dem König und England hätte, so fest, daß sie durch das, was vorgefallen sei, nicht zerbrochen werden könnten; auch würden wir jeden anerkennen, den sie zum König nehmen würden; und was den vergangenen Umschwung anbeträfe, so seien ja die Worte: ‚Mit König und Königreich' in ihnen aufgenommen; für den Bestand dieser Bündnisse seien die vier Hauptstädte Englands uns Bürgen. Die Kaufleute wollten sehr, daß ich verhaftet würde, da man ihnen mehrere ihrer Güter auf meinen Befehl, wie sie angaben, in Gravelingen fortgenommen hätte. Es wurde aber zwischen ihnen und mir vereinbart, daß sie alles Vieh, das sie genommen hatten, bezahlen oder herausgeben sollten: sie hatten nämlich ein Abkommen mit dem Hause Burgund, daß sie auf bestimmte, ihnen angezeigte Weideplätze gehen dürften, um Vieh zur Versorgung der Stadt zu holen, zu einem festgesetzten Preis, den sie zahlten; Gefangene hatten sie keine. Daher wurde unter uns vereinbart, daß die Bündnisse, die wir mit dem englischen Königreich hatten, ganz so bleiben sollten, außer, daß wir statt Eduard Heinrich sagten.

Dieses Abkommen war dem Herzog von Burgund sehr angenehm, da

Graf Warwick viertausend Engländer nach Calais schickte, um gegen ihn eifrig Krieg zu führen; und man konnte ihn auf keine Art besänftigen. Immerhin wendeten ihn die Großkaufleute ab, von denen mehrere in Calais waren, da dort der Stapelplatz für ihre Wolle war; es ist fast unglaublich, für wieviel Geld sie hier zweimal im Jahr eintrifft. Ist sie da, wartet man, daß die Kaufleute kommen; ihr hauptsächlicher Absatz ist in Flandern und Holland. So halfen die Kaufleute mit, dieses Übereinkommen durchzuführen und zu veranlassen, daß die Leute Warwicks dablieben.

Dieses kam dem Herzog von Burgund sehr zustatten, weil es gerade in der Zeit war, als der König Amiens und St-Quentin nahm. Wenn der Herzog mit zwei Reichen zugleich Krieg geführt hätte, wäre es sein Ruin gewesen. Er arbeitete daran, Herrn von Warwick so gut er konnte zu besänftigen, indem er sagte, er wolle nichts gegen König Heinrich unternehmen und sei ja selbst aus der Linie der Lancaster, und lauter solche Reden, die seinem Vorhaben dienten.

Um nun zu König Eduard zurückzukommen: dieser kam nach St-Pol zu dem Herzog von Burgund[5] und bestürmte ihn heftig um Hilfe, damit er zurückkehren könne; er versicherte ihm, daß er große Beziehungen in England hätte; er möchte ihn um Gottes Willen nicht verlassen und bedenken, daß er seine Schwester geheiratet habe, und daß sie Ordensbrüder seien. Die Herzöge von Somerset und Exeter baten inständig um das Gegenteil für die Partei König Heinrichs. Der Herzog wußte nicht, wem er es recht machen solle, und fürchtete, beiden zu mißfallen; und so hatte der Krieg vor seinen Augen sehr hart begonnen. Er wandte sich schließlich dem Herzog von Somerset und den anderen genannten zu und nahm von ihnen gewisse Versprechen gegen den Grafen von Warwick an, dessen alte Feinde sie waren. Als König Eduard, der an diesem Ort war, das sah, war es nicht nach seinem Geschmack. Immerhin gab man ihm die besten Worte, die man konnte, und sagte ihm, man müsse sich so verstellen, um nicht auf einmal mit beiden Königreichen Krieg zu haben; denn wenn der Herzog vernichtet sei, könne er ihm nachher nicht mehr helfen. Als jedoch der Herzog sah, daß König Eduard sich nicht mehr halten ließ, nach England zu gehen, wagte er aus mehreren Gründen nicht, ihn in allen Punkten zu erzürnen; er heuchelte öffentlich, ihm keine Unterstützung zu gewähren und ließ ausrufen, daß keiner ihm zu Hilfe eilen solle. Aber unter der Hand ließ er ihm heimlich fünfzigtausend St.-Andreaskreuz-Gulden auszahlen; außerdem bezahlte er ihm drei oder vier große Schiffe, die er für ihn im Hafen Vere in Holland zurüsten ließ (was ein Hafen ist, in dem jeder aufgenommen wird), und nahm heimlich für ihn vierzehn Schiffe der Hanse in Sold, die gut bewaffnet waren; sie versprachen, ihm zu dienen, bis er wieder in England sei, und noch vierzehn Tage länger. Diese Hilfe war nach Lage der Dinge sehr groß.

[5] 7. und 8. Januar 1471.

## *Siebentes Kapitel*

König Eduard fuhr im Jahre 1471 ab, sowie der Herzog von Burgund gegen den König auf Amiens zog. Es schien dem Herzog, daß die Dinge in England für ihn nicht schlecht gehen konnten, da er auf beiden Seiten Freunde hatte. Gleich nach seiner Landung zog König Eduard nach London, da er dort mehr als zweitausend Männer seiner Partei in den Freistätten hatte, worunter sich drei- bis vierhundert Ritter und Junker befanden, was für ihn ein großes Glück war, da er nur mit wenigen Leuten gekommen war.

Als der Graf von Warwick, der sich mit einer großen Streitmacht im Norden befand, von diesen Neuigkeiten hörte, beeilte er sich, nach London zu ziehen und hoffte, als erster dort anzukommen. Es schien ihm, daß die Stadt zu ihm halten würde; aber es kam anders, denn König Eduard wurde hier von der ganzen Stadt am Gründonnerstag mit großer Freude empfangen[6], ganz wider Erwarten der meisten, denn jeder hielt ihn für ganz verloren; wenn sie die Tore geschlossen hätten, hätte er für seine Sache keine Hoffnung gehabt, da der Graf von Warwick nur einen Tag hinter ihm war.

Nach dem, was mir erzählt worden ist, waren es drei Gründe, aus denen sich die Stadt zu dieser Meinung bekehrte: erstens seine Leute in den Freistätten und seine Gemahlin, die Königin, die einen Sohn geboren hatte; zweitens die großen Schulden, die er in der Stadt hatte, was die Kaufleute, bei denen er sie hatte, veranlaßte, zu ihm zu halten; drittens gewannen ihm mehrere Frauen von Stande und reiche Bürgerinnen, mit denen er vertraute und ausgedehnte Beziehungen gehabt hatte, ihre Gatten und ihre Verwandten. Er hielt sich nur zwei Tage in der Stadt auf und zog schon in der Osternacht mit allem, was er zusammenraffen konnte, dem Grafen Warwick entgegen, den er am nächsten Ostermorgen traf. Als sie sich gegenüberstanden, ging der Herzog von Clarence, der Bruder König Eduards, begleitet von ungefähr zwölftausend Mann zum großen Entsetzen des Grafen Warwick zu ihm über und zur großen Hilfe des Königs, der nur wenig Leute hatte.

Ihr habt vorher schon gehört, wie dieser Handel mit dem Herzog von Clarence geführt worden war; nichtsdestoweniger wurde die Schlacht sehr hart und heftig. Auf beiden Seiten kämpfte alles zu Fuß. Die Vorhut des Königs wurde sehr mitgenommen, und die Schlachtreihe des Grafen Warwick prallte auf die seine, und zwar so nahe, daß der König von England ebenso oder noch tapferer als jeder Mann auf beiden Seiten stritt. Der Graf von Warwick war nicht daran gewöhnt, vom Pferde zu steigen, sondern hatte vielmehr die Angewohnheit aufzusitzen, wenn er seine Leute ins Treffen geführt hatte. Ging es ihm dabei gut, dann befand er sich in der Schlacht, ging es ihm aber schlecht,

---

[6] 11. April 1471.

entfernte er sich zur rechten Zeit. Dieses Mal wurde er von seinem Bruder, dem Markgrafen von Montagu, einem sehr tapferen Ritter, gezwungen, abzusitzen und die Pferde fortzuschicken. Der Tag entschied sich so, daß der Graf, sein Bruder, der Markgraf von Montagu, und eine große Anzahl Edler fielen[7]. Die Niederlage wurde sehr schwer, denn als König Eduard von Flandern abfuhr, hatte er beschlossen, daß er nicht mehr ausrufen lassen würde, man solle das Volk schonen und nur die Ritter töten, so wie er es in den früheren Schlachten hatte tun lassen. Er hatte nämlich einen sehr großen Haß gegen das englische Volk gefaßt, als er sah, welch große Gunst es dem Grafen Warwick entgegenbrachte, und auch aus anderen Gründen. Daher wurden sie dieses Mal nicht verschont. Auf der Seite König Eduards fielen eintausendfünfhundert Leute, und es wurde in dieser Schlacht heftig gekämpft.

Am Tage dieser Schlacht war der Herzog von Burgund vor Amiens und erhielt von der Herzogin, seiner Frau, Briefe, die ihm König Eduard über diese Sache geschrieben hatte. Er wußte nicht, ob er sich darüber freuen oder ob er niedergedrückt sein sollte, denn es schien ihm, König Eduard sei nicht zufrieden mit ihm gewesen, und die Hilfe, die er ihm geleistet, sei in schlechter Weise und mit großem Bedauern gewährt worden, und es hätte wenig gefehlt, daß er ihn ganz verlassen hätte, und, um die Wahrheit zu sagen, es herrschte seitdem nie mehr große Freundschaft zwischen ihnen. Dennoch zog er seinen Nutzen daraus und ließ diese Nachricht nach Kräften verbreiten.

Ich habe vergessen zu sagen, daß König Heinrich in diese Schlacht mit hineingezogen wurde; König Eduard hatte ihn nämlich in London gefunden. König Heinrich war ein sehr einfältiger Mann und war fast von Sinnen. Wenn ich keine Lüge gehört habe, so tötete gleich nach dieser Schlacht der Herzog von Gloucester, der Bruder König Eduards und spätere König Richard, mit eigener Hand diesen guten Mann, den König Heinrich, oder er ließ ihn an irgendeinem entlegenen Ort in seiner Gegenwart töten.

Zur Zeit dieser Schlacht war der Prinz von Wales, von dem ich gesprochen habe, schon in England gelandet. Zu ihm waren die Herzöge von Exeter und Somerset und mehrere andere ihres Stammes und alte Parteigänger gestoßen. Wie mir diejenigen, die dabeigewesen waren, gesagt haben, waren sie mehr als vierzigtausend Mann. Wenn Graf Warwick sie hätte erwarten wollen, wäre es sehr wahrscheinlich gewesen, daß sie die Herren und Meister geblieben wären. Die Furcht aber vor dem Herzog von Somerset, dessen Vater und Bruder er getötet hatte, und auch vor der Königin Margarete, der Mutter des Prinzen, war der Grund, weshalb er sich, ohne auf sie zu warten, ganz allein in die Schlacht stürzte. Ihr seht nun, wie lange diese alten Zwistigkeiten

---

7 Schlacht von Barnet, 14. April 1471.

dauern, wie sehr sie zu fürchten sind, und welch großes Verderben durch sie entsteht.

Als König Eduard diese Schlacht gewonnen hatte, zog er gegen den Prinzen von Wales; es wurde eine gewaltige Schlacht geschlagen, denn der Prinz hatte mehr Leute als König Eduard. Dennoch errang der König den Sieg; der Prinz, mehrere andere große Herren und eine sehr große Anzahl von Leuten wurden im Feld getötet, und der Herzog von Somerset wurde gefangen und am nächsten Tage enthauptet[8].

In elf Tagen hatte der Graf von Warwick das ganze englische Königreich gewonnen oder wenigstens zum Gehorsam gezwungen. König Eduard gewann es in einundzwanzig Tagen, hatte aber auch zwei große und heftige Schlachten zu schlagen. Hieraus seht Ihr, welcher Art die Wandlungen in England sind. König Eduard ließ an mehreren Orten viel Volk töten, besonders diejenigen, die sich gegen ihn zusammengetan hatten. Von allen Völkern der Welt sind die Engländer am meisten zu diesen Schlachten geneigt. Nach diesem Tage ist König Eduard in England bis zu seinem Tode friedfertig geblieben, aber nicht ohne große Sorgen und schwere Gedanken.

## *Achtes Kapitel*

Ich will nun schweigen und Euch nicht weiter von den Begebenheiten in England berichten, bis ich wieder an einem anderen Ort auf dieses Thema komme[9]. Das letzte, was von mir über unsere Begebenheiten hier erzählt worden ist, war der Abzug des Herzogs von Burgund von der Stellung vor Amiens gewesen, und wie der König sich auf seiner Seite in die Touraine zurückzog und der Herzog von Guyenne, sein Bruder, in die Guyenne, der nicht davon abließ, den Heiratsplan mit der Tochter des Herzogs von Burgund weiter zu betreiben, wie ich oben schon gesagt habe.

Der Herzog von Burgund zeigte immer, daß er nicht abgeneigt sei; aber niemals wollte er es tun, sondern er wollte damit, wie ich gesagt habe, jeden festhalten. Und dann behielt er die Mittel im Gedächtnis, die man angewandt hatte, um ihn zu dieser Heirat zu zwingen. Immer wollte Graf St-Pol, der Konnetabel von Frankreich, Vermittler in diesem Handel sein; auf der anderen Seite wollte der Herzog der Bretagne, daß es durch ihn ginge. Der König war andererseits sehr damit beschäftigt, es zu hintertreiben, was er aus zwei Gründen, die ich anderswo schon genannt habe, gar nicht nötig gehabt hätte; der Herzog wollte ja gar keinen so großen Schwiegersohn und wollte überall, wie

---

8 Schlacht von Tewkesbury, 4. Mai 1471.

9 Siehe unten im 20. Kapitel des fünften Buches.

ich sagte, mit dieser Heirat nur handeln. So gab sich der König unnütz Mühe; aber er konnte ja die Gedanken des anderen nicht wissen. Es ist nicht verwunderlich, wenn er davor Furcht hatte, denn sein Bruder wäre durch diese Heirat sehr mächtig geworden und hätte im Verein mit dem Herzog der Bretagne die Macht des Königs und seiner Kinder sehr gefährdet. Inzwischen gingen und kamen viele Gesandte von einem zum anderen, sowohl heimlich als auch öffentlich.

Es ist keine sehr sichere Sache, wenn so viele Gesandtschaften gehen und kommen, denn oft werden dabei schlimme Dinge verhandelt. Dennoch ist es nötig, Gesandte zu schicken und Gesandte zu empfangen. Diejenigen, die diesen Abschnitt lesen, könnten mich fragen, ob ich Mittel gegen die Gefahren zu geben wüßte, und ob es eine unmögliche Sache sei, dem vorzubeugen. Ich weiß wohl, daß es genug Leute gibt, die besser darüber zu reden wüßten als ich, aber ich will doch sagen, was ich tun würde:

Kommen Gesandte von wahren Freunden, wo es nichts Verdächtiges gibt, so ist meine Meinung, daß man sie freundlich aufnimmt und ihnen erlaubt, den Fürsten oft genug zu sehen, was allerdings auf die Art des Fürsten ankommt. Ich meine, wenn er klug ist und gute Umgangsformen hat, andernfalls ist es um so besser, je weniger man ihn zeigt. Wenn sein Erscheinen aber nötig ist, so soll er gut gekleidet kommen und wohl informiert sein über das, was er zu sagen hat, und sich bald wieder zurückziehen, da die Freundschaft unter den Fürsten nicht immer lange dauert.

Kommen aber geheime oder öffentliche Gesandte von Fürsten, die sich so hassen, wie ich es ständig unter allen den Herren gesehen habe, von denen ich sprach, die ich gekannt habe und mit denen ich umgegangen bin, so ist die Sicherheit zu keiner Zeit groß. Meiner Meinung nach sollte man sie gut behandeln und höflich empfangen, indem man ihnen entgegensendet, ihnen gute Quartiere anweist und ihnen zuverlässige und kluge Leute als Begleitung mitgibt, was eine ehrenvolle und sichere Sache ist: dadurch kennt man die, die mit ihnen Berührung haben, und man verhindert übelwollende Leute, ihnen Nachrichten zu hinterbringen; denn in keinem Hause ist jeder zufrieden. Ferner würde ich sie schnell anhören und abfertigen, denn es scheint mir nicht gut zu sein, wenn man Feinde so lange bei sich behält. Sie dagegen festlich zu bewirten, sie frei zu halten und ihnen Geschenke zu machen, ist nur ehrenvoll.

Wenn der Krieg schon begonnen hat, so scheint es mir, daß man keine Verhandlungen, noch Eröffnungen, die über den Frieden gemacht werden, abbrechen sollte, da man nie die Stunde weiß, in der man sie noch einmal braucht, vielmehr sollte man sie alle unterhalten und alle Botschafter hierüber anhören; man soll genau beobachten, welche Leute mit ihnen sprechen wollen, ob sie bei Tag oder bei Nacht geschickt werden, aber das alles so heimlich wie möglich. Für eine Botschaft oder einen Gesandten, den sie mir schicken, würde ich ihnen zwei senden; werden sie ihrer überdrüssig und sagen, man solle keine mehr schicken, so würde ich es doch wieder tun, sowie ich die Gelegenheit und die Mittel dazu hätte. Denn Ihr könnt keine besseren und sichereren Spione schicken, die eine so gute Möglichkeit haben, etwas zu sehen und zu hören. Und wenn Eure Leute zu zweien oder zu dreien kommen, dann ist es unmöglich, daß man so gut achtgeben kann, daß nicht der eine oder andere irgendwelche Worte, ein Geheimnis oder etwas anderes von irgendeinem auffängt: ich meine, wenn man die anständigen Formen einhält, mit denen man Gesandte behandelt. Auch wird ein kluger Fürst sich immer darum bemühen, einen oder mehrere Freunde beim Feinde zu haben und sich selbst so sehr wie möglich vor dem gleichen hüten. Denn in solchen Sachen kann man es oft nicht so haben, wie man es will. Man könnte sagen, daß unser Feind dadurch noch hochmütiger wird. Das macht mir nichts; wenn ich nur möglichst viel Neuigkeiten erfahre. Denn am Ende hat doch der die Ehre, der den Nutzen hat. Und wiewohl die anderen ein Gleiches bei mir tun könnten, würde ich es doch nicht unterlassen, zu ihnen zu schicken und zu diesem Zweck alle Verhandlungen unterhalten und keine abbrechen, damit ich immer ein Thema fände. Und dann sind die einen nicht immer so geschickt wie die anderen und auch nicht so verständig und haben nicht so viel Erfahrungen in diesen Dingen und haben es auch nicht so nötig. In solchen Fällen wie diesen gewinnen immer die Klügsten. Ich will Euch dafür ein klares Beispiel geben: Niemals ist zwischen Franzosen und Engländern ein Vertrag zustande gekommen, in dem der kluge Sinn und die Geschicklichkeit der Franzosen sich nicht den Engländern überlegen gezeigt hätten. Die Engländer haben ein Sprichwort, das sie mir einmal mitteilten, als ich mit ihnen verhandelte; das besagt, daß sie in den Schlachten, die sie mit den Franzosen gehabt hätten, immer, oder doch meistens, Sieger geblieben seien, bei allen Verhandlungen jedoch, die sie mit ihnen geführt hätten, hätten sie Verlust und Schaden erlitten. Und so ist es mir wirklich immer erschienen; ich habe Männer in unserem Königreich gekannt, die so würdig waren, eine große Vertragsverhandlung zu führen, wie kein anderer, den ich in der Welt gekannt habe, besonders solche, die durch die Schule unseres Königs gegangen sind; denn zu diesen Dingen braucht man willfährige Menschen, die alle Handlungen und alle Worte ertragen, um zum Ende ihrer Sache zu kommen; und so wie ich sage, wollte er sie haben.

Ich habe mich ein wenig lange bei den Gesandten und bei den Dingen, auf die man dabei achten muß, aufgehalten, aber das nicht ohne Grund; denn ich habe so viel Betrug und Schlechtigkeiten unter dem Vorwand diplomatischer Verhandlungen gesehen, daß ich keineswegs davon schweigen kann.

Die besagte Heirat des Herzogs von Guyenne mit der Tochter des Herzogs von Burgund wurde so weit gefördert, daß er ein mündliches Versprechen und noch einige schriftliche Worte darüber gab. Aber ich habe gesehen, daß er es ebenso mit Herzog Nikolaus von Kalabrien und Lothringen, dem Sohn Johanns von Kalabrien, machte, von dem oben die Rede war; ebenso mit Herzog Philibert von Savoyen, der kürzlich gestorben ist; und dann mit Herzog Maximilian von Österreich, dem heutigen römischen König und einzigen Sohn Kaiser Friedrichs. Dieser erhielt im Auftrage ihres Vaters ein Handschreiben der Tochter und einen Diamanten. Alle diese Versprechungen wurden in weniger als drei Jahren Abstand gemacht; ich bin ganz sicher, daß keines, solange er lebte, erfüllt worden wäre, mindestens nicht mit seiner Einwilligung. Herzog Maximilian, der spätere römische König, wußte sich aber dieses Versprechens zu bedienen, wie ich noch berichten werde. Ich erzähle das nicht etwa, um die anzuklagen, von denen ich spreche, sondern nur, um die Dinge zu erzählen, die ich sich ereignen sah, und auch rechne ich nicht damit, daß Dummköpfe und einfältige Leute sich damit unterhalten, daß sie diese Memoiren lesen, sondern damit Fürsten oder Leute am Hofe, denke ich, darin gute Ratschläge erhalten.

Während immer von dieser Heirat gesprochen wurde, wurden neue Unternehmungen gegen den König geplant. Beim Herzog von Burgund waren Herr d'Urfé, Poncet de Rivières und mehrere andere unbedeutende Leute, die im Namen des Herzogs von Guyenne gingen und kamen. Im Auftrage des Herzogs der Bretagne war Abbé de Bégar, der spätere Bischof von Léon, da, der ihm berichtete, der König bearbeite die Diener des Herzogs von Guyenne und wolle die einen durch Liebe und die anderen durch Gewalt von ihm abspenstig machen. Schon habe er dem Herrn d'Estissac, einem Diener des Herzogs von Guyenne, einen festen Platz zerstört, und mehrere andere Handlungen dieser Art hätten schon begonnen. Der König habe seinem Haus schon einige Diener entzogen, woraus sie schlossen, daß er Guyenne wiedererlangen wolle, wie er es ehedem mit der Normandie gemacht, nachdem er sie ihm, wie Ihr gehört habt, als sein Teil gegeben hatte.

Wegen dieser Dinge sandte der Herzog von Burgund häufig zum König. Dieser antwortete, es sei der Herzog von Guyenne, sein Bruder, der seine Grenzen ausdehnen wollte und all diese Umtriebe begänne; und was den Anteil seines Bruders beträfe, so wolle er ihn nicht anrühren.

Nun seht Ihr ein wenig, wie groß die Geschäfte dieses Reiches sind oder die Wirrsale (denn so kann man sie wohl zu jener Zeit nennen), wenn das Reich einmal in Zwietracht ist, wie mühsam und schwer sie zu Ende geführt werden, und wie weit sie davon entfernt sind, zu enden, wenn sie erst einmal begonnen haben; denn sind es auch zu Beginn nur zwei oder drei Fürsten oder geringere Personen, so haben sich doch, bevor noch das Fest zwei Jahre gedauert hat, alle Nachbarn eingeladen. Dennoch glaubt jeder, wenn es begonnen hat, in kurzer Zeit das Ende zu sehen; vor solchen Dingen muß man aber doch Furcht haben aus den Gründen, die Ihr bei der Verfolgung dieses Themas erkennen werdet.

Zu der Zeit, von der ich spreche, baten der Herzog von Guyenne oder seine Leute und diejenigen des Herzogs der Bretagne den Herzog von

Burgund, sich in nichts von den Engländern helfen zu lassen, die die alten Feinde des Königreiches seien: denn alles, was sie täten, geschähe zum Wohl und zum Gedeihen des Reiches; wenn er bereit sei, seien sie stark genug, und sie hätten ausgedehnte Beziehungen zu mehreren Hauptleuten und anderen. Einmal war ich dabei, als Herr d'Urfé diese Worte zum Herzog sprach und ihn bat, eiligst sein Heer aufzustellen; der Herzog rief mich an ein Fenster und sagte zu mir: „Seht Euch Herrn d'Urfé an, der mich bedrängt, ich möchte mein Heer so stark wie möglich machen und mir sagt, wir täten es für das Wohl des Reiches. Glaubt Ihr, daß ich, wenn ich mit der Armee, die ich hinführen würde, da einfalle, viel Gutes täte?" Lachend antwortete ich ihm, daß es mir nicht so schiene. Er sagte darauf: „Mir liegt das Wohl des Reiches mehr am Herzen als Herr d'Urfé denkt; denn statt des einen Königs, den es hat, wünsche ich ihm sechs."

In dieser Zeit, von der wir sprechen, arbeitete König Eduard von England, der wirklich glaubte, die besagte Heirat käme zustande (denn er täuschte sich), ebenso wie der König gegen den Herzog von Burgund, um sie zu hintertreiben; er führte an, daß der König, unser Herr, keinen Sohn hätte[10], und daß nach seinem Tode der Herzog von Guyenne ihm auf dem Thron folgen würde; wenn die Heirat zustande käme, würde ganz England angesichts der großen Herrschaftsgebiete, die unter der Krone vereinigt würden, in große Gefahr kommen, vernichtet zu werden. Diese Angelegenheit nahm sich König Eduard und mit ihm der ganze englische Rat, ohne daß er es nötig gehabt hätte, sehr zu Herzen; was auch der Herzog von Burgund als Entschuldigung vorbrachte, die Engländer wollten es ihm nicht glauben. Trotz der Bitten der Herzöge von Guyenne und der Bretagne, keine Fremden ins Land zu rufen, wollte der Herzog von Burgund doch gern, daß der englische König den Krieg an irgend einem Ende begänne; er hätte sich dann gern den Anschein gegeben, daß er nichts davon wisse und nichts damit zu tun hätte. Die Engländer hätten es aber nicht getan. Eher hätten sie damals dem König geholfen, so sehr fürchteten sie, daß sich das Haus Burgund durch diese Heirat mit der Krone Frankreichs verbinden würde.

Ihr seht alle diese Herren hier sehr beschäftigt; und dabei hatten sie auf allen Seiten so viele kluge Männer, die längst sahen, daß ihr Leben nicht ausreichen würde, auch nur die Hälfte dessen zu erleben, was sie voraussahen. Dies wurde daran deutlich, daß in kurzen Abständen einer

---

[10] In Wirklichkeit war Karl, der künftige Karl VIII., schon am 30. Juni 1470 geboren. Dies ist einer der wenigen Punkte, an denen sich Commynes einen Fehler zuschulden kommen läßt. Sonst ist im allgemeinen seine Chronologie höchstens ungenau und sehr großzügig, wie er ja selbst weiß. Calmette weist zur Entschuldigung unsrer Autors darauf hin, daß die Gesundheit des Kindes sehr schwach war; Eduard habe nur ausdrücken wollen, man müsse mit der Thronfolge Karls von Guyenne rechnen (Ausgabe Calmette, Band I, Einleitung Seite XVI und Seite 224 Anm. 1).

nach dem anderen sein Leben in Mühsal und Elend endete. Jeder hat sich sehr über den Tod seines Gegners, wenn er eintrat, als eine schon sehnlichst gewünschte Sache gefreut; bald sind sie dann den gleichen Weg gegangen und haben ihren Nachfolgern große Mühsal hinterlassen außer unserem König, der jetzt regiert und der sein Königreich in Frieden mit allen seinen Nachbarn und Untertanen vorgefunden hat. Damit hatte sein Vater für ihn mehr getan als er jemals für sich selbst tun wollte oder konnte; denn zu meiner Zeit habe ich ihn nicht ohne Kriege gesehen, es sei denn kurz vor seinem Tode.

Zu der Zeit, von der ich spreche, war der Herzog von Guyenne ein wenig krank. Die einen sagten, er sei in Lebensgefahr, die anderen meinten, es habe nichts auf sich. Seine Leute bedrängten den Herzog von Burgund, ins Feld zu ziehen, da die Jahreszeit günstig sei. Sie sagten, der König hätte sein Heer im Feld, und seine Leute seien vor St-Jean-d'Angèle oder Saintes oder in der Umgebung. Sie brachten es so weit, daß der Herzog von Burgund nach Arras rückte und dort das Heer zusammenzog; dann ging er weiter in Richtung Péronne, Roye und Montdidier. Es war ein sehr mächtiges Heer und das schönste, das er jemals hatte, denn es bestand aus eintausendzweihundert Lanzen der Ordonnanz; auf einen Reisigen kamen drei Bogenschützen, und das ganze war in gutem Zustand und gut ausgerüstet, denn in jeder Kompanie waren zehn gediente Reisige ohne den Leutnant und die Fähnriche; die Edlen seiner Länder waren in sehr gutem Zustand, denn sie waren gut bezahlt und von namhaften Rittern und Junkern angeführt. Damals waren seine Länder sehr reich.

## *Neuntes Kapitel*

Als der Herzog bereit war, von Arras aufzubrechen, gelangten zwei Nachrichten zu ihm. Die eine war, daß Herzog Nikolaus von Kalabrien und Lothringen, der Erbe des Hauses Anjou und Sohn des Herzogs Johann von Kalabrien, wegen der Heirat seiner Tochter zu ihm käme. Der Herzog nahm ihn sehr gut auf und machte ihm große Hoffnung auf den Abschluß. Am nächsten Tage, es war, wie mir scheint, der 15. Mai 1472, kamen Briefe von Simon de Quingey, der beim König Gesandter für den Herzog von Burgund war: sie besagten, daß der Herzog von Guyenne gestorben sei, und der König bereits einen Teil seiner festen Plätze eingenommen hätte. Gleich darauf kamen Botschaften von verschiedenen Orten, die über diesen Tod verschieden aussagten[11].

---

11 Der Bruder Ludwigs ist in der Nacht vom 23. zum 24. Mai 1472 gestorben; Commynes hat sich im Datum des Empfangs der Todesnachricht also etwas geirrt. Karl der Kühne begann im Juni 1472 seinen Feldzug von Arras aus.

Der Herzog, ganz verzweifelt über diesen Tod und von einigen Trauernden ermutigt, schrieb an mehrere Städte Briefe, in denen er den König beschuldigte; dies nützte wenig, denn nichts regte sich deshalb. Aber ich glaube wohl, daß der König viel zu schaffen gehabt hätte, wenn der Herzog von Guyenne nicht gestorben wäre, denn die Bretonen waren bereit und hatten mehr Beziehungen im Reiche als sie je gehabt hatten, die nun wegen dieses Todes alle verloren gingen.

Voller Zorn zog der Herzog zu Feld, nahm seinen Weg nach Nesle in Vermandois und begann eine schändliche und schlechte Kriegsführung, die er noch niemals gebraucht hatte: überall, wo er hinkam, ließ er brennen. Seine Vorhut trug die Belagerung vor Nesle, das nicht sehr stark war; es gab dort eine Anzahl freie Bogenschützen. Drei Meilen von dort entfernt lagerte der Herzog. Die Belagerten töteten einen Herold, der sie zusammenrufen wollte. Ihr Hauptmann kam auf Sicherheit hinaus, um zu verhandeln. Er konnte nichts erreichen, und als er wieder in die Stadt kam, herrschte dort wegen seines Herauskommens Waffenstillstand. Die Bürger standen alle ungedeckt auf der Mauer, ohne daß man auf sie geschossen hätte. Trotzdem töteten sie noch zwei Mann. Aus diesem Grunde wurde der Waffenstillstand aufgesagt und Frau de Nesle, die drin war, aufgefordert, mit ihren Hausdienern und ihrem Gut herauszukommen. So geschah es, und gleich darauf wurde die Feste angegriffen, eingenommen und die Mehrzahl getötet. Diejenigen, die man lebend fing, wurden gehängt außer einigen, die die Reisigen aus Mitleid laufen ließen; einer großen Anzahl wurden die Hände abgehauen. Es widersteht mir, von diesen Grausamkeiten zu erzählen, aber ich war dabei und muß etwas darüber sagen; man muß zugeben, daß der Herzog von Burgund sehr gereizt war, daß er solche Greueltaten beging, oder daß sehr bedeutende Ursachen ihn dazu bewegten. Zwei gab er dafür an: erstens sprach er, nach Aussagen anderer, sehr befremdet über diesen Tod des Herzogs von Guyenne; zweitens hatte er ein anderes Mißgeschick, das ihr kennen könnt: das war der große Verdruß, den er über den Verlust von Amiens und St-Quentin hatte, von dem Ihr schon gehört habt.

Zur Stunde, als er die besagte Armee aufstellte, kamen vor dieser Waffentat und vor diesem Tode zwei- oder dreimal Herr de Craon und der Kanzler Frankreichs, Pierre d'Oriole, zu ihm; insgeheim wurde unter ihnen ein endgültiger Friede verhandelt, der aber niemals hatte geschlossen werden können, da der Herzog die beiden obengenannten Städte wiederhaben und der König sie nicht zurückgeben wollte. Nun stimmte der König zu, da er diese Vorbereitungen sah und hoffte, zum Ziel zu gelangen, wie Ihr hören werdet. Die Friedensbedingungen waren folgende: Der König sollte dem Herzog die besagten Städte Amiens und St-Quentin herausgeben und ihm die Grafen von Nevers und St-Pol, Konnetabel von Frankreich, mit allen ihren Gebieten überlassen, damit er nach seinem Gutdünken darüber verfügen und sie, wenn es ihm gelänge, sich aneignen könne. Der Herzog würde ihm ebenso die Herzöge der Bretagne und von Guyenne mit ihren Herrschaftsgebieten freigeben, um damit zu machen, was er könnte. Diesen Frieden beschwor in meiner Gegenwart der Herzog von Burgund; ebenso schworen Herr de Craon und der Kanzler von Frankreich für den König; diese reisten von ihm ab und rieten ihm, sein Heer nicht aufzulösen, sondern es weiter zu unterhalten, damit der König, ihr Herr, um so geneigter sei, den Besitz der beiden genannten Städte bestimmt abzutreten. Sie nahmen Simon de Quingey mit, damit er den Schwur des Königs und eine Bestätigung dessen sähe, was seine Gesandten erreicht hätten. Die Sache verzögerte sich einige Tage; inzwischen trat der genannte Todesfall ein. Aus diesem Grunde schickte der König Simon mit sehr dürftigen Worten fort, ohne etwas beschwören zu wollen; deshalb hielt sich der Herzog für sehr verhöhnt und verschmäht und ärgerte sich darüber sehr. Sowohl aus diesem Grunde als auch aus anderen, von denen Ihr genug gehört habt, sagten die Leute des Herzogs in diesem Krieg grobe und unglaubliche Worte über den König, und die Königlichen taten es nicht minder.

Es könnte in späteren Zeiten denjenigen, die dieses betrachten, so scheinen, als sei in diesen beiden Fürsten keine große Treue gewesen, oder als hätte ich schlecht über sie gesprochen. Weder von dem einen, noch von dem anderen will ich schlecht sprechen, und unserem König bin ich, wie jeder weiß, verpflichtet. Aber um das fortzuführen, worum Ihr, Herr Erzbischof von Vienne, mich gebeten habt, muß ich einen Teil dessen, was ich weiß, sagen, wie es auch immer geschehen sein mag; wenn man aber an andere Fürsten denkt, wird man diese hier groß und bedeutend finden und den unseren sehr weise, der sein Reich gemehrt und in Frieden mit allen seinen Feinden hinterlassen hat.

Nun wollen wir sehen, welcher der beiden Herren den anderen täuschen wollte, damit in künftigen Zeiten ein junger Fürst, wenn dieses hier in seine Hände fällt und er ähnliche Dinge zu tun haben wird, eine bessere Kenntnis davon hat, und damit er sich davor hütet, getäuscht zu werden. Denn, wenn auch weder die Feinde, noch die Fürsten immer die gleichen sind, selbst wenn die Probleme es wären, so ist es doch gut, über die vergangenen Dinge unterrichtet zu sein. Soll ich meine Meinung sagen, so glaube ich sicher zu sein, daß beide Fürsten die Absicht hatten, sich gegenseitig zu täuschen, und daß ihre Absichten ähnlich waren, wie Ihr hören werdet.

Beide hielten ihre Heere im Feld bereit. Der König hatte schon mehrere feste Plätze eingenommen, und während er diesen Frieden verhandelte, bedrängte er seinen Bruder heftig. Schon waren Herr de Curton, Patrick Folcart und mehrere andere zum König gekommen und hatten den Herzog von Guyenne verlassen; das Heer des Königs war in der Umgebung von La Rochelle und hatte große Beziehungen in der Stadt, deren Bürger wegen des Friedensgerüchtes und der Krankheit des

Herzogs eifrig verhandelten. Ich glaube, daß des Königs Absicht dahin ging, diesen Frieden nicht zu beschwören, wenn er sein Unternehmen beendet hätte, oder es nahe an dem war, oder wenn sein Bruder sterben würde; wenn er aber eine zu starke Partei vorfinden würde, so wollte er ihn beschwören und seine Versprechen erfüllen, um der Gefahr zu entgehen. Er maß seine Zeit sehr gut ab und entwickelte einen gewaltigen Eifer; Ihr habt ja gehört, wie er diesen Simon de Quingey wohl acht Tage lang hinhielt, währenddessen dieser Todesfall geschah. Nun wußte er gut, daß der Herzog den Besitz dieser beiden Städte sehr wünschte und es nicht wagen würde, ihn zu erzürnen, und daß er ruhig fünfzehn oder zwanzig Tage vergehen lassen könne, wie er es auch tat; unterdessen wollte er sehen, was er tun würde.

Nachdem wir vom König gesprochen haben und von den Mitteln, die er sich ausgedacht hatte, um den Herzog zu täuschen, muß nun von den Gedanken des Herzogs gegen den König gesprochen werden und von dem was er ihm zugedacht hatte, wenn der Todesfall nicht geschehen wäre. Simon de Quingey hatte einen Auftrag von ihm, auf Bitten des Königs in die Bretagne zu gehen, nachdem er den Friedensschwur gesehen und die Bestätigungsurkunden dessen empfangen, was des Königs Gesandte vereinbart hatten. Er sollte dem Herzog der Bretagne den Inhalt des Friedens anzeigen und auch den dortigen Gesandten des Herzogs von Guyenne, um ihren Herrn davon zu benachrichtigen, der in Bordeaux war. So wollte es der König, um den Bretonen einen sehr großen Schrecken einzujagen, wenn sie sich von dem, der ihre größte Hoffnung war, so verlassen sehen würden.

In Begleitung Simons de Quingey war ein Bereiter aus dem herzoglichen Marstall, ein geborener Pariser mit Namen Heinrich, ein sehr kluger und verständiger Mensch; er hatte einen Beglaubigungsbrief, adressiert an Simon, der eigenhändig vom Herzog geschrieben war. Aber er hatte den Auftrag, ihn Simon nicht eher zu geben, bis er vom König abgereist und in Nantes beim Herzog angekommen wäre. Erst dann sollte er seinen Brief aushändigen und seine Vollmacht sagen, durch die er dem Herzog ausrichten solle, er brauche keine Furcht zu haben, daß sein Herr den Herzog von Guyenne und ihn verlasse, sondern er würde ihnen mit seinem Leib und Gut helfen; was er getan hätte, sei nur geschehen, um die beiden Städte Amiens und St-Quentin wieder zu erhalten, die der König ihm im Frieden und gegen sein Versprechen fortgenommen hätte. Weiter sollte er ihm sagen, daß der Herzog, sein Herr, an den König namhafte Gesandte schicken würde, sobald er das, was er gefordert habe, wieder hätte, was nicht schwer sein würde; diese sollten den König bitten, von dem Krieg und dem Unternehmen gegen die beiden Herzöge abzulassen und sie nicht immerfort an ihre Eide zu mahnen: denn er sei selber nicht entschlossen, sie mehr zu halten, als er den Vertrag gehalten habe, der vor Paris gemacht worden sei, und den man den Vertrag von Conflans nennt, noch den, den er in Péronne beschworen und den er erst viel später bestätigt habe. Er wisse sehr wohl, daß er die beiden Städte treulos im Frieden genommen habe: daher solle er auch ertragen, daß er sie ihm in gleicher Weise wieder fortnähme. Was die Grafen von Nevers und St-Pol, Konnetabel von Frankreich, anbeträfe, die der König ihm überlassen habe, so erkläre er, obgleich er sie hasse, und das nicht ohne Grund, daß er ihr Unrecht vergeben und sie in Ruhe lassen wolle, wenn der König ein Gleiches mit den beiden Herzögen tun wolle, die der Herzog von Burgund ihm überlassen habe; es möchte ihm doch gefallen, daß jeder in Frieden und Sicherheit leben könne, so wie es in Conflans versprochen sei, wo alle versammelt waren. Er würde ihm erklären, daß er seinen Verbündeten zu Hilfe eilen würde, wenn der König sich nicht dazu bereit fände; zur Stunde, da er ihm solche Worte sagen ließe, sei er schon im Felde.

Es kam aber anders. Der Mensch denkt und Gott lenkt: der Tod nämlich, der alle Dinge trennt und alle Entschlüsse umwirft, ließ es auch hier anders kommen, wie Ihr gehört habt und hören werdet. Denn der König gab die beiden Städte nicht mehr zurück und erhielt das Herzogtum Guyenne durch den Tod seines Bruders, wie es Recht war.

## *Zehntes Kapitel*

Ich kehre nun zu dem Kriege zurück, von dem ich vorher gesprochen und erzählt habe, wie grausam ein Haufen armer freier Bogenschützen behandelt wurde, der in Nesle gefangengenommen worden war. Von dort brach der Herzog auf und lagerte vor Roye, wo eintausendfünfhundert freie Bogenschützen und eine Anzahl Reisige des Heerbannes standen. Eine so schöne Armee hatte der Herzog von Burgund niemals gehabt. Am Tage nach seiner Ankunft begannen die freien Bogenschützen Angst zu bekommen; mehrere stürzten aus den Mauern und kamen, sich ihm zu ergeben. Am folgenden Tage ergaben sie sich und verließen Pferde und Harnische, nur die Reisigen nahmen jeder einen Gaul mit. Der Herzog ließ Leute in der Stadt und wollte Montdidier schleifen lassen. Wegen des guten Willens aber, den er bei der Bevölkerung dieser Herrschaft gegen sich sah, ließ er es wieder herstellen und ließ dort Leute zurück.

Als er von dort aufbrach, beschloß er, in die Normandie zu ziehen. Als er nahe bei Beauvais vorbeikam, eilte Herr des Cordes, der die Vorhut führte, voraus. Gleich zu Beginn nahmen sie die Vorstadt, die vor dem Bischofspalast liegt; dieses tat ein sehr habgieriger Burgunder, Herr Jakob de Montmartin, der hundert Lanzen und dreihundert Bogenschützen der herzoglichen Ordonnanz führte. Herr des Cordes griff von einer anderen Seite an; die Sturmleitern aber waren kurz, und er hatte wenige. Seine zwei Kanonen gaben nur zwei Schüsse durch das

Tor ab und schlugen eine große Bresche; hätte er noch Kugeln gehabt, um fortzufahren, wäre er dort ohne Zweifel eingedrungen; aber er war ohne Material für eine solche Unternehmung gekommen, weil er darauf nicht vorbereitet gewesen war.

In der Stadt waren zu Anfang nur die Bürger außer Ludwig de Balagny, der einige wenige Leute des Heerbannes bei sich hatte und der Stadtkommandant war. Das aber konnte die Stadt nicht retten. Gott wollte jedoch, daß sie nicht so zugrunde ging und offenbarte an ihr wunderbare Zeichen. Die Leute des Herrn des Cordes nämlich kämpften im Handgemenge bei der Bresche, die in das Tor geschlagen worden war. Indessen forderte er den Herzog von Burgund durch mehrere Boten auf, zu kommen; er könne sicher sein, daß die Stadt die Seine wäre. In der Zeit, als der Herzog sich auf den Weg machte, faßte einer der Bürger einen Entschluß und brachte angezündete Reisigbündel heran, um sie denen ins Gesicht zu schleudern, die sich abmühten, das Tor aufzubrechen. Das taten sie so eifrig, daß das Tor Feuer fing und die Angreifer sich zurückziehen mußten, bis es wieder gelöscht war.

Der Herzog langte an und hielt die Stadt schon für eingenommen, wenn nur erst das Feuer gelöscht wäre, das sich sehr ausgebreitet hatte, denn die ganze Toranlage stand in Flammen. Wenn er nur einen Teil seines Heeres auf die Seite von Paris hätte legen wollen, dann hätte die Stadt seinen Händen nicht mehr entschlüpfen können, da niemand mehr hätte hineinkommen können. Gott aber wollte, daß er Angst bekam, wo er sie nicht hätte haben dürfen: denn wegen eines kleinen Bächleins, das überschritten werden mußte, machte er Schwierigkeiten. Er wollte erst hinüber, wenn eine große Anzahl Reisige in der Stadt wäre, was sein ganzes Heerlager in Gefahr brachte. Nur mit großer Mühe konnte man ihn davon abbringen. Das war am 27. Juni 1472.

Das besagte Feuer dauerte den ganzen Tag an, und am Abend ritten nur zehn Lanzen der Ordonnanz ein, wie man mir gesagt hat, denn ich war damals noch bei dem Herzog von Burgund. Sie wurden aber nicht bemerkt, da jeder damit beschäftigt war, sich zu lagern, und auch war niemand an dieser Seite. Bei Tagesanbruch begann die Artillerie des Herzogs sich zu nähern, und bald darauf sahen wir eine große Anzahl Leute einziehen, ungefähr mindestens zweihundert Reisige; ich glaube, wenn diese nicht gekommen wären, wäre die Stadt geneigt gewesen, sich zu ergeben. In dem Zorn aber, in dem sich der Herzog, wie Ihr oben hören konntet, befand, wünschte er sie im Sturm zu nehmen; ohne Zweifel hätte er sie niedergebrannt, wenn es so gekommen wäre, was ein großer Schaden gewesen wäre. Ich meine, sie wurde durch ein wahres Wunder gerettet und nicht anders.

Seitdem die Leute dort eingerückt waren, feuerte des Herzogs Artillerie ungefähr vierzehn Tage lang ununterbrochen. Der Platz wurde so kräftig beschossen, wie selten einer, bis er reif für den Sturm war. Doch war in den Gräben Wasser, und so mußte man auf der Seite des verbrannten Tores zwei Brücken schlagen; auf der anderen Seite dieses Tores konnte man bis an die Mauer ohne Gefahr herankommen, außer von einer einzigen Schießscharte, die man nicht treffen konnte, da sie sehr niedrig war.

Es ist sehr gefährlich und eine große Dummheit, gegen eine so große Besatzung Sturm laufen zu wollen. In der Stadt war noch über allen der Konnetabel, glaube ich, oder doch irgendwo in der Nähe der Stadt, der Marschall Joachim, Marschall Lohéac, Herr de Crussol, Wilhelm de Vallée, Méry de Couhé, Salazar, Estevenot de Vignolles, alle mit mindestens hundert Lanzen, mit Reisigen der Ordonnanz, reichlichem Fußvolk und vielen Edelleuten, die sich bei den Hauptleuten befanden. Trotzdem beschloß der Herzog, den Angriff zu machen: er war aber ganz allein, denn niemand fand sich, der dieselbe Meinung hatte wie er. Als er sich am Abend auf sein Feldbett legte, fast vollständig angekleidet, wie es seine Gewohnheit war, fragte er einige, ob es ihnen schiene, daß die Stadt den Angriff aushalten würde. Ihm wurde mit „ja" geantwortet angesichts der großen Anzahl Leute, die dort war; hätten sie nur eine Hecke vor sich, wären sie stark genug, sie zu verteidigen. Er nahm das als Scherz auf und sagte: „Morgen werdet ihr dort keinen mehr finden."

Zu Beginn des nächsten Tages wurde der Angriff sehr gut und kühn begonnen und noch besser abgewehrt. Viele Leute drangen über die Brücke, und dort fiel ein alter Ritter Burgunds, Herr d'Epiry, der vornehmste Herr, der hier umkam. Auf der anderen Seite waren einige, die bis zur Mauer stiegen, aber nicht alle kamen wieder. Sie kämpften im Handgemenge, und der Angriff dauerte sehr lange. Anderen Scharen wurde befohlen, nach den ersten anzugreifen; als der Herzog aber sah, daß sie ihre Zeit vergeudeten, ließ er sie sich zurückziehen. Die von drinnen fielen nicht mehr aus. Auch konnten sie eine große Anzahl Leute sehen, die bereit waren, sie zu empfangen, wenn sie herauskommen würden. Bei diesem Angriff fielen etwa einhundertundzwanzig Mann, von denen Herr d'Epiry der edelste war. Einige meinten, es seien noch viel mehr. Es gab wohl tausend Verwundete.

In der Nacht darauf machten die von drinnen einen Ausfall, aber sie waren zu wenig Leute, die meisten waren beritten, und die Pferde verstrickten sich in den Seilen der Zelte. Sie erreichten für sich keinen Vorteil, verloren zwei oder drei Edelleute und verwundeten einen sehr tapferen Edelmann, Jakob d'Orsans, des Herzogs Geschützmeister, der wenige Tage darauf starb.

Sieben oder acht Tage nach diesem Angriff wollte der Herzog das Lager gegen das Pariser Tor hin verlegen und sein Heer in zwei Teile teilen. Er fand aber keinen, der dieser Meinung war angesichts der Leute, die in der Stadt waren. Das hätte er gleich zu Beginn tun müssen: denn jetzt war es zu spät. Als er sah, daß es kein anderes Mittel mehr gäbe, hob er die Belagerung auf und entfernte sich in guter Ordnung. Er erwartete wohl, daß die Belagerten heftig ausfallen würden und er ihnen dann noch Schaden zufügen könne, aber sie taten es nicht. Von dort nahm er seinen Weg in die Normandie, da er dem Herzog der Bretagne versprochen hatte, bis vor Rouen zu ziehen, und dieser gleichfalls versprochen hatte, sich dort einzufinden; als er aber sah, daß der Herzog von Guyenne tot war, änderte er seine Absicht und rührte sich nicht aus seinem Land.

Der Herzog von Burgund zog vor Eu, das ihm übergeben wurde, und nahm St-Valéry; dieses ganze Gebiet ließ er bis vor die Tore von Dieppe in Brand stecken; er nahm Neufchâtel[12], das eingeäschert wurde, das ganze Land Caux und das meiste bis zu den Toren von Rouen und zog selbst bis vor diese Stadt. Da oft einige von seinen Fourageuren verloren gingen, litt sein Heer sehr große Hungersnot. Dann zog er sich zurück, da der Winter gekommen war. Kaum hatte er den Rücken gewandt, nahmen die Königlichen Eu und St-Valéry wieder ein und machten durch die Kapitulation sieben oder acht von denen, die drinnen waren, zu Gefangenen.

## *Elftes Kapitel*

Ungefähr zu dieser Zeit (es war im Jahre 1472) kam ich in den Dienst des Königs[13], der den größten Teil der Diener seines Bruders, des Herzogs von Guyenne, aufgenommen hatte. Er befand sich in Ponts-de-Cé, wohin er sich gegen den Herzog der Bretagne gezogen hatte und wo er ihn bekriegte.

Dorthin kamen zu ihm einige Gesandte der Bretagne, und auch von den Seinigen gingen einige hin, unter anderen Philipp des Essars, des Herzogs Diener, und Wilhelm de Soupplainville, Diener des Herrn de Lescun, der sich in die Bretagne zurückgezogen hatte, als er sah, daß sein Herr nahe am Tode war. Er verließ Bordeaux zu Schiff, da er fürchtete, in die Hände des Königs zu fallen: er fuhr zur rechten Zeit ab und nahm den Beichtiger des Herzogs von Guyenne und einen Küchenmeister mit sich, denen man den Tod des Herzogs zur Last legte; sie sind lange Jahre hindurch in der Bretagne als Gefangene gehalten worden.

Eine Weile dauerte dieses Kommen und Gehen von der Bretagne; am Ende entschloß sich der König, auf dieser Seite Frieden zu machen; Herrn de Lescun wollte er so viel geben, daß er ihn als seinen Diener

---

12 Neufchâtel-en-Bray, südöstlich von Dieppe an der Béthune.

13 Mehr sagt Commynes nicht zu seinem Übergang zu Ludwig. In der Nacht vom 7. zum 8. August 1472 hat er das Lager Karls des Kühnen vor Eu verlassen. Schon früh am nächsten Morgen beschlagnahmt der Herzog seinen Besitz, weil Commynes geflohen sei und sich zur Gegenpartei begeben habe. Es kann also kein Zweifel am Ziel seiner Flucht bestanden haben.

wieder an sich zog und ihm die Lust nahm, ihm weiter Übles anzutun; alles, was in der Bretagne an Klugheit und Tüchtigkeit war, kam von ihm, und ein so mächtiger Herzog, von einem solchen Manne beherrscht, war zu fürchten; wenn er aber mit ihm verhandelt hätte, würden auch die Bretonen danach trachten, in Frieden zu leben. Und in Wirklichkeit suchte der größte Teil des Landes niemals etwas anderes. Im Reich gibt es immer Leute, die gut behandelt und geehrt wurden, und sie haben in der vergangenen Zeit hier gut gedient. So finde ich auch den Vertrag, den unser König machte, sehr klug, obgleich ihn einige tadelten, die nicht so weit voraussahen wie er. Er hatte ein gutes Urteil über die Person des Herrn de Lescun, wenn er sagte, er erblicke keine Gefahr darin, ihm das in seine Hände zu legen, was er tat; er schätze ihn als Mann von Ehre, da er niemals während der vergangenen Zwistigkeiten Beziehungen mit den Engländern hätte haben wollen, noch darin einwilligte, daß ein Platz der Normandie ihnen gegeben würde: das war der Grund von all dem Vorteil, den er erhielt, denn dieses ging nur von ihm allein aus. Aus allen diesen Gründen sagte er de Soupplainville, er solle alles aufschreiben, was Herr de Lescun, sein Gebieter, sowohl für den Herzog, als auch für sich fordern würde. Er tat es, und unser König bewilligte alles. Seine Forderungen waren: achtzigtausend Franken Pension für den Herzog; für seinen Gebieter sechstausend Franken Pension, die Statthalterschaft von Guyenne, die zwei Seneschallwürden von Lannes und Bordelais, der Hauptmannsposten einer der Burgen von Bordeaux, Blaye, und der beiden Burgen von Bayonne, Dax und St-Sever, vierundzwanzigtausend Taler bar, den Orden des Königs und die Grafschaft Comminges. Alles wurde bewilligt und erfüllt, außer daß die Pension des Herzogs nur zur Hälfte bezahlt wurde und zwei Jahre dauerte. Außerdem gab der König Soupplainville sechstausend Taler: ich meine dieses Geld in bar, zahlbar in vier Jahren, sowohl für ihn als auch für seinen Herrn. Soupplainville bekam eintausendzweihundert Franken Pension, das Bürgermeisteramt von Bayonne, die Ballei von Montargis und andere geringere Würden in Guyenne. Für seinen Herrn und ihn dauerte alles bis zum Tode des Königs. Philipp des Essars wurde Amtmann von Meaux, Herr der Gewässer und Forsten Frankreichs und bezog eintausendzweihundert Franken Pension und viertausend Taler. Von dieser Zeit an bis zum Tode des Königs, unseres Herrn, sind ihnen diese Ämter erhalten geblieben; auch Herr von Comminges ist ihm ein treuer Diener geblieben.

Nachdem der König auf der Seite der Bretagne Frieden gestiftet hatte, zog er eilends nach der Pikardie. Der König und der Herzog von Burgund hatten immer die Gewohnheit, wenn der Winter kam, für sechs Monate, ein Jahr oder länger Waffenstillstand zu schließen. So machten sie denn einen, ihrem Brauche folgend, und es kamen der Kanzler von Burgund und andere in seiner Begleitung. Dort wurde der endgültige Friede vorgezeigt, den der König mit dem Herzog der Bretagne gemacht hatte, durch den der Herzog dem Bündnis aufsagte, das er mit den Engländern und dem Herzog von Burgund geschlossen hatte; daher wollte der König, daß ihn die Gesandten des Herzogs nicht unter der Zahl ihrer Verbündeten nannten. Darauf wollten sie sich nicht einlassen und sagten, es wäre seine Sache, sich für den König oder für sie in der üblichen Zeit zu entscheiden. Sie sagten, wenn er sie auch durch die Urkunde verlassen hätte, hätte er dennoch nicht ihre Gemeinschaft und Freundschaft verlassen. Sie hielten den Herzog der Bretagne zwar für einen Fürsten, der durch einen anderen Verstand als den seinen gelenkt würde, aber schließlich käme er doch immer wieder zu dem zurück, was für ihn am notwendigsten sei. Das war im Jahre 1472.

Als dieser Vertrag geschlossen wurde, murrte man auf beiden Seiten gegen den Grafen von St-Pol, Konnetabel von Frankreich; der König haßte ihn sehr und die, die ihm am nächsten standen, ebenso. Der Herzog von Burgund haßte ihn noch mehr, und er hatte einen besseren Grund dazu (denn ich bin wirklich über die Gründe beider Seiten informiert): der Herzog hatte nicht vergessen, daß der Konnetabel den Raub von Amiens und St-Quentin verschuldet hatte, und es schien ihm, daß er die Ursache und die treibende Kraft dieses Krieges zwischen ihm und dem König gewesen sei: in Zeiten der Waffenruhe nämlich gab er ihm die besten Worte von der Welt, sobald aber der Streit begann, war er der Hauptfeind. Er hatte ihn zwingen wollen, seine Tochter zu verheiraten, wie ihr oben gehört habt. Es gab noch einen anderen Stachel: während nämlich der Herzog vor Amiens war, machte der Konnetabel einen Streifzug in den Hennegau; und unter anderen Unternehmungen äscherte er eine Burg, Solre, ein, die einem Ritter Balduin de Lannoy gehörte. In der damaligen Zeit war es auf beiden Seiten aber noch nicht Brauch, Brand zu stiften; diesen Anlaß benützte der Herzog, um diesen Sommer überall Feuer anzulegen.

So begann man über die Art zu verhandeln, den Konnetabel zu vernichten. Auf der Seite des Königs wurden von Leuten einige Vorschläge gemacht, die sich an diejenigen richteten, die dem Konnetabel feindlich gesinnt waren und im Dienste des Herzogs standen. Der König hegte keinen geringeren Verdacht gegen den Konnetabel als der Herzog, und jeder sagte, er sei der Anstifter des Krieges. Sie begannen, alle Reden und Verträge aufzudecken, die von ihm sowohl auf der einen als auch auf der anderen Seite geschlossen worden waren, um seine Vernichtung vorzubereiten. Irgendeiner könnte hiernach fragen, ob es der König nicht allein gekonnt hätte; darauf antworte ich mit nein; denn der Konnetabel war gerade in der Mitte zwischen dem König und dem Herzog. Er hatte St-Quentin in Vermandois, eine große und mächtige Stadt, inne, besaß Ham und Bohain und andere sehr feste Städte, alle dicht bei St-Quentin, und konnte zu jeder Zeit von jeder beliebigen Seite Leute zuführen. Vom König hatte er vierhundert gut besoldete Reisige, deren Kommissar er selbst war und deren Musterung er besorgte, wodurch er viel Geld herausbekam: denn er hielt die Zahl nicht aufrecht. Außerdem hatte er an gewöhnlichen Einkünften gut fünfundvierzigtausend Franken und nahm einen Taler für ein Faß Wein, das durch seine Gebiete nach Flandern oder in den Hennegau ging. Sehr große Herrschaftsgebiete gehörten ihm, und er unterhielt ausgedehnte Beziehungen im Königreich Frankreich und auch in den Ländern des Herzogs, wo er sehr viele Verwandte hatte.

Das ganze Jahr hindurch, in dem der Waffenstillstand währte, wurde über diese Angelegenheit verhandelt; die Königlichen wandten sich an einen Ritter des Herzogs, Herrn de Humbercourt, von dem Ihr in diesem Buch schon gehört habt: dieser haßte den Konnetabel schon seit langer Zeit sehr; der Haß war kürzlich wieder erneuert, als der Konnetabel in einer Verhandlung in Roye Herrn de Humbercourt zweimal sehr grob widerlegte. (Dort waren für den König der Konnetabel und andere, für den Herzog der Kanzler von Burgund, Herr de Humbercourt und andere, und diese besprachen ihre Sachen gemeinsam.) Auf diese Anschuldigungen antwortete er, wenn er diese Beleidigung ertrüge, so geschähe es nicht zu seiner Ehre, sondern zu der des Königs, in dessen Sicherheit er gekommen sei, um zu verhandeln, und auch zu der seines Gebieters, den er repräsentiere, und dem er darüber Bericht erstatten werde.

Diese so schnell geschehene Grobheit und Beleidigung kostete später dem Konnetabel das Leben und den Verlust seiner Güter, wie Ihr sehen werdet. Daher sollten diejenigen, die große Macht haben, und die Fürsten sich wohl davor hüten, solche Beleidigungen zu sagen, und sich die betrachten, zu denen sie es sagen. Denn je größer sie sind, um so größeres Mißfallen und Kummer bringen die Beleidigungen; durch die Größe und Macht desjenigen, der sie beleidigt, glauben die Beleidigten mehr entehrt zu werden; ist es ihr Gebieter oder ihr Herr, verlieren sie jede Hoffnung, von ihm wieder Ehre und Güter zu erlangen. Die meisten Leute dienen lieber in der Hoffnung auf künftigen Lohn als für schon empfangenen.

Um nun zu meinem Gegenstand zurückzukommen: man wandte sich immer an Herrn de Humbercourt und an den Kanzler, da er einigen Anteil an den in Roye geführten Reden hatte und auch ein sehr guter Freund Herrn de Humbercourts war. Diese Sache wurde so weit geführt, daß man darüber in Bouvignes nahe Namur eine Tagung hielt. Für den König waren dort Herr de Curton, Gouverneur von Limousin, und Meister Johann Héberge, der spätere Bischof von Evreux; für den Herzog der besagte Kanzler und Herr de Humbercourt. Das war im Jahre 1474.

Der Konnetabel erhielt Nachricht davon, daß man auf seine Kosten verhandle und schickte in großer Eile zu den beiden Fürsten. Jedem gab er zu verstehen, er wüßte alles; dieses Mal bewirkte er so viel, daß er dem König den Verdacht einflößte, der Herzog wolle ihn betrügen und den Konnetabel auf seine Seite hinüberziehen. Deswegen schickte der König eilends zu seinen Gesandten nach Bouvignes und befahl ihnen, aus den Gründen, die er ihnen sagte, nichts gegen den Konnetabel zu unternehmen, sondern den Waffenstillstand gemäß ihrer Instruktion auf ein Jahr oder sechs Monate, ich weiß nicht genau, zu verlängern. Als der Bote ankam, fand er, daß alles schon beschlossen war und die Urkunden seit dem Abend vorher ausgetauscht waren. Die Gesandten aber verstanden sich so gut und waren so gute Freunde, daß sie die Urkunden zurückgaben; in ihnen stand, daß der Konnetabel aus den angegebenen Gründen zum Feind und Verbrecher an beiden Fürsten erklärt werde und daß sie sich gegenseitig versprächen und beschwörten, daß derjenige, der ihn zuerst in die Hände bekommen würde, ihn entweder innerhalb von acht Tagen töten oder ihn seinem Partner ausliefern würde, damit dieser mit ihm tun könne, was ihm beliebe; unter Trompetenschall sei er als Feind beider Parteien auszurufen und ebenso alle diejenigen, die ihm dienten, günstig gesinnt seien und Hilfe leisteten. Ferner versprach der König, dem Herzog St-Quentin zu geben, von dem schon genug gesprochen worden ist, außerdem alles Geld und anderes Gut des Konnetabels, das sich im Königreich Frankreich befinde, mit allen Herrschaftsgebieten, die er vom Herzog hatte, unter anderem die sehr festen Plätze Ham und Bohain; an einem festgesetzten Tage sollten der König und der Herzog ihre Reisigen vor Ham führen und den Konnetabel belagern. Dennoch wurde aus den angegebenen Gründen dieser ganze Beschluß vereitelt, und es wurde Tag und Ort festgesetzt, an dem der Konnetabel sich einfinden sollte, um vor dem König in guter Sicherheit sprechen zu können; denn er hatte Angst um sein Leben, da er die Beschlüsse von Bouvignes kannte.

Der Ort war drei Meilen von Noyon gegen La Fère an einem kleinen Fluß; von seiten des Konnetabels hatten sie Wachen aufgestellt. Auf einem Straßendamm wurde dort eine starke Schranke errichtet. Der Konnetabel kam zuerst an und hatte alle, oder fast alle seine Reisigen mit sich (denn er hatte dort dreihundert gemusterte Reisige), und unter einem Mantel ohne Gürtel trug er seinen Küraß. Beim König waren wohl sechshundert Reisige, unter anderen Herr de Dammartin, Großmeister von Frankreich, einer der Hauptfeinde des Konnetabels.

Der König schickte mich vor, um ihn beim Konnetabel zu entschuldigen, weshalb er ihn so lange habe warten lassen. Bald danach kam er, und sie sprachen zusammen. Dabei waren fünf oder sechs Königliche und ebensoviele von den Seinen anwesend. Der Konnetabel entschuldigte sich, daß er in Waffen gekommen sei und sagte, er hätte es aus Furcht vor dem Grafen von Dammartin getan. Es wurde erklärt, daß alle vergangenen Dinge vergessen sein und niemals mehr davon geredet werden solle. Der Konnetabel ging auf die Seite des Königs hinüber, und es fand eine Aussöhnung zwischen dem Grafen von Dammartin und ihm statt; er kam zur Nachtherberge mit dem König nach Noyon und kehrte dann am nächsten Tage sehr versöhnt, wie er sagte, nach St-Quentin zurück.

Als sich der König wohl bedacht und das Mißfallen der Leute angehört hatte, schien es ihm selbst dumm gewesen zu sein, mit seinem Diener so vor einer geschlossenen Schranke verhandelt zu haben, begleitet von Reisigen, die alle des Königs Untertanen und von seinem Geld bezahlt waren. Und wenn der Haß vorher groß gewesen war, so war er es jetzt erst recht; von seiten des Konnetabels war die Feindschaft auch nicht vermindert.

## *Zwölftes Kapitel*

Um die Tat des Königs richtig zu beurteilen: sie war aus seinem großen Verstande hervorgegangen; denn ich glaube, der Konnetabel wäre vom Herzog von Burgund wieder aufgenommen worden, wenn er ihm nur St-Quentin gegeben hätte, welches Versprechen vom Gegenteil er auch immer gehabt hätte. Aber als ein so kluger Herr, wie der Konnetabel es war, machte er seine Sache schlecht, oder Gott nahm ihm die Erkenntnis dessen, was er zu tun hatte, als er sich in solcher Weise so angetan vor seinem König und Herrn zeigte, dem alle die Reisigen gehörten, von denen er begleitet wurde. Auch schien man an seinem Gesicht zu sehen, daß er darüber sehr erstaunt und erschrocken war. Und als er sich in seiner Gegenwart befand und nur die kleine Schranke zwischen ihnen war, zögerte er kaum, sie öffnen zu lassen und ging auf die Seite des Königs. Er war an diesem Tag in großer Gefahr.

Ich denke mir, daß er und einige seiner Vertrauten dieses Werk schätzten und es für löblich hielten, wenn der König sie fürchtete, und ihn als einen furchtsamen Mann ansahen; tatsächlich war er es, aber niemals ohne Grund. Aus den großen Kriegen, die er gegen die Herren seines Königreiches geführt, hatte er sich freigemacht durch große Geschenke und noch größere Versprechungen, und er wollte nichts riskieren, was er nicht auf andere Weise erreichen konnte. Vielen Leuten schien es, als hätte er es aus Angst oder Furcht getan; und diejenigen, die sich das einbildeten, haben sich getäuscht gefunden, wenn sie sich erkühnten, etwas gegen ihn zu unternehmen, wie der Graf Armagnac und andere, denen es übel ergangen ist: denn er wußte sehr gut, wann es Zeit war, sich zu fürchten und wann nicht. Ich wage wohl, ihm dieses Lob zu erteilen, und weiß nicht, ob ich es nicht schon anderswo gesagt habe, und wenn ich es schon getan habe, so schadet es nichts, wenn es zweimal gesagt wird, denn niemals habe ich einen Mann gekannt, der so weise im Unglück war.

Um nun mein Thema über den Konnetabel fortzusetzen: er begehrte gerade, daß der König ihn fürchte; oder zum mindesten glaube ich das, denn ich will ihn nicht beschuldigen und will nur davon sprechen, um die zu belehren, die in Diensten großer Fürsten sind und die nicht alle Dinge dieser Welt in gleicher Weise kennen können. Wenn ich einen Freund hätte, würde ich ihm raten, er möge sich Mühe geben, daß sein Herr ihn liebt, aber niemals, daß er ihn fürchtet; denn ich habe nie einen Menschen gesehen, der sich dadurch bei seinem Herrn in großes Ansehen gesetzt hätte, daß er ihn in Furcht hielt, und dem es nicht mit Willen seines Herrn selbst zum Unheil ausgeschlagen wäre. Davon hat man in unserer Zeit oder ein wenig vorher genug in diesem Königreich gesehen, wie Herr de la Trémoïlle und andere in diesem Land; in England Warwick und sein ganzer Anhang; in Spanien und anderswo könnte ich viele nennen, aber auf die Gefahr, daß diejenigen, die diesen Abschnitt lesen, es besser wissen als ich. Es geschieht sehr oft, daß diese Kühnheit von guten Diensten herrührt, und daß es denjenigen, die sie so gebrauchen, scheint, ihre Verdienste seien so, daß man viel von ihnen ertragen und sie nicht entbehren könne. Die Fürsten dagegen sind der Meinung, man sei verpflichtet, sie gut zu bedienen, finden den gut, der zu ihnen so spricht, und wünschen nur, sich derer zu entledigen, die sie schlecht behandeln.

Hier muß ich unseren Herrn noch in zwei Dingen anführen, die er mir einmal sagte, als er von solchen sprach, die große Dienste leisten (und er nannte mir seinen Gewährsmann, von dem er es hatte), und er sagte, daß zu gut gedient zu haben manchmal die Menschen verdirbt; oft werden die großen Dienste durch großen Undank belohnt; das kann sowohl durch den Fehler derjenigen geschehen, die die Dienste leisten und die zu anmaßend ihr Glück gegen ihre Herren und ihre Genossen gebrauchen, als auch durch den Undank der Fürsten. Ferner sagte er mir, es sei seine Meinung, daß es für eine gute Stelle am Hofe besser sei, wenn ein Fürst einem Mann, der ihm dient, für geringe Dienste eine große Gnade erweist, weil er ihm dann sehr verpflichtet bleibt, als daß dieser ihm einen so großen Dienst erwiesen hätte, daß das Umgekehrte der Fall wäre. Die Fürsten lieben natürlicherweise diejenigen mehr, die ihnen verpflichtet sind, als die, denen sie verpflichtet sind. So ist es in allen Ständen in dieser Welt nicht leicht zu leben, und Gott begnadet diejenigen sehr, denen er einen guten natürlichen Geist verleiht.

Diese Begegnung des Königs mit dem Konnetabel geschah im Jahre 1474.

# VIERTES BUCH

## *Erstes Kapitel*

In dieser Zeit war der Herzog von Burgund ausgezogen, um das Land Geldern infolge eines Streites einzunehmen, der wert ist, wiedererzählt zu werden, um die Werke und Allmacht Gottes zu erkennen.

Es war dort ein junger Herzog von Geldern, Adolf genannt, der zur Frau eine der bourbonischen Töchter hatte, die die Schwester des heute regierenden Peter von Bourbon war; er hatte sie am Hofe von Burgund geheiratet, wodurch sie einige Vergünstigungen hatten. Er hatte eine sehr schreckliche Tat begangen, indem er seinen Vater eines Abends gefangennahm, als dieser gerade zu Bett gehen wollte, und ihn fünf deutsche Meilen weit barfuß zu einer sehr kalten Zeit entführte; dann warf er ihn in einen tiefen Turm, in den nur durch einen kleinen Spalt Licht hineindrang und ließ ihn dort fünf Jahre[1]: dadurch entstand ein großer Krieg zwischen dem Herzog von Cleve, dessen Schwester der gefangene Herzog geheiratet hatte, und dem jungen Herzog Adolf. Der Herzog von Burgund wollte sie mehrere Male einigen, vermochte es aber nicht. Schließlich griffen der Papst und der Kaiser kräftig ein, und unter vieler Mühe wurde dem Herzog von Burgund befohlen, Herzog Arnold aus der Gefangenschaft zu befreien.

So geschah es; denn der junge Herzog wagte nicht, ihm die Auslieferung zu verweigern, da er sah, daß sich so viele hohe Herren mit der Sache beschäftigten, und da er die Macht des Herzogs fürchtete. Mehrere Male habe ich sie beide in dem Zimmer in großer Ratsversammlung gesehen, wo sie ihre Sache verteidigten und der gute alte Mann seinem Sohn den Preis des Kampfes anbot. Der Herzog von Burgund wünschte sehr, sie zu versöhnen und begünstigte den Jungen, dem folgendes Angebot gemacht wurde: Ihm solle der Titel des Statthalters des Landes mit den ganzen Einkünften verbleiben außer einer kleinen Stadt, Gavre bei Brabant, die dem Vater mit der Einkunft und dreitausend Taler Pension bleiben sollte. So hätte ihm das Ganze sechstausend Gulden eingebracht mit dem Herzogstitel, wie es Recht war. Mit anderen viel Klügeren wurde ich beauftragt, diese Entscheidung dem jungen Herzog zu bringen; er gab zur Antwort, daß er lieber wünsche, seinen Vater mit dem Kopf zuerst in einen Brunnen geworfen zu haben und sich hinterher, als daß er ein solches Übereinkommen eingehen würde; vierundvierzig Jahre sei sein Vater Herzog gewesen, und es werde nun wohl Zeit, daß er es würde; er würde ihm aber gern dreitausend Gulden jährlich lassen unter der Bedingung, daß er das Herzogtum niemals mehr betrete; solche und andere sehr unkluge Reden führte er. Dieses geschah

---

1 1465—1470.

gerade, als der König dem Herzog von Burgund Amiens wegnahm, der mit den beiden, von denen ich gesprochen habe, in Doullens war[2]. Er war sehr betroffen, rückte plötzlich ab, um sich nach Hesdin zurückzuziehen und vergaß diese Angelegenheit. Der junge Herzog kleidete sich in ein französisches Gewand und reiste mit einem einzigen Begleiter ab, um in sein Land zu gelangen. Als er an einem Hafen bei Namur vorbeikam, bezahlte er einen Gulden für seine Überfahrt. Ein Priester sah es, schöpfte Verdacht und sagte es dem Fährmann; er sah denjenigen, der den Gulden bezahlt hatte, genau ins Gesicht und erkannte ihn; da wurde er gefangengenommen und nach Namur geführt, wo er bis zum Tode des Herzogs von Burgund gefangen gehalten wurde; dann befreiten ihn die Genter. Diese wollten ihn mit Gewalt mit der späteren Herzogin von Österreich vermählen und führten ihn mit sich vor Tournai, wo er, böswillig und schlecht begleitet, getötet wurde, als ob Gott sich nicht hätte ersättigen können, die Schmach, die er seinem Vater angetan hatte, zu rächen.

Der Vater war vor dem Tode des Herzogs von Burgund gestorben, als sein Sohn noch in der Gefangenschaft war; seine Nachfolge überließ er dem Herzog von Burgund wegen der Undankbarkeit seines Sohnes. Wegen dieses obengenannten Streites eroberte zur Zeit, von der ich sprach, der Herzog von Burgund das Herzogtum Geldern[3], wo er allerdings auf Widerstand stieß. Er aber war mächtig und befand sich mit dem König in Waffenruhe; er besaß es bis zu seinem Tode, und noch heute haben es seine Nachkommen, solange es Gott gefällt. Wie ich am Anfang sagte, habe ich dieses nur erzählt, um zu zeigen, daß solche Grausamkeiten und Schlechtigkeiten nicht ungestraft bleiben.

Der Herzog von Burgund war in sein Land zurückgekehrt und befand sich in sehr gehobener Stimmung über den Erwerb dieses Herzogtums; er fand nun an den deutschen Angelegenheiten Geschmack, da der Kaiser[4] sehr wenig Mut hatte und alles litt, um nur nichts auszugeben. Auch konnte er von sich allein, ohne Beistand der deutschen Fürsten, nicht viel ausrichten. Daher verlängerte der Herzog seinen Waffenstillstand mit dem König; einigen Dienern des Königs schien es besser, diesen Waffenstillstand nicht zu verlängern, um den Herzog nicht zu groß werden zu lassen. Ihre Vernunft ließ sie diese Worte sprechen, aber wegen Mangel an Erfahrung und an Erlebnis verstanden sie nichts von der Sache. Es gab einige andere, die von dem Fall mehr verstanden als sie und die eine viel größere Kenntnis davon hatten, weil sie an den Orten gewesen waren; diese sagten zum König, unserem Herrn, er solle den Waffenstillstand nur ruhig eingehen und dem Herzog gestatten, einen Streit mit diesem Deutschland zu beginnen (das so groß und mächtig

---

[2] Karl der Kühne war vom 17. Januar bis 3. Februar 1471 in Doullens. Amiens wurde am 2. Februar von Ludwig genommen.

[3] Sommer 1473.

[4] Friedrich III. (1440—1493), der Vater Maximilians.

ist, daß es fast unglaublich ist); sie sagten: „Wenn der Herzog einen festen Platz genommen oder einen Streit zu Ende geführt hat, wird er gleich einen anderen unternehmen, denn er ist nicht der Mann dazu, sich mit einer Unternehmung zufrieden zu geben" (darin war er dem König entgegengesetzt, denn je mehr er verstrickt war, um so mehr verstrickte er sich weiter), er werde sich nicht besser an ihm rächen können, als wenn er ihn machen lasse und ihm vorher ein wenig Hilfe leiste, um ihm keinen Verdacht einzuflößen, daß er ihm diesen Waffenstillstand brechen wolle: denn wegen der Größe und Macht Deutschlands gehe es nicht anders, als daß er sich bald erschöpfe und sich in jeder Weise zugrunde richte, denn die Fürsten des Reiches würden widerstehen, wenn auch der Kaiser ein Mann von wenig Energie sei. Und letzten Endes kam es auch so.

Im Streit der beiden Anwärter auf den Kölner Bischofssitz, von denen einer der Bruder des Landgrafen von Hessen und der andere ein Verwandter des Pfalzgrafen bei Rhein war, ergriff der Herzog von Burgund die Partei des Pfalzgrafen und unternahm es, dessen Kandidaten mit Gewalt in diese Würde einzusetzen, in der Hoffnung, dafür einige Plätze zu bekommen. Er trug im Jahre 1474 die Belagerung vor Neuß nahe bei Köln[5]. Dort befand sich der Landgraf von Hessen mit einer Anzahl von Kriegsleuten. Der Herzog hatte so viele und so große Dinge im Sinn, daß sie ihm über den Kopf wuchsen; denn er wollte in diesem Sommer König Eduard von England herüberkommen lassen, der auf Bitten des Herzogs ein großes Heer bereit hatte. In großer Eile wollte er die Unternehmung in Deutschland vollenden, und zwar auf folgende Weise: Wenn er Neuß genommen hätte, wollte er es mit einem oder zwei anderen Plätzen in der Nähe von Köln gut befestigen, wodurch die Stadt Köln kapitulieren müsse; dann würde er den Rhein aufwärts bis in die Grafschaft Pfirt ziehen, die er damals besaß, und so würde der ganze Rhein bis Holland ihm gehören, wo es mehr feste Städte und Burgen gibt als in jedem Lande der Christenheit außer Frankreich.

Der Waffenstillstand, den er mit dem König geschlossen hatte, war auf sechs Monate verlängert worden, wovon die meiste Zeit schon verstrichen war. Der König ermunterte ihn, ihn noch zu verlängern, damit er in Deutschland tun könne, was er wolle, worauf aber der Herzog wegen des Versprechens, das er den Engländern gegeben hatte, nicht eingehen wollte.

Ich würde gern davon abgehen, die Neußer Sache zu berichten, weil sie nicht im Gange unserer Erzählung liegt (denn ich war nicht dabei), wegen der Dinge aber, die davon abhingen, muß ich davon sprechen. Nach Neuß hatten sich der Landgraf von Hessen, mehrere seiner Verwandten und Freunde, bis zu achtzehnhundert Reiter und sehr viele Ritter, geworfen, wie mir erzählt worden ist: und sie zeigten auch ihre Macht; Fußvolk hatten sie, so viel sie brauchten. Der Landgraf war der

[5] Karl begann die Belagerung am 30. Juli 1474.

Bruder des gewählten Bischofs, der zur Gegenpartei desjenigen gehörte, den der Herzog von Burgund unterstützte. So belagerte der Herzog im Jahre 1474 Neuß. Sein Heer war das schönste, das er jemals gehabt hat, besonders wegen der Reiterei. Wegen einiger Absichten nämlich, die er in Italien hegte, hatte er ungefähr tausend italienische Reisige bei sich aufgenommen, gute wie schlechte, deren Hauptmann der Graf Campobasso aus dem Königreich Neapel war, ein sehr treuloser und gefährlicher Mensch. Außerdem hatte er Giacomo Galeotto, der ein neapolitanischer Edelmann und sehr tüchtiger Ritter war, und mehrere andere, die ich um der Kürze willen übergehe. Ebenso hatte er dreitausend Engländer, sehr gute Leute, und seine eigenen Untertanen in großer Zahl, gut beritten und bewaffnet, die im Kriegshandwerk schon seit langer Zeit geübt waren, und eine sehr große und mächtige Artillerie. Das alles hatte er bereitgehalten, um sich mit den Engländern bei ihrer Landung zu vereinigen, die sich in England sehr beeilten.

Aber die Dinge sind dort langwierig, da der König ein solches Werk nicht unternehmen kann, ohne sein Parlament einzuberufen, das unseren drei Ständen gleichkommt und eine gerechte und heilige Einrichtung ist, durch die die Könige an Kraft gewinnen und besser bedient werden, wenn sie in solchen Angelegenheiten so verfahren. Wenn die Stände versammelt sind, erklärt er seine Absicht und fordert Hilfssteuern von seinen Untertanen, die in England nur erhoben werden, um nach Frankreich oder Schottland oder zu ähnlichen Dingen zu ziehen; das bewilligen sie sehr gern und freigiebig, besonders um nach Frankreich zu ziehen. Es ist wohl ein Trick, den die englischen Könige anwenden, wenn sie Geld anhäufen wollen, daß sie dann so tun, als ob sie nach Schottland zögen und ein Heer aufstellten. Und um viel Geld dabei herauszubekommen, löhnen sie ihr Heer drei Monate lang, verabschieden es dann und kehren nach Hause zurück; das Geld aber haben sie auf ein Jahr empfangen. König Eduard war von diesem Trick ganz erfüllt und wandte ihn oft an.

Dieses Heer brauchte ein ganzes Jahr dazu, um bereit zu sein, und er teilte es dem Herzog von Burgund mit, der zu Beginn des Sommers vor Neuß zog und glaubte, in wenigen Tagen seinen Mann auf den Bischofssitz gebracht zu haben. Neuß und einige andere Plätze würden ihm zufallen, um dann an das besagte Ziel zu gelangen. Ich denke, daß das von Gott kam, der mit Erbarmen unser Königreich betrachtete, da der Herzog eine solche Armee hatte, und da sie schon mehrere Jahre lang gewohnt waren, Züge durch das Königreich zu machen, ohne daß man eine Schlacht angeboten oder im Feld Widerstand geleistet hätte, außer daß man die Städte verteidigte. Aber es ist wohl wahr, daß dieses vom König ausging, der nichts dem Zufall überlassen wollte; er tat es nicht nur aus Furcht vor dem Herzog von Burgund, sondern auch aus Sorge über den Ungehorsam, der in seinem Reiche entstehen würde, wenn er eine Schlacht verlöre. Denn er glaubte, von allen seinen Untertanen nicht gern gesehen zu sein, und besonders nicht von den Großen. Und wenn ich es wagen darf, alles zu sagen, so hat er mir manchmal gesagt, er kenne seine Untertanen wohl und werde es zu spüren bekommen, wenn seine Unternehmungen fehlgingen. Aus diesem Grunde ließ er, wenn der Herzog von Burgund ins Land kam, vor ihm nur die festen Plätze besetzen. Und so erschöpfte sich das Heer des Herzogs in kurzer Zeit selbst, ohne daß der König seinen Staat in irgendeine Gefahr brachte, was mir aus großer Vernunft hervorzugehen schien.

Da der Herzog von Burgund jedoch eine solche Macht besaß, wie ich Euch sagte, ist nicht daran zu zweifeln, daß dieses Königreich so große Belastungen nicht ertragen hätte, wäre das Heer des englischen Königs zu Beginn des Sommers gekommen, wie es ohne Zweifel geschehen wäre, wenn der Herzog nicht den Irrtum begangen hätte, sich so hartnäckig vor Neuß zu halten. Denn niemals hatte ein englischer König ein so mächtiges Heer auf einen Schlag aufgestellt wie das, von dem ich spreche, noch ein so kampfbereites. Alle großen Herren Englands waren dabei, ohne daß einer fehlte. Es mochten wohl fünfzehnhundert Reisige sein, was für die Engländer sehr viel war; alle waren in bestem Zustand und gut begleitet, vierzehntausend Bogenschützen mit Bogen und Pfeilen, alle zu Pferde und genug Fußvolk für den Lagerdienst. Im ganzen Heer war kein Page. Außerdem sollte der König von England dreitausend Mann in die Bretagne schicken, wo sie sich mit dem Heere des Herzogs vereinigen sollten. Ich sah zwei Briefe von der Hand des Herrn d'Urfé, Großkämmerer von Frankreich, der damals im Dienste des Herzogs der Bretagne stand; der eine war an den König von England, der andere an Herrn von Hastings, den Großkämmerer von England, gerichtet; sie besagten unter anderem, der genannte Herzog der Bretagne werde in einem Monat dank seiner Beziehungen mehr Erfolg haben als die Armee der Engländer und des Herzogs von Burgund in sechs, wie stark sie auch wären. Ich glaube, er hätte die Wahrheit gesagt, wenn die Dinge so weitergegangen wären. Aber Gott, der unser Königreich immer liebt, lenkte die Dinge, wie ich es später berichten werde. Die Briefe, von denen ich sprach, wurden durch den König, unseren Herrn, dem Gott gnädig sei, einem englischen Sekretär für sechzig Mark Silbers abgekauft.

## *Zweites Kapitel*

Wie ich Euch gesagt habe, war der Herzog von Burgund schon sehr vor Neuß festgelegt und fand die Dinge weit härter, als er gedacht hatte. Die Kölner, die vier Meilen oberhalb des Rheins waren, wandten monatlich hunderttausend Goldgulden aus Furcht vor dem Herzog von Burgund auf; sie und die anderen Städte oberhalb am

Rhein hatten schon fünfzehn- bis sechzehntausend Fußknechte ins Feld geschickt. Sie lagen mit starker Artillerie am Rhein dem Herzog gegenüber und versuchten, ihm die Zufuhr abzuschneiden, die zu Schiff von Geldern rheinaufwärts kam, indem sie die Schiffe mit Kanonenschüssen zerstörten.

Der Kaiser und die Kurfürsten des Reiches versammelten sich wegen dieser Angelegenheit und beschlossen, ein Heer aufzustellen. Der König hatte schon mehrere Botschaften geschickt, um sie aufzuwiegeln. Sie schickten ihm auch dagegen einen Kölner Domherrn aus dem Hause Bayern mit einem anderen Gesandten, die dem König in einer Liste die Zusammensetzung des Heeres brachten, das der Kaiser aufstellen wollte, falls der König sich seinerseits daran beteiligen wolle. Sie bekamen gute Antwort und ein Versprechen für alles, was sie forderten. Außerdem versprach der König durch Urkunden sowohl dem Kaiser als auch mehreren der Fürsten und Städte, zwanzigtausend Mann unter dem Befehl der Herren Craon und de Salazar in dem Augenblick zu ihm stoßen zu lassen, in dem der Kaiser kriegsbereit in Köln sei. So bereitete sich dieses Heer aus einem Teil Deutschlands vor und wurde so ungeheuer groß, daß es fast unglaublich war. Denn alle deutschen Fürsten, weltliche wie geistliche, und die Bischöfe stellten ihre Truppen in großer Zahl und alle Städte. Mir wurde gesagt, daß der Bischof von Münster, der nicht einmal zu den Großen gehörte, sechstausend Fußknechte, eintausendvierhundert Reiter und eintausendzweihundert Wagen stellte; alle Leute waren grün gekleidet. Immerhin liegt sein Bistum nahe bei Neuß.

Der Kaiser brauchte wohl sieben Monate, um sein Heer aufzustellen und lagerte am Ende dieser Zeit eine halbe Meile vom Herzog von Burgund entfernt. Nach dem, was mir mehrere Leute des Herzogs erzählt haben, machte das Heer des englischen Königs und das des Herzogs von Burgund nicht mehr als ein Drittel von dieser deutschen Armee aus, sowohl an Leuten als auch an großen und kleinen Zelten. Außer dem Heer des Kaisers war da diese Armee, von der ich oben gesprochen habe, am anderen Rheinufer, dem Herzog von Burgund gegenüber; sie machte seinem Lager und seiner Zufuhr viel zu schaffen.

Als der Kaiser und die Fürsten des Reiches vor Neuß lagen, sandten sie zum König einen Doktor, der in großem Ansehen bei ihnen stand und sich Doktor Hesler nannte[6]; später ist er Kardinal geworden; dieser kam, um den König aufzufordern, sein Versprechen zu halten und die versprochenen zwanzigtausend Mann zu schicken, anderenfalls die Deutschen verhandeln würden. Der König machte ihm sehr gute Hoffnungen, ließ ihm vierhundert Taler schenken und sandte mit ihm an den Kaiser einen Herrn de Brosse, Johann Tiercelin. Dennoch ging der Doktor nicht zufrieden davon. Während dieser Belagerung wurden viele Verhandlungen geführt, denn der König arbeitete daran, den Frieden mit dem Herzog von Burgund zu machen, oder zum mindesten

[6] Dr. Georg Hesler, Archidiakon von Köln, 1477 Kardinal.

den Waffenstillstand zu verlängern, damit die Engländer nicht kämen. Auf der anderen Seite arbeitete der englische König mit ganzer Kraft daran, den Herzog von Burgund zum Abzug von Neuß zu bewegen, daß er ihm Wort hielte und ihm helfe, den Krieg in unser Königreich zu tragen, indem er sagte, der Sommer gehe bereits zu Ende. Der Gesandte für diese Sache war zweimal Herr de Scales, der Neffe des Konnetabels, ein sehr vornehmer Ritter, und mehrere andere.

Der Herzog von Burgund zeigte sich hartnäckig; Gott hatte ihm den Sinn und das Verständnis verwirrt, denn sein ganzes Leben hatte er daran gearbeitet, daß die Engländer herüberkämen, und nun zu dieser Stunde, da sie dazu bereit waren und alle Dinge für sie sowohl in der Bretagne als auch anderswo gut vorbereitet waren, verharrte er eigensinnig bei einer unmöglichen Sache.

Bei dem Kaiser war ein apostolischer Legat, der jeden Tag von einem Lager zum anderen ging, um den Frieden zu verhandeln; gleicherweise war der König von Dänemark da, der in einer kleinen Stadt in der Nähe beider Heere einquartiert war und für den Frieden arbeitete. So hätte der Herzog von Burgund einen ehrenvollen Vertrag eingehen können, um sich zum englischen König zurückzuziehen. Er tat es aber nicht und entschuldigte sich bei den Engländern mit seiner Ehre, die angegriffen würde, wenn er die Belagerung aufhöbe, und mit anderen dürftigen Ausreden. Denn dieses waren nicht die Engländer, die in den alten Kriegen mit Frankreich zur Zeit seines Vaters gelebt hatten, sondern die, die neu und unerfahren in den französischen Verhältnissen waren. Aus diesem Grunde verfuhr der Herzog sehr unklug, wenn er sich in Zukunft von ihnen helfen lassen wollte, denn es wäre notwendig gewesen, daß er sie im ersten Sommer Schritt für Schritt geführt hätte.

Da er so halsstarrig blieb, brach der Krieg gegen ihn auf zwei oder drei Seiten los. Zuerst sandte ihm der Herzog von Lothringen[7], der in Frieden mit ihm war, den Absagebrief vor Neuß unter dem Einfluß des Herrn de Craon, der sich seiner im Interesse des Königs bedienen wollte und nicht sparte, ihm zu versprechen, man wolle aus ihm einen mächtigen Mann machen. Unverzüglich zogen sie ins Feld, richteten im Herzogtum Luxemburg großen Schaden an und schleiften eine Festung, genannt Pierrefort, zwei Meilen von Nancy entfernt, im Herzogtum Luxemburg.

Ferner wurde durch den König und einige seiner Diener vermittelt, daß es zu einem Bündnis auf zehn Jahre zwischen den Schweizern und den Städten am oberen Rhein, wie Basel, Straßburg und anderen kam, die vorher in Feindschaft gewesen waren. Außerdem wurde ein Friede zwischen Herzog Sigismund von Österreich und den Schweizern gemacht mit dem Ziel, daß Herzog Sigismund die Grafschaft Pfirt zurücknehmen möchte, die er dem Herzog von Burgund für hunderttau-

[7] René II. von Lothringen schickt am 9. Mai 1475 den Absagebrief an Karl. Damit tritt der Gegner auf den Plan, gegen den Karl fallen wird.

send rheinische Gulden verpfändet hatte. So einigte man sich, außer einem Streitpunkt zwischen Herzog Sigismund und den Schweizern, die durch vier Städte der Grafschaft Pfirt ein Durchzugsrecht mit starken oder schwachen Kräften nach ihrem Belieben haben wollten. Dieser Punkt wurde dem König unterbreitet, der zugunsten der Schweizer entschied. Aus dem, was oben erzählt wurde, könnt Ihr die Streitigkeiten erkennen, die der König heimlich gegen den Herzog von Burgund anregte[8].

Alles wurde so ausgeführt, wie es beschlossen worden war; denn in einer schönen Nacht wurde Herr Peter von Hagenbach, der herzogliche Statthalter der Grafschaft Pfirt, mit seinen achthundert Kriegsmännern gefangengenommen. Diese wurden alle wieder freigelassen, nur er nicht; er wurde nach Basel[9] gebracht, wo man ihm wegen gewisser Übergriffe und Gewalttaten, die er in Pfirt begangen hatte, einen Prozeß machte. Zum Schluß enthaupteten sie ihn; das ganze Land Pfirt wurde in die Hand des Herzogs Sigismund von Österreich gegeben. Die Schweizer begannen den Krieg in Burgund und nahmen Blamont, das dem Marschall von Burgund aus dem Hause Neufchâtel gehörte. Die Burgunder kamen, um ihm zu helfen, wurden aber geschlagen. Die Schweizer richteten im Lande großen Schaden an und zogen sich dann für dieses Mal wieder zurück.

## *Drittes Kapitel*

Der Waffenstillstand zwischen dem König und dem Herzog von Burgund ging zu Ende, was der König sehr bedauerte, da er lieber eine Verlängerung gehabt hätte. Als er sah, daß das nicht möglich war, belagerte er eine elende kleine Burg, Le Tronchoy genannt; das war im Jahre 1475 zu Beginn der besten Jahreszeit[10]. In wenigen Stunden wurde sie im Sturm genommen. Am nächsten Tage sandte mich der König, um mit der Besatzung von Montdidier zu sprechen. Sie zogen mit ihrem geretteten Gepäck ab und verließen den Platz. Am folgenden Tage ging ich in Begleitung des Admirals, des Bastards von Bourbon, um mit denen von Roye zu verhandeln. Der Platz wurde mir ebenso übergeben, da sie keine Hilfe erhoffen konnten. Wenn der Herzog im Lande gewesen wäre, hätten sie sich nicht ergeben. Dennoch wurden beide Städte entgegen unserem Versprechen eingeäschert.

---

[8] Der Bund der Rheinstädte wurde zum Unterschied von den („oberen") Eidgenossen „Niedere Vereinigung" genannt. Es handelt sich also um drei Partner: die Eidgenossen, die „Niedere Vereinigung" und Sigismund von Tirol; dem König Ludwig lag am meisten an den Eidgenossen, deswegen hat er sie gegen Sigismund unterstützt.

[9] Der Prozeß gegen Peter von Hagenbach wurde in Breisach durchgeführt.

[10] Tronchoy wurde am 2. Mai 1475 genommen — der Absagebrief René's stammt vom 9. Mai.

Von dort aus trug der König die Belagerung vor Corbie, das standhielt; es wurden sehr schöne Annäherungsversuche gemacht, und die Artillerie des Königs schoß drei Tage lang. Herr de Contay und andere, die da waren, übergaben es und zogen mit ihrem geretteten Gepäck ab. Zwei Tage danach wurde die arme Stadt geplündert und ebenso wie die anderen angezündet. Nun glaubte der König, sein Heer zurückziehen zu können und hoffte, den Herzog von Burgund für den Waffenstillstand zu gewinnen, angesichts der Notlage, in der er sich befand. Eine Dame jedoch, die ich gut kenne, aber nicht nennen werde, weil sie noch lebt, schrieb an den König, er solle seine Truppen vor Arras und in die Umgebung bringen. Der König vertraute ihr, da sie eine Dame von Stande war. Ich heiße ihr Werk nicht gut, denn sie war hierzu nicht gehalten. Der König sandte den Admiral, Bastard von Bourbon, begleitet von einer Anzahl von Leuten, dorthin, die, angefangen bei Abbeville bis Arras eine große Zahl ihrer Städte niederbrannten. Die Bürger von Arras, die seit langer Zeit kein Unglück gehabt hatten und voll von großem Hochmut waren, zwangen die Kriegsleute, die in ihrer Stadt waren, zu einem Ausfall gegen die Leute des Königs. Ihre Zahl reichte gegen die Königlichen nicht aus, und sie wurden aus solcher Nähe zurückgeschlagen, daß sie viele Tote und Gefangene hatten; darunter waren alle ihre Führer, Herr Jakob de St-Pol, der Bruder des Konnetabels, Herr de Contay, Herr de Carency und andere, wobei auch die nächsten Verwandten der Dame waren, die diese Waffentat veranlaßt hatte. Sie hatte dabei großen Verlust. Der König ersetzte mit der Zeit alles zu ihren Gunsten.

Damals hatte der König Johann Tiercelin, Herrn de Brosse, zum Kaiser gesandt, um durchzusetzen, daß er kein Abkommen mit dem Herzog von Burgund mache, und um sich dafür zu entschuldigen, daß er seine versprochenen Reisigen nicht geschickt hätte, indem er immer versicherte, es noch zu tun und die Waffentaten und die Schäden fortzusetzen, die er dem Herzog in sehr großem Maße sowohl in der Pikardie als auch in Burgund angetan hätte. Außerdem eröffnete er ihm ein neues Angebot, das dahin ging, daß sie sich einander verpflichteten, ohne gegenseitiges Wissen keinen Frieden oder Waffenstillstand einzugehen. Der Kaiser solle alle Herrschaften, die der Herzog vom Reich hätte, und die von Rechts wegen dazugehören müßten, als von ihm konfisziert erklären, und der König wolle alle Gebiete, die der Krone lehnspflichtig seien, wie Flandern, Artois, Burgund und mehrere andere, an sich nehmen. Obgleich dieser Kaiser sein ganzes Leben lang ein Mann von wenig Energie gewesen ist, so war er doch sehr verständig; in der langen Zeit, die er gelebt hatte, konnte er viele Erfahrungen machen. Nun hatten die Unterredungen zwischen uns und ihm sehr lange gedauert. Auch war er des Krieges müde, obgleich er ihn nichts kostete, da alle deutschen Fürsten auf eigne Kosten daran teilnahmen, wie es der Brauch ist, wenn es sich um eine Sache des Reiches handelt.

Der Kaiser antwortete darauf, bei einer deutschen Stadt habe einmal ein großer Bär gelebt, der viel Unglück anrichtete. Drei Gesellen der Stadt, die häufig die Schenken besuchten, kamen zu einem Wirt, dem sie schuldig waren, und baten ihn, er möchte ihnen noch eine Zeche borgen; vor zwei Tagen wollten sie ihm alles zurückzahlen. Sie wollten nämlich diesen Bären fangen, der so viel Unglück anrichtete, und dessen Haut viel Geld wert war, ohne die Geschenke zu rechnen, die ihnen von allen Leuten gemacht werden würden. Der Wirt gewährte ihnen ihre Bitte, und als sie gegessen hatten, gingen sie zu dem Ort, an dem der Bär sich aufhielt. Als sie sich der Höhle näherten, fanden sie ihn früher als sie gedacht hatten. Sie bekamen Angst und machten sich auf die Flucht. Der eine erreichte einen Baum, der andere floh in Richtung auf die Stadt; den dritten ergriff der Bär, warf ihn kräftig unter sich und setzte ihm die Schnauze dicht an das Ohr. Der arme Mann lag ganz platt auf der Erde und stellte sich tot. Nun ist aber dieses Tier von der Art, daß es denjenigen, den es gefangen hat, sei es nun Mensch oder Tier, fahren läßt, wenn er sich nicht mehr rührt, weil es sich denkt, er sei tot. So ließ der Bär diesen armen Mann liegen, ohne ihm etwas zu tun, und zog sich in seine Höhle zurück. Als dieser sich befreit sah, stand er auf und zog nach der Stadt. Sein Geselle, der auf dem Baum war, hatte dieses Wunder mit angesehen, kam herunter, lief hinterher und rief dem anderen, der vorangegangen war, nach, er möge warten. Der wandte sich um und erwartete ihn. Als sie zusammen waren, fragte derjenige, der auf dem Baume gewesen war, seinen Kameraden, er möchte ihm ehrlich sagen, was der Bär ihm für einen Rat gegeben habe, als er so lange die Schnauze an sein Ohr gehalten hätte; darauf antwortete er ihm: „Er hat mir gesagt, ich solle niemals mit einer Bärenhaut zu Markte gehen, bevor das Tier getötet sei."

Mit dieser Fabel speiste der Kaiser unseren König ab, ohne unserem Mann eine andere Antwort zu geben, als wenn er sagen wollte: „Kommt her, wie Ihr es versprochen habt und laßt uns diesen Mann töten, wenn wir es können, und dann erst seine Güter teilen."

## *Viertes Kapitel*

Ihr habt gehört, wie Herr Jakob de St-Pol und andere vor Arras gefangengenommen worden waren, was den Konnetabel sehr schmerzte, da Herr Jakob ihm ein guter Bruder war. Dieses Unglück kam ihm nicht allein, da genau zur selben Zeit der Graf von Roussy, sein Sohn, des Herzogs Statthalter in Burgund, ergriffen wurde. Auch starb die Gattin des Konnetabels, eine vornehme Dame und Schwester der Königin, die von ihr unterstützt und begünstigt wurde. Immer wurden die gegen ihn begonnenen Verhandlungen weitergeführt, die, wie Ihr gehört habt, fast zu Ende gegangen wären auf der Versammlung, die wegen dieser Angelegenheit in Bouvignes stattgefunden hatte. Seitdem war der Konnetabel nicht mehr sicher, sondern war argwöhnisch gegen beide Parteien und hatte besonders vor dem König Angst. Es schien ihm, als ob der König es bereute, seine Urkunde in Bouvignes zurückgezogen zu haben. Graf Dammartin und andere lagerten mit ihren Reisigen nahe bei St-Quentin; der Konnetabel fürchtete sie wie seine Feinde und hielt sich in St-Quentin auf, wohin er dreihundert Fußknechte seiner Länder gezogen hatte, da er den Reisigen in keiner Weise traute. Er befand sich in großer Verlegenheit, da der König ihn durch mehrere Botschaften aufforderte, ins Feld zu ziehen, um ihm im Hennegau zu dienen und Avesnes zu belagern, gerade als der Admiral mit dieser anderen Schar in Artois Brand stiftete, wie ich gesagt habe; er tat es in großer Furcht, denn er war sehr ängstlich. Wenige Tage lag er davor, ließ seine eigene Person scharf bewachen, zog sich dann aber auf seine festen Plätze zurück und meldete dem König — ich hörte nämlich selbst auf Befehl des Königs seinen Mann an —, er habe die Belagerung wieder aufgehoben, da er sichere Kunde erhalten hätte, daß im Heer zwei Männer seien, die vom König den Auftrag hätten, ihn zu töten; er brachte so viele augenscheinliche Beweise vor, daß ihm geglaubt werden mußte und einer der beiden verdächtigt wurde, dem Konnetabel etwas gesagt zu haben, wovon er schweigen sollte. Ich will niemanden nennen und nicht weiter von dieser Sache reden.

Der Konnetabel sandte oft in das Lager des Herzogs von Burgund. Ich glaube, er hatte die Absicht, ihn von dieser Torheit abzubringen. Als seine Leute zurückkamen, meldete er dem König etwas, womit er dachte, ihm gefallen zu können, ließ ihn immer wieder Neuigkeiten wissen und auch den Anlaß, weshalb er hingeschickt habe. Durch dieses Mittel glaubte er, den König hinhalten zu können. Einige Male ließ er ihm auch ausrichten, die Angelegenheiten des Herzogs gingen sehr gut, um ihm einige Furcht einzujagen. Denn er hatte so große Angst, daß man ihn angreife, daß er den Herzog bat, er möge ihm seinen Bruder, Herrn Jakob de St-Pol, senden, der vor seiner Gefangennahme vor Neuß war, auch Herrn de Fiennes und andere seiner Verwandtschaft, damit er sie mit ihren Leuten nach St-Quentin legen könne, ohne daß sie das St.-Andreaskreuz trügen[11]. Er versprach dem Herzog, für ihn St-Quentin zu halten und es ihm später zurückzuerstatten, was er mit seinem Siegel bekräftigen werde. Der Herzog tat es. Als sich Herr Jakob, Herr de Fiennes und die anderen seiner Verwandtschaft zweimal eine Meile oder zwei vor St-Quentin befanden und bereit waren einzuziehen, geschah es, daß ihm die Furcht vergangen war, er es bereute und sie wieder heimschickte. Dieses wiederholte sich dreimal, so sehr wünschte er in diesem Zustand, zwischen beiden hin und her lavierend, zu verharren, denn er fürchtete sie alle beide

[11] Das Abzeichen der Burgunder.

sehr. Diese Dinge habe ich von mehreren erfahren, besonders aus dem Munde des Herrn Jakob de St-Pol, der es so dem König erzählte, als er gefangen vorgeführt wurde, wobei ich allein anwesend war. Es brachte ihm große Gunst ein, daß er so frei auf die Fragen antwortete, die der König ihm stellte.

Der König fragte ihn, wieviel Leute er gehabt habe, um einzurücken. Er antwortete, es seien beim drittenmal dreitausend Mann gewesen. Weiter fragte ihn der König, ob er den Platz für ihn oder den Konnetabel gehalten hätte, wenn er der Stärkste gewesen wäre. Darauf erwiderte Herr Jakob de St-Pol, daß er auf den ersten beiden Zügen nur gekommen sei, um seinen Bruder zu verstärken, beim drittenmal aber hätte er, da der Konnetabel seinen Herrn und ihn zweimal getäuscht habe, den Platz für seinen Herrn bewachen wollen, wenn er der Stärkste gewesen wäre, ohne dem Konnetabel irgend etwas anzutun, das zu seinem Nachteil gewesen wäre, außer, er hätte ihn auf seinen Befehl nicht herausgegeben. Kurze Zeit darauf befreite der König Herrn Jakob de St-Pol aus der Haft, gab ihm Reisige und sehr viel Macht; er war bis zu seinem Tode sein Diener. Das hatten seine Antworten verursacht.

Seitdem ich begonnen habe, von Neuß zu sprechen, bin ich von einer Sache zur anderen geraten. Es geschah auch alles zu dieser Zeit, denn die Belagerung dauerte ein Jahr. Zwei Dinge bedrängten den Herzog von Burgund aufs äußerste, von Neuß abzuziehen: das eine war der Krieg, den der König in der Pikardie begonnen, wobei er ihm drei kleine Städte und einen Strich flachen Landes von Artois und Ponthieu in Brand gesteckt hatte; das andere das schöne und große Heer, das der englische König auf seinen Wunsch und sein Betreiben rüstete. Sein ganzes Leben hatte er daran gearbeitet, es herüberkommen zu lassen, und niemals war er so dicht am Ziel wie in dieser Stunde.

Der König von England und alle Herren seines Reiches waren sehr ärgerlich darüber, daß der Herzog von Burgund so lange säumte; und zu den Bitten fügten sie Drohungen hinzu in Anbetracht der großen Ausgaben, und da der Sommer vorüberging. Der Herzog hielt es für sehr rühmlich, daß das deutsche Heer so groß war, sowohl an Fürsten, als auch an Prälaten und Städten, der größte Heerbann, der seit Gedenken der jetzt und ein wenig vorher lebenden Menschen je aufgerufen worden ist. Und alle zusammen konnten ihn nicht von dem Platz bewegen, an dem er sich befand. Dieser Ruhm kam ihm teuer genug zu stehen, da ja derjenige die Ehre hat, der den Nutzen des Krieges genießt.

Immer noch ging und kam der Legat, von dem ich gesprochen habe, von einem Lager zum anderen, und endlich wurde der Friede zwischen dem Kaiser und dem Herzog geschlossen. Die Feste Neuß wurde in die Hand des Legaten gegeben, um darüber nach den Anordnungen des Apostolischen Stuhles zu bestimmen.

In welcher beschwerlichen Lage mußte sich der Herzog befinden, als er sich so durch den Krieg bedrängt sah, den der König ihm machte, so bedrückt und bedroht von seinem Freunde, dem englischen König, und als er auf der anderen Seite die Stadt Neuß in einem solchen Zustand sehen mußte, daß er sie in vierzehn Tagen mit dem Strick um den Hals durch Hungersnot hätte haben können. (Einer der Hauptleute, der drinnen war und den der König in seinen Dienst nahm, hat mir erzählt, er hätte sie schon in zehn Tagen bekommen.) Aus den genannten Gründen zog sich der Herzog von Burgund im Jahre 1475 zurück[12].

## *Fünftes Kapitel*

Nun muß ich vom englischen König sprechen, der sein Heer in Dover versammelte, um über das Meer nach Calais zu setzen; diese Armee war die größte, die jemals ein englischer König herübergeführt hat, alles Reiterei, die am besten bewaffnete und ausgerüstete, die jemals nach Frankreich kam. Alle oder fast alle Herren Englands waren dabei. Es waren eintausendfünfhundert gut montierte Reisige, die meisten geharnischt und nach französischem Brauch sehr reich ausstaffiert, mit einem zahlreichen Gefolge von Reitern. Ferner fünfzehntausend Bogenschützen mit Bogen und Pfeilen, alle zu Pferde, reichlich Fußvolk im Lager und andere, um ihre großen und kleineren Zelte zu spannen, die sie in großer Anzahl hatten, und auch, um ihre Artillerie zu bedienen und ihr Lager zu schließen. In dem ganzen Heer war kein einziger Page. Dreitausend Mann hatten die Engländer der Bretagne zugedacht.

Ich habe dies schon vorher gesagt, aber es gehört zu dem, was ich auseinandersetzen will: Ist es zu glauben, daß der Herzog so hartnäckig vor dieser so verteidigten Festung Neuß geblieben wäre, wenn nicht Gott ihm den Verstand hätte verwirren wollen, um unser Königreich zu erhalten, dem er bis heute mehr Gnaden erwiesen hat als allen anderen? Er mußte sich doch sagen, daß er in seinem ganzen Leben das Königreich England nicht bereit finden würde, ein Heer über das Meer zu werfen, und daß die Engländer für die Kriege in Frankreich so gut wie nicht zu gebrauchen waren. Denn wenn er sich ihrer hätte bedienen wollen, wäre es nötig gewesen, sie einen ganzen Sommer lang nicht aus den Augen zu verlieren, um ihnen zu helfen, sich einzurichten, und ihr Heer gemäß unserer festländischen Kriegsführung zu den notwendigen Bewegungen anzuleiten. Denn nichts ist alberner und linkischer, als wenn sie zum ersten Male herüberkommen; aber schon in kurzer Zeit sind sie sehr gute und kühne Leute. Er tat genau das Gegenteil; denn neben anderen ihnen zugefügten Übeln ließ er sie fast den Sommer verlieren. Und was ihn betraf, so war sein Heer so geschwächt, in so schlechtem Zustand und so ärmlich, daß er nicht wagte, es vor ihnen zu zeigen: denn er hatte vor Neuß viertausend

[12] Karl zog nach Unterzeichnung eines Waffenstillstandes mit dem Kaiser am 13. Juni 1475 von Neuß ab.

Söldner verloren, unter denen die besten Leute gefallen waren, die er hatte. So seht Ihr, daß Gott ihn in allen Punkten so leitete, daß er gegen die Vernunft, die für seine Angelegenheiten erforderlich gewesen wäre, handelte und gegen das, was er seit zehn Jahren wußte und besser kannte als jeder andere.

Als König Eduard in Dover war, um überzusetzen, schickte ihm der Herzog von Burgund fünfhundert holländische und seeländische Schiffe, die flach und mit einem niedrigen Bord versehen sind und sich für den Pferdetransport sehr gut eignen; sie werden Schuiten genannt und kommen aus Holland. Trotz dieser großen Zahl und allem, was der englische König tun konnte, brauchte er länger als drei Wochen, um von Dover nach Calais zu gelangen. Daran seht Ihr, welche Schwierigkeiten ein englischer König hat, um nach Frankreich überzusetzen; wenn der König, unser Herr, sich auf die Dinge zu Meer ebensogut verstanden hätte, wie auf die zu Lande, wäre König Eduard niemals herübergekommen, wenigstens nicht in diesem Sommer. Aber er verstand nichts davon, und diejenigen, denen er den Oberbefehl in diesem Kriege gegeben hatte, verstanden noch weniger. Der englische König brauchte drei Wochen, um überzusetzen. Ein einziges Schiff von Eu kaperte zwei oder drei dieser kleinen Fähren.

Bevor der englische König sich von Dover einschiffte, sandte er zum König einen einzigen Herold, „Hosenband" genannt, der in der Normandie geboren war. Er brachte dem König im Namen des englischen Königs einen Absagebrief in schöner Sprache und schönem Stil — ich glaube, daß niemals ein Engländer ihn geschrieben hat —, in dem er ihn aufforderte, ihm das Königreich Frankreich, das ihm gehöre, wiederzugeben, damit er die Kirche, den Adel und das Volk zu ihrer alten Freiheit wieder zurückführen könne und um ihnen die großen Lasten und Mühen zu nehmen, die ihnen vom König auferlegt würden; im Falle der Weigerung verwahre er sich wegen der Übel, die daraus entstehen würden in der Form und Art, wie es in einem solchen Falle Brauch ist. Der König las den Brief allein und zog sich dann einsam in eine Garderobe zurück, ließ den Herold rufen und sagte zu ihm, er wisse wohl, daß der englische König nicht auf eigenen Antrieb gekommen, sondern sowohl durch den Herzog von Burgund als auch durch die englischen Gemeinen gezwungen sei; er könne wohl sehen, daß der Sommer ja schon fast vorbei sei und der Herzog von Burgund von Neuß als geschlagener und in allen Dingen armer Mann zurückkomme; was den Konnetabel beträfe, so wisse er wohl, daß er einige Beziehungen mit dem englischen König unterhielte, da er seine Nichte geheiratet hätte, aber er betrüge ihn; er zählte ihm die Güter auf, die er von ihm hatte und sagte: „Er kann nicht ohne diese Heucheleien leben, er muß mit jedem unterhandeln und seinen Nutzen daraus ziehen." Er sagte dem Herold mehrere andere Gründe, um den König von England zu bereden, mit ihm Frieden zu schließen. Dem Herold schenkte er dreihundert Taler bar aus seiner eigenen Tasche und versprach ihm eintausend, wenn der Vertrag zustande käme. Öffentlich ließ er ihm ein schönes Stück Karmesinsammet geben, das dreißig Ellen lang war. Der Herold antwortete, er werde sich wegen dieses Übereinkommens Mühe geben und glaube, daß auch sein Herr gern darin einwilligen würde; man dürfe aber nicht eher davon reden, als bis der englische König diesseits des Meeres sei. Wenn er hier sei, solle man einen Herold schicken, um freies Geleit für die Gesandten an ihn zu erbitten; dabei möge man sich an Herrn von Howard oder an Herrn von Stanley oder auch an ihn selbst wenden, um zu helfen, den Herold einzuführen.

Während der König mit dem Herold sprach, waren viele Leute im Saal, die warteten und große Lust hatten zu hören, was der König sagen und was für ein Gesicht er machen würde, wenn er von drinnen herauskäme. Als er fertig war, rief er mich und sagte mir, ich möchte mich immer mit dem Herold unterhalten, bis man ihm eine Begleitmannschaft gegeben habe, damit niemand mit ihm spräche, und möchte ihm ein Stück Karmesinsammet von dreißig Ellen aushändigen lassen. So geschah es. Der König sprach mit mehreren und erzählte von diesem Absagebrief; sieben oder acht rief er abseits, ließ sie den Brief lesen, zeigte gute, zuversichtliche Mienen, ohne Furcht zu verraten, denn er war fröhlich über das, was er bei diesem Herold erfahren hatte.

## *Sechstes Kapitel*

An dieser Stelle muß ich noch ein Wort über den Konnetabel sagen, der in schweren Gedanken war wegen des schlechten Streiches, den er dem Herzog von Burgund in bezug auf St.Quentin gespielt hatte; er glaubte das Vertrauen des Königs nicht mehr zu genießen, da seine vornehmsten Diener ihn verlassen hatten, wie Herr de Genlis und Herr de Moy, die der König schon aufgenommen hatte, obwohl Herr de Moy noch bei ihm ein- und ausging. Der König drängte sehr, der Konnetabel möchte zu ihm kommen, und bot ihm gewisse Entschädigungen für die Grafschaft Guise an, die er forderte, weil sie ihm ehemals versprochen worden war. Der Konnetabel war wohl zufrieden zu kommen, vorausgesetzt, daß der König ihm auf das St-Laud-Kreuz in Angers[13] einen Eid leisten wolle, ihm kein Leid anzutun oder zu erlauben, daß ein anderer es täte. Er führte an, daß der König ihm diesen Eid ebensogut leisten könne, wie ehemals Herrn de Lescun. Darauf antwortete der König, daß er diesen Eid niemals leisten würde, aber bereit sei, jeden anderen zu leisten, den der Konnetabel von ihm haben wolle. Ihr könnt Euch

[13] Das Kreuz der Kirche von St-Laud d'Angers soll ein angeblich von Fulco von Anjou geschenktes Stück des Kreuzes Christi enthalten haben. Ludwig verehrte es besonders, wie wir auch aus andern Quellen wissen.

wohl denken, daß der König und der Konnetabel in großer Unruhe waren, denn es verging während einer geraumen Zeit kein Tag, an dem nicht wegen der Form dieses Eides Boten von einem zum anderen gingen. Wenn man es recht bedenkt, so ist doch unser Leben recht erbärmlich, daß wir es mit so viel Arbeit und Mühe abkürzen müssen, indem man so viele Dinge sagt und schreibt, die den Gedanken fast entgegengesetzt sind.

Wenn diese beiden, von denen ich spreche, sich in großer Sorge befanden, so hatten der König von England und der Herzog von Burgund nicht weniger ihr Teil zu tragen. Die Überfahrt des englischen Königs nach Calais und der Abzug des burgundischen Herzogs von Neuß geschahen ungefähr zur gleichen Zeit oder jedenfalls innerhalb weniger Tage. Der Herzog zog in großen Tagesmärschen geradeswegs mit einer ziemlich kleinen Schar nach Calais zum englischen König. Das Heer schickte er, so zerteilt, wie Ihr gehört habt, nach Bar und Lothringen, um dort zu plündern und um sich wieder zu erholen und aufzufrischen. Als Grund gab er an, daß der Herzog von Lothringen den Krieg begonnen und ihm aufgesagt hätte, während er vor Neuß lag. Das war wohl ein großer Fehler neben den anderen, die er schon gegen die Engländer begangen hatte; diese erwarteten, ihn bei ihrer Landung mit mindestens zweitausendfünfhundert Reisigen in gutem Zustand, zahlreicher Reiterei und Fußvolk anzutreffen, so wie es ihnen der Herzog von Burgund versprochen hatte, um sie kommen zu lassen; drei Monate vor ihrer Landung sollte er in Frankreich schon den Krieg begonnen haben, damit sie den König schon müder und bedrängter vorfänden. Gott aber sorgte, wir Ihr gehört habt, in allem vor.

Der englische König verließ in Begleitung des Herzogs Calais, und sie zogen über Boulogne nach Péronne, wo der Herzog sie schlecht genug empfing, da er die Tore bewachen und die Leute nur in kleinen Gruppen eintreten ließ; sie lagerten auf den Feldern: das konnten sie auch gut tun, denn sie waren mit allem ausgerüstet, was hierfür nötig war.

Als sie in Péronne angekommen waren, schickte der Konnetabel einen seiner Leute namens Ludwig de Sainville zum Herzog von Burgund, um sich bei ihm zu entschuldigen, daß er ihm St-Quentin noch nicht abgetreten habe; er sagte, wenn er es schon getan hätte, hätte er ihm in nichts mehr im Königreich Frankreich dienen können; denn in allen Punkten hätte er seinen Einfluß und seine Verbindungen mit den Leuten verloren; jetzt aber, wo er sähe, daß der englische König so nahe sei, werde er alles tun, was der Herzog von Burgund wünsche. Und, um ihn sicherer zu machen, stellte er die Beglaubigungen auf den Herzog von Burgund aus, die an den englischen König adressiert waren, und betraute den Herzog mit der Vollmacht. Außerdem und überdies schickte er dem Herzog eine Urkunde, durch die er ihm versprach, ihm und allen seinen Freunden und Verbündeten, sowohl dem englischen König als auch anderen, zu dienen und zu helfen, gegen und wider alle die, die leben und sterben können ohne jede Ausnahme. Der Herzog von Burgund gab dem englischen König seinen Brief und sagte seine Vollmacht; er übertrieb sie noch ein wenig mehr, als sie war, da er ihm versicherte, der Konnetabel würde ihn in St-Quentin und in allen anderen festen Plätzen einlassen. Zu bald glaubte es König Eduard, da er die Nichte des Konnetabels geheiratet hatte, und es schien ihm, daß er es in so großer Furcht vor dem König nicht wagen könne, dem Herzog von Burgund das zu verweigern, was er versprochen habe. Die Gedanken des Konnetabels aber und die Furcht, die er vor dem König hatte, brachten ihn doch nicht bis dahin; vielmehr schien es ihm noch, daß er die ihm gewohnte Verstellung gebrauchen könne, um sie zufrieden zu stellen, und daß er im voraus hierüber so einleuchtende Erklärungen abgeben könne, daß sie noch Geduld haben würden, ohne ihn zu einer Erklärung zu zwingen.

Weder König Eduard noch seine Leute waren sehr vertraut mit den Verhältnissen in unserem Königreich und gingen sehr ungeschickt zu Werke; daher konnten sie nicht so bald die Ränke, die man hier und anderswo anwandte, erkennen. Denn von Natur aus sind die Engländer, die niemals aus England herauskommen, sehr cholerisch: so sind alle Völker der kalten Länder. Unseres liegt, wie Ihr wißt, zwischen beiden, denn es ist bekanntlich im Süden von Italien, Spanien und Katalonien umgeben und gegen Norden von England, Flandern und Holland, während uns Deutschland bei der Champagne erreicht. So haben wir die warme und die kalte Zone, wodurch wir Menschen von beiden Temperamenten haben. Meiner Meinung nach liegt kein Land auf der ganzen Welt besser als Frankreich.

Der König von England empfand große Freude über die Nachrichten des Konnetabels (wiewohl er schon vorher irgendein Gefühl davon gehabt haben konnte, wenn auch nicht ein so sicheres). Er zog von Péronne fort, und der Herzog von Burgund mit ihm, der keine Truppen hatte, da sie alle, wie gesagt, nach Bar und Lothringen gezogen waren. Sie näherten sich St-Quentin, und ein großer Haufen Engländer schwärmte voraus, die ich wenige Tage später sprechen hörte. Sie erwarteten, man würde bei ihrer Ankunft die Glocken läuten und ihnen das Kreuz und Weihwasser entgegentragen. Als sie sich der Stadt näherten, begann die Artillerie zu schießen, und leichte Truppen begannen Scharmützel zu Fuß und zu Pferde, wobei zwei oder drei Engländer getötet und einige gefangengenommen wurden. Sie hatten einen sehr schlechten Regentag und kehrten unter diesen Umständen in ihr Lager zurück, sehr unzufrieden und gegen diesen Konnetabel fluchend, den sie einen Verräter nannten.

Am nächsten Morgen wollte sich der Herzog von Burgund vom englischen König verabschieden, was eine sehr merkwürdige Sache war, da er sie hatte herüberkommen lassen; er wollte zu seinem Heer nach Bar ziehen und sagte, er könne dort viele Dinge zu ihren Gunsten wenden. Die Engländer, die argwöhnisch sind und alle neu auf dem Festland waren, waren sehr erschrocken, wollten sich mit seinem Fortgehen nicht zufrieden geben und nicht glauben, daß er irgendwelche Leute im Felde hätte. Auch wußte der Herzog von Burgund die Taten des Konnetabels nicht abzuschwächen, obgleich er ihnen sagte, alles, was er tue, geschehe nur aus guten Absichten; ebenso erschreckte sie das Herannahen des Winters[14] und es schien wohl, wenn man sie reden hörte, daß sie im Herzen mehr den Frieden als den Krieg wünschten.

## *Siebentes Kapitel*

Gerade bei diesen Gesprächen und als der Herzog abreisen wollte, wurde von den Engländern ein Diener Jakobs de Grassay gefangen, der ein Edelmann des königlichen Hauses war. Dieser Diener wurde unverzüglich vor den englischen König und den Herzog von Burgund geführt, die beisammen waren, und dann in ein Zelt. Nachdem sie ihn verhört hatten, nahm der Herzog vom König Urlaub und zog nach Brabant, um nach Mézières zu kommen, wo er einen Teil seiner Truppen hatte. Der englische König befahl, daß man den Diener freigebe, da es ihr erster Gefangener sei; beim Fortgehen gaben ihm die Herren von Howard und Stanley einen „Noble“ und sagten zu ihm: „Empfehlt uns der guten Gunst des Königs, Eures Herrn, wenn Ihr mit ihm sprechen könnt.“ Der Diener kam in großer Eile zum König, der in Compiègne war, um ihm diese Worte zu sagen. Der König hegte großen Argwohn gegen ihn und fürchtete, er könne ein Spion sein, weil Gilbert de Grassay, ein Bruder des Herren dieses Dieners, damals in der Bretagne war und vom Herzog sehr gut behandelt wurde. Der Diener wurde in Eisen geschlossen und in dieser Nacht scharf bewacht. Dennoch sprachen viele Leute auf Geheiß des Königs mit ihm, und nach ihrem Bericht schien es, daß er sehr sicher sprach und daß der König ihn anhören könne.

Am nächsten Morgen sprach der König früh mit ihm. Nachdem er ihn angehört hatte, ließ er ihm die Fesseln abnehmen; aber er blieb noch bewacht. Der König ging, um sich zur Tafel zu setzen und erwog mehrere Möglichkeiten, um herauszubringen, ob er zu den Engländern schicken solle oder nicht. Bevor er sich zu Tisch setzte, sagte er mir einige Worte darüber; denn, wie Ihr wißt, Herr Erzbischof von Vienne, sprach unser König sehr vertraut und häufig mit denjenigen, die ihm am nächsten standen, wie ich es damals war und andere später, und liebte es, ins Ohr zu flüstern. Ihm kamen die Worte wieder in den Sinn, die der englische Herold ihm gesagt hatte, er solle nicht versäumen, um freies Geleit für seine Gesandtschaften beim König von England nach-

---

[14] Es war schon der 20. August (1475), als Karl der Kühne sich von Eduard trennte (siehe unten am Anfang des 7. Kapitels).

zusuchen, sobald er über das Meer gekommen sei, und daß man sich an die Herren von Howard und Stanley wenden möge. Als er bei Tische saß und ein wenig nachdenklich war, so wie er, wie Ihr wißt, sein konnte, was denjenigen, die ihn nicht kannten, sehr seltsam vorkam (denn ohne ihn zu kennen, hielten sie ihn für sehr unklug, obgleich seine Taten das Gegenteil bezeugten), sagte er mir ins Ohr, ich möchte mich erheben und ihm den Diener des Herrn des Halles, des Sohnes von Mérichon de la Rochelle, kommen lassen; ich möchte gehen, in meinem Zimmer essen und ihn heimlich fragen, ob er es wagen wolle, im Heroldsgewand in das Lager des englischen Königs zu gehen.

Ich tat unverzüglich, was er mir aufgetragen hatte, und war sehr erstaunt, als ich den Diener sah, denn er schien mir weder an Gestalt noch an Benehmen für eine solche Aufgabe geeignet zu sein. Dennoch hatte er, wie ich später erkannte, einen guten Verstand, und seine Rede war sanft und liebenswürdig. Nur ein einziges Mal hatte der König mit ihm gesprochen. Der Diener war sehr erschrocken, als er mich sprechen hörte, und warf sich vor mir auf die Knie, wie einer, der glaubt, er sei schon so gut wie tot. Ich machte ihm, so gut ich konnte, Mut und versprach ihm ein Amt auf der Insel Ré und Geld. Um ihn noch mehr zu beruhigen, sagte ich ihm, dieses sei von den Engländern angeregt, und dann ließ ich ihn mit mir essen, wo nur wir zwei und ein Diener anwesend waren; nach und nach machte ich ihn mit dem vertraut, was er zu tun hätte. Ich war nicht lange Zeit dort gewesen, als der König mich rufen ließ. Ich erzählte ihm von unserem Mann und nannte ihm andere, nach meiner Meinung besser geeignete; er aber wollte keinen anderen, kam selbst, um mit ihm zu sprechen, und machte ihn mit einem Worte sicherer als ich mit hunderten. Mit ihm trat nur Herr de Villiers ins Zimmer, der damals Großkämmerer war und jetzt Bailly von Caen ist. Als es dem König schien, daß unser Mann bei gutem Willen sei, ließ er durch den Großkämmerer ein Trompetenfähnlein holen, um ihm einen Waffenrock daraus zu machen; denn unser Herr war nicht sehr für Zeremonien und war nicht, wie mehrere Fürsten, von Herolden und Trompetern begleitet. So machten der Großkämmerer und einer meiner Leute den Rock, so gut sie konnten, zurecht, und der Großkämmerer ließ ein Wappenbrustschild aus Email holen, das einem kleinen Herold Plain Chemin gehörte, der im Dienste des Admirals war; dieses Emailschild wurde unserem Mann vorgebunden. Heimlich brachte man ihm seine Stiefel und Kleider, führte ihm sein Pferd vor und setzte ihn drauf, ohne daß irgend jemand etwas davon merkte. Ein schönes Felleisen wurde auf seinen Sattelbogen gelegt, um seinen Waffenrock hineinzutun; dann machte er sich, wohl unterrichtet über das, was er zu sagen hatte, geradeswegs auf in das Lager der Engländer.

Als unser Mann im Lager des englischen Königs angekommen war mit dem Waffenrock auf dem Rücken, wurde er bald festgehalten und vor das Zelt des Königs geführt. Man fragte ihn, aus welchem Grunde er gekommen sei. Er antwortete, er käme vom König, um mit dem englischen König zu sprechen und sei beauftragt, sich an die Herren von Howard und von Stanley zu wenden. Man führte ihn in ein Zelt, damit er essen könne, und nahm ihn gut auf. Als der englische König, der gerade zu Tisch saß, wie der Herold ankam, die Tafel aufhob, führte man den Herold zu ihm, und er hörte ihn an. Seine Beglaubigung war auf den Wunsch begründet, den der König seit langem gehabt habe; er wolle mit ihm gute Freundschaft halten, damit die beiden Königreiche in Frieden leben könnten, und wolle nie wieder, so lange er König von Frankreich sei, gegen den König und das Königreich England einen Krieg führen oder etwas unternehmen; er entschuldige sich, daß er ehemals Herrn von Warwick aufgenommen habe, das sei aber nicht gegen ihn gerichtet gewesen, sondern allein gegen den Herzog von Burgund. Der König machte ihm auch klar, daß der Herzog von Burgund ihn nur gerufen habe, da er glaubte, zu einem besseren Abkommen mit dem König zu gelangen, wenn er käme; auch die anderen, die dabei seien und ihre Hand dazu böten, täten es nur, um für ihre Angelegenheiten zu sorgen und um zu ihren eigenen Zielen zu gelangen. Um die Sachen des englischen Königs würden sie sich im übrigen nicht kümmern, sondern nur dafür sorgen, daß ihre Angelegenheiten gut gingen. Er erinnerte ihn auch an die Witterung und daran, daß der Winter schon herannahe; er wüßte wohl, daß er große Ausgaben gemacht hätte, und daß es in England mehrere Leute gebe, sowohl vom Adel als auch Kaufleute, die den Krieg auf dem Festland wünschten. Falls der König von England daran denke, seine Pflicht zu tun und sich zu einem Vertrag verstehe, trete der König ganz auf seine Seite, daß er und sein Reich zufrieden sein müßten. Und damit man sich über alle Dinge besser informieren könne, möge er freies Geleit für hundert Pferde gewähren, daß der König an ihn Gesandte schicken könne, die gut von seinem Willen unterrichtet würden. Oder wenn es der englische König lieber wolle, daß sich Leute beider Seiten in irgendeinem Dorf auf halbem Wege der beiden Heere einfänden, werde der König damit sehr zufrieden sein und seinerseits freies Geleit schicken.

Diese Eröffnungen fanden der englische König und ein Teil seiner Vertrauten sehr gut. Unserem Mann wurde das freie Geleit, um das er gebeten hatte, gewährt, und er bekam vier „Nobles"; mit ihm ging ein Herold, um ein freies Geleit des Königs zu erhalten gleich dem, das sie gewährt hatten. Am nächsten Tage trafen sich die Gesandten in einem Dorf in der Nähe von Amiens. Von seiten des Königs befanden sich dort der Bastard von Bourbon, Herr de St-Pierre und der Bischof von Evreux, Héberge genannt. Der englische König schickte dorthin Herrn von Howard, einen namens Saint-Léger und Doktor Morton, der heute Kanzler von England und Erzbischof von Canterbury ist.

Ich glaube, es könnte mehreren scheinen, daß der König sich zu sehr demütigte. Die Klugen aber könnten aus meinen vorhergehenden Worten ermessen, in wie großer Gefahr unser Königreich gewesen wäre, wenn Gott nicht eingegriffen hätte. Er lenkte den Sinn unseres Königs, den richtigen Weg zu gehen, und verwirrte den des Herzogs von Burgund, der, wie Ihr gesehen, so viele Fehler in einer Sache beging, die er so viele Male gewünscht hatte; sie ging ihm durch seinen Fehler verloren. Wir hatten damals so viele geheime Probleme unter uns, die in einem Augenblick in unserem Reich sowohl in der Bretagne als auch anderswo großes Unglück gebracht hätten, wenn dieser Vertrag nicht bald gefunden worden wäre. Nach den Begebenheiten, die ich zu meiner Zeit erlebt habe, glaube ich wohl, daß Gott dieses Königreich in besonderem Schutze hat.

## *Achtes Kapitel*

Wie Ihr gehört habt, trafen sich unsere Gesandten am Tage nach der Ankunft unseres Herolds, denn wir waren nur gerade vier Meilen voneinander entfernt. Unser Herold hatte einen guten Empfang und erhielt sein Amt auf der Insel Ré, wo er geboren war, und bekam Geld. Mehrere Eröffnungen wurden zwischen unseren Gesandten gemacht. Die Engländer forderten, wie sie es gewohnt waren, die Krone; zum mindesten die Normandie und Guyenne. Gut angegriffen, gut verteidigt. Seit diesem ersten Zusammentreffen wurden die beiderseitigen Ansichten einander angenähert, denn beide Parteien zeigten dazu große Lust. Die Unseren kamen zurück, und die anderen kehrten wieder heim in ihr Lager. Der König hörte ihre Forderungen und letzten Schlüsse an, das waren: vor dem Abmarsch zweiundsiebzigtausend Taler bar, die Ehe des heutigen Königs[15] mit der ältesten Tochter König Eduards, die heute Königin von England ist, für ihren Unterhalt entweder das Herzogtum Guyenne oder fünfzigtausend Taler jährlich neun Jahre lang, zahlbar in dem Schloß von London; nach Ablauf dieser Frist sollten der heutige König und seine Gemahlin in friedlichem Genuß der Einkünfte von Guyenne bleiben und auch unser König dieser Zahlung gegen den englischen König enthoben sein. Mehrere andere kleine Artikel, die sich auf Kaufleute bezogen, wurden noch vereinbart, die ich nicht erwähnen will. Dieser Friede sollte zwischen den Königreichen neun Jahre lang dauern. Alle Verbündeten beider Seiten waren darin einbezogen und hauptsächlich auf seiten des englischen Königs die Herzöge von Burgund und der Bretagne, falls sie es wollten. Der englische König bot sich an, was sehr befremdlich war, einige Personen zu nennen, von denen er sagte, sie seien Verräter am König und seiner Krone, und wollte dieses durch Schriftstücke beweisen.

---

[15] Des damaligen Dauphin Karl (geboren 1470), des späteren Königs Karl VIII.

Der König war ungeheuer erfreut über das, was seine Leute ihm berichteten. Er hielt über diese Angelegenheit Rat, und ich war dabei. Einige waren der Meinung, daß dieses von seiten der Engländer Täuschung und Heuchelei sei. Der König war vom Gegenteil überzeugt und führte die Ungunst des Wetters und der Jahreszeit an, daß sie nicht einen einzigen festen Platz für sich hätten und daß der Herzog von Burgund ihnen auch böse Streiche gespielt habe, da er sich schon von ihnen getrennt habe. Er hielt es für sicher, daß der Konnetabel keine Plätze herausgeben würde, denn jede Stunde schickte der König zu ihm, um ihn abzulenken, zu besänftigen und ihn von einer schlechten Tat zurückzuhalten. Auch kannte der König die Person des englischen Königs sehr gut, der seine Vergnügungen und Bequemlichkeiten liebte. Daher schien er klüger als jeder seiner Räte zu sprechen und die Dinge, von denen er sprach, besser zu verstehen. Er beschloß, daß man in aller Eile dieses Geld zusammenbringe; um es zu beschaffen, wurde geraten, daß jeder irgend etwas darleihen müsse, um beizutragen, es sofort aufzubringen. Ferner sagte der König, es gebe nichts in der Welt, was er nicht täte, um sie aus dem Königreich zu werfen, außer daß er nie und nimmer einwilligen würde, daß sie Land bekämen; ehe er das erlitte, würde er alle Dinge aufs Spiel setzen.

Der Konnetabel begann von diesen Verhandlungen etwas zu merken und Angst zu bekommen, daß er von beiden Seiten angegriffen würde, denn er fürchtete immer die Abmachungen, die, wie er glaubte, in Bouvignes gegen ihn beschlossen seien. Aus diesem Grunde schickte er häufig zum König. Und zur Stunde, von der ich spreche, kam zu unserm Herrn ein Edelmann, Ludwig de Sainville, ein Diener des Konnetabels und sein Sekretär, Richer genannt, die beide noch leben; sie sagten ihre Beglaubigung Herrn du Bouchage und mir eher als dem König, denn so war es sein Wunsch.

Was sie brachten, gefiel dem König sehr, als er davon benachrichtigt worden war, denn er hatte, wie Ihr noch hören werdet, die Absicht, sich dessen zu bedienen. Herr de Contay, der Diener des Herzogs von Burgund, der kürzlich vor Arras gefangengenommen worden war, wie Ihr gehört habt, ging und kam auf Ehrenwort zum Herzog; wenn er den Frieden verhandeln könne, hatte ihm der König versprochen, ihm sein Lösegeld und eine sehr große Summe Geldes zu geben. Zufällig kam er am selben Tag beim König an, an dem die beiden genannten Diener des Konnetabels eintrafen. Der König versteckte Herrn de Contay hinter einen großen alten Wandschirm, der in seinem Zimmer war, und mich mit ihm, damit er die Worte mit anhören und seinem Herrn berichten könne, die der Konnetabel und seine Leute gegen den Herzog gebrauchen würden. Dicht neben dem Wandschirm nahm der König auf einem Schemel Platz, damit wir die Worte, die Ludwig de Sainville sprechen würde, hören könnten. Bei ihm war nur Herr du Bouchage. Ludwig de Sainville und sein Begleiter begannen ihre Rede, indem sie sagten, ihr Herr habe sie zum Herzog von Burgund gesandt und ihm mehrere Vorhaltungen gemacht, um ihn von der Freundschaft mit den Engländern abzubringen; sie hätten ihn in einem solchen Zorn gegen die Engländer gefunden, daß nicht viel daran gefehlt hätte, und er hätte sie nicht nur verlassen, sondern er hätte geholfen, sie bei ihrem Rückzug zu vernichten. Als Ludwig de Sainville diese Worte sprach, begann er, da er glaubte, dem König damit zu gefallen, den Herzog von Burgund nachzumachen, mit dem Fuß auf den Boden zu stampfen, beim heiligen Georg zu schwören und den König von England Sohn eines Bogenschützen zu nennen, der seinen Namen trage, und alle anderen Spöttereien, die man in dieser Welt über einen Menschen sagen kann. Der König lachte sehr und sagte ihm, er möge laut sprechen, da er anfange, ein wenig schwerhörig zu werden, und er möge es noch einmal wiederholen. Der andere zögerte nicht und begann noch einmal aus vollem Herzen. Herr de Contay, der mit mir hinter diesem Wandschirm war, war höchst erstaunt und hätte das, was er gehört hatte, niemals geglaubt, wenn man es ihm erzählt hätte.

Der Schluß der Leute des Konnetabels war, daß sie dem König rieten, um alle diese großen Gefahren zu vermeiden, die er ihm drohen sehe, einen Waffenstillstand zu machen; der Konnetabel würde sich erbieten, ihn zu vermitteln, und um diese Engländer zu befriedigen, brauche man ihnen nur eine oder zwei kleine Städte für ihre Winterquartiere zu geben; sie könnten nicht so elend sein, daß sich die Engländer nicht damit zufrieden geben würden. Ohne eine zu nennen schien es, als wollten sie Eu und St-Valéry sagen. Es schien ihm, daß die Engländer sich durch dieses Mittel mit ihm zufrieden geben würden, nachdem er ihnen seine festen Plätze verweigert hatte. Der König, dem es genügte, seine Rolle gespielt und erreicht zu haben, daß Herr de Contay die Worte gehört hatte, die der Konnetabel gebrauchte und durch seine Leute gebrauchen ließ, gab ihnen keine ungnädige Antwort, sondern sagte nur zu ihnen: „Ich werde zu meinem Bruder schicken und ihn meine Nachrichten wissen lassen." Dann entließ er sie. Der eine legte in meine Hand einen Eid ab, wenn er irgend etwas erführe, was den König anginge, wolle er es enthüllen.

Es fiel dem König sehr schwer, daß er es ruhig hinnehmen mußte, als sie ihm rieten, den Engländern Land abzutreten; da er aber fürchtete, daß der Konnetabel noch Schlimmeres täte, wollte er nicht so antworten, daß sie erkennen könnten, er hätte es übel aufgenommen, sondern sandte zu ihm. Der Weg war kurz.

Herr de Contay und ich kamen hinter dem Wandschirm hervor, als die anderen gegangen waren; der König lachte und war sehr guter Laune. Herr de Contay aber war voll Ungeduld, daß er hören mußte, wie sich solche Art von Leuten über seinen Herrn so lustig machen und das noch angesichts der Verhandlungen, die mit ihnen im Gange waren; er war so ungeduldig, daß er schon zu Pferde war, um es seinem Herrn, dem Herzog von Burgund, gleich zu erzählen. Sofort wurde er abgesandt, und seine Instruktion wurde eigenhändig geschrieben; er bekam ein Beglaubigungsschreiben von des Königs Hand und ritt davon.

Wie Ihr gehört habt, war unsere Angelegenheit mit England schon vereinbart, und es wurden alle diese Verhandlungen zur selben Zeit und auf einmal geführt. Diejenigen, die von des Königs Seite sich bei den Engländern eingefunden hatten, hatten, wie Ihr gehört habt, ihren Bericht gemacht, und die Gesandten des englischen Königs kehrten zu ihm zurück. Auf beiden Seiten wurde von den hin- und hergehenden Unterhändlern vereinbart und beschlossen, daß die beiden Könige sich sehen sollten; nachdem sie sich gesehen und die besprochenen Verträge beschworen hätten, sollte der englische König nach England zurückkehren, nachdem er seine zweiundsiebzigtausend Taler erhalten hätte. Bis er über das Meer gekommen sei, solle er Herrn von Howard und seinen Großkämmerer John Cheyne als Geiseln zurücklassen. Den vertrauten Dienern des Königs wurde eine Pension von sechszehntausend Talern besonders versprochen: Lord Hastings zweitausend Taler jährlich (der aber niemals dafür quittieren wollte); dem Kanzler zweitausend Taler; Herrn von Howard, dem Großkämmerer, Saint-Léger, Herrn von Montgomery und anderen der Rest; reichlich Bargeld und silbernes Tafelgeschirr wurde den Dienern König Eduards von England geschenkt.

Als der Herzog von Burgund diese Nachrichten erfuhr, kam er aus Luxemburg, wo er war, in größter Eile zum englischen König; er hatte nur sechzehn Pferde, als er bei ihm ankam. Über diese so plötzliche Ankunft war der englische König sehr erschrocken und fragte ihn, was ihn herführe; er erkannte wohl, daß er sehr erzürnt war. Der Herzog antwortete, er komme, um mit ihm zu sprechen. Darauf fragte ihn der König, ob er mit ihm allein oder öffentlich sprechen wolle. Der Herzog fragte dagegen, ob er den Frieden hätte. Der englische König erwiderte, er hätte nur einen Waffenstillstand auf neun Jahre, in dem er und der Herzog der Bretagne mit einbegriffen seien; er bäte ihn, darin einzuwilligen. Der Herzog brauste mächtig auf, sprach englisch (denn er konnte die Sprache) und führte mehrere große Taten der englischen Könige an, die nach Frankreich gekommen waren, und die Mühen, die sie auf sich genommen hätten, um hier Ehre zu erwerben; diesen Waffenstillstand tadelte er sehr und sagte, er hätte die Engländer nicht wegen seiner eigenen Angelegenheiten ersucht herüberzukommen, sondern damit sie wiederbekämen, was ihnen gehöre. Damit sie sähen, daß er ihr Kommen nicht nötig gehabt hätte, würde er mit unserem König erst Waffenstillstand schließen, wenn der englische König drei Monate jenseits des Meeres sei. Nach diesen Worten brach er auf und ging dahin, woher er gekommen war. Der englische König nahm diese Worte schlecht auf und so auch seine Räte; andere, die mit diesem Frieden nicht zufrieden waren, lobten das, was der Herzog gesagt hatte.

## *Neuntes Kapitel*

Um diesen Frieden zu schließen, quartierte sich der englische König eine halbe Meile vor Amiens ein; der König war am Tor und konnte sie von weitem ankommen sehen. Wenn man nicht lügen will, so schien es wirklich, daß sie im Kriegshandwerk Neulinge waren, denn sie ritten in sehr schlechter Ordnung. Der König schickte dem englischen König dreihundert Wagen, beladen mit dem besten Wein, der aufgetrieben werden konnte. Dieser Wagenzug schien ein ebenso großes Heer zu sein wie das der Engländer. Da Waffenstillstand war, kamen viele Engländer in die Stadt und zeigten sich sehr unklug und als wenig ehrerbietig gegen ihren König. Sie kamen alle bewaffnet und in großen Scharen; wenn unser König hätte treulos vorgehen wollen, hätte er niemals eine so große Schar leichter vernichten können. Seine Gedanken aber waren auf nichts anderes gerichtet, als sie festlich zu bewirten, und sich zu seinen Lebzeiten in einen guten Frieden mit ihnen zu setzen. Am Eingang des Stadttores hatte er zwei große Tafeln errichten lassen, auf jeder Seite eine, mit vielen guten dursterregenden Speisen von allen Sorten und den besten Weinen beladen, mit denen man sich versehen konnte; Leute zur Bedienung waren da; von Wasser war keine Rede. An jedem dieser beiden Tische mußten fünf oder sechs Herren aus gutem Hause Platz nehmen, die dick und wohlbeleibt waren, um denjenigen mehr Spaß zu machen, die Lust zum Trinken hatten; das waren Herr de Craon, Herr de Briquebec, Herr de Bressuire, Herr de Villiers und andere. Als die Engländer sich den Toren näherten, sahen sie diese Anordnung; es waren Leute da, die sich ihrer annahmen und sagten, sie könnten hier eine Lanze brechen; sie führten sie an die Tafel, und sie wurden an diesem Ort gemäß der Anordnung in sehr guter Art bewirtet und ließen es sich gern gefallen. Als sie in der Stadt waren, bezahlten sie nichts, wo sie auch immer einkehrten; es gab neun oder zehn Gasthäuser, die mit allem versehen waren, was ihnen nottat, wo sie hingehen konnten, um zu essen und zu trinken; sie konnten alles verlangen, was sie wollten und brauchten nichts zu bezahlen; dieses dauerte drei oder vier Tage.

Wie sehr dieser Waffenstillstand dem Herzog von Burgund mißfiel, habt Ihr gehört; noch mehr aber mißfiel er dem Konnetabel, der sich auf allen Seiten im Nachteil sah und bemerkte, daß er sich getäuscht hatte. Aus diesem Grunde schickte er seinen Beichtvater an den englischen König mit einem Beglaubigungsschreiben des Inhalts, er möchte um Gottes willen den Versprechungen und Worten des Königs keinen Glauben schenken, sondern nur Eu und St-Valéry einnehmen und dort für einen Teil des Winters Quartier beziehen; denn noch bevor zwei Monate vergangen seien, würde er für seine gute Einquartierung sorgen Eine andere Sicherheit gab er aber nicht, sondern nur sehr große Hoffnungen. Und damit er nicht Ursache hätte, für wenig Geld einen schlechten Vertrag einzugehen, bot er ihm an, ihm fünfzigtausend Taler zu leihen, und machte ihm viele andere Eröffnungen. Schon hatte der König diese beiden Plätze, von denen er sprach, einäschern lassen, da der Konnetabel ihm geraten hatte, sie den Engländern zu geben; davon war der englische König benachrichtigt worden und antwortete dem Konnetabel, daß sein Waffenstillstand geschlossen sei und daß er nichts in dieser Angelegenheit mehr ändere; wenn er das, was er versprochen hatte, gehalten hätte, wäre er diesen Vertrag nicht eingegangen. Damals verlor unser Konnetabel in jeder Weise die Hoffnung.

Ihr habt gehört, wie diese Engländer in Amiens feierten. Eines Abends kam Herr de Torcy zum König und sagte, es seien sehr viele da und die Sache würde gefährlich. Der König fuhr ihn zornig an; so schwieg denn jeder davon. Es war nämlich gerade der Tag der unschuldigen Kindlein in diesem Jahr[16] und an einem solchen Tag sprach der König nicht von solchen Dingen und wollte nichts davon hören; er hielt es für ein großes Unglück, wenn man davon zu ihm sprach und erboste sich heftig gegen die, die gewohnt waren, mit ihm umzugehen und die seine Gewohnheit kannten. Dennoch kam an diesem Morgen, von dem ich spreche, als der König sich erhob und seine Gebete sagte, einer und teilte mir mit, es seien gut neuntausend Engländer in der Stadt. Ich entschloß mich, das Risiko auf mich zu nehmen und es ihm zu sagen und trat wieder in sein Gemach. Ich sagte zu ihm: „Herr, obgleich es der Tag der unschuldigen Kindlein ist, ist es nötig, daß ich Euch melde, was man mir gesagt hat." Ich erzählte es ihm ausführlich, nannte die Zahl, die hier sei, und daß immer neue Bewaffnete kämen; keiner wage ihnen das Tor zu verweigern aus Furcht, sie zu verstimmen. Der König war nicht eigensinnig, sondern verließ sogleich seine Gebete und sagte mir, es sei heute nicht nötig, die Zeremonie der unschuldigen Kindlein zu halten; ich solle zu Pferde steigen und versuchen, mit den Führern der Engländer zu sprechen, um zu sehen, ob sie sie zurückziehen würden; wenn ich einige ihrer Hauptleute träfe, möchte ich ihnen sagen, sie sollten kommen, um mit ihm zu reden; er käme mir augenblicklich an das Tor nach. So geschah es, und ich sprach mit drei oder vier englischen Führern, die ich kannte, und sagte ihnen, was in dieser Sache dienlich war. Für einen Mann, den sie hinausschickten, traten zwanzig ein. Der König sandte mir Herrn de Gié nach, der jetzt Marschall von Frankreich ist.

Wegen dieser Angelegenheit traten wir in ein Wirtshaus ein, wo schon hundertelf Leute bedient worden waren, obgleich es noch nicht neun

[16] Ludwig hatte die in seiner Zeit häufige Gewohnheit, jeweils den Tag der Woche zu begehen, auf den im vergangenen Jahr das Fest der Unschuldigen Kindlein (der 28. Dezember) gefallen war. Dieser Tag wurde als Unglückstag für Geschäfte aller Art betrachtet. Vgl. den Aufsatz von J. Huizinga, Ein merkwürdiger Aberglaube. „Unschuldige Kindlein" als Unglückstag; in: Wege der Kulturgeschichte (Deutsch von W. Kaegi), 1930.

Uhr morgens war. Das Haus war voll: die einen sangen, die anderen schliefen und waren trunken. Als ich das erkannte, schien es mir wohl, daß keine Gefahr vorhanden war, und ich meldete es dem König, der unverzüglich in starker Begleitung zum Tor kam. Heimlich ließ er zwei- oder dreihundert Reisige in den Häusern ihrer Hauptleute bewaffnen und schickte einige von ihnen auf das Torgebäude, durch das sie eintraten. Der König ließ sein Essen in das Haus der Pförtner bringen und lud mehrere englische Adlige ein, bei ihm zu speisen. Der englische König wurde von dieser Unordnung benachrichtigt und schämte sich darüber; er trug dem König auf, man möchte befehlen, niemanden eintreten zu lassen. Der König entgegnete, das würde er niemals tun, aber wenn es dem englischen König gefallen würde, möchte er einige von seinen Bogenschützen schicken, die selbst das Tor bewachten und einließen, wen sie wollten. Und so wurde es gemacht. Auf Befehl des englischen Königs verließen viele Engländer die Stadt.

Um allem ein Ende zu machen, wurde nun beschlossen, einen Ort festzusetzen, wo die beiden Könige sich treffen könnten und Leute abzuordnen, um den Platz zu besichtigen. Vom König gingen Herr du Bouchage und ich hin, für den englischen König Herr von Howard und einer, der Saint-Léger hieß, und ein Herold. Nachdem wir den Fluß genau begangen und geprüft hatten, beschlossen wir, daß Picquigny der schönste und sicherste Ort dafür sei, drei Meilen von Amiens, eine feste Burg, die dem Vitztum von Amiens zugehört, wiewohl sie vom Herzog von Burgund eingeäschert worden war. Die Stadt liegt tief. Die Somme fließt an ihr vorbei, die nicht zu durchwaten und an dieser Stelle nicht breit ist.

Von dort, wo der König herkam, war das Land schön und breit; auf der anderen Seite, von der der König von England kam, war es sehr schön, nur daß dort, wo es auf den Fluß zulief, ein Damm sich wohl zwei große Bogenschüsse weit ausdehnte, der zu beiden Seiten Moräste hatte. Wenn man nicht so gut mit ihm vertraut war, war das ein sehr gefährlicher Weg. Ohne Zweifel sind die Engländer, wie ich anderswo gesagt habe, nicht so geschickt in Verträgen und Abkommen wie die Franzosen; und was man dazu auch sagen mag, sie gehen grob genug zu Werke. Man muß aber ein wenig Geduld haben und mit ihnen nicht so aufgeregt debattieren.

Nachdem unser Ort festgestellt worden war, wurde beschlossen, hier eine sehr mächtige und ziemlich lange Brücke zu bauen. Wir stellten dazu die Zimmerleute und das Material. In der Mitte dieser Brücke wurde, wie man es bei Löwenkäfigen macht, ein sehr starkes Holzgitter angebracht. Die Löcher zwischen den Stangen waren nicht größer, als daß man den Arm leicht hindurchstecken konnte. Das Obere war so weit gegen Regen mit Holzplanken bedeckt, daß sich auf jeder Seite zehn bis zwölf Personen darunterstellen konnten. Das Gitter erstreckte sich bis zum Rand der Brücke, damit man nicht von einer Seite zur anderen hinüberginge. Auf dem Fluß war nur ein Nachen mit zwei Fergen, um diejenigen überzusetzen, die von einer Seite zur anderen wollten.

Ich will den Anlaß erzählen, der unseren König bewog, daß diese Scheidewand so gebaut wurde, so daß man von der einen Seite nicht zur anderen gelangen konnte. Vielleicht kann das jemanden in Zukunft dienen, der sich in einem ähnlichen Fall befindet. Zur Zeit König Karls VII., als er noch sehr jung war, wurde das Königreich von den Engländern hart bedrückt; König Heinrich V. belagerte Rouen und brachte es in große Bedrängnis. Die meisten der Bürger waren Untertanen oder Parteigänger Herzog Johanns von Burgund, der damals herrschte. Zwischen Johann von Burgund und dem Herzog von Orléans war schon ein großer Zwist ausgebrochen, und die meisten des Königreiches waren in zwei Parteien gespalten, wodurch die Sache des Königs nicht besser ging. Denn nie beginnen in einem Land innere Kriege, ohne daß sie nicht am Ende unter Hinterlassung von Schaden und Schwierigkeiten wieder erlöschen.

Wegen dieser besagten Streitigkeiten war schon elf Jahre vorher der Herzog von Orléans in Paris getötet worden[17]. Herzog Johann hatte jetzt ein starkes Aufgebot und hegte die Absicht, diese Belagerung vor Rouen aufzuheben. Um besser zu diesem Ziel gelangen zu können und sich des Königs zu versichern, war vereinbart worden, daß der König und er sich in Montereau sehen sollten, wo die Yonne mündet[18]. Dort wurde eine Brücke und eine Schranke errichtet. In der Mitte dieser Schranke befand sich eine kleine Tür, die von beiden Seiten schloß, und durch die man von einer Seite auf die andere gehen konnte, wenn beide Parteien es wollten. So befand sich der König auf der einen Seite der Brücke und Herzog Johann auf der anderen; beide, besonders der Herzog, waren von zahlreichen Reisigen begleitet. Auf der Brücke begannen sie zu verhandeln. An der Stelle, wo sie sprachen, waren mit dem Herzog nur drei oder vier Personen. Als ihr Gespräch begonnen hatte, wurde der Herzog von Burgund entweder dazu aufgefordert oder durch die Absicht, sich vor dem König zu demütigen, dazu verleitet, von seiner Seite aus zu öffnen; man öffnete ihm von der anderen Seite, und sie gingen zu viert hinüber. Sofort wurde er getötet und die, die ihn begleiteten, auch. Wie jeder weiß, ist daraus seitdem viel Unglück entstanden.

Dieses gehört nicht zu meinem Thema und darum sage ich nichts mehr darüber. Der König erzählte mir nicht mehr und nicht weniger davon, als ich Euch sage, wie er diese Begegnung anordnete. Er sagte, wenn bei der besagten Begegnung die Tür nicht gewesen wäre, hätte man keine Gelegenheit gehabt, den Herzog hinüberzulocken, und dieses

---

[17] Ludwig von Orléans, Bruder Karls VI., wurde am 23. November 1407 in Paris auf Befehl des burgundischen Herzogs Johann ohne Furcht ermordet.

[18] Karl (VII.) war noch Dauphin. Das Treffen fand am 10. September 1419 statt.

ganze Unglück wäre nicht geschehen, dessen Ursache vornehmlich einige der Diener des Herzogs von Orléans waren, der, wie ich Euch gesagt habe, ermordet worden war; diese standen in großem Ansehen bei Karl VII.

## *Zehntes Kapitel*

Als unsere Schranken so, wie Ihr es gehört habt, fertiggestellt waren, kamen am nächsten Tage die beiden Könige. Das war am 29. August des Jahres 1475. Der König hatte ungefähr achthundert Reisige mit sich und war als erster angekommen. Auf der Seite des englischen Königs stand das ganze englische Heer in Schlachtreihe. Obgleich wir nicht alles auf einmal übersehen konnten, so schien es uns doch, daß eine wunderbare und große Anzahl Reiter versammelt sei. Was wir auf unserer Seite hatten, erschien dagegen wie nichts. Es war auch nicht ein Viertel unseres Heeres da. Es war gesagt worden, daß mit jedem der Könige zwölf ihrer vertrautesten und vornehmsten Männer an die Schranke kommen sollten, die schon bestimmt waren. Auf unserer Seite hatten wir vier Engländer, die sehen sollten, was unter uns vorgehe, und ebensoviele hatten wir auf englischer Seite. Wie ich Euch gesagt habe, war der König als erster angekommen und war schon an der Schranke. Wir waren zu Zwölfen bei ihm, unter denen der verstorbene Herzog Johann von Bourbon war und der Kardinal, sein Bruder. Es war des Königs Wille gewesen, daß ich diesen Tag ihm gleich gekleidet gehe. Er war seit langem daran gewöhnt, jemanden zu haben, der sich häufig so kleidete wie er[19].

Der englische König kam den besagten Damm entlang und erschien in stattlicher Begleitung, ganz als König. Bei ihm waren der Herzog von Clarence, sein Bruder, der Graf von Northumberland und einige andere Herren, sein Kämmerer Hastings, sein Kanzler und andere, und nur drei oder vier waren dem König gleich in Goldstoffe gekleidet. Der König hatte ein schwarzes Sammetbarett auf dem Haupte, das von einer großen Lilie aus Edelsteinen geschmückt war. Er war ein sehr schöner und großer Fürst, aber er begann dick zu werden; ich hatte ihn früher schöner gesehen, denn ich erinnere mich nicht, jemals einen schöneren Mann gesehen zu haben als ihn, zur Zeit als er vor Herrn von Warwick aus England fliehen mußte.

Als er sich der Schranke auf vier oder fünf Schritte genähert hatte, nahm er sein Barett ab und beugte das Knie bis einen halben Fuß von der Erde. Der König machte ihm auch eine große Verbeugung und war schon an die Schranke gelehnt; und sie begannen, sich durch das Gitter zu umarmen, und der englische König grüßte nochmals und noch tiefer.

19 Zu dieser Sitte J. Huizinga, Herbst des Mittelalters, 2. Kapitel. In unsrem Fall spielt das Sicherheitsbedürfnis Ludwigs doch wohl eine Rolle.

Der König begann das Gespräch und sagte zu ihm: „Mein Vetter, Ihr seid herzlich willkommen. Es gibt keinen Menschen auf der Welt, den ich so sehr zu sehen gewünscht hätte, wie Euch. Und ich danke Gott, daß wir hier zu dieser guten Absicht versammelt sind.“ Der englische König dankte auf diesen Gruß in ziemlich gutem Französisch. Nun begann der Kanzler von England, ein Prälat und Bischof von Ely, zu reden und fing mit einer Prophezeiung an, um die die Engländer niemals verlegen sind, die besagte, daß hier in Picquigny ein großer Friede zwischen Frankreich und England geschlossen werden sollte. Danach wurden die Urkunden entfaltet, die der König dem englischen König hatte geben lassen, und die den vereinbarten Vertrag betrafen. Der Kanzler fragte den König, ob er sie in dieser Form befohlen habe und ob sie ihm angenehm seien. Darauf antwortete der König mit „ja“ und erkannte auch diejenigen an, die ihm von seiten des Königs von England gegeben wurden. Dann wurde das Missale gebracht, auf das die beiden Könige eine Hand legten und die andere auf das heilige und wahre Kreuz; sie schwuren beide, das zu halten, was sie sich gegenseitig versprochen hatten: das war der Waffenstillstand auf neun Jahre mit Einschluß der beiderseitigen Verbündeten und die Erfüllung der Ehe ihrer Kinder, so wie es in diesem Vertrage enthalten war. Nach diesem Eid begann unser König, der die Unterhaltung beherrschte, lachend zum König von England zu sagen, er müsse nun auch nach Paris kommen, damit er mit den Damen gefeiert werden könne; den Kardinal von Bourbon würde er ihm zum Beichtvater geben, der ihn sehr gern von gewissen Sünden lösen würde, falls er sie etwa begangen habe, denn er wußte wohl, daß der Kardinal ein guter Geselle war.

Als dieses Gespräch eine Weile in ähnlichem Ton fortgegangen war, ließ der König, der zeigte, daß er in dieser Gesellschaft der Überlegene war, uns zurücktreten und sagte, er wolle mit dem englischen König allein sprechen. Die Begleiter des englischen Königs zogen sich ebenfalls zurück, ohne daß man es ihnen erst sagte. Als die beiden Könige ein wenig zusammen gesprochen hatten, rief mich der König und fragte den englischen König, ob er mich kenne. Er bejahte es und nannte die Orte, an denen er mich gesehen hatte und sagte, daß ich ehemals für ihn in Calais tätig gewesen sei, zur Zeit, als ich noch beim Herzog von Burgund war. Der König fragte ihn, ob der Herzog von Burgund den Waffenstillstand nicht halten wolle, weil er so hochmütig darauf geantwortet habe und, wie Ihr gehört habt, auch sagte, er täte das, was ihm gefiele. Der englische König erwiderte, er wolle es ihm nochmals anbieten, und wenn er ihn nicht annehmen wolle, sollten sie es unter sich ausmachen. Danach kam der König auf den Herzog der Bretagne zu sprechen, um dessentwillen er überhaupt so begonnen hatte, und richtete an ihn dieselbe Frage. Der englische König antwortete ihm, er bitte ihn, gegen den Herzog der Bretagne keinen Krieg zu führen, er habe in seiner Not niemals einen besseren Freund gefunden. Hierauf schwieg der König und, nachdem er seine Begleitung zurückgerufen hatte, nahm er mit den huldvollsten und liebenswürdigsten Worten vom englischen König Abschied und sagte jedem seiner Leute einige gute Worte. So zogen sich beide zur selben oder fast zur selben Zeit von der Schranke zurück und stiegen zu Pferde. Der König ritt nach Amiens und der englische König in sein Lager, wohin man aus dem Vorrat des Königs alles, was er nötig hatte, schickte, bis auf Windlichter und Kerzen.

An diesem Gespräch hatten der Herzog von Gloucester, der Bruder des englischen Königs, und einige andere nicht teilgenommen, die mit diesem Frieden nicht einverstanden waren. Aber später änderten sie ihre Meinung, und bald darauf kam der Herzog von Gloucester bis nach Amiens zum König, der ihm sehr schöne Geschenke, wie Silbergeschirr und geschmückte Pferde, machen ließ.

Als der König sich von dieser Begegnung zurückzog, sprach er unterwegs mit mir über zwei Punkte. Er fand den englischen König zu bereit, nach Paris zu kommen, und dieses mißfiel ihm; er sagte: „Er ist ein sehr schöner König und liebt die Frauen sehr; er könnte in Paris irgendeine Listige finden, die ihm so viele schöne Worte zu sagen weiß, daß er Lust verspürt, wiederzukommen." Er meinte, daß seine Vorfahren zuviel in Paris und in der Normandie gewesen seien, und daß die Freundschaft diesseits des Meeres keinen Wert habe; jenseits des Meeres wolle er ihn gern zum Bruder und Freund haben. Auch machte sich der König Sorgen darüber, daß er ihn ein wenig widerspenstig gefunden hätte, als er mit ihm über den Herzog der Bretagne sprach, da er gern erreicht hätte, daß er sich zufrieden geben würde, wenn man den Krieg in die Bretagne trüge. Er ließ ihn nochmals durch Herrn du Bouchage und Herrn St-Pierre ausforschen. Als der englische König sich aber so bedrängt sah, antwortete er, daß er ein zweites Mal herüberkommen wolle, wenn die Bretagne bekriegt würde, um sie zu verteidigen. Als man seine Antwort gehört hatte, sprach man mit ihm nicht mehr davon.

Als der König in Amiens angekommen war und speisen wollte, kamen drei oder vier englische Herrn, um mit ihm zu essen, die geholfen hatten, diesen Frieden zu verhandeln. Herr von Howard begann dem König ins Ohr zu sagen, er wüßte ein gutes Mittel, den König, seinen Herrn, nach Amiens kommen zu lassen, wenn er es wolle, und von ungefähr bis nach Paris, um sich mit dem König dort zu vergnügen. Obgleich ihm dieses Angebot nicht sonderlich gefiel, machte er dazu eine gute Miene, ohne viel auf diesen Vorschlag zu antworten; mir aber sagte er ins Ohr, er habe sich gedacht, daß dieses Angebot kommen würde. Nach dem Essen sprachen sie noch zusammen, aber das Klügste, was man tun konnte, war, daß man dieses Unternehmen abbrach und sagte, der König müsse in großer Eile abreisen, um gegen den Herzog von Burgund zu ziehen.

Obgleich diese Dinge sehr gewichtig waren und man sich auf beiden Seiten Mühe gab, sie klug zu leiten, geschahen dabei dennoch amüsante

Dinge, die nicht zu vergessen sind. Niemand, der die großen Übel gesehen hat, die die Engländer noch kürzlich über dieses Königreich gebracht haben, wird erstaunt darüber sein, wenn der König daran arbeitete und keine Kosten scheute, sie in liebenswürdiger Weise hinauszubringen, damit er sie in Zukunft noch zu Freunden haben könne, oder sie ihn mindestens nicht bekriegten.

Am Tage nach unserer Zusammenkunft kamen große Scharen von Engländern nach Amiens, und es wurde uns von einigen erzählt, der Heilige Geist habe diesen Frieden geschlossen, denn alle berufen sich auf Prophezeiungen. So sprachen sie, weil sich am Tage des Treffens auf dem Zelt des Königs von England eine weiße Taube befunden hatte und sich nicht verscheuchen ließ, welcher Lärm auch im Lager war. Einige aber meinten, es hätte ein wenig geregnet, dann sei die Sonne groß herausgekommen, und die Taube hätte sich auf die höchste Spitze des Zeltes gesetzt, um sich zu trocknen. Diesen besagten Grund nannte mir ein gasconischer Edelmann in Diensten des Königs von England, namens Ludwig de Bretelles, der mit dem Vertrag sehr unzufrieden war. Da er mich lange Zeit kannte, sprach er vertraulich mit mir und sagte, wir machten uns über den englischen König lustig. Ich fragte ihn, wieviele Schlachten der englische König gewonnen habe. Er erwiderte: neun, in denen er selbst dabei war. Dann fragte ich ihn, wieviele er verloren habe. Er sagte mir, er habe nur eine verloren, und diese eine hätten wir ihn verlieren lassen; er hielt dafür, daß diese Schande, in einem solchen Zustand nach Hause geschickt zu werden, viel größer sei, als die Ehre, die er in den neun Schlachten gewonnen hätte. Ich erzählte dies dem König, der mir sagte, daß das ein ganz gefährlicher Schurke sei, der am Sprechen gehindert werden müsse. Er ließ ihn zu Tisch holen und mit ihm speisen und bot ihm sehr gute und schöne Stellen an, wenn er dableiben wollte. Als er sah, daß er nicht bleiben wollte, gab er ihm 1000 Taler bar und versprach ihm, einigen Brüdern, die er in Frankreich hatte, Gutes zu tun. Ich sagte ihm einige Worte ins Ohr, damit er sich Mühe gäbe, die eben begonnene Freundschaft zwischen den beiden Königen zu unterhalten.

Es gab nichts auf der Welt, vor dem der König größere Angst gehabt hätte, als davor, daß ihm irgendein Wort entschlüpfte, aus dem die Engländer entnehmen konnten, daß er sich über sie lustig mache. Und gerade am nächsten Tage nach dieser Zusammenkunft, als er in seinem Gemach war und wir nur zu dreien oder vieren bei ihm waren, entwischte ihm ein spöttisches Wort über die Weine und Geschenke, die er ins englische Lager geschickt hatte. Als er sich umwandte, bemerkte er einen gasconischen Kaufmann, der in England wohnte; der war gekommen, um seine Erlaubnis zu erbitten, daß er eine gewisse Menge gasconischer Weine, ohne etwas zu bezahlen, ausführen dürfe, was dem Kaufmann sehr nützlich sein konnte, wenn es ihm gewährt werden würde. Unser Herr war sehr erschrocken, als er ihn sah und wußte nicht, wie er hereingekommen sein konnte. Er fragte ihn, aus welcher Stadt in der Guyenne er sei und ob er in England verheiratet wäre. Das bejahte der Kaufmann, aber es gehe ihm da nicht gut. Unverzüglich gab der König ihm einen Mann mit, bevor er von da abreiste, der ihn nach Bordeaux führte. Auf Anordnung des Königs sprach ich mit ihm; er erhielt ein sehr schönes Amt in der Stadt, in der er geboren war, und die Erlaubnis der Weinausfuhr, um die er gebeten hatte, und tausend Franken bar, um seine Frau kommen zu lassen; er schickte seinen Bruder nach England, ohne daß er selbst hinging. So bestrafte sich der König mit dieser Buße, da er erkannte, daß er zuviel gesprochen hatte.

## *Elftes Kapitel*

An diesem Tage, von dem ich sprach — es war der nächste nach unserer Zusammenkunft — schickte der Konnetabel seinen Diener Rapine, dem der König später Wohltaten erwiesen hat und der ein guter Diener seines Herrn war, mit Briefen zum König. Unser Herr wollte, daß Herr Du Lude und ich seine Beglaubigung hörten. Nun war Herr de Contay schon von der oben erwähnten Verhandlung gegen den Konnetabel zurückgekehrt, und der Konnetabel wußte nicht mehr, welchen Heiligen er sich geloben sollte und hielt sich für verloren. Die Worte, die Rapine uns sagte, waren sehr demütig: sein Herr wisse wohl, daß man viele Berichte an den König gegen ihn gemacht habe, aber er könne wohl aus Erfahrung wissen, daß er keinen Fehler hätte machen wollen. Und um den König noch mehr von seiner Gesinnung zu überzeugen, werde er in Verhandlungen eintreten, um den Herzog von Burgund dahin zu bringen, daß er mithelfe, den englischen König und seine ganze Schar zu überfallen, wenn er wolle. Nach seiner Art zu reden schien es wohl, daß sein Herr aller Hoffnung beraubt war. Wir sagten ihm, daß wir mit den Engländern in gutem Einvernehmen seien und daß wir hier keinen Streit wollten; Herr Du Lude, der mit mir war, wagte es sogar, ihn zu fragen, ob er nicht wüßte, wo sein Herr sein Bargeld hätte. Ich wundere mich sehr, daß diese Rede (da Rapine ein treuer Diener war) den Konnetabel nicht hat fliehen und die Lage erkennen lassen und das, was man ihm zugedacht hatte, angesichts der Gefahr, in der er erst vor noch nicht einem Jahr gewesen war. Aber ich habe wenige Leute in meinem Leben gesehen, die zur rechten Zeit zu fliehen wußten, weder hier noch anderswo: die einen haben keine Hoffnung, Aufnahme und Sicherheit in den benachbarten Ländern zu finden; die anderen hängen zu sehr an ihren Gütern, Frauen und Kindern. Diese Gründe sind die Ursache dafür, daß viele mächtige Leute umkommen.

Als wir dem König unseren Bericht gemacht hatten, rief er einen Sekretär. Bei ihm waren nur Herr von Howard, der Diener des englischen Königs, der von dem, was man sich gegen den Konnetabel vorbehalten hatte, nichts wußte, Herr de Contay, der vom Herzog von Burgund zurückgekehrt war und wir beide, die wir mit Rapine gesprochen hatten. Der König diktierte einen Brief an den Konnetabel; er meldete ihm, was an dem Tage vorher mit dem Waffenstillstand gemacht worden sei; er sei mit vielen großen Angelegenheiten beschäftigt und brauche einen solchen Kopf wie den seinen. Dann wandte er sich wieder zu dem Engländer und zu Herrn de Contay und sagte zu ihnen: „Ich meine damit nicht, daß wir den Körper wollen, sondern nur den Kopf; der Rumpf kann dort bleiben." Dieser Brief wurde Rapine gegeben, der ihn sehr gut fand; es schien ihm sehr schmeichelhaft zu sein, daß der König sagte, er brauche sehr nötig einen solchen Kopf wie den seines Herrn und er verstand den Sinn dieser Worte nicht.

Der englische König schickte dem König die Beglaubigungsschreiben, die der Konnetabel geschrieben hatte, und berichtete ihm alle Worte, die er ihm jemals gesandt hatte. Daraus könnt Ihr sehen, in welchen Zustand er zwischen diese drei großen Herren geraten war, denn jeder der drei wünschte ihm den Tod.

Nachdem der englische König sein Geld erhalten hatte, machte er sich geradewegs in guten Tagesmärschen auf nach Calais, denn er fürchtete den Haß des Herzogs von Burgund und der Bevölkerung des Landes. Und wirklich, wenn seine Leute sich zerstreuten, blieb mancher für immer in den Hecken. Als Geiseln ließ er, wie versprochen, Herrn von Howard und Herrn Johann Cheyne, den Großkämmerer von England, zurück, bis er das Meer überquert hätte. Ihr habt am Anfang dieses Abschnitts von England gehört, daß dem dortigen König die ganze Sache nicht sehr wichtig war. Denn als er noch in Dover, in England, war, bevor er an Bord ging, um herüberzusegeln, trat er schon mit uns in Verhandlungen ein. Was ihn dennoch herüberfahren ließ, waren zwei Absichten: erstens wünschte es sein ganzes Königreich, wie man es in vergangener Zeit gewohnt gewesen war, und der Herzog von Burgund half ihm noch nach; zweitens wollte er eine schöne große Summe Geldes einkassieren, die in England für die Überfahrt erhoben wird. Denn, wie Ihr gehört habt, erhalten die englischen Könige nichts als die Einkünfte am Eigengut, wenn es nicht für einen Krieg gegen Frankreich ist. Noch eine andere List hatte der englische König angewandt, um seine Untertanen zu befriedigen. Er hatte zehn bis zwölf dicke und fette Männer aus London und anderen Städten mitgenommen, die die Führer der englischen Gemeinen waren, und die am meisten für diese Überfahrt und die Aufstellung des Heeres geworben hatten. Der König ließ sie in guten Zelten wohnen, aber das war nicht das Leben, das sie gewohnt waren, und sie wurden gleich müde; sie glaubten, wenn sie drei Tage in Frankreich seien, würden sie gleich eine Schlacht haben. Der englische König half, bei ihnen die Angst und Furcht zu nähren, damit sie Geschmack am Frieden finden und ihm helfen würden, wenn er nach

England zurückkehre, das Murren auszulöschen, das sich infolge seiner Rückkehr erheben könnte. Denn seit den Tagen des Königs Arthus hatte niemals ein englischer König so viele Leute auf einen Schlag über das Meer geführt. Er kehrte, wie Ihr gehört habt, sehr eilig zurück; es blieb ihm viel Geld von dem übrig, das er zur Löhnung seiner Reisigen erhoben hatte. So gelangte er zu den meisten seiner Absichten. Er war nicht mit den Eigenschaften ausgestattet, um die Anstrengungen zu ertragen, die für einen englischen König nötig sind, der in Frankreich Eroberungen machen will. Und zu dieser Zeit war unser König gut für eine Verteidigung vorbereitet, wenn er sich auch nicht überall vor den Feinden, die er hatte, schützen konnte, da es zu viele waren.

Einen anderen großen Wunsch hatte der englische König: das war der Abschluß der Ehe Karls VIII., der heute regiert, mit seiner Tochter; und diese Heirat ließ ihn seitdem viele Dinge hinnehmen, die sich zum großen Nutzen unseres Königs wandten.

Als die Engländer wieder in England waren, außer den Geiseln, die bei dem König blieben, zog unser Herr gen Laon in eine kleine Stadt Vervins, an den Marken des Hennegaus; in Avesnes fanden sich der Kanzler von Burgund und andere Gesandte mit Herrn de Contay für den Herzog von Burgund ein. Dieses Mal wünschte der König alles zu befrieden. Die große Zahl von Engländern hatte ihm Furcht eingeflößt; denn er hatte zu seiner Zeit ihre Taten in diesem Königreich gesehen und wünschte nicht, daß sie wiederkämen. Der König bekam von dem Kanzler Nachrichten, die besagten, er möchte seine Leute nach einer kleinen Brücke halben Weges zwischen Avesnes und Vervins schicken, wo er und seine Begleiter sich einfinden würden. Der König entgegnete ihm, er würde sich selbst dort einfinden, obgleich einige, die er befragte, nicht dieser Meinung waren. Dennoch ging er hin und führte die englischen Geiseln mit; sie waren anwesend, als der König die Gesandten empfing, die sehr stattlich von Bogenschützen und anderen Kriegsleuten begleitet waren. Zu dieser Stunde hatten sie keine weitere Unterredung, und man führte sie zu Tisch.

Einer dieser Engländer begann den Vertrag zu bereuen und sagte zu mir in einem Fenster, wenn sie viele solcher Leute beim Herzog von Burgund gesehen hätten, hätten sie sicher den Vertrag nicht gemacht. Herr de Narbonne, der sich heute Herr de Foix nennt, hörte diese Worte und sagte zu ihm: „Seid Ihr denn so einfältig, daß Ihr denkt, der Herzog von Burgund hätte nicht eine große Anzahl solcher Leute? Er hat sie nur fortgeschickt, damit sie sich erholen. Aber Ihr wolltet ja so gern nach Hause zurückkehren, daß Euch die sechshundert Fässer Wein und eine Pension, die Euch der König gab, sehr schnell nach England gebracht haben.“ Der Engländer wurde wütend und sagte: „So ist es doch wahr, was uns jeder gesagt hat, daß Ihr Euch über uns lustig macht. Nennt Ihr das Geld, das der König uns gibt, eine Pension? Das ist Tribut. Und, beim heiligen Georg, Ihr könntet einmal noch so viel darüber reden, bis wir schließlich wiederkommen." Ich unterbrach die Rede und wandte sie ins Lächerliche; aber der Engländer gab sich nicht damit zufrieden und sagte davon dem König etwas, der auf Herrn de Narbonne sehr erzürnt war.

Dieses Mal hatte der König keine großen Unterredungen mit dem Kanzler, und es wurde vereinbart, daß sie nach Vervins kommen sollten. Das geschah, und sie kamen mit dem König. Als sie in Vervins angekommen waren, beauftragte der König Herrn Tanneguy Du Chastel und Herrn Pierre d'Oriole, den Kanzler Frankreichs, mit ihnen und anderen zu verhandeln. Von jeder Seite wurden große Vorhaltungen gemacht, und jeder wollte seine Partei hochhalten. Die Genannten kamen zum König, um zu berichten, und sagten, die Burgunder seien stolz in ihren Reden, sie aber hätten herzhaft geantwortet und erzählten dem König die Antworten, die sie gegeben hätten; mit ihnen war der König nicht zufrieden und sagte zu ihnen, alle diese Antworten seien ihnen schon viele Male gegeben und es sei keine Rede von einem endgültigen Frieden, sondern nur von einem Waffenstillstand, er wünsche nicht, daß man noch mehr solcher Worte gegen sie gebrauche und wolle selbst mit ihnen sprechen. Er ließ den Kanzler und die anderen Gesandten in sein Zimmer kommen; bei ihm blieben nur der verstorbene Admiral, Bastard von Bourbon, Herr Du Bouchage und ich. Er schloß den Waffenstillstand auf neun Jahre, und jeder behielt sein Gebiet. Die Gesandten baten aber den König, daß er noch nicht veröffentlicht werde, um den Eid des Herzogs zu retten, der geschworen hatte, ihn nicht eher zu schließen, bis der englische König eine gewisse Zeit aus dem Königreich sei, damit es nicht den Anschein hätte, als habe er seinen Frieden angenommen.

Der englische König, sehr erzürnt darüber, daß der Herzog von Burgund seinen Waffenstillstand nicht hatte annehmen wollen, war benachrichtigt worden, daß der König über einen anderen mit dem Herzog verhandele und schickte einen ihm sehr vertrauten Ritter namens Thomas von Montgomery zum König nach Vervins, gerade als der König den besagten Waffenstillstand mit den Gesandten des Herzogs von Burgund besprach. Herr Thomas ersuchte den König, er möchte keinen anderen Waffenstillstand mit dem Herzog machen, als den, den er geschlossen habe. Auch bat er ihn, dem Herzog nicht St-Quentin zu geben, und bot dem König an, daß er, wenn er den Krieg gegen den Herzog fortsetzen wolle, gern für ihn und zu seinen Gunsten im nächsten Sommer wiederkommen wolle, vorausgesetzt, daß der König ihm den Schaden ersetzen wollte, den er haben würde; denn die Wollsteuer von Calais würde ihm nichts einbringen (diese Steuer kann wohl fünfzigtausend Taler betragen). Auch müßte der König die eine Hälfte seines Heeres bezahlen und der englische König die andere. Der König dankte dem englischen König sehr, gab Herrn Thomas Silbergeschirre und entschuldigte sich wegen des Krieges; er sagte, der Waffenstillstand sei schon unterzeichnet und dieses sei derselbe, den die beiden Könige gemacht hätten, mit derselben Frist von neun Jahren; der Herzog aber habe besondere Urkunden darüber verlangt; er entschuldigte die Sache, so gut er konnte, um den Gesandten zufrieden zu stellen, der wieder zurückkehrte, ebenso wie diejenigen, die als Geiseln dageblieben waren.

Der König erregte sich sehr über die Angebote, die der englische König ihm gemacht hatte, und nur ich war zugegen, um sie zu hören. Es schien ihm eine sehr gefährliche Sache zu sein, den englischen König wiederkommen zu lassen: es brauchte gar nicht viel zu geschehen, um Streitigkeiten zwischen Franzosen und Engländern entstehen zu lassen, wenn sie sich zusammenfänden, und wie leicht könnten sich die Burgunder von neuem wieder mit ihnen vereinigen; es schien ihm noch dringender, diesen Waffenstillstand mit den Burgundern abzuschließen.

## *Zwölftes Kapitel*

Als der Waffenstillstand geschlossen war, wurde der Handel gegen den Konnetabel wieder vorgenommen. Und, um keine lange Einleitung zu machen, es wurde das, was in Bouvignes gemacht worden war, wieder hervorgeholt, von dem ich vorher schon gesprochen habe. Die Urkunden über diese Angelegenheit wurden gegenseitig ausgetauscht. Durch diesen Handel wurde dem Herzog St-Quentin, Ham und Bohaim versprochen und alles, was der Konnetabel unter der Macht des Herzogs besaß und alle seine fahrende Habe, auf welcher Seite sie auch war. Es wurde die Art und Weise seiner Belagerung in Ham, wo er sich aufhielt, festgesetzt und beschlossen. Wer ihn zuerst gefangengenommen hätte, sollte ihm in acht Tagen den Prozeß machen oder ihn seinem Partner ausliefern.

Die Abmachung wurde bald ruchbar, und die besten Edelleute, die der Konnetabel hatte, fingen an, ihn zu verlassen, wie Herr de Genlis und mehrere andere. Der Konnetabel, der wußte, daß der englische König seine Briefe ausgeliefert und alles entdeckt hatte, was er von ihm wußte, und daß seine Feinde diesen Waffenstillstand durchgesetzt hatten, begann sehr große Furcht zu bekommen und schickte zum Herzog von Burgund, ihn zu bitten, er möchte ihm Sicherheit senden, damit er mit ihm über die Dinge, die ihn nahe angingen, sprechen könne. Zuerst zauderte der Herzog, sie ihm zu geben, aber schließlich gab er sie ihm doch.

Viele Gedanken hatte dieser mächtige Mann sich schon gemacht, welchen Weg er nehmen sollte, um zu fliehen, denn er war über alles unterrichtet und hatte die Duplikate der Urkunden gesehen, die in Bouvignes gegen ihn ausgetauscht worden waren. Einmal wandte er sich an einige seiner Diener, die Lothringer waren: mit diesen beschloß er nach

Deutschland zu fliehen und eine große Summe Geldes dorthin mitzunehmen, da der Weg sehr sicher war. Er wollte einen festen Platz am Rhein kaufen und sich dort so lange aufhalten, bis er sich mit einer der beiden Parteien ausgesöhnt hätte. Ein anderes Mal beschloß er, seine gute Burg in Ham zu halten, die ihn so viel gekostet hatte, denn er hatte sie für einen solchen Notfall als Rettung gebaut und sie mit allen Dingen versehen, wie nur je eine Burg, die wir kennen. Er fand aber keine Leute mehr, die willens waren, bei ihm zu bleiben, denn alle seine Diener waren in den Herrschaftsgebieten des einen oder anderen Fürsten geboren. Und gerade weil seine Furcht so groß war, wagte er es nicht, sich ihnen genügend zu entdecken; ich glaube gewiß, daß er eine gute Anzahl gefunden hätte, die ihn nicht verlassen hätte. Es war für ihn nicht so gefährlich, von beiden Fürsten belagert zu werden, als von einem, denn es war ganz unmöglich, daß die beiden Heere sich vertragen würden. Sein letzter Ausweg war, mit dieser Sicherheit zum Herzog von Burgund zu gehen; er nahm nur fünfzehn bis zwanzig Reiter mit und zog nach Mons im Hennegau, wo Herr d'Aimeries, der Großbailly des Hennegaus, sich befand, der ein sehr enger Freund des Konnetabels war. Dort hielt er sich auf und wartete auf Nachrichten vom Herzog von Burgund, der gegen den Herzog von Lothringen den Krieg begonnen hatte, da ihm dieser während der Belagerung von Neuß aufgesagt und in seinem Lande Luxemburg Schaden angerichtet hatte.

Sobald der König von der Abreise des Konnetabels erfuhr, beschloß er, dem vorzubeugen, daß der Konnetabel wieder die Freundschaft des Herzogs von Burgund erlange, und zog eilig vor St-Quentin. Er ließ dort sieben- bis achthundert Reisige aufbieten und rückte mit ihnen vor, da er von der Stärke der Besatzung wohl unterrichtet war. Wie er nahe an die Stadt kam, kamen ihm einige entgegen und stellten sich ihm zur Verfügung. Unser Herr befahl mir, die Stadt zu betreten und Quartier zu machen. So geschah es; die Reisigen ritten ein und nach ihnen der König, der von den Bürgern der Stadt wohl empfangen wurde. Einige der Leute des Konnetabels zogen sich in den Hennegau zurück. Bald wurde der Herzog von Burgund vom König selbst von der Einnahme von St-Quentin unterrichtet, um ihm die Hoffnung zu nehmen, daß er sie aus der Hand des Konnetabels wiederbekäme. Als der Herzog diese Nachrichten erfuhr, befahl er Herrn d'Aimeries, seinem Großbailly des Hennegaus, die Stadt Mons so bewachen zu lassen, daß der Konnetabel nicht entweichen könne; ihm müsse verboten werden, seine Herberge zu verlassen. Dieser Bailly wagte nicht abzulehnen und handelte entsprechend. Dennoch war die Bewachung für einen einzigen Mann nicht streng, wenn er hätte entfliehen wollen.

Was sollen wir hier von Fortuna sagen? Dieser Mann hatte auf den Grenzen zwischen den beiden feindlichen Fürsten sehr feste Plätze in seinen Händen, hatte vierhundert gut besoldete Reisige, deren Kommissar er war, und brachte dort hinein, wen er wollte; zwölf Jahre lang hatte er sie schon geführt. Er war ein sehr kluger und tapferer Ritter, der viel gesehen hatte und sehr reich war, und nun war er ohne Mut und ohne alle Mittel! Man muß wohl sagen, daß diese trügerische Fortuna ihn sehr mißgünstig angesehen hat! Aber um es besser zu sagen, muß man antworten, daß solche großen wunderbaren Wandlungen nicht von Fortuna kommen, und daß Fortuna nichts weiter als eine dichterische Erfindung ist. Nach allem Gesagten und vielem anderen, was ich nicht erzählt habe, muß Gott ihn verlassen haben. Und wenn es einem Menschen zukommt zu urteilen — er darf es eigentlich nicht, und besonders ich nicht — so würde ich sagen, daß es die Ursache seiner Bestrafung war, daß er mit seiner ganzen Kraft daran gearbeitet hat, den Krieg zwischen dem König und dem Herzog zu verlängern. Denn darauf war sein großes Ansehen und seine große Macht gegründet. Um sie in diesem Zwist zu erhalten, brauchte er nicht viel zu tun, denn ihre Veranlagungen waren von Natur aus verschieden. Derjenige müßte sehr unwissend sein, der glauben würde, daß es Fortuna oder etwas Ähnliches sei, die einen so klugen Mann dazu verleitet hat, sich auf einmal die Feindschaft dieser beiden Fürsten zuzuziehen, die sich in ihrem ganzen Leben in nichts einigten als in diesem, und dazu noch die des englischen Königs, der seine Nichte geheiratet hatte, und alle Verwandten seiner Frau und besonders die des Hauses St-Pol sehr liebte. Wahrlich und gewiß war er aus der Gnade Gottes ausgestoßen, da er sich mit diesen drei großen Fürsten verfeindete und keinen einzigen Freund hatte, der es gewagt hätte, ihn eine Nacht zu beherbergen. Keine Fortuna hatte ihre Hand daran gelegt. So geschah es und wird es anderen geschehen, die nach großem Wohlstand in großes Unglück fallen.

Als der Konnetabel festgesetzt worden war, sandte der König an den Herzog von Burgund, er solle ihn entweder ausliefern oder den Inhalt seiner Urkunde erfüllen. Der Herzog sagte, er werde es so tun, und ließ den Konnetabel nach Péronne bringen und ihn scharf bewachen.

Der Herzog von Burgund hatte schon mehrere feste Plätze in Lothringen und Bar erobert und lag vor Nancy, das sich sehr gut verteidigte. Der König hatte eine große Anzahl Reisige in der Champagne, was dem Herzog Furcht machte, denn es war im Waffenstillstand nicht vereinbart, daß er den Herzog von Lothringen vernichten dürfe, der sich dem König angeschlossen hatte. Herr du Bouchage und andere Gesandte bedrängten den Herzog sehr, seinen Vertrag zu halten. Immer sagte er, er werde es tun; aber die Frist von acht Tagen, in der er ihn ausliefern oder vor Gericht stellen sollte, verstrich um mehr als einen Monat. Als er sich so bedrängt sah, fürchtete er, der König werde ihn bei seiner Unternehmung in Lothringen hindern, die er sehr gern zu Ende geführt haben wollte, um einen Durchgang von Luxemburg nach Burgund zu haben und alle seine Besitzungen abzurunden (denn wenn er dieses kleine Herzogtum besaß, kam er von Holland bis nach Lyon immer durch seine eigenen Länder). Aus diesen Gründen schrieb er an seinen

Kanzler und an den oft genannten Herrn de Humbercourt, die beide unversöhnliche Feinde des Konnetabels waren, sie möchten nach Péronne ziehen und an einem von ihm genannten Tage den Konnetabel denjenigen, die der König schicken würde, ausliefern; die beiden Genannten hatten nämlich in seiner Abwesenheit Vollmacht von ihm; er befahl Herrn d'Aimeries, ihn ihnen zu übergeben.

Unterdessen beschoß der Herzog Nancy stark. Drinnen waren tapfere Leute, die es gut verteidigten. Ein Hauptmann des Herzogs war der Graf Campobasso, gebürtig aus dem Königreich Neapel und daraus verbannt als Parteigänger der Anjou[20]. Er hatte schon Beziehungen zu dem Herzog von Lothringen aufgenommen. (Herr von Lothringen, der ein sehr naher Verwandter und Erbe des Hauses Anjou war, hatte ein Mittel gefunden, ihn zu gewinnen; und auch die Liebe, die der Graf für dieses Haus Anjou empfand, dessen Partei er im Königreich Neapel hielt und um dessentwillen er flüchtig war, ließ ihn seinen Herrn zugunsten des Herzogs von Lothringen täuschen.) Er hatte versprochen, die Belagerung hinzuziehen und es an den nötigen Dingen zur Einnahme der Stadt fehlen zu lassen. Das konnte er gut tun, denn er war damals der mächtigste Mann im Heer und wurde, wie ich später noch erzählen werde, zum Verräter an seinem Herrn. Dieses war gleichsam die Vorbereitung der Übel, die den Herzog von Burgund noch treffen sollten. Ich glaube, der Herzog rechnete damit, die Stadt zu nehmen, bevor der Auslieferungstermin für den Konnetabel gekommen war; und dann wollte er ihn nicht mehr hergeben. Andererseits hätte der König vielleicht mehr zugunsten des Herzogs von Lothringen getan, als er tat, wenn er ihn gehabt hätte. Denn er war über die Machenschaften des Grafen Campobasso informiert, mischte sich aber nicht da hinein. Doch er war aus verschiedenen Gründen keineswegs verpflichtet, den Herzog in Lothringen handeln zu lassen, wenn er es nicht gewollt hätte, und er hatte viele Leute nahe bei Lothringen stehen. Der Herzog vermochte Nancy nicht vor dem Tag zu nehmen, den er seinen Leuten als Termin für die Auslieferung des Konnetabels genannt hatte. Daher führten sie, als der ihnen angegebene Termin verstrichen war, den Befehl ihres Herrn gern aus, da sie den Konnetabel sehr haßten, und gaben ihn am Tor von Péronne in die Hände des Bastards von Bourbon, Admiral von Frankreich, und des Herrn de St-Pierre, die ihn nach Paris führten. Einige haben mir gesagt, drei Stunden später seien Boten in aller Eile vom Herzog gekommen, um seinen Leuten zu befehlen, ihn nicht auszuliefern; aber es war zu spät.

---

20 Erst in neuester Zeit hat Benedetto Croce einen Versuch zur „Rettung" Campobassos unternommen. (Un Condottiere italiano del quattrocento. Cola die Monforte Cte di Campobasso e la fede del Commynes. In: La Critica 31 und 32. Auch selbständig 1934.) Sonst haben im allgemeinen die Schilderung Commynes' und entsprechende Quellen das Urteil über ihn bestimmt. Croce kann nicht voll überzeugen.

In Paris begann der Prozeß gegen den Konnetabel. Der König trieb den Gerichtshof sehr an. Die Leute waren zur Durchführung des Prozesses zusammengetreten; das, was der englische König, wie Ihr oben gehört habt, gegen ihn ausgeliefert hatte, wurde angesehen. Schließlich wurde der Konnetabel zum Tode verurteilt, und alle seine Güter wurden eingezogen[21].

## *Dreizehntes Kapitel*

Diese Auslieferung war sehr befremdlich; ich sage das weder, um die Fehler des Konnetabels zu entschuldigen, noch um den Herzog von Burgund anzuklagen, denn St-Pol hat dem Herzog großes Unrecht zugefügt. Es war aber für den Herzog von Burgund, der ein so großer Fürst aus einem so berühmten und ehrenhaften Haus war, nicht nötig, ihm Sicherheit zu geben, um ihn zu fangen; und es war eine große Grausamkeit von ihm, ihn aus Habgier dahin auszuliefern, wo ihm der Tod gewiß war. Nach dieser großen Schande, die er sich bereitete, konnte die Strafe nicht mehr lange ausbleiben. Wenn man die Dinge betrachtet, die Gott zu unserer Zeit getan hat und jeden Tag tut, scheint es, daß er nichts ungestraft lassen will; es ist ganz ersichtlich, daß diese seltsamen Werke von ihm kommen, denn sie sind außerhalb der Werke, die die Natur hervorbringt; seine Strafen kommen plötzlich und besonders für die, die Gewalt anwenden und grausam sind; das sind meistens keine kleinen Leute, sondern Männer, mächtig an Herrschaftsgebieten oder fürstlichem Ansehen.

Lange Jahre hatte dieses burgundische Haus geblüht, seit ungefähr hundert Jahren von vier Herzögen beherrscht, mehr geschätzt als jedes andere Haus der Christenheit. Denn die anderen größeren hatten Mißgeschicke und Unglück, dieses aber lebte in beständigem Glück und Wohlstand. Der erste große Herzog dieses Hauses war Philipp der Kühne, der Bruder Karls V., der die Tochter des Grafen von Flandern heiratete, die Erbin dieses Landes, von Artois, Burgund, Nevers und Rethel. Der zweite war Herzog Johann. Der dritte war der gute Herzog Philipp, der mit seinem Hause die Herzogtümer Brabant, Luxemburg, Limburg, Holland, Seeland, Hennegau und Namur verband. Der vierte ist Herzog Karl gewesen, der nach dem Tode seines Vaters einer der reichsten Fürsten der Christenheit wurde. Er hatte die kostbarsten Schätze an Kleinodien, Silbergeschirren, Geweben, Büchern und Leinwand, die man sich in den drei größten Häusern nur denken kann. Bargeld hatten andere Häuser wohl weit mehr, denn Herzog Philipp hatte lange Zeit keine Steuern erhoben; dennoch fand er mehr als dreihunderttausend Taler bar. Und er fand Frieden mit seinen Nachbarn vor, der

[21] Der Graf von St-Pol wurde am 19. Dezember 1475 hingerichtet.

ihm nicht lange dauerte. Ich will ihm nicht die ganze Schuld am Krieg geben, denn andere hatten auch ihr Teil daran.

Gleich nach dem Tode seines Vaters bewilligten ihm seine Länder gutwillig und mit wenig Bitten eine Hilfssteuer auf zehn Jahre, die wohl dreihundertfünfzigtausend Taler jährlich betragen mochte, jedes Land für sich, Burgund ausgenommen. Zur Zeit, als er den Konnetabel auslieferte, zog er mehr als dreihunderttausend daraus. Ferner bekam er mehr als dreihunderttausend Taler bar; der ganze Hausrat, den er vom Konnetabel erhielt, war noch nicht achtzigtausend Taler wert, da er an Geld nur sechsundsiebzigtausend hatte. Um einen so schweren Fehler zu begehen war der Anlaß sehr gering.

Gott gab ihm einen Feind, der sehr schwach, sehr jung und in allen Dingen wenig erfahren war. (Das war der Herzog von Lothringen.) Er ließ seinen Diener, dem er damals sehr vertraute, falsch und schlecht sein und flößte ihm Mißtrauen vor seinen Untertanen und treuen Dienern ein. Sind das nicht seit den Tagen des Alten Testaments wahre Vorbereitungen, die Gott für diejenigen trifft, deren Glück und Wohlstand er in Unglück und Elend verwandeln will? Sein Herz erweichte sich niemals, aber bis ans Ende glaubte er, all sein gutes Glück komme von seinem hohen Sinn und seiner Tugend.

Schon vor der Auslieferung des Konnetabels mißtraute er seinen Untertanen sehr oder schätzte sie sehr gering, denn er hatte tausend italienische Lanzenreiter anwerben lassen und hatte vor Neuß viele davon mit sich. Graf Campobasso hatte davon vierhundert Bewaffnete oder mehr. Er war ohne Land, da er infolge der Kriege der Anjous im Königreich Neapel als ihr Diener verbannt war und sein Land verloren hatte; er hatte sich immer in der Provence bei König René von Sizilien oder bei Herzog Nikolaus, Herzog Johanns Sohn, aufgehalten. Nach dessen Tod übernahm der Herzog von Burgund mehrere seiner Diener, besonders alle Italiener, wie den genannten Campobasso, Jakob Galeotto, einen sehr tapferen, ehrenhaften und treuen Edelmann und mehrere andere.

Als Graf Campobasso nach Italien ging, um seine Truppen anzuwerben, empfing er vom Herzog von Burgund vierzigtausend Dukaten. Wie er durch Lyon kam, machte er die Bekanntschaft eines Arztes, Meister Simon de Pavie, durch den er den König wissen ließ, er biete ihm an, ihm nach seiner Rückkehr den Herzog von Burgund in seine Hände zu liefern, wenn er ihm gewisse Dinge, die er fordere, gewähren wolle. Ebensoviel sagte er davon Herrn de St-Pierre, der damals Gesandter des Königs in Piemont war. Als er wieder zurückgekehrt war, und seine Reisigen in der Grafschaft Marle lagerten, bot er dem König nochmals an, er wolle es nicht daran fehlen lassen, seinen Herrn zu töten oder gefangenzunehmen, wenn er wieder mit ihm im Feld vereint sei. Er machte noch ein zweites Angebot: wenn der König und der Herzog sich gegeneinander in der Schlacht befänden, würde er mit seinen

Reisigen auf seine Seite übergehen, falls er gewisse Dinge bekäme, die er verlangte. Der König verachtete die Schlechtigkeit dieses Mannes sehr und wollte dem Herzog von Burgund einen Beweis großer Freimütigkeit geben; dieses alles ließ er ihn durch den besagten Herrn de Contay wissen; der Herzog aber vertraute ihm nicht, sondern meinte, der König verfolge damit ein anderes Ziel, und er liebte seitdem den Grafen noch mehr. Hieran seht Ihr, daß Gott ihm den Sinn in dem Augenblick verwirrte, als der König ihm die deutlichen Zeichen schickte. Ebenso wie dieser hier, von dem ich spreche, schlecht und treulos war, war Jakob Galeotto gut und treu und ist nach einem langen Leben in großer Ehre und hohem Ruf gestorben.

# FÜNFTES BUCH

## *Erstes Kapitel*

Nachdem nun der Herzog von Burgund ganz Lothringen erobert und vom König St-Quentin, Ham, Bohain und die bewegliche Habe des Konnetabels erhalten hatte, setzte er sich mit dem König in Verbindung wegen einer Verhandlung in Auxerre; der König und er sollten sich auf einer Brücke über den Fluß treffen, gleich der, die in Picquigny bei der Begegnung des Königs mit König Eduard von England gemacht worden war. Wegen dieser Sache gingen und kamen Boten; der Herzog wollte sein Heer ruhen lassen, das sowohl durch Neuß als auch durch den Krieg in Lothringen sehr mitgenommen war; den Rest wollte er auf einige Plätze in Garnison legen, sowohl bei dem Grafen Romont, als auch bei anderen in der Nähe von Bern und Freiburg; die wollte er bekämpfen, da sie ihn mit Krieg überzogen hatten, als er vor Neuß lag, und auch weil sie mitgeholfen hatten, ihm, wie Ihr gehört habt, die Grafschaft Pfirt wegzunehmen; weiter hatten sie dem Grafen Romont einen Teil seines Landes geraubt. Der König bat ihn sehr um diese Zusammenkunft und darum, diese armen Schweizer in Frieden zu lassen und sein Heer auszuruhen. Als die Schweizer merkten, daß er so in ihrer Nähe war, schickten sie ihm ihre Gesandtschaft und boten ihm an, das, was sie Herrn de Romont genommen hätten, zurückzugeben; auf der anderen Seite drängte ihn der Graf Romont, ihm in Person zu Hilfe zu kommen. Der Herzog verschmähte den klugen Rat und das, was auf alle Fälle als das beste angesehen werden konnte, angesichts der Jahreszeit und des Zustandes, in dem sich sein Heer befand, und beschloß, gegen sie vorzugehen. Zwischen dem König und ihm wurde vereinbart und urkundlich bestätigt, sie wollten wegen Lothringen in keinen Streit geraten.

Der Herzog brach mit diesem Heer von Lothringen auf und rückte in Burgund ein. Dorthin kamen die Gesandten der alten deutschen Bünde, die man Schweizer nennt, vor ihn und machten ihm noch größere Angebote als zuvor; außer der Zurückerstattung boten sie ihm an, alle Bündnisse aufzulösen, die gegen seinen Willen seien, besonders das mit dem König, seine Verbündeten zu werden und ihm mit sechstausend Mann zu sehr geringer Löhnung gegen den König zu dienen, jedes Mal, wenn er sie darum bäte. Auf nichts wollte sich der Herzog einlassen, und schon leitete ihn sein Unglück.

Diejenigen, die sich in dieser Gegend zum „Neuen Bund" zusammengeschlossen haben, sind die Städte Basel, Straßburg und andere Städte entlang des Rheines, die von altersher Feinde der Schweiz gewesen waren, zugunsten des Herzogs Sigismund von Österreich, mit dem sie, als er mit den Schweizern Krieg führte, verbündet waren; und seitdem waren sie mit den Schweizern vereinigt und hatten einen Bund auf zehn Jahre geschlossen, auch der Herzog Sigismund. Dieser Bund war auf Antrieb, Bitten und Kosten des Königs, wie Ihr anderswo gesehen habt, errichtet, gerade als dem Herzog von Burgund die Grafschaft Pfirt entrissen wurde und sie in Basel[1] des Herzogs Landvogt, Peter von Hagenbach, hinrichteten: dieser Hagenbach war wohl die Ursache dieses Unglücks, das für den Herzog sehr verhängnisvoll werden sollte, da alle anderen Übel aus ihm entsprangen. Ein Fürst sollte wohl in der Wahl eines Statthalters sehr vorsichtig sein, den er in ein Land einsetzt, das seinem Herrschaftsgebiet neu angegliedert worden ist; denn, anstatt sie sanft und gerecht zu behandeln und es besser zu machen als in der vergangenen Zeit, tat dieser gerade das Gegenteil, denn er behandelte sie mit großer Heftigkeit und plünderte sie aus: das riß ihn, seinen Herrn und viele Edelleute ins Verderben.

Dieser besagte Bund, der vom König herbeigeführt worden war, wendete sich zu seinem großen Vorteil, mehr als die meisten Leute merken. Ich glaube, es war eine der klügsten Taten, die er zu seiner Zeit vollbracht hat, die allen seinen Feinden schweren Schaden zufügte. Denn als der Herzog von Burgund geschlagen war, fand sich seitdem niemand mehr, der es gewagt hätte, sein Haupt gegen ihn zu erheben oder seinem Willen zu widersprechen, ich meine von denjenigen, die ihm untertan und in seinem Reich waren, denn alle anderen segelten nur nach dem Wind, der von dorther kam. Daher war es ein großes Werk, den Herzog Sigismund von Österreich und den „Neuen Bund" mit diesen Schweizern zu vereinigen, die so lange Feinde gewesen waren; dieses konnte er nicht ohne große Ausgaben tun und nicht, ohne viele Reisen machen zu lassen.

Nachdem der Herzog den Schweizern die Hoffnung, ein Übereinkommen mit ihm finden zu können, genommen hatte, kehrten sie zurück, um ihre Leute zu benachrichtigen und sich zur Verteidigung bereit zu machen. Sein Heer näherte sich dem Waadtland in Savoyen, das die Schweizer, wie gesagt, Herrn Romont genommen hatten, und nahm drei oder vier Plätze, die Herrn Châteauguion gehörten; die Schweizer, die sie hielten, verteidigten sie schlecht. Von da trug er die Belagerung vor die Festung Granson, die auch Herrn Châteauguion gehörte. Hier standen sieben- bis achthundert ausgesuchte Kriegsleute der Schweizer, weil die Stadt in ihrer Nähe lag und sie sie gut verteidigen wollten.

Das Heer des Herzogs war groß genug, da fortwährend Leute aus der Lombardei und Untertanen des Hauses Savoyen zu ihm kamen; die Fremden liebte er mehr als seine Untertanen, von denen er doch genug und gute finden konnte. Der Tod des Konnetabels aber hatte dazu beigetragen, daß er ihnen neben anderen Einbildungen mißtraute. Seine

1 In Breisach.

Artillerie war groß und gut, und er trat in seinem Heerlager in großem Prunk auf, um sich den Gesandten zu zeigen, die aus Italien und Deutschland kamen. Er hatte seine kostbarsten Kleinodien, viel Silbergeräte und reichlich anderen Schmuck bei sich. Große Phantasien waren ihm im Kopfe wegen des Herzogtums Mailand. wo er es verstand, Beziehungen zu unterhalten.

Als Granson einige Tage belagert und beschossen war, ergab sich die Besatzung auf seine Gnade; er ließ sie alle sterben. Die Schweizer hatten sich versammelt, aber nicht in großer Zahl, wie ich von mehreren unter ihnen habe erzählen hören. Denn aus ihren Ländern ziehen sie nicht so viele Leute, wie man denkt, und damals noch weniger als heute: denn seit dieser Zeit haben die meisten ihre Feldarbeit verlassen und sind Kriegsleute geworden. Von ihren Bundesgenossen waren wenige unter ihnen, da sie gezwungen waren, sich zu eilen, um die Feste zu entsetzen; und als sie im Felde waren, erfuhren sie von dem Tod ihrer Leute.

Der Herzog von Burgund beschloß gegen die Meinung derer, die er danach fragte, ihnen bis zum Eingang in die Berge, wo sie noch waren, entgegenzugehen, was ihm sehr nachteilig wurde, denn er befand sich an einem sehr günstigen Platz, um sie zu erwarten, eingeschlossen von seiner Artillerie und einem Teil des Sees, und es war nicht ersichtlich, was ihm dort hätte Schaden bringen können. Er hatte hundert Bogenschützen zur Bewachung eines gewissen Durchganges am Eingang des Gebirges geschickt, und sie stießen auf die Schweizer. Er selbst setzte sich in Marsch, während die Mehrzahl seines Heeres noch in der Ebene war. Die ersten wollten zurückkehren, um sich mit den anderen zu vereinigen. Das geringe Volk aber, das hinten war, glaubte, sie seien auf der Flucht und floh selbst; nach und nach begann dieses Heer sich gegen das Lager hin zurückzuziehen, während einige noch sehr treu ihre Pflicht taten. Um es kurz zu machen: als sie bis zu ihrem Lager gekommen waren, versuchten sie nicht mehr, sich zu verteidigen und machten sich alle auf die Flucht. Die Deutschen erbeuteten sein Lager, seine Artillerie, alle großen und kleinen Zelte von ihm und seinen Leuten, von denen er eine große Anzahl hatte, und andere unendliche Güter, da nichts als nur die Menschen gerettet wurden. Alle die großen Kleinode des Herzogs gingen verloren, aber an Leuten verlor er dieses Mal nur sieben Reisige. Alle übrigen flohen und er auch. Von ihm kann man wohl besser sagen, daß er an diesem Tage Ehre und Gut verlor, als von König Johann von Frankreich, der tapfer kämpfend in der Schlacht von Poitiers gefangengenommen wurde.

Dieses war das erste Mißgeschick und Unglück, das dieser Herzog jemals in seinem ganzen Leben gehabt hatte. Von allen seinen anderen Unternehmungen hatte er entweder Ehre oder Nutzen heimgebracht. Welch großer Schaden ereilte ihn an diesem Tag, weil er eigensinnig gehandelt und jeden Rat verachtet hatte! Welch Unglück ereilte sein

Haus, in welchem Zustand ist es davon noch heute und wird es wahrscheinlich noch lange bleiben! Wie viele Leute wurden seine Feinde und erklärten sich gegen ihn, die noch am Tage zuvor mit ihm umgingen und heuchelten, sie seien seine Freunde! Aus welchem Streit erhob sich dieser Krieg? Weil einem Schweizer, der durch sein Land zog, von Herrn de Romont ein Karren Schafsfelle fortgenommen wurde[2]. Wenn Gott diesen Herzog nicht verlassen hätte, so wäre es nicht ersichtlich, warum er sich wegen einer so geringen Sache in Gefahr stürzte, angesichts der Angebote, die ihm gemacht worden waren, und noch dazu gegen solche Leute, bei denen er weder Gewinn noch Ehre erreichen konnte. Denn damals waren sie noch nicht so geschätzt wie jetzt und es gab nichts ärmeres. Ich habe einen ihrer Ritter, der unter den ersten Gesandten war, die sie an den Herzog schickten, sagen hören, er habe zu ihm geäußert, als sie ihre Vorstellungen machten, um ihn von diesem Krieg abzuhalten, gegen sie könne er nichts gewinnen, denn ihr Land sei sehr unfruchtbar und arm, reiche Gefangene hätten sie auch nicht, und er glaube wohl, daß die Sporen und Pferdegebisse seines Lagers mehr wert seien, als alle diejenigen seines Landes als Lösegeld zahlen könnten, die gefangengenommen würden.

Um zur Schlacht zurückzukehren: der König wurde sehr bald von dem, was geschehen war, unterrichtet, denn er hatte viele Späher und Boten im Lande, die meistens durch meine Hand abgefertigt worden waren; er freute sich darüber sehr und bedauerte nur die geringen Menschenverluste, die der Herzog gehabt hatte. Wegen dieser Angelegenheiten hielt sich unser Herr in Lyon auf, um möglichst häufig benachrichtigt werden und den Dingen, die dieser Mann unternahm, vorbeugen zu können. Denn der König, der klug war, fürchtete, er werde die Schweizer mit sich durch Gewalt vereinigen. Über das Haus Savoyen verfügte der Herzog wie über sein eigenes; der Herzog von Mailand war sein Verbündeter; König René von Sizilien wollte sein Land Provence in die Hände des Herzogs legen. Wenn alles gut für ihn gegangen wäre, beherrschte er ein Reich vom Meer im Norden bis zu dem im Süden, und die Bewohner unseres Reiches hätten nur noch zur See hinausgekonnt, wenn es der Herzog nicht gewollt hätte, da er Savoyen, die Provence und Lothringen besessen hätte.

Nach allen Seiten sandte der König: an seine Schwester, die Herrin Savoyens, die es mit dem Herzog hielt; an seinen Ohcim, König René von Sizilien; mit großer Mühe hörte dieser seine Boten an, schickte aber alles an den Herzog. Der König sandte zu den Eidgenossen, aber es war sehr schwierig wegen der Straßen. Daher mußte er Bettler, Pilger und ähnliche Leute schicken. Diese Städte anworteten

[2] Die Wegnahme von zwei Wagen war für die Eidgenossen nur der Anlaß zum Konflikt mit Savoyen geworden. Aber gerade diese Bemerkung Commynes' über die kleinen Ursachen großer Wirkungen hat Montaigne in einem berühmten Stück seiner Essais (III, Kapitel 10) übernommen.

sehr hochmütig und sagten: „Sagt dem König, wenn er sich nicht erklärt, werden wir uns vertragen und uns gegen ihn erklären.“ Er fürchtete, daß sie es täten. Er wollte sich aber nicht gegen den Herzog erklären, sondern bangte, von seinen Boten, die er durchs Land geschickt hatte, noch Nachrichten zu erhalten.

## *Zweites Kapitel*

Nun muß man sehen, wie sich nach dieser Schlacht die Welt änderte, wie ihre Worte verwandelt wurden, und wie klug unser König alles lenkte. Und es wird ein schönes Beispiel für diese jungen Herren sein, die etwas töricht unternehmen, ohne zu erkennen und auch aus Erfahrung zu wissen, was ihnen dadurch geschehen kann, und die den Rat derjenigen, die sie anrufen sollten, verachten.

Zuerst sandte der Herzog selbst Herrn de Contay mit demütigen und ergebenen Worten zum König, was gegen seine Natur war. Ihr seht daran, wie ihn ein Augenblick verwandelt hatte! Er bat den König, er möchte ihm doch den Waffenstillstand treu halten, entschuldigte sich, bei der Begegnung, die in Auxerre stattfinden sollte, nicht gewesen zu sein, und versicherte, er wolle sich in Kürze dort oder anderswo zur vollen Zufriedenheit des Königs einfinden. Der König nahm ihn freundlich auf und gestand ihm das, was er forderte, zu, denn noch schien es ihm nicht gut zu sein, das Gegenteil zu tun. Er kannte die Treue der Untertanen des Herzogs wohl und wußte, daß alle sich erheben würden und wollte deshalb erst den Ausgang des Kampfes abwarten, ohne den beiden Parteien Gelegenheit zu geben, sich zu einigen. Aber wie gut der König Herrn de Contay auch aufnahm, so mußte dieser doch viele Spöttereien in der Stadt hören, denn es erschollen öffentlich Lieder zum Lobe der Sieger und zum Hohn des Besiegten.

Sowie der damals lebende Herzog Galeazzo von Mailand von dieser Niederlage erfuhr, freute er sich sehr, obgleich er mit dem Herzog verbündet war; denn dieses Bündnis war er aus Furcht eingegangen, weil er sah, daß der Herzog von Burgund in Italien in sehr großer Gunst stand. Dieser Herzog von Mailand schickte in aller Eile einen unscheinbaren Mann, einen Mailänder Bürger, an den König; durch einen Vermittler wurde er an mich verwiesen und brachte mir Briefe des Herzogs. Ich zeigte dem König seine Ankunft an, der mir befahl, ihn anzuhören, denn er war mit dem Herzog nicht zufrieden, da er sein Bündnis verlassen hatte, um das des Herzogs von Burgund anzunehmen, obwohl noch dazu seine Gemahlin die Schwester der Königin war. Das Beglaubigungsschreiben des Gesandten lautete, daß sein Herr, der Herzog von Mailand, erfahren habe, der König und der Herzog von Burgund wollten sich begegnen und einen sehr großen Frieden und Bund schließen, was dem Herzog, seinem Herrn, sehr mißfallen würde; er gab die

Gründe an, weshalb der König es nicht tun solle: diese waren sehr dürftig, und am Ende seiner Vorschläge sagte er, wenn der König sich verpflichten wolle, weder Frieden noch Waffenstillstand mit dem Herzog von Burgund zu schließen, wolle der Herzog von Mailand dem König hunderttausend Dukaten bar geben. Als der König die Hauptsache des Auftrages dieses Gesandten vernommen hatte, ließ er ihn vor sich kommen, wobei nur ich zugegen war, und sagte ihm kurz: „Da ist Herr d'Argenton, der mir diese Dinge ausgerichtet hat. Sagt Eurem Herrn, ich wolle nichts von seinem Geld und ich erhöbe einmal im Jahr dreimal so viel wie er; Frieden und Krieg mache ich nach meinem Willen. Wenn es ihn aber reut, mein Bündnis verlassen zu haben, um das des Herzogs von Burgund anzunehmen, so sei ich zufrieden, dorthin zurückzukehren, wo wir gewesen waren." Der Gesandte dankte dem König sehr demütig, und es schien ihm wohl, daß der König nicht habgierig sei; er bat ihn sehr, er möchte die Bündnisse in der Form ausrufen lassen, in der sie gewesen waren, er habe Vollmacht, seinen Herrn zu verpflichten, sie zu halten. Der König bewilligte es ihm; nach dem Essen wurden sie ausgerufen und unverzüglich ein Gesandter nach Mailand geschickt, wo sie in großer Feierlichkeit verkündet wurden. So seht Ihr schon eines der Zeichen des Mißgeschicks: den Abfall eines großen Mannes, der noch vor drei Wochen eine so große und feierliche Gesandtschaft an den Herzog von Burgund geschickt hatte, um ein Bündnis mit ihm zu schließen.

König René von Sizilien stand in Unterhandlungen, um den Herzog von Burgund zu seinem Erben zu machen und ihm die Provence zu geben. Um von diesem Lande Besitz zu ergreifen, waren Herr de Châteauguion, der jetzt in Piemont ist, und andere für den Herzog von Burgund dort, um Leute anzuwerben; sie hatten zwanzigtausend Taler in bar. Sobald diese Nachrichten kamen, hatten sie große Mühe, sich zu retten, um nicht gefangengenommen zu werden; Herr de Bresse befand sich im Lande und nahm ihr Geld. Als die Herzogin von Savoyen die Nachricht von dieser Schlacht erhielt, ließ sie es König René wissen, fand eine Entschuldigung für diese Sache und meinte, er würde sich von diesem Verlust wieder erholen. Die Boten, die Provenzalen waren, wurden ergriffen, und dadurch wurde diese Verhandlung des Königs von Sizilien mit dem Herzog von Burgund aufgedeckt. Unverzüglich schickte der König Reisige in die Provence und Gesandte zum König von Sizilien, um ihn zu bitten, er möge kommen; er sichere ihm gute Aufnahme zu; andernfalls würde er Gewalt anwenden. Der König von Sizilien wurde so sehr überredet, daß er nach Lyon ging, wo ihm sehr große Ehre und gute Aufnahme zuteil wurde.

Ich war bei ihren ersten Reden bei der Ankunft zugegen. Jean de Cossa, Seneschall der Provence, ein Ritter aus einem edlen Hause des Königreichs Neapel, sagte: „Herr, verwundert Euch nicht, wenn mein Herr, der König, Euer Oheim, dem Herzog von Burgund angeboten hat, ihn zu seinem Erben zu machen, denn er ist durch seine Diener und besonders durch mich so beraten worden, da Ihr, obgleich Ihr der Sohn seiner Schwester und sein eigener Neffe seid, ihm großes Unrecht angetan, ihm die Burgen Angers und Bar genommen und ihn in allen seinen anderen Geschäften so schlecht behandelt habt. Wir haben diese Verhandlung mit dem Herzog von Burgund in Gang bringen wollen, damit Ihr Nachrichten davon erhaltet, um Lust zu bekommen, uns Gerechtigkeit widerfahren zu lassen und zu erkennen, daß der König, mein Herr, Euer Oheim ist; aber wir dachten niemals daran, sie zu Ende zu führen." Sehr gut und klug nahm der König die Worte auf, die Jean de Cossa gesprochen hatte, und zwar ganz wahrheitsgemäß, denn er, Cossa, hatte die Sache geleitet. Wenige Tage danach wurden diese Differenzen ausgeglichen, und der König von Sizilien und alle seine Diener erhielten Geldgeschenke. Der König feierte ihn mit den Damen und ließ ihn, seiner Natur gemäß, feiern und in allen Dingen behandeln, so gut er konnte; sie wurden gute Freunde, und es war nichts mehr mit dem Herzog von Burgund, sondern dieser wurde von König René in allen Teilen verlassen. Hier habt Ihr noch ein anderes Zeichen dieses Unglücks.

Die Herzogin von Savoyen, die lange Zeit gegen den König, ihren Bruder, Haß gehegt hatte, schickte einen geheimen Boten, Herrn de Montagny, der sich an mich wandte, um sich mit dem König zu versöhnen; er führte die Gründe an, warum sie sich von dem König, ihrem Bruder, getrennt habe, und nannte die Befürchtungen, die sie gegen ihn hegte. Dennoch war sie sehr klug und eine wahre Schwester des Königs, unseres Herrn, und stimmte nicht offen ein, sich vom Herzog und seiner Freundschaft loszusagen, sondern es schien, als wolle sie Zeit gewinnen und beginnen, irgend etwas mit dem König wieder aufzunehmen. Der König ließ ihr durch mich alle guten Antworten geben und bemühte sich, daß sie zu ihm komme; damit wurde ihr Mann entlassen. Hier seht Ihr noch einen Bundesgenossen des Herzogs, der darauf ausging, sich von ihm zu lösen. Von allen Seiten in Deutschland begannen Leute, sich gegen den Herzog zu erklären; ebenso alle Reichsstädte wie Nürnberg, Frankfurt und mehrere andere, die sich mit dem alten und neuen Bund gegen den Herzog verbunden hatten; und sie hofften, sehr große Verzeihung zu erhalten, wenn sie ihm Übles antaten.

Die Beute seines Lagers bereicherte die armen Schweizer sehr; beim ersten Anblick erkannten sie gar nicht, welche Schätze sie in Händen hielten, besonders nicht die Einfältigen. Eines der schönsten und reichsten Zelte der Welt wurde in mehrere Stücke zerrissen. Es gab einige, die verkauften eine große Anzahl silberner Schüsseln und Töpfe für zwei Weißlinge das Stück, da sie glaubten, es sei Zinn. Ein großer Diamant, einer der größten der Christenheit, an dem eine Perle hing, wurde von einem Schweizer aufgehoben, dann in sein Etui zurückgelegt und unter einen Wagen geworfen; er kam aber wieder zurück, um ihn zu suchen, und bot ihn einem Priester für einen Gulden an. Dieser schickte ihn wieder seinem Herrn, der ihm dafür drei Franken gab. Sie gewannen drei gleiche Edelsteine, genannt „die drei Brüder", außerdem einen anderen großen Edelstein, genannt „La Hotte" und „le bal de Flandres", die die schönsten und größten waren, die man findet, und andere zahllose Kostbarkeiten mehr, die ihnen seither zu erkennen gegeben haben, was Geld wert ist. Denn die Siege und die Achtung, in die sie der König seitdem gebracht hat, und die Wohltaten, die er ihnen zugefügt hat, haben ihnen unendlich viel Geld eingebracht.

Jeder Gesandte von ihnen, der seit diesem Anfang zum König kam, erhielt von ihm große Geldgeschenke; durch dieses Mittel beruhigte er sie darüber, daß er sich nicht für sie erklärt hatte, und schickte sie mit vollen Börsen und mit seidenen Gewändern angetan wieder heim. Auch ließ er sich herbei, ihnen eine Pension zu versprechen, die er sehr bald bezahlte (denn er sah die zweite Schlacht bevorstehen). Er versprach ihnen vierzigtausend rheinische Gulden jährlich, zwanzigtausend für die Städte und die anderen zwanzigtausend für die Personen, die die Regierung der Städte hatten. Ich glaube nicht zu lügen, wenn ich sage, daß seit dieser ersten Schlacht von Granson bis zum Tode unseres Herrn die Schweizer Städte und Obrigkeiten vom König, unserem Herrn, eine Million rheinischer Gulden bezogen haben, womit ich nur die vier Städte: Bern, Luzern, Freiburg, Zürich und ihre Kantone verstehe, die in den Bergen liegen; Schwyz ist einer davon, aber nur ein Dorf. Dessen Amtmann habe ich in sehr niedriger Kleidung unter den anderen Gesandten gesehen.

## *Drittes Kapitel*

Um wieder zum Herzog von Burgund zurückzukehren: von allen Seiten sammelte er Leute, und nach drei Wochen hatte er eine größere Zahl zusammen als am Tage der Schlacht. Er hielt sich in Lausanne in Savoyen auf, wo Ihr, Herr de Vienne, ihm mit gutem Rat in einer schweren Krankheit dientet, die er sich vor Schmerz und Traurigkeit über diese Schmach geholt hatte; und, um die Wahrheit zu sagen, ich glaube, er hat niemals wieder einen so klaren Verstand gehabt wie vor dieser Schlacht. Von diesem großen und neuen Aufgebot, das er gemacht hatte, erzähle ich nach dem Bericht des Prinzen von Tarent, der es dem König in meiner Gegenwart erzählte. Dieser Prinz war vor etwa einem Jahr mit sehr stattlichem Gefolge zum Herzog gekommen in der Hoffnung, seine Tochter und einzige Erbin zu bekommen. Nach Erscheinung, Aufzug und Begleitung schien er ganz der Sohn eines Königs zu sein; sein Vater, der König von Neapel, zeigte wohl, daß er an nichts gespart hatte. Dennoch hatte der Herzog diese Sache ignoriert und war damals in Unterhandlungen mit der Herzogin von Savoyen für ihren Sohn und mit anderen getreten. Über diesen Aufschub war der Prinz von Tarent, mit Namen Frédéric d'Aragon; sehr unzufrieden und auch die Leute seines Rates; sie schickten einen sehr verständigen Offizier zum König, der ihn bat, dem Prinzen freies Geleit zu geben, damit er durch das Reich reisen und zum König, seinem Vater, zurückkehren könne, der nach ihm geschickt habe. Der König gewährte es ihm sehr gern, und es schien ihm, daß dieses zur Verminderung des Ansehens und Rufes des Herzogs von Burgund dienen könne. Bevor jedoch der Bote zurück war, hatten sich die Eidgenossen schon versammelt und lagerten dicht beim Herzog von Burgund. Am Abend vor der Schlacht nahm der Prinz vom Herzog Urlaub, indem er dem Befehl seines Vaters gehorchte; in der ersten Schlacht hatte er sich wie ein edler Ritter benommen. Einige sagten auch, er habe Euren Rat gebraucht, Herr de Vienne. Denn ich habe es ihn sagen und bezeugen hören, als er beim König angekommen war; Graf Giulio, Herzog von Atoi und mehrere andere sagten auch, Ihr hättet von der ersten und zweiten Schlacht nach Italien geschrieben und mehrere Tage vorher gesagt, was eintreffen würde.

Bei der Abreise des Prinzen lagerten, wie ich sagte, die Eidgenossen ziemlich dicht beim Herzog und waren gekommen, ihn zu bekämpfen und seine Belagerung von Murten aufzuheben, einer kleinen Stadt in der Nähe von Bern, die Herrn de Romont gehörte. Wie mir von denen, die dabei waren, gesagt wurde, mochten die Verbündeten wohl dreißigtausend Mann gut ausgesuchtes und bewaffnetes Fußvolk, elftausend Piken, zehntausend Hellebarden, zehntausend Mann für die Artillerie und viertausend Reiter haben. Die Verbündeten waren noch nicht alle versammelt, und es befanden sich in der Schlacht nur die, die ich genannt habe, was völlig ausreichte. Der Herzog von Lothringen kam mit wenigen Leuten an, was später gut für ihn war, denn der Herzog von Burgund hielt damals sein ganzes Land besetzt. Dem Herzog von Lothringen kam es zugute, daß man seiner an unserem Hofe überdrüssig wurde; ein großer Herr, der das Seine verloren hat, fällt sehr häufig denen lästig, die ihn unterhalten. Der König hatte ihm ein wenig Geld gegeben und ließ ihn mit einer guten Anzahl Reisiger quer durch Lothringen führen, die ihn nach Deutschland brachten und dann umkehrten. Er hatte nicht nur Lothringen verloren, sondern auch die Grafschaft Vaudemont und den größten Teil von Bar, wovon der König den Rest behielt. Aber, was noch schlimmer war, alle seine Untertanen hatten freiwillig dem Herzog von Burgund gehuldigt bis auf die Diener seines Hauses; dadurch schien es, daß er in seiner Sache wenig Aussicht haben würde. Dennoch bleibt Gott immer der Richter, um in solchen Sachen zu entscheiden, wenn es ihm gefällt.

Als der Herzog von Lothringen nach einem Ritt von einigen Tagen durchgekommen war, langte er mit wenigen Leuten bei den Verbündeten wenige Stunden vor der Schlacht an. Dieser Ritt brachte ihm große

Ehre und großen Nutzen ein, denn wenn es anders gekommen wäre, hätte er einen schlechten Empfang gehabt. Als er ankam, marschierten die Schlachtreihen auf beiden Seiten auf, denn die Eidgenossen hatten schon drei Tage dicht bei dem Herzog von Burgund an einem festen Ort gelagert. Nach kurzer Verteidigung wurde der Herzog niedergeworfen und in die Flucht geschlagen. Hierbei ging es ihm nicht so gut wie in der vergangenen Schlacht, wo er nur sieben Reisige verloren hatte; das geschah damals, weil die Schweizer keine Reiterei besaßen. Zu dieser Stunde aber, von der ich spreche, gab es bei Murten auf seiten der Deutschen viertausend gut montierte Reiter, die die Leute des Herzogs von Burgund sehr weit verfolgten. Sehr heftig geriet ihr Fußvolk mit dem des Herzogs aneinander, das sehr zahlreich war. Denn außer seinen Untertanen und den Engländern, von denen er eine gute Anzahl besaß, waren von neuem viele Leute aus Piemont und andere der Untertanen des Herzogs von Mailand, wie gesagt, zu ihm gekommen. Der Prinz von Tarent sagte mir, als er beim König angekommen war, er habe niemals ein so schönes Heer gesehen; er habe es gezählt und zählen lassen, als es über eine Brücke zog, wobei er dreiundzwanzigtausend Söldner gefunden habe, abgesehen vom Rest, der dem Heer folgte und zur Bedienung der Artillerie da war. Mir scheint diese Zahl sehr groß zu sein, wiewohl viele Leute von Tausenden sprechen und in leichtsinniger Rede die Heere viel größer machen, als sie sind.

Herr de Contay, der bald nach der Schlacht beim König eintraf, gestand dem König in meiner Gegenwart, in der Schlacht seien auf seiten des Herzogs achttausend Mann gefallen und viele andere geringe Leute; ich glaube, nach dem, was ich davon hören konnte, daß wohl achtzehntausend Mann im ganzen gefallen sind; das ist wegen der großen Zahl von Reitern leicht denkbar, die dort waren, und die von mehreren deutschen Herren dort hingeschickt wurden, und auch deretwegen, die noch bei der Belagerung von Murten waren.

Der Herzog floh bis nach Burgund, mit Recht ganz verzweifelt, und hielt sich in einem Orte La Rivière[3] auf, wo er wieder, so gut er konnte, Leute zusammenraffte. Die Deutschen verfolgten sie nur diesen Abend, zogen sich dann zurück, ohne ihm weiter nachzuziehen.

## *Viertes Kapitel*

Diese Niederlage brachte den Herzog in große Verzweiflung, und nach dem, was er nach seinem ersten Verlust vor nur drei Wochen erlebt hatte, von dem ich sprach, schien es ihm, daß alle seine Freunde ihn verlassen würden. Wegen dieser Zweifel ließ er auf Anraten einiger die

[3] Etwa 15 km westsüdwestlich von Pontarlier; siehe unten den Anfang des fünften Kapitels.

Herzogin von Savoyen und einen ihrer Söhne, der heute Herzog von Savoyen ist[4], mit Gewalt nach Burgund führen. Der älteste wurde von einigen Dienern des Hauses Savoyen gerettet, denn diejenigen, die diese Gewalttat ausführten, taten sie in Furcht und waren gezwungen, sich zu beeilen. Was den Herzog zu dieser Tat veranlaßte, war die Angst, sie könne sich zum König, ihrem Bruder, zurückziehen, und er sagte, dieses ganze Unheil sei ihm zugestoßen, weil er dem Hause Savoyen helfen wollte. Der Herzog ließ sie in die Burg Rouvre bei Dijon bringen und hielt dort eine kleine Wache. Dennoch durfte sie besuchen, wer es wollte; unter anderen kamen der heutige Herr Châteauguion und der jetzige Markgraf von Rothelin zu ihr. Der Herzog hätte gern die Heirat dieser beiden mit den beiden Töchtern der Herzogin verhandelt, die damals nicht zustande kam, wohl aber später.

Ihr ältester Sohn, Philibert, damals Herzog von Savoyen, wurde von seinen Rettern nach Chambéry geführt, wo sich der Bischof von Genf befand, ein sehr launenhafter Mensch aus dem Hause Savoyen, den ein Herr de Ranvers beherrschte. Der König ließ mit diesem Bischof und seinem Beherrscher Verhandlungen anknüpfen, sie sollten ihm den Herzog von Savoyen und seinen jüngeren Bruder, den Protonotar, mit den Burgen Chambéry und Montmélian in die Hände spielen. Er selbst bewachte eine andere Burg, wo alle Kleinodien der Herzogin von Savoyen lagen.

Sobald sich die Herzogin, wie ich gesagt habe, in Begleitung aller ihrer Frauen und zahlreicher Diener in Rouvre befand und den Herzog sehr damit beschäftigt sah, Leute zu sammeln, während ihre Wächter keine Furcht mehr vor ihrem Herrn hatten, wie sie es sonst gewohnt waren, beschloß sie, zum König, ihrem Bruder, zu schicken, um über ein Abkommen zu verhandeln und ihn zu bitten, sie unter seinen Schutz zu nehmen. Dennoch wäre sie in großer Angst gewesen, in seine Hände zu fallen, wenn sie sich nicht an diesem Ort befunden hätte, da der Haß zwischen dem König und ihr sehr groß war und lang dauerte. Im Namen dieser Dame kam ein Edelmann aus Piemont, Rivarola, ihr Hofmeister, der von einigen an mich verwiesen wurde. Nachdem ich ihn angehört und dem König berichtet hatte, was er mir zu sagen hatte, sah ihn der König selbst. Nachdem er ihn angehört hatte, sagte der König zu ihm, er wolle seine Schwester in solcher Not, trotz ihrer vergangenen Differenzen, nicht im Stich lassen; wenn sie sich mit ihm verbünden wolle, werde er zu ihr den Statthalter der Champagne, Karl d'Amboise, Herrn de Chaumont, zu schicken versuchen. Rivarola nahm Urlaub vom König und ging in großer Eile wieder zu seiner Herrin zurück. Über diese Nachricht war sie erfreut. Dennoch schickte sie, gleich nachdem sie den ersten angehört hatte, noch einen Mann, um den König zu bitten, er möchte ihr Sicherheit geben und sie nach Savoyen ziehen lassen; ferner möchte er ihr ihren Sohn, den Herzog, und den jüngeren herausgeben und auch die festen Plätze, und er möchte ihr helfen, sich in Savoyen

[4] Karl von Savoyen, gestorben 13. März 1490.

wieder Geltung zu verschaffen; sie sei zufrieden, auf alle Bündnisse zu verzichten und das seine anzunehmen. Der König gab ihr alles, worum sie bat, und sandte unverzüglich einen Eilboten an Herrn de Chaumont, um das Unternehmen zu beginnen: es wurde gut ausgeführt. Herr de Chaumont zog mit einer guten Anzahl von Leuten bis nach Rouvre, ohne dem Land Schaden zuzufügen, und führte die Herzogin von Savoyen und ihren ganzen Troß in den nächsten festen Platz, der dem König unterstand.

Als unser Herr den letzten Boten der Dame abfertigte, war er schon von Lyon aufgebrochen, wo er sich sechs Monate aufgehalten hatte, um durch Klugheit dem Herzog von Burgund Schwierigkeiten zu machen, ohne den Waffenstillstand zu brechen. Da er aber das Wesen des Herzogs wohl erkannte, machte er ihm weit schärfer den Krieg, wenn er ihn gewähren ließ und heimlich Feinde gegen ihn aufstachelte, als wenn er sich gegen ihn erklärt hätte. Denn wenn der Herzog diese Erklärung gesehen hätte, würde er sich von seiner Unternehmung zurückgezogen haben, wodurch das, was ihm geschah, niemals hätte kommen können.

Als der König seinen Weg von Lyon fortsetzte, kam er über die Loire nach Roanne und ging nach Tours; gleich als er dort war, hörte er von der Befreiung seiner Schwester; darüber war er sehr erfreut, forderte sie eiligst auf, zu ihm zu kommen und bezahlte die Unkosten der Reise. Als sie ankam, schickte er ihr eine große Anzahl Leute entgegen und kam selbst, um sie am Tor von Le-Plessis-au-Parc zu empfangen, und sagte zu ihr mit sehr heiterem Antlitz: „Madame von Burgund, Ihr seid sehr willkommen." Sie erkannte aus seinen Mienen wohl, daß er nur scherzte und antwortete sehr klug, sie sei eine gute Französin und sei bereit, dem König in allem zu gehorchen, was ihm zu befehlen beliebe.

Der König führte sie ins Zimmer und ließ sie gut behandeln. Freilich hatte er große Lust, schnell damit zu Ende zu kommen. Sie war sehr klug, und sie kannten sich beide sehr genau; die Dame wünschte noch mehr ihre Abreise. Ich hatte vom König den Auftrag, das zu tun, was in dieser Sache getan werden mußte: erstens, Geld aufzubringen für ihren Unterhalt, ihre Rückkehr und ihre Seidenstoffe, und zweitens, ihr Bündnis und künftiges Verhältnis schriftlich niederzulegen. Der König wollte sie von der besagten Heirat ihrer beiden Töchter abbringen; sie aber entschuldigte sich mit ihren Töchtern, die hierin hartnäckig seien. Und sie waren es wirklich sehr. Als der König ihren Willen erkannte, gab er darin nach. Als die Dame sieben oder acht Tage in Plessis gewesen war, schworen der König und sie einander, in Zukunft gute Freunde zu sein, und die Urkunden wurden gegenseitig ausgetauscht. Die Dame nahm vom König Urlaub, der sie bis in ihr Gebiet führen, ihre Kinder, alle ihre Plätze und Kostbarkeiten und alles, was ihr gehörte, zurückgeben ließ. Beide waren sehr froh, voneinander zu scheiden, und sind seitdem bis zum Tode gute Geschwister geblieben.

## *Fünftes Kapitel*

Um mein Thema fortzuführen muß ich vom Herzog von Burgund sprechen, der sich nach der Flucht aus der Schlacht von Murten an den Eingang Burgunds zurückgezogen hatte, an einen La Rivière genannten Ort; diese Schlacht war im Jahre 1476. An diesem Ort blieb er mehr als sechs Wochen und hatte noch den Mut, Leute zu sammeln. Dennoch arbeitete er wenig daran und hielt sich sehr einsam; dieses schien er mehr aus Trotz als aus anderen Gründen zu tun, wie Ihr hören werdet. Denn der Schmerz, den er über den Verlust der ersten Schlacht bei Granson empfand, war so groß und verwirrte so seinen Geist, daß er in eine schwere Krankheit verfiel. Sein Zorn und seine natürliche Hitzigkeit waren so groß, daß er keinen Wein, sondern am Morgen gewöhnlich Ptisana trank und Zuckerwerk aß, um sich zu erfrischen. Diese Traurigkeit verwandelte sein Temperament so, daß er jetzt ganz starken Wein ohne Wasser trinken mußte. Um ihm wieder das Blut zurückzuziehen, nahmen einige glühendes Werg und führten es in dieser Hitze zum Herzen. Von dieser Kur wißt Ihr, Herr de Vienne, mehr als ich, da Ihr ihm in dieser Krankheit beistandet und ihm den Bart schneiden ließet, den er sich wachsen ließ. Meiner Meinung nach ist er seit dieser Krankheit nicht mehr so klug gewesen wie vorher, sondern sein Verstand hatte sehr abgenommen. Solcher Art sind die Leiden derer, die niemals Unglück erlitten und keine Mittel dagegen zu finden wissen, und besonders der hochmütigen Fürsten. Denn in diesem und ähnlichen Fällen ist die erste Zuflucht, zu Gott zurückzukehren und darüber nachzudenken, ob man ihn in nichts beleidigt hat; man muß sich vor ihm demütigen und seine Sünden erkennen, denn er allein bestimmt solche Entwicklungen, ohne daß man ihm irgendeinen Irrtum vorwerfen könnte. Danach ist es eine Wohltat, mit irgendeinem vertrauten Freund zu sprechen und ihm seine Leiden zu klagen und sich nicht zu schämen, vor diesem besonderen Freund seinen Schmerz zu zeigen; denn dieses erleichtert und stärkt das Herz, und die Lebensgeister kommen wieder. Da wir Menschen sind, kann es nämlich nicht ausbleiben, daß solche Schmerzen mit großem Leiden vorübergehen, sowohl öffentlich als auch privat; nur darf man nicht den Weg einschlagen, den der Herzog ging, indem er sich verbarg und einsam hielt. Da er seinen Leuten fürchterlich war, wagte sich dann keiner so weit vor, ihm irgendeinen Trost oder Rat zu geben, sondern sie überließen ihn sich selbst, da sie fürchteten, er möchte es übel aufnehmen, wenn sie ihm irgend etwas vorgehalten hätten.

Während dieser ungefähr sechs Wochen, die er mit sehr wenig Leuten dort zubrachte — was nicht verwunderlich ist, nachdem er, wie Ihr gehört habt, zwei so große Schlachten verloren hatte —, erhoben sich mehrere neue Feinde; die Freunde waren abgekühlt, die Untertanen geschwächt und besiegt; sie begannen gegen ihn zu murren und ihn zu verachten, so wie es nach soviel Unglück gewöhnlich geht, wie ich gesagt habe.

In Lothringen wurden ihm mehrere kleine Festungen genommen, wie Vaudemont, was ihm schon entrissen war, Epinal und andere nachher. Von allen Seiten begannen sich Leute zu regen, die gegen ihn anrennen wollten, und die geringsten waren die kühnsten. Auf diesen Lärm hin versammelte der Herzog von Lothringen einige wenige Leute und lagerte sich vor Nancy. Von den kleinen nahen Städten hielt er die meisten. Dennoch hielt der Herzog von Burgund noch Pont-à-Mousson, ungefähr vier Meilen von Nancy entfernt.

Die Belagerten standen unter Herrn de Bièvres aus dem Hause Croy, einem guten, ehrenhaften Ritter. Er hatte wertvolle Leute: unter anderen einen sehr tapferen Mann von geringer Herkunft, genannt Colpin, den ich mit anderen aus der Garnison von Guines in die Dienste des Herzogs geführt hatte. Dieser Colpin hatte etwa dreihundert Engländer unter sich in dieser Festung. Obgleich sie weder durch die Belagerung noch durch Sturm bedrängt wurden, verdroß es sie doch, daß der Herzog von Burgund so lange säumte, ihnen zu helfen. Und, um die Wahrheit zu sagen, er tat großes Unrecht, sich ihnen nicht zu nähern, denn dort, wo er war, war er weit von Lothringen entfernt und konnte zu gar nichts nütze sein; die Verteidigung dessen nämlich, was er besaß, war sehr viel nötiger, als gegen die Schweizer anzurennen und sich wegen seines Schadens rächen zu wollen; seine Hartnäckigkeit aber brachte ihm großen Schaden, da er nur seinen eigenen Rat hörte: denn, wie eifrig man auch war, um ihn anzutreiben, diesen Platz zu entsetzen, verweilte er an diesem Ort La Rivière, ohne etwas zu tun, etwa sechs Wochen. Wenn er es anders gemacht hätte, hätte der Festung leicht geholfen werden können, denn der Herzog von Lothringen hatte nicht viele Truppen davor; wenn er nämlich Lothringen hielt, hatte er immer seinen Durchgang, um von seinen anderen Herrschaftsgebieten durch Luxemburg und durch Lothringen zu gehen, um nach Burgund zu gelangen. Wenn er noch soviel Vernunft gehabt hätte wie früher, hätte er sich mehr beeilt.

Während die Belagerten in Nancy ihre Hilfe erwarteten, wurde der besagte Colpin, der Führer der englischen Schar, durch eine Kanonenkugel getötet, was für den Herzog von Burgund zum großen Schaden wurde; denn die Existenz eines einzigen Mannes ist manchmal die Ursache, seinen Herrn vor einem großen Unglück zu bewahren, und der muß noch nicht einmal aus einem großen Hause oder großer Familie sein, sondern nur gesunden Verstand und Tüchtigkeit haben. In dieser Beziehung habe ich an dem König, unserem Herrn, den richtigen Sinn gekannt, denn kein Fürst hatte so große Furcht, Leute zu verlieren, wie er. Seitdem der besagte Colpin tot war, begannen die Engländer, die unter ihm gewesen waren, zu murren und an der Hilfe zu verzweifeln. Sie kannten die kleine Streitmacht des Herzogs von Lothringen nicht gut und auch nicht die großen Mittel, die der Herzog von Burgund hatte, um Truppen zu sammeln. Weil aber die Engländer seit langer Zeit keine Kriege mehr außerhalb ihres Reiches geführt hatten, verstanden sie sich nicht so gut auf Belagerungen. Und wirklich wollten sie unterhandeln und sagten dem Stadtkommandanten, Herrn de Bièvres, sie würden ohne ihn ein Übereinkommen treffen, wenn er nicht verhandeln wolle. Wiewohl er ein guter Ritter war, so hatte er doch wenig Festigkeit in seinem Auftreten und versuchte es mit großen Bitten und Vorhaltungen. Es scheint mir, daß es ihm besser gelungen wäre, wenn er kühner gesprochen hätte, wenn es nicht so Gottes Wille gewesen ist; und das glaube ich, denn er hätte nur noch drei Tage auszuhalten brauchen, und sie hätten Hilfe bekommen. Aber, um es kurz zu machen: er gab den Engländern nach und übergab dem Herzog von Lothringen den Platz gegen Sicherung ihres Lebens und Gutes.

Am nächsten Tage oder spätestens zwei Tage nachdem diese Festung übergeben worden war, langte der Herzog von Burgund an, in Anbetracht seiner Lage gut begleitet, denn es waren einige Leute aus Luxemburg zu ihm gekommen, die aus seinen anderen Herrschaftsgebieten kamen; nun standen der Herzog von Lothringen und er sich gegenüber; dennoch ereignete sich nichts Wichtiges, da der Herzog von Lothringen nicht stark genug war.

## *Sechstes Kapitel*

Der Herzog von Burgund biß sich wieder fest und trug die Belagerung vor Nancy. Es wäre für ihn besser gewesen, wenn er nicht so eigensinnig dort geblieben wäre; Gott aber bereitet solche außerordentlichen Wünsche den Fürsten, wenn es ihm gefällt, ihr Geschick zu wenden. Wenn der Herzog dem Rat gefolgt wäre und die kleinen Festungen in der Umgebung besetzt gehalten hätte, hätte er in kurzer Zeit den Platz wieder gehabt, da dieser mit Lebensmitteln sehr schlecht versehen war; und er selbst hatte dort Truppen genug (und fast zu viel), um ihn in großer Bedrängnis zu halten; sein Heer hätte sich ein wenig erfrischen und wiederherstellen können; er aber faßte es am falschen Ende an.

Während der Herzog diese Belagerung durchführte, die sowohl für ihn, als auch für seine Untertanen und mehrere andere, die der Streit in keiner Weise etwas anging, verhängnisvoll war, begannen mehrere der Seinen Intrigen anzuzetteln. Und schon waren ihm, wie gesagt, auf allen Seiten Feinde erwachsen, unter anderen der Graf Nikolaus Campobasso aus dem Königreich Neapel, aus dem er wegen des Hauses Anjou vertrieben worden war, den der Herzog nach dem Tode des Herzogs Nikolaus von Kalabrien, dem er diente, mit mehreren anderen Dienern des Herzogs von Kalabrien übernommen hatte. Wie ich anderswo gesagt habe, war der Graf sowohl an beweglichem Gut als auch an Erbteil sehr arm. Der Herzog von Burgund gab ihm zu Anfang vierzigtausend Dukaten, um in Italien vierhundert Lanzen auszuheben, die er durch seine Vermittlung bezahlte. Seitdem begann er, wie ich schon gesagt habe, am Tod seines Herrn zu arbeiten, und fuhr damit bis zu dieser Stunde fort, von der ich erzählt habe. Als er seinen Herrn im Unglück sah, begann er von neuem zu intrigieren, sowohl mit dem Herzog von Lothringen als auch mit einigen Hauptleuten und Dienern, die der König in der Champagne nahe des herzoglichen Heeres hatte. Dem Herzog von Lothringen versprach er, er wolle es übernehmen, daß die Belagerung nicht vorwärts käme, da er es an den nötigsten Dingen für Belagerung und Beschießung werde fehlen lassen. Er konnte das gut tun, da er den höchsten Rang im Heer hatte und beim Herzog großes Ansehen genoß. Mit den Unsrigen verhandelte er noch lebhafter, da er immer wieder anbot, seinen Herrn zu töten oder gefangenzunehmen, wofür er eine Bezahlung seiner vierhundert Lanzen, zwanzigtausend Taler bar und eine gute Grafschaft forderte.

Während er diese Verhandlungen führte, kamen einige Edelleute des Herzogs von Lothringen, um nach Nancy einzudringen. Einige gelangten dort hinein. Andere wurden gefangengenommen, unter denen ein provenzalischer Edelmann Syffred war, der alle Verhandlungen des Grafen mit dem Herzog von Lothringen führte. Der Herzog von Burgund befahl, man solle den Syffred sofort hängen, und sagte, sobald ein Fürst seine Belagerung begonnen hätte und die Artillerie in die Stadt schieße, seien alle, die kämen, um noch hineinzugelangen, um sie gegen ihn zu verstärken, nach Kriegsrecht des Todes schuldig. Dennoch gebraucht man in unseren Kriegen dieses Recht nicht, die schon an sich grausamer sind als die italienischen und spanischen, wo man diese Gewohnheit befolgt. Trotzdem bestand der Herzog darauf, daß dieser Mann des Todes sei. Als dieser sah, daß es in seinem Fall keine Hilfe mehr geben würde und daß man ihn zum Sterben führen wolle, schickte er zum Herzog von Burgund mit der Bitte, er möchte ihn anhören, da er ihm etwas sagen wolle, das ihn selbst anginge. Einige Edelleute, zu denen er diese Worte sprach, kamen zum Herzog, um sie ihm zu sagen; zufällig befand sich der besagte Graf Campobasso dabei, als sie hingingen, um mit dem Herzog zu sprechen, da er von der Gefangennahme des Syffred wußte und gern dabei sein wollte; er fürchtete nämlich, dieser würde von ihm sagen, was er wüßte, denn er kannte alle Machenschaften des Grafen, sowohl auf der einen als auch auf der anderen Seite, und ihm war alles mitgeteilt; das war es gerade, was er dem Herzog sagen wollte.

Der Herzog antwortete denen, die kamen, um ihm diesen Bericht zu erstatten, er tue es nur, um sein Leben zu retten; er solle es ihnen sagen. Der Graf bestärkte diese Rede; bei dem Herzog war nur der Graf zugegen und ein Sekretär, der schrieb, denn der Graf hatte den ganzen Oberbefehl über das Heer. Der Gefangene sagte, er würde es nur dem

Herzog von Burgund sagen. Nochmals befahl der Herzog, man möge ihn zum Hängen führen. Das geschah auch; doch vorher bat Syffred mehrere, sie möchten beim Herzog für ihn bitten; er würde ihm etwas sagen, das ihm nicht für ein Herzogtum feil wäre, wenn er es wüßte. Mehrere, die ihn kannten, hatten Mitleid mit ihm und gingen weg, entschlossen, mit ihrem Herrn wegen dieser Bitte um Gehör zu sprechen. Der schlechte Graf aber stand an der Tür der hölzernen Kammer, in der der Herzog war, bewachte sie, damit niemand hineinkäme, verweigerte jenen den Eintritt und sagte: „Der Herr sagt, man möge sich beeilen, ihn zu hängen." Und durch Boten trieb er den Profossen zur Eile an. Endlich wurde Syffred gehängt zum großen Schaden des Herzogs von Burgund: für ihn wäre es besser gewesen, wenn er nicht so grausam gewesen wäre und diesen Edelmann menschlich angehört hätte; hätte er es getan, wäre er wahrscheinlich jetzt noch am Leben, sein Haus wäre unversehrt und noch mehr an Macht gewachsen, wenn man die Dinge betrachtet, die später über dieses Königreich gekommen sind. Man muß aber glauben, daß Gott es anders bestimmt hatte. Ihr habt ja vorher in diesen Memoiren von dem verräterischen Streich gehört, den der Herzog kurze Zeit vorher dem Grafen von St-Pol, Konnetabel von Frankreich, gespielt hatte, indem er ihn auf seine Sicherheit hin gefangennahm, ihn dem König zur Hinrichtung auslieferte und außerdem noch alle Urkunden und Briefe mitschickte, die er von dem Konnetabel hatte, um dem König in dem Prozeß zu dienen. Obwohl der Herzog einen gerechten Grund hatte, den Konnetabel bis auf den Tod zu hassen und ihm den Tod zu wünschen aus vielen Gründen, die zu beschreiben zu weit führen würde und die ihm die Ausführung ermöglicht hätten, ohne ihm sein Wort zu geben, so würden doch alle diese Dinge, die ich in dieser Sache sagen könnte, nicht den Mangel an Treue und Ehre beim Herzog zudecken, als er dem Konnetabel ein gutes und treues Geleit stellte und ihn trotzdem aus Habsucht und Geiz gefangennahm und verkaufte, nicht nur wegen St-Quentin und der festen Plätze, des Erbgutes und der beweglichen Habe des Konnetabels, sondern auch aus Furcht, Nancy (bei der ersten Belagerung) nicht zu nehmen.

Zu dieser Zeit lieferte er nach mehreren Verzögerungen den Konnetabel aus, da er fürchtete, daß das Heer des Königs, das in der Champagne war, ihn an der Unternehmung von Nancy hindern könne: denn der König bedrohte ihn durch seine Gesandten, da vereinbart war, der erste von beiden, der den Konnetabel ergreifen würde, müsse ihn entweder innerhalb von acht Tagen seinem Partner ausliefern oder ihn töten lassen. Nun hatte der Herzog diese Frist um viele Tage verstreichen lassen, und diese einzige habgierige Angst um Nancy ließ ihn, wie Ihr gehört habt, den Konnetabel ausliefern; und genau vor demselben Nancy, wo er dieses Verbrechen begangen hatte und bei der zweiten Belagerung den Syffred sterben ließ (den er nicht anhören wollte, wie ein Mann, der schon taube Ohren und einen verwirrten Sinn hat), wurde er von demjenigen, dem er am meisten vertraute, getäuscht und verraten als gerechte Vergeltung für das, was er dem Konnetabel aus Habgier um Nancy angetan hatte. Dieses Urteil aber steht Gott zu, und ich sage es nicht nur, um meine Sache zu erklären, sondern um verständlich zu machen, daß ein guter Fürst vor solchem schmählichen Akt und solcher Untreue zurückweichen sollte, welchen Rat man ihm auch zu geben weiß. Oft genug geschieht es, daß seine Ratgeber es nur tun, um ihm zu gefallen und es nicht wagen, ihm zu widersprechen; wenn der Fall geschehen ist, bedauern sie es wohl, da sie sehen, daß die Strafe Gottes und der Welt nicht ausbleibt. Dennoch sind solche Ratgeber in der Ferne mehr wert als in der Nähe.

Ihr habt gehört, wie Gott den Grafen Campobasso als Beauftragten dafür einsetzte, den Fall des Konnetabels, der durch den Herzog von Burgund verursacht war, am selben Ort und in derselben, nur noch viel grausameren Art zu rächen. Denn ebenso wie er den Konnetabel dem Tode auslieferte trotz des freien Geleites und des Vertrauens, das dieser in ihn gesetzt hatte, ebenso wurde er verraten von demjenigen, dem er sich in seinem Heer am meisten anvertraut hatte, durch denjenigen, sage ich, den er, als er alt und verarmt und ohne Anhang war, aufgenommen hatte und mit hunderttausend Dukaten jährlich besoldete, womit er seine Reisigen aus eigner Hand zu löhnen hatte; und noch andere große Vorteile genoß er von dem Herzog. Als er diese Verhandlungen begann, zog er mit vierzigtausend Dukaten in bar nach Italien, die er als Unterstützung erhalten hatte, das heißt, um die Reisigen anzuwerben. Um diesen Verrat durchzuführen, wandte er sich an zwei Stellen: zuerst an einen Arzt in Lyon, Meister Simon de Pavie, und dann an einen anderen in Savoyen, wovon ich schon gesprochen habe. Als er zurückkam, wurden seine Reisigen in gewisse kleine Festungen der Grafschaft Marle im Laonnais gelegt; und dort nahm er seine Verhandlungen wieder auf, indem er anbot, alle festen Plätze, die er innehatte, zu öffnen, oder aber, wenn der König sich mit dem Herzog in der Schlacht befände, auf ein zwischen ihnen verabredetes gewisses Zeichen hin mit seiner ganzen Schar auf die Seite des Königs überzugehen. Das zweite hätte dem König nicht sehr gefallen. Weiter bot er an, wenn sein Herr das erstemal lagern würde, wollte er ihn fangen oder töten, wenn er daran ginge, sein Heerlager zu besichtigen. Und wirklich hätte er bei diesem dritten Angebot nicht fehlen können, denn der Herzog hatte die Gewohnheit, sowie er an einer Lagerstätte vom Pferde gestiegen war, den kleinen Harnisch abzulegen, den Leib des Panzers anzubehalten und sich auf ein kleines Pferd zu schwingen; nur acht oder zehn Bogenschützen zu Fuß waren bei ihm. Manchmal begleiteten ihn zwei oder drei Edelmänner seiner Kammer, und er ritt um das ganze Lager von draußen, um zu sehen, ob es gut geschlossen sei. So hätte der Graf dieses Vorhaben ohne jede Schwierigkeit mit zehn Pferden ausführen können.

Nachdem der König diese fortgesetzten Verhandlungen mit angesehen hatte, die dieser Mensch unternahm, um seinen Herrn zu verraten, und da die letzte in die Zeiten des Waffenstillstandes fiel, und er nicht wußte, in welcher Absicht er diese Angebote machte, beschloß er, gegen den Herzog von Burgund sehr freimütig zu sein und ließ ihm durch Herrn de Contay, der mehrere Male in diesen Memoiren genannt worden ist, ausführlich den Handel des Grafen berichten. Ich war selbst dabei und bin ganz sicher, daß Herr de Contay sich dieses Auftrages treu gegen seinen Herrn entledigte. Dieser nahm ihn unwirsch auf und sagte, wenn es wahr gewesen wäre, hätte der König es ihn niemals wissen lassen. Dieses war lange bevor er von Nancy kam; ich glaube wohl, daß der Herzog nichts zu dem Grafen gesagt hat.

## *Siebentes Kapitel*

Wir müssen nun zu unserem Hauptthema zurückkommen und zu der Belagerung, die der Herzog mitten im Winter mit wenigen Leuten vor Nancy getragen hatte; sie waren schlecht bewaffnet und schlecht bezahlt; viele waren krank, und die Größten verhandelten, wie Ihr gehört habt, hinter seinem Rücken gegen ihn. Alle zusammen murrten und verachteten sein Tun, wie es in Zeiten des Unglücks gewöhnlich ist; ich habe das oben schon ausführlich gesagt. Niemand aber unternahm etwas gegen seine Person, wie dieser Graf Campobasso, und unter seinen Untertanen gab es keine Untreue. Wie er in dieser ärmlichen Zurüstung war, verhandelte der Herzog von Lothringen mit den schon oben genannten Bünden, um Leute zu bekommen, damit er den Herzog von Burgund, der vor Nancy sei, bekämpfen könne. Alle Städte waren hierzu sehr bereit. Es blieb nur noch übrig, Geld zu finden. Der König bestärkte ihn durch seine Gesandten, die er bei den Schweizern hatte, und versorgte ihn außerdem mit vierzigtausend Franken, um zu helfen, seine Deutschen zu bezahlen. Herr de Craon, sein Leutnant in der Champagne, aber lag mit sieben- oder achthundert Lanzen und freien Bogenschützen, begleitet von guten Führern in der Bar. Der Herzog von Lothringen brachte es mit der Gunst und dem Geld des Königs so weit, daß er eine große Anzahl Deutscher zu Fuß und zu Pferd zusammenzog; denn außer dem, was er bezahlte, versorgten sie einige auf ihre Kosten. Auch waren bei ihm viele Edelleute aus unserem Königreich; und dann lagerte das Heer des Königs, wie ich sagte, in der Bar, führte aber nicht Krieg, sondern wartete ab, wer den Sieg davontragen würde. Der Herzog von Lothringen ließ sich mit den genannten Deutschen in St-Nicolas in der Nähe von Nancy nieder.

Seit ungefähr neun Monaten war der König von Portugal in unserem Königreich; mit diesem war der König gegen den heutigen spanischen König verbündet[5]; der portugiesische König war in der Hoffnung gekommen, daß der König ihm ein großes Heer geben würde, um den Krieg von der Biscaya oder von Navarra nach Kastilien tragen zu können; denn er hielt viele Festungen in Kastilien an der Grenze Portugals und noch einige, die uns benachbart waren, wie Burgos und andere. Hätte der König ihm geholfen, wie er manchmal schon wollte, glaube ich wohl, daß der König von Portugal gesiegt und sein Unternehmen durchgeführt hätte. Dieser Wille aber verging dem König, und der König von Portugal wurde ein Jahr und länger mit Hoffnungen hingehalten. Unterdessen verschlimmerten sich seine Aussichten in Kastilien; denn als er kam, hielten fast alle Herren des Königreiches Kastilien seine Partei; als sie ihn aber so lange fortbleiben sahen, änderten sie nach und nach ihren Sinn und versöhnten sich mit dem König Alphons[6] und der Königin Isabella, die heute regieren. Der König entschuldigte sich wegen dieser versprochenen Hilfe mit dem Krieg, der in Lothringen war, indem er Angst zeigte, der Herzog von Burgund könne wieder gegen ihn gehen, wenn er sich wieder erheben würde. Dieser arme König von Portugal, der sehr gut und rechtschaffen war, faßte den Gedanken, zum Herzog von Burgund, seinem leiblichen Vetter, zu gehen und dessen ganzen Streit mit dem König zu schlichten, damit der König ihm helfen könne; denn er schämte sich, mit diesem Mißerfolg nach Kastilien und Portugal zurückzukehren und in Frankreich nichts erreicht zu haben; denn er war leichtfertig bewogen worden zu gehen, und außerdem gegen die Meinung seines Rates.

So machte sich der König von Portugal mitten im Winter auf den Weg, um seinen Vetter, den Herzog von Burgund, vor Nancy zu finden und stellte ihm das vor, was der König ihm gesagt hatte, um zu dieser Einigung zu kommen. Er fand, daß es eine sehr schwierige Sache sei, sie zu einigen, da sie in allem entgegengesetzt waren. So blieb er dort nur zwei Tage, bis er Urlaub vom Herzog, seinem Vetter, nahm, um nach Paris zurückzukehren, von wo er gekommen war. Der Herzog bat ihn, zu warten und mit nach Pont-à-Mousson zu gehen, was sehr nahe bei Nancy liegt, um den Durchgang zu bewachen. Denn schon wußte der Herzog von der Ankunft der Deutschen, die in St-Nicolas lagerten. Der König von Portugal entschuldigte sich und sagte, er sei nicht in Waffen und für eine solche Unternehmung nicht ausgerüstet; er kehrte wieder nach Paris zurück, wo er sich lange aufhielt. Am Ende verdächtigte der König von Portugal den König, ihn gefangennehmen zu wollen, um ihn seinem Feinde, dem König von Kastilien, auszulie-

[5] Alfons V. von Portugal war seit zwei, nicht seit neun Monaten in Frankreich. Der Gegner war Ferdinand der Katholische, Thronfolger in Aragon, damals durch Heirat mit Isabella König von Kastilien.

[6] Aus Versehen schreibt Commynes hier Alphons statt Ferdinand.

fern. Aus diesem Grunde verkleidete er sich und beschloß, mit zwei anderen nach Rom zu fliehen und in ein Kloster zu gehen. In diesem Aufzug wurde er von einem normannischen Ritter namens Robinet Le Boeuf gefangengenommen. Der König, unser Herr, wurde über diesen Fall traurig und beschämt; daher ließ er mehrere Schiffe an der Küste der Normandie zurüsten, über die Herr Georg Le Grec den Befehl hatte; diese führten ihn nach Portugal.

Der Grund seines Krieges gegen den König von Kastilien war folgender: seine Nichte, die Tochter seiner Schwester, der Gemahlin des letztverstorbenen Königs Don Enrique von Kastilien, hatte eine sehr schöne Tochter, die noch heute unvermählt in Portugal lebt, diese Tochter Königin Isabella, Don Enriques Schwester, schloß von der Thronfolge in Kastilien aus, indem sie sagte, ihre Mutter hätte sie ehebrecherisch empfangen. Viele Leute waren dieser Meinung gewesen und sagten, der König Don Enrique hätte aus gewissen Gründen, die ich verschweige, nicht zeugen können. Wie es auch zugegangen sein mag, und obgleich die Tochter unter dem Deckmantel der Ehe geboren wurde, verblieb dennoch die Krone Kastiliens der Königin Isabella und ihrem Gatten, dem König von Aragon und Sizilien, die heute regieren. Der König von Portugal versuchte, seine Nichte mit unserm jetzigen König Karl VIII. zu vermählen, und das war der Anlaß zu seiner Reise nach Frankreich, die für ihn zum großen Schaden und Kummer wurde; denn bald nach seiner Rückkehr nach Portugal starb er.

Daher soll ein Fürst, wie ich ungefähr zu Beginn dieser Memoiren sagte[7], wohl darauf achten, welche Gesandten er durch das Land schickt; denn wenn diejenigen, die nach Frankreich gekommen waren, um das Bündnis des Königs von Portugal abzuschließen (wobei ich zugegen war, als einer der Vertreter des Königs) klug gewesen wären, hätten sie sich besser über die französischen Angelegenheiten informiert, bevor sie ihrem Herrn zu dieser Reise rieten, die ihm so viel Schaden brachte.

## *Achtes Kapitel*

Ich würde diese Sache übergangen haben, wenn ich daran nicht hätte zeigen wollen, daß sich ein Fürst sehr spät in die Gewalt eines anderen begeben soll, um persönlich seine Hilfe zu erbitten. Um nun zu meinem Hauptthema zurückzukommen: der König von Portugal hatte nach seinem Abschied vom Herzog von Burgund noch keine Tagesreise zurückgelegt, als der Herzog von Lothringen mit den Deutschen, die in seiner Begleitung waren, von St-Nicolas aufbrach, um den Herzog von Burgund anzugreifen. Am selben Tag kam der Graf Campobasso zu

---

7 Im neunten und sechzehnten Kapitel des ersten Buches.

ihnen, um sein Unternehmen zu vollenden und ergab sich ihnen mit etwa hundertsechzig Reisigen; und es mißfiel ihm sehr, daß er seinem Herrn nichts Schlimmeres antun konnte. Die Besatzung von Nancy war von den Verhandlungen des Grafen Campobasso benachrichtigt worden, was ihnen sehr half, Mut zum Aushalten zu haben. Ferner trat ein Mann ein, der sich in die Gräben warf und ihnen Hilfe zusicherte: denn andernfalls wären sie an dem Punkt angelangt, sich zu ergeben. Wenn die Heuchelei des Grafen nicht gewesen wäre, hätten sie bis dahin nicht ausgehalten; Gott aber wollte das Wunder vollenden.

Als der Herzog von Burgund von diesem Herannahen hörte, hielt er ein wenig Rat, was seine Gewohnheit sonst nicht war, da er gemeinhin seinen eigenen Verstand gebrauchte. Die Meinung mehrerer war, man solle sich nach Pont-à-Mousson zurückziehen, das in der Nähe liegt, und die Leute in den Festungen lassen, die er in der Umgebung von Nancy hielt; sie sagten, sobald die Deutschen Nancy verproviantiert hätten, würden sie wieder abziehen; dem Herzog von Lothringen ginge das Geld aus, so daß er lange Zeit nicht mehr viele Truppen sammeln könne. Die Verproviantierung würde auch nicht so groß sein, und bevor die Hälfte des Winters vorüber sei, wären sie in derselben Bedrängnis, wie sie es damals waren. Indessen hätte der Herzog wieder Leute gesammelt. Denn ich habe von Leuten gehört, die es zu wissen glaubten, daß er in seinem Lager keine viertausend Mann gehabt hätte, von denen nur zwölfhundert kampffähig gewesen seien. Geld hatte der Herzog genug, denn er hatte in seinem in der Nähe liegenden Schloß in Luxemburg gut vierhundertfünfzigtausend Taler bar, mit denen er sich genug Leute hätte beschaffen können. Gott aber wollte ihm die Gnade nicht gewähren, diesen weisen Rat anzunehmen und zu erkennen, wie viele Feinde rings um ihn auf allen Seiten gelagert waren. Er wählte den schlechteren Teil und beschloß mit den Worten eines Wahnsinnigen dazubleiben, trotz aller Vorhaltungen, die man ihm wegen der großen Anzahl der Deutschen, die bei dem Herzog von Lothringen waren, und auch wegen des königlichen Heeres, das in seiner Nähe lagerte, machte, und entschloß sich zur Schlacht mit diesem kleinen Haufen verzagter Leute.

Als der Graf Campobasso beim Herzog von Lothringen ankam, ließen ihm die Deutschen sagen, er möge sich zurückziehen, sie wollten keinen Verräter unter sich. So zog er sich nach Condé in die Nähe einer Burg und Straße zurück, wo er alles ausbesserte, so gut er konnte; er hoffte, wenn der Herzog von Burgund und seine Leute fliehen würden, würde ein Teil davon in seine Hände fallen, wie es genugsam geschah. Die Verhandlungen des Grafen mit dem Herzog von Lothringen aber waren nicht seine hauptsächlichsten; er sprach nämlich kurz vor seiner Abreise mit anderen und beschloß mit ihnen, er würde sich auf die Seite des Feindes wenden, wenn die Stunde der Schlacht gekommen sei, da er sähe, er könne an den Herzog nicht Hand anlegen. Der Graf wollte nicht so früh fortgehen, damit er dem Heer nicht einen zu großen Schrecken einjage, aber er versicherte, wenn der Herzog fliehe, werde er niemals lebend entkommen; er lasse zwölf oder vierzehn Leute da, auf die er rechnen könne, die einen, um die Flucht zu beginnen, wenn sie die Deutschen heranmarschieren sähen, die anderen, um auf den Herzog achtzugeben und ihn, wenn er fliehen sollte, auf der Flucht zu töten. So konnte es gar nicht fehlschlagen. Ich habe nämlich selbst zwei oder drei derjenigen gekannt, die dableiben sollten, um den Herzog zu töten. Als diese großen Verrätereien beschlossen waren, zog er sich in das Lager zurück und wandte sich dann gegen seinen Herrn, als er sah, daß die Deutschen ankamen, wie ich schon sagte. Und als er dann merkte, daß die Deutschen ihn nicht bei sich haben wollten, ging er, wie gesagt, nach Condé.

Die Deutschen marschierten. Bei ihnen waren zahlreiche französische Reiter, die man mitgehen ließ. Viele andere legten sich in der Nähe des Ortes in den Hinterhalt, um zu sehen, ob der Herzog geschlagen würde, damit sie irgendwelche Gefangene oder Beute ergattern könnten. So könnt Ihr sehen, in welchen Zustand der arme Herzog sich gebracht hatte, da er keinem Rat glauben wollte.

Als die beiden Heere aufmarschiert waren, wurde dem seinen, das schon zweimal geschlagen war und aus wenigen Leuten bestand, die in schlechtem Zustand waren, sofort eine Niederlage beigebracht; seine Leute wurden getötet oder in die Flucht geschlagen. Viele retteten sich. Der Rest war tot oder gefangen. Und unter anderen starb hier auf dem Schlachtfeld der Herzog von Burgund. Ich will nicht von der Art seines Todes sprechen, weil ich nicht dabei war; mir ist aber über den Tod des Herzogs von einigen erzählt worden, die ihn auf die Erde geworfen gesehen haben und ihm nicht helfen konnten, weil sie Gefangene waren. Als sie ihn sahen, war er noch nicht tot; eine große Anzahl Leute aber stürzte über ihn, erschlug ihn und plünderte ihn aus, ohne ihn zu erkennen. Diese Schlacht geschah am 5. Januar 1477, am Vorabend der heiligen Dreikönige.

## *Neuntes Kapitel*

Ich habe später in Mailand ein Zeichen gesehen, das ich viele Male an seinem Wams bemerkt habe; das war ein Lamm, mit einem Feuerstahl in eine Kamee geschnitten, auf der sein Wappen war; es wurde für zwei Dukaten in Mailand verkauft. Derjenige, der es ihm fortnahm, muß ein schlechter Kammerdiener gewesen sein. Oft habe ich gesehen, wie große Herren ihn in Ehrfurcht an- und auskleideten; in dieser letzten Stunde waren ihm seine Ehren vergangen. Er und sein Haus gingen, wie ich sagte, an dem Ort kurz darauf zu Grunde, an dem er aus Habsucht eingewilligt hatte, den Konnetabel auszuliefern. Gott möge ihm seine Sünden vergeben! Vor kurzer Zeit noch habe ich ihn als einen großen und ehrenhaften Fürsten gesehen, so sehr geschätzt und gesucht, wie kein Fürst der Christenheit. Ich habe keinen anderen Anlaß bemerkt, weshalb er so früh den Zorn Gottes auf sich geladen haben kann, wenn nicht dadurch, daß er glaubte, alle Gnaden und Ehren, die er auf dieser Welt empfangen hatte, seien aus seinem Geiste und seiner Tüchtigkeit erwachsen, ohne sie Gott zuzuerkennen, wie er es hätte tun sollen. Denn er hatte wirklich gute und tüchtige Fähigkeiten in sich.

Kein Fürst übertraf ihn jemals in dem Wunsch, Edelleute zu unterweisen und ihnen eine gute Lebensart zu geben. Seine Wohltaten waren nicht sehr groß, weil er wollte, daß jeder etwas davon hätte. Niemals hat ein Fürst seinen Dienern und Untertanen freimütiger Gehör geschenkt. Zu der Zeit als ich ihn gekannt habe, war er nicht grausam; er wurde es aber vor seinem Tode, was ein schlechtes Zeichen für eine lange Lebensdauer war. Er war sehr prunkvoll in seinen Kleidern und anderen Dingen, und zwar ein wenig zu viel. Gesandten und Fremden erwies er sehr viel Ehre; sie wurden sehr gefeiert und gut bei ihm aufgenommen. Er wünschte großen Ruhm zu erwerben, wodurch er sich mehr in Kriege verwickelte, als durch irgend etwas anderes; gern hätte er den alten Fürsten ähneln wollen, von denen so viel nach ihrem Tode gesprochen worden ist: er war so kühn wie nur einer, der zu seiner Zeit gelebt hat. Nun haben alle seine Gedanken ein Ende gefunden, und alles hat sich zu seinem Nachteil und zu seiner Schande gewendet; denn diejenigen, die siegen, haben immer die Ehre. Ich wüßte nicht zu sagen, gegen wen sich unser Herrgott zorniger gezeigt hätte: gegen ihn, der rasch, ohne langes Leiden auf dem Schlachtfeld starb, oder gegen seine Untertanen, die seitdem keine Ruhe mehr hatten, sondern ständig im Krieg lagen, für den sie nicht mehr stark genug waren, und die in Verwirrung gegeneinander einen grausamen und tödlichen Krieg führten? Was für sie noch viel schwerer zu tragen war: diejenigen, die sie verteidigten, waren Fremde, die eben noch ihre Feinde gewesen waren, es waren die Deutschen. Und in der Tat gab es seit diesem Tode niemanden mehr, der ihnen wohlwollte, von wem sie auch immer Hilfe bekamen; wenn man ihre Werke ansieht, so scheint es, daß sie ebenso verwirrt waren wie ihr Fürst. Denn kurz vor seinem Tod haben sie allen guten und sicheren Rat von sich geworfen und alle Wege aufgesucht, die ihnen schädlich sein konnten. Und sie sind auf einem Weg, wo die Wirrsale für sie lange Zeit nicht aufhören, oder zum mindesten die Furcht, wieder dorthin zu gelangen.

Ich bin der Meinung eines anderen, den ich gekannt habe: Gott gibt einen Fürsten, je nachdem er die Untertanen strafen oder züchtigen will, und den Fürsten die Untertanen und ihre Haltung ihm gegenüber, wie er die Fürsten erheben oder demütigen will. So hat er es mit dem Hause Burgund gemacht: denn nach ihrem langen Glück und großen Reichtum und drei großen, guten und weisen Fürsten, den Vorfahren dieses letzten, die einhundertzwanzig Jahre regiert haben, gab er ihnen diesen Herzog Karl, der sie ständig in großen Kriegen, Mühsal und Unkosten hielt, und dies fast ebenso im Winter wie im Sommer. Viele reiche und wohllebende Herren wurden in diesen Kriegen getötet oder durch Gefangenschaft ihrer Güter beraubt. Vor Neuß begannen die großen Verluste, die sich durch die drei oder vier Schlachten bis zur Stunde seines Todes fortsetzten, und zwar so sehr, daß bei der letzten Schlacht die ganze Kraft seines Landes erschöpft war und alle Leute entweder tot, geschlagen oder gefangen waren; das heißt die, die die Macht und die Ehre seines Hauses hätten verteidigen können oder wollen. Und auch scheint es, wie ich gesagt habe, daß dieses Unglück ihrem ehemaligen Glück glich; denn wie ich sage, daß ich ihn groß, reich und geehrt gesehen habe, ebenso kann ich sagen: ich habe alles dieses an seinen Untertanen gesehen; und ich glaube, den besseren Teil von Europa gesehen und kennengelernt zu haben. Dennoch habe ich keine Herrschaft und kein Land gekannt, mochte es gleich noch viel größer sein, das so überladen war mit Reichtümern, Hausrat, Bauten und auch mit aller Verschwendung, Aufwand, Festen und Gelagen, wie ich sie in der Zeit erlebt habe, als ich dort war. Es könnte manchem, der zu der Zeit, von der ich spreche, nicht dagewesen ist, scheinen, ich sagte davon zu viel, andere aber, die wie ich dort gewesen waren, werden vielleicht meinen, ich hätte wenig gesagt.

Nun hat unser Herrgott mit einem Schlage dieses so große und glanzvolle Gebäude, dieses mächtige Haus, niedergeworfen, das so viele edle Männer gehalten und erzogen hat, nah und fern so geehrt worden ist durch so viele Siege und so großen Ruhm wie kein anderes in der Umgebung zu seiner Zeit. Dieses gute Glück und die Gnade Gottes hat ihm einhundertzwanzig Jahre gedauert, während alle Nachbarn, wie Frankreich, England und Spanien zu leiden hatten. Und alle sind dort manchmal hingekommen, um Schutz zu suchen, wie Ihr am Beispiel des Königs, unseres Herrn, gesehen habt, der in seiner Jugend, als König Karl VII., sein Vater, noch lebte, sich sechs Jahre zur Zeit des guten Herzogs Philipp dorthin zurückzog und liebevoll aufgenommen wurde. Von England habe ich dort König Eduards beide Brüder gesehen, Herzog Clarence und Herzog Gloucester, den späteren König Richard. Von der anderen Partei König Heinrichs, aus dem Hause Lancaster, habe ich die ganze, oder fast die ganze Sippe gesehen. Von allen Seiten habe ich erlebt, wie dieses Haus geehrt wurde, und dann stürzte das Oberste zuunterst; sowohl der Fürst als auch das Volk waren so verlassen und vernichtet, wie keiner ihrer Nachbarn. Solche und ähnliche Dinge hat unser Herrgott, schon bevor wir geboren waren, getan und wird sie noch tun, wenn wir schon tot sind; denn man muß sicher daran festhalten, daß das große Wohlergehen der Fürsten und ihr großes Unglück aus göttlicher Ordnung hervorgehen.

## *Zehntes Kapitel*

Um nun mit meinem Thema fortzufahren: unser König, der schon die Post im Königreich eingerichtet hatte, die es vorher noch niemals gab, wurde sehr bald von dieser Niederlage des Herzogs von Burgund benachrichtigt. Zu jeder Stunde erwartete er die Neuigkeiten wegen der Nachricht, die er vorher von der Ankunft der Deutschen und von allen anderen Dingen, die davon abhingen, erhalten hatte. Es gab viele Leute, die die Ohren weit geöffnet hielten, um sie als erste zu hören und sie ihm zu sagen, denn er gab demjenigen gern etwas, der ihm eine große Neuigkeit sagte, ohne den Boten zu vergessen. Und es machte ihm Vergnügen, davon zu sprechen, bevor sich etwas ereignet hatte, und zu sagen: „So und so viel gebe ich demjenigen, der mir Nachricht davon bringen wird." Herr Du Bouchage und ich erhielten zusammen die erste Nachricht von der Murtener Schlacht und sagten sie gemeinsam dem König, der uns jedem zweihundert Mark Silbers gab.

Herr Du Lude, der außerhalb von Le-Plessis schlief, erfuhr als erster von der Ankunft des Reiters, der die Briefe von dieser Schlacht von Nancy brachte. Er forderte ihm die Briefe ab, die dieser ihm nicht zu verweigern wagte, da er in großem Ansehen beim König stand. Am frühen Morgen, als es kaum Tag geworden war, kam Herr Du Lude und pochte an die nächsten Türen des Königs. Man öffnete ihm. Er übergab die Briefe, die Herr de Craon und andere geschrieben hatten; aber keiner dieser ersten berichtete vom Tode, sondern einige sagten, man hätte ihn auf der Flucht gesehen und er sei gerettet.

Auf den ersten Blick wurde der König so von der Freude überwältigt, die er über diese Nachricht empfand, daß er kaum wußte, welche Haltung er einnehmen sollte. Auf der einen Seite fürchtete er, wenn der Herzog von den Deutschen gefangengenommen worden wäre, daß sie sich an ihn wegen einer großen Summe Geldes wenden würden, was der Herzog ihnen leicht geben könnte; auf der anderen Seite war er in Zweifeln, falls er das dritte Mal nach der Niederlage entkommen sei, ob er die Herrschaftsgebiete von Burgund nehmen solle oder nicht. Dies schien ihm ein leichtes zu sein, da fast alle Edelleute des Landes in den besagten Schlachten gefallen waren. Daher war es sein Entschluß, den, glaube ich, nur wenige Leute außer mir kannten, daß er sein Heer, das in der Champagne und Bar stand, unverzüglich in Burgund würde einrücken lassen, falls der Herzog noch am Leben sei, um zur Stunde des größten Erschreckens vom Lande Besitz zu ergreifen, und wenn er darin sei, würde er den Herzog benachrichtigen, er habe es getan, um ihm das Land zu retten und zu bewahren, damit die Deutschen es nicht zerstörten. Da dieses Herzogtum der Krone lehnpflichtig sei, wollte er es in keiner Weise in die Hände der Deutschen fallen lassen; was er genommen habe, würde er ihm zurückgeben. Das wäre ihm auch ohne Schwierigkeiten gelungen, was viele Leute nicht leicht glauben werden.

Auch wußten sie nicht den Grund, der ihn dazu bewogen hatte. Diesen Vorsatz aber gab er wieder auf, als er vom Tode des Herzogs erfuhr.

Sowie der König diese besagten Briefe erhalten hatte, die, wie ich sagte, nichts von dem Tod des Herzogs berichteten, schickte er nach Tours und ließ alle Hauptleute und mehrere andere große Herren holen und zeigte ihnen die Briefe. Alle gaben Zeichen großer Freude von sich. Denjenigen aber, die genauer hinsahen, schien es, daß genug darunter waren, die das nur gezwungen taten und die trotz ihrer Mienen es lieber gemocht hätten, wenn die Sache des Herzogs anders gegangen wäre. Der Grund mag vielleicht sein, daß der König sehr gefürchtet war; sie hatten Angst, er würde mehrere Dinge ändern, wenn er sich so von seinen Feinden befreit fühlen würde, und besonders die Würden und Ämter: denn es gab viele in dieser Gesellschaft, die in der Frage der „öffentlichen Wohlfahrt" und der seines Bruders, des Herzogs von Guyenne, gegen ihn gestanden hatten. Nachdem er eine gewisse Zeit mit den Obengenannten gesprochen hatte, hörte er die Messe, ließ dann die Tafel in sein Zimmer bringen und sie alle mit ihm speisen; sein Kanzler und einige Herren des Rates waren dabei; beim Essen sprach er immer von diesen Dingen. Ich weiß wohl, wie ich und andere darauf achteten, wie und mit welchem Appetit die, die am Tisch saßen, essen würden; aber ich weiß nicht, war es nun die Freude oder die Traurigkeit, kein einziger, so schien es, aß die Hälfte von dem, was für ihn genügend gewesen wäre. Sonst waren sie nicht so schüchtern, beim König zu essen, denn es war nicht einer darunter, der nicht schon oft mit ihm gespeist hätte.

Nachdem die Tafel aufgehoben worden war, zog sich der König zurück und vergab einige Länder, die der Herzog besessen hatte, falls es so wäre, daß er tot sei. Er fertigte den Bastard von Bourbon, Admiral von Frankreich, und mich ab und gab uns die nötigen Vollmachten, um alle, die sich unterwerfen wollten, in seinen Gehorsam zu bringen. Er befahl uns, unverzüglich abzureisen und alle Briefe der Post und Boten, die wir unterwegs treffen würden, zu öffnen, damit wir wüßten, ob der Herzog tot oder am Leben sei. Wir brachen in großer Eile auf, obgleich es die stärkste Kälte war, die ich zu meiner Zeit erlebt habe. Wir hatten noch keine halbe Tagesreise zurückgelegt, als wir einen Boten trafen, von dem wir uns die Briefe geben ließen. Sie enthielten, daß der Herzog von einem italienischen Pagen und seinem Leibarzt, Meister Lope, einem geborenen Portugiesen, unter den Toten aufgefunden worden sei. Dieser habe es Herrn de Craon selber bestätigt, es sei der Herzog, sein Herr, was von Herrn de Craon dem König unverzüglich gemeldet wurde.

## *Elftes Kapitel*

Als wir alle diese Dinge erfahren hatten, zogen wir bis in die Vorstädte von Abbeville und waren die ersten, durch die die Burgundischen in diesem Landstrich davon Kunde erhielten. Wir fanden, daß die Bevölkerung der Stadt schon mit Herrn de Torcy unterhandelte, den sie seit langer Zeit sehr liebte. Die Kriegsleute und die Beamten des Herzogs verhandelten mit uns durch einen Boten, den wir vorausgeschickt hatten. Auf unser Versprechen hin gaben sie die vierhundert Flamen heraus, die sie hatten. Sowie das Volk sie jedoch draußen sah, öffnete es Herrn de Torcy die Tore, was den Hauptleuten und anderen Beamten der Stadt zum großen Schaden gereichte. Denn wir hatten sechs oder sieben von ihnen Geld und einige Pensionen versprochen, da wir diese Vollmacht vom König hatten. Davon bekamen sie nun nichts, da der Platz nicht von ihnen übergeben worden war. Abbeville gehörte zu den Ländern, die von König Karl VII. im Frieden von Arras abgetreten worden waren und in Ermangelung eines männlichen Erben zurückfallen sollten. Daher ist es nicht verwunderlich, wenn sie uns die Türen leicht öffneten. Von dort aus zogen wir nach Doullens und schickten vor, um Arras zur Übergabe aufzufordern, die Hauptstadt vom Artois, den alten Besitz des Grafen von Flandern, das zu jeder Zeit gewohnt war, mit der Tochter oder mit dem Sohn zu gehen.

Herr de Ravenstein und Herr des Cordes, die in Arras waren, unternahmen es, zu einem Gespräch mit uns nach dem Mont-St-Eloi, einer Abtei in der Nähe von Arras, herauszukommen, und mit ihnen die von der Stadt. Es wurde bestimmt, ich solle hingehen und einige andere mit mir; denn man fürchtete sehr, sie würden nicht alles tun, was wir wollten; deswegen ging der Admiral nicht hin. Als ich an diesem Orte angekommen war, langten bald danach die Herren de Ravenstein und des Cordes mit mehreren anderen Edelleuten an und auch mit einigen Bürgern von Arras. Unter anderen war für die Stadt ihr Pensionär und Sprecher Meister Johann de La Vacquerie da, der später erster Vorsitzender im Parlament zu Paris war. Nun forderten wir sie im Namen des Königs auf zu öffnen und uns die Stadt zu übergeben und sagten, der König gedenke, Stadt und Land einzuziehen; wenn sie sich widersetzen würden, seien sie in Gefahr, angesichts der Niederlage ihres Herrn mit Gewalt erobert zu werden; außerdem sei das ganze Land durch die drei verlorenen Schlachten von jeglicher Verteidigung entblößt. Die genannten Herren ließen uns durch de La Vacquerie antworten, die Grafschaft Artois gehöre dem Fräulein von Burgund, der Tochter des Herzogs Karl, und sei in gerader Linie von der Gräfin Margarete von Flandern, Artois, Burgund, Nevers und Rethel auf sie gekommen (Diese wurde an Herzog Philipp I. von Burgund vermählt, König Johanns Sohn und Bruder Karls V.). Sie bäten den König, den Waffenstillstand einzuhalten, der zwischen ihm und dem verstorbenen Herzog Karl geschlossen worden sei. Unsere Reden waren nicht sehr weitschweifig, denn wir waren auf diese Antwort gefaßt; der eigentliche Anlaß meines Kommens an diesen Ort aber war, um mit einigen von ihnen, die dort waren, allein zu sprechen, um sie zum König zu bekehren. Ich sprach mit einigen davon, die bald danach treue Diener des Königs wurden.

Wir fanden dieses Land sehr in Angst vor, und das nicht ohne Grund: denn ich glaube, sie hätten in acht Tagen nicht acht Reisige aufbieten können; von anderem Kriegsvolk gab es in allen diesen Ländern ungefähr eintausendfünfhundert Mann zu Fuß wie zu Pferde, die gegen Namur und im Hennegau standen und aus der Schlacht, in der der Herzog von Burgund umgekommen war, entronnen waren. Ihre alte Art und Weise zu reden hatte sich sehr geändert, denn sie sprachen sehr leise und in großer Demut: ich will damit nicht sagen, sie hätten in vergangener Zeit anmaßender geredet, als sie durften, aber es ist wahr, daß sie zu der Zeit, als ich dort war, sich so stark fühlten, daß sie weder mit noch von dem König in solcher Ehrfurcht geredet haben wie seitdem. Wenn die Menschen immer klug wären, so würden sie auch in Zeiten des Glücks ihre Worte so mäßigen, daß sie keinen Grund haben, ihre Sprache in Zeiten des Unglücks zu ändern.

Ich kehrte zum Admiral zurück, um meinen Bericht zu machen und fand dort die Nachricht vor, der König käme. Er hatte sich gleich danach auf den Weg gemacht und in seinem und seiner Diener Namen mehrere Briefe schreiben lassen, um Truppen zu sich kommen zu lassen; dadurch hoffte er, die besagten Herrschaftsgebiete in seine Gewalt zu bringen.

## *Zwölftes Kapitel*

Die Freude des Königs war sehr groß, sich allen denen, die er haßte und die seine Feinde waren, überlegen zu sehen. An einigen war er gerächt, wie an dem Konnetabel von Frankreich, dem Herzog von Nemours[8] und mehreren anderen; der Herzog von Guyenne, dessen Erbe er angetreten hatte, war gestorben; das ganze Haus Anjou war tot, wie König René von Sizilien, die Herzöge Johann und Nikolaus von Kalabrien und dann der Vetter, der Graf Du Maine, nachmals Graf der Provence[9], und der Graf d'Armagnac, der in Lectoure getötet worden ist; von allen diesen Genannten hatte der König die Nachfolge angetreten und ihre Güter empfangen. Aber ebenso wie dieses Haus Burgund viel größer und mächtiger als alle anderen war, ebenso viel mehr

[8] Jakob von Armagnac, Herzog von Nemours war wegen seiner Beziehungen zu den Feinden des Königs als Majestätsverbrecher hingerichtet worden.

[9] Hier greift Commynes in zwei Fällen vor: König René von Sizilien starb am 10. Juli 1480 und Graf Karl Du Maine am 11. Dezember 1481. Er faßt alle Todesfälle zusammen, die noch für Ludwig günstig waren.

als bei allen anderen freute er sich; hatte es doch mit seinem Vater, König Karl VII., zweiunddreißig Jahre lang ohne Waffenruhe mit Hilfe der Engländer Krieg geführt; die burgundischen Herrschaften lagen dem Reich benachbart, und seine Untertanen waren geneigt, Krieg gegen ihn und sein Reich zu beginnen. Und es schien ihm wohl, daß er in seinem ganzen Leben niemanden finden würde, weder in seinem Reich noch in seiner Umgebung, der ihm Schwierigkeiten machen würde. Er befand sich, wie ihr gehört habt, im Frieden mit den Engländern und arbeitete mit seiner ganzen Kraft daran, daß dieser Friede aufrechterhalten würde.

Als er nun aus aller Furcht heraus war, erlaubte Gott ihm nicht, diese so wichtige Sache am richtigen Ende anzupacken. Denn durch Heirat oder Freundschaft hätte er leicht alle diese großen Herrschaftsgebiete mit der Krone vereinigen können, auf die er anders kein Recht beanspruchen konnte; er hätte getan, was er wollte, und auf ihre Wünsche unter dem Vorwand und der Bedingung der Heirat Rücksicht genommen, angesichts der großen Verzweiflung, Armut und Entkräftung, in dem sich diese Herrschaften befanden: dann hätte er sein Reich durch einen langen Frieden gestärkt und bereichert, den er dadurch hätte aufrechterhalten können; auf manche Art hätte er die Lastenbürde verringern können und besonders das Umherstreifen der Reisigen, die unaufhörlich in vergangenen und gegenwärtigen Zeiten von einem Ende des Königreiches zum anderen ritten, ohne daß es oft sehr nötig gewesen wäre.

Als der Herzog von Burgund noch lebte, hatte der König mit mir mehrere Male über das gesprochen, was er tun würde, wenn der Herzog einmal stürbe; und er sprach sehr vernünftig. Damals sagte er, er würde versuchen, seinen Sohn, unsern jetzigen König, mit der Tochter des Herzogs zu vermählen, die dann Herzogin von Österreich geworden ist. Wenn sie damit nicht einverstanden sein würde (denn der Dauphin war damals viel zu jung für sie), würde er versuchen, ihr einen jungen Herrn des Königreiches zum Gatten zu geben, um sie und ihr Volk in Freundschaft zu erhalten und um ohne Streit das wiederzuerlangen, was er für das Seine ansprach. Noch acht Tage, bevor der König den Tod des Herzogs erfuhr, hatte er diesen Vorsatz. Dieser weise Vorsatz, von dem ich sagte, begann bei ihm schon an dem Tag ein wenig zu wanken, als er die Todesnachricht erhielt und den Admiral und mich abfertigte. Immerhin redete er wenig davon; einigen aber machte er einige Versprechungen über Länder und Herrschaften.

## *Dreizehntes Kapitel*

Als der König sich unterwegs befand, um uns nachzuziehen, erreichten ihn von allen Seiten angenehme Nachrichten. Die Burgen Ham und Bohain wurden übergeben. Die von St-Quentin übergaben sich selbst und ließen Herrn de Moy, ihren Nachbarn, ein. Péronne war ihm sicher, da dort Herr Wilhelm Bische saß; durch uns und andere hatte er die Hoffnung, daß Herr des Cordes auf seine Seite treten würde. Seinen Barbier, Meister Olivier[10], der aus einem Dorfe in der Nähe der Stadt gebürtig war, hatte er nach Gent gesandt; mehrere andere hatte er in verschiedene Städte geschickt, die ihm alle große Hoffnungen machten, denn mehrere dienten ihm mehr durch Worte als durch Taten.

Als der König bei Péronne angelangt war, kam ich ihm entgegen; dorthin kamen Herr Wilhelm Bische und andere, um ihm die Unterwerfung der Stadt Péronne zu bringen, worüber er sehr froh war. Unser Herr hielt sich an diesem Tag hier auf. Ich speiste wie gewöhnlich mit ihm, da er es gern hatte, daß mindestens sieben oder acht Personen immer mit ihm aßen, manchmal auch viel mehr. Nach dem Essen zog er sich zurück und war mit der kleinen Unternehmung, die der Admiral und ich gemacht hatten, nicht zufrieden; er sagte, er hätte Meister Olivier, seinen Barbier, nach Gent gesandt, der ihm diese Stadt unterwerfen würde, Robinet d'Oudenfort nach St-Omer, der dort Freunde hätte (das seien Leute, die fähig seien, die Schlüssel der Stadt zu erlangen und Zuverlässige hineinzusetzen), und andere, die er nannte, in andere große Städte. Hierüber ließ er mir durch Herrn Du Lude und andere die Meinung sagen. Es kam mir nicht zu, zu diskutieren und gegen seinen Willen zu sprechen; ich sagte ihm aber, ich zweifelte daran, ob Meister Olivier und die anderen Genannten so leicht bei diesen großen Städten zum Ziele kommen würden, wie sie es sich dächten.

Diese Worte ließ unser König mir sagen, weil er seinen Willen geändert hatte, und weil das große Glück, das er anfangs gehabt hatte, ihm Hoffnung gab, daß alles sich ihm von allen Seiten übergeben würde. Von einigen beraten, war er auch geneigt, dieses Haus Burgund völlig aufhören zu lassen und zu vernichten und die Herrschaften unter mehrere Hände aufzuteilen; er nannte die, denen er die Grafschaften Namur und Hennegau geben wollte, die nahe an seinen Gebieten lagen; die anderen großen Gebiete, wie Brabant und Holland, sollten dazu dienen, einige deutsche Fürsten an ihn zu ziehen, die dann seine Freunde werden und ihm helfen würden, seinen Willen auszuführen. Es gefiel ihm, mir alle diese Dinge zu sagen, da ich früher mit ihm darüber gesprochen und ihm den anderen, oben beschriebenen Weg geraten hatte: er wollte, daß ich seine Gründe, und warum er sie geändert habe, einsehen lernen sollte, und sagte, daß dieser Weg seinem Reiche viel nützlicher sei, das viel unter der Größe dieses burgundischen Hauses und der großen Gebiete, die es besaß, zu leiden gehabt hatte. Der Welt war es sehr einleuchtend, was der König sagte; meinem Gewissen aber schien es das Gegenteil zu sein. Jedoch der Verstand unseres Königs war so

---

[10] Olivier Necker, le Dain, der Böse, aus Thielt in Flandern, war 1474 von Ludwig XI. geadelt worden; 1477 bekam er die Herrschaft Meulan (an der Seine westlich von Paris).

groß, daß weder ich noch andere, die in seiner Begleitung waren, so klar hätten in seinen Geschäften sehen können, wie er es tat: denn ohne Zweifel war er einer der weisesten und schlauesten Fürsten, die zu seiner Zeit gelebt haben. In diesen großen Dingen aber lenkt Gott den Sinn der Könige und großen Fürsten, die er in seiner Hand hält, daß sie nach den Werken, die er nachher vollführen will, ihren Weg nehmen. Denn wäre es sein Wille gewesen, daß der König bei seinem Vorsatz, den er selbst noch vor dem Tode des Herzogs gefaßt hatte, geblieben wäre, so wären ohne jede Schwierigkeit die Kriege, die seitdem dauern, ausgeblieben. Wir aber waren, weder auf der einen, noch auf der anderen Seite, Gott gegenüber nicht würdig, diesen langen Frieden zu erhalten; von dort kam der Irrtum, den unser König beging, und nicht durch den Mangel seines Verstandes, der, wie gesagt, sehr groß war.

Ich spreche von diesen Dingen so lange, um zu zeigen, daß man bei Beginn eines so großen Unternehmens es wohl erwägen und besprechen muß, um den besten Teil zu erwählen. Besonders muß man sich Gott anempfehlen und ihn bitten, er möchte den rechten Weg weisen; denn von dort kommt alles: und das zeigt sich in der Schrift und durch Erfahrung. Ich will mich nicht dazu verstehen, unseren König zu schelten und zu sagen, er hätte in dieser Sache einen Fehler gemacht, denn andere, die mehr als ich wußten und kannten, dürften derselben Meinung sein wie er und waren es damals, wiewohl nichts über diese Angelegenheit dort oder anderswo beraten wurde. Die Chronisten schreiben meistens nur Dinge zum Lobe derjenigen, von denen sie sprechen, verschweigen manches oder wissen es auch manchmal nicht nach der Wahrheit. Ich bin entschlossen, nur von Dingen zu sprechen, die wahr sind, die ich selbst miterlebt oder durch große Leute erfahren habe, die glaubwürdig sind, ohne Rücksicht auf Lob zu nehmen. Denn es ist gut zu wissen, daß kein Fürst so weise ist, daß er nicht manches Mal Fehler macht, und das häufiger, wenn er lange lebt. Und so würde man auch ihre Taten sehen, wenn man darüber immer die Wahrheit sagte. Die größten Senate und Konsuln in der Vergangenheit und Gegenwart haben schon einmal geirrt und irren noch, wie man es gesehen hat und jeden Tag sehen kann.

Als sich der König in dem Dorfe bei Péronne aufgehalten hatte, entschloß er sich, am nächsten Tage in der Stadt, die ihm, wie gesagt, übergeben worden war, seinen Einzug zu halten. Als unser Herr aufbrechen wollte, nahm er mich auf die Seite, um mich nach Poitou und an die Grenzen der Bretagne zu schicken, und sagte mir ins Ohr, wenn das Unternehmen des Meisters Olivier mißglücken und Herr des Cordes nicht zu ihm übergehen sollte, würde er Artois und einen Streifen am Flusse Lys, die Allœue genannt, verbrennen und dann unverzüglich in die Touraine zurückkehren. Ich empfahl ihm einige, die durch meine Vermittlung zu ihm übergegangen waren, bei welcher Gelegenheit ich ihnen Pensionen und Wohltaten von ihm versprochen hatte. Er nahm ihre Namen von mir schriftlich entgegen und hielt ihnen das, was ich ihnen versprochen hatte. Und so verließ ich ihn für dieses Mal.

Als ich zu Pferde steigen wollte, kam Herr Du Lude; er war dem König in manchen Dingen sehr angenehm, war sehr auf seinen besonderen Vorteil bedacht und scheute niemals davor zurück, jemanden zu hintergehen, war aber auch leichtgläubig und wurde sehr häufig getäuscht; er war mit dem König in seiner Jugend erzogen worden, verstand es gut, ihm zu gefallen, und war ein sehr amüsanter Mensch. Dieser sprach die folgenden Worte zu mir mit kluger Spötterei: „Gerade wo Ihr Eure Geschäfte jetzt oder niemals machen könnt, geht Ihr von hier fort, in Anbetracht der großen Dinge, die dem König in die Hände fallen, durch die er alle, die er liebt, großmachen und bereichern kann? Was mich anbetrifft, ich warte darauf, Statthalter von Flandern zu werden und werde mich dort ganz vergolden!“ Und er lachte sehr. Ich hatte keine Lust zu lachen, denn ich fürchtete, er käme vom König, und antwortete ihm daher, ich würde sehr froh sein, wenn es so käme, und hoffte, daß mich der König nicht vergessen würde; so ritt ich davon.

Ein Ritter aus dem Hennegau war dort vor noch nicht einer halben Stunde zu mir gekommen und brachte mir von mehreren anderen Nachricht, an die ich geschrieben hatte, ich bäte sie, in des Königs Dienste zu treten. Der Ritter und ich sind Verwandte, und er lebt noch, weshalb ich ihn nicht nennen will, noch diejenigen, von denen er mir die Nachrichten brachte. Er eröffnete mir in zwei Worten, daß sie die Hauptfestungen und Städte des Hennegaus übergeben würden; beim Abschied vom König sagte ich ihm diese Worte. Unverzüglich ließ er ihn rufen und äußerte zu mir, daß er und die anderen, die ich ihm nannte, nicht die Leute seien, die er nötig hätte. Der eine mißfiel ihm aus dem, der andere aus jenem Grunde; es schien ihm, ihr Angebot sei nichts und er würde auch alles ohne sie erhalten. So reiste ich von ihm fort und ließ den Ritter mit Herrn Du Lude sprechen; jener war erstaunt darüber und ging bald fort, ohne in große Verhandlungen einzutreten, da Herr Du Lude und er sich niemals einigen und verstehen konnten, denn er war in der Hoffnung gekommen, seinen Nutzen daraus zu ziehen und sich zu bereichern; und Herr Du Lude fragte ihn zu Beginn, was die Städte ihm geben würden, wenn er ihre Angelegenheiten in die Hand nehmen würde. Doch erachte ich die Zurückweisung und Geringschätzung, die der König diesen Rittern antat, als von Gott gekommen: denn ich habe später gesehen, daß er sie sehr geschätzt hätte, wenn er mit ihnen übereingekommen wäre. Unser Herrgott aber wollte ihm nicht in allen Dingen seine Wünsche erfüllen, aus einigen Gründen, die ich gesagt habe. Vielleicht wollte er auch nicht, daß er den Hennegau, der zum deutschen Reich gehört, an sich risse, da er dafür keinen Titel hatte und da auch alte Bündnisse und Eide zwischen den Kaisern und den Königen von Frankreich bestanden. Unser Herr bewies nachher, daß er sie kannte: er hatte Cambrai, Le Quesnoy und Bouchain im Hennegau;

er gab diesen Teil des Hennegaus wieder heraus und brachte Cambrai, das Reichsstadt war, wieder in die Freiheit zurück.

Obgleich ich nicht an diesem Ort war, bin ich davon unterrichtet, wie sich diese Dinge zugetragen haben, und konnte sie gut verstehen durch die Bekanntschaft und den starken Verkehr, die ich auf beiden Seiten gehabt habe; später habe ich es noch aus dem Munde derjenigen erfahren, die die Angelegenheiten auf beiden Seiten geführt haben.

## Vierzehntes Kapitel

Wie Ihr gehört habt, war Meister Olivier nach Gent gegangen und brachte dem Fräulein von Burgund, der Tochter des Herzogs Karl, die Beglaubigungsbriefe. Er hatte den Auftrag, ihr insgeheim Vorhaltungen zu machen, damit sie sich in die Hände des Königs geben sollte. Das war nicht seine wichtigste Aufgabe, denn er zweifelte daran, daß er so leicht mit ihr allein sprechen könne; und wenn er mit ihr sprechen würde, ob er sie zu dem hinführen könne, was er wünschte; er hatte aber die Absicht, in dieser Stadt einen großen Aufstand zu erregen, da er wußte, daß sie sehr dazu geneigt sei und unter den Herzögen Philipp und Karl sehr in Furcht gehalten worden war; ihr waren beim Friedensschluß nach dem Krieg mit Herzog Philipp einige Privilegien entzogen worden. Auch Herzog Karl nahm den Gentern eines fort, das die Wahl ihrer Obrigkeit betraf, wegen einer Beleidigung, die sie ihm zugefügt hatten, als er am ersten Tag als Herzog in die Stadt einzog. Davon habe ich schon vorher gesprochen und kann daher jetzt davon schweigen. Alle diese Gründe gaben Meister Olivier, dem Barbier des Königs, großen Mut, sein besagtes Werk zu vollführen. Er sprach mit einigen, von denen er dachte, sie würden ihn für das, was er wünschte, anhören; er bot ihnen an, ihnen durch den König ihre Privilegien, die sie verloren hätten, und andere Dinge wiederzugeben, ging aber nicht in ihr Rathaus um öffentlich davon zu sprechen, da er in erster Linie sehen wollte, was er mit dieser jungen Fürstin machen könne; immerhin erfuhr er etwas davon.

Als Meister Olivier einige Tage in Gent gewesen war, forderte man ihn auf, seinen Auftrag zu sagen; er erschien vor der Fürstin, war viel besser gekleidet, als ihm zukam, und übergab seine Beglaubigungsschreiben. Das Fräulein saß auf einem Thron, ihr zur Seite der Herzog von Kleve, der Bischof von Lüttich, mehrere andere große Herren und zahlloses Volk. Sie las seinen Brief und es wurde Meister Olivier befohlen, seine Beglaubigung zu sagen. Er erwiderte, er habe nur den Auftrag, mit ihr allein zu sprechen. Man sagte ihm, das sei nicht Brauch und besonders nicht bei diesem jungen Fräulein, das zu verheiraten sei. Er bestand darauf, daß er nur mit ihr zu sprechen habe. Man sagte ihm, man wolle ihn schon zum Reden bringen; da bekam er Angst. Ich glaube, er hatte gar nicht bedacht, was er sagen sollte, als er kam, seinen Brief vorzuweisen; das war ja auch, wie gesagt, nicht seine Hauptaufgabe. Einige aus dem Rat spotteten über ihn, sowohl wegen seines geringen Standes als auch wegen der Manieren, die er hatte; besonders aber die Genter, denn er war aus einem Dorf in der Nähe der Stadt gebürtig; und es wurden ihm einige schlechte Streiche gespielt. Dann floh er plötzlich aus der Stadt, denn ihm war hinterbracht worden, er liefe Gefahr, in den Fluß geworfen zu werden, wenn er nicht fortginge. Ich glaube, es war wirklich so.

Meister Olivier, der sich Graf von Meulan nennen ließ — so heißt eine kleine Stadt in der Nähe von Paris, deren Hauptmann er war — floh nach seinem Abzug aus Gent nach Tournai. Diese Stadt ist dort frei und dem König sehr ergeben, denn sie gehört zu seinem Gericht, bezahlt ihm jährlich sechstausend Pfund Pariser Währung und lebt im übrigen in aller Freiheit; hier wird jeder aufgenommen. Sie ist eine schöne und sehr feste Stadt, wie jeder in diesem Gebiet wohl weiß. Die Männer der Kirche und die Bürger dieser Stadt haben ihr ganzes Vermögen und ihre Einkünfte im Hennegau und in Flandern, denn sie grenzt an diese beiden Länder. Aus diesem Grunde hatten sie sich daran gewöhnt, seit den alten Kriegen Karls VII. mit dem Herzog Philipp von Burgund, dem Herzog zehntausend Livres jährlich zu geben; ebensoviel sah ich sie an Herzog Karl von Burgund geben. Zur Stunde, als Meister Olivier dort hinkam, bezahlten sie gar nichts und waren in großem Wohlbehagen und in großer Ruhe.

Wiewohl die Aufgabe, die Meister Olivier hatte, viel zu groß für ihn war, so kann man nur diejenigen tadeln, die sie ihm gaben. Der Erfolg war so, wie er sein mußte; aber noch zeigte er Verstand und Tüchtigkeit bei dem, was er tat. Denn er erkannte, daß Tournai, so nahe es ging, an die beiden besagten Länder grenzte, und daß man ihnen leicht großen Schaden zufügen konnte, vorausgesetzt, daß er dort Reisige hinbringen könnte, die der König in der Nähe hielt (damit aber wären die Bürger der Stadt um keinen Preis einverstanden gewesen, da sie es niemals mit der einen oder anderen Partei hielten, sondern immer zwischen diesen beiden Fürsten neutral blieben). Aus diesen obengenannten Gründen befahl Meister Olivier heimlich Herrn de Moy, dessen Sohn Bailly der Stadt war (sich aber nicht darin aufhielt), seine Kompanie heranzuführen, die in St-Quentin lag, und einige andere Reisige aus dieser Gegend. Dieser kam zur genannten Stunde an das Tor, wo er Meister Olivier begleitet von dreißig bis vierzig Mann traf, der die Kühnheit hatte, halb mit Güte, halb mit Gewalt das Gatter öffnen zu lassen und seine Reisigen hineinzuführen: damit war das Volk ziemlich zufrieden, nicht aber die Verwalter der Stadt. Von denen schickte er sieben oder acht nach Paris, die es nicht wagten, solange der König lebte, von dort wieder abzureisen. Nach diesen Reisigen kamen andere in die Stadt, die dann in den beiden obengenannten Ländern großen Schaden angerichtet haben;

viele schöne Dörfer und Meiereien wurden geplündert, mehr zum Schaden der Bürger von Tournai als anderer aus den schon genannten Gründen. Sie trieben es so weit, daß die Flamen sich erhoben und den Herzog von Geldern aus dem Gefängnis zogen (in das Herzog Karl ihn geworfen hatte), um ihn zu ihrem Hauptmann zu machen. Sie kamen vor die Stadt, wo sie nicht lange bleiben konnten, da sie in großer Unordnung und Flucht wieder abziehen mußten und viele Leute verloren. Unter anderen fiel hier der Herzog von Geldern, der sich zur Nachhut begeben hatte, um den Seinen zu helfen, dem Druck des Feindes zu widerstehen. Ihm aber wurde schlecht gedient, und er starb. So war durch diesen Meister Olivier dem König die Ehre erwachsen, und seine Feinde hatten großen Schaden erlitten. Einem viel klügeren und größeren Mann als diesem wäre der Plan vielleicht fehlgeschlagen.

Ich habe genug von der Aufgabe gesprochen, die von diesem klugen König an diesen geringen Mann gegeben wurde, der nicht fähig war, einen so großen Auftrag auszuführen. Es scheint so, als ob Gott unserem König in dieser Sache den Sinn verwirrt hätte; denn wenn er nicht, wie gesagt, geglaubt hätte, sein Werk so leicht beenden zu können, und wenn er etwas weniger leidenschaftlich und rachsüchtig an diesem Hause gehandelt hätte, hätte er heute ohne allen Zweifel diese ganze Herrschaft unter seiner Oberhoheit.

## *Fünfzehntes Kapitel*

Péronne war dem König von Herrn Wilhelm Bische übergeben worden; er war ein Mann von niederem Stand, geboren zu Moulins-Engilbert in Yvernais. Durch Herzog Karl von Burgund war er reich geworden und zu Ansehen gekommen, der ihm diesen Platz in seine Hände gegeben hatte, da er nahe seines Hauses Cléry war, das Herr Bische erworben hatte; und dort hatte er eine feste und schöne Burg errichtet. In Péronne empfing der König einige Gesandte von seiten des Fräuleins von Burgund, worunter die größten und vornehmsten Herren waren, derer sie sich bedienen konnte; es war zwar nicht klug gehandelt, daß so viele zusammenkamen; aber ihre Verzweiflung und ihre Furcht war so groß, daß sie nicht mehr wußten, was zu sagen und was zu tun. Es waren: Ihr Kanzler, Herr Wilhelm Hugonet, ein sehr bedeutender und kluger Herr, der bei Herzog Karl großes Vertrauen genossen und von ihm große Güter erhalten hatte; Herr de Humbercourt war dort, von dem schon genug in diesen Memoiren gesprochen worden ist; ich kann mich nicht erinnern, einen klügeren Edelmann gesehen zu haben, der besser geeignet gewesen wäre, große Geschäfte zu führen; Herr de la Vère, ein großer Herr in Seeland, Herr de la Gruthuse und mehrere andere, sowohl Adlige als auch Würdenträger der Kirche und der guten Städte waren dort.

Bevor unser König sie sowohl im allgemeinen als auch insbesondere angehört hatte, verwandte er große Mühe darauf, jeden von ihnen zu gewinnen. Und er bekam demütige Worte und Ehrenbezeugungen, wie von Menschen, die Angst haben. Dennoch wollten diejenigen, die ihre Gebiete an Orten hatten, wo ihrer Erwartung nach der König nicht hinkommen konnte, sich dem König in keiner Weise verpflichten, außer daß sie sich für die Ehe des Dauphins, seines Sohnes, mit dem Fräulein einsetzen wollten. Der Kanzler und Herr de Humbercourt, die lange in sehr großem Ansehen gelebt hatten, wünschten darin zu verharren; sie hatten ihre Güter an den Grenzen des Königs, der eine im Herzogtum Burgund und der andere am Eingang der Pikardie, gegen Amiens zu; sie liehen dem König bei seinen Eröffnungen Gehör und gaben ihm ihre Zustimmung, ihm bei der Herbeiführung der Ehe zu dienen und sich in jeder Beziehung ihm anzuschließen, wenn dieses geschehen sei. Wenn auch dieser Weg der beste war, so war er ihm doch nicht angenehm; und er war unzufrieden mit ihnen, daß sie nicht sofort bleiben wollten; dieses aber ließ er sie nicht merken, da er sich ihrer bedienen wollte, wenn er könnte.

Schon hatte er mit Herrn des Cordes gute Beziehungen; und von ihm, der in Arras Oberhaupt und Meister war, beraten und geleitet, bat er die Gesandten, ihm durch Herrn des Cordes die Tore der Altstadt von Arras öffnen zu lassen: denn damals gab es zwischen der Stadt und dem Bischofsviertel Mauer und Graben und gegen das Viertel absperrende Tore. Heute ist es umgekehrt: das bischöfliche Viertel schließt gegen die Stadt. Nachdem man den Gesandten mehrere Vorhaltungen gemacht hatte, daß es der beste und leichteste Weg zum Frieden sei, wenn sie gehorchen würden, stimmten sie hierin zu, besonders der Kanzler und Herr de Humbercourt. Sie gaben Herrn des Cordes Entlastungsbriefe und die Erlaubnis, die Altstadt abzutreten, was er gern tat. Sobald der König in der Stadt war, ließ er gegen das Tor und andere Orte nahe der Stadt Bollwerke errichten; durch diesen Vertrag zog Herr des Cordes aus der Stadt und ließ seine Kriegsleute mit sich heraus, und ein jeder ging, wohin er wollte und schlug sich zu der Partei, wozu er Lust hatte.

Herr des Cordes hielt sich durch die Erlaubnis, die ihm die Gesandten gegeben hatten, daß er den König in den Bischofsbezirk einlassen dürfe, aus dem Dienste seiner Herrin für entlassen und entschloß sich, dem König zu huldigen und sein Diener zu werden, da er bedachte, daß ja sein Name und Wappen diesseits der Somme nahe von Beauvais seien; denn er hieß Philipp de Crèvecoeur und war der zweite Bruder des Herrn de Crèvecoeur. Auch seine Länder, die das Haus Burgund zu Lebzeiten der Herzöge Philipp und Karl an der Somme besetzt hatten, von denen ich genug gesprochen habe, kamen ohne Schwierigkeit durch die Bedingungen des Vertrages zu Arras wieder an den König zurück, von dem sie an Herzog Philipp nur für ihn und seine männlichen

Erben gegeben worden waren; und Herzog Karl hinterließ nur diese besagte Tochter. So wurde Herr Philipp de Crèvecoeur ohne Schwierigkeit der Mann des Königs. Man hätte ihn nicht tadeln können, in den Dienst des Königs getreten zu sein, wenn er nicht von neuem dem Fräulein gehuldigt und von ihr erhalten hätte, was er besaß. Es ist in verschiedener Weise davon gesprochen worden und wird davon gesprochen, weshalb ich nur das berichte, was geschehen ist. Ich weiß wohl, daß er durch Herzog Karl in solchen hohen Stand erhoben, darin erhalten und gemehrt worden ist, daß seine Mutter zum Teil das Fräulein von Burgund erzogen, und daß er im Namen des Herzogs Karl, als er starb, Statthalter der Pikardie, Seneschall von Ponthieu, Kommandant von le Crotoy, Boulogne, Hesdin, Vogt von Péronne, Roye und Montdidier war; und noch heute bekleidet er die Ämter in der Art und Weise, wie der König, unser Herr, sie ihm gab.

Nachdem der König die Bischofsstadt von Arras, wie ich Euch gesagt habe, befestigt hatte, brach er von dort auf und trug die Belagerung vor Hesdin, wohin er Herrn des Cordes mitnahm, der noch vor drei Tagen, wie gesagt, den Platz gehalten hatte; noch waren dort seine Leute, die zeigten, daß sie ihn für das Fräulein halten wollten, dem sie, wie sie sagten, zugeschworen hätten. Die Artillerie schoß einen Tag. Sie hörten ihren Herrn sprechen (in Wirklichkeit verstanden die von drinnen und von draußen sich gut), und so wurde dieser Platz dem König übergeben, der weiter vor Boulogne zog, wo er es ebenso machte. Sie hielten gerade ungefähr einen Tag länger stand. Immerhin wäre diese Unternehmung gefährlich gewesen, wenn Truppen im Lande gewesen wären. Der König, der es mir nachher erzählte, wußte das sehr gut, denn in Boulogne gab es Leute, die diesen Fall wohl kannten und sich bemühten, Leute hineinzubringen, wenn sie sie rechtzeitig hätten haben können, um die Stadt gut zu verteidigen.

Während der König fünf oder sechs Tage vor Boulogne verweilte, hielten sich die Bürger von Arras für getäuscht, als sie sich so von der einen und von der anderen Seite eingeschlossen sahen, wo zahlreiche Reisige und sehr viel Artillerie war; sie arbeiteten daran, sich für ihre Stadt mit Truppen zu versehen und schrieben deshalb an die benachbarten Städte wie Lille und Douai. In Douai gab es einige wenige Reiter; unter anderen waren dort Herr de Vergy und andere, an die ich mich nicht mehr entsinne. Sie gehörten zu denjenigen, die aus der Schlacht von Nancy zurückgekommen waren. Diese entschlossen sich nun, daß sie sich bis in die Stadt Arras durchschlagen wollten; sie brachten alles auf, was sie konnten, an die zweihundert bis dreihundert Pferde, gute wie schlechte, und fünfhundert bis sechshundert Fußknechte. Die Bürger von Douai, die zu der Zeit noch ein wenig hochmütig waren, drängten sie, am hellen Mittag abzuziehen, ob sie nun wollten oder nicht. Das war für sie eine große Dummheit und ist ihnen schlecht bekommen. Denn das Gelände jenseits von Arras ist ungefähr fünf Meilen flach wie eine Hand. Wenn sie die Nacht abgewartet hätten, hätten sie ihr Unternehmen, so wie sie es wollten, durchführen können.

Als sie unterwegs waren, wurden die, die in der Bischofsstadt geblieben waren, wie Herr Du Lude, Johann Du Fou und die Truppen des Marschalls Lohéac von ihrem Kommen unterrichtet und man beschloß, so bald wie möglich ihnen entgegenzuziehen und lieber alles zu wagen, als sie in die Stadt eindringen zu lassen; denn sie glaubten, das Bischofsviertel nicht verteidigen zu können, wenn sie in die Stadt eindringen würden. Das Unternehmen war sehr gefährlich; sie führten es aber kühn durch und vernichteten die von Douai kommende Truppe. Fast alle wurden getötet oder gefangen; unter anderen wurde Herr de Vergy gefangengenommen. Am nächsten Tage kam der König an, der sich über diesen Schlag sehr freute und alle Gefangenen in seine Hand bringen ließ. Mehrere vom Fußvolk ließ er hinrichten in der Hoffnung, damit ein wenig die Kriegsleute zu erschrecken, die in diesem Gebiet waren. Lange Zeit hindurch wurde Herr de Vergy bewacht, der dem König für nichts in der Welt schwören wollte; er wurde streng gehalten und in Eisen geschlossen. Endlich, nachdem er ein Jahr und länger in der Gefangenschaft war, fügte er sich, von seiner Mutter beraten, in des Königs Willen, woran er nur gut tat. Der König gab ihm alle seine Länder und alle die, um die er klagte, wieder zurück und machte ihn zum Besitzer von mehr als zehntausend Pfund Rente und anderer schöner Ämter.

Diejenigen, die aus dieser Vernichtung entkamen, rückten in die Stadt ein; es waren nur wenige. Der König ließ seine Artillerie, die sehr mächtig und sehr zahlreich war, heranführen und schießen. Weder der Graben noch die Mauer nützten etwas. Die Beschießung war stark, und alle wurden erschreckt; zudem hatten sie nur noch ganz wenige Kriegsleute darin. Herr des Cordes hatte dort gute Beziehungen; und durch die Tatsache, daß der König das bischöfliche Viertel hielt, konnte ihm die Stadt nicht entwischen. Aus diesem Grunde kapitulierten sie und übergaben sie; sie wurde schlecht genug behandelt, wobei einen Teil der Schuld Herr Du Lude hatte. Der König ließ mehrere Bürger und viele andere Edelleute hinrichten. Herr Du Lude und Meister Wilhelm Cerisay hatten von der Sache großen Nutzen, denn Herr Du Lude hat mir gesagt, er habe zu der Zeit zwanzigtausend Taler und zwei Marderpelze gewonnen. Die Bürger der Stadt nahmen eine Anleihe von sechzigtausend Talern auf, was für sie viel zu viel war. Dennoch glaube ich, daß sie es später zurückgegeben haben, weil die Bürger von Cambrai ihnen vierzigtausend liehen, die ihnen später für sicher zurückgezahlt wurden; deshalb meine ich, daß es auch mit den anderen geschehen ist.

## *Sechzehntes Kapitel*

Zur Zeit dieser Belagerung von Arras war das Fräulein von Burgund in Gent in Händen sehr unvernünftiger Leute, was ihr zum Schaden, dem König aber zum Nutzen wurde: denn des einen Verlust ist des anderen Gewinn. Sobald die Genter vom Tode des Herzogs Karl erfuhren, glaubten sie frei zu sein, nahmen ihre ganze Obrigkeit, sechsundzwanzig an der Zahl, fest, und ließen die meisten von ihnen hinrichten; zum Vorwand nahmen sie, daß jene am Tage zuvor einen Mann hätten köpfen lassen, obgleich dieser es wohl verdient hatte; sie sagten, sie hätten kein Recht dazu, da ihre Macht mit dem Tode des Herzogs vorbei sei, der sie in den Rat gewählt hätte. Sie ließen auch mehrere große und gute Persönlichkeiten der Stadt töten, die Freunde oder Günstlinge des Herzogs gewesen waren, darunter einige, die zu meiner Zeit in meiner Gegenwart mitgeholfen hatten, den Herzog Karl davon abzubringen, einen großen Teil der Stadt zu zerstören. Sie zwangen das Fräulein, ihre alten Privilegien, die ihnen durch den Frieden von Gavre mit Herzog Philipp und durch Friedensschlüsse mit Herzog Karl fortgenommen worden waren, zu bestätigen. Diese Privilegien dienten ihnen nur zum Zankapfel mit ihrem Fürsten. Auch ist es ihre hauptsächlichste Neigung, ihre Fürsten schwach zu wünschen; sie lieben sie nicht, sobald sie Herrscher sind, natürlicherweise aber in ihrer Jugend, bevor sie zur Herrschaft gelangen, so, wie sie es mit diesem Fräulein gemacht haben, das sie sorgfältig gehütet und geliebt hatten, bis es Herzogin wurde.

Auch muß man verstehen, daß die Genter, wenn sie nach dem Tode des Herzogs keine Unruhen hätten machen und hätten versuchen wollen, das Land zu schützen, leicht Truppen nach Arras oder von ungefähr nach Péronne hätten werfen können; sie aber dachten nur an diese Wirren. Dennoch kamen, als der König in Arras war, zu ihm einige Gesandte der drei Stände des Landes von dem Fräulein, denn sie hielten in Gent gewisse Abgeordnete dieser drei Stände; doch die Genter taten alles nach ihrem Vergnügen, da sie das Fräulein in ihren Händen hatten. Der König hörte sie an. Sie sagten, die Dinge, die sie betreffs des Friedens vorgebracht hätten, entsprächen dem Willen des Fräuleins, das in allen Dingen entschlossen sei, nach dem Willen und Rat der drei Stände ihres Landes zu leben. Außerdem baten sie den König, er möchte von dem Kriege ablassen, den er sowohl nach Burgund als auch nach Artois getragen habe, und man möchte eine Tagung ansetzen, um freundschaftlich Frieden zu stiften; unterdessen solle Waffenruhe herrschen.

Der König befand sich schon obenauf und glaubte, die Dinge würden immer besser für ihn gehen, da er wohl unterrichtet war, daß ihre Kriegsleute überall tot und zersprengt seien und viele zu ihm übergingen, besonders Herr des Cordes, den er nicht ohne Grund sehr schätzte, denn er hätte in langer Zeit durch Gewalt nicht das ausrichten können, was er, wie ihr gehört habt, in wenigen Tagen durch Beziehungen, die ihm zur Verfügung standen, erreicht hatte. Aus diesem Grunde achtete er ihre Bitten und Forderungen wenig. Auch war er gut davon unterrichtet und wußte wohl, daß die Genter in einem Zustand seien, der ihre Landsleute so sehr verwirrte, daß sie weder einen Rat noch einen Befehl zu geben wüßten, um gegen ihn Krieg zu führen; denn kein Mann von Verstand, der bei ihren früheren Fürsten in Ansehen gestanden hatte, war zu irgendetwas hinzugezogen, sondern verfolgt und in Lebensgefahr. Im übrigen wußte der König sehr gut (denn in solchen Dingen sah er so klar, wie kein anderer seines Reiches), daß die Genter zu allen Zeiten wünschten, ihren Herrn geschwächt zu sehen, vorausgesetzt, daß sie in ihrem Lande davon nichts spürten. Darum dachte er sich, wenn sie beginnen würden, sich zu entzweien, würde er noch ein wenig nachhelfen, denn diejenigen, mit denen er zu tun hatte, waren nur Dummköpfe (die meisten waren aus dem Stadtvolk) und besonders in schwierigen Dingen, in denen sich unser Herr wohl zu helfen wußte; so tat er, was er mußte, um zu siegen und seine Unternehmung zu Ende zu führen.

Der König knüpfte bei dem Wort der Gesandten an, das besagte, ihre Fürstin täte nichts ohne den Beschluß und den Rat der drei Stände ihres Landes, und sagte, sie seien von ihrem Willen und dem ihrer Umgebung schlecht unterrichtet, denn er sei sicher, daß sie ihre Geschäfte von vertrauten Personen führen ließe, die den Frieden nicht wünschten und ihm abgeneigt seien: darüber wurden die Gesandten sehr aufgeregt wie Leute, die schlecht daran gewöhnt sind, so große Geschäfte zu verhandeln. Sie antworteten sofort, sie seien überzeugt von dem, was sie gesagt hätten, und würden, wenn es nötig sei, ihre Instruktion zeigen. Man entgegnete ihnen, man würde ihnen mit Genehmigung des Königs Briefe zeigen, von solchen Händen geschrieben, daß sie sie anerkennen müßten, die besagten, das Fräulein wolle ihre Geschäfte nur durch vier Personen führen lassen. Sie antworteten noch immer, sie seien vom Gegenteil überzeugt. Dann ließ ihnen der König einen Brief zeigen, den der Kanzler von Burgund und Herr de Humbercourt ein anderes Mal gebracht hatten, als sie in Péronne gewesen waren; er war zum Teil von der Hand des Fräuleins, zum Teil von der Witwe Herzog Karls, der Herzogin von Burgund und Schwester König Eduards von England, zum Teil von Herrn de Ravenstein, dem Bruder des Herzogs von Kleve, und nahen Verwandten des Fräuleins geschrieben: so war dieser Brief von drei Händen geschrieben. Er sprach nur im Namen des Fräuleins, aber das war so gemacht, um mehr Vertrauen einzuflößen. Der Inhalt dieses Briefes war eine Beglaubigung für den Kanzler und für Herrn de Humbercourt; ferner erklärte das Fräulein, es sei ihr Wille, daß alle Geschäfte von vier Personen geführt würden, und zwar von ihrer Stiefmutter, der Herzoginwitwe, von Herrn de Ravenstein, dem Kanzler und Humbercourt. Sie bat den König, alles, was ihm mit ihr zu verhandeln gefalle, durch die Hände dieser vier gehen zu lassen und sich nur an sie und an niemanden anders zu wenden, wenn er irgendwelche Mitteilungen habe.

Als die Genter und andere Abgeordnete diesen Brief sahen, wurden sie sehr wütend, und die, die sich mit ihnen besprachen, halfen ihnen noch hierbei. Endlich wurde ihnen dieser Brief gegeben, und sie hatten keine andere Verrichtung mehr, die von großer Bedeutung gewesen wäre: denn sie dachten nur an ihre Streitigkeiten und daran, eine neue Ordnung der Dinge einzuführen, und schauten nicht darüber hinaus, obgleich der Verlust von Arras ihnen nahe ans Herz hätte greifen müssen. Aber sie waren Leute, die nicht dazu erzogen waren, große Geschäfte zu führen, und das meiste war, wie ich sagte, Stadtvolk. Sie machten sich geradeswegs auf den Weg nach Gent, wo sie das Fräulein trafen, bei dem der Herzog von Kleve war, ein naher Verwandter ihres Hauses von ihrer Mutter her, der schon sehr alt war. Er war in Burgund erzogen worden, das heißt im Hause Burgund, und bezog stets sechstausend rheinische Gulden Pension, weswegen er manchmal, noch außer der Verwandtschaft, als Diener hinkam. Der Bischof von Lüttich und mehrere andere Personen waren da, um dem Fräulein Gefolgschaft zu leisten und um ihre eigenen Angelegenheiten zu betreiben. Denn der genannte Bischof war gekommen, um seinem Lande ungefähr dreißigtausend Gulden tilgen zu lassen, die sie Herzog Karl durch ein Abkommen zwischen ihnen nach den Kriegen, von denen ich oben gesprochen habe, zu entrichten hatten[11]. Alle diese Kriege waren durch den Streit des Bischofs selber entstanden. Deshalb hatte er keinen Grund, sich zu bemühen, und er hätte sie lieber arm wünschen sollen: er hatte nämlich in seinem Land nichts als eine kleine Domäne im Verhältnis zur Größe und zum Reichtum des Landes und seiner geistlichen Macht. Der Bischof war ein Bruder der Herzöge von Bourbon, Johann und Peter, die gegenwärtig leben: ein Mann, der die Freuden und das Vergnügen liebte und wenig wußte, was für ihn gut oder nachteilig war. Er zog zu sich Herrn Wilhelm de La Marck, einen schönen und tapferen Ritter, der von sehr grausamer und schlechter Sinnesart und immer sein und des Hauses Burgund Feind zugunsten der Lütticher gewesen war. Das Fräulein gab ihm fünfzehntausend rheinische Gulden zugunsten des Bischofs von Lüttich und für ihn, um ihn für sich zu gewinnen. Aber bald darauf wandte er sich gegen sie und gegen seinen Herrn, den Bischof von Lüttich und unternahm es, mit Gewalt und Gunst des Königs, seinen eigenen Sohn zum Bischof zu machen. Nachher überwand er den Bischof in einer Schlacht, tötete ihn eigenhändig und ließ ihn in den Fluß werfen, worin er drei Tage lang blieb. Der Herzog von Kleve war dort, da er hoffte, die Heirat seines ältesten Sohnes mit dem Fräulein abzuschließen, was ihm aus vielen Gründen sehr passend erschien. Ich glaube, sie wäre zustande gekommen, wenn die Eigenschaften des Sohnes ihr und ihren

---

11 In den ersten Kapiteln des zweiten Buches.

Dienern gefallen hätten: denn er war aus demselben Haus, hatte sein Herzogtum von ihr zu Lehen und war darin aufgewachsen; aber gerade, weil man ihn so gut kannte, wurde es sein Schade.

## *Siebzehntes Kapitel*

Um zu meinem Thema zurückzukommen: die Abgeordneten kamen also in Gent an. Der Rat wurde einberufen, das Fräulein auf ihren Thron gesetzt, und mehrere Herren ihr beigegeben, um den Bericht anzuhören. Sie begannen damit, ihren Auftrag, den sie von ihr hatten, zu sagen, und berührten vor allem den Punkt, der ihnen zu ihrem Vorhaben diente. Sie sagten: als sie dem König versicherten, sie sei entschlossen, sich in allen Punkten durch den Rat der drei Stände leiten zu lassen, hätte er ihnen geantwortet, er sei vom Gegenteil überzeugt; sie aber hätten darauf bestanden, daraufhin hätte der König ihnen angeboten, ihnen Briefe zu zeigen. Das Fräulein, das plötzlich sehr erregt und erzürnt war, sagte sofort, es sei ja nicht wahr, daß dieser Brief geschrieben oder gelesen worden sei. Unverzüglich zog der Sprecher, der Pensionär von Gent oder Brüssel, den Brief aus seiner Tasche und übergab ihn ihr vor aller Welt. Damit zeigte er, daß er ein sehr schlechter Mensch mit wenig Ehre war, denn sonst hätte er dem jungen Fräulein eine solche Schande nicht angetan, die einen so groben Streich nicht verdiente. Denn, wenn sie schon irgendeinen Irrtum begangen hatte, kam ihr die Strafe dafür doch nicht in der Öffentlichkeit zu. Man braucht nicht zu fragen, ob sie sich sehr schämte; denn jedem hatte sie das Gegenteil davon gesagt. Die Witwe, Herr de Ravenstein, der Kanzler und Herr de Humbercourt waren dabei. Man hatte mit dem Herzog von Kleve und anderen von der Heirat gesprochen, die alle erzürnt waren; ihre Zwietracht begann groß und offen zu werden. Der Herzog von Kleve hatte bis jetzt immer die Hoffnung gehabt, Herr de Humbercourt würde ihn in der Heiratssache unterstützen, und glaubte sich jetzt, als er den Brief sah, getäuscht und wurde ihm daher feind. Der Bischof von Lüttich und sein Begleiter, Herr Wilhelm de La Marck, der bei ihm war, liebten ihn wegen der vergangenen Dinge in Lüttich nicht, dessen Statthalter Herr de Humbercourt gewesen war. Der Graf von St-Pol, der Sohn des besagten Konnetabels, haßte Herrn de Humbercourt und den Kanzler, weil sie in Péronne seinen Vater in die Hände der Diener des Königs geliefert hatten, wie Ihr oben gehört habt. Die Genter haßten diese sehr, ohne von ihnen je beleidigt worden zu sein, nur wegen des großen Ansehens, in dem sie sie gesehen hatten. Und sicherlich waren sie dessen so sehr würdig, wie nur je Herren, die zu ihrer Zeit hier oder dort gelebt haben, und sie waren ihren Gebietern gute und treue Diener.

Nach der Nacht endlich, in der diese Briefe vorgezeigt worden waren, wurden der Kanzler und Herr de Humbercourt von den Gentern gefangengenommen, obgleich sie genug Warnungen erhalten hatten; sie konnten aber ihrem Geschick nicht entfliehen, wie mehrere andere auch. Ich glaube wohl, daß ihre Feinde, die ich genannt habe, bei dieser Gefangennahme mitgeholfen hatten. Mit ihnen wurde Herr Wilhelm de Cluny, Bischof von Thérouanne, der später als Bischof von Poitiers gestorben ist, gefangen, und alle drei wurden zusammen eingesperrt. Die Genter hielten ein wenig die Prozeßformen ein, was sie in ihrer Rache sonst nicht zu tun gewohnt waren, und befahlen Leuten ihrer Obrigkeit, sie zu verhören, worunter einer derer de La Marck war. Zu Beginn fragten sie, weshalb sie durch Herrn des Cordes die Bischofsstadt von Arras hätten übergeben lassen, hielten sich dabei aber nicht lange auf, wiewohl sie ein anderes Vergehen nicht zu finden wußten; ihr Eifer aber hielt sie dort nicht fest, denn es schien ihnen nicht wichtig, ihren Herrn auf den ersten Blick durch die Einbuße einer solchen Stadt geschwächt zu sehen, und sie hatten weder Verstand noch Erfahrung genug, um den Schaden zu erkennen, der ihnen im Laufe der Zeit daraus erwachsen konnte. Sie blieben bei zwei Punkten stehen: erstens hätten sie, so sagten sie, von ihnen gewisse Geschenke genommen, besonders bei einem Prozeß, den sie erst kürzlich durch ihren Schiedsspruch gewonnen hätten, den der Kanzler gegen einen Privatmann verkündet hätte; dabei hätten die beiden Genannten ein Geschenk der Stadt Gent angenommen. Auf alles, was diese Bestechung betraf, antworteten sie sehr gut, und auf den besonderen Punkt, zu dem die Genter sagten, sie hätten die Gerechtigkeit verkauft und Geld von ihnen angenommen, antworteten sie, sie hätten den Prozeß gewonnen, weil ihre Sache gut gewesen sei; was das Geld anbeträfe, so hätten sie es weder gefordert noch fordern lassen, sondern sie hätten es genommen, als man es ihnen anbot.

Der zweite Anklagepunkt, bei dem sie anhielten, war folgender: die Genter sagten, während die Angeklagten für den verstorbenen Herzog in seiner Abwesenheit seine Statthalter gewesen seien, hätten sie in mancher Beziehung mehrere Dinge gegen die Privilegien der Stadt unternommen; hier herrschte aber der Zustand, daß jeder, der gegen die Privilegien von Gent verstieß, des Todes schuldig sei. Hierbei konnte man sich auf nichts gegen sie stützen; denn sie waren weder ihre Untertanen, noch aus ihrer Stadt, noch hätten sie überhaupt ihre Privilegien brechen können. Wenn der Herzog oder sein Vater ihnen einige ihrer Privilegien weggenommen hatte, so war es durch ein Abkommen mit ihnen geschehen nach Kriegen und Zwistigkeiten. Die anderen aber, die ihnen gelassen worden waren, und viel größer sind, als ihnen zu ihrem Vorteil nötig war, sind von ihnen wohl beachtet worden. Trotz der Verteidigung dieser beiden guten und namhaften Herren auf die beiden genannten Anklagen (denn von der wichtigsten, von der ich zu Beginn dieses Punktes gesprochen habe, sprachen sie nicht mehr) verurteilten sie die Schöffen der Stadt Gent in ihrem Rathaus zum Tode unter dem Vorwand des Bruches ihrer Privilegien und der Bestechlichkeit, nachdem sie ihnen den erwähnten Prozeß gemacht hatten.

Als diese beiden Herren diesen grausamen Spruch hörten, waren sie natürlich sehr erschrocken und sahen keine Rettung, da sie in ihren Händen waren. Dennoch appellierten sie an den König in seinem Parlamentshof in der Hoffnung, daß dieses wenigstens einigen Aufschub ihres Todes geben könne und daß unterdessen ihre Freunde ihnen helfen würden, ihr Leben zu retten. Vor dem Urteilsspruch hatten die Genter sie ohne jede gerichtliche Ordnung scharf gefoltert, und ihr Prozeß dauerte nur sechs Tage. Trotz ihrer Appellation gaben sie ihnen nach der Verurteilung nur drei Stunden Frist zu beichten und an ihre Geschäfte zu denken; als diese Zeit verstrichen war, führten sie sie auf ihren Markt und brachten sie dort aufs Schafott.

Als das Fräulein von Burgund, die spätere Herzogin von Österreich, von dieser Verurteilung erfuhr, eilte sie in das Rathaus, um für die beiden zu flehen und zu bitten; aber es nützte nichts. Von dort aus ging sie auf den Markt, wo das ganze Volk in Waffen versammelt war, und sah die beiden auf dem Schafott. Das Fräulein war in Trauerkleidern mit einer demütigen und einfachen Kopfbedeckung, was sie eigentlich hätte zum Erbarmen rühren müssen; sie bat dort das ganze Volk mit Tränen in den Augen und ganz aufgelösten Haaren, Mitleid mit ihren beiden Dienern zu haben und sie ihr zurückzugeben. Ein großer Teil des Volkes wollte, daß man ihr zu Willen sei, und daß sie nicht sterben sollten; andere wollten das Gegenteil; die Piken senkten sich gegeneinander wie zu einer Schlacht. Diejenigen aber, die ihren Tod wollten, waren stärker und riefen denen, die auf dem Schafott waren, zu, sie möchten es ausführen. Um zum Schluß zu kommen: sie wurden beide geköpft, und das arme Fräulein kehrte in diesem Zustand wieder in ihr Haus zurück, sehr klagend und verzweifelnd, denn es waren die beiden Herren, in die sie das größte Vertrauen gesetzt hatte.

Nachdem die Genter diese Tat ausgeführt hatten, trennten sie von ihr Herrn de Ravenstein und die Witwe des Herzogs Karl, weil sie in dem Brief bezeichnet waren, welchen Herr de Humbercourt und der Kanzler, wie Ihr wißt, übergeben hatten. Sie übernahmen in jeder Beziehung die Leitung und Oberaufsicht über diese arme junge Fürstin. Denn so konnte sie sich schon nennen, nicht nur wegen des Verlustes schon so vieler großer Städte, die ihr unwiederbringlich angesichts der starken Hand waren, in der sie sich befanden; durch Gnade, Freundschaft oder Verträge konnte sie noch einige Hoffnung haben; ihr größtes Unglück aber war, sich in der Hand der wahren Feinde und Verfolger ihres Hauses zu befinden. Bei den Gentern hat es in öffentlichen Dingen immer mehr Dummheit als Bosheit gegeben. Es sind ja auch meistens grobe Handwerker gewesen, die das Vertrauen und Ansehen hatten und nichts von Politik verstanden und von dem, was dazugehört, einen Staat zu regieren. Ihre Bosheit bestand nur aus zwei Dingen: das eine ist, daß sie auf alle Fälle wünschen, ihren Fürsten zu schwächen. Das andere ist folgendes: wenn sie irgendetwas schlecht gemacht oder einen Irrtum begangen haben, oder sich sehr schwach sehen, dann gibt es nirgends Leute, die in so großer Demut ein Abkommen suchen und die so große Geschenke machen. Und sie wissen besser die Leute zu finden, an die sie sich wenden müssen, um ihre Einigung zu erzielen, als jede andere Stadt, die ich jemals gekannt habe.

Während der König die Städte und obengenannten Festungen in den Marken der Pikardie in seine Hand brachte, war sein Heer in Burgund, dessen Führer dem äußeren Auftreten nach der Prinz von Oranien war, der noch heute lebt, gebürtig und Untertan in der Grafschaft Burgund; er war erst neulich zum zweitenmal Herzog Karls Feind geworden. So bediente der König sich seiner, weil er ein großer Herr sowohl in der Grafschaft als auch im Herzogtum Burgund und außerdem sehr angesehen und beliebt war. Herr de Craon war des Königs Vertreter und hatte den Befehl über das Heer; ihm vertraute der König; er war auch ein kluger und für seinen Herrn zuverlässiger Mann, liebte aber ein wenig zu sehr seinen eigenen Vorteil. Als er sich Burgund näherte, sandte er den Prinzen von Oranien und andere vor Dijon, damit sie die nötigen Erklärungen abgaben und für den König Gehorsam forderten; diese machten, hauptsächlich durch die Vermittlung des Prinzen von Oranien, ihre Sache so gut, daß Dijon und alle anderen Städte im Herzogtum Burgund und mehrere der Grafschaft, wie Auxonne und einige andere Burgen, sich dem König unterwarfen.

Dem Prinzen von Oranien wurden schöne Ämter versprochen; außerdem sollte er alle Plätze in der Grafschaft Burgund bekommen, die aus dem Nachlaß des Prinzen von Oranien, seines Großvaters, stammten, auf die er gegen die Herren de Châteauguion, seine Oheime, Anspruch erhoben hatte; diese seien, wie er sagte, von Herzog Karl begünstigt worden. Ihr Rechtsstreit war nämlich mehrere Tage lang vor ihm in großer Förmlichkeit ausgetragen worden, wobei der Herzog, umgeben von vielen Juristen, einen Spruch gegen den Prinzen fällte; wenigstens sagte er so; aus diesem Grunde verließ er den Dienst des Herzogs und kam zum König. Trotz dieses Versprechens wollte Herr de Craon dem Prinzen auf keine Bitte, die er an ihn richtete, das Seine herausrücken, als er sich im Besitze dieser Städte befand und sich die besten Plätze, die der Fürst haben sollte und die aus dem Nachlaß stammten, angeeignet hatte. Hierüber schrieb ihm der König mehrere Male unverhohlen. Er erkannte wohl, daß Herr de Craon dem Prinzen nicht Wort hielt, fürchtete aber Herrn de Craon zu mißfallen, der im ganzen Lande waltete; er glaubte nicht, daß der Prinz den Mut und die Möglichkeiten hätte, das Land Burgund, wenigstens zum größten Teil, aufzuwiegeln, wie er es tat. Jetzt aber verlasse ich dieses Thema bis zu einem anderen Mal.

Nachdem die Genter dem Fräulein von Burgund die Regierung mit Gewalt fortgenommen, die beiden, von denen Ihr gehört habt, hingerichtet und alle, die ihnen nicht paßten, weggeschickt hatten, begannen sie an allen Orten Leute nach ihrem Willen ab- oder einzusetzen. Besonders alle die, die dem Hause Burgund am besten gedient hatten, verjagten sie und plünderten sie aus, ohne Unterschied und ohne auf die zu achten, die in irgendeiner Sache unter anderem ihm geschadet haben könnten. Unter allen Leuten haßten sie die Burgunder am meisten und verbannten sie; und so bemühten sie sich, ebenso wie der König selbst, sie zu des Königs Dienern und Untertanen zu machen; der König lockte sie durch schöne und kluge Verheißungen, durch sehr große Geschenke und Versprechungen und auch durch seine sehr große Macht.

Um eine Neuerung anzufangen, befreiten sie den Herzog von Geldern aus der Gefangenschaft, den Herzog Karl lange Zeit aus Gründen, die Ihr gehört habt, darin gehalten hatte. Sie machten ihn zum Obersten eines Heeres, das sie für sich in Brügge, Gent und Ypern aufgebracht hatten, und schickten ihn vor Tournai, um die Vorstädte anzuzünden, was für den Streit ihres Herrn sehr wenig nützlich war. Mehr hätten ihm von ihnen zweihundert Mann und zehntausend Franken bar genützt, um andere zu unterhalten, die vor Arras waren, als die Belagerung dorthin ging, vorausgesetzt, daß sie zur rechten Zeit in Arras gewesen wären, als zehn solche Heere wie dieses hier, das aus zwölf- oder fünfzehntausend Mann bestand und gut bezahlt wurde; denn es war zu nichts nütze, als eine kleine Anzahl Häuser zu verbrennen an Orten, wo es dem König ganz gleichgültig war, da er dort weder Steuern noch Abgaben erhob. Ihre Kenntnis aber reichte nicht so weit. Ich kann mir nicht denken, warum Gott Gent so sehr geschützt hat, durch das so viel Unheil entstanden ist, und das seinem Land und den öffentlichen Angelegenheiten des Landes, in dem es liegt, so wenig genützt hat und ihrem Fürsten noch viel weniger. Und es ist nicht so wie Brügge, dieser große Sammelplatz des Handels und Treffpunkt fremder Völker; hier werden mehr Waren umgesetzt als in jeder anderen Stadt Europas, und es wäre ein unersetzlicher Schaden, wenn diese Stadt zerstört würde.

## *Achtzehntes Kapitel*

Im Ganzen meine ich, daß Gott weder einen Menschen noch ein Tier geschaffen hat, das nicht irgendwie seinen Widerpart hat, um in Demut und Furcht gehalten zu werden. So ist diese Stadt Gent da, wo sie ist, sehr richtig am Platz, denn diese Länder der Christenheit frönen am meisten allen Freuden und dem größten Pomp und Aufwand, denen der

Mensch zugeneigt ist. Sie sind gute Christen, und man dient dort Gott und ehrt ihn.

Dieses ist nicht das einzige Volk, dem Gott irgendeinen Stachel gegeben hat: denn dem Königreich Frankreich hat er als Gegner die Engländer gegeben; den Engländern die Schotten; dem Königreich Spanien Portugal. Ich will Granada nicht nennen, denn sie sind die Feinde des Glaubens. Dennoch hat Granada bis jetzt Kastilien mehr Unruhen gebracht. Den italienischen Fürsten (von denen die meisten ihre Länder ohne Rechtstitel besitzen, wenn er ihnen nicht vom Himmel gegeben worden ist; und das können wir nur erraten), die ihre Völker, was die Schatzung anbetrifft, grausam und hart genug beherrschen, hat Gott als Gegner die freien Städte gegeben, die in Italien sind, wie Venedig, Florenz, Genua, manchmal Bologna, Siena, Pisa, Lucca und andere, die in vielem Gegner ihrer Herren sind und umgekehrt; und jeder paßt auf, daß der andere nicht zu mächtig wird. Um im besonderen davon zu sprechen: das Haus Aragon und das Haus Anjou sind sich feindlich; den Visconti, den Herzögen von Mailand, sind die Orléans feind; den Venetianern die Fürsten von Italien, wie ich schon sagte, und außerdem die Florentiner; den Florentinern die Bürger von Siena und von Pisa, ihre Nachbarn, und die Genuesen; diesen ihre eigne schlechte Regierung und der Mangel an gegenseitigem Vertrauen; in ihren eigenen Sippen herrscht Zwietracht, wie bei den Fregosi, Adorni, Doria und anderen. Dieses ist so bekannt, daß man davon genug weiß.

In Deutschland sind sich zu allen Zeiten die Häuser Österreich und Bayern feind und besonders die Bayern untereinander und das Haus Österreich den Schweizern. Zu Beginn ihrer Streitigkeiten war es nur das Dorf Schwyz, das nicht sechshundert Mann zusammenbringen konnte, wonach die anderen den Namen tragen; sie sind aber so angewachsen, daß zwei der besten Städte Habsburgs, Zürich und Freiburg, dabei sind, und daß sie große Schlachten gewonnen haben, in denen die Herzöge von Österreich getötet worden sind. Viele andere Zwistigkeiten gab es in Deutschland: die Herzöge von Kleve gegen die von Geldern, die Herzöge von Geldern gegen die von Jülich, im Norden die Hanse gegen die Könige von Dänemark. Um von Deutschland im allgemeinen zu sprechen: es gibt dort so viele Festungen und Leute, die geneigt sind, Böses zu tun, zu plündern und zu rauben, und die aus kleinen Anlässen Macht und Gewalt gegeneinander gebrauchen, daß es sehr verwunderlich ist; denn ein Mann, der nur sich und einen Diener hat, sagt einer großen Stadt und einem Herzog Fehde an, damit er besser rauben kann; als Zufluchtsort hat er eine kleine Felsenburg, wohin er sich zurückziehen kann und wo er zwanzig bis dreißig Reiter hat. Diese Leute werden kaum einmal von den deutschen Fürsten gestraft, da sie sich ihrer bedienen wollen, wenn sie sie nötig haben. Die Städte aber bestrafen sie grausam, wenn sie ihrer habhaft werden können, und oft haben sie solche Burgen belagert und niedergelegt. Auch halten diese

Städte eigene Söldner. So scheint es mir, daß die deutschen Städte und Fürsten leben, wie ich gesagt habe, indem sie sich gegenseitig im rechten Maß halten, und es scheint auch so nötig zu sein, denn so ist es in der ganzen Welt.

Ich habe nur von Europa gesprochen, denn über die anderen beiden Erdteile, Asien und Afrika, bin ich nicht unterrichtet; wir hören aber sagen, daß sie Kriege und Zwistigkeiten wie wir haben, nur noch viel schlimmer; denn in Afrika habe ich mehrere Orte erfahren, wo sie sich gegenseitig den Christen verkaufen; von den Portugiesen weiß man ja, daß sie viele Sklaven gehabt haben und immer noch haben.

Es könnte so scheinen, als ob diese Streitigkeiten für die Welt notwendig seien und auch dieser feindliche Stachel, den Gott jedem Staat und fast jedem Menschen mitgegeben hat, wie ich gesagt habe. Auf den ersten Blick scheint es mir so (wenn ich auch nicht wie ein gelehrter Mann spreche und keine Meinung aufrechterhalten will, die nicht aufrechterhalten werden kann), und besonders wegen der Grausamkeit mehrerer Fürsten und der Schlechtigkeit anderer, die genug Verstand und Erfahrung haben, sie aber mißbrauchen wollen. Denn ein Fürst oder Mensch, in welchem Stande er auch sei, der Macht und Autorität über andere hat, wird, wenn er gebildet ist, durch das, was er erfahren oder gelesen hat, gebessert oder schlechter gemacht: durch vieles Wissen werden nämlich die Schlechten schlechter und die Guten besser. Immerhin aber muß man glauben, daß das Wissen einen Menschen eher besser als schlechter macht; schon die Scham über die eigene Schlechtigkeit genügt, ihn vor bösen Taten zu bewahren oder wenigstens zum Teil. Wenn er nicht gut ist, so wird er so tun, als ob er keine Schlechtigkeit begehen und niemandem etwas zuleide tun will. Ich habe mehrere Erfahrungen unter großen Herren gemacht, die durch ihre Bildung von schlechten Vorsätzen oft zurückgehalten wurden und auch durch die Furcht vor der göttlichen Strafe, von der sie mehr Kenntnis haben als die Unwissenden, die nichts gesehen noch gelesen haben. Ich will noch von den Unklugen reden, die durch falsche Erziehung oder wegen ihrer Veranlagung nicht wissen, wie weit sich ihre Macht und Herrschaft erstreckt, die Gott ihnen über ihre Untertanen gegeben hat, denn sie haben es von denen, die es wissen, nie erfahren und gelernt. Wenige Weise verkehren mit ihnen; und einige, die es wissen, wollen es ihnen nicht sagen aus Furcht, ihnen zu mißfallen. Und wenn ihnen einer irgendeine Vorhaltung machen will, unterstützt ihn niemand; im besten Fall wird man ihn für toll halten, vielleicht unterstellt man ihm sogar etwas Schlechtes.

Man muß also feststellen, daß weder die natürliche Vernunft, noch unser Verstand, noch die Gottesfurcht, noch die Nächstenliebe uns davor bewahrt, gegeneinander heftig zu sein, dem anderen etwas vorzuenthalten, oder ihm auf jede mögliche Weise etwas wegzunehmen. So nehmen die Großen von ihren Verwandten oder Nachbarn Städte oder Burgen und wollen sie auf keinen Fall wieder herausgeben. Und wenn sie erst einmal ihre Gründe durch irgendeinen Vorwand, warum sie sie genommen haben, befestigt haben, folgt jeder der Ihren ihren Reden oder zum mindesten die, die ihnen nahestehen, oder die, die von ihnen gern gesehen werden wollen. Von den kleinen Leuten, die Zwistigkeiten haben, spreche ich nicht, denn sie haben Herren über sich, die manchmal den Parteien Recht geben (wenigstens derjenigen, die einen guten Grund hat), wenn sie ihn vertritt, gut verteidigt und reichlich etwas dafür ausgibt. Mit der Zeit wird sie ihr Recht bekommen, wenn der Hof (das heißt der Fürst oder die Obrigkeit, unter der sie lebt) nicht gegen sie ist. So ist es wahr, daß Gott fast gezwungen oder dazu veranlaßt ist, viele Zeichen zu offenbaren und uns mit Ruten für unsere Dummheit zu schlagen, und noch mehr, glaube ich, für unsere Schlechtigkeit. Denn die Dummheit der Fürsten und ihre Unwissenheit ist sehr gefährlich und zu fürchten, da an ihnen das Gute und das Böse ihrer Herrschaften hängt. Wenn nun ein Fürst mächtig ist und eine große Anzahl Reisiger hat, durch deren Macht er willkürlich Steuern erhebt, um sie zu bezahlen und um in allen Dingen nach seinem Willen verschwenden zu können ohne Notwendigkeit für den Staat, und wenn er von diesen tollen und schändlichen Unternehmungen und Ausgaben nichts vermindern will, so viel man bei ihm daran rührt und wegen dieser Dinge Vorhaltungen macht, und wenn man nichts dabei gewinnt, sondern, was schlimmer ist, wenn man dadurch seine Ungnade hervorruft, wer könnte hiergegen ein Mittel finden, wenn Gott es nicht tut?

Gott spricht nicht mehr zu den Menschen; auch gibt es keine Propheten mehr, die durch seinen Mund reden, denn sein Glaube ist genügend verbreitet, verstanden und denen offenbar, die ihn verstehen und kennen wollen; und für Unwissenheit gibt es da keine Entschuldigung, wenigstens nicht für diejenigen, die lange genug gelebt und einen natürlichen Verstand haben. Wie werden nun diese mächtigen Menschen, die mit Gewalt alle Dinge nach ihrer Willkür vollführen, bestraft, wenn Gott nicht seine Hand darüberhält? Ihr geringstes Gebot gebieten sie bei Todesstrafe. Die einen strafen unter dem Vorwand der Gerechtigkeit und haben Leute für dieses Geschäft bei der Hand, die bereit sind, ihren Willen zu tun, und die aus einem läßlichen Vergehen gleich eine Todsünde machen; wenn aber nichts vorhanden ist, so erfinden sie Vorwände, unter denen sie die Parteien und Zeugen verhören, um den Angeschuldigten in Haft zu halten und ihn durch Unkosten zu Fall zu bringen, und horchen immer darauf, ob sich nicht einer über denjenigen, der in Haft gehalten ist, und den sie verurteilen wollen, beklagen will. Ist ihnen dieser Weg nicht sicher und gut genug, um zu ihrer Absicht zu gelangen, so haben sie noch andere, schnellere; sie sagen dann, es sei sehr nötig, um ein Beispiel zu geben und behandeln den Fall so, wie es ihnen gut scheint. Gegen andere, die ein wenig mächtiger und ihre Vasallen sind, gehen sie einfach durch die Tat vor. Zu dem einen sagen sie: „Du bist ungehorsam und handelst gegen den Lehnseid, den Du mir geschworen hast" und brauchen Gewalt, ihm das Seine fortzunehmen, wenn sie es können (sonst liegt es nicht an ihnen), und lassen ihn in großer Not leben. Ist ihr Nachbar mächtig und stark, so lassen sie ihn leben; ist er aber schwach, weiß er nicht, wohin er sich wenden soll, werden sie ihm sagen, er hätte ihre Feinde unterstützt; oder sie wollen ihre Reisigen in seinem Lande leben lassen, suchen Streit und finden einen Anlaß, ihn zu vernichten oder seinen Nachbarn gegen ihn zu unterstützen und ihm Leute zu leihen.

Von ihren Untertanen entlassen sie alle die aus ihren Ämtern, die ihren Vorgängern treu gedient haben, um neue Männer heranzuziehen, weil sie zu viele zu Tode bringen. Die Diener der Kirche verwirren sie mit ihren Pfründen, damit sie wenigstens daraus eine Belohnung für Leute nach ihrem Geschmack ziehen, die es sehr häufig gar nicht verdient haben, Männer oder Frauen, die zur Zeit viel vermögen und in Gunst stehen. Dem Adel schaffen sie anhaltend Mühsal und Ausgaben unter dem Vorwand ihrer Kriege, die ohne Not unternommen werden und ohne Bewilligung und Rat derjenigen, die sie zu befragen haben, bevor sie sie beginnen: denn das sind die, die ihr Leben und Gut einsetzen; daher müssen sie davon wissen, bevor man den Krieg beginnt.

Den meisten ihrer Völker lassen sie nichts; und nachdem diese viel größere Abgaben bezahlt haben als sie müßten, bringen sie immer noch keine Ordnung in das Leben ihrer Reisigen, die ohne Unterlaß durch das Land streifen, ohne etwas zu bezahlen, und ihre anderen Schlechtigkeiten und Ausschreitungen vollführen, die jeder von uns kennt: denn sie geben sich nicht zufrieden, einfach zu leben, sondern schlagen und mißhandeln die armen Leute und zwingen sie, Brot, Wein und Lebensmittel herauszuholen; und wenn ein guter Mann eine hübsche Frau oder Tochter hat, wird er gut daran tun, sie wohl zu hüten. Jedoch, wenn es schon einmal Löhnung gibt, könnte man leicht Ordnung hineinbringen, und die Reisigen müßten spätestens von zwei zu zwei Monaten besoldet werden. So hätten sie keine Gelegenheit und keine Entschuldigung mehr für ihre Schandtaten, die sie unter dem Vorwand, nicht bezahlt zu werden, begehen; denn das Geld ist erhoben und kommt am Ende des Jahres. Dieses sage ich für unser Reich, das von diesem Zustand mehr bedrückt und bedrängt wird als jede andere Herrschaft, die ich kenne; nur ein kluger König wüßte hier Abhilfe zu schaffen. Die anderen benachbarten Länder haben andere Strafen.

## *Neunzehntes Kapitel*

Um nun mit meinem Thema fortzufahren: hat denn ein König oder Herr der Erde je die Vollmacht, über sein Eigengut hinaus seine Untertanen zu besteuern ohne Ermächtigung und Zustimmung derer, die sie bezahlen sollen, es sei denn, er tut es durch Tyrannis und Gewalt? Man könnte darauf antworten, daß es Zeiten gibt, wo man die Versammlung nicht abwarten kann, und wo die Sache zu lange dauern würde, bis man den Krieg anfangen und unternehmen kann. Ich erwidere darauf, daß man nicht so sehr eilen darf und Zeit genug hat. Und ich sage Euch: Könige und Fürsten sind sehr viel stärker, wenn sie etwas mit dem Rat ihrer Untertanen unternehmen und auch bei ihren Feinden sehr viel mehr gefürchtet. Wenn man sich verteidigen muß, so sieht man dieses Unwetter schon von weitem, besonders wenn es Fremde sind; hierbei dürfen gute Untertanen nichts beklagen und nichts verweigern. Kein Fall wird so plötzlich eintreten, daß man nicht irgendwelche Leute anrufen und zu ihnen sagen könnte: „Es wird nicht ohne Grund getan", man darf dabei aber nicht heucheln und nicht willkürlich einen kleinen Krieg ohne Grund unternehmen, um Geld erheben zu können. Ich weiß wohl, daß man Geld braucht, um die Grenzen zu verteidigen und zu bewachen, wenn kein Krieg ist, um nicht überrascht zu werden und alles mit Muße tun zu können. Zu allen diesen Dingen dient der Verstand eines klugen Fürsten; denn wenn er gut ist, erkennt er, was Gott und was die Welt ist, und was er tun oder lassen muß und kann. Meiner Meinung nach ist in England von allen Ländern der Welt, die ich kenne, das öffentliche Wohl am besten bestellt; dort lastet am wenigsten Gewalt auf dem Volk, und es gibt keine durch den Krieg niedergeworfenen und zertrümmerten Gebäude. Das Los und das Unglück fällt auf diejenigen, die den Krieg anzetteln.

Unser König ist der Herr der Welt, der am wenigsten Grund hat, das Wort zu gebrauchen: „Ich habe ein Privileg, von meinen Untertanen alles zu erheben, was mir gefällt." Die Leute, die so sprechen, damit er mehr geachtet wird, machen ihm keine Ehre, sondern machen ihn verhaßt und gefürchtet bei seinen Nachbarn, die um keinen Preis unter solch einer Herrschaft sein möchten. Wenn aber unser König oder die, die ihn erheben oder größer machen wollen, sagten: „Ich habe so gute und treue Untertanen, daß sie mir nichts verweigern, was ich von ihnen fordere; ich werde von ihnen mehr gefürchtet und besser gehorsam bedient als jeder andere Fürst, der auf der Erde lebt; sehr geduldig halten sie alles Unglück und alle Unbilden aus und erinnern mich nicht an vergangene Schäden", so scheint es mir, daß dies ein großes Lob ist, und daß sie die Wahrheit gesagt haben; nicht aber, wenn sie sagen: „Ich nehme, was ich will, ich habe ein Privileg dafür. Es muß beachtet werden." König Karl V. sprach nicht so. Auch habe ich nicht Könige so sagen hören; wohl aber einige ihrer Diener, die glaubten, ihre Sache gut zu machen. Meiner Meinung nach vergingen sie sich gegen ihre Herren und sagten es nur, um gute Diener zu sein und auch, weil sie nicht wußten, was sie sagten.

Um eine Probe auf die Güte der Franzosen zu machen, braucht man für unsere Zeit nur anzuführen, daß in Tours die drei Stände tagten nach dem Heimgang unseres guten Herrn, des Königs Ludwig, dem

Gott gnädig sein möge, im Jahre 1483. Man konnte damals wohl glauben, diese Versammlung sei gefährlich, und einige Leute von geringem Stand und wenig Tüchtigkeit sagen und haben seitdem mehrere Male gesagt, es sei Majestätsverbrechen, von der Einberufung der Stände zu sprechen, und vermindere die Autorität des Königs; und sie selbst sind es, die dieses Verbrechen gegen Gott, den König und den Staat begehen; diese Worte aber nützten und werden denen nützen, die in Ansehen und Vertrauen stehen, ohne es in irgendeiner Weise verdient zu haben, nicht dazu geeignet sind, und nur daran gewöhnt sind, von Lappalien und nichtigen Dingen ins Ohr zu reden; sie fürchten die großen Versammlungen aus Angst, erkannt zu werden und sich mit ihren Werken bloßzustellen.

In der Zeit, von der ich spreche, hielt jeder das Königreich für sehr kostspielig, sowohl die Großen, wie der Mittelstand, als auch die kleinen Leute, da sie zwanzig Jahre hindurch und länger unter großen und schrecklichen Steuern gelitten hatten, nahezu drei Millionen jährlich, wie sie niemals so groß gewesen sind. Denn niemals erhob König Karl VII. mehr als eine Million achthundertausend Franken jährlich, während König Ludwig, sein Sohn zur Stunde seines Todes vier Millionen siebenhunderttausend Franken ohne Artillerie und andere ähnliche Dinge erhob. Und sicherlich mußte man Mitleid haben, wenn man die Armut des Volkes sah und erkannte; doch ein Gutes hatte unser guter Herr an sich: er legte nichts in den Schatz, nahm alles und gab alles aus. Er errichtete mehr als alle anderen Könige vor ihm große Bauwerke zur Stärkung und Verteidigung der Städte und festen Plätze des Reiches. Den Kirchen gab er viel. In einigen Dingen wäre weniger mehr gewesen, denn er nahm von den Armen und gab es denjenigen, die es nicht nötig hatten. Im ganzen genommen gibt es kein vollkommenes Maß auf der Welt.

Erhob sich nun etwa in diesem so sehr in vieler Art gequälten Reich nach dem Tode unseres Königs ein Aufruhr gegen den, der regiert? Griffen die Fürsten und Untertanen gegen ihren jungen König zu den Waffen? Wollten sie einen anderen? Wollten sie ihm seine Macht fortnehmen? Wollten sie ihn darin beschränken, sein Amt als König auszuüben und zu herrschen? Nein! Wenn es auch genug Ruhmsüchtige gegeben hat, die ‚ja' sagten, so ist es doch nicht so gewesen. Sie taten das Gegenteil von dem, was ich fragte; denn alle kamen zu ihm, sowohl die Fürsten als auch die Herren und die Bürger der guten Städte; alle erkannten ihn als König an und leisteten ihm den Huldigungseid; Fürsten und Herren brachten demütig, das Knie zur Erde geneigt, ihre Bitten vor und überreichten durch eine Bittschrift, was sie forderten; sie errichteten einen Rat von Zwölfen, die dort ernannt wurden. Seitdem befahl der König, der erst dreizehn Jahre alt war, nach dem Bericht dieses Rates. Auf dieser genannten Ständeversammlung wurden einige Forderungen und Vorhaltungen in großer Demut für das Wohl des Reiches vorgebracht, indem man immer alles dem Belieben des Königs und seines Rates anheimstellte; ihm bewilligten sie, was man von ihnen fordern wollte und ihnen geschrieben zeigte, was für die Sache des Königs notwendig sei, ohne etwas zu entgegnen. Es war die Summe von zwei Millionen fünfhunderttausend Franken gefordert, die völlig ausreichte, die Wünsche zu befriedigen, und eher zu viel als zu wenig war, ohne andere Erfordernisse. Die Stände baten, nach Ablauf von zwei Jahren wieder einberufen zu werden; wenn der König nicht genügend Geld hätte, würden sie es ihm nach seinem Wunsche geben, und wenn er Krieg hätte, oder einer ihn beleidigen wolle, würden sie sich und ihr Gut einsetzen, ohne ihm etwas zu verweigern, was er nötig hätte.

Darf ein König bei solchen Untertanen, die ihm so freiwillig geben, auf ein Privilegium und Vollmacht pochen und sagen, er könne alles nach seinem Belieben nehmen? Wäre es nicht vor Gott und der Welt gerechter, in dieser Form zu erheben als durch gesetzlose Willkür? Denn kein Fürst darf anders erheben als durch Bewilligung, wie ich gesagt habe, wenn er es nicht durch Tyrannei tut und nicht exkommuniziert werden will. Aber es gibt genug Dummköpfe, die nicht wissen, was in diesem Fall zu tun und zu lassen ist. Es gibt aber auch Völker, die gegen ihren Herrn aufsässig sind, ihm nicht gehorchen und ihm in seinen Nöten nicht beistehen, sondern, anstatt ihm zu helfen, ihn verachten, wenn sie ihn in irgendwelche Geschäfte verwickelt sehen, sich empören, gegen ihn ungehorsam sind und sich gegen den Treueid, den sie ihm geleistet haben, vergehen.

Wo ich Könige oder Fürsten nenne, meine ich sie oder ihre Statthalter, wo ich Völker nenne, die, die unter ihnen hervorragen und die Oberherrschaft haben. Die größten Übel kommen gern von den Stärksten, denn die Schwachen suchen nur Ruhe. Ich verstehe hierunter ebenso die Männer wie die Frauen, die manchmal an einigen Orten Ansehen und Herrschaft haben, entweder durch die Liebe ihrer Gatten oder dadurch, daß sie die Regierung für ihre Kinder führen, oder weil die Herrschaften überhaupt von ihnen kommen. Wollte ich noch von den mittleren und kleinen Ständen in dieser Welt sprechen, würde sich dieses Thema zu weit ausdehnen; es genügt mir, die großen anzuführen: denn an ihnen erkennt man die Macht Gottes und seine Gerechtigkeit. Es findet sich aber niemand, der sich über das Unglück eines oder hundert armer Menschen aufregt, denn man schiebt alles seiner Armut oder seiner schlechten Pflege zu; hat er sich ertränkt oder den Hals gebrochen, will man kaum davon sprechen, weil er ohne Hilfe war. Wenn es einer großen Stadt zustößt, so wird man nicht so reden; und erst recht nicht bei den Fürsten.

Man könnte fragen, warum sich die Allmacht Gottes mehr an den Großen als an den Kleinen offenbart. Weil die Kleinen und Armen genug Leute finden, die sie bestrafen, wenn sie etwas tun, das Strafe verdient. Und oft genug werden sie noch bestraft, ohne etwas verbrochen zu haben, entweder, um den anderen ein Beispiel zu geben, oder um sich ihrer Habseligkeiten zu bemächtigen, oder weil der Richter einen Fehler macht. Manchmal haben sie es sehr verdient, und es ist gut, daß Gerechtigkeit waltet. Wer aber stellt Untersuchungen über das Leben der großen Fürsten und Fürstinnen an, über das ihrer großen Statthalter und Räte der Provinzen, über die Städte und ihre Lenker, die zügellos und ungehorsam gegen ihren Herrn sind? Wenn die Untersuchung wirklich gemacht wird, wer bringt sie vor den Richter? Wer wird der Richter sein, der sie zur Kenntnis nimmt und der die Bestrafung durchführt? (Ich spreche von den Schlechten und meine nicht die Guten, von denen es wenige gibt). Aus welchen Gründen begehen sie und alle anderen diese Taten, von denen ich oben gesprochen habe und noch genügend andere, über die ich der Kürze halber schweigen will, ohne Rücksicht auf die göttliche Gewalt und ihre Gerechtigkeit zu nehmen? In diesem Fall, sage ich, ist es ein Mangel an Glauben und bei den Unwissenden ein Mangel an Verstand und Glauben zusammen, doch vornehmlich ein Mangel an Glauben; daraus erwächst, glaube ich, alles Unglück in der Welt und besonders alles Unheil aller derer, die sich beklagen, von denen, die stärker sind als sie, belastet und bedrückt zu werden.

Denn wenn der arme Mensch einen wahren und guten Glauben hätte und fest davon überzeugt wäre, daß die Strafen der Hölle so sind, wie sie wirklich sind; und wenn er fest daran glauben würde, wie wir alle glauben sollten, „ich komme niemals ins Paradies, wenn ich von anderen zu Unrecht etwas nehme, oder etwas besitze, was mein Vater oder Großvater genommen haben, wenn ich nicht volle Genugtuung geleistet und aus freiem Willen zurückgebe, was ich dem anderen genommen habe" (seien es nun Herzogtümer, Grafschaften, Städte, Burgen, fahrende Habe, eine Wiese, ein Weiher, eine Mühle, jedes nach seiner Art), dann wäre es nicht möglich, daß es einen König oder eine Königin (einen Fürsten oder eine Fürstin oder irgendwelche anderen Personen, welchen Standes sie auch in dieser Welt seien, große und kleine, Männer und Frauen, die auf der Erde leben) geben würde, die aus ihrem wahren und freien Willen etwas von ihren Untertanen oder irgendwelchen anderen Personen, sei es von einem nahen Nachbarn oder einem anderen zurückbehalten, jemanden zu Unrecht umbringen, gegen das Recht ihn gefangen halten oder ihm etwas wegnehmen würden, um andere zu bereichern (was sie am meisten tun), oder unehrenhafte Dinge gegen ihre Verwandten oder Diener für ihre Vergnügungen (wie für Frauen oder ähnliche Dinge) tun würden. Bei meiner Treu, nein, das wäre nicht glaubhaft. Könnten sie so sein, wie sie sind, wenn sie einen festen Glauben hätten und wüßten, was Gott und die Kirche uns bei Strafe ewiger Verdammnis gebieten, und wenn sie erkennen würden, wie kurz ihre Tage sind und wie schrecklich und ohne Ende und Ablaß die Höllenstrafen sind? Man muß mit ‚Nein' antworten und schließen, daß alles Unglück aus Mangel an Glauben kommt.

Gibt es denn auf der Welt zum Beispiel etwas so Kostbares, das ein

König oder ein Fürst nicht hingäbe, um frei auszugehen, wenn er gefangen ist und Furcht hat, in der Gefangenschaft zu sterben? Er gibt das Seine und das Gut seiner Untertanen hin, wie Ihr an Johann von Frankreich gesehen habt, der, vom Prinzen von Wales in der Schlacht bei Poitiers gefangen[12], drei Millionen Franken zahlte, ganz Aquitanien, mindestens so weit er es besaß, abtrat und genug andere Städte, Ortschaften und feste Plätze, ein Drittel seines Reiches und dieses Königreich in so große Armut stürzte, daß lange Zeit dort eine Ledermünze mit einem kleinen silbernen Nagel umlief. Dieses alles gaben dieser König und sein Sohn, König Karl der Weise, für die Auslösung des Königs hin. Wenn sie nichts hätten geben wollen, so hätten die Engländer ihn nicht sterben lassen, sondern im schlimmsten Falle weiter in Gefangenschaft gehalten. Hätten sie ihn wirklich getötet, so wäre das noch nicht dem hunderttausendsten Teil der geringsten Höllenstrafe gleichgekommen. Warum gab er nur alles, was ich sagte, hin, und richtete seine Kinder und sein Reich zugrunde? Weil er nur das glaubte, was er sah und wußte, daß er anders nicht ausgelöst werden würde. Aber gerade, weil er diese Tat beging, die ihm, seinen Kindern und seinen Untertanen diese Strafe eintrug, besaßen sie den festen Glauben nicht und hatten kein Bewußtsein für die Kränkung, die sie gegen Gott und seine Gebote begingen. So gut wie kein Fürst läßt sich durch irgendwelche Bitten oder Gottesfurcht dazu bewegen, um die Höllenstrafen zu vermeiden, eine Stadt, die er von seinem Nachbarn besitzt, wieder herauszugeben. Und König Johann gab so viel fort, nur um aus der Gefangenschaft zu kommen. Das ist Mangel an Glauben.

Ich habe vorher die Frage gestellt, wer die Untersuchung der Großen übernehmen, wer sie zum Richter bringen und wer der Richter sein wird, der die Schlechten bestraft. Ich antworte darauf: Ankläger werden die Klagen und das Wehgeschrei des Volkes sein, das sie, ohne Erbarmen und Mitleid zu haben, in so vielen Arten quälen und bedrücken, die Klagen der Witwen und Waisen, deren Gatten und Väter sie haben sterben lassen und deren Überlebende gelitten haben, überhaupt alle, die sie an Leben und Gütern verfolgt haben. Dieses wird die Anklage sein, und ihre lauten Schreie, Klagen und heißen Tränen werden sie vor unseren Herrgott bringen, der ein wahrer Richter ist und der gewiß nicht mit ihrer Bestrafung bis zur anderen Welt warten, sondern sie schon in dieser züchtigen wird. So werden sie also bestraft, weil sie nicht haben glauben wollen und weil sie kein festes Vertrauen und keinen festen Glauben hatten. Man muß daher sagen, daß Gott gezwungen ist, an ihnen solche Zeichen zu offenbaren, damit sie und alle

12 König Johann von Frankreich, gefangen 1356 in der Schlacht von Poitiers, kehrte 1360 nach dem Vertrag von Brétigny nach Frankreich zurück. Dies ist die am weitesten zurückliegende Tatsache der französischen Geschichte, auf die sich Commynes in Einzelheiten und mit guter Kenntnis bezieht.

Welt merken, diese Strafen fallen auf sie wegen ihrer grausamen Sünden, und Gott zeigt gegen sie seine Allmacht, Tugend und Gerechtigkeit. Denn kein anderer als er hat in dieser Welt Macht über sie.

Zuerst sind die Strafen Gottes nicht so groß, wie sie im Laufe der Zeit werden; denn nichts geschieht einem Fürsten oder denen, die seine Geschäfte führen, oder denen, die eine große Gemeinde verwalten, das nicht zum Schluß sehr groß und sehr gefährlich für die Untertanen wird. Ich meine hier nicht ihre Unfälle, von denen die Untertanen nichts merken, wie vom Pferd zu fallen, sich ein Bein zu brechen, ein sehr heftiges Fieber zu haben, von dem man wieder gesund wird; diese Dinge sind sehr heilsam für sie und machen sie klüger. Ein wahres Unglück ist, wenn Gott so beleidigt wird, daß er es nicht länger ertragen will, sondern seine Macht und göttliche Kraft offenbart. Zuerst vermindert er ihnen den Verstand, was eine große Plage für die ist, die es betrifft. Er verwirrt ihr Haus und läßt es in Zwietracht und Aufruhr fallen. Der Fürst fällt bei unserem Herrgott in solche Ungnade, daß er vor klugen Räten flieht und ganz neue erhebt, die unklug und unvernünftig sind, Schmeichler, die zu allem ja sagen, was er spricht. Will er einen Heller erheben, sagen sie zwei. Bedroht er einen Menschen, sagen sie, er muß hängen, und so bei allen anderen Dingen; er solle sich überhaupt ein Aussehen zum Fürchten geben und sich stolz und hochmütig zeigen; und sie hoffen, durch dieses Mittel gefürchtet zu werden, als wenn sie die Autorität geerbt hätten.

Diejenigen aber, die solche Fürsten auf diesen Rat verjagt und abgesetzt haben, die ihnen lange Jahre gedient und in ihrem Lande beliebt sind und Anhang haben, sind unzufrieden und auf dem Weg zu anderen ihrer Freunde und Wohltäter. Man wird sie vielleicht so bedrängen, daß sie gezwungen sind, sich zu verteidigen oder zu irgendeinem kleinen Nachbarn zu fliehen, der vielleicht gerade ein Feind oder mißgünstiger Widersacher desjenigen ist, der sie verfolgt. Durch die innere Zwietracht kommen dann die äußeren Feinde ins Land. Gibt es eine größere Plage oder Heimsuchung oder einen tödlicheren Haß, als wenn Freunde und solche, die sich kennen, Krieg gegeneinander führen. Gegen äußere Feinde verteidigt man sich leicht, wenn man im Inneren einig ist. Sie haben dann keine Beziehungen und Bekanntschaften. Glaubt Ihr, daß ein unkluger Fürst, der von Dummen umgeben ist, das Unheil von weitem kommen sieht, die Zwietracht unter den Seinen? Daß er bedenkt, daß es ihm schaden könnte? Daß es von Gott gesandt ist? Er ißt darum nicht schlechter, schläft nicht schlechter, hat darum keine schlechteren Rosse und Gewänder, sondern ist nur noch besser begleitet, da er die Leute anzieht, ihnen den Nachlaß und die Würden der von ihm Verjagten und von seinem Eigenen verspricht und verteilt, um seinen Ruf zu vermehren. Gerade wenn er es am wenigsten vermutet, läßt Gott ihm einen Feind erstehen, an den er niemals gedacht hat. Dann wächst die Sorge und der Argwohn gegen die, die er beleidigt hat, und er bekommt Furcht vor vielen Menschen, die ihm nichts Böses zufügen wollen. Er nimmt seine Zuflucht nicht zu Gott, sondern gebraucht seine Gewalt.

## *Zwanzigstes Kapitel*

Haben wir zu unserer Zeit solche Zeichen nicht sehr nahe bei uns gesehen? Wir haben König Eduard IV. von England gesehen, der vor kurzer Zeit gestorben ist, das Haupt des Hauses York[13]. Hat er nicht den Stamm Lancaster vernichtet, unter dem sein Vater und er lange gelebt, und dessen König Heinrich VI. von England aus dieser besagten Linie sie gehuldigt hatten? Seitdem hielt ihn Eduard lange Jahre im Tower von London gefangen, der Hauptstadt des englischen Königreiches, und dann haben sie ihn endlich sterben lassen. Haben wir nicht auch den Grafen von Warwick gesehen, den obersten Leiter aller Geschäfte dieses Königs Eduard (der alle seine Freunde und besonders die Herzöge von Somerset töten ließ), der zum Schluß König Eduard, seinem Herrn, feind wurde, dem Prinzen von Wales, Heinrichs VI. Sohn, seine Tochter gab, die Lancasters wieder zu Ehren bringen wollte, und der dann in der Schlacht mit seinen Brüdern und Verwandten unterging?[14] So ging es mit mehreren englischen Herrn, die auf einmal ihre Feinde zu Tode bringen ließen; nachher rächten sich deren Kinder, als die Zeit sich zu ihren Gunsten wandte, und ließen die anderen töten. Man kann sich wohl denken, daß solche Plagen nur durch die göttliche Gerechtigkeit kommen. Aber wie ich anderswo gesagt habe, hat das Königreich England die Gnade den anderen Reichen voraus, daß dadurch weder Land noch Leute Schaden nehmen, daß die Bauten weder verbrannt noch niedergerissen wurden; das Geschick trifft nur die Kämpfenden und besonders den Adel. So ist in dieser Welt nichts vollkommen.

Nachdem König Eduard von England mit allen Problemen seines Reiches fertig geworden war, als ihm unser Königreich jährlich fünfzigtausend Taler in sein Schloß nach London schickte und er so viele Reichtümer angehäuft hatte, wie er mehr nicht konnte, ist er plötzlich aus Melancholie über die Heirat unseres jetzt regierenden Königs mit Margarete, der Tochter des Herzogs von Österreich, gestorben. Als er diese Nachrichten erhielt, wurde er krank. Denn damals hielt er sich in der Heirat seiner Tochter für betrogen, die er schon „Frau Dauphine“ nennen ließ, und die „Pension“, die er von uns erhielt, und die er „Tribut“ nannte, wurde ihm entzogen, aber wie ich oben schon erklärt habe, war es keines von beiden. König Eduard hinterließ seine Witwe und zwei schöne Söhne: der eine war Prinz von Wales und der andere Herzog

---

13 Eduard IV. starb am 9. April 1483.

14 Siehe oben, zuletzt das siebente Kapitel des dritten Buches.

von York. Der Bruder des verstorbenen Königs Eduard, der Herzog von Gloucester, übernahm die Regentschaft für seinen Neffen, den Prinzen von Wales, der zehn Jahre alt sein mochte, huldigte ihm als König und führte ihn nach London, indem er vorgab, ihn krönen zu lassen; damit wollte er den anderen Sohn aus der Freistatt von London ziehen, wo er sich mit seiner Mutter aufhielt, die einigen Verdacht geschöpft hatte. Um es kurz zu machen: durch die Vermittlung des Bischofs von Bath, der ehemals König Eduards Kanzler gewesen war, ihn dann gestürzt und in Gefangenschaft gehalten und von ihm zu seiner Lösung Geld genommen hatte, führte der Herzog die Tat aus, von der ihr jetzt hören werdet. Dieser Bischof vertraute dem Herzog von Gloucester an, König Eduard habe einmal sehr um die Liebe einer englischen Dame geworben und ihr die Ehe versprochen, wenn er bei ihr schlafen dürfe; sie sei damit einverstanden gewesen. Er selbst, so sagte der Bischof, hätte sie eingesegnet, wobei nur er und die beiden anwesend waren. Er als Hofmann hätte nichts entdeckt und hätte auch dafür gesorgt, daß die Dame schwieg; so sei es geblieben. Später heiratete König Eduard die Tochter eines englischen Ritters, Rivers genannt, eine Witwe, die auch von ihren Liebschaften zwei Söhne hatte. Jetzt entdeckte dieser Bischof von Bath diese Angelegenheit dem Herzog von Gloucester und half ihm mit, sein schlechtes Vorhaben auszuführen. Er ließ seine beiden Neffen töten, machte sich zum König und nannte sich König Richard. Die beiden Töchter ließ er vor versammeltem Parlament zu Bastarden erklären und ihnen ihre Wappen fortnehmen; alle guten Diener seines verstorbenen Bruders ließ er töten, mindestens alle, deren er habhaft werden konnte.

Diese Grausamkeit ging nicht lange; denn als er in größerem Hochmut war als je ein englischer König seit hundert Jahren, den Herzog von Buckingham getötet hatte und ein großes Heer bereit hielt, ließ Gott ihm einen Feind erstehen, der keine Macht hatte: das war der Graf von Richmond, der in der Bretagne gefangen war und heute König von England ist[15], aus dem Stamm der Lancaster, aber nicht sehr nahe mit der Krone verwandt, was man auch immer sagt (jedenfalls verstehe ich es so). Er hat ehemals erzählt, kurz bevor er aus diesem Königreich abreiste, daß er seit seinem fünften Jahre als Flüchtling oder im Gefängnis bewacht worden sei. Ungefähr fünfzehn Jahre lang war er in der Bretagne des kürzlich verstorbenen Herzogs Franz Gefangener gewesen; durch einen Sturm fiel er in dessen Hände, als er mit seinem Oheim, Graf Pembroke, nach Frankreich fliehen wollte. Ich war damals bei diesem Herzog, als sie gefangengenommen wurden. Der Herzog behandelte sie als Gefangene milde und gab ihm nach dem Tode des Königs Eduard reichlich Leute und Schiffe; mit dem Einvernehmen des Herzogs von Buckingham, der aus diesem Anlaß sterben mußte, schickte

---

[15] Heinrich VII., König seit 1485, seit der Überwindung Richards III. Durch seine Mutter stammte er von Eduard III. ab.

er ihn fort, um in England zu landen. Er hatte einen schweren Seesturm und Gegenwind und kehrte nach Dieppe zurück; von dort aus kam er auf dem Landweg wieder in die Bretagne. Nach seiner Rückkehr in die Bretagne fürchtete er, den Herzog mit Ausgaben zu belasten, da er einige fünfhundert Engländer bei sich hatte; außerdem hatte er Angst, der Herzog würde sich zu seinem Nachteil wieder mit König Richard aussöhnen, und wirklich verhandelte man darüber schon: aus diesen Gründen eilte er mit seinen Leuten fort, ohne dem Herzog Lebewohl zu sagen. Kurz danach bezahlte man ihm drei- bis viertausend Mann nur für die Überfahrt. Von unserem jetzigen König und denen, die bei ihm waren, erhielt er eine schöne Summe Geldes und einige Stücke Artillerie. Mit einem normannischen Schiff wurde er hinübergeführt und landete in Wales, woher er stammte. König Richard rückte ihm entgegen, aber mit dem Grafen von Richmond vereinigte sich Herr von Stanley, ein Ritter Englands, der Gatte der Mutter dieses Grafen, und führte ihm wohl sechsundzwanzigtausend Mann zu. Es kam zur Schlacht, in der König Richard fiel; der Graf Richmond wurde auf dem Felde mit der Krone Richards zum englischen König gekrönt. Soll man das Fortuna nennen? Es ist ein wahres Gottesurteil. Um es noch besser zu erkennen: sowie dieser König Richard den besagten grausamen Mord an seinen beiden Neffen verübt hatte, verlor er seine Gattin. Einige sagen, er hätte sie getötet. Er hatte nur einen Sohn, der gleich wieder starb. Dieses besagte Thema hätte besser weiter unten hingehört, wo ich von König Eduards Tod sprechen werde, der zu der Zeit, von der dieses Kapitel handelt, noch am Leben war; aber ich tat es, um mein Thema fortzuführen.

Ebenso haben wir die Krone Spaniens nach dem Tode des kürzlich verstorbenen Königs Don Enrique wechseln sehen[16], der die Schwester des jüngst verstorbenen Königs von Portugal zur Gemahlin hatte, die ihm eine schöne Tochter schenkte. Dennoch folgte sie nicht und wurde unter dem Vorwand des durch ihre Mutter begangenen Ehebruchs des Thrones beraubt. Diese Sache ist nicht ohne Streit und große Kriege abgegangen: der König von Portugal nämlich wollte seine Nichte unterstützen und mit ihm mehrere Herren des Königreiches Kastilien. Trotzdem hat Don Enriques Schwester, die mit dem Sohn des Königs Don Juan von Aragon vermählt war, das Reich behauptet und besitzt es. So ist auch dieses Urteil und diese Teilung im Himmel gemacht worden, wie genug andere auch.

Ihr habt vor kurzem den König von Schottland und seinen Sohn, der dreizehn oder vierzehn Jahre alt ist, in der Schlacht einander gegenüber gesehen[17]. Der Sohn und seine Partei errangen den Sieg, und der

16 Heinrich IV., König von Kastilien, starb 1474. Siehe oben im siebenten Kapitel des fünften Buchs.

17 Jakob III. von Schottland wurde nach einer Niederlage gegen die Aufständischen 1488 getötet. Ihm folgte sein Sohn als Jakob IV.

König blieb tot auf dem Platze. Er hatte seinen Bruder töten lassen; mehrere andere Taten wurden ihm zur Last gelegt.

Ihr seht auch das Herzogtum Geldern[18] nicht mehr im Besitze seines Geschlechtes und habt von der Undankbarkeit des kürzlich verstorbenen Herzogs gegen seinen Vater gehört. Ich könnte noch genug ähnliche Fälle erzählen, die leicht als göttliche Strafen erkannt werden können; aus ihnen erwachsen Kriege und aus diesen wieder Sterblichkeit und Hungersnot; und alle diese Übel entstehen aus Mangel an Glauben. So muß man denn in Anbetracht der Schlechtigkeit der Menschen und besonders der Großen, die nicht erkennen und glauben, daß es einen Gott gibt, einsehen, daß jeder Herr und jeder Fürst notwendig seinen Widerpart haben muß, um in Furcht und Demut gehalten zu werden, denn anders könnte niemand unter oder neben ihnen leben.

18 Siehe erstes Kapitel des vierten Buches.

# SECHSTES BUCH

## *Erstes Kapitel*

Es wird nun Zeit, daß ich zu meinem Hauptthema zurückkomme und den Faden dieser Memoiren wieder aufnehme, die auf Eure Bitte, Herr Erzbischof von Vienne, begonnen worden sind.

Als der Herzog von Geldern[1] vor Tournai ankam, ließ er bis in die Vorstädte Feuer anlegen. Drinnen befanden sich drei- bis vierhundert Reisige, die einen Ausfall unternahmen und beim Rückzug der Herzoglichen auf die Nachhut einhieben; sofort begann das Volk zu fliehen. Der Herzog von Geldern, der sehr tapfer war, machte kehrt und glaubte, seinen Leuten den Rückzug decken zu können. Das aber bekam ihm schlecht, er wurde zur Erde geworfen und getötet, ebenso eine reichlich gute Zahl dieses Volkes; diese Tat verrichtete nur eine sehr geringe Zahl Königlicher. Nach dieser Niederlage zog sich das Heer der Flamen zurück, obwohl erst eine ihrer Rotten vernichtet war. Wie man sagt, empfand das Fräulein von Burgund und die, die es liebten, über diesen Vorfall sehr große Freude, denn man hält es für gewiß, daß die Genter entschlossen gewesen wären, das Fräulein von Burgund mit Gewalt dem Herzog anzutrauen, da sie es mit ihrer Zustimmung aus mehreren Gründen, die Ihr oben über ihn gehört habt, nicht hätten durchsetzen können.

Diejenigen, die in Zukunft diese Memoiren lesen werden und die Dinge und Angelegenheiten dieses Reiches und seiner Nachbarn besser kennen als ich, könnten erstaunt sein, daß ich seit dem Tode des Herzogs Karl von Burgund bis jetzt, also nahezu ein Jahr, der Engländer keine Erwähnung getan habe, und wie sie dulden konnten, daß der König ihnen so benachbarte Städte wie Arras, Boulogne, Hesdin, Ardres und mehrere Burgen fortnahm und mehrere Tage vor St-Omer lag. Der Grund liegt darin, daß der Verstand und die Tüchtigkeit unseres Königs die König Eduards von England, der damals herrschte, übertraf, obwohl König Eduard ein sehr tapferer Fürst war und in England acht oder neun Schlachten gewonnen hatte, in denen er immer zu Fuß gewesen ist, was ihm zum großen Lob gereicht. Das aber waren nur Kämpfe von kurzer Dauer, in denen sich der Verstand König Eduards nicht anzustrengen brauchte. Denn nach einer Schlacht war er bis zum nächsten Mal Meister, und wenn sich in England irgendeine Zwietracht erhob, so war spätestens innerhalb von zehn Tagen der eine Sieger. Unsere französischen Angelegenheiten sind aber nicht so: denn neben den Waffentaten mußte unser König auf mehrere Orte in unserm Reich und auf seine Nachbarn sehen. Besonders mußte er neben allen seinen anderen Geschäften darauf achten, den König von England zufriedenzustellen

[1] Vgl. das Ende des 17. Kapitels im fünften Buch.

oder ihn durch Gesandtschaften, durch Geschenke und schöne Worte hinzuhalten, damit er uns nicht in unseren Angelegenheiten hindere.

Denn unser Herr wußte nur zu gut, daß die Engländer, sowohl der Adel als auch die Gemeinen und die Diener der Kirche, zu jeder Zeit geneigt sind, Krieg gegen das Königreich zu führen, teils unter dem Vorwand der Rechtsansprüche, die sie dort geltend machen, teils in der Hoffnung, dort etwas zu gewinnen, da ja Gott ihren Vorfahren erlaubt hatte, mehrere große Schlachten in diesem Reich zu gewinnen und weitläufige Besitzungen zu haben; sowohl die Normandie als auch Guyenne besaßen sie dreihundertfünfzig Jahre[2], bis König Karl VII. sie auf den ersten Schlag zurückeroberte; zu jener Zeit brachten sie reiche Beute und große Reichtümer mit nach England, sowohl von den Fürsten und den Herren Frankreichs, die sie in großer Zahl als Kriegsgefangene hatten, als auch von den Städten und festen Plätzen, die sie dem Reich genommen hatten; immer noch hofften sie, es wieder so zu machen. Zur Zeit des Königs, unseres Herrn, wäre ihnen solches Abenteuer wohl schwerlich gelungen, denn niemals hätte er sein Reich so verwegen aufs Spiel gesetzt, daß er den ganzen Adel des Reiches hätte absitzen lassen, um zu kämpfen, wie man es bei Azincourt gemacht hatte; er wäre da viel klüger vorgegangen, wenn es soweit gekommen wäre, wie Ihr an der Art und Weise sehen konntet, in der er sich bei der Ankunft König Eduards von England ihrer entledigte. Nun wußte der König, unser Herr, wohl, daß der König von England und seine Vertrauten geneigt sein würden, den Frieden aufrechtzuerhalten und von ihm etwas anzunehmen. Aus diesem Grunde bezahlte er die Pension von fünfzigtausend Talern gut, die er dem englischen König nach London schickte (sie nannten es Tribut); dessen nächsten Dienern bezahlte er sechzehntausend, das heißt: dem Kanzler, dem „Master of Rolls", der jetzt Kanzler ist, dem Großkämmerer, Herrn von Hastings, einem Mann von großem Verstand, großer Tüchtigkeit und großem Ansehen, Herrn Thomas Montgomery, Herrn von Howard, der dann unter dem schlechten König Richard Herzog von Norfolk geworden ist, dem Stallmeister Cheyne, Meister St-Leger, dem Markgrafen, einem Sohn der Königin von England aus erster Ehe[3]; und sehr große Geschenke gab er allen denen, die zu ihm kamen. Wenn sie auch mit strengen Aufträgen kamen, so fertigte man sie doch mit guten Worten und Geschenken ab, so daß sie zufrieden mit ihm blieben. Obwohl sie zum Teil erkannten, daß der König, unser Herr, dies nur tat, um Zeit zu gewinnen und sein Ziel in diesem Krieg, den er begonnen hatte, besser zu beenden, ignorierten sie es doch wegen des großen Vorteils, den sie daraus zogen.

Allen diesen hatte er außer ihren Pensionen Geschenke gemacht. Ich bin sicher, daß er Herrn von Howard außer seiner Pension mindestens

---

[2] Guyenne nur 300 Jahre.

[3] Thomas Grey, Marquis von Dorset.

zwei Jahre lang Geld und Tafelgeschirr in einem Wert von vierundzwanzigtausend Talern gab, und dem Kämmerer, Herrn von Hastings, für tausend Mark Silbergeschirr auf einmal. Die Quittungen von allen diesen Herren werden sich noch auf der Rechnungskammer zu Paris befinden, mit Ausnahme derer des Herrn von Hastings, des Großkämmerers von England (es gibt nur einen; denn es ist ein sehr hohes Amt).

Ich war die Ursache dazu, daß der Großkämmerer sich bitten ließ, sein Pensionär zu werden, denn ich hatte ihn in der Zeit, als ich beim Herzog von Burgund war, zu dessen Freund gemacht, der ihm tausend Taler jährlich Pension gab; dies hatte ich dem König gesagt, dem es gefiel, daß ich ebenso vermittelte, um ihn zu seinem Freund und Diener zu machen; denn in vergangener Zeit, als der Herzog noch lebte, war er ihm, wie auch später zugunsten des Fräuleins von Burgund, sehr feindlich gesonnen gewesen; eine Zeitlang lag es nicht an ihm, daß England ihm nicht gegen den König half. So begann ich diese Freundschaft durch Briefe, und der König gab ihm zweitausend Taler Pension, das Doppelte von dem, was ihm der Herzog von Burgund gegeben hatte. Der König, unser Herr, schickte Peter Clairet, seinen Haushofmeister, zu ihm und trug ihm streng auf, darüber eine Quittung zu nehmen, damit man in Zukunft erkenne und erfahre, daß der Großkämmerer, Kanzler und Admiral von England mit mehreren anderen des französischen Königs Pensionäre gewesen sind.

Dieser Peter Clairet war ein sehr kluger Mann und unterredete sich mit dem Großkämmerer sehr vertraulich ganz allein in seinem Zimmer in London. Nachdem er ihm das gesagt hatte, was zu sagen nötig war, und ihm diese zweitausend Taler in Gold überreicht hatte (denn in anderer Form gab der König niemals Geld an große fremde Herren), und nachdem der Kämmerer dieses Geld empfangen hatte, bat Peter Clairet ihn, ihm für den erhaltenen Betrag eine Quittung ausstellen zu wollen. Hierbei machte Herr von Hastings Schwierigkeiten. Nun bat ihn Clairet abermals, ihm nur einen Brief von drei Zeilen an den König mitzugeben, des Inhalts, daß er das Geld empfangen habe, als Bescheinigung für den König, seinen Herrn, damit dieser nicht denke, er habe es unterschlagen, da er ein wenig argwöhnisch sei. Als der Kämmerer sah, daß Clairet nur von ihm verlangte, was Recht war, antwortete er: „Mein Herr, was Ihr sagt, ist sehr vernünftig; dieses Geschenk aber kommt auf Wunsch des Königs, Eures Herrn, und nicht auf meine Bitte. Wenn Ihr wollt, daß ich es annehme, so steckt es hier in meinen Ärmel, ohne daß Ihr einen Brief oder ein Zeugnis dafür bekommt. Denn ich will nicht, daß man von mir sagt: „Der Großkämmerer von England ist Pensionär des französischen Königs gewesen, und daß meine Quittungen in seiner Rechnungskammer aufgefunden werden.“ Clairet konnte nichts weiter machen, überließ ihm sein Geld und ging fort, um dem König Bericht zu erstatten. Dieser war sehr erzürnt, daß er die Quittung nicht gebracht hatte, lobte und schätzte aber deswegen den

Kämmerer mehr als alle anderen Diener des englischen Königs; seitdem wurde der Kämmerer immer bezahlt, ohne eine Quittung zu geben.

In dieser Art lebte unser König mit den Engländern. Dennoch wurde der englische König von seiten dieser jungen Fürstin oft um Hilfe ersucht und inständig gebeten. Aus diesem Grunde sandte der englische König zum König, um ihm Vorhaltungen wegen dieser Angelegenheit zu machen und ihn zum Frieden oder zum mindesten zum Waffenstillstand zu drängen. Denn die Herren Englands, die sich in seinem Rat befanden und besonders die im Parlament (das den drei Ständen entspricht), in dem mehrere kluge und weitblickende Leute waren, die keine Pensionen erhielten wie die anderen, und auch die Gemeinen wünschten sehr, daß der englische König mit gutem Willen dem Fräulein beistehe; sie sagten, man hintergehe sie in Frankreich und man könne schon sehen, daß aus der Heirat nichts würde; denn im Vertrag, der in Picquigny zwischen den beiden Königen gemacht worden ist, sei beschworen und beschlossen worden, die Tochter des englischen Königs, die schon jetzt „Frau Dauphine" genannt wurde, innerhalb eines Jahres einzuholen. Diese Frist sei schon längst verflossen.

Welche Vorhaltungen seine Untertanen dem englischen König auch machten, er wollte nicht darauf hören; hierfür hatte er mehrere Gründe. Er war ein schwerfälliger Mann, der seine Vergnügungen sehr liebte und die Beschwerden eines Krieges auf dem Festland nicht hätte ertragen können; auch sah er sich so außerhalb der großen Widerwärtigkeiten, in die er Sorge hatte, wieder hineinzukommen. Auf der anderen Seite minderte ihm die Habgier nach den fünfzigtausend Talern, die jährlich in sein Schloß nach London kamen, die Freude am Kampf. Und auch wenn seine Gesandten kamen, nahm man sie gut auf und machte ihnen so schöne Geschenke, daß sie zufrieden abreisten; um Zeit zu gewinnen, gab man ihnen aber niemals eine endgültige Antwort, sondern man sagte ihnen, der König werde in wenigen Tagen ihrem König gute Herren schicken, die ihm solche Sicherheit über alle Dinge geben würden, über die er im Zweifel sei, daß er damit sehr zufrieden sein werde.

Wenn nun diese Gesandten abgereist waren, schickte der König drei Wochen oder einen Monat später, manchmal mehr, manchmal weniger (was in einem solchen Fall keine kleine Frist ist), immer solche Gesandten dorthin, die an der letzten Reise nicht teilgenommen hatten, damit sie nicht wüßten, was sie antworten sollten, falls die anderen irgendwelche Eröffnungen gemacht hatten, denen sie nicht nachgekommen waren. Auch trugen die Gesandten Sorge, dem englischen König auf jede Weise solche Sicherheiten in Frankreich zu geben, daß er noch Geduld hatte und sich nicht rührte. Denn er und die Königin, seine Gemahlin, wünschten diese Heirat so sehr, daß das mit den anderen von mir angeführten Gründen ihn bewog, alles, was ein Teil seiner Räte als großen Schaden seines Reiches hinstellte, zu übersehen; auch fürchtete er, daß dieser Heiratsplan wieder zerbrechen könne wegen der Spöttereien, die sich darüber schon in England erhoben und besonders bei denjenigen, die Lärm und Streit wünschten.

Um diesen Fall noch ein wenig zu erklären: der König, unser Herr, hatte niemals den Wunsch, diese Heirat zustande zu bringen, denn das Alter der beiden paßte nicht zusammen, da die Tochter, die heute Königin von England ist, sehr viel älter war als der Dauphin, unser jetziger König[4]. So waren über diese Heucheleien mit Gehen und Kommen ein oder zwei Monate Frist gewonnen und dem Feind ein Sommer verdorben, dem König Böses zu tun. Denn wäre nicht die Hoffnung auf diese Heirat gewesen, so hätte der englische König es nicht lange geduldet, daß die Plätze so dicht bei ihm genommen wurden, ohne sich Mühe zu geben, sie zu verteidigen. Wenn er sich gleich zu Beginn für das Fräulein von Burgund erklärt hätte, dann hätte der König, der sich davor fürchtete, die Dinge aufs Spiel zu setzen, dieses Haus Burgund nicht so geschwächt, wie er es tat.

Ich erzähle diese Dinge hauptsächlich, um zu zeigen, wie die Geschäfte dieser Welt geführt werden, sei es dazu, davon Gebrauch zu machen, sei es, sich davor zu hüten, so wie es denen nützen kann, die die großen Geschäfte in ihren Händen haben und diese Memoiren lesen werden. Denn wenn auch ihr Verstand groß ist, hilft doch manchmal ein wenig Belehrung. Wenn das Fräulein von Burgund wirklich in die Heirat mit Herrn von Rivers, dem Bruder der englischen Königin, eingewilligt hätte, hätte König Eduard ihr mit einer großen Anzahl von Leuten geholfen; das wäre aber eine sehr unpassende Heirat gewesen, denn er war ein kleiner Graf und sie die größte Erbin ihrer Zeit.

Mehrere Verhandlungen wurden zwischen dem König und dem englischen König geführt. Unter anderem bot ihm der König an: wenn er sich mit ihm verbinden wolle und selbst in irgendein Gebiet des Fräuleins einzöge und sich davon seinen Teil nähme, dann würde er einwilligen, daß der englische König Flandern sowie Brabant nähme, ohne einen Lehnseid zu fordern. Weiter bot er ihm an, auf seine Kosten die vier großen Städte Brabants zu erobern und sie in englischen Besitz zu geben; außerdem würde er ihm auf vier Monate zehntausend Engländer besolden, damit er leichter die Kosten des Heeres tragen könne; sehr viel Artillerie, Leute und Troß würde er ihm leihen, um das Heer zu führen und sich ihrer zu bedienen; der englische König solle dann Flandern erobern, während er sie anderswo angreifen würde. Der englische König antwortete ihm, diese flandrischen Städte seien fest und groß, und Flandern sei ein Land, das schwer zu bewachen sein würde, wenn man es einmal erobert hätte, ebenso Brabant; den Engländern würde dieser Krieg nicht sehr angenehm sein wegen der Verbindungen

[4] Es bestand ein Altersunterschied von fünf Jahren. Elisabeth von England war 1465, Karl (VIII.) 1470 geboren.

und ihres Handels; wenn es aber dem König gefiele, da er ja nun einmal seine Eroberungen teilen wolle, ihm einige Plätze von denen zu geben, die er schon in der Pikardie erobert habe, wie Boulogne und andere, würde er sich, wenn er es täte, für ihn erklären, ihm Leute in seinen Dienst schicken und sie bezahlen. Das war sehr klug geantwortet.

## *Zweites Kapitel*

So, wie ich oben gesagt habe, gingen die Verhandlungen zwischen dem König und dem König von England hin und her, immer um Zeit zu gewinnen, und die Macht des Fräuleins von Burgund wurde geschwächt. Denn mehrere der wenigen Kriegsleute, die ihr nach dem Tode ihres Vaters geblieben waren, gingen zum König über, besonders nach dem Abfall des Herrn des Cordes, der einige mit sich zog. Die anderen taten es notgedrungen, weil sie in der Nähe der Städte oder in solchen begütert waren, die sich schon im Machtbereich des Königs befanden, oder aber auch, um von ihm Güter zu erhalten. Denn kein Fürst teilte seinen Dienern davon so reichlich aus wie er. Außerdem nahmen die Wirren in diesen großen Städten täglich zu, und besonders in Gent, wo alles in Bewegung war, wie Ihr gehört habt.

In der Umgebung des Fräuleins wurde von mehreren Heiraten für sie gesprochen; man sagte, sie müsse entweder heiraten, um den Rest von dem, was sie noch hatte, zu verteidigen, oder sie müsse den Dauphin heiraten, damit ihr alles bliebe. Einige wünschten diese Verbindung sehr, und besonders sie, bevor ihr dieser Brief gegeben wurde, den Herr de Humbercourt und der Kanzler gebracht hatten. Andere führten das jugendliche Alter des Dauphins an, der erst ungefähr neun Jahre alt war, und sagten, diese Heirat sei schon in England versprochen, und versuchten es für den Sohn des Herzogs von Kleve; andere für Maximilian, des Kaisers Sohn, den heutigen römischen König. Das Fräulein haßte den König wegen dieses Briefes sehr, und es schien ihr, daß er die Schuld am Tode dieser beiden guten obengenannten Herren habe; außerdem haßte sie ihn wegen der empfangenen Schmach, da der Brief ihr öffentlich vor so vielen Leuten gegeben wurde; auch seien dadurch die Genter kühn geworden und hätten ihr so viele ihrer Diener verjagt und sie von ihrer Stiefmutter und von Herrn de Ravenstein getrennt, und ihre Frauen seien so furchtsam geworden, daß sie nicht wagten, einen Brief zu empfangen, ohne ihn vorzuzeigen, noch mit ihrer Herrin leise zu sprechen. Sie begann nun, sich vom Bischof von Lüttich, dem Sohn der Bourbonen, zu entfernen, der die Heirat für den Dauphin vermitteln wollte. Wenn der Dauphin nicht so jung gewesen wäre, wäre es für das Fräulein sehr günstig und ehrenvoll gewesen. Doch reichte der Blick des Bischofs nicht so weit. Er zog sich wieder nach Lüttich zurück, und jeder ließ davon ab. Es wäre sehr schwierig gewesen, dieses auf beiden Seiten durchzuführen, und ich glaube, es hätte denen, die sich damit befaßten, keine große Ehre eingebracht; so schwieg denn jeder davon still.

Über diese Angelegenheit wurde Rat gehalten, wobei sich Frau d'Hallwin, die erste Dame des Fräuleins, befand, die, wie mir berichtet wurde, sagte, sie hätten einen Mann nötig und kein Kind, ihre Herrin sei jetzt eine Frau, die Kinder bekommen könne, und das sei für das Land nötig. Bei dieser Meinung blieben sie. Einige tadelten die Dame, daß sie so frei gesprochen habe, andere lobten sie deswegen und sagten, sie spreche nur von der Heirat und von dem, was für das Land sehr nötig sei. So gab es nichts anderes, als diesen Mann zu finden. Ich glaube wirklich, wenn der König gewünscht hätte, daß sie den heutigen Herrn von Angoulême nähme, sie hätte es getan, so sehr trachtete sie danach, dem Hause Frankreich verbündet zu bleiben. Gott aber wollte eine andere Ehe stiften, und wir wissen noch nicht, warum Gott es so gewollt hat. Wir sehen an dem, was vergangen ist, daß aus dieser Ehe, die geschlossen wurde, sowohl hüben wie drüben größere Kriege entbrannt sind, als wenn sie Herrn von Angoulême geheiratet hätte; dadurch haben Flandern, Brabant und andere Länder schwere Heimsuchungen erfahren.

Der Herzog von Kleve war in Gent bei dem Fräulein und suchte dort sehr nach Freunden, um die Heirat seines Sohnes mit dem Fräulein durchführen zu können; sie aber war dazu nicht geneigt, denn ihr gefiel der Charakter des Sohnes des Herzogs von Kleve ebensowenig wie ihrer Umgebung.

So begannen sie nun über die Heirat mit dem Sohn des Kaisers, dem jetzigen römischen König, zu verhandeln, worüber ehemals zwischen dem Kaiser und Herzog Karl gesprochen und Vereinbarungen getroffen worden waren. Auch hatte er einen vom Fräulein auf Geheiß ihres Vaters eigenhändig geschriebenen Brief mit einem Ring, der einen Diamanten hatte. Dieser Brief enthielt, daß sie zufolge des Wunsches ihres Herrn und Vaters dem Herzog von Österreich, des Kaisers Sohn, verspreche, die vereinbarte Heirat nach dem Willen ihres Vaters zu vollziehen.

Der Kaiser schickte gewisse Gesandte an das Fräulein, das in Gent war; als sie in Brüssel angelangt waren, wurde ihnen geschrieben, sie möchten dort noch warten, man werde zu ihnen schicken. Das tat der Herzog von Kleve, der ihre Ankunft nicht wünschte und versuchte, sie unzufrieden zurückzuschicken. Die Gesandten aber, die schon Beziehungen in dem Hause und besonders zu der Herzoginwitwe von Burgund hatten, die, wie Ihr gehört habt, außerhalb und vom Fräulein entfernt war, reisten weiter, denn sie benachrichtigte sie (wie mir gesagt wurde), sie möchten trotz dieser Briefe immer weiterziehen; sie riet ihnen auch, was sie tun sollten, wenn sie in Gent wären; das Fräulein und mehrere ihrer Umgebung seien ihrer Absicht gewogen. An diesen Rat hielten sich die kaiserlichen Gesandten und zogen, obgleich man sie zum Gegenteil aufgefordert hatte, geradeswegs nach Gent, worüber der Herzog von Kleve sehr ungehalten war; dennoch wußte er noch nichts von den Absichten der Damen. In ihrem Rat wurde ihr vorgeschrieben, sie anzuhören; und zwar solle das Fräulein, nachdem sie ihre Beglaubigung gesagt hätten, ihnen sagen, sie seien sehr willkommen; sie wolle aber das, was sie ihnen zu sagen haben würde, dem Rat unterbreiten und ihnen dann Antwort geben; weiter solle sie nichts sagen. So beschloß es das Fräulein.

Als es ihnen befohlen wurde, überreichten die obengenannten Gesandten ihre Briefe und sagten ihre Beglaubigung: die genannte Heirat sei zwischen dem Kaiser und dem Herzog von Burgund, ihrem Vater, mit ihrem Wissen und ihrer Einwilligung beschlossen worden. So erwiesen es auch die von ihrer Hand geschriebenen Briefe (sie zeigten sie vor) und auch der Diamant, der ihm, wie sie sagten, als Zeichen des Heiratsversprechens geschenkt und geschickt worden sei; die Gesandten bäten für ihren Herrn sehr, das Fräulein möchte dem Willen und Versprechen ihres Herrn Vaters und dem ihrigen zufolge die Heirat vollziehen und vor den Anwesenden erklären, ob sie diesen Brief geschrieben habe oder nicht, und ob sie das Versprechen einlösen wolle. Auf diese Worte antwortete das Fräulein, ohne den Rat zu fragen, sie hätte diese Briefe auf Geheiß und Willen ihres Vaters geschrieben und den Diamanten geschickt und billige den Inhalt. Die Gesandten dankten ihr sehr und kehrten fröhlich in ihre Herbergen zurück.

Der Herzog von Kleve war mit dieser Antwort sehr unzufrieden, da sie dem entgegen war, was im Rat beschlossen worden war; er machte dem Fräulein große Vorwürfe, sie habe schlecht gesprochen. Daraufhin antwortete sie, sie hätte es nicht anders tun können, die Sache sei versprochen und sie könne dem nicht zuwiderhandeln. Als er diese Worte hörte und wohl erkannte, daß es hier noch mehrere gab, die ihrer Meinung waren, beschloß er wenige Tage danach, sich in sein Land zurückzuziehen und von diesem Betreiben abzulassen. So wurde diese Heirat vollzogen, denn der Herzog Maximilian kam nach Köln, wohin ihm einige Diener des Fräuleins entgegengingen. Ich glaube sicher, daß sie ihn schlecht mit Geld versehen antrafen und ihm etwas brachten, denn sein Vater ist ein ausgesprochen geiziger Mann gewesen, mehr als jeder andere Fürst unserer Zeit.

Von sieben- bis achthundert Rossen begleitet wurde der Sohn des Kaisers nach Gent geführt, und die Ehe wurde vollzogen[5]. Auf den ersten Blick war sie den Untertanen des Fräuleins nicht sehr nützlich: denn anstatt Geld zu bringen, brauchte Maximilian etwas. Seine Leute

---

5 Maximilian zog am 18. August 1477 in Gent ein; am 19. heiratete er Maria von Burgund.

waren für eine solche Macht wie die des Königs nicht zahlreich genug, und ihre Gewohnheiten vertrugen sich mit denen der Untertanen des Hauses Burgund nicht sehr; diese hatten unter reichen Fürsten gelebt, die gute Ämter vergaben und ein ehrenvolles und prunkhaftes Haus hielten, sowohl im Hausrat als auch im Tafelservice und in der Kleidung für ihre Leute und Diener.

Die Deutschen sind ganz entgegengesetzter Natur, denn sie sind rauh und leben auch so. Ich zweifle nicht daran, daß es gut und weise geraten war und noch dazu mit Gottes Segen, als in Frankreich das Gesetz und die Ordnung gegeben wurde, daß die Töchter im Reich nicht erben dürfen, um zu vermeiden, daß es in die Hand eines Fürsten fremder Nation und damit in die Fremder falle. Denn die Franzosen können das kaum ertragen. Das können auch andere Völker nicht; und auf die Dauer gibt es keine Herrschaften, besonders keine großen, deren Länder nicht zum Schluß im Besitze derjenigen bleiben, denen dieses Land gehört. Ihr könnt es an Frankreich sehen, wo die Engländer seit vierhundert Jahren große Herrschaften besessen haben und heute nur noch Calais und zwei kleine Burgen besitzen, deren Bewachung sie sehr viel kostet. Den Rest haben sie viel leichter verloren, als sie ihn erobert hatten, denn sie verloren in einem Tag mehr, als sie in einem Jahr gewonnen hatten. Auch kann man es am Königreich Neapel, an Sizilien und anderen Provinzen erkennen, die die Franzosen lange Jahre hindurch besessen hatten; als Erinnerung an sie befinden sich von allen Zeichen dort nur noch die Gräber ihrer Ahnen.

Wenn man auch noch einen Fürsten aus einem fremden Land ertragen kann, der mit einem kleinen, gut erzogenen Gefolge kommt und klug ist, so ist es mit einer großen Anzahl von Leuten nicht so leicht. Wenn er sie mit sich bringt oder sie für irgendeinen Kriegsfall holt, dann wird es sich kaum vermeiden lassen, daß es zwischen den Untertanen und den Angekommenen Streit und Zwietracht gibt, sowohl wegen der Verschiedenheit ihrer Sitten und Eigenschaften, als auch wegen der Heftigkeiten, die sie manchmal an sich haben, da sie das Land nicht so lieben wie diejenigen, die darin geboren sind, und überhaupt, weil sie Ämter, Wohltaten und die Verwaltung des Landes haben wollen. So ist es nötig, daß ein Fürst, wenn er in ein fremdes Land geht, sehr klug ist, um alle Dinge aufeinander abzustimmen; und wenn ein Fürst dieser Tugend nicht gerühmt werden kann, die vor allen anderen nur aus der Gnade Gottes kommt, so wird es ihm nicht gelingen, welch andere gute Eigenschaften er auch in sich hat. Wenn er ein Menschenalter gelebt hat, wird er große Wirrnis und Arbeit haben und alle die, die unter ihm sind; und besonders, wenn er ins Greisenalter kommt und seine Leute und Diener keine Hoffnung mehr auf Besserung haben.

Als die besagte Heirat vollzogen war, gingen ihre Angelegenheiten kaum besser, denn sie waren beide jung. Der Herzog Maximilian hatte von keiner Sache eine Ahnung; das kam von seiner Jugend[6] und dadurch, daß er in einem fremden Land war und auch, daß er sehr schlecht erzogen worden war; zum mindesten kannte er sich nicht in den großen Geschäften aus. Er hatte auch keine Leute für irgendeine größere Unternehmung. So ist dieses Land bis heute in großer Verwirrung gewesen, und es scheint noch so zu sein. Es ist für ein Land, wie ich schon sagte, ein großes Unglück, wenn es einen Herrn aus einem fremden Land holen muß; und Gott hat dem Königreich Frankreich mit dieser besagten Ordnung, daß die Töchter nicht erben dürfen, eine große Gnade erwiesen: ein kleines Haus mag dadurch anwachsen, einem großen Königreich aber, wie diesem, kann es nur schweres Unglück bringen.

Wenige Tage nach der Heirat, oder als man über die Ehe verhandelte, ging das Land Artois verloren. Es genügt mir, mich nicht in der Hauptsache zu irren, und wenn ich in den Daten um einen Monat mehr oder weniger Fehler mache, so mögen meine Leser das bitte entschuldigen. Die Sache des Königs ging immer gut vorwärts, da niemand ihm widerstand. Immer nahm er irgendeinen Platz, wenn nicht gerade Waffenstillstand war oder irgendein Friedensangebot gemacht wurde, das nie zum Abschluß kommen konnte. Denn sie waren nicht vernünftig, und daher dauerte für sie der Krieg fort.

Im ersten Jahr hatten der Herzog Maximilian und das Fräulein von Burgund einen Sohn: das ist der Erzherzog Philipp, der noch lebt. Im zweiten Jahr hatten sie eine Tochter, die heute unsere Königin Margarete ist[7]; im dritten einen Sohn, Franz mit Namen, nach Herzog Franz von der Bretagne. Im vierten Jahr starb sie durch einen Sturz vom Pferd oder an einem Fieber; wahr aber ist, daß sie stürzte. Einige sagen, sie sei schwanger gewesen. Das war ein großes Unglück für die Ihrigen, denn sie war eine ehrenhafte Dame, sehr freigebig und wohlwollend ihren Untertanen gegenüber, die ihr mehr Verehrung und Respekt entgegenbrachten als ihrem Gemahl. Auch war sie die Herrin des Landes. Sie liebte ihren Gatten sehr und hatte einen guten Ruf. Sie starb im Jahre 1482.

Im Hennegau hielt der König die Städte Quesnoy und Bouchain, die er wieder herausgab; darüber verwunderten sich einige, da er doch keine Verständigung suchte und anzeigte, daß er alles zu nehmen gewillt sei, ohne diesem Hause etwas zu lassen. Ich glaube wohl, wenn er alles hätte aufteilen, nach seinem Vergnügen verschenken und es in jeder Weise zerstören können, er hätte es getan. Aber es waren zwei

---

6 Maximilian war am 22. März 1459 geboren, damals also im 19. Lebensjahr.

7 Die am 10. Januar 1480 geborene Margarete von Österreich wurde seit 1483 am französischen Hofe erzogen und als französische Königin behandelt, aber 1493 von Karl VIII., der das Verlöbnis brach, ihrem Vater Maximilian zurückgeschickt.

Gründe, die ihn bewogen, diese Städte im Hennegau wieder zurückzugeben: erstens schien es ihm, daß ein König mehr Macht und Rückhalt in seinem Reich hat, wo er gesalbt und geweiht worden ist, als außerhalb; und diese hier lagen außerhalb seines Königreiches (im Jahre 1478 wurden sie herausgegeben). Der andere Grund war, daß zwischen den Königen von Frankreich und den Kaisern große Eide und Bündnisse bestanden, daß der eine nichts gegen das heilige römische Reich, der andere nichts gegen das Königreich unternehmen dürfe; und diese beiden besagten Städte lagen im Kaiserreich. Aus diesem gleichen Grund gab er Cambrai zurück oder in neutrale Hand und war nicht betrübt, es zu verlieren. Auch hatten sie ihn auf Sicherheit in die Stadt gelassen.

## *Drittes Kapitel*

In Burgund ging der Krieg immer weiter, und der König konnte ihm kein Ende setzen, weil die Deutschen den Prinzen von Oranien, den Statthalter für Herzog Maximilian und das Fräulein von Burgund, etwas begünstigten. Das aber taten sie für Geld, das ihnen der Prinz von Oranien gab, und nicht aus Liebe zu Herzog Maximilian; denn niemals fand sich jemand für ihn, zum mindesten nicht in der Zeit damals, von der ich spreche. Das aber waren Kriegsleute der Schweizer Eidgenossen, die zu ihren Abenteuern ausgingen, denn sie waren dem Hause Österreich weder freundlich noch wohlwollend gesinnt. Dennoch hätte dieses Land viel Hilfe gehabt, wenn es Löhnung gegeben hätte, und niemand hätte das besser tun können als Herzog Sigismund von Österreich, der Oheim Herzog Maximilians, der seine Länder dicht daneben hatte, besonders die Grafschaft Pfirt, die er wenige Jahre vorher an Herzog Karl von Burgund für hunderttausend rheinische Gulden verkauft und dann wieder genommen hatte, ohne das Geld zurückzugeben; und noch heute besitzt er sie mit diesem Titel. Er war ein Mann von wenig Verstand und wenig Ehre; bei solchen Freunden findet man wenig Hilfe. Er gehört zu den Fürsten, von denen ich anderswo gesagt habe, sie wollen nichts von ihren Geschäften wissen als das, was ihren Dienern ihnen davon mitzuteilen beliebt; im Alter werden sie dafür immer bezahlt, wie dieser hier. Seine Diener haben ihn während dieser Kriege zu der Partei gestoßen, zu der sie wollten; und fast immer hat er die Partei des Königs, unseres Herrn, gegen seinen Neffen gehalten. Zuletzt hat er seine große Erbschaft an ein fremdes Haus geben und dem seinigen fortnehmen wollen, weil er, obgleich zweimal verheiratet, keine Kinder hatte. Schließlich hat er dann vor drei Jahren, unter dem Einfluß einer anderen Gruppe seiner Diener, seine ganze Herrschaft von da bis heute seinem Neffen, dem Herzog Maximilian, dem jetzigen römischen König, übertragen[8]. Er behielt nur eine Pension von einem Drittel zurück, ohne irgendwelchen anderen Einfluß oder andere Macht; und wie man mir gesagt hat, hat er es mehrere Male bereut. Wenn es nicht wahr ist, was man mir gesagt hat, so ist es doch glaubhaft, denn so enden die Fürsten, die wie dumme Tiere leben.

Was mich sie immer wieder tadeln läßt, ist der Gedanke an das große Amt und die große Aufgabe, die Gott ihnen in dieser Welt gegeben hat. Denjenigen, die verwirrt sind, soll man nichts vorwerfen; diejenigen aber, die einen guten Verstand und gesunden Leib haben und ihre Zeit mit nichts anderem zubringen, als den Narren zu spielen und müßig zu sein, soll man nicht beklagen, wenn ihnen etwas Böses zustößt; loben muß man die, die ihre Zeit gemäß ihrem Alter einteilen können, indem sie einmal ihren Verstand gebrauchen und ratschlagen und ein andermal Feste feiern und sich vergnügen; ihre Untertanen sind glücklich zu schätzen, einen solchen Fürsten zu haben.

Der burgundische Krieg dauerte wegen dieser kleinen Hilfen der Deutschen lange genug. Dennoch war ihnen die Macht des Königs zu groß. Den Burgundern ging das Geld aus. Die Truppen in den festen Plätzen fielen infolge von Beziehungen ab. Auf einen Schlag belagerte Herr de Craon Dole, den Hauptort der Grafschaft Burgund. Er war des Königs Statthalter. Es waren nicht viele Leute darin, und er schätzte sie zu gering. Das brachte ihm Unglück: denn durch einen Ausfall der Belagerten fand er sich sehr plötzlich überrascht und verlor einen Teil seiner Artillerie und einige Leute, was ihm beim König Schmach und Anklage eintrug. Der König, der über diesen Vorfall betrübt war, begann darüber nachzudenken, einen anderen Statthalter in Burgund einzusetzen, sowohl wegen dieses Falles als auch wegen der großen Räubereien, die er in diesem Lande hatte verüben lassen; diese waren wirklich sehr unmäßig. Dennoch errang er, bevor er von diesem Amt abberufen wurde, noch über eine Rotte Deutscher und Burgunder einen Vorteil, wobei der größte Herr in Burgund, Herr de Châteauguion, gefangengenommen wurde. Der Rest dieses Tages war nicht von Bedeutung – ich spreche nur vom Hörensagen – aber Herr de Craon verschaffte sich großen persönlichen Ruhm.

Wie ich begonnen habe zu erzählen, beschloß der König aus den obengenannten Gründen, einen neuen Statthalter in Burgund einzusetzen, ohne im geringsten an die Einnahmen und den Besitz des Herrn de Craon zu rühren, außer, daß er ihm die Reisigen wegnahm und ihm nur sechs Reisige und zwölf Bogenschützen zur Begleitung ließ. Herr de Craon war ein sehr wohlbeleibter Mann und ging zufrieden nach

8 Diese Stelle muß 1493 bei einer Revision des Textes hinzugefügt worden sein, denn die Abtretung erfolgte 1490. Die im gleichen Absatz stehende Stelle über Pfirt wäre dann geschrieben, bevor Commynes von der Abtretung von 1490 Kenntnis bekam. (Diese Erklärung erscheint mir wahrscheinlicher als die von Calmette II, Seite 261, Anm. 4, gegebene.)

Hause zurück, wo er mit allem gut versorgt war. Der König befahl an seine Stelle Karl d'Amboise, den Herrn de Chaumont, einen sehr tapferen, klugen und tüchtigen Mann. Der König begann zu verhandeln, um alle diese Deutschen, die Krieg gegen ihn in Burgund führten, an sich zu ziehen, um leichter den Rest des Landes zu erobern und sie in seinen Sold zu bringen. Er sandte zu den Schweizern, nannte sie die „Herren von der Eidgenossenschaft" und bot ihnen schönen und großen Lohn an: erstens zwanzigtausend Franken jährlich, die er zum Nutzen der vier Städte Bern, Luzern, Zürich und, ich glaube, auch Freiburg gab; und ihre drei Kantone Schwyz, Uri und Unterwalden hatten auch teil daran; das sind Dörfer in der Gegend ihrer Gebirge, und sie heißen alle nach Schwyz. Außerdem zwanzigtausend Franken jährlich, die er den Vertrauten und Leuten gab, deren er sich bediente und die er in diesen Händeln brauchte. Er ließ sich unter ihre Bürger aufnehmen, wollte einen Ehrenbrief darüber und wollte auch ihr erster Verbündeter sein. Hierbei machten sie einige Schwierigkeiten, da die ganze Zeit der Herzog von Savoyen ihr erster Verbündeter gewesen war. Dennoch bewilligten sie seine Forderungen und willigten auch darein, ihm sechstausend Mann ständig in den Dienst zu stellen, wenn er sie mit viereinhalb deutschen Gulden monatlich bezahlte; diese Zahl ist immer bis zu dem Tode des Königs so geblieben.

Ein armer König hätte sich dies nicht leisten können; alles wandte sich zu seinem Vorteil; ich glaube, am Ende wurde es ihr Schade; denn sie haben sich zu sehr an Geld gewöhnt, von dem sie vorher wenig Kenntnis hatten, besonders von den Goldmünzen, so daß sie schon nahe daran waren, sich untereinander zu entzweien. Anders könnte man ihnen nicht schaden, denn ihr Land ist rauh und arm, und sie sind gute Krieger; daher versuchen wenige Leute, sie anzugreifen.

Nachdem diese Verträge geschlossen und alle Deutschen, die in Burgund waren, in den Dienst des Königs getreten waren, wurde die burgundische Macht in jeder Weise gebrochen. Um es kurz zu machen: der Statthalter de Chaumont belagerte, nachdem er mehrere kleinere Taten vollbracht hatte, eine Burg in der Nähe von Dole, wo Herr Claude de Vaudrey stand, und nahm sie durch Kapitulation. Danach belagerte er Dole, vor dem, wie gesagt, sein Vorgänger vertrieben worden war, und nahm es im Sturm. Man sagte, daß einige der in den Dienst des Königs getretenen Deutschen daran dachten einzudringen, um es zu verteidigen; in ihrer Schar aber befanden sich so viele freie Bogenschützen (die nichts von dem bösen Vorhaben ahnten, sondern nur etwas gewinnen wollten), daß alles anfing zu plündern, als sie in der Stadt waren; so wurde sie eingeäschert und zerstört.

Kurz nach dieser Eroberung belagerte er Auxonne, eine feste Stadt; doch er hatte gute Beziehungen darin und schrieb an den König wegen der Ämter für einige, die er nannte, bevor er noch an die Belagerung ging, was ihm gern bewilligt wurde. Obgleich ich nicht am Orte war, wo diese Dinge geschahen, weiß ich es durch das, was man dem König berichtete und aus den Briefen, die man ihm schrieb; ich sah sie selbst und mußte sie oft auf Geheiß des Königs beantworten. In Auxonne waren wenige Leute, und die Obersten der Stadt einigten sich mit dem Statthalter, Herrn de Chaumont, dem sie nach Verlauf von fünf bis sechs Tagen übergeben wurde. So blieb in Burgund nichts mehr zu nehmen als drei bis vier Felsenburgen, wie Joux und andere, und Besançon zu unterwerfen, eine kaiserliche Stadt, die nicht oder nur wenig der Grafschaft Burgund verpflichtet ist. Da sie aber in diesem Lande eingeschlossen war, richtete sie sich nach dem Fürsten des Landes. Der Statthalter zog hier für den König ein und verließ sie dann wieder. Sie erwies ihm dieselben Dienste, die sie gewohnt war, den anderen Fürsten zu erweisen, die Burgund besessen hatten.

So wurde ganz Burgund erobert, wobei der Statthalter sehr eilig zu Werke ging; auch drängte ihn der König sehr dazu, da er fürchtete, er wolle immer einen ungehorsamen Platz im Lande behalten, damit man dort immer für ihn zu tun hätte und damit der König ihn nicht von dort abberufe, um woanders zu dienen. Denn Burgund ist ein fruchtbares Land, und er schaltete darin, als wäre es sein. Herr de Craon, von dem ich sprach, und dieser Statthalter, Herr de Chaumont, machten dort beide ihre guten Geschäfte. Eine gewisse Zeit blieb das Land unter der Regierung des Herrn de Chaumont in Frieden. Dennoch rebellierten später, als ich dort war, einige Plätze wie Beaune, Semur und andere. (Ich war damals dort, denn der König hatte mich mit den Pensionären seines Hauses hingeschickt; es war das erstemal, daß er den Pensionären ein Oberhaupt gegeben hatte; seitdem hat er sich an diese Einrichtung bis auf den heutigen Tag gewöhnt.) Diese Plätze wurden durch den Verstand und die gute Führung des Statthalters und durch den Mangel an Verstand bei den Feinden zurückerobert. Daran sieht man die Verschiedenheit der Menschen, die aus der Gnade Gottes kommt: denn er gibt die Klügsten der Partei, die er unterstützen will, oder den Verstand demjenigen, der dazu das Amt hat, die Klügsten auszusuchen. Er hat bis heute wohl in allen Dingen gezeigt, daß er unsere Könige hat unterstützen wollen, sowohl den verstorbenen, unseren guten Herrn, als auch den jetzigen, obwohl er ihnen manchmal Unglück gebracht hat.

Diejenigen, die diese Städte verloren, waren Leute genug gewesen; sie zogen aber nicht schnell genug in die Plätze ein, die für sie aufständisch gewesen waren, sondern sie ließen dem Statthalter Zeit, seine Kräfte zusammenzuziehen, was sie nicht hätten tun dürfen, da sie von seiner Macht genügend unterrichtet waren, angesichts der Liebe, die das Land ihnen entgegenbrachte; daher hätten sie nach Beaune gehen müssen, einer festen Stadt, die sie gut hätten bewachen können (was die anderen nicht waren).

An dem Tage, als der Statthalter zu Felde zog, um gegen die kleine schlechte Stadt Verdun vorzugehen, über deren Macht er gut unterrichtet war, rückten sie dort ein und hatten vor, nach Beaune zu gehen, um dort einzudringen. Es waren zu Fuß und zu Pferde sechshundert erlesene Krieger, Deutsche aus der Grafschaft Pfirt, die von einigen klugen Edelleuten Burgunds geführt wurden, von denen Simon de Quingey einer war. In dem Augenblick, in dem sie gut hätten durchkommen können, um nach Beaune zu gelangen, hielten sie an; wären sie erst einmal drin gewesen, hätte man es ihnen nicht wieder fortnehmen können. Der Mangel an gutem Rat ließ sie eine Nacht zu lange verweilen, so daß sie eingeschlossen und die Stadt im Angriff genommen wurde. Dann wurde Beaune belagert und alles wiedererlangt. Seitdem hatten die Feinde in Burgund keine Macht mehr.

Damals war ich, wie gesagt, mit den Pensionären des Königs in Burgund. Unser Herr ließ mich aber von dort wegen eines Briefes, den man ihm schrieb, wieder abreisen: ich hätte bezüglich der Einquartierung der Reisigen einige Bürger von Dijon zu sehr geschont. Dies wurde mit einigen anderen kleinen Verdächtigungen der Grund, mich sehr plötzlich nach Florenz zu schicken. Ich gehorchte, wie es Recht war, und reiste nach Empfang der Briefe ab.

## *Viertes Kapitel*

Der König schickte mich wegen des Streites zweier sehr mächtiger Familien dorthin. Die eine war die der Medici, die andere die der Pazzi, die die Unterstützung des Papstes[9] und des Königs Ferrante von Neapel hatte und den Lorenzo von Medici mit seinem ganzen Anhang töten wollte. Freilich verfehlten sie ihn, töteten aber seinen Bruder Giuliano von Medici in der Hauptkirche zu Florenz und einen Diener des Hauses Medici, Franceschino Nori genannt, der sich vor Giuliano warf. Lorenzo wurde schwer verwundet und zog sich in die Sakristei der Kirche zurück, deren kupferne Pforten sein Vater hatte anfertigen lassen. Ein Diener, den er zwei Tage zuvor aus dem Gefängnis befreit hatte, diente ihm treu in diesen Nöten und empfing mehrere Wunden für ihn. Diese Tat wurde gerade verübt, als man die große Messe sang. Als Zeichen des Überfalls hatten sie den Augenblick verabredet, in dem der Priester, der die große Messe singt, das „Sanctus" sagen würde.

Es kam aber anders, als die sich gedacht hatten, die es unternehmen wollten. Denn als sie schon alles gewonnen glaubten, stiegen einige von ihnen den Palast hinan, um die Signoren, die dort waren, umzubringen. Diese ergänzen sich von drei zu drei Monaten, sind neun an der Zahl und haben die Verwaltung der ganzen Stadt. Doch die obengenannten Verschworenen waren nur mangelhaft begleitet, und als sie die Treppen zum Palast hinaufstiegen, schloß man die Tür hinter ihnen; wie sie

[9] Sixtus IV. (1471—1484).

oben waren, merkten sie zu ihrem Entsetzen, daß sie nur vier oder fünf Mann waren und wußten nicht, was sie sagen sollten. Dieses sahen die Signoren, die dort oben waren und schon die Messe gehört hatten und auch die Diener, die bei ihnen waren. Sie hatten aus den Fenstern schon den Aufruhr in der Stadt beobachtet und schon Herrn Jakob Pazzi mit anderen inmitten des Platzes vor dem Palast schreien hören: „Libertà! Libertà! Popolo! Popolo!“, Worte, die das Volk zu ihren Gunsten aufwiegeln sollten. Das Volk aber wollte nicht und verhielt sich ruhig. Wie erschrocken über ihre eigene Unternehmung flohen die Pazzi mit ihrem Anhang vom Platze. Als der besagte Magistrat der Stadt vom Palast aus dies sah, ergriff er im selben Augenblick diese fünf oder sechs schlecht begleiteten Verschworenen, die gekommen waren, ihn zu töten, um in der Stadt das Wort zu führen, und ließ sie auf der Stelle am Fensterkreuz dieses Palastes aufhängen. Unter ihnen wurde auch der Erzbischof von Pisa erhängt.

Als die Signoren sahen, daß sich die ganze Stadt für sie und die Partei der Medici erklärt hatte, schrieben sie sofort an den Flußübergängen aus, man solle jeden, der sich auf der Flucht befände, gefangen nehmen und zu ihnen führen. Zur selben Zeit wurde Jakob Pazzi gefangen und ein Sendbote des Papstes Sixtus, der unter Graf Gerolamo, auch einem von der Verschwörung, Befehl über Reisige hatte. Gleich wurde dieser Pazzi zu den anderen ans Fenster gehängt. Der andere, des Papstes Diener, wurde geköpft, mehrere in der Stadt gefangen und alle sofort gehängt; unter ihnen befand sich Franceschino Pazzi. Ich glaube, im ganzen wurden vierzehn große Herren gehängt und einige kleinere Diener in der Stadt getötet.

Wenige Tage nach diesem Vorfall kam ich im Namen des Königs in Florenz an. Seit meiner Abreise aus Burgund hatte ich mich kaum aufgehalten, denn ich war nur zwei oder drei Tage bei der Herzogin von Savoyen, des Königs Schwester, abgestiegen, die mich sehr gut aufnahm. Von dort ging ich nach Mailand, wo ich mich auch nur zwei oder drei Tage aufhielt, um Reisige von ihnen zur Hilfeleistung für die Florentiner zu fordern, deren Verbündete sie damals waren. Das gewährten sie bereitwillig, sowohl wegen der Bitten des Königs, als auch, um ihre Pflicht zu tun. Sie stellten dreihundert Reisige und schickten später noch mehr.

Um dieses Thema zum Abschluß zu bringen: der Papst tat gleich nach dieser Begebenheit die Florentiner in den Bann und schickte auch sowohl von sich als auch vom König von Neapel ein möglichst großes Heer; es war ein schönes und großes, in dem viele Edelleute waren. Sie belagerten La Castellina in der Nähe von Siena und nahmen es und noch mehrere andere Plätze; es war ein großer Zufall, daß die Florentiner nicht gänzlich vernichtet wurden, denn sie waren lange Zeit ohne Krieg gewesen und kannten seine Gefahren nicht. Lorenzo von Medici, ihr Oberhaupt in der Stadt, war jung, wurde von jungen Leuten geleitet und verließ sich zu sehr auf seine eigene Meinung. Sie hatten wenige Führer in ihrem Heer, und es war nur klein. Für den Papst und den König von Neapel war der Herzog von Urbino der Führer des Heeres, ein sehr kluger Mensch und guter Hauptmann. Auch war Herr Robert von Rimini da, der später ein großer Herr geworden ist, ebenso Herr Constanzio von Pesaro und mehrere andere mit den beiden Söhnen des Königs, dem Herzog von Kalabrien und Don Fredrego, die beide heute noch leben, und eine große Zahl Edelleute. Sie nahmen alle Plätze, die sie belagerten, wenn sie es auch nicht so rasch konnten, wie man es hier tun würde; denn sie verstehen es nicht so gut, Festungen zu nehmen und sie zu verteidigen; dagegen verstehen sie besser als wir, Lager zu halten und der Zufuhr und anderen nötigen Dingen, die man dazu braucht, Ordnung zu geben.

Die Gunst des Königs machte für sie etwas aus, aber nicht so viel, wie ich gern gewollt hätte, denn ich hatte kein Heer, ihnen zu helfen, sondern nur mein Gefolge. Ich blieb einen Monat in Florenz oder ihrem Gebiet und wurde von ihnen auf ihre Kosten gut behandelt, besser am letzten als am ersten Tag. Dann wurde ich vom König abberufen; auf der Durchreise in Mailand empfing ich vom gegenwärtigen Herzog von Mailand, Gian Galeazzo, den Lehnseid für das Herzogtum Genua; das heißt, seine Mutter huldigte mir, im Namen des Königs, für ihn. Von dort kam ich zum König, unserem Herrn, der mir einen guten Empfang bereitete und mich mehr mit seinen Geschäften betraute als jemals vorher; ich durfte bei ihm schlafen, obgleich ich es nicht so sehr verdient hatte wie viele andere Würdigere. Aber er war so klug, daß man nichts bei ihm verfehlen konnte, wenn man nur dem, was er befahl, gehorchte, ohne etwas dabei vom Eigenen hinzuzufügen.

## *Fünftes Kapitel*

Ich fand den König, unseren Herrn, ein wenig gealtert; er begann, kränklich zu werden[10]. Immerhin erschien es noch nicht so deutlich, und er verrichtete alle seine Geschäfte mit großem Verstand. Der Krieg in der Pikardie dauerte immer noch fort, der ihm innerlich viel zu schaffen machte, — ebenso auch seinen Gegnern in diesem Lande, aber sie hatten keine Macht darüber. Der Herzog von Österreich, der jetzige römische König, der in diesem Jahr die Flamen kommandierte, kam, um Thérouanne zu belagern. Herr des Cordes, des Königs Statthalter in der Pikardie, sammelte das ganze Heer, das der König im Lande an allen Grenzen hatte, und außerdem achthundert Bogenschützen, um der Stadt zu helfen und sie zu sichern. Sowie der Herzog von Österreich

[10] Hier ist der erste Hinweis auf Ludwigs beginnende Krankheit, von der dann vom 6. Kapitel an noch ausführlich die Rede ist.

sein Herannahen merkte, hob er seine Belagerung auf und zog ihm entgegen. Sie trafen sich an einem Orte Guinegate. Bei dem Herzog war eine große Anzahl flandrischen Volks, bis zu zwanzigtausend Mann und mehr, auch einige Deutsche und dreihundert Engländer, die Herr Thomas Aurigan führte, ein englischer Ritter, der unter dem Herzog Karl von Burgund gedient hatte. Die Reiterei des Königs, die an Zahl den anderen weit überlegen war, zersprengte die Reiterei des Herzogs und verfolgte sie bis Aire, wobei auch Herr Philipp de Ravenstein war, der sie führte. Der Herzog begab sich zu seinem Fußvolk. Der König hatte in diesem Heere wohl elf- bis zwölfhundert Ordonnanzen, die nicht alle mit auf die Verfolgung gingen, wohl aber Herr des Cordes, ihr Führer, und mit ihm Herr de Torcy. Obgleich es eine tapfere Tat war, ziemt es doch den Führern nicht, die Verfolgung aufzunehmen. Einige zogen sich unter dem Vorwand zurück, die Plätze bewachen zu müssen, andere flohen in guter Absicht. Das Fußvolk des Herzogs floh nicht, wenn es sich auch in einiger Verwirrung befand; sie hatten aber gut zweihundert tapfere Edelleute bei sich, die abgesessen waren und sie führten. Unter ihnen war Herr de Romont, der Sohn des Hauses Savoyen, der Graf von Nassau und mehrere andere, die noch leben. Es war wunderbar, wie der Mut dieser Männer dem Volke festen Halt gab, da es seine Reiter fliehen sah. Die freien Bogenschützen des Königs machten sich daran, den Troß des Herzogs und derjenigen, die ihm folgten, wie Marketender und andere, zu plündern. Auf sie warfen sich einige Fußknechte des Herzogs und töteten einige von ihnen. Auf der Seite des Herzogs gab es mehr Verluste an Toten und Gefangenen als auf unserer, das Feld aber hat er behauptet. Ich glaube, wenn man ihm den Rat gegeben hätte, wieder vor Thérouanne zurückzukehren, er hätte keine Seele darin gefunden und in Arras auch nicht. Er wagte nicht, es zu unternehmen, was zu seinem Schaden wurde. In einem solchen Fall aber ist man nicht immer vom Nötigsten unterrichtet, auch hatte er seinerseits Furcht. Ich spreche von dieser Sache nur vom Hörensagen, denn ich bin selbst nicht dabei gewesen, um aber meine Erzählung weiterzuführen, mußte ich etwas darüber mitteilen.

Ich war beim König, als ihn die Nachrichten hierüber erreichten; er war darüber sehr niedergeschlagen, denn er war nicht daran gewöhnt zu verlieren, sondern so glücklich in allen seinen Unternehmungen, daß es schien, als ob alle Dinge ihm nach Wunsch gingen; sein Verstand aber trug auch zu diesem Glück bei, denn er überließ nichts dem Zufall, und von Schlachten wollte er nichts wissen: auch diese war nicht auf seinen Befehl geschlagen worden. Er machte seine Heere so groß, daß sich nur wenige fanden, um mit ihnen zu kämpfen, und er versorgte sie besser mit Artillerie als jemals ein französischer König; er versuchte, die Festungen plötzlich zu nehmen und besonders diejenigen, die er für schlecht verproviantiert hielt. Wenn er sie hatte, brachte er so viele Leute und Artillerie hinein, daß es unmöglich war, sie ihm wieder zu entreißen. Fand sich irgendein Hauptmann oder ein anderer darin, der sie für Geld übergeben und mit ihm verhandeln wollte, kann man sicher sein, daß er mit ihm verhandelte; und keine noch so große Summe, die man forderte, konnte ihn abschrecken: er bewilligte sie großzügig.

Zuerst war er über die Schlacht entsetzt und glaubte schon, man habe ihm nicht die Wahrheit gesagt, und sie sei in jeder Weise verloren, denn er wußte wohl, daß alles, was er von diesem Haus Burgund und in diesen Marken erobert hatte, verloren sein würde, wenn er sie verloren hätte, und daß der Rest in großer Gefahr blieb. Dennoch blieb er ruhig, als er die Wahrheit erfuhr, und beschloß, den Befehl zu geben, ohne sein Wissen derartige Dinge nicht mehr zu unternehmen. Mit Herrn des Cordes war er sehr zufrieden.

Seitdem beschloß er, mit dem Herzog von Österreich über den Frieden zu verhandeln, aber nur, wenn er ihn in jeder Hinsicht zu seinem Vorteil machen und den Herzog mittels seiner eigenen Untertanen (von denen er wußte, daß sie zu dem geneigt waren, was er suchte) so zurückhalten könne, daß er ihm niemals wieder zu schaden vermöchte.

Zu dieser Zeit war es sein besonderer Wunsch, der ihm sehr am Herzen lag, in seinem Königreich eine Ordnung einzuführen, vor allem wegen der Länge der Prozesse, und zu diesem Zweck den Gerichtshof zu binden. Er wollte weder ihre Zahl, noch ihre Macht verringern, aber ihm lagen mehrere Dinge auf dem Herzen, die er haßte. Auch wünschte er sehr, daß man in diesem Königreich ein einheitliches Gesetz und ein einheitliches Maß hätte, und daß alle diese Ordnungen auf französisch in ein schönes Buch geschrieben würden, um die Aussaugereien und Plündereien der Advokaten zu vermeiden, die in diesem Reich so groß wie in keinem anderen waren; der Adel hier sollte es gut kennen. Hätte Gott ihm die Gnade gewährt, noch fünf oder sechs Jahre zu leben, ohne so sehr von der Krankheit bedrängt zu werden, dann hätte er noch viel Gutes in seinem Königreich tun können. Er hat es aber auch sehr mit Steuern gedrückt, mehr als jemals ein König es tat. Weder durch irgendeine Autorität noch durch Erkenntnis oder Vorhaltungen konnte er dazu gebracht werden, es ihnen zu erleichtern, sondern es mußte alles von ihm selbst kommen, wie es dann auch geschehen wäre, wenn Gott ihn nicht hätte in Krankheit fallen lassen. Daher soll man Gutes tun, solange man noch die Möglichkeit dazu hat und Gott die Gesundheit gibt.

Der Vertrag, den der König mit dem Herzog von Österreich, seiner Frau und ihren Ländern zu machen wünschte, war folgender: durch die Genter wollte er über die Heirat des Dauphins, seines Sohnes und jetzigen Königs, mit der Tochter des Herzogs und der Herzogin verhandeln; dafür sollten sie ihm die Grafschaften Burgund, Auxerrois, Maconnais und Charolais überlassen; dafür wollte er ihnen Artois geben, die Bischofsstadt von Arras aber in dem Zustand zurückbehalten, in den er sie gebracht hatte, denn die Stadt war angesichts der Befestigungen der Bischofsstadt nichts mehr wert, und es waren große Gräben und

Mauern zwischen beiden. So war die Bischofsstadt gut verschlossen, und der Bischof hatte sie vom König. Die Herzöge des Hauses Burgund aber haben immer (mindestens seit hundert Jahren) zum Bischof gemacht, wen sie wollten, und auch zum Hauptmann der Stadt. Der König tat das Gegenteil, um seine Macht zu mehren, ließ die Mauern abreißen und sie drüben wieder aufrichten. Denn das Bischofsviertel schließt gegen die Stadt mit großen Gräben zwischen beiden; so gab er ein Nichts hin.

Weder das Herzogtum Burgund, noch die Grafschaft Boulogne, noch die Städte an der Somme, die Herrschaften Péronne, Roye und Montdidier erwähnte er. Als diese Verhandlungen geführt wurden, schenkten ihm die Genter gern Gehör, die sehr rauh gegen den Herzog und die Herzogin, seine Gemahlin, verfuhren; einige andere Städte Flanderns und Brabants waren gleichfalls dazu geneigt, Brüssel vor allem, was sehr verwunderlich war, da die Herzöge Philipp und Karl von Burgund immer dort gewesen waren und sich jetzt der Herzog und die Herzogin von Österreich dort aufhielten. Doch die Freuden und Vergnügungen, die sie unter diesen obengenannten Fürsten genossen hatten, hatten sie dazu verführt, Gott und ihre Fürsten zu verachten. Sie selbst suchten ihr Unglück, das sie seitdem ereilt hat, wie Ihr gesehen habt.

## *Sechstes Kapitel*

Während dieser Zeit, es war im März des Jahres 1479, war zwischen den beiden Genannten Waffenstillstand; der König wollte den Frieden, besonders in dem besagten Gebiet, wenn er, wie gesagt, in jeder Hinsicht zu seinem Vorteile war. Schon begann er zu altern und krank zu werden, und als er in Les Forges nahe Chinon bei Tische saß, bekam er etwas wie einen Schlag und verlor die Sprache. Er wurde von der Tafel gehoben und in die Nähe des Feuers gesetzt; die Fenster wurden geschlossen; obwohl er sich ihnen nähern wollte, wurde er von einigen, die glaubten, gut daran zu tun, zurückgehalten. Im März des Jahres 1479 erfaßte ihn diese Krankheit. Er verlor vollkommen die Sprache, jedes Wiedererkennen und Gedächtnis. Zu dieser Stunde kamt Ihr an, Herr de Vienne, der Ihr damals sein Arzt wart. Sofort wurde ihm ein Klistier gegeben, und Ihr ließt die Fenster öffnen, um frische Luft hereinzulassen; gleich darauf kam ihm die Sprache und der Verstand wieder, er stieg dann aufs Pferd und kehrte nach Forges zurück; denn dieses Übel befiel ihn in einem kleinen Kirchspiel, eine Viertelmeile von dort entfernt, wohin er gegangen war, um die Messe zu hören.

Der König wurde gut gepflegt und machte Zeichen, wenn er etwas sagen wollte. Unter anderem verlangte er nach dem Offizial von Tours, um zu beichten, und machte ein Zeichen, daß man mich herbeirufe; denn ich war nach Argenton gegangen, das zehn Meilen von dort entfernt liegt. Als ich ankam, fand ich ihn bei Tische, und Meister Adam Fumée bei ihm, der früher der Leibarzt König Karls gewesen und jetzt Meister der Bittschriften war. Auch war ein anderer Arzt, Meister Claude, dort. Der König faßte sehr wenig von dem auf, was man zu ihm sagte, fühlte aber keinen Schmerz. Er machte mir Zeichen, ich solle in seinem Zimmer schlafen: Worte konnte er kaum bilden. Ich bediente ihn vierzehn Tage lang bei Tisch und bei seinen persönlichen Bedürfnissen wie ein Kammerdiener, was ich mir zur großen Ehre anrechnete, und ich war dazu wohl verpflichtet. Nach zwei bis drei Tagen begann ihm die Sprache und auch der Verstand wiederzukommen, und es schien ihm, daß ihn keiner so gut verstand wie ich: daher wünschte er, daß ich mich immer bei ihm aufhielte; er beichtete dem Offizial in meiner Gegenwart, weil sie sich anders nicht verstanden hätten. Er hatte nicht viel zu sagen, da er wenige Tage vorher gebeichtet hatte. Wenn die französischen Könige Skrofulöse berühren wollen, beichten sie nämlich, und unser König versäumte niemals, es einmal in der Woche zu tun.

Als er sich ein wenig besser fühlte, begann er sich danach zu erkundigen, wer ihn mit Gewalt festgehalten und ihn daran gehindert hatte, ans Fenster zu gehen. Es wurde ihm gesagt. Sofort jagte er sie alle aus seinem Haus. Einigen nahm er ihre Ämter weg und sah sie nicht wieder; anderen wie Herrn de Segré, Gilbert de Grassay, dem Herrn von Champéroux, nahm er zwar nichts fort, schickte sie aber anderswohin. Viele waren sehr erstaunt über diese Einbildung, tadelten den Fall und sagten, was auch wahr war, sie hätten es in guter Absicht getan. Die Einbildungen der Fürsten sind aber verschieden, und nicht alle die, welche sich hineinmischen und davon sprechen, können sie verstehen. Es gab nichts, wovor er so große Furcht hatte, als davor, den Respekt zu verlieren, der sehr groß war, und daß man ihm in irgendeiner Sache ungehorsam werde. König Karl andererseits, sein Vater, bildete sich, als er die Krankheit bekam, an der er gestorben ist, ein, man wolle ihn auf Geheiß seines Sohnes vergiften, was so weit ging, daß er nicht mehr essen wollte; daher wurde vom Rate der Ärzte und seiner größten und vertrautesten Diener beschlossen, ihn mit Gewalt zum Essen zu zwingen. So geschah es unter großer Bedachtsamkeit derjenigen, die ihn bedienten, und ihm wurde die Kraftbrühe in den Mund geflößt. Kurz nach dieser Gewaltanwendung ist König Karl gestorben. König Ludwig, der zu jeder Zeit solches Benehmen getadelt hatte, nahm es sich sehr zu Herzen, daß man ihn mit Gewalt festgehalten hatte, und er zeigte seine Entrüstung mehr, als er sie in Wirklichkeit fühlte; denn der eigentliche Kern dieser Sache war doch nur die Angst, man möchte ihn unter anderem in der Ausübung seiner Geschäfte und Angelegenheiten unter dem Vorwand, sein Verstand sei nicht in Ordnung, bevormunden.

Als er allen denjenigen, von denen ich gesprochen habe, diesen Schrekken eingejagt hatte, erkundigte er sich nach der Tätigkeit des Rates und der Erledigung der Briefe, die man in den zehn bis zwölf Tagen besorgt hatte; damit waren der Bischof von Albi, sein Bruder, der Statthalter von Burgund, Marschall de Gié und Herr Du Lude betraut: denn diese befanden sich bei ihm, als ihn das Übel befiel, und waren alle unter seinem Zimmer in zwei kleinen Kammern, die dort waren, untergebracht. Er wollte die angekommenen Briefe sehen und diejenigen, die stündlich einliefen. Man zeigte ihm die wichtigsten, und ich las sie ihm vor. Er machte Gebärden, als verstehe er sie, nahm sie in die Hand und tat so, als ob er sie läse, obgleich er sie nicht verstand, und sagte ein Wort oder gab irgendein Zeichen für die Antworten, die er geben lassen wollte. Wir erledigten nur wenig und warteten das Ende der Krankheit ab, denn er war ein Herr, bei dem man sich vorsehen mußte. Diese Krankheit dauerte etwa vierzehn Tage, und er kam in bezug auf Verstand und Sprache wieder in seinen alten Zustand. Er blieb aber schwach und argwöhnisch, er möchte wieder in dieses Übel zurückfallen; denn er war von Natur aus geneigt, dem Rat der Ärzte nicht zu glauben.

Als er sich wieder gesund fühlte, ließ er den Kardinal Balue, den er vierzehn Jahre lang gefangengehalten hatte, wieder frei; viele Male war er vom apostolischen Stuhl und von anderswo dazu aufgefordert worden und ließ sich jetzt auf seine Bitte durch ein Schreiben unseres Heiligen Vaters, des Papstes, dazu herbei. Als er krank wurde, hielten ihn diejenigen, die damals bei ihm waren, schon für tot und erließen mehrere Verordnungen, um eine sehr maßlose und grausame Steuer zu hintertreiben, die neuerdings auf Anraten des Herrn des Cordes, seines Statthalters in der Pikardie, erhoben worden war; damit sollten ständig zwanzigtausend besoldete Fußknechte und zweitausendfünfhundert „Pioniere“ (die sogenannten Leute vom Lager) unterhalten werden; fünfzehnhundert Ordonnanzen beorderte er zu ihnen, die absitzen sollten, wenn es nötig wäre. Auch ließ er eine große Zahl Wagen herstellen zur Wagenburg und große und kleine Zelte; er kannte dies aus dem Lager des Herzogs von Burgund; dieses Lager kostete eine Million fünfhunderttausend Franken jährlich. Als er fertig war, ließ er es zur Besichtigung bei Pont-de-l'Arche in der Normandie in einer schönen Ebene aufstellen, und dort waren die besagten sechstausend Schweizer. Nur einmal sah er sie und kehrte dann nach Tours zurück, wo ihn wieder seine Krankheit ergriff. Wieder verlor er die Sprache, und man hielt ihn gut zwei Stunden für tot; er lag in einer Galerie auf einen Strohsack gebettet, und es waren mehrere bei ihm. Herr du Bouchage und ich gelobten ihn Saint-Claude, und alle anderen Anwesenden auch. Sofort kam ihm die Sprache wieder, und er ging auf der Stelle, wenn auch sehr schwach, durch das Haus. Diese zweite Krankheit ergriff ihn im Jahre 1481. Er zog wie vorher durchs Land und besuchte mich in Argenton, wo er einen Monat blieb und sehr krank wurde. Von dort ging er nach Thouars, wo er ebenfalls krank wurde; dann unternahm er die gelobte Pilgerfahrt nach St-Claude, wie Ihr gehört habt.

Als er von Thouars aufbrach, hatte er mich nach Savoyen gegen die Herren de La Chambre, de Miolans und de Bresse geschickt, obgleich er sie im geheimen unterstützte, weil sie Herrn d'Illins aus der Dauphiné gefangengenommen hatten, den er zur Regentschaft für den Herzog Philibert, seinen Neffen, eingesetzt hatte. Eine Anzahl von Reisigen schickte er mir nach, die ich nach Macon gegen Herrn de Bresse führte. Dennoch verständigten er und ich uns insgeheim, und er nahm in Turin in Piemont Herrn de La Chambre gefangen, als er bei dem Herzog schlief, und ließ es mich dann wissen. Sofort ließ ich die Reisigen zurückführen, denn er brachte den Herzog von Savoyen nach Grenoble, wo der Marschall von Burgund, der Marquis de Rothelin und ich hinkamen, um ihn zu empfangen. Der König befahl mir, zu ihm nach Beaujeu im Beaujolais zu kommen, und ich war erschrocken, ihn zu sehen, so abgemagert und zusammengefallen war er, und ich verwunderte mich, wie er durchs Land ziehen konnte. Sein starkes Herz aber hielt ihn aufrecht.

In Beaujeu empfing er Briefe, in denen stand, die Herzogin von Österreich sei durch einen Sturz vom Pferde ums Leben gekommen; sie ritt einen feurigen Zelter. Er warf sie ab, und sie fiel gegen einen großen Baumstumpf. Einige sagen, es sei nicht der Fall selbst, sondern ein Fieber gewesen. Was es auch gewesen sein mag, sie starb wenige Tage nach diesem Sturz, was ihren Untertanen und Freunden großen Schaden brachte, denn seitdem hatten sie keinen Frieden mehr: das Volk von Gent und von anderen Städten nämlich hatte vor ihr größeren Respekt als vor ihrem Gatten, da sie die Frau des Landes war. Dieses geschah im Jahre 1482. Der König erzählte mir diese Neuigkeiten und freute sich darüber sehr. Auch waren die beiden Kinder in der Obhut der Genter geblieben, von denen er wußte, daß sie zu Lärm und Streitigkeiten gegen das Haus Burgund geneigt seien; ihm schien der rechte Augenblick gekommen zu sein, da der Herzog von Österreich jung war und noch einen Vater hatte, überall im Krieg und ein Fremder war, und der Kaiser, sein Vater, äußerst geizig war.

Seit dieser Zeit begann der König durch Herrn des Cordes mit den Ratsherren von Gent über die Ehe seines Sohnes, des Dauphins, mit der Tochter des Herzogs, Margarete, unserer jetzigen Königin, zu verhandeln; man wandte sich vor allem an einen Pensionär der Stadt, Wilhelm Rim, einen klugen und gerissenen Mann, und an einen Schreiber der Schöffen, Coppenholle geheißen, der Hosenstricker war und großes Vertrauen beim Volk genoß, denn Leute solcher Stellung haben es dort, wenn sie so ohne Zügel sind.

Der König kehrte nach Tours zurück. Er schloß sich so sehr ab, daß wenige Leute ihn sahen, und geriet in einen starken Argwohn gegen alle Welt und fürchtete, man würde ihm seine Macht fortnehmen oder vermindern; er stieß alle Menschen von sich, mit denen er umging, auch die vertrautesten, die er jemals hatte, ohne ihnen etwas wegzunehmen; sie gingen in ihre Ämter und Stellungen oder in ihre Häuser; doch dauerte das nicht an, da er nicht mehr lange lebte, und er tat sehr befremdliche Dinge, weshalb die, die ihn nicht kannten, ihn für geistesgestört hielten; aber sie kannten ihn eben nicht. Was den Argwohn betrifft, so haben ihn alle große Fürsten, besonders die klugen und solche, die viele Feinde gehabt und mehrere beleidigt haben, wie dieser hier es getan hatte. Im übrigen wußte er sehr wohl, daß er weder von den großen Herren seines Reiches, noch von den vielen Kleinen geliebt wurde; er hatte auch sein Volk mehr belastet, als jemals ein König es tat, obgleich er, wie gesagt, den guten Willen hatte, es zu entlasten; damit aber hätte er früher anfangen sollen.

König Karl VII. war der erste gewesen, der es erreichte, seinem Land Steuern nach seiner Willkür ohne Bewilligung der Stände seines Reiches aufzuerlegen. (Dabei haben ihn mehrere kluge und gute Ritter unterstützt, die ihm bei der Eroberung der Normandie und von Guyenne geholfen und gedient hatten, die die Engländer besetzt hielten.) Damals war es eine große Sache, da sowohl die eroberten Länder gesichert, als auch die Söldnertruppen verteilt werden mußten, die das Königreich plünderten. Hiermit erklärten sich die Herren Frankreichs um gewisse Pensionen einverstanden, die man ihnen für die Steuern, die man ihren Ländern auferlegte, versprochen hatte. Wenn unser König und die, die damals bei ihm in seinem Rat waren, immer gelebt hätten, hätte er seinen Vorsatz weiter ausgeführt. Doch mit dem, was seither geschehen ist und noch geschehen wird, belud er sein und seiner Nachfolger Gewissen und brachte eine grausame Plage über sein Reich, die lange nachwirkte, und ein schreckliches Joch der Söldner, die er nach dem Brauche der italienischen Fürsten einrichtete.

Zur Stunde seines Todes erhob König Karl VII. eine Million achthunderttausend Franken insgesamt in seinem Königreich und hielt ungefähr siebzehnhundert Ordonnanzreisige für alle Reisigen und hatte sie in guter Zucht zum Schutze seiner Provinzen und seines Reiches, die lange Zeit vor seinem Tode nicht mehr durch das Reich ritten, was eine große Beruhigung für das Volk war. Als der König, unser Herr, starb, erhob er vier Millionen siebenhunderttausend Franken, hatte einige vier- bis fünftausend Reisige und mehr als fünfundzwanzigtausend für das Lager wie für Reservekompanien. So darf man sich nicht wundern, wenn er sich viele Gedanken machte und sich manches einbildete und glaubte, man gönne ihm nichts Gutes, obgleich er unter denen, die er ernährt hatte, und die von ihm Wohltaten empfangen hatten, eine große Anzahl hätte finden können, die selbst im Tode ihm nichts Schlechtes hätten antun mögen.

Zum ersten ließ er kaum noch Leute in Le-Plessis-du-Parc ein, wo er sich aufhielt, außer den Domestiken und vierhundert Bogenschützen, die jeden Tag in guter Zahl die Wachen versahen, durch den Platz patrouillierten und das Tor bewachten. Kein Herr oder große Persönlichkeit logierte darin, und es trat kaum jemand in Begleitung großer Herren ein. Niemand sah ihn, außer Herrn de Beaujeu, dem jetzigen Herzog von Bourbon, der sein Schwiegersohn war. Rings um Le-Plessis ließ er ein Gitterwerk aus festen Eisenstangen ziehen und in die Mauern Eisenstangen mit mehreren Widerhaken einsetzen, besonders am Eingang, wo man durch die Gräben hätte eindringen können. Auch ließ er vier rollende Warttürme erbauen, die ganz aus Eisen waren, und von denen man nach Wunsch schießen konnte; das war eine sehr imponierende Sache, die mehr als zwanzigtausend Franken kostete. Schließlich hatte er noch vierzig Armbruster, die Tag und Nacht im Graben waren mit dem Befehl, auf jeden zu schießen, der sich des Nachts nähern würde, bis das Tor am Morgen geöffnet werden würde. Es schien ihm übrigens, seine Untertanen würden ein wenig geneigt sein, im geeigneten Moment nach seiner Gewalt zu greifen. Wirklich wurde unter einigen abgeredet, in Le-Plessis einzudringen und die Geschäfte nach ihrem Willen zu beschleunigen, weil nichts erledigt wurde; sie wagten aber nicht, es zu unternehmen, woran sie sehr klug taten, denn es war gut vorgesorgt. Er wechselte oft die Kammerdiener und alle anderen Leute und sagte, die Furcht und Achtung vor ihm werde durch solche Neuerungen aufrechterhalten.

In bevorzugter Stellung hielt er einen oder zwei Leute aus geringem Stand und von schlechtem Ruf; denen mußte es klar sein, wenn sie klug waren, daß sie mit seinem Tode aller ihrer Ämter beraubt würden; das würde das mindeste sein, was ihnen geschehen könnte. Und so kam es auch. Sie erstatteten ihm von nichts Bericht, was man ihnen schrieb und was man von ihnen forderte, es konnte sein, was es wollte, außer wenn es die Sicherheit des Staates und die Verteidigung des Reiches betraf; denn alle anderen Dinge waren ihm nicht wichtig. Zu dieser Zeit war er mit jedem in Frieden oder Waffenstillstand. Seinem Arzt gab er monatlich zehntausend Taler; er erhielt von ihm in fünf Monaten vierundfünfzigtausend Taler.

Auf Gott und die Heiligen gründete er seine Hoffnung auf längeres Leben und erkannte, daß es ohne Wunder kaum dauern könnte. Nach dem Beispiel, daß unser Herrgott irgendeinem König wegen seiner Demut und Reue und auf Fürbitte irgendeines heiligen Propheten das Leben verlängert hatte, suchte unser König, der an Demut alle anderen Fürsten der Welt übertraf, einen Mönch oder frommen Bruder, der streng lebte, damit er Mittler sei zwischen Gott und ihm, um ihm seine Tage zu verlängern; aus allen Teilen der Welt nannte man ihm solche. Zu mehreren schickte er. Einige kamen, um mit ihm zu sprechen, mit denen er nur von der Verlängerung des Lebens redete. Die meisten antworteten klug und sagten, diese Macht hätten sie nicht. Er spendete große Opfer, die nach der Meinung des Erzbischofs von Tours zu groß waren, der ein Mann von frommem und gutem Lebenswandel war, Franziskaner und Kardinal; er schrieb ihm unter anderem, es wäre besser, das Geld den Domherren der Kirchen, denen er diese großen

Geschenke mache, fortzunehmen und es unter die armen Bauern und die anderen zu verteilen, die die großen Steuern zahlten, als es von denen zu nehmen, und den reichen Kirchen und Domherren zu geben, wie er es täte. In einem Jahr zeigte er seine Gelübde und Weihopfer sehr und schenkte Reliquien und Reliquienschreine, inbegriffen den silbernen Rost des heiligen Martin von Tours, der nahezu achtzehn Mark Silbers aufwog, den Kasten des Heiligen Eutropius von Xanten und andere, die er den Heiligen Drei Königen nach Köln spendete, nach Unser Lieben Frauen von Aachen in Deutschland, an St.-Servatius nach Utrecht, das Kästlein für den Heiligen Bernardino zu Aquila im Königreich Neapel, die goldenen Kelche, die nach San Giovanni in Laterano zu Rom gingen und mehrere andere Kirchenspenden in Gold und Silber in seinem Reich; das alles war gut siebenhunderttausend Franken wert. Den Kirchen schenkte er Länder in großer Menge; dieses Landgeschenk aber hat die Kirche nicht behalten. Sie hatte auch zu viel.

## *Siebentes Kapitel*

Unter den durch Demut berühmten Männern schickte er zu einem Mann in Kalabrien, Bruder Robert genannt. Der König nannte ihn „den Heiligen“ wegen seines frommen Lebenswandels; ihm zu Ehren ließ unser jetziger König anstatt der Kapelle in der Nähe von Plessis am Ende der Brücke ein Kloster in Le-Plessis-du-Parc erbauen. Dieser Einsiedler hatte sich im Alter von zwölf Jahren unter einen Felsschlupf begeben und war dort bis etwa zu seinem dreiundvierzigsten Lebensjahr geblieben, bis zu der Stunde, in der der König ihn durch seinen Palastmeister im Verein mit dem Prinzen von Tarent, dem Sohn des Königs von Neapel, holen ließ. Denn er wollte nicht ohne Erlaubnis des Papstes und seines Königs gehen, was bei einem so einfältigen Menschen ein Beweis seines Verstandes ist. Er hatte zwei Kirchen im Lande der Mauren errichtet[11]. Seitdem er sich in dieses harte Leben begeben hatte, hat er niemals wieder Fleisch, Fisch, Eier, Milch oder irgendetwas Fettes gegessen; ich glaube, ich habe nie einen lebenden Menschen gesehen, der ein so frommes Leben geführt hat und aus dem so sehr der Heilige Geist zu sprechen schien; denn er war gelehrt, obgleich er nie in der Schule gewesen war. Allerdings half ihm seine italienische Sprache. Der Eremit reiste durch Neapel, wo er ebenso wie ein großer apostolischer Legat vom König von Neapel und seinen Kindern geehrt und besucht wurde; er sprach mit ihnen wie ein Mann, der am Hofe erzogen worden ist. Von dort aus ging er nach Rom, wo er von allen Kardinälen besucht

[11] Der Name Robert ist ein Schreiberirrtum. Es handelt sich um Franz von Paola in Kalabrien, der in Plessis-les-Tours 1507 starb und 1519 heilig gesprochen wurde.

wurde. Dreimal hatte er beim Papst ganz allein Audienz und saß neben ihm auf einem schönen Stuhl, drei bis vier Stunden jedesmal, was für einen so niedrigen Mann eine große Ehre war; er antwortete so klug, daß jeder sich darüber wunderte. Unser Heiliger Vater gewährte ihm, einen Orden der Eremiten des heiligen Franziskus zu gründen.

Von dort aus kam er zum König und wurde geehrt, als ob er der Papst sei; der König warf sich vor ihm auf die Knie und flehte ihn an, Gott für ihn zu bitten, daß es ihm gefalle, sein Leben zu verlängern. Er erwiderte, was ein kluger Mann antworten soll. Viele Male habe ich ihn vor unserem jetzigen König sprechen hören, wobei alle Großen des Reiches anwesend waren, und noch zuletzt vor zwei Monaten. Er schien aber auch von Gott inspiriert zu sein in den Dingen, die er sagte und zeigte: denn anders hätte er davon nicht zu sprechen gewußt. Er ist noch am Leben und kann sich daher noch zum Besseren oder Schlechteren ändern; aus diesem Grunde will ich schweigen. Mehrere spotteten über die Ankunft dieses Einsiedlers, den sie den Heiligen nannten, aber sie kannten die Gedanken unseres klugen Königs nicht und wußten nichts von den Dingen, die ihm dazu den Anlaß gegeben haben.

Unser König hielt sich so mit wenigen Leuten außer den Bogenschützen in Le-Plessis auf, und ließ nicht von seinem besagten Argwohn, hatte aber gut vorgesorgt, denn er erlaubte niemandem nach Tours oder auf das Feld zu kommen, der ihm verdächtig vorkam, sondern ließ ihn durch seine Bogenschützen wieder fortschicken. Man sprach mit ihm nur über große Geschäfte, die ihn berührten. Wenn man ihn ansah, erschien er mehr als Toter denn als Lebender, und so abgemagert war er, daß es niemand glauben konnte. Er kleidete sich kostbar, was er nie vorher gewohnt gewesen war, und trug nur mit prächtigem Marderpelz verbrämte Gewänder aus Karmesinatlas; er schenkte reichlich, ohne darum gebeten zu sein, denn niemand hätte gewagt, ihn um etwas zu fragen. Er erteilte harte Strafen, um gefürchtet zu werden, und aus Angst, den Gehorsam zu verlieren; so sagte er es mir selbst. Er nahm Wechsel in den Ämtern vor, entließ Reisige, beschnitt Pensionen und nahm sie auch ganz weg und sagte mir noch wenige Tage vor seinem Tode, es sei sein Zeitvertreib, Leute zu erheben oder zu stürzen. Er ließ mehr von sich im Königreich reden als je, aus Furcht, man könne ihn für tot halten; denn wie ich schon oft gesagt habe, sahen ihn nur wenige Leute, wenn man aber von seinen Werken sprechen hörte, die er verrichtet hatte, mußte jeder Respekt haben, und man konnte kaum glauben, daß er krank sei.

In alle Richtungen schickte er Leute aus dem Königreich, nach England, um über die englische Heirat zu verhandeln, und er bezahlte König Eduard und die Seinen gut mit dem, was er ihnen gab; nach Spanien schickte er viele Worte der Freundschaft und Verständigung und immer Geschenke überallhin. Überall ließ er ein gutes Pferd oder einen Maulesel kaufen, mochte es kosten, was es wolle; dieses geschah aber nur in Ländern, wo er wollte, daß man ihn für gesund hielt, denn in unserm Königreich konnte das nicht sein. Nach Hunden ließ er überall nachfragen: in Spanien nach Alanos, in der Bretagne nach Wind- und Wachtelhunden, die er teuer einkaufte; in Valencia nach zottigen Hündlein, die teurer gekauft wurden, als sie die Leute verkaufen wollten. In Sizilien wurden Maulesel gesucht und besonders einem Amtmann des Landes mit dem Doppelten bezahlt; in Neapel Pferde und wilde Tiere überall, zum Beispiel bei den Berbern eine Art kleiner Wölfe, die nicht größer waren als kleine Füchse und „Addib" hießen. In Dänemark ließ er nach zwei Arten von Tieren suchen: die einen hießen Elche und waren am Leib wie Hirsche, groß wie Büffel mit kurzen und gedrungenen Schaufeln; die anderen waren Rentiere, an Leib und Farbe den Damhirschen vergleichbar, außer daß sie ein sehr viel größeres Geweih haben. Um von jedem dieser Tiere sechs zu bekommen, gab er den Händlern viertausendfünfhundert deutsche Gulden. Sobald ihm alle diese Tiere zugeführt waren, beachtete er sie meistens nicht weiter, noch sprach er mit denen, die sie ihm brachten. Und wirklich führte er viele ähnliche Dinge aus, wodurch er mehr als je zuvor von seinen Nachbarn und Untertanen gefürchtet wurde. Denn dies war seine Absicht, und aus diesem gesagten Grund tat er es.

## *Achtes Kapitel*

Um zu unserem Hauptthema zurückzukehren und zu dem wichtigsten Abschluß dieser Memoiren, muß ich zu dem Schlußvertrag über die Ehe zwischen dem jetzigen König und damaligen Dauphin mit der Tochter des Herzogs und der Herzogin von Österreich kommen, der durch die Hände der Genter zustande kam. Das geschah zum großen Ärger König Eduards von England, der sich damals in der Hoffnung auf die Heirat seiner Tochter mit dem Dauphin, dem jetzigen französischen König, getäuscht sah; diese Heirat hatten er und die Königin, seine Gemahlin, mehr als alles andere auf der Welt gewünscht, und niemals hatten sie einem Menschen glauben wollen, der sie vor dem Gegenteil warnte, war es nun einer ihrer Untertanen oder ein anderer; denn sein Rat hatte ihm mehrere Vorhaltungen gemacht, als der König die Pikardie eroberte, die Calais nahe ist, und ihm gesagt, wenn er erst einmal das erobert hätte, könne er leicht versuchen, Calais und Guines wegzunehmen. Die Gesandten des Herzogspaares von Österreich, die ständig in England waren, sagten ihm dasselbe, und die Bretonen und andere auch, aber von allem wollte er nichts glauben. Meiner Meinung nach ging er nicht so sehr aus Unwissenheit nicht vor, sondern aus Habsucht, um nicht die fünfzigtausend Taler zu verlieren, die der König ihm gab und auch, um nicht seiner Behaglichkeit und seinem Vergnügen zu entsagen, dem er sich so sehr hingab.

Über diese Heiratssache wurde eine Tagung zu Alost in Flandern abgehalten; dort waren der Herzog von Österreich, der jetzige römische König, sowie Abgeordnete der drei Stände Flanderns und Brabants und anderer Länder, die dem Herzog und seinen Kindern gehörten, anwesend. Die Genter unternahmen dort mehreres gegen den Willen des Herzogs, indem sie Leute verbannten und einige aus der Umgebung seines Sohnes fortnahmen und ihm dann ihren Willen in bezug auf diese besagte Heirat kundtaten, die wegen des Friedens geschlossen werden müsse; er mußte zustimmen, ob er wollte oder nicht. Er war sehr jung und hatte wenige Leute mit großem Verstand bei sich; denn alles oder fast alles war in diesem Hause Burgund tot oder zu den Unsrigen übergegangen; ich meine große Leute, die ihm hätten raten und helfen können. Er selbst war schlecht begleitet gekommen. Und da er seine Frau verloren hatte, die die Fürstin dieses Landes war, wagte er nicht mehr, so kühn zu sprechen, wie er es vorher getan hatte.

Um es kurz zu machen: der König wurde von Herrn des Cordes benachrichtigt und war sehr froh darüber. Es wurde der Tag festgesetzt, an dem ihm die Tochter nach Hesdin zugeführt werden sollte. Wenige Tage vorher, es war im Jahre 1482, war Herrn des Cordes für Geld Aire im Artois von Herrn de Cohen aus diesem Land übergeben worden, eine feste Stadt, im Artois gelegen, die dieser für den Herzog von Österreich und Herrn de Bèvres, seinen Hauptmann, hielt. Das half den Flamen, das Werk zu fördern, denn sie liegt am Eingang in ihr Land. Obwohl sie die Schwächung ihres Fürsten wollten, so mußte es doch nicht gerade an ihren Grenzen sein und der König ihnen so nahe rücken.

Als diese Dinge, wie ich sagte, vereinbart waren, kamen die Gesandten Flanderns und Brabants vor den König. Alles aber hing von den Gentern ab, da sie die Macht und die Kinder in ihrer Hand hatten und am ersten bereit waren, Händel zu beginnen. Auch für den römischen König kamen einige Ritter, jung wie er und zur Befriedung des Landes schlecht beraten. Davon war einer Johann von Berghes, ein anderer Balduin Lannoy und ein Sekretär. Der König war schon sehr entkräftet, wollte sich kaum sehen lassen und machte große Schwierigkeiten, die in dieser Sache abgeschlossenen Verträge zu beschwören; das aber nur, um nicht gesehen zu werden. Dennoch beschwor er sie. Sie waren für ihn vorteilhaft, denn er hatte mehrere Male diese Ehe gewünscht und wollte nur die Grafschaft Artois oder Burgund, eine von beiden, und die Herren von Gent (so nannte er sie) wollten ihm beide geben und Charolais, Maconnais und Auxonnais noch dazu. Wenn sie ihm noch hätten den Hennegau, Namur und alle Untertanen dieses Hauses, die französisch sprechen, geben können, hätten sie es gern getan, um ihren Herrn zu schwächen.

Der König, unser Herr, war sehr klug und erkannte wohl, was Flandern war, und daß ein Graf dieses Landes, ohne Artois zu haben, was zwischen dem König von Frankreich und ihnen liegt, gleichsam ihr

Hindernis ist, da daraus gute Kriegsleute gezogen wurden, um sie züchtigen zu helfen, wenn sie toll wurden. Nahm er ihm nun Artois fort, ließ er ihn als den ärmsten Herrn der Welt zurück, ohne Gehorsam zu haben, wenn nicht nach dem Willen der Genter. In dieser besagten Gesandtschaft waren Meister Wilhelm Rim und der Magistrat von Gent, von dem ich schon gesprochen habe, die Anführer.

Als diese Gesandtschaft zurückgekehrt war, wurde die Tochter dem Herrn des Cordes nach Hesdin zugeführt; das war im Jahre 1483. Sie wurde von Frau de Ravenstein, der Bastardtochter des verstorbenen Herzogs Philipp von Burgund, geleitet. Im Namen des Königs empfingen sie der jetzige Herzog und die Herzogin von Bourbon, Herr d'Albret und andere; sie gaben ihr das Geleit nach Amboise, wo der Dauphin war. Wenn der Herzog von Österreich sie denen hätte fortnehmen können, die sie weggeführt hatten, hätte er es gern getan, bevor sie aus dem Lande ging; die Genter aber hatten sie sicher begleitet. Auch begann er allen Gehorsam zu verlieren. Viele Leute vereinigten sich mit den Gentern, weil sie den Sohn in ihren Händen hielten und bei ihm ein- und absetzten, wer ihnen gefiel. Unter anderen war Herr de Ravenstein, der Bruder des Herzogs von Kleve, der vornehmliche Regent des Kindes, Herzog Philipp genannt, das noch am Leben ist und eine große Erbschaft erwartet, wenn Gott ihm ein langes Leben schenkt[12].

Wer auch immer an dieser Heirat Freude gehabt haben mochte, dem englischen König mißfiel sie bitterlich, denn er hielt sie für eine große Schmach und Schande und fürchtete sehr, seine Pension, die der König ihm zahlte, verloren zu haben, oder den Tribut, wie ihn die Engländer nannten. Er fürchtete, daß die Verachtung für ihn in England sehr groß sein würde, und daß das der Grund zu einem Aufstand gegen ihn sein könne, besonders weil er dem Rat nicht hatte glauben wollen. So sah er den König sehr zu Macht gekommen und nahe bei sich; das nahm er sich so zu Herzen, daß er krank wurde, als er diese Nachrichten erhielt und bald darauf starb. Einige sagen, an einem Schlaganfall. Wie dem auch sei, der Schmerz über diese Heirat verursachte die Krankheit, an der er in wenigen Tagen starb.

Es ist ein großer Fehler eines Fürsten, wenn er seine eigene Meinung höher schätzt als die von mehreren; das bringt ihm manchmal großen Schmerz und Verluste, die sich nicht wieder gutmachen lassen. Dieser Tod trat im April des Jahres 1483 ein. Von dem Tode dieses Königs wurde der König, unser Herr, benachrichtigt; als er es hörte, freute er sich nicht. Wenige Tage später empfing er Briefe des Herzogs von Gloucester, der sich zum König von England gemacht hatte und mit „Richard"

[12] Philipp der Schöne. Hier ist die Erbschaft seines Großvaters Friedrich III., der um 1490, als Commynes schrieb, noch lebte, und seines Vaters Maximilian gemeint. Anwartschaft auf Spanien hat er erst 1496 durch seine Heirat mit Johanna bekommen.

unterzeichnete; er hatte die beiden Söhne des Königs Eduard, seines Bruders, umgebracht. Dieser König Richard suchte die Freundschaft des Königs, und ich glaube, er hätte gern diese besagte Pension wieder haben wollen, aber der König wollte auf seine Briefe nicht antworten und die Boten nicht hören und verabscheute ihn als sehr grausam und schlecht. Denn nach dem Tode König Eduards hatte der Herzog von Gloucester seinem Neffen als seinem König und Herrn gehuldigt, und gleich danach beging er die Tat. Vor versammeltem Parlament demütigte er die beiden Töchter Eduards und ließ sie für Bastarde erklären. Als Zeugen führte er einen Bischof von Bath in England an, der ehemals bei König Eduard großes Vertrauen genossen hatte, welcher ihn aber dann absetzte und gefangennahm und für eine Summe Geldes wieder freigab. Dieser Bischof sagte, König Eduard habe einer Dame Englands (die er nannte) die Ehe versprochen, weil er sich in sie verliebt hatte und sein Vergnügen haben wollte. Dieses Versprechen habe er in die Hand des Bischofs gegeben. Auf diese Zusage hin schlief er bei ihr, tat es aber nur, um sie zu betrügen. Immerhin sind solche Spiele sehr gefährlich: das beweisen diese Vorgänge. Ich habe viele Leute am Hofe gekannt, die sich ein solches Abenteuer auch nicht hätten entgehen lassen (wenn es ihnen gefallen hätte) nur des Versprechens wegen. Dieser schlechte Bischof hütete die Rache wohl zwanzig Jahre lang in seinem Herzen; dadurch aber geschah ihm Unglück: er hatte nämlich einen Sohn, den er sehr liebte; diesem wollte König Richard große Gnaden erweisen und die älteste der beiden ihrer Würde entkleideten Königstöchter zur Frau geben, die heute Englands Königin ist und zwei schöne Kinder hat. Dieser Sohn war auf Befehl König Richards, seines Herrn, auf einem Kriegsschiff. Er wurde an der Küste der Normandie gefangengenommen und nach Verabredung derer, die ihn aufgegriffen hatten, vor das Parlament gebracht und in das Petit-Châtelet zu Paris geworfen; dort blieb er, bis er vor Hunger und Entbehrungen starb.

König Richard trieb es auch nicht lange und auch nicht der Herzog von Buckingham, der die beiden Kinder hatte töten lassen. Denn gegen König Richard ließ Gott gerade in diesem Augenblick einen Feind aufstehen, der keinen Pfennig sein eigen nannte, noch irgendein Recht, glaube ich, auf die englische Krone hatte; nichts wurde an ihm geschätzt, außer, daß er ehrenhaft war und ist; er hatte viel gelitten: denn die meiste Zeit seines Lebens, seit seinem achtzehnten Jahr, war er in der Bretagne Herzog Franz' Gefangener gewesen, der ihn als Gefangenen gut behandelt hatte. Dieser setzte mit dem wenigen Geld des Königs und ungefähr dreitausend Söldnern aus der Normandie, den elendesten, die man finden konnte, nach Wales über, wo sein Schwiegervater, Herr von Stanley, mit fünfundzwanzigtausend Engländern zu ihm stieß. Nach drei oder vier Tagen traf er auf den grausamen König Richard, der im Feld getötet wurde; er aber wurde gekrönt und regiert noch heute.

Ich habe schon anderswo von dieser Sache gesprochen, aber es war noch einmal nützlich, davon zu reden, und besonders, um zu zeigen, daß Gott in unserer Zeit solche Grausamkeiten mit barer Münze bezahlt, ohne zu zögern. Viele andere hat er in unserer Zeit gestraft.

## *Neuntes Kapitel*

Nun war diese flandrische Ehe vollzogen, die der König so sehr gewünscht hatte. Er hatte die Flamen in seiner Macht, und die Bretagne, die er so sehr haßte, war in Frieden mit ihm (er hielt sie aber auch in großer Angst und Furcht durch die große Anzahl Reisige, die er an ihren Grenzen hatte); Spanien hielt mit ihm Ruhe, und der spanische König und seine Gemahlin wünschten Freundschaft mit ihm; wegen des Landes Roussillon hielt er sie in Sorge und Ausgaben, das er vom Hause Aragon zu Pfande hatte und zwar vom König Don Juan, dem Vater des jetzigen Königs von Kastilien, unter einigen Bedingungen, die noch nicht erfüllt sind.

Was die Mächte in Italien anbetraf, so wollten sie ihn zum Freund und hatten ein Bündnis mit ihm; häufig schickten sie ihm ihre Gesandten. In Deutschland gehorchten ihm die Schweizer wie seine Untertanen. Die Könige von Schottland und Portugal waren seine Verbündeten. Eine Partei in Navarra tat, was er wollte. Seine Untertanen zitterten vor ihm. Was er befahl, wurde sofort ohne jede Schwierigkeit oder Entschuldigung ausgeführt.

Alle Dinge, die man für seine Gesundheit für nötig hielt, wurden ihm aus allen Teilen der Welt geschickt. Als der kürzlich verstorbene Papst Sixtus hörte, daß der König demütig um das Korporale bat, über welchem der heilige Petrus gesungen hatte, schickte er es ihm bald mit mehreren anderen Reliquien, die ihm zurückgeschickt wurden. Das heilige Ölfläschchen, das sich in Reims befindet und noch nie von seinem Platz verrückt worden war, wurde ihm bis in sein Zimmer nach Plessis gebracht und stand in der Stunde seines Todes auf dem Kredenzschrank. Er hatte die Absicht, eine ebensolche Salbung damit vorzunehmen, wie er sie bei seiner Weihe gehabt hatte, obgleich viele Leute glaubten, er wolle sich damit den ganzen Körper salben, was nicht sehr wahrscheinlich ist, da das heilige Fläschchen sehr klein ist und nicht sehr viel enthält. Ich sah es zu der Stunde, von der ich spreche, und auch als unser Herr in Unser Lieben Frauen zu Cléry begraben wurde. Der heutige Großtürke schickte ihm einen Gesandten, der bis Nizza in die Provence kam. Doch wollte ihn unser Herr nicht anhören und wollte auch nicht, daß er weiterging. Dieser Gesandte brachte ihm eine große Rolle mit Reliquien, die noch in Konstantinopel in den Händen des Großtürken waren, und bot sie dem König mit einer großen Summe Geldes an, vorausgesetzt, daß er den Bruder des Großtürken gut bewachen würde, der in unserem Reiche in den Händen derer von Rhodos war. Jetzt ist er in Rom in der Gewalt des Papstes[13].

Aus allen diesen Dingen läßt sich die Klugheit und Größe unseres Königs erkennen, wie er von aller Welt geachtet und geehrt war, und wie die geistlichen Heilmittel der Anbetung und Verehrung ebenso herangezogen wurden, ihm das Leben zu verlängern, wie die weltlichen. Dennoch nützte das alles nichts und er mußte dorthin ziehen, wohin auch die anderen gegangen waren. Eine Gnade wurde ihm von Gott erwiesen: ebenso wie er in allem klüger, freigebiger und tüchtiger geschaffen war als die anderen Fürsten seiner Zeit, die seine Feinde und Nachbarn gewesen waren, ebenso wie er sie in allen Dingen übertraf, so auch an Lebensdauer, wenn auch nicht viel. Denn Herzog Karl von Burgund, seine Tochter, die Herzogin von Österreich, König Eduard, Herzog Galeazzo von Mailand und König Johann von Aragon sind alle wenige Jahre vor ihm gestorben; aber zwischen dem Tode der Herzogin von Österreich, des Königs Eduard und dem seinen lag nicht viel Zeit. Alle haben sie Gutes und Schlechtes an sich gehabt, denn sie waren Menschen. Aber ohne zu schmeicheln, in unserem König waren viel mehr Eigenschaften, die sich für ein Königs- und Fürstenamt geziemen, als in den anderen. Ich habe sie fast alle gekannt und gesehen und weiß, was sie zu tun vermochten; daher ist dies keine bloße Vermutung.

## *Zehntes Kapitel*

In diesem Jahre 1482 wollte der König den Dauphin, seinen Sohn, sehen, den er mehrere Jahre nicht gesehen hatte; er wollte nicht, daß dieser überhaupt von Leuten besucht werde, teils wegen der Gesundheit des Kindes, teils aber auch aus Furcht, daß man es entführe und unter seinem Namen im Reiche eine Verschwörung ins Werk setzen würde. Denn so war es mit ihm gegen seinen Vater, König Karl VII., von einigen Herren des Reiches gemacht worden, als er kaum dreizehn Jahre alt war[14]; dieser Krieg nannte sich die Praguerie; er dauerte aber nicht lange, sondern war nur ein Streit von kurzer Dauer. Vor allem empfahl er seinem Sohne, dem Dauphin, einige Diener und ermahnte ihn ausdrücklich, die Beamten nicht zu wechseln; er führte an, daß er, nachdem sein Vater, Karl VII., zu Gott eingegangen und er an die Regierung gekommen sei, alle guten und edlen Ritter des Reiches abgesetzt habe, die seinem Vater geholfen und gedient hätten, die Normandie und Guyenne zu erobern, die Engländer aus dem Königreich zu jagen und

[13] Djem, Bruder des regierenden Sultans Bajazid II., dem er den Thron streitig machen wollte. Siehe das 15. Kapitel des siebenten Buchs.

[14] Im zwölften Kapitel spricht Commynes von elf Jahren. Beide Angaben sind falsch: Ludwig war damals sechzehn Jahre alt.

es in Frieden und gute Ordnung zu bringen, denn so und sehr reich habe er es vorgefunden: damit war er sehr schlecht gefahren, denn er hatte sich den Krieg, „Die Allgemeine Wohlfahrt" genannt, zugezogen, von dem ich anderswo schon gesprochen habe, der fast die Ursache wurde, ihm die Krone zu rauben.

Bald nachdem der König mit seinem Sohn, dem Dauphin, gesprochen hatte und die besagte Heirat vollzogen war, erfaßte ihn die Krankheit, durch die er aus dieser Welt schied, an einem Montage und dauerte bis zum nächsten Samstagabend. Das war der vorletzte Tag im August 1483. Ich war bei dem Ausgang seiner Krankheit anwesend, weshalb ich einiges darüber sagen will.

Sowie ihn das Übel ergriff, verlor er wie ehedem die Sprache. Als sie ihm wiederkam, fühlte er sich schwächer denn je, obgleich es früher schon so war, daß er nur mit großer Mühe die Hand zum Munde führen konnte und so abgemagert und entkräftet war, daß alle, die ihn sahen, Mitleid haben mußten. Der König fühlte, daß er sterben müsse, und ließ sofort Herrn de Beaujeu holen, den Gatten seiner Tochter und jetzigen Herzog von Bourbon, und befahl ihm, nach Amboise zum König, seinem Sohn (wie er ihn selbst nannte), zu gehen, indem er ihn und alle, die ihm gedient hatten, diesem anempfahl. Er gab ihm das ganze Amt der Regentschaft für den König, befahl ihm, daß gewisse Leute ihm nicht zu nahe kämen, und sagte ihm mehrere gute und bemerkenswerte Dinge. Wenn Herr de Beaujeu in allem oder wenigstens teilweise seinen Befehlen nachgekommen wäre (denn es waren einige ungewöhnliche dabei, die nicht ausgeführt werden konnten), oder wenn er sie nur in der Hauptsache beachtet hätte, wäre es, so glaube ich angesichts der seitdem geschehenen Dinge, zum Nutzen des Reiches und zu seinem eigenen gewesen.

Dann entsandte er den Kanzler und sein ganzes Gefolge, damit sie die Siegel zum König, seinem Sohn, trügen. Auch schickte er ihm einen Teil der Bogenschützen seiner Garde mit einem Hauptmann, alle seine Jäger und Falkner und alles andere. Alle, die ihn besuchten, sandte er nach Amboise zum König (wie er ihn nannte) mit der Bitte, ihm gut zu dienen. Durch alle trug er ihm irgendetwas auf, besonders durch Etienne de Vesc, der den neuen König erzogen hatte und ihm als erster Kammerherr diente. Schon hatte ihn der König, unser Herr, zum Bailly von Meaux gemacht.

Die Sprache versagte ihm nicht mehr, seitdem sie ihm wiedergekommen war, noch war sein Verstand jemals so klar: denn er hatte eine gute Verdauung, die ihm alle Nebel des Kopfes benahm. Während seiner ganzen Krankheit klagte er nie, wie es viele Leute tun, wenn sie sich krank fühlen. Wenigstens bin ich von dieser Natur und habe mehrere andere gekannt; auch sagt man, daß die Klage den Schmerz lindere.

## *Elftes Kapitel*

Unaufhörlich redete er irgendetwas Kluges; seine Krankheit dauerte, wie gesagt, von Montag bis zum Samstagabend.

Wenn ich die Übel und Schmerzen, die er manchen zugefügt hat, mit denen vergleiche, die er vor seinem Tode erlitten hat, so habe ich die Hoffnung, daß sie ihn ins Paradies geführt haben werden und ein Teil seines Fegefeuers gewesen sind; wenn sie auch nicht so groß und lang gewesen sind wie die, die er anderen zufügte, so bekleidete er auch ein anderes und größeres Amt in dieser Welt als sie. Er selbst hatte niemals gelitten, sondern ihm war immer gehorcht worden, so daß es schien, als sei ganz Europa nur vorhanden, um ihm Gehorsam entgegenzubringen; weshalb er auch an dem Wenigen, das er gegen seine Natur und seine Gewohnheit leiden mußte, schwerer zu tragen hatte.

Immer noch hoffte er auf den guten Einsiedler, der in Le-Plessis war, und den er, wie ich sagte, aus Kalabrien hatte kommen lassen. Unaufhörlich schickte er zu ihm und sagte, wenn er wolle, werde er ihm sicher das Leben verlängern; denn trotz aller Verordnungen, die er denen gegeben hatte, die von ihm zu seinem Sohn, dem Dauphin, geschickt worden waren, kam ihm der Lebensmut wieder, und er hatte noch Hoffnung, davonzukommen. Wäre es so geschehen, hätte er gewiß die Versammlung wieder aufgelöst, die er nach Amboise zum neuen König geschickt hatte. Wegen dieser Hoffnung, die er auf den Eremiten gesetzt hatte, wurde von einem gewissen Theologen mit anderen verabredet, man solle ihm erklären, er täusche sich und habe in seiner Sache keine andere Hoffnung mehr als auf Gottes Barmherzigkeit; bei diesen Reden sollte sein Leibarzt zugegen sein, Meister Jakob Coictier, auf den er alle Hoffnung setzte und dem er monatlich zehntausend Taler gab in der Zuversicht, daß er ihm das Leben verlängere. Dieser Entschluß wurde von Meister Olivier und Meister Jakob, dem Arzt, gefaßt, damit er in jeder Beziehung an sein Gewissen dächte und alle anderen Gedanken und den heiligen Mann, an den er sich klammerte, ließe. Ebenso wie er sie allzu plötzlich und ohne Grund in viel höhere Würden erhoben hatte, als ihnen zukam, ebenso nahmen sie sich ohne Scheu heraus, einem solchen Fürsten Dinge zu sagen, die sich für sie nicht gehörten, und sie bewahrten die in diesem Fall geziemende Ehrfurcht und Demut nicht, wie es diejenigen taten, die er lange Zeit um sich gehabt hatte, und die kurz vorher von ihm infolge seiner Einbildung entfernt worden waren. Ganz so, wie den zwei hohen Herren (dem Herzog von Nemours und dem Grafen von St-Pol), die er zu seiner Zeit hatte hinrichten lassen (und deren einen er bei seinem Tode sehr bedauerte, den anderen nicht), der Tod durch dazu verordnete Kommissare angekündigt worden ist, die ihnen in kurzen Worten ihr Urteil verkündeten und ihnen einen Beichtiger gaben, damit sie sich in der kurzen Frist, die ihnen noch blieb, auf ihre letzte Stunde vorbereiten konnten, ganz so kündigten die drei Obengenannten unserem König den Tod in kurzen und rauhen Worten an. Sie sagten: „Herr, wir müssen unsere Pflicht tun. Setzt keine Hoffnung mehr auf den heiligen Mann oder auf etwas anderes, denn mit Euch ist es sicherlich aus. Denkt an Euer Gewissen, denn es gibt keine Hilfe mehr.“ Jeder sagte noch einige kurze Worte, worauf er antwortete: „Ich habe die Hoffnung, daß mir Gott helfen wird, denn vielleicht bin ich nicht so krank, wie Ihr denkt.“

Welchen Schmerz mußte es ihm bereiten, solche Nachrichten und solche Worte zu hören! Denn kein Mensch fürchtete sich so sehr vor dem Tod und keiner tat soviel dagegen in dem Glauben, ihn abzuwenden. Er hatte zu jeder Zeit seines Lebens seine Diener und mich gebeten, ihm, wenn er sich in dieser Not befinden würde, nichts davon zu sagen, sondern ihn nur zur Beichte zu bewegen, ohne vor ihm das grausame Wort „Tod“ auszusprechen; denn es schien ihm, als hätte er nicht den Mut, ein so schreckliches Urteil zu hören. Dennoch ertrug er es tapfer, und alle anderen Dinge bis zum Tod und tapferer als jeder, den ich habe sterben sehen.

Seinem Sohn, den er König nannte, trug er Mehreres auf; er beichtete sehr gut und sagte mehrere Gebete, die zu diesem Zwecke schicklich sind, zu den Sakramenten, die er nahm und selbst verlangt hatte. Wie ich sagte, sprach er so klar, als ob er niemals krank gewesen sei, von allen Dingen, die dem König, seinem Sohne, dienen konnten. Er sagte unter anderem, es sei sein Wille, daß Herr des Cordes sechs Monate nicht vom König, seinem Sohne, weichen möge, und daß er ihn bäte, keine Unternehmung wegen Calais oder einem anderen Orte zu führen; er sagte, er habe zwar mit ihm beschlossen, solche Unternehmungen in guter Absicht für König und Reich durchzuführen, aber sie seien gefährlich und besonders die gegen Calais, aus Furcht, die Engländer wieder aufzustacheln. Vor allem wollte er, daß man nach seinem Tode fünf bis sechs Jahre im Königreich Ruhe halte, was er in seinem Leben niemals aushalten konnte. Das Reich hatte auch den Frieden wirklich nötig; denn obgleich es groß und weit ausgedehnt war, war es doch mager und arm, besonders durch die Streifzüge der Reisigen, die aus einem Land ins andere kamen; seitdem haben sie es noch viel schlimmer getrieben. Er befahl, daß man keinen Streit in der Bretagne suchen und Herzog Franz in Frieden leben lassen möge, ohne ihm Zweifel und Furcht zu machen; gleichermaßen solle man es mit allen Nachbarn des Reiches tun, damit der König, sein Sohn, und das Reich in Frieden bleiben könnten, bis der König groß wäre und in die Jahre gekommen sei, um darüber nach seinem Gutdünken zu verfügen.

In einem vorausgegangenen Abschnitt habe ich begonnen, die Übel, die er einigen und mehreren zugefügt hat, welche unter ihm und seinem Gehorsam lebten, mit denen zu vergleichen, die er vor seinem Tode erleiden mußte (wenn sie auch, wie ich schon sagte, nicht so groß und lang waren, so waren sie doch in Anbetracht seiner Natur sehr groß, da er mehr Gehorsam forderte und bekam, als jeder andere in seiner Zeit, wodurch schon ein kleines Wort des Widerspruches gegen seinen Willen ihm eine große Strafe bedeutete); ich habe ja gesagt, wie wenig schonend ihm der Tod angekündigt worden war. Aber fünf oder sechs Monate vorher hatte er Argwohn gegen alle, besonders gegen alle die, die hohen Ansehens würdig waren. Er fürchtete sich vor seinem Sohn und ließ ihn streng bewachen; ohne seinen Befehl durfte ihn niemand sehen oder mit ihm sprechen. Schließlich hatte er Angst vor seiner Tochter und seinem Schwiegersohn, dem jetzigen Herzog von Bourbon, und er wollte wissen, welche Leute er mit sich nach Le-Plessis einließ. Zuletzt hob er eine Sitzung des Rates auf, die der Herzog von Bourbon auf seinen Befehl darin hielt.

Zur Stunde als sein Schwiegersohn und der Graf von Dunois von der Führung der Gesandtschaft nach Le-Plessis zurückkamen, die zum Hochzeitsfest des Königs, seines Sohnes, und der Königin nach Amboise gegangen war, traten viele Leute mit ihnen ein. Der König, der die Tore scharf bewachen ließ, war auf der Galerie, die auf den Hof hinunterschaut, ließ einen der Hauptleute seiner Garde rufen und befahl ihm, die Leute der obengenannten Herren abzutasten, um zu fühlen, ob sie etwa Panzerhemden unter ihren Kleidern trügen; er möchte dabei ruhig mit ihnen plaudern, damit es nicht so auffällig sei.

Wenn er auch viele Menschen in Argwohn und Furcht unter sich hatte leben lassen, so wurde ihm das genug vergolten; vor wem konnte er sicher sein, wenn er seinen Sohn, seine Tochter und seinen Schwiegersohn verdächtigte? Ich sage das nicht nur über ihn, sondern über alle anderen Herren, die gefürchtet werden wollen. Niemals fühlen sie die Rache bis ins Greisenalter, dann aber fürchten sie sich aus Reue vor jedem Menschen. Wieviel Schmerz müssen dem König diese Furcht und diese Leidenschaften bereitet haben! Er hatte seinem Leibarzt, Meister Jakob Coictier, dem er in fünf Monaten fünfzigtausend Taler bar bezahlte, was nach der Rate zehntausend Taler monatlich war, das Bistum Amiens für seinen Neffen und andere Ämter und Länder für ihn und seine Freunde gegeben. Der Arzt behandelte ihn so grob, daß man nicht einmal einem Diener diese schmählichen und rauhen Worte sagen würde, die er ihm sagte. Der König fürchtete sich so sehr vor ihm, daß er nicht gewagt hätte, ihn fortzuschicken; bei allen, mit denen er sprach, beklagte er sich über ihn; er hätte ihn aber nicht zu wechseln gewagt, wie er es mit allen anderen Dienern tat; der genannte Arzt sagte kühn zu ihm: „Ich weiß wohl, daß Ihr mich eines Morgens fortschicken werdet wie die anderen, aber beim . . . (er schwor einen schrecklichen Eid) Ihr werdet keine acht Tage mehr leben!“ Diese Worte machten auf ihn einen so großen Eindruck, daß er ihm hinterher nur noch schmeichelte und Geschenke gab. Das war für ihn ein großes Fegefeuer auf dieser Welt in Anbetracht des großen Gehorsams, der ihm von allen und sogar von großen Leuten erwiesen worden war.

Wahr ist es, daß der König, unser Herr, schreckliche Gefängnisse errichtet hat, Eisenkäfige und andere aus Holz, innen und außen mit Eisenplatten bedeckt, mit schrecklichen Verschlüssen, acht Fuß in der Breite und einen Fuß über mannshoch. Der erste, der mit ihnen zu tun hatte, war der Bischof von Verdun, der in den ersten, der hergestellt worden war, sofort hineingesteckt wurde; dort blieb er vierzehn Jahre. Mehrere haben ihm seitdem geflucht und ich auch, der ich unter dem jetzigen König acht Monate Geschmack davon bekommen habe[15]. Ein anderes Mal hatte er für die Deutschen sehr schwere und schreckliche Fußeisen machen lassen. Das war ein Ring, um einen Fuß hineinzulegen, der sehr schlecht zu öffnen war, wie ein Pranger mit einer dicken, schweren Kette und einer großen Eisenkugel am Ende, die mehr drückte als es recht war und sich gehörte. Man nannte sie „Des Königs Töchterlein". Dennoch habe ich sie an den Füßen vieler adliger Gefangener gesehen, die seitdem in großer Ehre und Freude daraus befreit worden sind und große Gnaden von ihm empfangen haben; unter anderen ein Sohn des Herrn van Gruthuis aus Flandern, gefangen in der Schlacht, den unser Herr verheiratet, zu seinem Kammerherrn und Seneschall von Anjou ernannt hat und dem er hundert Lanzen gab: ebenso die kriegsgefangenen Herren de Piennes und de Vergy; beide haben von ihm Reisige bekommen und sind seine oder seines Sohnes Kämmerer gewesen und haben andere große Würden bekommen. Ebenso ging es mit Herrn de Richebourg, dem Bruder des Konnetabels, und einem Katalanen Rocaberti, der ebenfalls Kriegsgefangener war und von ihm große Güter erhalten hat, und mit mehreren anderen aus verschiedenen Gegenden, die zu nennen zu weit führen würde.

Nun ist das auch nicht unser Hauptthema, sondern ich muß zurückkehren und sagen: so wie zu seiner Zeit seine schlimmen und mannigfaltigen Kerker aufgekommen sind, ebenso befand er sich in ähnlichen vor seinem Tode, nur daß sie noch größer waren und die Angst größer als die derjenigen, die er darin gehalten hatte, was ich für eine sehr große Gnade für ihn halte und für einen Teil des Fegefeuers. Ich sage das so, um zu zeigen, daß es keinen Menschen gibt, in welcher Stellung er auch sei, der nicht im Geheimen oder Öffentlichen gelitten hätte, und besonders diejenigen, die andere leiden ließen.

Gegen Ende seiner Tage ließ unser Herr rings um sein Haus in Le-Plessis-les-Tours starke Eisenstangen zu festen Gittern zusammenschließen, und an den vier Ecken des Hauses standen vier gute, große und dichte Wachtürme. Die Gitter erhoben sich der Mauer gegenüber nach der Stadt zu. Auf der anderen Seite des Grabens am hinteren Ende wurden mehrere eiserne Sporne in die Mauer gerammt, jeder mit drei oder vier Widerhaken, einer dicht neben dem anderen. Ferner wurden je zehn Armbruster der Wachtürme von ihm in die Gräben kommandiert, um auf jeden zu schießen, der sich nähern würde, bevor das Tor

[15] Während seiner Gefangenschaft 1488. Siehe Einleitung.

sich öffnete. Er wollte, daß sie in den Gräben lägen und sich in die eisernen Türme zurückzögen. Er wußte sehr gut, daß dies gegen eine große Zahl Leute oder gegen eine Armee nichts nützen würde, aber davor fürchtete er sich nicht. Er hatte nur Angst, daß ein oder mehrere Herren, halb mit Freundschaft und halb mit Gewalt dank ihrer Beziehungen es versuchen würden, den Platz bei Nacht zu nehmen, die Macht an sich rissen und ihn leben ließen wie einen Menschen ohne Verstand und des Herrschens unwürdig. Das Tor von Le-Plessis wurde nicht vor acht Uhr morgens geöffnet und die Zugbrücke niedergelassen. Dann traten die Beamten ein, und die Gardehauptleute postierten die üblichen Pförtner und ordneten darauf ihre Wache von Bogenschützen sowohl am Tore als auch mitten im Hof an, als befände man sich in einer scharf bewachten Grenzfestung. Jeder konnte nur durch die Pforte und mit Wissen des Königs eintreten, mit Ausnahme des Schloßmeisters und von solchen Leuten, die nicht vor ihn kamen.

Ist es möglich, einen König, wenn man ihn ehrenvoll gefangenhalten will, in einer strengeren Haft zu halten, als er sich selbst hielt? Die Käfige, in denen er die anderen gefangen hielt, maßen acht Fuß im Geviert; und er, ein so großer König, hatte nur einen kleinen Schloßhof, um zu lustwandeln. Auch kam er kaum dorthin, sondern hielt sich in der Galerie auf, ohne von dort fortzugehen, außer wenn er durch seine Zimmer, ohne den Hof zu betreten, zur Messe ging. Will man da noch sagen, daß dieser König nicht litt, der sich so abschloß und bewachen ließ und so in Furcht vor seinen Kindern und allen seinen nahen Verwandten lebte, daß er von Tag zu Tag seine Diener und Pfleglinge wechselte und änderte, die nur von ihm Gut und Ehre erhielten und denen er sich doch nicht anzuvertrauen wagte, und sich mit so merkwürdigen Ketten und Riegeln umfesselte? Es ist wahr, daß dieser Ort größer war als ein gewöhnliches Gefängnis: aber der König war auch größer als gewöhnliche Gefangene. Man könnte sagen, daß andere noch viel argwöhnischer gewesen sind als er. Das war aber nicht zu meiner Zeit und wohl nicht ein so kluger Mann, der so gute Untertanen hatte; das könnten grausame und tyrannische Menschen gewesen sein. Dieser aber hatte niemanden ein Leid angetan, der ihm nicht irgendeine Beleidigung zugefügt hätte.

Ich habe dieses nicht gesagt, um nur vom Argwohn unseres Königs zu sprechen, sondern um zu sagen, daß die Geduld, die er hat aufbringen müssen in diesen Leiden, die denen ähnlich waren, die er anderen zugefügt hat, meiner Meinung nach zur Strafe gehört, die unser Herrgott ihm in dieser Welt auferlegte, damit er in der anderen weniger zu leiden hätte, in allen Dingen, von denen ich gesprochen habe, wie in seiner großen und für ihn schmerzhaften Krankheit, vor der er sich schon fürchtete, bevor sie ihn befiel. Ich sage es auch, damit diejenigen, die nach ihm kommen werden, ein wenig mitleidiger mit dem Volk werden und es weniger hart strafen als er es tat. Obwohl ich ihm keinen

Vorwurf machen und sagen will, ich hätte einen besseren Fürsten gekannt. Er bedrückte zwar seine Untertanen, aber er litt es nicht, daß ein anderer es tat, sei es sein Freund oder ein Fremder.

Nach so vielen Ängsten, Verdächtigungen und Schmerzen tat unser Herrgott ein Wunder an ihm und heilte ihn sowohl an Seele als an Körper, wie er immer gewohnt ist, seine Wunder zu tun, denn er nahm ihn aus dieser schlechten Welt in großer Gesundheit des Geistes und des Verstehens und bei gutem Gedächtnis, nachdem er alle seine Sakramente empfangen hatte, ohne sichtliche Schmerzen zu leiden; vor seinem Tode aber sprach er immer bis zur Länge eines Vaterunsers. Er gab Anweisungen über sein Begräbnis, von wem er wollte, daß er ihn begleite und auf welchem Wege, und hoffte erst am Samstag zu sterben. Unsere Liebe Frau, zu der er immer großes Vertrauen und Verehrung gehabt hatte, würde ihm die Gnade nicht versagen, und er wollte, daß er auch am nächsten Samstag beigesetzt würde. Und so geschah alles, denn er starb am Samstag, dem vorletzten Tag im August des Jahres 1483, um acht Uhr abends in Le-Plessis, wo ihn die Krankheit am Montag vorher erfaßt hatte. Möge ihn unser Herr in sein Paradies aufgenommen haben!

## *Zwölftes Kapitel*

Wenig Hoffnung müssen die armen und geringen Leute im Treiben dieser Welt haben, da doch ein so großer König so gelitten und sich geplagt hat und doch alles lassen mußte und nicht eine einzige Stunde gefunden hat, um vom Tode Aufschub zu erhalten, welchen Eifer er auch immer darauf zu verwenden wußte. Ich habe ihn gekannt und bin in der Blüte seiner Jahre und zur Zeit seiner großen Erfolge sein Diener gewesen, aber nie habe ich ihn ohne Mühe und Sorgen gesehen. Vor allen Vergnügungen liebte er die Jagd und die Vögel in ihren Zeiten, fand aber nicht soviel Gefallen daran wie an Hunden. Zur Zeit als ich bei ihm war, hat er sich mit Frauen nicht abgegeben, denn als ich zu ihm kam, starb ihm ein Sohn, worüber er sehr trauerte. Damals gelobte er in meiner Gegenwart Gott, niemals eine andere Frau anzurühren als die Königin, seine Gemahlin. Und obgleich dieses nach den Gesetzen der Ehe seine Pflicht hätte sein sollen, so war es doch eine große Sache, dieses Versprechen zu halten, da ihm viele zu Willen waren und noch dazu die Königin nicht so war, daß man großen Gefallen an ihr finden konnte; aber sie war eine gute Frau.

Auf der Jagd hatte er noch fast ebensoviel Verdruß wie Freude, da er mit großer Mühe jagte. Er hetzte die Hirsche mit Macht und erhob sich schon am frühen Morgen, ritt manchmal sehr weit und ließ bei keinem Wetter davon ab, es zu tun. So kehrte er manchmal sehr erschöpft und fast immer gegen irgendjemanden erzürnt zurück: denn es ist ein

Handwerk, das nicht immer zum Vergnügen derjenigen ausfällt, die es betreiben. Dennoch kannte er sich, nach der Meinung eines jeden, besser darin aus, als jeder andere, der in seiner Zeit gelebt hat. Dieses Jagen dauerte ohne Unterlaß, und man logierte in den Dörfern, bis Nachrichten vom Krieg kamen: denn fast jeden Sommer gab es irgendetwas zwischen dem Herzog Karl und ihm; den ganzen Winter hindurch hielten sie Waffenruhe. Auch hatte er mehrere Verwicklungen wegen der Grafschaft Roussillon mit Don Juan von Aragon[16], dem Vater des heute regierenden Königs von Spanien. Obgleich sie arm und mit ihren Untertanen wie mit denen von Barcelona und anderen im Zwist waren, und obgleich der Sohn nichts hatte (denn er erwartete die Nachfolge seines Schwagers Don Enrique von Kastilien, die ihm später zugefallen ist), leisteten sie dennoch scharfen Widerstand, denn ihnen gehörten die Herzen der Untertanen von Roussillon. Unseren König und das Reich kam es teuer zu stehen, da er dort viele Edelleute verlor, die starben, und eine große Summe Geldes ausgab.

So war das Vergnügen, dem er sich hingab, von kurzer Dauer im Jahr und mit großer Anstrengung seiner Person verbunden, wie ich gesagt habe. In der Zeit, in der er ausruhte, arbeitete sein Verstand, da er an so vielen Orten zugleich beschäftigt war, daß es verwunderlich schien, und sich auch gern in die Angelegenheiten seiner Nachbarn einmischte, als seien es seine eigenen, in ihre Häuser Leute brachte und ihre Macht zerteilte. Wenn er im Kriege war, wünschte er Frieden oder Waffenstillstand herbei; hatte er eines von beiden, konnte er es nur mit Mühe ertragen. Er mischte sich in viele Kleinigkeiten seines Königreiches ein, an denen er gut hätte vorbeigehen können; so aber war seine Veranlagung und so lebte er. Auch war sein Gedächtnis so gut, daß er alles behielt und alle Welt in allen Ländern ringsum kannte. Er schien wahrhaftig besser dazu geschaffen zu sein, eine Welt zu regieren als ein Königreich.

Ich spreche nicht von seiner Jugend, denn damals war ich nicht bei ihm. Doch wurde er im Alter von elf Jahren durch einige Herren und andere Leute des Reiches gegen seinen Vater, König Karl VII., in einen Krieg verwickelt, der von kurzer Dauer war und die Praguerie hieß. Zu seinem Mißfallen wurde er mit einer schottischen Königstochter[17] vermählt; solange sie lebte, bedauerte er es. Nachher zog er sich wegen der Verschwörungen und Wirren am Hofe seines Vaters in die Dauphiné zurück, die sein Eigen war, wohin ihm viele Edelleute folgten, mehr, als er unterhalten konnte. Dort vermählte er sich mit der Tochter des Herzogs von Savoyen [18]. Gleich nach dieser Heirat bekam er Streit mit seinem Schwiegervater, und sie führten einen sehr hitzigen Krieg.

16 König Johann II. von Aragon, Vater Ferdinands des Katholischen.

17 Margarete von Schottland, Tochter Jakobs I. Sie heiratete Ludwig 1436 und starb 1445.

18 9. März 1451.

Als König Karl ihn so übermäßig nach seinem Willen mit Edelleuten und Kriegern umgeben sah, beschloß er selbst, mit einer großen Anzahl von Kriegsleuten dort hinzuziehen, um ihn hinauszuwerfen; er machte sich auf den Weg und gab sich Mühe, mehrere wieder zurückzuholen, indem er ihnen als seinen Untertanen bei den gewohnten Strafen befahl, zu ihm zurückzukehren. Dem gehorchten mehrere zum großen Leidwesen unseres Königs. Als dieser den Zorn seines Vaters sah, beschloß er, obgleich er stark war, von dort abzuziehen und ihm das Land zu überlassen. Mit wenigen Leuten kam er nach Burgund zu Herzog Philipp, der ihn ehrenvoll empfing und ihm und seinen vornehmsten Dienern, wie dem Grafen von Comminges, Herrn de Montauban und anderen, von seinen Gütern in Form einer jährlichen Pension zuteilte. Während seines Aufenthaltes dort machte er seinen Dienern viele Geschenke. Dennoch fehlte ihm oft, bei den Ausgaben und den vielen Leuten, die er hatte, das Geld, was für ihn große Mühe und Sorge bedeutete, denn er war gezwungen, etwas zu suchen und zu borgen, da ihn sonst seine Leute verlassen hätten; das bedeutet für einen Fürsten, der daran nicht gewöhnt ist, große Bedrückung. Auch war er in diesem Hause Burgund nicht ohne Mühsal: er mußte den Fürsten und seine vornehmsten Diener in guter Stimmung halten aus Furcht, man könnte seiner überdrüssig werden, denn er blieb sechs Jahre. Der König, sein Vater, schickte unablässig Gesandte dorthin, man solle ihn entweder hinauswerfen oder zu ihm zurückschicken. Ihr könnt Euch wohl denken, daß er nicht müßig und nicht ohne große Pein und Sorgen gewesen ist.

Wenn man alle diese Dinge gehört hat, muß man sich fragen, zu welcher Zeit er denn Freude und Vergnügen gehabt hat. Ich glaube, seit den Tagen seiner Kindheit bis zu seinem Tode hat er nichts als Mühe gehabt. Ich bin sicher, wollte man alle guten Tage in seinem Leben zählen, in denen er mehr Freude und Vergnügen gehabt hat als Verdruß und Mühsal, man würde nur sehr wenige finden; mir scheint, auf zwanzig Tage voll Mühe und Arbeit kommt einer des Vergnügens und der Lust. Er lebte etwa einundsechzig Jahre. Dennoch hatte er sich immer eingebildet, daß er über sechzig nicht hinauskäme und sagte, seit langer Zeit seien die französischen Könige nicht älter geworden; einige wollen wissen, seit Karl dem Großen. Trotzdem kam unser König sehr weit ins einundsechzigste Jahr hinein.

Und Herzog Karl von Burgund? Welche Behaglichkeit und welches Vergnügen hatte er unserem König, von dem ich sprach, vorausgehabt? Es ist wahr, daß er in seiner Jugend weniger Sorgen gehabt hat, denn er unternahm etwa bis zu seinem zweiunddreißigsten Lebensjahr nichts und hatte bis dahin gesund und ohne Sorge gelebt. Dann begann er, sich mit den Statthaltern seines Vaters zu überwerfen, die der Vater unterstützte. Aus diesem Grunde entwich er aus seiner Nähe und begab sich nach Holland, wo er gut empfangen wurde; er nahm Beziehungen zu den Gentern auf und kam manchmal dorthin. Von seinem Vater bekam er nichts, aber Holland war sehr reich und machte ihm große Geschenke; so taten es auch mehrere große Städte der anderen Länder in der Hoffnung, seine Gunst für die Zukunft zu erwerben. Es ist eine herkömmliche Gewohnheit, daß man immer den Menschen, von denen man hofft, daß ihre Macht und ihr Ansehen in der Zukunft wächst, mehr gefällig sein will, als demjenigen, der schon in einer solchen Stellung ist, daß er nicht mehr höher steigen kann; besonders unter dem Volk ist da die Liebe viel größer. Daher antwortete Herzog Philipp, als man ihm sagte, die Genter liebten seinen Sohn so sehr, und er wüßte sie so gut zu führen: sie würden immer den künftigen Herrn lieben, würden ihn aber hassen, sobald er Herr sei. Dieses Wort wurde wahr, denn als Herzog Karl ihr Herr wurde, liebten sie ihn nicht mehr und zeigten es ihm deutlich, wie ich anderswo schon gesagt habe. Auch er mochte sie nicht mehr. Was sie ihm nicht antun konnten, haben sie aber an seinen Nachkommen getan, die durch sie viel Schaden litten.

Um mein Thema fortzuführen: welches Vergnügen hatte Herzog Karl, als er den Krieg wegen der Länder der Pikardie unternahm, die unser König von seinem Vater, Herzog Philipp, wieder eingelöst hatte, und sich mit den anderen Herren des Reiches in den Krieg der „Allgemeinen Wohlfahrt“ stürzte? Immer Mühsal, kein Vergnügen, körperliche und geistige Anstrengung, denn der Ruhm berauschte ihm das Herz und bewog ihn, alles zu erwerben, was ihm passend schien. Jeden Sommer war er mit großer Lebensgefahr im Feld und nahm die ganze Mühe und Sorge für das Heer auf sich; nach seinem Geschmack schien es ihm noch nicht genug: er stand als erster auf und legte sich als letzter hin, ganz angekleidet, wie der ärmste seines Lagers. Wenn er einige Winter hindurch ausruhte, bot er alles auf, um Geld zu finden. Dazu arbeitete er täglich von sechs Uhr morgens; es war kein großes Vergnügen. Keines fand er, außer daß er den Ruhm hatte, diese Mühen auf sich zu nehmen und eine große Anzahl Gesandte zu empfangen und anzuhören. In dieser Arbeit und in diesem Elend endete er seine Tage, von den Schweizern vor Nancy erschlagen, wie Ihr schon gehört habt. Man könnte nicht sagen, daß er bis zu seinem Tode je einen guten Tag gehabt hätte, seitdem er es unternahm, seine Macht zu vergrößern. Welchen Gewinn hat er denn mit dieser mühevollen Arbeit erworben? Hatte er es denn überhaupt nötig, er, ein so reicher Herr, der so viele schöne Städte und Herrschaften hatte, die ihm gehorchten, da er bequem hätte leben können, wenn er gewollt hätte?

Nun müssen wir von König Eduard sprechen, der ein sehr großer und mächtiger König in England gewesen ist. In seiner frühesten Jugend sah er seinen Vater, den Herzog von York, in der Schlacht geschlagen und getötet werden und mit ihm den Vater des Grafen von Warwick. Warwick lenkte König Eduard in seiner Jugend und führte seine Geschäfte. Um die Wahrheit zu sagen, er machte ihn zum König und verursachte König Heinrichs Sturz, der viele Jahre in England regiert hatte und nach meinem und der Welt Urteil ein rechtmäßiger König gewesen ist: doch die Geschicke der Königreiche und großen Herrschaften hält unser Herrgott in seiner Hand und bestimmt darüber, da ja alles von ihm kommt.

Der Graf von Warwick diente dem Hause York gegen König Heinrich von Lancaster, weil eine Verschwörung und ein Zwist im Hause König Heinrichs, der nicht klug war, ausgebrochen war. Die Königin, seine Gemahlin, aus dem Hause Anjou und Tochter des Königs René von Sizilien, nahm die Partei des Herzogs von Somerset gegen Warwick, denn alle hatten König Heinrich, seinen Vater und Großvater als Könige anerkannt. Die Dame hätte besser daran getan, das Richter- oder Vermittleramt zwischen den beiden Parteien zu übernehmen, als zu sprechen: „Ich halte es mit dieser Partei", denn das zeigte sich bald, da die vielen Schlachten begannen und zum Schluß fast alles auf beiden Seiten tot war. Aber man sagt den Fürsten, mittels solcher Fragen und Streitigkeiten würden sie Wichtiges erfahren und beide Parteien in Furcht erhalten. Ich würde lieber damit übereinstimmen, daß ein junger König solche unter den Damen hervorrufen solle, dann hätte er Zeitvertreib und Vergnügen und erführe von ihnen Neuigkeiten. Unter Männern aber, wie Fürsten und Rittern von Kraft und Mut, ist nichts gefährlicher. Es heißt nämlich ein großes Feuer in seinem Haus anzünden, denn gleich sagt einer dem anderen: „Der König ist gegen uns", und denkt dann daran, sich zu wappnen und mit seinen Feinden zu verständigen. Die Fehden von Orléans und Burgund sollten sie klug gemacht haben. Der Krieg dauerte zweiundsechzig Jahre[19], die Engländer mischten sich hinein und glaubten, sie könnten das ganze Königreich besitzen.

Um zu König Eduard zurückzukommen: als er in jeder Weise in seinen Angelegenheiten die Oberhand gewonnen hatte, war er unter den Schönen der Welt ein sehr junger und schöner Fürst. Auch ergab sich ein Mann nie so sehr seinem Vergnügen, besonders den Frauen, Festen, Banketten und Jagden. Mir scheint, als hätte diese Zeit ungefähr sechzehn Jahre lang gedauert, bis der Streit mit dem Grafen von Warwick begann. Obgleich der König aus dem Reich geworfen wurde, dauerte der Krieg nicht lange, denn er kehrte zurück und siegte. Er begann mit seinen Vergnügungen noch mehr als zuvor, brauchte niemanden zu fürchten und wurde sehr dick und voll. In der Blüte seiner Jahre legten sich seine Ausschweifungen auf die Nieren und er starb, wie gesagt, sehr plötzlich an einem Schlag, und seine Linie erlosch mit ihm, wie Ihr gehört habt[20].

In unserer Zeit haben noch zwei tapfere und kluge Fürsten geherrscht, der König von Ungarn, Matthias, und der Kaiser der Türken.

---

[19] Es ist unklar, wie Commynes zu dieser Zahl kommt. Schreiberfehler?

[20] Oben im achten Kapitel des sechsten Buchs hat Commynes den Tod Eduards auf die Enttäuschung über den gescheiterten Heiratsplan zurückgeführt.

Der König Matthias von Ungarn[21] war der Sohn eines edlen Ritters, genannt „der Weiße Ritter" von der Walachei, ein einfacher Edelmann, aber von großem Verstand und großer Tüchtigkeit, der lange das Königreich Ungarn lenkte und viele Siege über die Türken errang, die dem Königreich benachbart sind wegen der Herrschaften, die sie in Griechenland, Slavonien und Bosnien an sich gerissen hatten. Bald nach seinem Tode kam König Ladislaus, dem dieses Reich mit Böhmen und Polen gehörte, ins Mannesalter. Dieser, sagt man, fand sich von einigen beraten, die beiden Söhne des weißen Ritters gefangenzunehmen, da ihr Vater, wie sie sagten, während seiner Kindheit sich zu viel Macht und Herrschaft im Königreich angemaßt habe; die Kinder, die gute Ritter wären, könnten es wohl so machen wollen wie er. Aus diesem Grunde beschloß König Ladislaus, sie beide gefangennehmen zu lassen, was auch geschah. Unverzüglich ließ er den Ältesten töten, und Matthias, den zweiten, zu Ofen, der Hauptstadt Ungarns, ins Gefängnis werfen. Er aber blieb dort nicht lange, und vielleicht waren unserem Herrgott die Dienste seines Vaters wohlgefällig, denn bald danach wurde König Ladislaus zu Prag in Böhmen durch eine Dame aus gutem Hause vergiftet. Den Bruder dieser Dame, mit der er in Beziehungen stand, habe ich gekannt. Sie war eifersüchtig, daß er sich in Frankreich mit der Tochter König Karls VII., der heutigen Fürstin von Viane, vermählte, was gegen sein Versprechen war. Sie vergiftete ihn in einem Bade, als sie ihm einen Apfel zu essen gab; das Gift hatte sie in das Heft des Messers getan.

Sofort nachdem König Ladislaus tot war, versammelten sich die Barone Ungarns zu Ofen, um nach ihrem Brauch und Privileg einen König zu wählen, wie immer, wenn ihr König ohne Kinder gestorben ist. Wegen dieser Wahl befanden sie sich dort untereinander in Haß und Zwietracht. Da kam unvermutet die Witwe des weißen Ritters, die Mutter des Matthias, in zahlreicher Begleitung in die Stadt, denn sie war eine reiche Dame mit viel Geld, das ihr ihr Gemahl hinterlassen hatte. Dadurch konnte sie so schnell so viele Truppen zusammenbringen, und ich glaube, sie hatte sowohl in dieser Versammlung als auch in der Stadt gute Beziehungen, da ihr Gemahl im Königreich Vertrauen und Ansehen genossen hatte. Sie zog geradewegs zum Gefängnis und befreite daraus ihren Sohn. Ein Teil der Barone und Prälaten, die dort versammelt waren, um einen neuen König zu wählen, ergriffen aus Angst die Flucht. Die anderen wählten Matthias zum König, der im Reich in großem Wohlstand regierte und so gelobt und gepriesen wurde, wie seit langem kein König, der geherrscht hatte. Er war einer der Tapfersten seiner Zeit und hat gegen die Türken große Schlachten gewonnen. Während seiner Regierung taten sie seinem Reiche keinen Schaden an, er aber vergrößerte es sowohl nach ihrer Seite als auch nach Böhmen

21 Matthias Corvinus, gestorben April 1490. Der Gegner ist Ladislaus Postumus von Österreich, gestorben 1457.

hin, das ihm zum größten Teil gehörte, auch nach der Walachei hin, aus der er stammte, und nach Slavonien. Auf der deutschen Seite entriß er dem Kaiser Friedrich, der noch lebt, den größten Teil von Österreich und besaß es bis zu seinem Tode. Er starb in Wien, der Hauptstadt Österreichs, im Jahre 1490. Er war ein König, der seine Geschäfte im Frieden ebenso klug führte wie in Kriegszeiten. Als es mit ihm zu Ende ging, war er ohne Furcht vor seinen Feinden und war ein sehr prunkhafter und imponierender König in seiner Hofhaltung geworden; er hatte schönen Hausrat, Kleinodien und Tafelgeschirr angehäuft, um sein Haus zu schmücken. Alle Dinge gingen durch ihn oder wurden von ihm befohlen. Er war sehr gefürchtet, da er grausam wurde, und fiel dann in schwere, unheilbare Krankheiten, an denen er in noch jungen Jahren gestorben ist, nachdem er in seinem ganzen Leben mehr Mühe und Arbeit als Vergnügen gehabt hat.

Der Türke[22], den ich oben genannt habe, war ein kluger und tapferer Fürst gewesen, der mehr Verstand und List gebrauchte als Tapferkeit und Kühnheit. Wahr ist es, daß sein Vater, der ein tapferer Fürst gewesen war, ihm eine große Macht hinterließ. Er nahm Adrianopel, das heißt die Stadt des Hadrian. Dieser hier, von dem ich spreche, nahm Konstantinopel, das heißt die Stadt des Konstantin, im Alter von dreiundzwanzig Jahren. Ich sah ihn auf einem Gemälde, wonach es schien, daß er ein Mann von scharfem Geist gewesen ist. Es war eine große Schande für alle christlichen Fürsten, daß Konstantinopel verlorenging. Er nahm es im Sturm; und in der Bresche fiel der Kaiser des Ostens, oder, wie wir ihn nennen, von Konstantinopel, mit vielen anderen Edelleuten, und viele Frauen aus großen und edlen Häusern wurden vergewaltigt. Keine Grausamkeit blieb dort ungetan. Es war sein erster Sieg. Andere große Taten folgten dergestalt, daß ich einmal einen venezianischen Gesandten zu Herzog Karl von Burgund habe sagen hören, er habe zwei Kaiserreiche, vier Königreiche und zweihundert Städte erobert. Er meinte damit das Kaisertum Konstantinopel und Trapezunt und die Königreiche Bosnien, Serbien und Armenien; ich weiß nicht, ob er auch Morea für eines hielt. Er eroberte viele schöne Meeresinseln, wo die Venetianer noch Plätze behaupten, auch die Inseln Negropont und Mitylene. Fast das ganze Albanien eroberte er und auch Slavonien. Waren seine Eroberungen gegen die Christen sehr groß, so waren es die gegen Leute seines eigenen Glaubens nicht minder, und so manchen großen Herrn, wie den Karaman und andere, hat er gestürzt.

Den größten Teil seiner Taten vollbrachte er selbst und mit seinem Verstand. So machte es auch unser König und der ungarische; sie sind die drei größten Männer gewesen, die seit einem Jahrhundert gelebt haben. Aber unseres Königs Anstand, Lebensweise und die Geschicklichkeit, mit der er Vertrauten und Fremden entgegentrat, waren ganz

22 Mahomet II., 1451—1481. Er eroberte am 29 Mai 1453 Konstantinopel, bei dessen Verteidigung Kaiser Konstantin XII. Paläologos fiel.

anders und viel besser als die der beiden anderen. Auch war er „Sehr christlicher König".

Was die Weltfreuden anging, so gab sich der Türke ihnen aus vollem Herzen hin und verschwendete damit einen großen Teil seiner Zeit. Wäre er nicht so sehr mit dem Laster des Fleisches beschäftigt gewesen, hätte er noch mehr Schlechtigkeiten begangen, als er schon getan hatte. Er war ein Feinschmecker ohne Maß. Seinem Leben gemäß überfielen ihn auch bald die Krankheiten, denn, wie ich von denen habe sagen hören, die es gesehen haben, bekam er ein Geschwür am Bein. Es geschah ihm, daß die Beine zu Beginn des Sommers so dick wurden wie ein Mann am Körper, ohne daß man sie hätte öffnen können, und dann verging es wieder. Kein Chirurg wußte anzugeben, was es war; wohl aber sagte man, daß sein großes Schwelgen dazu beitrug, oder daß es eine Strafe Gottes sei. Er starb ziemlich plötzlich im Alter von etwa zweiundfünfzig Jahren. Immerhin machte er ein Testament, das ich gesehen habe. Darin machte er sich ein Gewissen über eine neuerlich auferlegte Steuer (wenn das Testament echt ist). Seht, daß ein christlicher Fürst, der eine auf Recht begründete Macht besitzt, in keiner Weise Steuern ohne Abschied des Volkes erheben sollte.

Nun habt Ihr den Tod so vieler großer Männer in so kurzer Zeit gesehen, die sich so geplagt haben, um ihre Macht zu erweitern und Ruhm zu ernten, und dafür so viele Leiden und Mühen auf sich genommen und ihr Leben verkürzt haben; vielleicht müssen ihre Seelen noch leiden. Hier spreche ich nicht von dem Türken, denn ich glaube bestimmt, daß er bei seinen Vorgängern versammelt ist. Ich habe, wie gesagt, die Hoffnung, daß der Herrgott unseren König und alle anderen in seine Barmherzigkeit aufgenommen hat, wenn es ihm gefällt.

Um aber natürlich zu sprechen, wie ein Mann, der nicht gelehrt ist, wohl aber einige Erfahrung hat: ist es nicht für sie, für alle anderen Fürsten und Menschen mittleren Standes, die unter diesen Großen leben und noch unter denen, die regieren, leben werden, besser, das rechte Maß in diesen Dingen zu halten? Das heißt, sich weniger zu sorgen, weniger zu arbeiten, weniger Dinge zu unternehmen und sich mehr davor zu fürchten, Gott zu kränken, das Volk und ihre Nachbarn mit so vielen grausamen Mitteln zu verfolgen, die ich genug geschildert habe, und Wohlbehagen und ehrbare Vergnügungen aufzusuchen? Ihr Leben wäre länger, ihre Krankheiten würden später kommen und ihr Tod würde von mehr Leuten mehr bedauert und weniger gewünscht werden, und sie würden weniger Grund haben, den Tod zu fürchten.

Könnte man schönere Beispiele nehmen, um zu erkennen, daß der Mensch nur wenig wert, und daß das Leben elend und kurz ist, und daß es nichts mit den Kleinen und Großen ist, wenn sie einmal tot sind, daß jeder Mensch ihren Körper verabscheut, und daß die Seele unverzüglich gehen muß, ihr Gericht zu empfangen? Und schon ist der Urteilsspruch gefällt, gemäß den Werken und Verdiensten des Körpers.

# SIEBENTES BUCH

## *Erstes Kapitel**

Um meine begonnenen Memoiren fortzusetzen, will ich Euch sagen, wie es dazu kam, daß König Karl VIII., unser jetziger Herrscher, seinen Zug nach Italien unternahm, bei dem ich war. Er brach von Vienne in der Dauphiné am 23. August des Jahres 1494 auf und kehrte etwa im Oktober 1495 wieder in sein Land zurück. Manche Diskussion gab es, ob er ginge oder nicht, da das Unternehmen allen klugen und erfahrenen Leuten sehr unvernünftig erschien, und nur er allein fand es gut und einer namens Etienne de Vesc, gebürtig aus Languedoc, ein Mann von geringer Herkunft, der niemals etwas gesehen oder verstanden hatte. Noch ein anderer hatte sich eingemischt, dem dann der Mut fehlte, der Rentmeister Briçonnet, der später infolge dieses Zuges als Kardinal große Güter und viele Pfründen in der Kirche gehabt hat. Der andere hatte schon viel Erbe erworben, war Seneschall von Beaucaire und Präsident des Rechnungshofes zu Paris; er hatte dem König in seiner Kindheit als Kammerdiener sehr gut gedient. Dieser zog den Rentmeister an sich, und die beiden wurden die Ursache dieser Unternehmung, die wenige Leute lobten, mehrere aber tadelten: denn alle für eine so große Unternehmung wichtigen Dinge fehlten. Der König war nämlich sehr jung, schwächlich und vom eigenen Willen erfüllt; von klugen Leuten und guten Heerführern war er nur mäßig umgeben. Es fehlte an Bargeld: denn bevor sie aufbrachen, mußten sie hunderttausend Franken zu vierzehn Prozent Zinsen von Messe zu Messe von der Bank Soli zu Genua und an mehreren anderen Orten leihen, wie ich noch erzählen werde. Sie hatten nicht genügend große Zelte und begannen so im Winter in die Lombardei einzurücken. Etwas Gutes hatten sie: das war eine draufgängerische Schar von jungen Edelleuten, die aber wenig Gehorsam kannten. So muß man schließen, daß dieser Zug sowohl in Ausfahrt als auch in Heimkehr ganz von Gott geführt wurde; denn der Verstand der besagten Führer taugte kaum etwas.

---

* Hier beginnt der zweite Teil der Memoiren, geschrieben nach dem Italienzug, den er behandelt. Über das Verhältnis des zweiten zum ersten Teil siehe die Einleitung Seite XV. Auch andere zeitgenössische Beobachter sind geneigt, die persönliche Willkür einer kleinen Gruppe um den König Karl VIII. stark für Vorbereitung und Durchführung des Zuges verantwortlich zu machen. Commynes hat jedoch wohl nach dieser Richtung etwas übertrieben, wenn er auch seiner Gewohnheit entsprechend versucht, auch seinen Gegnern in ihren Motiven gerecht zu werden. Beste Zusammenfassung des Zuges in deutscher Sprache immer noch: Eduard Fueter, Geschichte des europäischen Staatensystems von 1492 bis 1559 (1919). Neue französische Zusammenfassung: Henri Hauser und A. Renaudet, Les débuts de l'âge moderne. 2. éd. 1938.

Immerhin können sie sich sagen, daß sie die Ursache für die große Ehre und den großen Ruhm ihres Herrn gewesen sind.

Als der besagte König im Alter seiner Krönung war, etwa vierzehn oder fünfzehn Jahre alt, kam der Herzog von Lothringen zu ihm, um das Herzogtum Bar zu fordern, das König Ludwig gehabt hatte, und die Grafschaft Provence, die König Karl von Anjou, sein Vetter, dem König Ludwig XI. durch seinen Tod und sein Testament hinterließ, da er ohne Kinder starb. Der Herzog von Lothringen wollte sie als sein Eigen ansprechen, weil er der Sohn der Tochter König Renés von Sizilien, des Herzogs von Anjou und Grafen der Provence, war und sagte, König René habe ihm Unrecht getan, und der genannte König Karl sei nur sein Neffe, der Sohn des Grafen von Maine. König Karl VIII. antwortete darauf, die Provence könne auf Grund ihrer Testamente nicht mit der Tochter gehen. In der Tat wurde Bar zurückgegeben, wofür der König nur eine Geldsumme forderte. Da er in großer Gunst stand und große Freunde hatte (besonders den Herzog von Bourbon, der alt war und seine Schwester heiraten wollte), bekam er vom König viel Macht, und ihm wurde ein Kommando über hundert Lanzen und sechsunddreißigtausend Pfund auf vier Jahre gegeben, während welcher Zeit sein Recht auf die Grafschaft untersucht werden sollte. Ich war bei dieser Erwägung und diesem Entschluß dabei, weil ich zum Rat gehörte, der damals von des Königs nahen Verwandten und den drei Ständen des Reiches erwählt worden war. Etienne de Vesc, von dem ich oben gesprochen habe, der schon etwas in der Provence erworben hatte und in seinen Gedanken bereits bei der Unternehmung gegen Neapel war, veranlaßte den König, so jung wie er damals war — in Anwesenheit seiner Schwester, der Herzogin von Bourbon —, mit Herrn de Comminges und Herrn Du Lau (denn diese beiden waren auch im Rat) und mit mir zu sprechen, wir möchten uns dafür einsetzen, daß er die Grafschaft Provence nicht verliere. Das war vor der besagten Regelung.

Bevor die vier Jahre abgelaufen waren, fanden sich Rechtskundige der Provence ein, die kamen, um gewisse Testamente von König Karl I.[1], dem Bruder Ludwigs des Heiligen, und von anderen Königen Siziliens aus dem Hause Frankreich vorzulegen und andere Gründe geltend zu machen, wonach dem König nicht nur die Grafschaft Provence gehöre, sondern auch das Königreich Sizilien und andere Besitzungen des Hauses Aragon; der Herzog von Lothringen habe dort nichts zu suchen (obgleich einige anderer Meinung waren). Sie wandten sich alle an Etienne de Vesc, der seinen Herrn in dieser Sprache unterrichtet hatte, und legten ihm dar, daß es ihm der kürzlich verstorbene König Karl, Graf der Provence, Sohn König Karls von Anjou, Graf von Maine und Neffe des Königs René, durch Testament hinterlassen habe. Denn König René setzte ihn vor seinem Tode an seiner Statt ein und zog ihn dem

[1] Karl von Anjou, als König von Neapel Karl I. (1265—1285), der Gegner der letzten Staufer.

Herzog von Lothringen vor, der seiner Tochter Sohn war, und das auf Grund der von Karl I. und seiner Gemahlin, der Gräfin der Provence, gemachten Testamente, die besagten, daß Königreich und Grafschaft Provence nicht getrennt werden oder mit der Tochter gehen dürften, sofern ein Sohn des Geschlechtes vorhanden sei. Dasselbe Testament wiederholten ihre ersten Nachkommen, also Karl II., mit dem Königreich.

Innerhalb dieser vier Jahre riefen diejenigen, die die Regentschaft für den König führten (es waren der Herzog und die Herzogin von Bourbon, ein Kämmerer, Herr de Graville, und andere Kämmerer, die damals unumschränkt herrschten), den Herzog von Lothringen in großem Ansehen und Vertrauen an den Hof, um an ihm Schutz und Beistand zu haben, denn er war ein mutigerer Mann als die meisten Leute am Hofe. Sie glaubten, sich seiner zur rechten Zeit entledigen zu können, wie sie es auch taten, als sie sich stark genug fühlten und die Macht des Herzogs von Orléans und mehrerer anderer, von denen Ihr habt sprechen hören, abgenommen hatte. Auch konnten sie den Herzog von Lothringen nicht mehr halten, als die vier Jahre um waren, ohne ihm die Grafschaft zu geben, oder ihm in bestimmter Zeit eine schriftliche Zusicherung zu machen und ihm immer die sechsunddreißigtausend Pfund zu bezahlen: hierin konnten sie sich nicht einigen, und so ging der Herzog sehr unzufrieden vom Hofe fort.

Vier oder fünf Monate bevor er sich vom Hofe entfernte, fiel ihm eine gute Gelegenheit zu, wenn er nur verstanden hätte, sie zu nutzen. Das ganze Königreich Neapel empörte sich gegen König Ferrante wegen seiner und seiner Kinder großer Tyrannei, und alle Barone und drei Viertel des Landes ergaben sich der Kirche[2]. Trotzdem bedrängte sie König Ferrante, von den Florentinern unterstützt, sehr; aus diesem Grunde riefen der Papst[3] und die rebellischen Herren des Reiches den Herzog von Lothringen, um ihn zu ihrem König zu machen. Lange Zeit erwarteten ihn Galeen[4] in Genua und der Kardinal San Pietro ad Vincula[5], während er in diesen Hofstreitigkeiten und bei seiner Abreise war. Bei ihm waren Leute aller Herren dieses Königreiches, die ihn drängten, aufzubrechen.

Schließlich bezeugten der König und sein Rat in allem den Willen, ihm zu helfen. Ihm wurden sechzigtausend Pfund versprochen, von denen er zwanzigtausend erhielt (der Rest ging verloren), sein Kom-

---

[2] Die Verschwörung der neapolitanischen Barone fand 1485/86 statt.

[3] Papst war Innozenz VIII. (1484—1492).

[4] Commynes' schiffstechnischer Sprachgebrauch ist von den Verhältnissen der französischen Mittelmeerküste und von den italienischen Bezeichnungen beeinflußt. Er scheint mit Galeen die üblichen Galeeren der Mittelmeerflotten zu meinen; Galeasse ist eine große Galeere, wie diese im wesentlichen Ruderkriegsschiff. Die Galeone dagegen ist schon damals ein Segelschiff.

[5] Giuliano della Rovere, Neffe des Papstes Sixtus IV., der ihn 1471 zum Kardinal gemacht hatte. War von 1503 bis 1513 Papst.

mando über hundert Lanzen, das er vom König hatte, wurde ihm genehmigt, und Gesandtschaften wurden überall zu seinen Gunsten hingeschickt. Immerhin war der König schon neunzehn Jahre alt oder älter und von den von mir Genannten erzogen, die ihm täglich einredeten, das Königreich Neapel müsse ihm gehören (ich betone das, weil kleine Leute häufig großen Lärm daraus machten); das sagten auch einige jener Gesandten, die für den Herzog von Lothringen nach Rom, Florenz, Genua und anderswohin reisten, wie ich von ihnen und vom Herzog selbst erfahren habe, als er bei Moulins vorbeikam, wo ich mich wegen der Zwistigkeiten am Hofe bei Herzog Johann von Bourbon aufhielt. Durch sein langes Zögern war sein Unternehmen schon halb verloren. Ich ging ihm entgegen, obgleich ich nicht dazu gehalten war: denn er hatte mitgeholfen, mich mit rauhen und tollen Worten vom Hofe zu jagen. Jetzt empfing er mich sehr liebenswürdig und beklagte sich über die, die an der Regierung geblieben waren. Er blieb zwei Tage bei dem Herzog von Bourbon und zog dann nach Lyon.

Seine Freunde wurden schließlich so träge und faul, weil er so lange auf sich warten ließ, daß der Papst und auch die Barone in Friedensunterhandlungen traten und diese mit der Sicherheit des Abkommens nach Neapel gingen. Dort wurden sie alle festgenommen, obgleich der Papst, die Venetianer, der König von Spanien und die Florentiner sich verbürgt hatten, diesen Vertrag zu halten, und ihre Sicherheit beschworen und versprochen hatten.

Der Fürst von Salerno entrann, kam nach Frankreich und wollte in diesen Frieden nicht einbegriffen sein, da ihm Ferrante bekannt war. Der Herzog von Lothringen ging sehr beschämt in sein Land zurück; niemals wieder gewann er bei uns Ansehen, er verlor seine Reisigen und die sechsunddreißigtausend Pfund, die er für die Provence empfing, und bis auf diese Stunde, das heißt 1497, ist er noch in diesem Zustand[6].

## *Zweites Kapitel*

Der Fürst von Salerno ging nach Venedig, weil er dort einen großen Anhang hatte, und mit ihm drei seiner Neffen, Söhne des Fürsten von Bisignano. Dort fragten sie, wie mir der Fürst erzählt hat, die Signorie um Rat, wohin sie nach ihrer Meinung ziehen sollten: zum Herzog von Lothringen, zum König von Frankreich oder zu dem von Spanien. Er sagte, sie hätten geantwortet, der Herzog von Lothringen sei ein toter Mann und könne ihnen nicht helfen; der spanische König würde viel zu groß werden, wenn er neben Sizilien und den anderen

[6] Es ist die Frage, ob diese Bemerkung späterer Zusatz bei einer Neuredaktion ist, oder ob sie einen Schluß auf die Datierung des zweiten Teils gestattet. Über die Datierung des zweiten Teils siehe Einleitung Seite XVI.

Besitzungen im Golf von Lyon noch das Königreich bekäme; auch sei er mächtig zur See. Sie rieten ihm daher, nach Frankreich zu gehen, denn mit den französischen Königen, die in diesem Königreich gewesen seien, hätten sie immer gute Freundschaft und Nachbarschaft gehalten. Ich glaube nicht, daß sie ahnten, daß das, was nachher geschah, geschehen würde. So kamen die obengenannten Barone nach Frankreich, wurden gut empfangen, aber ärmlich versorgt. Sie betrieben ihre Sache etwa zwei Jahre eifrig und wendeten sich hauptsächlich an jenen Etienne de Vesc, der damals Seneschall von Beaucaire und Kämmerer des Königs war. Einen Tag lebten sie in Hoffnung, den anderen im Gegenteil. Sie hatten Verbindungen mit Italien, besonders mit Mailand, wo Gian Galeazzo Herzog war, nicht der Große, der in der Kartause von Pavia beigesetzt worden ist, sondern der Sohn des Herzogs Galeazzo und der Herzogin Bona aus dem Hause Savoyen, die von kleinem Verstand war; sie hatte die Vormundschaft über ihre Kinder. Ich habe sie als Witwe in großem Ansehen gesehen, von ihrem Sekretär Cicco begleitet. Der wurde lange Zeit in diesem Hause gehalten und hatte alle Brüder des Herzogs Galeazzo vertrieben und verbannt zur Sicherheit dieser Dame und ihrer Kinder, unter anderen auch Herrn Lodovico, der später Herzog von Mailand wurde; obgleich er ihr Feind war und sich im Krieg gegen sie befand, rief sie ihn später zurück; ebenso Herrn Roberto von San Severino, einen tapferen Hauptmann, der gleichfalls von Cicco vertrieben worden war. Schließlich rief sie sie, durch Vermittlung ihres Truchsessen, eines jungen Ferraresen von niederer Herkunft namens Antonio Tassino, aus Dummheit zurück in dem Glauben, sie würden Cicco nichts Böses antun: so hatten sie es nämlich beschworen und versprochen. Am dritten Tag ergriffen sie ihn und führten ihn in einer Tonne quer durch Mailand. Er war nämlich durch seine Heirat mit einigen der Visconti verbunden, und, so meint man, sie hätten es nicht gewagt, Hand an ihn zu legen, wenn er in der Stadt gewesen wäre. Herr Lodovico wollte, daß Herr Roberto von San Severino, der gerade ankam, ihn in diesem Zustand träfe, da er Cicco sehr haßte. Dieser wurde auf die Burg Pavia gebracht und dort eingekerkert, wo er später starb.

Sie erwiesen der Dame große Ehre, wie es ihr schien, und schmeichelten ihr; Rat hielten sie selbst und teilten ihr nur das mit, was ihnen gefiel: eine größere Freude konnten sie ihr aber gar nicht machen, als ihr nichts von diesen Dingen zu sagen. Dem Antonio Tassino ließen sie geben, was sie wollte; er wohnte nahe bei ihrem Zimmer, und er führte sie zu Pferde hinter sich durch die Stadt. Immer gab es Feste und Tanzereien. Aber das dauerte nicht lange, ungefähr ein halbes Jahr. Sie gab Tassino sehr viel Gutes, und die Briefbeutel der Kuriere richteten sich an ihn. Das erweckte großen Neid bei Herrn Lodovico, dem Onkel der beiden Kinder, der den festen Willen hatte, sich zum Herrn zu machen, wie es ihm später gelang. Eines Morgens nahmen sie ihr die beiden Söhne fort und brachten sie in die Burg La Rocca in Mailand. Hierzu verständigten sich Herr Lodovico, Herr Roberto von San Severino, einer namens Pallavicini, der den jungen Herzog erzog, und der Hauptmann von La Rocca, der seit dem Tode des Herzogs Galeazzo niemals die Burg verließ, auch lange hernach noch nicht, bis er durch eine List des Herrn Lodovico und infolge der Narrheit seines Herrn gefangengenommen wurde, der die Eigenschaft seiner Mutter besaß und nicht sehr klug war.

Jetzt, nachdem die Kinder von den Obengenannten nach La Rocca gebracht worden waren, legten sie ihre Hand auf den Schatz, der zu dieser Zeit der größte in der Christenheit war, und forderten von ihr darüber Rechenschaft. Dazu wurden drei Schlüssel angefertigt, von welchen sie einen bekam; sie rührte ihn aber seitdem nicht mehr an. Sie zwangen sie, der Vormundschaft zu entsagen, und Herr Lodovico wurde zum Vormund erwählt. Dazu schrieben sie Briefe an mehrere Orte, besonders nach Frankreich, die ich, zu ihrer großen Schande, gelesen habe, in denen sie ihre Mutter wegen dieses Antonio Tassino und anderer Dinge beschuldigten. Dem Tassino geschah nichts, aber er wurde fortgeschickt, und Herr Roberto rettete ihn und auch seine Güter. Nach Rocca konnten diese beiden großen Männer nicht so hinein, wie sie wollten; denn der Hauptmann hatte seinen Bruder da und wohl hundertfünfzig Söldner, die das Tor scharf bewachten, wenn sie eintraten. Nie durften mehr als einer oder zwei bei ihnen sein. Dies dauerte so sehr lange.

Unterdessen entstand ein großer Zwist zwischen Herrn Lodovico und Herrn Roberto von San Severino, wie es gewöhnlich so geht: denn zwei Große können sich nicht nebeneinander vertragen. Das Feld blieb Herrn Lodovico, und der andere ging in die Dienste der Venetianer. Dennoch kamen zwei seiner Söhne in den Dienst des Herrn Lodovico nach Mailand zurück; das waren Herr Galeazzo und der Graf Cajazzo; einige sagten mit Wissen des Vaters, andere das Gegenteil. Aber wie dem auch sei, Herr Lodovico nahm sie in großer Liebe auf und wurde von ihnen gut bedient, auch heute noch. Man muß wissen, daß ihr Vater aus dem Hause Sforza stammte, von einer Bastardtochter geboren. In Italien aber macht man keinen großen Unterschied zwischen Bastarden und legitimen Kindern. Ich sage dieses, weil sie halfen, unsere Unternehmung in Italien durchzuführen, sowohl zugunsten des Fürsten von Salerno, von dem ich gesprochen habe, der das Haupt des Hauses San Severino ist, als auch wegen anderer Dinge, von denen ich noch sprechen werde.

Herr Lodovico begann bald zu zeigen, daß er den festen Willen hatte, seine Macht zu halten. Er ließ Münzen schlagen, bei denen auf der einen Seite des Herzogs Bild geprägt war und auf der anderen das seine, worüber viele Leute murrten. Der Herzog wurde mit der Tochter des Herzogs von Kalabrien vermählt, der später nach dem Tode seines Vaters, des Königs Ferrante von Neapel, König Alphonso wurde. Die Tochter war eine mutige Frau und hätte ihrem Gatten gern Vertrauen verschafft, wenn sie gekonnt hätte. Aber er war nicht klug und sagte alles weiter, was sie ihm sagte. Auch war der Hauptmann von La Rocca lange in Ansehen, der niemals aus seiner Burg herauskam. So begann Argwohn aufzukommen, und wenn ein Sohn herausging, blieb der andere drinnen.

Um dieses Thema abzukürzen: ungefähr ein oder zwei Jahre, bevor wir nach Italien gingen, kam Herr Lodovico von auswärts mit dem Herzog; er wollte ihm etwas antun und führte ihn nach La Rocca zum Absteigen, wie sie die Gewohnheit hatten. Von seinen Leuten umgeben kam der Hauptmann auf die Brücke, um nach ihrem Brauche dem Herzog die Hand zu küssen. Dieses Mal stand der Herzog ein wenig außerhalb der Brücke, und der Hauptmann mußte einen oder zwei Schritte weitergehen. Da ergriffen ihn die beiden Söhne des San Severino und andere, die mit ihnen waren. Die Brücke wurde von drinnen hochgezogen, und Lodovico ließ das Ende einer Kerze anzünden und schwor, er werde ihm den Kopf abschneiden, wenn sie nicht die Festung übergeben würden, bevor die Kerze niedergebrannt sei: das taten sie. Er besetzte den Platz nun gut und sicher für sich und sprach immer im Namen des Herzogs. Er ließ dem guten Mann einen Prozeß machen, indem er sagte, dieser hätte die Feste dem Kaiser übergeben wollen. Einige Deutsche wurden unter dem Vorwand verhaftet, sie hätten diese Verhandlungen geführt. Dann ließ er sie laufen. Einen seiner Sekretäre ließ er köpfen und belastete ihn damit, er hätte dieses Werk geleitet, und auch einen anderen, von dem er sagte, er hätte Botengänge gemacht. Den Hauptmann hielt er lange Zeit hindurch gefangen. Schließlich ließ er ihn frei und sagte, die Herzogin Bona habe einmal einen Bruder des Hauptmanns bestochen, ihn zu töten, wenn er in La Rocca einträte; der Hauptmann aber habe diesen davor zurückgehalten: aus diesem Grunde rettete er ihm jetzt das Leben. Dennoch glaube ich, daß er, wäre er wirklich schuldig gewesen, die Burg von Mailand dem Kaiser übergeben zu wollen, ihm nicht verziehen hätte. (Der Kaiser hätte übrigens als solcher und auch als Herzog von Österreich ein Recht darauf geltend machen können, denn dieses ganze Haus hat hier etwas zu beanspruchen.) Es hätte auch eine große Bewegung in Italien gegeben, denn der ganze Staat Mailand wäre in einem Tage abgefallen, da sie zur Zeit des Kaisers nur einen halben Dukaten vom Herdfeuer bezahlten, und jetzt Kirche, Adel und Volk sehr grausam in wahrer Tyrannei behandelt werden.

## *Drittes Kapitel*

Als sich Herr Lodovico im Besitze dieser Burg, der Streitmacht und der Reisigen dieses Hauses sah, dachte er daran, einen Schritt weiter zu gehen. Denn wer Mailand unter seinem Befehl hat, hat die ganze

Herrschaft, da die Großen des Landes dort wohnen und die, welche die anderen Festungen verteidigen und verwalten, von dort stammen. Soweit sich dieses Herzogtum erstreckt, habe ich niemals ein schöneres Stück Erde, noch eines von größerem Wert gesehen: wollte sich der Herr mit fünfhunderttausend Dukaten jährlich zufrieden geben, so würden die Untertanen nur zu reich sein und der Herr in guter Sicherheit leben; er aber erhebt sechshundertfünfzigtausend bis siebenhunderttausend, was eine große Tyrannei bedeutet; daher verlangt das Volk auch einen anderen Herrn.

Als sich Herr Lodovico, wie gesagt, so nahe an der Verwirklichung seiner Wünsche sah (er war mit der Tochter des Herzogs von Ferrara verheiratet und hatte mehrere Kinder), trug er Sorge, sich im Herzogtum und außerhalb Italiens Freunde zu gewinnen. Zuerst verbündete er sich mit den Venetianern zum Schutze ihrer Staaten und wurde zum Nachteil seines Schwiegervaters deren großer Freund[7]. Kurz vorher hatten diesem die Venetianer La Polesina entrissen, ein kleines Land, das ringsum von Wasser umgeben ist und von allen Gütern im Überfluß hat. Die Venetianer halten es bis eine halbe Meile vor Ferrara besetzt; es gibt dort zwei gute kleine Städte, Rovigo und Badia, die ich gesehen habe. Es wurde verloren, als die Venetianer allein gegen König Ferrante, den damaligen König von Neapel, Krieg führten. Dieser hatte seinen Sohn Alphonso, den Herzog von Kalabrien, mit seiner ganzen Streitmacht bei sich, Herrn Lodovico für Mailand, die Florentiner, die Päpstlichen und Bologna. Obgleich die Venetianer fast unterlagen oder doch am schlechtesten abschnitten, in Geldnöten steckten und mehrere Festungen verloren hatten, schloß Herr Lodovico mit ihnen zu ihrer Ehre und zu ihrem Nutzen Frieden. Jeder kam zu den Seinen zurück, außer dem armen Herzog von Ferrara, der auf seine und des Königs Ferrante Bitten, dessen Tochter er geheiratet hatte, den Krieg begonnen hatte. Er mußte den Venetianern La Polesina lassen, das sie noch besitzen. Man sagt, daß Herr Lodovico dafür sechzigtausend Dukaten bekam. Ich weiß jedoch nicht, ob es wahr war, habe aber den Herzog von Ferrara in diesem Glauben gesehen. Allerdings hatte er damals seine Tochter noch nicht geheiratet. So war zwischen ihm und den Venetianern die Freundschaft geschlossen.

Kein Diener oder Verwandter des Herzogs Gian Galeazzo von Mailand hinderte Herrn Lodovico daran, das Herzogtum in seinen Besitz zu nehmen, außer der jungen und klugen Witwe des Herzogs, die eine Tochter des obengenannten Herzogs Alphonso von Kalabrien war, des ältesten Sohnes König Ferrantes von Neapel. Im Jahre 1492 begann Herr Lodovico an den jetzigen König Karl VIII. zu senden, um ihn dahin zu bringen, nach Italien zu kommen, um das Königreich Neapel zu erobern und diejenigen, die es besäßen, zu vernichten und zu besiegen. Denn solange diese an der Macht waren, hätte er nicht zu unternehmen

---

7 Vertrag von Venedig 1484. Aber Ludwig heiratete erst 1491 Beatrice von Este, Tochter des Herzogs von Ferrara.

gewagt, was er nachher ausführte. Denn zu dieser Zeit waren Ferrante, König von Sizilien, und sein Sohn Alphonso mächtig und reich, sehr erfahren im Kriegshandwerk und als Männer von großem Mut geschätzt, wiewohl man nachher gerade das Gegenteil sah. Herr Lodovico ist ein sehr kluger Mann, aber äußerst furchtsam und sehr geschmeidig, wenn er Furcht hat, und treulos, wenn er seinen Vorteil darin sieht, die Treue zu brechen. (Ich kann so von ihm sprechen, denn ich habe ihn gekannt und viel mit ihm verhandelt.)

So begann er also im Jahre 1492 diesen zweiundzwanzigjährigen jungen König den Ruhm und die Lockung Italiens fühlen zu lassen, indem er ihm, wie gesagt, das Recht auf das schöne Königreich Neapel zeigte, das er ihm sehr zu rühmen und zu loben wußte. In allem wandte er sich an Etienne de Vesc, der zwar Seneschall von Beaucaire und reich geworden war, aber immer noch nicht genug hatte, und an den Generaleinnehmer Briçonnet, einen reichen und in Finanzen erfahrenen Mann, den damaligen Freund des Seneschalls. Diesem riet er, Priester zu werden, er wolle ihn dann zum Kardinal machen. Den anderen lockte er mit einem Herzogtum.

Um alle diese Dinge beginnen zu können, schickte er in dem besagten Jahre eine große Gesandtschaft nach Paris zum König, der der Graf Cajazzo vorstand, der älteste Sohn des Herrn Roberto von San Severino; von denen habe ich gesprochen. Dieser fand in Paris den Fürsten von Salerno, seinen Vetter, das Familienoberhaupt des Hauses San Severino, der sich, vertrieben von König Ferrante, in Frankreich aufhielt, wie Ihr vorher schon gehört habt, und dieselbe Unternehmung gegen Neapel verfolgte. Mit dem Grafen Cajazzo waren Graf Carlo Belgiojoso und Herr Galeazzo Visconti, beides Mailänder in sehr schönen Gewändern und mit stattlichem Gefolge gekommen. Ihre öffentlichen Worte waren nur allgemeine Besuchsreden. Dies war die erste große Gesandtschaft, die er an den König schickte. Zuvor hatte er einen Sekretär geschickt, um darüber zu verhandeln, daß sein Neffe, der Herzog von Mailand, durch Prokuration mit Genua belehnt werde, was gegen das Recht geschah. Doch konnte ihm der König gut diese Gunst erweisen, jemanden zu seiner Belehnung zu entbieten; denn als er noch von seiner Mutter bevormundet wurde, hatte ich den Eid von ihr für ihren Sohn in ihrem Schloß zu Mailand empfangen, als ich Gesandter des verstorbenen Königs Ludwig gewesen war und den besonderen Auftrag hatte, dieses zu tun[8]. Doch damals war Genua von Mailand unabhängig und wurde von Herrn Batista Campo Fregoso beherrscht. Jetzt aber hatte es Herr Lodovico wiedererlangt und gab einigen Kämmerern des Königs achttausend Dukaten, um die Investitur dort zu bekommen. Diese taten ihrem Herrn großes Unrecht, denn sie hätten kurz vorher Genua für den König gewinnen können, wenn sie gewollt hätten. Wenn sie schon Geld für diese Investitur nehmen mußten, mußte man noch

[8] Siehe oben den Schluß des vierten Kapitels des sechsten Buchs.

mehr fordern, denn der Herzog Galeazzo bezahlte einmal König Ludwig, meinem Herrn, fünfzigtausend Dukaten, von denen ich dreißigtausend Taler bar von König Ludwig erhielt, dem Gott gnädig sein möge. Immerhin, sagten sie, hätten sie die achttausend Dukaten mit Zustimmung des Königs angenommen. Etienne de Vesc, der Seneschall von Beaucaire, war einer, der sie nahm; ich glaube, er tat es, um Herrn Lodovico leichter für seine beabsichtigten Ziele zu gewinnen.

Als die in diesem Kapitel genannten Gesandten in Paris waren und allgemein gesprochen hatten, sprach im besonderen mit dem König der Graf Cajazzo, der in Mailand großes Vertrauen genoß (noch mehr aber sein Bruder Galeazzo San Severino), namentlich in der Frage der Reisigen. Er begann, dem König große Dienste und Hilfeleistungen sowohl an Leuten als auch an Geld anzubieten; denn schon konnte sein Herr über den Staat Mailand verfügen, als sei es sein eigener, und er stellte die Sache als leicht durchführbar hin. Wenige Tage danach nahmen er und Galeazzo Visconti vom König Urlaub und gingen fort. Graf Carlo Belgiojoso blieb, um das Werk zu fördern; er kleidete sich sofort auf französische Art und gab sich sehr große Mühe. Schon begannen mehrere, sich auf die Sache einzulassen. Der König schickte einen Mann namens Perron von Baschi nach Italien, der, im Hause Anjou unter Herzog Johann von Kalabrien erzogen, für dieses Unternehmen begeistert war; er ging zum Papst Innozenz, zu den Venetianern und den Florentinern. Diese Verhandlungen hinüber und herüber dauerten sieben oder acht Monate, etwas mehr oder weniger, und es wurde von denen, die davon wußten, in verschiedener Art über dieses Unternehmen gesprochen; keiner aber glaubte, daß der König in Person dort hingehen könne.

## *Viertes Kapitel*

Während der obengenannten Verzögerung wurde in Senlis der Friede zwischen dem König und dem Erzherzog von Österreich, dem Erben des Hauses Burgund, verhandelt. Obgleich schon Waffenstillstand war, geschah doch etwas Böses. Der König nämlich verließ die Tochter des römischen Königs, die Schwester des Erzherzogs, die noch sehr jung war und nur eine mündliche Verpflichtung erhalten konnte (die allerdings sehr groß war), und nahm die Tochter des Herzogs Franz von der Bretagne zur Frau, um auf friedlichem Wege das Herzogtum Bretagne zu erhalten, das er zur Zeit dieses Vertrages fast ganz besaß, außer der Stadt Rennes und der Herzogstochter, die darin war. Sie war in die Obhut ihres Oheims, des Prinzen von Oranien, gegeben, der die Ehe mit dem römischen König vermittelt hatte. Die Tochter des Österreichers war ihm öffentlich durch Prokuration in der Kirche angetraut worden. Das alles war etwa im Jahre 1492 geschehen[9]. Zugunsten des Erzherzogs kam eine große Gesandtschaft im Namen Kaiser Friedrichs, um diesen Frieden zu vermitteln. Auch der römische König schickte hin, ebenso der Pfalzgraf und die Schweizer, um zu vermitteln und Frieden zu stiften. Denn es schien allen, daß daraus ein großer Streit entstehen würde, und daß der römische König sehr beleidigt worden sei, weil man ihm die, die er für seine Gemahlin hielt, fortnahm und ihm seine Tochter zurückschickte, die mehrere Jahre Königin von Frankreich gewesen war.

Schließlich endete die ganze Sache friedlich, da jeder kriegsmüde war, besonders die Untertanen Herzog Philipps, die sowohl durch den Krieg des Königs, als auch durch ihre Parteizwistigkeiten so viel gelitten hatten, daß sie nicht mehr konnten. So schloß man einen Frieden für vier Jahre, nur um Ruhe zu haben, und die Habsburger, um die Tochter wiederzubekommen, wegen deren Rückgabe einige in der Umgebung des Königs Schwierigkeiten machten. Bei diesem Frieden war ich anwesend, ebenso wie die Abgesandten Herzog Peter von Bourbon, der Prinz von Oranien, Herr des Cordes und mehrere andere hohe Herren. Es wurde versprochen, dem Herzog Philipp alles zurückzugeben, was der König von der Grafschaft Artois habe, wie es im Ehevertrag versprochen worden war, daß im Falle seiner Nichterfüllung die Länder, die man der Tochter in die Ehe mitgab, wie sie selbst, an Herzog Philipp zurückgehen sollten. Doch hatten schon im ersten Anlauf die Leute des Erzherzogs Arras und St-Omer erobert. So blieben nur noch Hesdin, Aire und Béthune herauszugeben. Nun wurden ihnen die Einkünfte und Herrschaft dieser Städte übergeben und ihre Beamten hingeschickt. Der König behielt die Burgen und konnte Besatzungen hineinlegen bis zum Ablauf der vier Jahre, die mit dem St.-Johannestag 1498 ablaufen werden. Dann sollte der König sie dem Erzherzog zurückgeben: so wurde es versprochen und beschworen.

Ob die Ehen gemäß den Geboten der Kirche nun so getauscht wurden oder nicht, darüber mögen andere urteilen. Mehrere Doktoren der Theologie haben es mir verneint, andere bejaht. Wie dem auch sein mag, alle diese Damen haben mit ihren Kindern Unglück gehabt: unsere Königin hat nacheinander in vier Jahren drei Söhne geboren; der eine lebte fast drei Jahre und starb dann, die anderen beiden sind auch tot. Die Dame Margarete ist mit dem Fürsten von Kastilien, dem einzigen Sohn des Königs und der Königin von Kastilien und mehrerer anderer Königreiche, verheiratet worden. Dieser Fürst starb gleich im ersten Jahr der Ehe, 1497. Die Dame war schwanger und gebar gleich nach dem Tode ihres Gatten einen toten Sohn. Das stürzte das Königspaar von Kastilien und das ganze Königreich in große Trauer.

---

[9] Die Hochzeit war am 6. Dezember 1491. Der Erzherzog ist Philipp der Schöne.

Gleich nach diesen Änderungen hat sich der römische König mit der Tochter des Herzogs Galeazzo von Mailand, der Schwester des besagten Gian Galeazzo, vermählt; diese Heirat ist durch Herrn Lodovico vermittelt worden. Sie mißfiel aber den Reichsfürsten und mehreren Freunden des römischen Königs sehr, da sie nicht aus einem so edlen Hause war, wie ihm nach ihrer Meinung zukam. Auf seiten der Visconti nämlich, nach denen die Herrscher von Mailand heißen, gibt es nur wenig Adel und noch weniger auf seiten der Sforza. Er, der Sforza, ist der Sohn eines Schuhmachers aus der kleinen Stadt Cottignola gewesen, und sein Sohn war Herzog Franz von Mailand. Aber er war ein sehr tüchtiger Mann und sein Sohn noch mehr, der durch die Gunst seiner Frau, der Bastardtochter des Herzogs Philipp Maria, Herzog von Mailand wurde. Er hat es nicht als Tyrann erobert und besessen, sondern als echter guter Fürst. Man kann wohl sagen, daß seine Tüchtigkeit und seine Güte ihn den edelsten Fürsten seiner Zeit an die Seite stellten. Alle diese Dinge erzähle ich, um zu zeigen, was die Folge dieser Heiratsänderungen war, und ich weiß nicht, was daraus noch hervorgehen kann.

## *Fünftes Kapitel*

Um zu unserem Hauptthema zurückzukommen: Ihr habt gehört, wie Graf Cajazzo und die anderen Gesandten aus Paris vom König abgereist sind, wie mehrere Verhandlungen in Italien geführt wurden, und wie unser König, so jung wie er war, sehr dafür zu haben war. Außer diesen beiden aber entdeckte er sich noch niemandem. Im Namen des Königs wurde bei den Venetianern angefragt, ob sie ihm in dieser Unternehmung helfen und raten wollten. Sie antworteten, er wäre ihnen sehr willkommen, sie könnten ihm aber nicht helfen wegen des Verdachtes, den sie gegen die Türken hegten, obgleich sie im Frieden mit ihnen seien; es sei für sie eine zu große Anmaßung, einem so klugen König zu raten, der einen so guten Rat habe; sie würden ihm aber eher helfen als Verdruß bereiten. Ihr merkt nun, daß sie glaubten, sehr klug zu sprechen, und es auch taten, da ich der Meinung bin, daß ihre Geschäfte klüger geführt sind als die jedes Fürsten oder jeder Stadt in der Welt. Gott aber will immer, daß man erkenne, daß weder das Urteil, noch der Verstand des Menschen etwas nützen, wenn es ihm gefällt, seine Hand darauf zu legen. Er lenkte die Dinge anders als sie gedacht hatten: denn sie glaubten nicht, daß der König in Person kommen würde; auch mochten sie sagen, was sie wollten, vor den Türken hatten sie keine Furcht, da der jetzige Sultan nichts taugt. Sondern sie gedachten am Hause Aragon Rache zu nehmen, das ihnen sehr verhaßt war, sowohl der Vater als auch der Sohn. Sie sagten, diese hätten den Sultan nach Skutari kommen lassen; ich meine damit den Vater des heutigen Mahomet Bujuk[10], der Konstantinopel erobert und den Venetianern mehrere andere große Schäden zugefügt hat. Von Alphonso, dem Herzog von Kalabrien, sagten sie mehrere andere Dinge: unter anderem, er sei die Ursache des Krieges gewesen, den der Herzog von Ferrara gegen sie unternommen habe; der sei ihnen sehr teuer zu stehen gekommen, da sie fast ganz niedergeschlagen worden seien. Über diesen Krieg habe ich einiges gesagt. Sie behaupteten auch, der Herzog von Kalabrien habe eilends einen Mann nach Venedig geschickt, um die Zisternen zu vergiften, mindestens die, die er erreichen konnte, denn mehrere sind eingeschlossen; sie brauchten dort aber kein anderes Wasser, da ihre Stadt überall im Meer liegt. Es ist sehr schönes Wasser, das ich selbst auf meiner Reise acht Monate lang getrunken habe und noch ein anderes Mal in der Zeit, von der ich spreche.

Ihr Hauptgrund aber war noch nicht unter diesen Gründen. Das war ein anderer: die Genannten hinderten sie nämlich daran, ihre Macht sowohl in Italien als auch in Griechenland auszubreiten, denn sie hatten nach beiden Seiten die Augen gerichtet. Hatten sie doch erst kürzlich das Königreich Zypern ohne jeden Rechtsanspruch an sich gebracht. Wegen dieses ganzen Hasses schien es den Venetianern nützlich zu sein, wenn zwischen dem König und dem Hause Aragon Krieg geführt würde, und sie hatten gehofft, daß er nicht so schnell zu Ende ginge, wie es dann geschah; auch sollte ihr Feind nur geschwächt und nicht vernichtet werden; im schlimmsten Falle würde ihnen die eine oder die andere Partei einige Städte auf der Seite ihres Meerbusens in Apulien geben, um sich von ihnen helfen zu lassen. So ist es gekommen, aber es hätte wenig daran gefehlt, und sie wären getäuscht worden. Dann schien es ihnen, man könne sie nicht damit belasten, den König nach Italien gerufen zu haben, da sie ihm weder Rat noch Hilfe haben zukommen lassen, wie man an der Antwort erkennen kann, die sie dem Perron Baschi gegeben haben.

In diesem Jahre 1494 zog der König nach Lyon, um diese Angelegenheiten weiter zu führen: keineswegs glaubte man, er wolle die Alpen überschreiten. Dort kam Herr Galeazzo zu ihm, der Bruder des besagten Grafen Cajazzo San Severino, mit sehr großem Gefolge, im Namen Herrn Lodovicos, dessen Statthalter und erster Diener er war. Er brachte eine große Anzahl schöner und guter Pferde mit und Harnische zum Turnier; dort turnierte er sehr gut, denn er ist ein junger und sehr edler Ritter. Der König erwies ihm große Ehre, nahm ihn gut auf und gab ihm seinen Orden. Dann kehrte er nach Italien zurück, und immer blieb Graf Belgiojoso als Gesandter, um den Zug zu fördern. In Genua begann man, eine sehr starke Macht zu rüsten; für den König waren Herr d'Urfé, der Großmarschall von Frankreich, und andere da.

Endlich, etwa Anfang August dieses Jahres, ging der König nach Vienne in der Dauphiné. Dahin kamen täglich Nachrichten aus Genua.

10 Mahomet II. (1451—1481). Nach ihm Bajazid II. (1481—1512).

Der Herzog Ludwig von Orléans, der jetzige König[11], wurde dorthin geschickt; er war ein schöner und junger Mann, der aber sein Vergnügen liebte. Von ihm ist in diesen Memoiren genug gesprochen worden. Damals glaubte man, er solle die Kriegsflotte führen, um im Königreich Neapel zu landen, mit Hilfe und Rat der genannten Fürsten von Salerno und Bisignano, die daraus vertrieben worden waren. Bis zu vierzehn Genueser Schiffe, mehrere Galeeren und Galeonen hatten sie gerüstet, und der König fand hier in diesem Falle Gehorsam wie in Paris, da die Stadt unter dem Staate Mailand war, den Herr Lodovico beherrschte; dieser hatte keinen anderen Widersacher in seinem Haus als des Herzogs Gemahlin, die Tochter des Königs Alphonso, die ich genannt habe. (Denn zu dieser Zeit starb sein Vater, der König Ferrante.) Die Macht aber dieser Dame hatte schon sehr abgenommen, da man den König bereit sah, entweder herüberzukommen oder eine Flotte zu schikken, er sich also für den anderen erklärte, und da ihr Gatte wenig klug war und alles, was sie sagte, ihrem Oheim ausplauderte; er hatte schon einen Boten ertränken lassen, den sie zu ihrem Vater geschickt hatte. Die Kosten für diese Flotte waren sehr groß. Ich bin der Meinung, sie kostete dreihunderttausend Franken und nützte doch zu nichts. Alles Bargeld, das der König aus seinen Finanzen ziehen konnte, ging dafür hin.

Da er, wie gesagt, weder mit Geist, noch mit Geld, noch mit sonstigen zu solchem Beginnen notwendigen Sachen versehen war, ging es ihm nur durch Gottes Gnade gut, der es deutlich so zu erkennen gab. Ich will nicht sagen, daß der König für sein Alter nicht klug war, aber er war erst zweiundzwanzig Jahre alt und ging zum erstenmal von Hause fort. Die, die ihn in diesem Falle führten, die ich genannt habe, Etienne de Vesc, der Seneschall von Beaucaire, und der Generaleinnehmer Briçonnet, jetzt Kardinal von St-Malo, waren zwei Männer aus niedrigem Stand, die in nichts Erfahrung hatten. Aber um so mehr zeigte unser Herrgott seine Macht: denn unsere Feinde galten als sehr klug und erfahren im Kriegswesen, waren reich und versehen mit weisen Männern und guten Hauptleuten und im Besitze des Königreiches. Ich meine König Alphonso, der kürzlich von Papst Alexander gekrönt, aus Aragon gebürtig, seine Partei hielt und gute Beziehungen zu den Florentinern und Türken hatte. Er hatte einen edlen Sohn, Don Ferrante, von zweiundzwanzig bis dreiundzwanzig Jahren, der auch den Harnisch trug und im Königreich sehr geliebt wurde, und einen Bruder, Don Fredrego, der nach Ferrante später König wurde. Dieser sehr kluge Mann, der ihre Kriegsflotte kommandierte, war lange Zeit in Frankreich gewesen. Von ihm habt Ihr, Herr de Vienne, mir manchmal versichert, er werde König sein, indem Ihr Euch der Astrologie bedientet; seit-

[11] Diese Bemerkung kann erst 1498 hinzugefügt worden sein, und zwar frühestens im April, in dem Ludwig als Ludwig XII. zur Regierung kam. Damit wäre sie gleichzeitig mit den letzten Abschnitten der Memoiren.

dem versprach er mir viertausend Pfund Rente im Reich, wenn es so eintreffen würde: das war zwanzig Jahre bevor der Fall eintrat.

Um nun fortzufahren: der König änderte seinen Vorsatz, da er von dem Herzog von Mailand in Briefen wie durch den Grafen Carlo, seinen Gesandten, und auch von den beiden Genannten allzu heftig bedrängt wurde. Immerhin schwand dem Generaleinnehmer der Mut, als er sah, daß alle klugen und verständigen Leute den Zug des Königs hinüber aus vielen Gründen tadelten; man war auch schon im Monat August, ohne Geld und ohne genügend andere notwendige Dinge. So blieb allein das Vertrauen des Seneschalls, den ich deshalb geschätzt habe und schätze. Drei oder vier Tage machte der König dem Generaleinnehmer ein böses Gesicht, aber er erreichte seine Gunst bald wieder. Zu der Zeit starb dem Seneschall ein Diener an der Pest, wie man sagte, weshalb er nicht wagte, zu seinem Herrn zu gehen, worüber er sehr betrübt war, da niemand mehr diese Sache betrieb. Der Herzog und die Herzogin von Bourbon waren da und versuchten, den Zug nach ihren Kräften zu vereiteln, worin sie der Generaleinnehmer unterstützte. An einem Tag wurde der Zug aufgegeben, am nächsten wieder beschlossen. Schließlich entschloß sich der König, aufzubrechen; so stieg ich als einer der ersten zu Pferde, da ich hoffte, in geringer Begleitung die Berge zu überschreiten. Jedoch wurde ich zurückgerufen, da es hieß, alles sei fallengelassen. An diesem Tag wurden von einem mailändischen Kaufmann fünfzigtausend Dukaten geliehen, doch Herr Lodovico gab sie mittels Bürgen, die sich gegenüber dem Kaufmann verpflichteten. Ich kam dort für sechstausend Dukaten auf, andere für das übrige, ohne irgendwelche Zinsen. Schon vorher hatte man von der Bank Soli zu Genua hunderttausend Franken geborgt, die in vier Monaten vierzehntausend Franken Zinsen kosteten; einige aber sagten, Leute von uns hätten Anteil an diesem Geld und am Nutzen gehabt.

## *Sechstes Kapitel*

Der König brach schließlich am 23. August 1494 von Vienne auf und zog nach Asti. In Susa kam Herr Galeazzo von San Severino sehr eilig zu ihm. Von dort ging der König nach Turin und entlieh sich die Kleinodien der Herzogin von Savoyen, der Tochter des verstorbenen Markgrafen Wilhelm von Montferrat und Witwe des Herzogs Karl von Savoyen; er versetzte sie für zwölftausend Dukaten. Wenige Tage danach war er in Casale bei der Markgräfin von Montferrat, einer jungen und klugen Dame, der Witwe des Markgrafen von Montferrat. Sie war die Tochter des Königs von Serbien[12]. Der Türke hatte das Land erobert, und der Kaiser, mit dem sie verwandt war, hatte sie dorthin ver-

[12] Maria, Tochter des Fürsten Stefan Brankovich.

heiratet, nachdem er sie zuvor aufgenommen hatte. Sie lieh ihre Kleinodien her, und auch sie wurden für zwölftausend Dukaten versetzt. Ihr könnt sehen, wie der Krieg begonnen hätte, wenn Gott nicht das Werk geleitet hätte!

Einige Tage hielt der König sich in Asti auf. In diesem Jahr waren alle italienischen Weine sauer; das fanden unsere Leute nicht gut, ebenso wie die Luft, die sehr heiß war. Nach Asti kamen Herr Lodovico und seine Gemahlin mit großem Gefolge; er hielt sich zwei Tage da auf und zog sich dann nach Annona zurück, einer Burg im Staate Mailand, eine halbe Meile von Asti entfernt. Jeden Tag kam der Rat zu ihm.

König Alphonso hatte zwei Heere im Feld; das eine in der Romagna bei Ferrara, das sein Sohn in guter Begleitung führte: er hatte Herrn Virginio Orsini bei sich, Graf Pitigliano und Herrn Johann Jakob Trivulzio, der jetzt zu den Unsern gehört. Gegen sie stand ihnen für den König Herr Aubigny gegenüber, ein guter und kluger Ritter mit mindestens zweihundert Lanzen. Der Graf Cajazzo, der Diener des Herrn Lodovico, den Ihr schon genug habt nennen hören, führte dort fünfhundert italienische Reisige auf Kosten des Königs. Er war nicht ohne Furcht, daß diese Schar zersprengt würde, denn wenn wir umgekehrt wären, hätte er seine Feinde auf dem Hals gehabt, die große Beziehungen im Staate Mailand hatten.

Die andere Macht war zur See und wurde von Don Fredrego, Alphonsos Bruder, geführt. Sie lag in Livorno und Pisa (denn die Florentiner hielten noch zu ihnen, und er hatte eine gewisse Anzahl von Galeeren; Herr Obietto von Fiesco und andere Genuesen waren bei ihm, durch die er Genua zum Abfall zu bringen hoffte, und es fehlte nicht viel daran, daß es ihm gelang). In La Spezia und Rapallo schiffte er einige tausend Mann ihrer Parteigänger aus. Ohne Zweifel hätten sie das erreicht, was sie wollten, wenn sie nicht angegriffen worden wären. Aber an diesem oder am nächsten Tage kam dort der Herzog Ludwig von Orléans mit einigen Schiffen, einer guten Anzahl Galeeren und einer großen Galeasse an, die mir gehörte. Ihr Patron war Herr Albertinelli, und der Herzog fuhr mit seinen Vornehmen darauf. In dieser Galeasse waren große Artillerie und schwere Stückkugeln, denn sie war sehr mächtig. Sie näherte sich dem Lande so sehr, daß die Artillerie fast den Feind vernichtete, der nie etwas ähnliches gesehen hatte; das war in Italien etwas Neues. Diejenigen, die in den Schiffen waren, sprangen ans Land. Zu Land kamen von Genua, wo das Heer war, eine große Anzahl Schweizer, die der Bailly von Dijon führte. Auch waren dort die Leute des Herzogs von Mailand, die der Bruder des Obietto, Gian Lodovico Fiesco, und Herr Johann Adorno führten; sie kamen aber nicht ins Treffen; dennoch taten sie treu ihre Pflicht und bewachten einen gewissen Durchgang. Und wirklich wurden die Feinde niedergeworfen und in die Flucht geschlagen, als die Unsrigen sich mit jenen vereinigten. Hundert oder hundertzwanzig fielen, und acht bis zehn wurden gefangengenommen, unter anderen der Sohn des Kardinals von Genua, Fregosino genannt. Diejenigen, die entkamen, wurden alle von den Leuten des Herzogs von Mailand bis aufs Hemd ausgezogen; anderes Leid taten sie ihnen nicht an: so ist es ihr Brauch. Ich sah alle Briefe, die hierüber sowohl an den König als auch an den Herzog von Mailand kamen. So wurde diese Kriegsflotte abgewiesen und erschien seitdem nicht wieder so dicht. Auf dem Rückmarsch glaubten die Genuesen sich empören zu müssen und töteten einige Deutsche in der Stadt; auch einige der Ihrigen wurden getötet; alles aber wurde wieder besänftigt.

Es muß noch einiges über die Florentiner gesagt werden, die zweimal zum französischen König geschickt hatten, bevor er aus Frankreich aufbrach, um mit ihm Geheimes zu verhandeln. Einmal befand ich mich dabei und hatte mit denen zu tun, die in Begleitung des Seneschalls und des Generaleinnehmers kamen; das waren der Bischof von Arezzo und Pietro Soderino. Man forderte von ihnen nur freien Durchzug und hundert reisige italienische Söldner, was nur zehntausend Dukaten jährlich ausmachte. Sie sprachen für Pietro von Medici, der ein junger und unkluger Mann war, Lorenzos Sohn; dieser war gestorben und ist einer der weisesten Männer seiner Zeit gewesen; er befehligte diese Stadt fast als Herr und der Sohn auch. Denn unter den beiden Vorgängern hatte ihr Haus schon so gelebt, unter Pietro, Lorenzos Vater, und Cosimo von Medici, dem Oberhaupt und Ältesten dieses Hauses, einem Mann, der würdig ist, unter den Größten genannt zu werden. Ich halte es für das größte Handelshaus, das jemals auf der Welt gewesen ist. Denn seine Diener haben so viel Kredit unter dem Namen Medici gehabt, daß es kaum zu glauben ist. Ich habe es selbst in Flandern und England gesehen. Einen habe ich gekannt, Gerard Canisiani, der es fast allein fertiggebracht hätte, König Eduard IV. in seinem Staate zu erhalten, als er in seinem Reich in schwerem Krieg lag, und dem König manchmal mehr als einhundertzwanzigtausend Taler zu liefern, mit geringem Gewinn für seinen Herrn. Immerhin erlangte er auf die Länge der Zeit sein Geld wieder. Einen anderen habe ich gekannt. Thomas Portinari, der zwischen König Eduard und dem Herzog Karl von Burgund für fünfzigtausend Taler Bürgschaft leistete und ein anderes Mal anderswo für achtzigtausend Taler. Ich lobe es nicht an den Kaufleuten, es so zu machen; wohl aber an einem Fürsten, mit den Kaufleuten gut zu verfahren und ihnen Wort zu halten; denn sie können nicht wissen, zu welcher Stunde sie sie nötig haben werden, da manchmal wenig Geld einen großen Dienst leistet.

Schon scheint es, daß dieses Geschlecht absinkt, wie es König- und Kaiserreichen widerfährt; das Ansehen der Vorgänger schadete diesem Pietro von Medici, wie auch das des Cosimo, der der erste gewesen ist, sanft und liebenswürdig und so, wie es in einer freien Stadt nötig war. Lorenzo, der Vater dieses Pietro, von dem wir jetzt sprechen, hatte wegen des Streites, den er mit den Pazzi und anderen hatte, von dem an einem anderen Ort in diesem Buch erzählt worden ist[13], eine Leibwache von zwanzig Mann genommen, auf Befehl und Zustimmung der Signorie, die befahl, was er wollte. (Von den Pazzi wurden mehrere gehängt, und ich war zu der Zeit dort anwesend.) Dennoch brauchte er dieses große Ansehen bescheiden, denn er war, wie ich sagte, einer der Klügsten seiner Zeit. Der Sohn aber glaubte, dieses komme ihm von Rechts wegen zu, und wollte mittels dieser Garde Furcht verbreiten; er beging nachts Gewalt und es kam zu Schlägereien. Er bediente sich plump ihres Gemeindegeldes. Das hatte schon der Vater getan, aber so klug, daß sie damit fast zufrieden waren.

Das zweite Mal sandte Pietro den Pietro Capponi und andere nach Lyon. Er brachte als Entschuldigung vor, wie er es schon getan hatte, König Ludwig habe ihnen in Florenz zur Zeit Herzogs Johann von Anjou befohlen, sich mit König Ferrante zu verbinden und sein Bündnis zu meiden. Er sagte, seitdem sie auf den Befehl des Königs hin den Bund geschlossen hätten, der noch einige Jahre dauern würde, könnten sie von der Vereinigung mit dem Hause Aragon nicht lassen; wenn aber der König bis dort hinkäme, würden sie ihm zu Diensten sein. Sie glaubten aber ebensowenig wie die Venetianer, daß er dort hinkommen würde. In diesen beiden Gesandtschaften war immer irgendein Feind der Medici, besonders diesmal Pietro Capponi, der unter der Hand berichtete, was man tun müsse, um Florenz gegen diesen Pietro aufzuwiegeln; er übermittelte seinen Auftrag noch schärfer, als er schon war, und riet auch, man möchte alle Florentiner aus dem Königreich verbannen; so wurde es gemacht. Ich sage dies, um besser verständlich zu machen, was später geschah; denn der König verharrte in großer Feindschaft gegen Pietro und ebenso der Seneschall und Generaleinnehmr. Er unterhielt enge Beziehungen mit seinen Feinden in der Stadt, besonders mit den Capponi und zwei Vettern des Pietro, die seinen eigenen Namen trugen.

## *Siebentes Kapitel*

Ich habe erzählt, was in Rapallo zur See geschehen ist. Don Fredrego zog sich nach Pisa und Livorno zurück und nahm seine Fußknechte, die er an Land gesetzt hatte, nicht wieder auf. Die Florentiner wurden seiner sehr überdrüssig, da sie zu allen Zeiten dem Hause Frankreich mehr zugetan waren als dem von Aragon. Obgleich das Heer, das sich in der Romagna befand, am schwächsten war, ging ihre Sache doch gut von der Stelle, und sie begannen, Don Ferrante, den Herzog von Kalabrien, nach und nach zurückzudrängen. Angefeuert von Herrn Lodovico und anderen, die ich genannt habe, faßte der König den Plan, vorwärts zu rücken. Bei seiner Ankunft sagte Herr Lodovico zu ihm:

[13] Siehe im vierten Kapitel des sechsten Buchs.

„Herr, fürchtet diese Unternehmung nicht! In Italien gibt es drei Mächte, die wir für groß halten; von denen ist eine für Euch, und das ist Mailand. Die zweite rührt sich nicht, das ist Venedig. So habt Ihr es nur mit Neapel zu tun, und mehrere Eurer Vorgänger haben uns geschlagen, als wir alle zusammen waren. Wenn Ihr mir glauben wollt, so werde ich helfen, Euch größer zu machen, als jemals Karl der Große gewesen ist. Wir werden den Türken leicht aus dem Kaiserreich Konstantinopel jagen, wenn Ihr das Königreich Neapel habt." Über den heutigen Türken sprach er die Wahrheit, wenn nur alle Dinge auf unserer Seite gut geordnet gewesen wären. So schickte sich der König an, sein Geschäft gemäß dem Willen und der Anleitung des Herrn Lodovico zu führen, was einige der Unsrigen neidisch machte; das war ein Kammerherr und einige andere. (Ohne Grund, denn man konnte ihn nicht entbehren; es war auch nur, um dem Herzog von Orléans zu gefallen, der Ansprüche auf das Herzogtum erhob.) Besonders war es dieser Rentmeister, denn er glaubte sich schon groß, und es gab zwischen dem Seneschall und ihm einige Rivalität. Lodovico sagte zum König, er solle ihn dableiben lassen, was den Generaleinnehmer bewog, gegen ihn zu sprechen; er sagte, er verrate das Bündnis. Immerhin wäre es passender gewesen, wenn er geschwiegen hätte, denn in Staatssachen hatte er kein Ansehn; er verstand auch nichts davon und war ein Mann, der die Worte leicht nahm; seinem Herrn aber war er sehr ergeben.

Dennoch wurde beschlossen, mehrere Leute auf Gesandtschaft zu schikken, und mich unter anderem nach Venedig. Ich zögerte noch einige Tage mit der Abreise, da der König an den Pocken erkrankte und in Lebensgefahr war, weil sich Fieber einstellte; es dauerte aber nur sechs bis sieben Tage. Ich machte mich auf den Weg, andere anderswohin. Den König verließ ich in Asti und glaubte fest daran, er würde nicht weiter gehen. Mit Mauleseln und Troß ging ich in sechs Tagen nach Venedig, denn der Weg war der schönste von der Welt. Ich fürchtete sehr zu verhandeln, da ich im Zweifel war, ob der König nicht umkehren würde. Unser Herrgott aber hatte anders beschlossen. Der König zog geradewegs auf Pavia zu und ging weiter nach Casale zur Markgräfin, die uns freundlich gesinnt war; sie war eine gute Dame und dem Herrn Lodovico sehr verfeindet (auch er haßte sie sehr). Als der König in Pavia angelangt war, begann er etwas Verdacht zu schöpfen: denn man wollte, daß er in der Stadt Quartier nehmen sollte und nicht auf der Burg, wie er es wollte und auch tat. In dieser Nacht wurde die Wache verstärkt, wie mir diejenigen sagten, die in der Nähe des Herrn waren. Darüber erschrak Herr Lodovico, sprach mit dem König und fragte ihn, ob er ihm mißtraue. Das Benehmen war hier auf beiden Seiten so, daß die Freundschaft nicht lange dauern konnte; auf unserer Seite aber sprachen wir mehr als sie, nicht der König, aber seine Nächsten.

In dieser Burg von Pavia war der Herzog Gian Galeazzo, von dem oben gesprochen worden ist, mit seiner Gemahlin, König Alphonsos Tochter, in sehr bedauernswerter Lage, denn ihr Mann war dort krank und in dieser Burg wie in Gefangenschaft gehalten; sein Sohn, der heute noch lebt, und eine oder zwei Töchter waren bei ihm. Das Kind war damals ungefähr fünf Jahre alt. Niemand sah den Herzog, das Kind aber war zu sehen. Ich reiste dort drei Tage vor dem König durch, es gab aber keine Möglichkeit ihn zu sehen, und man sagte, er sei krank. Dennoch sprach der König mit ihm, denn er war sein Vetter; er hat mir ihre Unterhaltung erzählt, die sich nur um allgemeine Dinge drehte, da er in keiner Weise dem Lodovico mißfallen wollte. Immerhin, sagte er mir, hätte er ihn gern gewarnt. Zu derselben Stunde warf sich die Herzogin dem Lodovico zu Füßen und bat ihn, Mitleid mit ihrem Vater und Bruder zu haben. Er antwortete ihr, er könne nichts für sie tun. Sie hätte es aber nötiger gehabt, für ihren Mann und für sich zu bitten, denn sie war noch eine schöne und junge Dame.

Von dort zog der König nach Piacenza. Hier erhielt Lodovico die Nachricht, der Herzog von Mailand, sein Neffe, liege im Sterben. Er nahm vom König Urlaub, um dort hinzugehen. Der König bat ihn wiederzukommen, was er versprach. Bevor er in Pavia angelangt war, starb der Herzog. Unverzüglich eilte er nach Mailand; ich erfuhr diese Neuigkeit durch die Briefe des venetianischen Gesandten, der bei ihm war, es nach Venedig schrieb und ankündigen ließ, er wolle sich zum Herzog machen. Um die Wahrheit zu sagen, das mißfiel dem Dogen und der Signorie von Venedig; sie fragten mich, ob der König nicht für das Kind eintreten werde. Obgleich das recht gewesen wäre, ließ ich sie doch darüber in Zweifel, in Anbetracht der Geschäfte, die der König mit Lodovico hatte.

## *Achtes Kapitel*

Schließlich ließ er sich als Herr huldigen; und das war, wie mehrere sagten, der Zweck, weshalb er uns hatte über die Alpen kommen lassen; und sie belasteten ihn mit dem Tod seines Neffen. Dessen Verwandte und Freunde in Italien schickten sich an, ihm die Herrschaft zu entreißen. Sie hätten es leicht tun können, wenn nicht die Heerfahrt des Königs gewesen wäre, denn sie waren schon, wie Ihr gehört habt, in der Romagna. Aber Graf Cajazzo und Herr d'Aubigny trieben sie zurück; denn Herr d'Aubigny war durch hundertfünfzig bis zweihundert französische Reisigen und eine Anzahl Schweizer verstärkt. Don Ferrante zog sich zu seinen Freunden zurück. Sie waren nur etwa einen halben Tagesmarsch von unseren Leuten entfernt und zogen nach Forli, dessen Herrin ihre Partei hielt. Sie war eine Bastardtochter von Mailand, Witwe des Grafen Geronimo, der, wie man sagt, der Neffe des Papstes Sixtus gewesen sein soll. Die Unsrigen stürmten ihr eine kleine Festung, die nur einen halben Tag lang beschossen wurde; so ging sie zu uns über mit dem guten Willen, den sie hatte.

Auf allen Seiten begann das italienische Volk Mut zu fassen und auf Umsturz zu sinnen, denn sie sahen Dinge, die sie zu ihrer Zeit niemals gesehen hatten. Sie kannten nämlich noch nicht die Erfolge der Artillerie, und in Frankreich war diese Waffe niemals so gut gewesen. Don Ferrante zog sich nach Cesena zurück und näherte sich schon dem Königreich; das ist eine gute Stadt des Papstes in der Mark Ankona. Die Bevölkerung aber überfiel ihre Saumtiere und ihr Gepäck, wenn sie sie abseits antrafen. Denn ganz Italien wartete nur darauf, sich zu empören, wenn nur auf seiten des Königs die Dinge gut in Ordnung und ohne Räuberei geführt worden wären. (Doch von allem geschah gerade das Gegenteil, worüber ich wegen der Ehre und des guten Rufes, den das französische Volk sich auf diesem Zuge hätte erwerben können, sehr traurig bin). Denn das Volk betete die Franzosen wie Heilige an und glaubte, in uns sei nur Treue und Güte; dieser Wahn aber dauerte nicht lange, sowohl wegen unserer Unordnung und Räuberei, als auch, weil die Feinde das Volk überall aufhetzten, indem sie uns anklagten, ihre Frauen mit Gewalt zu nehmen und Geld und andere Güter zu stehlen, wo wir sie nur fänden. Größere Schandtaten konnten sie uns in Italien nicht zuschieben, denn sie sind eifersüchtiger und geiziger als alle anderen. Was die Frauen anbetraf, so logen sie; aber am übrigen war etwas daran.

## *Neuntes Kapitel*

Nun habe ich den König in Piacenza verlassen, wo er seinem Vetter, dem Herzog von Mailand, ein feierliches Hochamt halten ließ. Ich glaube, er wußte nichts anderes zu tun, da der neue Herzog von Mailand auf seiner Seite war. Mir haben es diejenigen gesagt, die es wissen mußten, daß das Heer den großen Wunsch hatte zurückzukehren, aus Unsicherheit, und weil man sich schlecht versorgt glaubte. Einige, die diesen Zug erst gelobt hatten, tadelten ihn jetzt, wie der Großmarschall, Herr d'Urfé. Obgleich er gar nicht da war, sondern krank in Genua lag, schrieb er Briefe voll von großem Argwohn und sagte, er sei gewarnt worden. Aber, wie ich schon an anderen Orten gesagt habe, Gott zeigte, daß er die Unternehmung leitete. Der König bekam plötzlich die Nachricht, der Herzog von Mailand werde zurückkehren; auch habe er in Florenz Sympathien wegen der besagten Feindlichkeiten, die sich gegen Pietro von Medici richteten, der so lebte, als wäre er der Herr. Darüber waren seine nächsten Verwandten und viele andere Edelleute (wie fast alle Capponi, Soderini, Nerli und fast die ganze Stadt) böse. Aus diesem Grund brach der König auf und zog in die Gebiete der Florentiner, um sie zu zwingen, sich für ihn zu erklären, oder um ihre Städte zu nehmen, die schwach waren, damit er dort für den Winter, der schon begonnen hatte, lagern könne. Mehrere kleine Plätze gingen zu ihm über und auch Lucca, das den Florentinern feind war, und sie erwiesen dem König jeden Gefallen und Dienst. Der Rat des Herzogs von Mailand war immer auf zwei Dinge gerichtet gewesen: vor dem Sommer sollte man nicht weiter vorrücken; er hoffte Pisa, eine gute und große Stadt, und Sarzana und Pietrasanta zu erlangen. Diese beiden hatten noch vor kurzer Zeit den Genuesen gehört, waren aber zur Zeit Lorenzos von Medici von den Florentinern erobert worden.

Der König nahm seinen Weg über Pontremoli, das dem Herzog von Mailand gehörte, und ging daran, Sarzana zu belagern, eine sehr feste Burg, die beste, die die Florentiner hatten, die aber wegen ihrer Streitigkeiten schlecht versorgt war. Um die Wahrheit zu sagen, die Florentiner standen auch nicht gern gegen das Haus Frankreich, dessen wahre Diener und Parteigänger sie zu allen Zeiten gewesen sind, sowohl wegen der Handelsgeschäfte, die sie in Frankreich machen, als auch, weil sie zur Partei der Guelfen gehören. Wenn die Feste gut versehen gewesen wäre, wäre das königliche Heer zusammengebrochen: es ist nämlich ein unfruchtbares Land und liegt zwischen den Bergen, es gab dort keine Lebensmittel, auch war der Schneefall sehr groß. Er lag nur drei Tage davor; noch vor der Kapitulation kam der Herzog von Mailand dort an; er zog durch Pontremoli, wo seine Leute aus der Stadt und Garnison mit unseren Deutschen einen großen Streit hatten, die einer namens Buset führte; einige der Deutschen wurden getötet. Obgleich ich nicht bei diesen Angelegenheiten anwesend war, haben es mir der König, der Herzog und andere erzählt. Durch diesen Streit entstand später ein großes Unglück, wie Ihr nachher noch hören werdet[14].

In Florenz bahnte sich eine Verhandlung an; sie ordneten bis fünfzehn oder sechzehn Gesandte an den König ab und sagten in der Stadt, sie wollten nicht in der Gefahr zwischen dem Haß des Königs und des Herzogs von Mailand bleiben, der immer in Florenz seine Gesandtschaft hielt. Pietro von Medici erlaubte diesen Gang; auch blieb ihm in dem Zustand, in dem sich die Dinge befanden, nichts anderes übrig: denn sie wären bei ihrem geringen Proviant und ihrer Kriegsuntüchtigkeit niedergeschlagen worden. Als sie angekommen waren, boten sie an, den König in Florenz und in anderen Gebieten aufzunehmen; es schien den meisten wichtig, daß er käme, um Gelegenheit zu haben, Pietro von Medici davonzujagen; und sie glaubten, gute Beziehungen zu denen zu haben, die damals die Geschäfte für den König führten, und die ich genug genannt habe.

Auf der anderen Seite verhandelte Pietro durch die Hand seines Dieners Lorenzo Spinelli, der seine Bank in Lyon verwaltete; ein großer Mann in seinem Stande, der lange Zeit in Frankreich gelebt hatte. Doch von den Verhältnissen an unserem Hof konnte er keine Kenntnis haben,

[14] Unten im sechsten Kapitel des achten Buchs.

wie denn oft diejenigen, die dort aufgewachsen sind, große Mühe haben, da es so viele Veränderungen dort gab. Er unterhandelte mit denen, die diejenigen haßten, die an der Macht waren: das waren Herr de Bresse, der später Herzog von Savoyen geworden ist, und Herr de Miolans, der Kämmerer des Königs und Statthalter der Dauphiné war. Er kam bald nach den anderen zum König und einige Bürger der Stadt mit ihm, um die Dinge zu beantworten, um die man sie gefragt hatte; er hätte sich in der Stadt verloren gesehen, so erzählte er mir, wenn er nicht alles getan hätte, was der König wollte, von dem er gute Gnade zu gewinnen glaubte; er wollte etwas mehr als die anderen erreichen.

Bei seiner Ankunft wurden ihm Herr de Piennes, ein gebürtiger Flame und Kämmerer des Königs, und der Rentmeister Briçonnet, der schon oft genannt worden ist, entgegengeschickt. Sie forderten von ihm den Gehorsam der Festung Sarzana, was er unverzüglich zugestand. Sie baten ihn ferner, er möchte dem König Pisa, Livorno, Pietrasanta und Librefatto leihen. Alles bewilligte er, ohne mit seinen Begleitern zu sprechen, die wohl wußten, daß der König in Pisa sein müsse, um sich zu erholen; aber sie wußten nicht, daß er die anderen Plätze bekam: denn das hieß ja ihre ganze Macht und ihre Kraft in unsere Hände legen. Diejenigen, die mit Pietro verhandelten, haben es mir erzählt, spotteten über ihn und waren erstaunt, daß er so rasch so große Dinge bewilligte, worauf sie gar nicht gefaßt gewesen waren. Schließlich rückte der König in Pisa ein, und die Obengenannten kehrten nach Florenz zurück. Pietro ließ das Quartier für den König in seinem Hause herrichten, dem schönsten Cittadino- oder Kaufherrenhaus, das ich jemals gesehen habe, das am besten mit allem ausgestattet ist, was einem Mann in seinem Stand in der Welt gehört.

Nun muß ich noch etwas über den Herzog von Mailand sagen, der ja den König aus Italien heraus haben wollte, wenn er nur noch von ihm seinen Nutzen gezogen hätte: er wollte nämlich die Festungen bekommen, die er erobert hatte. Er bedrängte den König sehr, um Sarzana und Pietrasanta zu erhalten, die, wie er sagte, den Genuesen gehörten. Er lieh dem König damals dreißigtausend Dukaten; mir und mehreren anderen sagte er später, man habe ihm versprochen, ihm die Städte zu geben. Als der König sie ihm verweigerte, schied er sehr unzufrieden von ihm und sagte, seine Geschäfte zwängen ihn zurückzukehren; seitdem hat der König ihn nicht mehr gesehen; er ließ aber Herrn Galeazzo von San Severino beim König und wollte, daß er oder der Graf Carlo Belgiojoso, von dem schon die Rede war, in allen Sitzungen des Rates zugegen sei.

Als der König in Pisa war, ließ Herr Galeazzo, von seinem Herrn dazu verleitet, in seine Wohnung die vornehmsten Bürger der Stadt kommen und riet ihnen, gegen Florenz zu rebellieren und den König zu bitten, ihnen die Freiheit zu geben; er hoffte dadurch, Pisa in die Hände des Herzogs von Mailand zu bringen, das ehemals der Herzog

Gian Galeazzo, der erste dieses Namens im Hause Mailand, besessen hatte, ein großer und schlimmer, aber dennoch ehrenhafter Tyrann. Sein Leichnam ist in der Kartause zu Pavia, die nahe dem Park ist, über dem Hochaltar beigesetzt. Die Kartäuser haben mir ihn, oder wenigstens seine Gebeine, gezeigt, die nach den Gesetzen der Natur einen schlechten Geruch ausströmten. (Man steigt dort mit einer Leiter hinauf.) Einer aus Borgo nannte ihn einen Heiligen, und ich fragte ihn ins Ohr, warum er ihn so nenne, da er doch rings um sich die Wappen vieler Städte sehen könne, die dieser ohne Recht an sich gerissen habe. (Er und sein Roß waren höher als der Altar aus Stein gehauen und sein Leichnam unter dem Fuß des Pferdes.) Leise antwortete er mir: „Hier in diesem Lande nennen wir alle die Heilige, die uns Gutes tun." Er hatte diese herrliche Kartäuserkirche errichten lassen, die wirklich die schönste ist, die ich gesehen habe, und ganz aus schönstem Marmor.

Um fortzufahren: Herr Galeazzo hatte Lust, sich ganz groß zu machen. Ich glaube, so wollte es auch sein Herr, der Herzog von Mailand, dessen Bastardtochter er geheiratet hatte; er zeigte, daß er ihn bevorzugen wollte, als wäre er sein Sohn gewesen, denn er hatte noch keine Söhne im richtigen Alter. Die Pisaner wurden von den Florentinern sehr grausam behandelt und wie Sklaven gehalten. Vor etwa hundert Jahren[15] hatten sie Pisa erobert, im Jahre als die Venetianer Padua gewannen, das ihr erster Gewinn auf fester Erde war. Diese beiden Städte waren fast in derselben Lage, denn sie waren alte Feinde derjenigen gewesen, die sie besaßen, und sie waren fast gleich an Stärke, lange Jahre bevor sie erobert wurden. Aus diesem Grunde hielten die Pisaner Rat, als sie sich von einem so großen Mann beraten sahen, der ihre Freiheit wünschte, und kamen rufend zum König, der gerade zur Messe ging, in großer Anzahl, Männer und Frauen: „Libertà, Libertà!" baten sie ihn mit Tränen in den Augen, damit er sie ihnen gäbe. Ein Meister der Bittschriften, der vor ihm herschritt oder Dienst hatte, der ein Rat im Parlament der Dauphiné war, Rabot genannt, sagte zum König, sei es, weil er es dem Volke versprochen hatte, sei es, weil der König nicht gehört hatte, was sie forderten, es sei eine bemitleidenswerte Sache, er müsse es ihnen bewilligen, denn niemals seien Leute so hart behandelt worden. Der König, der nicht wußte, was dieses Wort bedeutete, und der ihnen von Rechts wegen die Freiheit gar nicht geben konnte (denn die Stadt gehörte nicht ihm, da er dort nur aus Freundschaft in seiner großen Not aufgenommen worden war) und der kaum begann, das Elend Italiens und die Behandlung zu erkennen, die die Fürsten und Städte ihren Untertanen zumuteten, antwortete, er sei es zufrieden; der Rat sagte ihnen dieses Wort. Unverzüglich begann das Volk zu schreien: „Bravo!" Sie eilten ans Ende ihrer schönen Arnobrücke und warfen einen großen Löwen zur Erde, der auf einem großen Marmorpfeiler stand und den sie Marzocco nannten (er stellte die Herr-

[15] 1406.

schaft von Florenz dar), und trugen ihn in den Fluß; auf den Pfeiler setzten sie einen französischen König mit einem Schwert in der Faust, der den Mazoccolöwen unter dem Hufe seines Rosses hält. Und als seither der römische König einzog, haben sie es mit dem französischen König genau so gemacht, wie sie es mit dem Löwen machten. Es ist die Natur des italienischen Volkes, so den stärkeren gefällig zu sein; aber diese waren und sind sehr schlecht behandelt worden, so daß man sie entschuldigen muß.

## *Zehntes Kapitel*

Der König weilte dort nicht lange, brach von da auf und zog nach Florenz. Dort hielt man ihm das Unrecht vor, das er den Florentinern angetan hat, und daß es gegen sein Versprechen sei, den Pisanern die Freiheit zu geben. Diejenigen, die er beauftragt hatte, in dieser Angelegenheit zu antworten, entschuldigten die Sache damit, daß sie sagten, er habe es nicht verstanden und verstehe es noch nicht, und traten in einen anderen Vertrag ein, von dem ich noch sprechen werde; ich will aber erst ein wenig von dem Ende des Pietro von Medici erzählen und auch vom Einzug des Königs in Florenz, und wie er in Pisa und anderen Plätzen, die man ihm geliehen hatte, eine Garnison ließ.

Nachdem dieser Pietro dem König die besagten Plätze übergeben hatte, womit einige der Stadt einverstanden waren, dachte er, der König würde sie nicht behalten; auch glaubte er, er würde ihnen Pisa nach seinem Abzug wieder herausgeben, wo er nur drei bis vier Tage zu tun hatte. Ich glaube gern, wenn er dort hätte überwintern wollen, sie hätten es ihm zugestanden, obgleich ihnen Pisa wichtiger ist als Florenz selbst, außer den Personen und fahrenden Gütern. Als Pietro in Florenz angekommen war, erkannte er, daß jeder ihn böse anschaute und das nicht ohne Grund: denn er hatte sie ihrer ganzen Kraft und Macht beraubt und alles dessen, was sie im Laufe von hundert Jahren erobert hatten; es schien, als ob ihre Herzen schon das Unglück ahnten, das ihnen später geschehen ist. Und gerade aus diesem Grunde (ich glaube, es war der wichtigste, obgleich sie ihn niemals ausgesprochen haben), sowie auch wegen des erwähnten Hasses, den sie in sich trugen, und um zur Freiheit zurückzukehren, der sie sich beraubt sahen, beschlossen sie, ihn aus der Stadt zu jagen, ohne der Wohltaten seiner Vorgänger Cosimo und Lorenzo von Medici zu gedenken.

Ohne davon etwas zu wissen, wohl aber schon in Unruhe, ging Pietro von Medici zum Palast, um über die Ankunft des Königs zu sprechen, der noch drei Meilen entfernt war. Seine gewohnte Garde hatte er bei sich; er kam, um an die Tür des Palastes zu pochen, die ihm durch einen der Nerli verweigert wurde; es waren mehrere Brüder (ihn und den Vater habe ich gut gekannt), sehr reiche Männer; er sagte ihm, nur er allein dürfe eintreten, wenn er wolle, aber kein anderer mit ihm; und der, der ihn zurückwies, war bewaffnet. Unverzüglich kehrte Pietro in sein Haus zurück, bewaffnete sich und seine Diener und ließ einen namens Paolo Orsini benachrichtigen, der im Solde der Florentiner stand, denn Pietro war von der Seite seiner Mutter her ein Orsini, und der Vater und er hielten immer einige dieses Hauses in ihrem Sold. Er beschloß, entweder zu widerstehen oder aus der Stadt zu weichen. Bald aber hörte er es von überall her rufen: „Libertà! Libertà!" und sah das Volk in Waffen. So wich er, gut beraten, aus der Stadt mit Hilfe des Paolo Orsini, was ein klägliches Scheiden für ihn war, denn an Macht und an Gütern kam er den großen Fürsten gleich, er und seine Vorgänger, seit ihrem Oberhaupt Cosimo. An diesem Tage war Fortuna ihm feindlich gesinnt, und er verlor Ehre und Gut.

Ich war in Venedig; durch den florentinischen Gesandten, der dort war, erfuhr ich die Neuigkeiten, die mich sehr betrübten, da ich den Vater geliebt hatte; wenn Pietro mir hätte glauben wollen, wäre es ihm nicht so schlecht ergangen; denn als ich in Venedig anlangte, schrieb ich ihm und bot ihm an, für ihn ein Übereinkommen zu treffen, da ich dazu mündliche Vollmacht vom Seneschall von Beaucaire und vom Rentmeister hatte; der König wäre mit einem freien Durchzug zufrieden gewesen, oder schlimmstenfalls damit, Livorno in seine Hand zu bekommen, und hätte sonst alles getan, was Pietro gefordert hätte. Er aber antwortete mir spöttisch durch diesen Herrn Pietro, den ich anderswo schon genannt habe. Dieser Gesandte überreichte am nächsten Tage im Namen seiner Herren der Signorie Briefe, die enthielten, er sei fortgejagt worden, weil er sich mit Hilfe der Häuser Aragon und Orsini zum Herrn der Stadt habe machen wollen, und andere Anschuldigungen mehr, die nicht wahr waren. Solcherart aber sind die Abenteuer der Welt, daß derjenige, der flieht und verliert, nicht nur den findet, der ihn jagt, sondern auch seine Freunde werden zu Feinden, wie dieser Gesandte hier namens Paolo Antonio Soderini, der einer der klügsten Männer in Italien war: am Tag vorher hatte er mit mir von Pietro gesprochen, als sei er sein angestammter Herr gewesen, und jetzt erklärte er sich im Auftrag seiner Signorie als sein Feind; er selbst gab keine Erklärung ab. Am Tage darauf wußte er, Pietro komme nach Venedig, und der König sei in großem Triumph in Florenz eingezogen; sie befahlen ihm, er solle von der Signorie Urlaub nehmen und zurückkehren; es sei nötig, daß sie mit diesem Wind segelten (ich sah den Brief, denn er zeigte ihn mir), und er reiste ab.

Nach zwei Tagen kam Pietro im Wams oder im Mantel eines Dieners; in großer Furcht empfing man ihn in Venedig, da man Angst hatte, dem König zu mißfallen. Dennoch konnten sie ihn von Rechts wegen nicht fortschicken und wünschten aus mir herauszubekommen, was der König dazu sage; zwei Tage lang blieb er außerhalb der Stadt.

Ich wünschte, ihm helfen zu können, und ich hatte keinen Brief des Königs gegen ihn erhalten; ich erklärte, ich glaubte, seine Flucht sei aus Furcht vor dem Volk geschehen, nicht mit Wissen des Königs. So kam er hinein; und ich besuchte ihn an dem Tage, als er mit der Signorie gesprochen hatte, die ihn gut unterbrachte und ihm erlaubte, Waffen, das heißt Degen, zu tragen, und auch seinen fünfzehn oder zwanzig Dienern, die er bei sich hatte. Sie erwiesen ihm große Ehren, obgleich der besagte Cosimo sie einst gehindert hat, Mailand zu gewinnen. Trotzdem kamen sie ihm wegen der Ehre seines Hauses mit Achtung entgegen.

Als ich ihn sah, schien es mir wohl, daß er nicht der Mann war, sich wieder zu erheben. Er erzählte mir lange sein Geschick, und ich tröstete ihn nach meinem Vermögen. Unter anderem erzählte er mir, daß er alles verloren habe; unter dem übrigen Unglück sei sein Agent in der Stadt gewesen, an den er geschickt habe, um Tuch für sich, seinen Bruder und Paolo für nur hundert Dukaten zu erhalten, und dieser habe es ihm verweigert. Bald danach erhielt er Nachrichten durch Herrn de Bresse, den späteren Herzog von Savoyen; der König schrieb ihm, er möchte zu ihm kommen; aber schon war unser Herr, wie ich noch erzählen werde, von Florenz aufgebrochen.

## *Elftes Kapitel*

Hier habe ich ein wenig von Pietro von Medici reden müssen; es war auch eine wichtige Sache, denn die Macht der Medici hat sechzig Jahre lang gedauert, so groß, daß sie größer nicht hätte sein können. Der König rückte am nächsten Tage in die Stadt ein, und Pietro hatte für ihn sein Haus herrichten lassen. Schon war Herr de Balzac da, um dieses Quartier zu machen; sobald dieser die Flucht Pietros von Medici sah, ging er daran, alles zu plündern, was er in dem Hause fand, indem er sagte, ihr Bankier in Lyon schulde ihm eine große Summe Geldes. Unter anderen Dingen nahm er ein ganzes Einhorn mit, das sechs- oder siebentausend Dukaten wert war, zwei große Stücke eines anderen und mehrere andere Güter. Andere machten es wie er. In einem anderen Haus der Stadt hatte er geborgen, was er an Werten besaß: das Volk plünderte alles. Die Signorie bekam einen Teil der reichsten Kleinodien und etwa zwanzigtausend Dukaten in bar, die er auf seiner Bank in der Stadt hatte, mehrere schöne Gefäße von Achat und ebensoviele herrliche Kameen, so schön geschnitten, daß es ein Wunder ist (ich hatte sie einst gesehen), dazu wohl dreitausend Gold- und Silbermedaillen im Gewicht von vierzig Pfund. Ich glaube, so schöne Medaillen gab es in Italien nicht wieder. Was er in diesem einen Tag in der Stadt an fahrender Habe verlor, war wohl mehr als hunderttausend Taler wert.

Nun war der König, wie gesagt, in Florenz, und es kam ein Vertrag mit ihnen zustande; ich glaube, sie schlossen ihn guten Herzens. Sie gaben dem König hundertzwanzigtausend Dukaten, von denen sie fünfzigtausend bar bezahlten. Für den Rest vereinbarten sie einen Termin in zwei ziemlich kurzen Raten. Alle besagten Festungen liehen sie dem König und wechselten ihr Wappen, das eine rote Lilie war, und nahmen dafür das, das der König trug, der sie unter seinen Schirm und Schutz nahm und ihnen auf dem Altar St. Johannis versprach und gelobte, ihnen die Festungen vier Monate nach seinem Einzug in Neapel wiederzugeben, oder noch früher, wenn er nach Frankreich zurückkehre. Aber die Sache nahm eine andere Wendung, wovon später noch gesprochen werden soll.

Er blieb nur kurz in Florenz und zog weiter nach Siena, wo er gut aufgenommen wurde, und von dort nach Viterbo, wo die Feinde die Absicht hatten, sich festzusetzen und sich für eine Schlacht zu verschanzen, wenn sie dabei ihren Vorteil sahen, da Don Ferrante auf Rom zurückgegangen war. (So sagte es mir die Gesandtschaft König Alphonsos und diejenige des Papstes in Venedig.) Ich wartete wirklich darauf, daß König Alphonso selbst dorthin kommen würde, da er für sehr mutig gehalten wurde, und daß er seinen Sohn im Königreich lassen würde; der Ort schien mir für sie günstig zu sein; denn er hätte sein Königreich, die Länder des Papstes und die Plätze der Orsini im Rükken gehabt. Aber ich war sehr erstaunt, daß Briefe vom König an mich kamen, in denen stand, er sei in Viterbo; dann übergab ihm ein Kommandant die Burg und alles durch Vermittlung des Kardinals San Pietro ad Vincula, der Statthalter war, und durch die der Colonna. Damals schien es mir, als wolle Gott dieser Mühsal ein Ende bereiten, und ich bereute schon, dem König geschrieben und geraten zu haben, ein gutes Abkommen anzunehmen; denn man bot ihm genug an.

Acquapendente und Montefiascone wurden ihm vor Viterbo übergeben und alle Festungen in der Umgebung, wie ich aus den Briefen des Königs und denen der Signorie erfuhr, die von Tag zu Tag durch ihre Gesandten von dem, was geschah, benachrichtigt wurde. Mehrere Briefe hierüber zeigte sie mir vor oder ließ sie mir durch einen ihrer Sekretäre ausrichten. Von dort aus zog der König nach Nepi und dann in die Länder der Orsini, die alle von Herrn Carlo Orsini übergeben wurden, dem Bastardsohn des Herrn Virginio Orsini, der sagte, er habe den Befehl dazu von seinem Vater erhalten, dem besoldeten Diener König Alphonsos, der gesagt habe, solange Don Ferrante in Rom und im Kirchenstaat sei, wolle er ihm Gefolgschaft leisten, länger aber nicht. So lebt man in Italien; die Herren und die Hauptleute verhandeln ohne Unterlaß mit den Feinden und fürchten sehr, bei den Unterlegenen zu sein. Unser Herr wurde in Bracciano aufgenommen, der Hauptfestung des Herrn Virginio, die schön und mächtig und mit Lebensmitteln gut versorgt war. Ich habe den König diese Festung und den Empfang, den man ihm bereitete, sehr rühmen hören: denn sein Heer war in Not, hatte keine Lebensmittel und konnte so nicht mehr weiter. Wenn man betrachtet, wie viele Male dieses Heer zusammenzubrechen glaubte, bis es in Vienne in der Dauphiné wieder ankam, wie und durch welche Umstände es sich immer wieder emporbrachte, muß man schon sagen, daß Gott es leitete.

## *Zwölftes Kapitel*

Von Bracciano schickte der König den Kardinal San Pietro ad Vincula nach Ostia, dessen Bischof er war; das ist ein Ort von großer Bedeutung, den die Colonna behaupteten, die ihn dem Papst geraubt hatten. Vor noch nicht langer Zeit hatten die Päpstlichen ihn dem Kardinal entrissen. Die Festung war sehr schwach, hielt aber unter dem Kardinal lange Zeit Rom in großer Unterwerfung, der der große Freund der Colonna war; diese waren unser durch den Kardinal Ascanio, den Bruder des Herzogs von Mailand und Vizekanzler, auch aus Haß gegen die Orsini, deren Gegner sie immer sind und waren. Wegen dieses Streites ist der ganze Kirchenstaat so verwirrt, wie wir durch die Luxe und Grammont oder Holland durch die Hoek und Cabillau[16]. Wäre dieser Streit nicht, so wäre der Kirchenstaat die glücklichste Wohnung für die Untertanen auf der ganzen Welt, da sie weder Steuern noch sonst etwas bezahlen und immer gut geführt werden; denn die Päpste sind immer klug und gut beraten; sehr oft aber geschehen große und grausame Morde und Plünderungen. Seit vier Jahren haben wir sowohl bei den einen als auch bei den andern viel davon erlebt: denn später sind die Colonna zu Unrecht uns entgegengetreten, obgleich sie zwanzigtausend Dukaten Rente und mehr im Königreich und in schönen Herrschaften bekamen, wie in der Grafschaft Tagliacozzo und anderen, die vorher die Orsini besessen hatten, und alle anderen Dinge, die sie sich sowohl an Reisigen, als auch an Pensionen nur wünschen konnten. Aber was sie taten, taten sie aus reiner Treulosigkeit ohne jeden Anlaß. Man muß wissen, daß sie von alters her Parteigänger des Hauses Aragon und anderer Feinde des französischen Königs gewesen sind, da sie Ghibellinen waren, während die Orsini wie auch die Florentiner als Guelfen die französische Partei hielten.

Mit dem Kardinal San Pietro ad Vincula wurde Perron Baschi, Meister des königlichen Hauses, nach Ostia gesandt, der dem König drei Tage vorher zwanzigtausend Dukaten zu Schiff gebracht hatte und in Piombino an Land gestiegen war (das Geld war vom Herzog von Mailand geliehen). Bei der kleinen Kriegsflotte waren der Fürst von Salerno und Herr Serenon aus der Provence geblieben, die Fortuna nach

[16] Namen sich bekämpfender Familien und Parteien in Navarra und Holland.

Korsika verschlug; ihr Schiff wurde sehr mitgenommen. Sie brauchten zu lange Zeit, um es wieder aufzutakeln, so daß sie zu nichts mehr nützten; so kostete diese Flotte sehr viel. Sie trafen den König in Neapel.

In Ostia waren beim Kardinal wohl fünfhundert Reisige und zweitausend Schweizer, der Graf de Ligny, ein Vetter des Königs von mütterlicher Seite, Herr d'Alègre und andere. Sie wollten dort den Tiber überqueren, um Don Ferrante einzuschließen, der in Rom war, mit Beistand und Hilfe der Colonna, deren Oberhäupter damals Prospero und Fabricio Colonna und der Kardinal Colonna waren; denen bezahlte der König aus der Hand des Herrn Baschi zweitausend Fußknechte, die sie nach ihrem Belieben versammelt hatten; dieses Aufgebot machten sie in Genzano, das ihnen gehört.

Man muß verstehen, daß hier mehrere Dinge auf einmal zusammentreffen; von jedem muß ich etwas sagen. Bevor der König Viterbo gewonnen hatte, hatte er Herrn de La Trémoïlle, seinen Kämmerer, seinen Siegelbewahrer, den Präsidenten Ganay, und den Generaleinnehmer Bidant nach Rom gesandt, da er mit dem Papst unterhandeln wollte, der immer, wie es in Italien Brauch ist, Verhandlungen führte. Als sie dort waren, ließ der Papst in der Nacht Don Ferrante und seine ganze Macht in die Stadt ein, und unsere Leute wurden, wenn auch nicht lange, eingesperrt. Noch am selben Tage fertigte der Papst sie ab, behielt aber den Kardinal Ascanio, den Vizekanzler und Bruder des Herzogs von Mailand, und Prospero Colonna als Gefangene zurück: einige sagten, es sei mit ihrem Willen geschehen. Von allen diesen Neuigkeiten erhielt ich sofort Briefe vom König, ebenso und noch ausführlicher die Signorie von ihren Leuten. Alles dieses geschah, bevor der König in Viterbo einzog; denn keine Partei blieb auch nur zwei Tage an einem Ort, und die Dinge verliefen besser, als er erwarten konnte: auch der Herr aller Herren mischte sich ein, und ihn erkannte jeder.

Dieses in Ostia weilende Heer nützte wegen des schlechten Wetters nichts. Auch muß man wissen, daß die Leute, die Herr d'Aubigny geführt hatte, wie auch er, zurückgekehrt waren; er hatte kein Kommando mehr. Den Italienern, die mit ihm in der Romagna gewesen waren, hatte man Urlaub gegeben; sie waren von Herrn Rodolpho von Mantua, Herrn Galeotto de La Mirandola, Fracassa und dem Bruder von Herrn Galeazzo von San Severino geführt und gut bezahlt worden. Es waren etwa fünfhundert Bewaffnete, die der König bezahlte. Wie Ihr gehört habt, ging der König nach seinem Abzug aus Viterbo nach Nepi, das Herr Ascanio hielt. Nichts ist gewisser, als daß, während die Unsrigen in Ostia waren, mehr als zwanzig Klafter der Stadtmauer Roms einstürzten, durch die man einziehen sollte. Als der Papst so plötzlich diesen jungen König mit seinem guten Glück kommen sah, erlaubte er ihm den Einzug (er hätte ihn auch gar nicht verweigern können), erbat einen Sicherheitsbrief für Don Ferrante, den Herzog von Kalabrien und einzigen Sohn des Königs Alphonso, den er erhielt; dieser rückte nachts nach Neapel ab; der Kardinal Ascanio beigleitete ihn bis zum Tor. Der König zog in Rom in Waffen ein, als hätte er die Macht, überall nach seinem Belieben zu handeln. Mehrere Kardinäle, Statthalter und Senatoren der Stadt kamen ihm entgegen. Er nahm im Palast San Marco Quartier (das ist das Viertel der Colonna, seiner Freunde und damaligen Diener), und der Papst zog sich in die Engelsburg zurück.

## *Dreizehntes Kapitel*

War es möglich, zu glauben, daß König Alphonso, der so stolz und so kriegserfahren war, sein Sohn und alle Orsini, die so großen Anhang in Rom haben, es nicht wagten, in der Stadt zu bleiben, wo sie doch sahen und merkten, daß der Herzog von Mailand und die Venetianer zögerten und sich eine Liga zu bilden begann, die geschlossen worden wäre, wenn sich irgendein Widerstand in Viterbo oder Rom gezeigt hätte — wie ich gewiß wußte —, vorausgesetzt, daß sie den König einige Tage hätten aufhalten können? Kurz: hier mußte Gott zeigen, daß alle diese Dinge den Geist und die Erkenntnis der Menschen überschritten; auch muß man wohl bemerken, daß ebenso, wie die Stadtmauern einstürzten, auch fünfzehn Klafter der Vormauern der Engelsburg niederbrachen, wie mir mehrere erzählt haben, unter anderem zwei Kardinäle, die dabei waren und sich große Mühe gaben, den König zu bewegen, dies für ein Wunder zu nehmen und den Papst mit Gewalt gefangenzusetzen, wie ich später noch erzählen werde.

Ich muß aber noch ein wenig von König Alphonso sprechen. Seitdem der Herzog von Kalabrien, Don Ferrante, von dem schon mehrere Male gesprochen worden ist, nach Neapel zurückgekommen war, hielt sich sein Vater nicht mehr für würdig, König zu sein wegen der vielen Übel, die er begangen, und aller Grausamkeiten gegen mehrere Fürsten und Barone, die er trotz seines Vaters und seiner Sicherheit hatte gefangennehmen und — wohl bis vierundzwanzig an der Zahl — hatte hinrichten lassen, sowie sein Vater tot war. (Dieser hatte sie eine Zeitlang nach dem Krieg, den sie gegen ihn geführt hatten, bewachen lassen.) Auch zwei anderen war es so gegangen, denen der Vater Sicherheit gegeben hatte, einer davon war der Fürst von Rossano, Herzog von Sessa. Dieser hatte die Schwester Don Ferrantes geheiratet und von ihr einen Sohn bekommen, der die Tochter Don Ferrantes heiratete, um ihn sicherer zu machen: dieser Fürst wollte nämlich an ihm einen großen Verrat begehen und hatte die ganze Strafe wohl verdient, wenn er ihn nicht hätte auf Sicherheit kommen lassen, als er auf seinen Befehl bei ihm erschien. Er nahm erst ihn und dann den Sohn gefangen, der damals fünfzehn oder sechzehn Jahre alt war. Als Alphonso König wurde, hatte der Vater schon vierunddreizig Jahre im Gefängnis gesessen. Jener ließ dann alle diese Gefangenen nach Ischia bringen, einer kleinen Insel in der Nähe von Neapel, wovon Ihr noch hören werdet. Dort ließ er sie alle umbringen. Einige behielt er in der Burg von Neapel zurück, wie den Sohn dieses Rossano und den Grafen Popoli. Ich habe mich genau danach erkundigt, wie man sie sterben ließ, da mehrere sie noch am Leben glaubten, als der König in Neapel einzog. Von einem ihrer vornehmsten Diener ist mir erzählt worden, daß sie von einem Mohren aus Afrika niedergeschlagen wurden (dieser ging gleich darauf auf sein Geheiß zu den Berbern, damit er nicht noch mehr davon sagte), ohne den alten Fürsten zu verschonen, der vierunddreißig Jahre dort gewesen war.

Niemand war grausamer, lasterhafter und schwelgerischer gewesen als er. Der Vater war noch gefährlicher, da niemand ihn in seinem Zorn kannte; indem er eine gute Miene machte, ergriff und verriet er die Leute, wie den Grafen Jakob, den er gefangennahm und töten ließ, als er als Gesandter im Namen des Herzogs Franz von Mailand bei ihm war, dessen Bastardtochter er geheiratet hatte (dieser aber hatte in die Tat eingewilligt, da sie ihn beide wegen seiner Tüchtigkeit und des Anhangs fürchteten, den er unter den Bracceschi in Italien hatte; und er war der Sohn des Nicola Piccinino); so, wie gezeigt worden ist, nahm er alle anderen gefangen; niemals kannte er Gnade oder Barmherzigkeit, wie mir von den ihm Nahestehenden erzählt worden ist, und hatte keine Liebe zum Volk.

Was das Geld anbetraf, so führten sie den ganzen Handel im Königreich und gaben sogar dem Volke die Säue zu hüten, das sie fett machen mußte, damit sie besser zu verkaufen seien; starb eine, so mußten sie sie bezahlen. An Orten, wo, wie in Apulien, Olivenöl gedeiht, kauften sie es fast nach ihrem Gutdünken, ebenso den Weizen, bevor er reif war, und verkauften ihn so teuer sie konnten; wenn diese Ware im Preis sank, zwangen sie das Volk, sie wieder zurückzunehmen. In der Zeit, in der sie verkaufen wollten, durfte keiner verkaufen als nur sie. Wenn ein Herr oder ein Baron ein guter Haushalter war oder glaubte, sich irgendetwas sparen zu wollen, so baten sie ihn, bei ihm eine Anleihe zu machen; er wurde mit Gewalt gezwungen, etwas zu geben. Sie nahmen ihnen ihre Gestüte fort, von denen sie mehrere haben, behielten sie für sich und ließen in ihre Hände in so großer Anzahl Hengste, Stuten und Füllen leiten, daß man sie auf viele Tausende schätzte. Sie schickten sie auf die Weide auf mehrere Fluren, die den Herren oder anderen gehörten, die dadurch großen Schaden erlitten. Alle beide haben mit Gewalt mehrere Frauen gehabt. In Kirchendingen beachteten sie weder Ehrfurcht noch Gehorsam. Sie verkauften Bistümer, wie das von Tarent, das der Vater für dreißigtausend Dukaten an einen Juden verschacherte, um es dessen Sohn zu geben, der, wie er sagte, Christ war. Mehrmals vergab er Abteien an einen Falkner für die Kinder, indem er sagte: „Ihr werdet soundso viele Vögel unterhalten und sie auf Eure Kosten mausern lassen und soundso viele Leute auf Eure Kosten ernähren.“ Der Sohn hielt nie die Fasten oder etwas ähnliches dieser Art ein. Viele Jahre lebte er, ohne zu beichten oder das Abendmahl zu empfangen. Um es kurz zu machen: es ist nicht möglich, es schlimmer zu treiben, als die beiden es getan haben. Einige haben sagen wollen, der junge König Ferrante sei der schlimmere gewesen, obgleich er demütig und gnädig war, als er starb; aber da befand er sich auch in Not.

## *Vierzehntes Kapitel*

Es könnte nun den Lesern so scheinen, als sagte ich alle diese Dinge, weil ich einen ganz besonderen Haß gegen die Reichen gehabt hätte; aber, bei meiner Treu, ich habe ihn nicht; ich erzähle es nur, um meine Memoiren fortzuführen, aus denen man sehen kann, daß es seit Beginn des Zuges für die Leute, die ihn leiteten, eine unmögliche Sache gewesen wäre, wenn Gott allein nicht eingegriffen hätte, der diesen jungen, guten König zu seinem Beauftragten machen wollte, der so ärmlich versorgt und angeleitet war, um so kluge, so reiche und so erfahrene Könige zu strafen, die so viele kluge Leute hatten, welche sich um die Verteidigung des Königreiches kümmerten, sowohl Bundesgenossen als auch Untergebene; sie hatten diese Bedrohung von weitem auf sich zukommen sehen, vor der sie sich an keinem Ort retten oder Widerstand leisten konnten; denn, abgesehen von der Burg von Neapel, gab es keine, die den König auch nur vierundzwanzig Stunden lang aufhielt. So sagte der jetzige Papst Alexander[17], die Franzosen seien mit Holzsporen an den Füßen nach Neapel gegangen, und ihre Fouriere mit Kreide in der Hand, um ihre Quartiere anzuschreiben, ohne jede andere Mühe. Er sagte „Holzsporen“, weil heute der Page den jungen Leuten, wenn sie spazierenreiten, eine kleine Holzleiste in den Schuh einläßt; und sie sitzen auf ihren Maultieren mit baumelnden Beinen. Nur selten haben unsere Leute auf diesem Zuge einen Harnisch genommen; der König brauchte von Asti bis zu seinem Einzug in Neapel nur vier Monate und neunzehn Tage. Ein Gesandter hätte einen guten Teil der Zeit gebraucht. Daraus schließe ich und sage, nachdem ich es von mehreren guten Ordensbrüdern und Heiligen und vielen anderen Menschen gehört habe (wie ja die Stimme des Volkes Gottes Stimme ist), daß unser Herrgott sie sichtbar strafen wollte, damit es jeder erkenne und damit durch sie allen Königen und Fürsten ein Beispiel gegeben würde, fromm und nach seinen Geboten zu leben: denn die besagten Herren des Hauses Aragon verloren Ehre, Reich, großen Besitz und

17 Alexander VI. Borgia (1492—1503).

alle ihre fahrenden Güter, die so zerstreut wurden, daß man schwerlich sagen kann, was aus ihnen geworden ist; dann verloren sie das Leben, drei in einem Jahr oder nur wenig später[18]; ich hoffe aber, daß ihre Seelen nicht verloren sind. Denn der König Ferrante, der ein Bastardsohn des Alphonso war — dieser Alphonso war ein kluger, ehrenhafter und sehr guter König —, war in seinem Herzen sehr traurig, als er dieses Heer über sich kommen sah, gegen das er sich nicht zu helfen wußte; er sah, daß er und sein Sohn schlecht gelebt hatten und sehr verhaßt waren; denn er war ein sehr kluger König. Wie mir die ihm Nahestehenden versichert haben, fand er ein Buch, das beim Niederreißen einer Kapelle gefunden wurde, auf dem geschrieben stand: „Der König mit seinem geheimen Rat"; man will sagen, es habe das ganze Unheil enthalten, das über ihn hereinbrach. Nur drei haben es gesehen, und dann warf er es ins Feuer[19].

Ein anderes Unglück war, daß weder sein Sohn Alphonso, noch Ferrante, sein Enkel, an diese Ankunft glauben wollten, sondern in großen Drohworten und mit großer Verachtung vom König sprachen und sagten, sie würden ihm bis an die Berge entgegenziehen; und sie waren auch sehr nahe daran. Auf seinen Befehl hin wollten sie nicht schweigen; er sagte zu ihnen, er bäte Gott darum, daß sie niemals einen französischen König in Italien sähen, er selbst habe nur einen kleinen Mann aus dem Hause Anjou gesehen; das sei Herzog Johann gewesen, der Sohn des Königs René, der ihm sehr viel Mühe gemacht habe. Er arbeitete sehr daran, durch einen Gesandten, Camillo Pandone genannt, den König zum Bleiben zu bewegen, bevor er aufbräche, und bot ihm an, ihm mit fünfzigtausend Dukaten jährlich zinsbar zu werden und das Reich von ihm in Treue und Lehen anzunehmen; als er sah, daß er weder zu einem Vertrag gelangen konnte, noch den Staat Mailand zu befriedigen wußte, ergriff ihn eine Krankheit, an der er starb. In seinen Schmerzen empfing er die Beichte und bereute, wie ich hoffe, seine Sünden.

Der Sohn Alphonso, der so schrecklich und grausam gewesen ist und so gut das Kriegshandwerk verstanden hatte, verzichtete auf seine Krone, noch bevor der König von Rom aufbrach. Er bekam so große Angst, daß er die ganzen Nächte hindurch nicht aufhörte zu schreien, er höre die Franzosen, die Bäume und Steine schrien ‚Frankreich!', und niemals den Mut fand, von Neapel aufzubrechen. Als aber sein Sohn von Rom zurückkehrte, brachte er ihn in den Besitz des Königreiches, ließ ihn krönen und durch die Stadt Neapel reiten, begleitet von den Größten, die dort waren, wie Don Fredrego, seinem Bruder, und dem Kardinal von Genua; der neue König ritt in der Mitte und wurde von

[18] Ferdinand I. 25. Januar 1494, Alfons II. 19. November 1494, Ferdinand II. 7. September 1496.

[19] Es handelt sich um Prophezeiungen des heiligen Cataldus, der im vierten ten Jahrhundert Bischof von Tarent war.

den Gesandten begleitet, die anwesend waren, und alle erforderlichen Feierlichkeiten wurden begangen. Er selbst begab sich auf die Flucht und gelangte mit der Königin, seiner Schwiegermutter, nach Sizilien in eine Festung, die ihr dort gehörte. (Sie war die Schwester des jetzt lebenden Königs Ferdinand von Kastilien, dem dieses Königreich Sizilien gehört). Das war eine große Neuigkeit für die Welt und besonders für Venedig, wo ich war. Die einen sagten, er gehe zu den Türken, die anderen, es sei zugunsten seines Sohnes geschehen, der im Königreich nicht so verhaßt sei; meine Meinung aber war immer, daß er es aus wahrer Feigheit tat, denn niemals ist ein grausamer Mann kühn gewesen. So sieht man es in allen Geschichten, so verzweifelten Nero und mehrere andere.

Eine so große Begierde hatte er zu fliehen, daß er zu seiner Schwiegermutter am Tage seiner Abreise sagte, wie mir einige von denen erzählten, die bei ihm waren, wenn sie jetzt nicht mitkäme, lasse er sie im Stich. Sie antwortete ihm, er könne noch drei Tage warten, damit er ein ganzes Jahr in seinem Königreich gewesen sei. Er sagte, wenn man ihn nicht gehen ließe, würde er sich aus dem Fenster stürzen: „Hört Ihr denn nicht, wie jeder ‚Frankreich‘ schreit?“ Und so begaben sie sich zu Schiff. Er nahm alle Sorten Wein mit, den er mehr geliebt hatte als alles andere, alle Sorten von Samen zum Gartenbau, ohne irgendeine Bestimmung über seine bewegliche Habe und seinen Besitz zu hinterlassen, denn das meiste blieb in der Burg von Neapel. Einige Kleinodien und etwas Geld nahm er mit. Sie gingen an den genannten Ort nach Sizilien, und er ging dann nach Messina oder Palermo. Er führte mehrere Mönche mit sich und gelobte, der Welt zu entsagen. Vor allem liebte er die weißen Mönche von Monte Oliveto sehr (in Venedig haben sie es mir erzählt, wo der Körper der heiligen Helena in ihrem Kloster ist) und begann das heiligste Leben der Welt zu führen und Gott zu jeder Tages- und Nachtstunde mit diesen Mönchen zu dienen, wie sie es in ihren Klöstern tun, und sich in großem Fasten, Kasteiung und Almosen zu üben. Dann befiel ihn eine schreckliche Hautkrankheit und Nierensteine; sie sagten mir, sie hätten nie einen Menschen so davon verfolgt gesehen; alles trug er mit großer Geduld und erwog, ob er gehen sollte, sein Leben in einem Kloster zu Valencia La Grande zu fristen und sich als Mönch einkleiden zu lassen. Er wurde aber so von der Krankheit überrascht, daß er nur noch kurze Zeit lebte und dann starb. Wegen seiner großen Reue kann man hoffen, daß seine Seele glorreich im Paradies ist.

Sein Sohn überlebte ihn nicht lange und starb an Fieber und Fluß. Ich glaube, sie sind jetzt besser daran, als einst auf der Welt. Mir scheint, daß in weniger als zwei Jahren fünf Könige in Neapel die Krone getragen haben: die drei, die ich genannt habe, König Karl VIII. von Frankreich und Don Fredrego, Alphonsos Bruder, der jetzt herrscht.

## *Fünfzehntes Kapitel*

Um alles zu erklären, muß gesagt werden, daß König Don Ferrante, seitdem er gekrönt worden war, als neuer Mann erschien; durch die Flucht seines Vaters schienen ihm aller Haß und alle Beleidigungen ausgelöscht. Er versammelte alles, was er an Leuten bekommen konnte, sowohl zu Pferde als auch zu Fuß, und kam nach San Germano an den Eingang des Königreiches, einen starken, leicht zu verteidigenden Ort, wo die Franzosen noch zweimal durchgezogen sind, richtete dort sein Lager ein und besetzte die Stadt. Der Ort wird von einem kleinen Fluß geschützt, der manchmal auf Furten passierbar ist und manchmal nicht; auch kann er vom Gebirge und der hochgelegenen Burg aus verteidigt werden. Nun faßten die Freunde des Don Ferrante wieder neuen Mut.

Der König war noch in Rom, wo er sich mindestens etwa zwanzig Tage aufhielt. Mehrere Dinge wurden verhandelt. Bei ihm waren wohl achtzehn Kardinäle und andere, die sich neutral verhielten, wie Ascanio, der Vizekanzler und Bruder des Herzogs von Mailand, Pietro ad Vincula, große Feinde des Papstes und untereinander; die von Gurck, St-Denis, San Severino, Savelli, Colonna und andere. Alle wollten, daß eine neue Wahl vorgenommen und dem Papst, der in seiner Burg saß, der Prozeß gemacht würde. Zweimal war die Artillerie bereit zu schießen, wie mir die Großen erzählt haben; aber immer wieder widersetzte sich dem der König in seiner Güte. Der Ort war nicht zu verteidigen, denn der Erdwall war aus Menschenhand gemacht und sehr klein; sie meinten wohl, die Mauern seien durch ein Wunder eingestürzt. Sie beschuldigten den Papst, diese heilige Würde erkauft zu haben, und sprachen damit die Wahrheit. Dieser Ascanio aber war dabei der erste Makler, der alles geleitet hatte; er hatte viel Geld und das Haus des Papstes bekommen, als er Vizekanzler wurde, die Möbel, die darin waren, sein Amt als Vizekanzler und mehrere Plätze des Kirchenstaates. Sie waren Rivalen um die Papstwürde. Dennoch glaube ich, sie hätten beide eingewilligt, einen neuen nach dem Willen des Königs, und sogar einen französischen, zu wählen. Ich vermag nicht zu sagen, ob der König es richtig oder falsch machte, glaube aber, daß er am besten daran tat zu unterhandeln, denn er war jung und zu schlecht begleitet, um ein so großes Werk wie die Reform der Kirche durchzuführen, wozu er wohl die Macht besaß; aber er hätte verstehen müssen, es zu tun. Ich glaube, daß alle verständigen und vernünftigen Menschen es für eine gute, große und heilige Sache gehalten hätten; aber es wäre eine große, mühsame Arbeit gewesen. Immerhin war und ist der Wille des Königs in dieser Sache gut; wenn ihm nur geholfen worden wäre!

Der König nahm einen anderen Weg und traf mit dem Papst ein Abkommen, das nicht dauern konnte, da es in einem Punkt zu gewaltsam war: es diente zum Hauptvorwand, eine Liga zu bilden, von der noch gesprochen werden wird. Durch diesen Vertrag sollte zwischen dem Papst und seinen Kardinälen Friede sein, und einige sollten nach dem Rechte ihres Hutes abwesend wie anwesend bezahlt werden. Er sollte dem König vier Plätze leihen: Terracona, Civita-Vecchia gab er, Viterbo hielt der König besetzt, und Spoleto gab er nicht heraus, obgleich er es versprochen hatte. Sie sollten dem Papst wiedergegeben werden, wenn der König aus Neapel abziehen würde; so geschah es, obwohl der Papst ihn getäuscht hatte. Durch dieses Abkommen lieferte er dem König den Bruder des Türken aus[20], wofür er vom Sultan fünfundvierzigtausend Dukaten jährlich bekam; damit erhielten sie ihn in großer Furcht. Er versprach, keinen Legaten an einem Ort oder im Kirchenstaat ohne Genehmigung des Königs einzusetzen. Es gab andere Artikel, die das Konsistorium berührten; er stellte seinen Sohn, den Kardinal von Valencia, als Geisel, der als Legat mit unserem Herrn ging. Ihm leistete der König in aller Demut, die ein König haben kann, Obedienz. Der Papst ernannte ihm zuliebe zwei Kardinäle: den Generaleinnehmer, der schon Bischof von St-Malo war (er wurde schon oft genannt), und einen Bischof von Le Mans aus dem Hause St-Pol von Frankreich.

## *Sechzehntes Kapitel*

Als dies getan war, brach der König, wie es schien in großer Freundschaft mit dem Papst, von Rom auf. Acht Kardinäle aber verließen Rom, die sehr unzufrieden mit dem Vertrag waren; sechs von ihnen waren aus dem Anhang des Vizekanzlers und des Kardinals von Pietro ad Vincula, obgleich man glaubte, daß Ascanio nur heuchelte und im Herzen mit dem Papst zufrieden war; aber sein Bruder hatte sich noch nicht gegen uns erklärt. Der König ging nach Genzano und von dort aus nach Velletri, von wo der Kardinal von Valencia entfloh. Am nächsten Tag nahm der König Montefortino im Sturm (und alle, die drin waren, wurden getötet); der Platz gehörte Jacobo Conti, der das Geld des Königs genommen hatte und dann abgefallen war, denn die Conti sind Parteigänger der Orsini: darauf zog der König nach Valmontone, das den Colonna gehört. Dann lagerte er vier Meilen von Monte San Giovanni entfernt, einem sehr starken Platz, der sieben bis acht Stunden beschossen und dann im Sturm genommen wurde; alle oder wenigstens die meisten, die darin waren, wurden getötet. Er gehörte dem Markgrafen von Pescara und zum Kirchenstaat; hier wurde das ganze Heer zusammengezogen.

Von dort zog der König mit etwa sechzehntausend Mann gegen San Germano, wo der neugekrönte König Ferrante lag, wie ich schon gesagt habe, mit allem, was er an Leuten hatte auftreiben können. Es war für ihn die letzte Gelegenheit und der letzte Ort zu kämpfen,

[20] Siehe oben im neunten Kapitel des sechsten Buchs.

hier oder niemals mehr, denn es war der Zugang zu seinem Königreich, ein Ort, der sowohl wegen des Flusses als auch wegen des Gebirges vorteilhaft war. Immer wieder schickte er Leute aus, um den Paß Cancello zu bewachen und zu verteidigen; dieser liegt sechs Meilen von San Germano entfernt und ist ein Paß im Gebirge. Bevor jedoch der König nach San Germano kam, zog der König Ferrante in großer Unordnung fort und gab die Stadt und den Durchgang auf. Herr de Guise hatte an diesem Tage das Kommando der Vorhut, und der König selbst war hinter der Vorhut. Herr de Rieux war an den Cançellopaß gegen die Aragonesen vorgerückt, die ihn auch aufgaben. Der König zog in San Germano ein. König Ferrante eilte nach Capua, wo man seinen Reisigen den Eintritt verwehrte, ihn selbst aber mit wenigen Leuten einließ. Er blieb dort nicht lange und bat sie, gut für ihn auszuhalten, er würde morgen wiederkommen. Er ging nach Neapel, da er einen Aufruhr fürchtete, der auch eintrat. Alle seine Leute, oder wenigstens die meisten, sollten ihn in Capua erwarten. Als er aber am nächsten Tage wieder zurückkam, waren alle ausgerückt. Herr Virginio Orsini und sein Vetter, Graf Pitigliano, waren nach Nola gekommen, wo sie und ihre Leute von den Unsern ergriffen wurden. Sie wollten einwenden, sie hätten freies Geleit, und man tue ihnen Unrecht. Das war wahr, aber das Geleit war noch nicht in ihren Händen. Dennoch bezahlten sie nichts, hatten aber große Verluste, und es wurde ihnen Unrecht getan.

Von San Germano ging der König nach Mignano und Teano, und alles öffnete die Tore. In Calvi, zwei Meilen von Capua entfernt, nahm er Quartier. Dorthin kamen die von Capua und ergaben sich; der König zog mit seinem ganzen Heer dort ein. Von Capua zog er am nächsten Tage nach Aversa, auf halbem Wege von Capua nach Neapel, fünf Meilen von beiden Städten entfernt; dorthin kamen die aus Neapel und kapitulierten, um ihre alten Privilegien zu sichern. Er schickte den Marschall de Gié, den Seneschall von Beaucaire, den Präsidenten Ganay, den Siegelbewahrer und seine Schreiber dorthin voraus. Als König Ferrante sah, daß Volk und Adel in Waffen gegen ihn rebellierten und bei seiner Ankunft seinen großen Marstall ausplünderten, bestieg er eine Galee und fuhr nach Ischia, einer Insel, achtzehn Meilen von Neapel entfernt. Der König wurde mit großer Freude und Feierlichkeit in der Stadt empfangen, und alle Welt lief ihm entgegen, zuerst die, die dem Hause Aragon am meisten verpflichtet waren, wie alle aus dem Hause Caraffa, die von Aragon vierzigtausend Dukaten Einkünfte in Erbgütern und Pfründen bezogen; denn die Könige können hier ihr Eigengut vergeben; und so vergeben sie auch das der anderen, und ich glaube nicht, daß es im ganzen Königreich drei Menschen gibt, die das, was sie besitzen, nicht von der Krone oder von einem anderen haben.

Niemals zeigte ein Volk einem König oder einer Nation so viel Liebe, wie sie unserem König erwiesen; es schien ihnen, als seien sie nun von aller Tyrannei befreit, und sie kamen ihm willig entgegen; ganz Kalabrien ging über, wohin auch Herr d'Aubigny und mit ihm Perron Baschi ohne Reisige geschickt wurden. Ganz Abruzzo ergab sich ihnen, und die Stadt Aquila, die immer gut französisch gewesen ist, machte den Anfang. In Apulien ergab sich alles außer Brindisi, der Burg, die stark und gut bewacht war, und Gallipoli, das auch bewacht wurde: sonst wäre das Volk abgefallen. In Kalabrien hielten sich drei Plätze; Amantea und Tropea, alter Besitz der Anjou, hißten die Banner des Königs. Weil er sie aber Herrn de Précy gab und nicht als Eigengut annehmen wollte, zogen sie wieder die Banner der Aragonesen auf. Auch die Burg Reggio blieb aragonesisch. Alles andere aber hielt sich nur, weil man vergessen hatte, dort Truppen hinzuschicken. Stadt und Burg Tarent ergaben sich ganz von selbst, da nicht genügend Leute nach Apulien kamen, um eine Burg zu bewachen. Der König gewann Otranto, Monopoli, Trani Manfredonia, Barletta und alles andere außer den genannten Plätzen. Die Bürger kamen unseren Leuten drei Tagemärsche weit entgegen, um sich zu ergeben, und alle schickten Leute nach Neapel. Dorthin kamen alle Fürsten und Herren des Königreiches, um den Lehnseid zu leisten, außer dem Markgrafen von Pescara; seine Brüder und Neffen aber kamen auch.

Graf Arena und Markgraf Squillace entflohen nach Sizilien, da der König ihr Land Herrn d'Aubigny gab. Dort befanden sich der Fürst von Salerno, der von seiner Flotte zurückgekommen war (er hatte nichts genützt), sein Vetter, Fürst von Bisignano, und seine Brüder, die Herzöge von Melfi, Amalfi, Gravina, der alte Herzog von Sora, der vor langer Zeit sein Herzogtum dem Kardinal San Pietro ad Vincula verkauft hatte (sein Bruder, der Präfekt, besitzt es noch), die Grafen Mantuoro, Fondi, Tripalda, Celano, der, vor langem gebannt, mit dem König gegangen war, der junge Graf von Troja aus dem Stamme Cossa, der in Frankreich aufgewachsen war, Graf Popolo, den man gefangen in Neapel gefunden hatte, der junge Fürst Rossano, der befreit worden war (von dem schon gesprochen worden ist), nachdem er lange Zeit mit seinem Vater gefangen war, den man vierunddreißig Jahre lang eingekerkert hatte; dieser junge ging mit Don Ferrante; ferner der Markgraf von Cotrone, alle Caldora, Graf Maddaloni und Graf Marigliano (sie und die Ihrigen hatten immer das Haus Aragon gelenkt), und überhaupt alle Herren des Königreiches außer den dreien, die ich Euch genannt habe.

## *Siebzehntes Kapitel*

Als König Ferrante aus Neapel floh, ließ er den Markgrafen Pescara und einige Deutsche in der Burg zurück. Er ging zu seinem Vater nach Sizilien, um Hilfe zu bekommen. Don Fredrego hielt mit einigen wenigen Galeen das Meer und kam zweimal auf Sicherheit, um mit dem König zu sprechen. Er bat den König, daß ein Teil des Reiches mit dem Königstitel seinem Neffen bleiben möge, ihm selbst aber das Seine und das seiner Frau. Das war keine große Sache: denn er hatte nur einen kleinen Teil gehabt. Der König bot ihm für sich und seinen Neffen Güter in Frankreich an; ich glaube, er hätte ihm dort ein gutes und großes Herzogtum gegeben; aber sie wollten es nicht annehmen. Auch hätten sie keinen Vertrag gehalten, den man ihnen gemacht hätte, wenn sie im Königreich geblieben wären; sie hätten immer ihren Vorteil wahrgenommen. Vor der Burg von Neapel wurde Artillerie aufgestellt, die Feuer eröffnete; in der Burg waren nur noch die Deutschen, denn der Markgraf Pescara war abgezogen; wenn man vier Kanonen bis Ischia geschickt hätte, hätte man es genommen; von dort kam das Übel wieder. Man hätte die anderen vier oder fünf Plätze, die der Feind noch hatte, gewinnen können. Aber alles war vergnügt, feierte und festete; und ihr Siegesruhm stieg den Unsern so zu Kopf, daß es ihnen schien, als seien die Italiener keine Menschen mehr.

Der König wurde gekrönt und war in Capoana einquartiert, manchmal ging er nach Poggio Reale. Den Untertanen erwies er große Gnaden und ermäßigte ihre Abgaben; ich glaube wohl, die Völker wären von sich aus nie abgefallen (obgleich es eine sehr wankelmütige Nation ist), wenn man den Adel etwas mehr zufriedengestellt hätte; aber sie wurden von niemandem empfangen, und an den Toren geschahen Grobheiten. Am besten wurden die Caraffa, echte Aragonesen, behandelt; aber auch ihnen nahm man etwas fort: so wurde ihnen weder Amt noch Macht belassen, aber die Anjou wurden schlechter behandelt als die Aragonesen: so der Graf Marigliano. Es wurde ein Erlaß herausgegeben (und man beschuldigte den Präsidenten Ganay und den Seneschall, der kürzlich zum Herzog von Nola und Großkämmerer des Königreiches Neapel gemacht worden war, dafür Geld genommen zu haben): durch diesen Befehl wurde jeder in seinem Besitz bestätigt und die Anhänger der Anjou davon ausgeschlossen, in den ihren zurückzukehren, außer durch einen Prozeß. Diejenigen, die von selbst wieder hineingegangen waren, wie der Graf Celano, wurden unter Anwendung von Gewalt wieder hinausgeworfen. Alle Ämter und Stände wurden den Franzosen zu zweien und zu dreien gegeben. Alle Lebensmittel, die in der Burg von Neapel waren, als sie eingenommen wurde (es waren sehr viele), von denen der König Kenntnis hatte, gab er denjenigen, die danach verlangten.

Unterdessen ergab sich die Burg durch die Verhandlungen der Deutschen, die eine Welt von darin angehäuften Gütern mitnahmen; auch die Burg dell'Ovo ergab sich nach Beschießung. Aus diesem Ausgang kann man sehen, daß diejenigen, die dieses große Werk geleitet haben, es nicht aus sich selbst heraus konnten, sondern, wie jeder sieht, war es ein wahres Wunder Gottes. Aber die besagten großen Fehler waren Werke der Menschen, die, durch den großen Ruhm verblendet, nicht erkannten, woher das Gute und die Ehre ihnen kam. Sie verfuhren hierbei nach ihrer Natur und Erfahrung. Aber man sieht das Glück sich ebenso schnell wandeln, wie einen Tag in Norwegen, wo die Sommertage länger sind als anderswo, und wo man, wenn der Tag zum Abend wird, im selben Augenblick, oder nur ein wenig später, in einer Viertelstunde, den neuen Tag emporkommen sieht. So sah nun jeder kluge Mann in ebenso kurzer Zeit dieses Glück und dieses ruhmreiche Abenteuer sich wenden, aus dem Gutes und Ehre für die Christenheit entstanden wäre, wenn man erkannt hätte, von wem es kam: denn der Türke wäre ebenso leicht zu verwirren gewesen wie König Alphonso, da er noch lebt und in der Welt nichts wert ist; seinen Bruder hatte der König in Händen, der nur noch wenige Tage nach der Flucht des Kardinals von Valencia lebte (man sagt, er habe Gift bekommen), und das war der Mann, den der Türke am meisten von der Welt fürchtete. Keiner kann sich vorstellen, wie viele Tausende von Christen schon bereit waren, sich zu empören. Denn von Otranto nach Valona sind es nur sechzig Meilen, und von Valona bis Konstantinopel etwa achtzehn Tagereisen zu Land, wie mir diejenigen erzählten, die oft diesen Weg machen; und es gibt keine festen Plätze zwischen beiden, oder höchstens zwei oder drei; das übrige ist geschleift. Alle diese Länder sind albanisch, slavonisch, griechisch und sehr dicht bevölkert; sie bekamen Nachrichten vom König durch ihre Freunde in Venedig und Apulien, an die sie auch schrieben, und sie warteten nur noch auf den Messias, um sich zu erheben.

Von seiten des Königs wurde ein Erzbischof von Durazzo, ein Albaner, hingeschickt; aber er sprach mit sehr vielen Leuten, die bereit waren abzufallen, Kindern und Neffen mehrerer Herren und Ritter dieser Marken, wie mit Scanderbeg, einem Sohn des Kaisers von Konstantinopel selbst, mit Neffen Herrn Konstantins, der jetzt in Montferrat regiert, die Neffen oder Vettern des Königs von Serbien sind. Mehr als fünftausend Janitscharen wären übergegangen, Skutari und Croïa mittels Herrn Konstantins durch Einvernehmen eingenommen worden, der mehrere Tage in Venedig bei mir versteckt wurde. Denn durch sein Vatererbe gehören ihm Mazedonien und Thessalien, und Valona gehörte ihm auch. Skutari und Croïa sind nahe dabei; zu seiner Zeit verpfändete sie sein Vater oder Onkel den Venetianern, die Croïa verloren und Skutari im Frieden den Türken abtraten. Herr Konstantin war auf drei Meilen herangekommen, und er hätte seine Unternehmung ausgeführt, wenn nicht dieser Erzbischof von Durazzo einige Tage nach ihm in Venedig geblieben wäre. Jeden Tag drängte ich ihn zur Abreise, denn er schien mir ein Mann zu sein, der leicht das Wort führt; er sagte, er würde etwas vollbringen, wovon man sprechen würde. Unglücklicherweise beschlossen die Venetianer, sobald sie von dem Tod des Bruders des Türken erfuhren, den der Papst in die Hände des

Königs gegeben hatte, dies den Sultan durch einen ihrer Sekretäre wissen zu lassen. Sie befahlen, kein Schiff dürfe bei Nacht die beiden Burgen an der Einfahrt des Meerbusens passieren, und ließen dort Wachen aufstellen; sie fürchteten aber nur die kleinen Schiffe, die Gripi (von denen mehrere im Hafen liegen) aus Albanien und ihren griechischen Inseln; denn derjenige, der diese Nachrichten überbracht hätte, hätte ein schönes Geschenk erhalten. In derselben Nacht wollte nun der arme Erzbischof abreisen, um an der Unternehmung des Herrn Konstantin teilzunehmen, der ihn erwartete. Er nahm eine Menge Degen, Schilde und Wurfspieße mit, um sie denen zu geben, mit denen er es verabredet hatte, da sie keine besaßen. Als er nun zwischen den beiden Burgen hindurchfuhr, wurde er gefangen und mit seinen Dienern in eine von ihnen gebracht. Das Schiff passierte mit Erlaubnis. Es wurden bei ihm mehrere Briefe gefunden, die den Fall entdeckten. Herr Konstantin hat mir gesagt, die Venetianer schickten Botschaft, um es die Truppen des Türken in den benachbarten Plätzen und die Türken selbst wissen zu lassen. Wäre nicht dieses Schiff gewesen, das weiterfuhr, und dessen Patron ein Albaner war und ihn warnte, wäre Herr Konstantin gefangengenommen worden. Er entfloh über das Meer nach Apulien.

## *Achtzehntes Kapitel*

Nun ist es Zeit, daß ich etwas von den Venetianern erzähle und sage, warum ich hingegangen bin (der König war ja inzwischen siegreich in Neapel eingerückt). Ich ging von Asti aus, um ihnen für die guten Antworten zu danken, die sie den beiden Gesandten des Königs gegeben hatten, und um sie, wenn es mir möglich wäre, in Liebe zu ihm zu erhalten. Denn in Anbetracht ihrer Stärke, ihrer Klugheit und ihrer Praxis konnten sie ihn so leicht stören, wie kein anderer in Italien. Der Herzog von Mailand, der mir half, schrieb an seinen Gesandten, der sich dort aufhielt (denn er hat dort immer einen), er solle zu mir halten und mich anleiten. Sein Gesandter bekommt von der Signorie hundert Dukaten monatlich, sein Quartier ist sehr gut ausgestattet, und er hat drei Barken, ihn durch die Stadt zu führen, die ihn nichts kosten. Dasselbe bekommt der Gesandte von Venedig in Mailand außer den Barken, da man dort reitet und in Venedig zu Schiff fährt. Ich kam auf meiner Reise durch ihre Städte, wie Brescia, Verona, Vicenza, Padua und andere Orte. Überall wurden mir hohe Ehren erwiesen zu Ehren dessen, der mich geschickt hatte. Eine große Anzahl Leute kamen mir mit ihrem Podesta oder Statthalter entgegen; zwar kamen nicht alle beide heraus, aber der zweite kam von innen bis ans Tor. Sie führten mich bis zur Herberge und befahlen dem Wirt, mich gut zu bedienen; und sie hielten mich mit vielen ehrenhaften Reden frei. Wenn man aber gut berechnet, was man den Trompetern und Trommelschlägern alles geben muß, so gewinnt man bei dem Freihalten nicht viel; die Behandlung aber ist ehrenvoll.

Am Tage, als ich nach Venedig kam, kamen sie mir bis Lisa Fusina entgegen, fünf Meilen von Venedig entfernt; dort verläßt man das Boot, in dem man von Padua einen Fluß entlang gekommen ist, und steigt in eine kleine saubere Gondel, die mit Stickereien überdeckt ist; schöne Teppiche sind darin, um sich darauf zu setzen. Bis dahin kommt das Meer, und es gibt nach Venedig keinen näheren Landweg; aber das Meer ist hier sehr seicht, wenn es nicht stürmt; weil es hier so flach ist, fängt man viele Fische aller Arten.

Ich war sehr erstaunt, als ich diese Stadt liegen sah und so viele Glockentürme, Klöster und so große Gebäude erblickte, die alle im Wasser waren; und das Volk hat keine andere Möglichkeit des Vorwärtskommens als in diesen Gondeln; ich glaube es gibt dort dreißigtausend; aber sie sind sehr klein. In der Umgebung der Stadt erheben sich in der Runde etwa siebzig Klöster auf weniger als einer halben französischen Meile (sie liegen alle auf Inseln, sowohl Männer- wie Frauenklöster, sehr schön und reich in Bauart und Ausstattung, und sie haben sehr schöne Gärten); ohne diejenigen hinzuzurechnen, die in der Stadt sind, wo es die vier Bettelorden, wohl zweiundsiebzig Pfarreien und viele Brüderschaften gibt. Es ist ein sehr merkwürdiger Anblick, so schöne und große Kirchen aus dem Meer ragen zu sehen.

Nach Lisa Fusina kamen mir fünfundzwanzig Edelleute entgegen, mit schönen Seidentuchen und Scharlach wohl und reich angetan; sie hießen mich willkommen und führten mich in eine Kirche, San Andrea, in der Nähe der Stadt, wo ich von neuem ebensoviele andere Edelleute und mit ihnen die Gesandten der Herzöge von Mailand und Ferrara antraf. Dort hielten sie mir auch noch eine weitere Ansprache, gaben mir dann eines der Boote, die viel größer waren als die anderen. Es waren zwei Staatsboote, bedeckt mit Karmesinatlas, unten gestickt, und in jedem dieser Boote konnten vierzig Personen sitzen. Sie ließen mich in der Mitte dieser beiden Gesandten Platz nehmen (in Italien ist der Ehrenplatz in der Mitte) und führten mich durch die große Straße, die sie Canale Grande nennen, die sehr breit ist. Die Galeen durchqueren sie, und ich habe hier Schiffe von vierhundert Tonnen und mehr dicht bei den Häusern gesehen; ich glaube, sie ist die schönste Straße der ganzen Welt; sie läuft die Stadt entlang und ist am besten angelegt. Die Häuser sind sehr groß und hoch von gutem Stein, und die alten alle bemalt. Die anderen, die seit hundert Jahren gebaut worden sind, haben alle Fassaden aus weißem Marmor, der hundert Meilen weit aus Istrien kommt; auch haben sie für die Vorderfront noch viele große Blöcke aus Porphyr und Serpentin. Innen haben sie in der Regel mindestens zwei Zimmer, die übergoldete Decken haben, reiche, aus Marmor gehauene Kamine, vergoldete Betten, bemalte und vergoldete Wandschirme und sehr schönen Hausrat. Venedig ist die eindrucksvollste Stadt, die ich jemals gesehen habe, diejenige, die Gesandte und Fremde am meisten ehrt, die am klügsten regiert wird, und wo der Gottesdienst am feierlichsten begangen wird. Wenn es dort auch andere Fehler geben kann, so glaube ich doch, daß Gott ihnen beisteht, weil sie so ehrerbietig der Kirche dienen.

In dieser Gesellschaft von fünfzig Edelleuten führte man mich nach San Giorgio[21], einer Abtei schwarzer, reformierter Mönche, wo ich übernachtete. Am nächsten Morgen kamen sie, um mich zu der Signorie zu geleiten. Ich überreichte dem Dogen, der in allen ihren Ratsversammlungen präsidiert, meine Briefe. Er ist lebenslänglich im Amt und wird wie ein König geehrt. An ihn sind alle Briefe gerichtet, aber von sich allein aus vermag er nicht viel. Immerhin hat dieser hier sehr viel Ansehen, mehr als jeder andere ihrer Fürsten je gehabt hat. Er ist aber auch schon zwölf Jahre lang Doge, und ich habe ihn als einen edlen, klugen und in allen italienischen Angelegenheiten erfahrenen Mann gefunden, der persönlich sanft und liebenswürdig war[22].

Diesen Tag sagte ich nichts anderes. Man zeigte mir noch drei oder vier Zimmer mit reich vergoldeten Decken, Betten und Wandschirmen; es ist ein schöner und prächtiger Palast in allem, was er enthält, die ganze Front von wohlgeschnittenem Marmor, und der Rand der Steine zollbreit vergoldet. In diesem Palast gibt es vier reich vergoldete Säle und einen sehr großen Raum; aber der Hof ist klein. Vom Zimmer des Dogen aus kann man die Messe am großen Altar der Kapelle San Marco hören, der schönsten und reichsten Kapelle der Welt, die nur dem Namen nach eine Kapelle ist; sie ist an allen Seiten von Mosaiken überzogen. Auch rühmen die Venetianer sich, diese Kunst wieder entdeckt zu haben, und lassen sie als Handwerk ausüben; ich habe es gesehen. In dieser Kapelle liegt ihr Schatz, von dem man spricht, Dinge, die zum Schmuck der Kirche bestimmt sind. Da sind zwölf oder vierzehn große Edelsteine: ich habe niemals so große gesehen. Zwei sind dabei, von denen einer siebenhundert, der andere achthundert Karat wiegt, aber sie sind nicht fleckenlos. Da sind zwölf goldene Rüstungen, Vorderwand und Borten mit sehr schönen Edelsteinen reich besetzt, und zwölf goldene Kronen, mit denen sich ehemals zwölf Frauen, die sie Königinnen nannten, zu gewissen Festen im Jahr schmückten; diese gingen dann durch die Inseln und Kirchen. Einmal wurden sie und die Mehrzahl der Frauen der Stadt von Räubern entführt, die aus Istrien oder Friaul kamen, was nicht weit von ihnen entfernt ist, und diese hatten sich hinter diesen Inseln verborgen. Ihre Gatten aber verfolgten sie, holten sie wieder, brachten diese Dinge nach San Marco und grün-

[21] Benediktinerkloster, in dem gewöhnlich die fremden Gesandten untergebracht wurden.

[22] Agostino Barbarigo, Doge seit 1486. Vgl. über ihn Heinrich Kretschmayr, Geschichte von Venedig, II (1920), Seite 367 f. und die Stellen Seite 630.

deten diese Kapelle, wohin die Signorie jedes Jahr am Tage dieses Sieges geht. Es ist das ein sehr großer Reichtum, um eine Kirche zu schmücken, neben vielen anderen goldenen Sachen in Gefäßen von Hyazinth, Amethyst, Achat und einem kleinen Topf aus schönem Smaragd. Aber das ist nicht als großer Schatz anzusehen, wie man es wohl tut. Bares Gold und Silber haben sie nicht im Schatz. Vor der Signorie hat mir der Doge gesagt, es sei bei ihnen ein Kapitalverbrechen zu sagen, man solle einen Schatz gründen; ich glaube, sie haben wegen der Furcht vor Schwierigkeiten untereinander recht damit.

Dann ließen sie mir noch ihr Arsenal zeigen, wo sie ihre Galeen haben und alles anfertigen, was sie für ihre Flotte nötig haben, die heute die schönste auf der ganzen Welt ist; sie war und ist nämlich am besten gerüstet.

Ich hielt mich dort acht Monate auf und wurde, wie alle anderen Gesandten dort, in allen Dingen freigehalten. Ich sage Euch, daß ich sie als so klug und so geneigt erkannt habe, ihre Herrschaft zu vergrößern, daß, wenn nicht bald Vorsorge getroffen wird, alle ihre Nachbarn die versäumte Stunde verwünschen werden. Denn zur Zeit, als der König in Italien war und auch noch später, haben sie besser als je die Kunst verstanden, sich zu verteidigen und zu schützen. Noch sind sie mit ihm im Krieg und haben es doch gewagt, sich zu vergrößern; so haben sie in Apulien sieben bis acht Städte als Pfand eingezogen; wann sie sie zurückgeben werden, weiß ich nicht. Als der König nach Italien kam, konnten sie nicht glauben, daß er in so kurzer Zeit die Festungen nehmen würde, weil es nicht ihre Art ist. Seitdem haben sie und andere in Italien viele Festungen verstärkt und tun es noch. Sie sind nicht so schnell in ihrer Ausbreitung wie die Römer; denn ihre Leute besitzen nicht mehr solche Tüchtigkeit. Keiner von ihnen zieht auf das Festland in den Krieg, wie es die Römer taten, außer ihren Proveditori und Zahlmeistern, die ihren Hauptmann begleiten, ihn beraten und das Heerlager versorgen. Der ganze Seekrieg aber wird von ihren Edelleuten als Führern und Kapitänen von Galeen und Transportschiffen und von anderen ihrer Untertanen geführt. Aber noch einen anderen Vorzug haben sie (anstatt selbst zu kämpfen): es gibt keine Einzelnen von so viel Ehrgeiz und Kraft, um ihre Mitbürger zu beherrschen, wie es in Rom war; aus diesem Grund haben sie niemals Bürgerkrieg in der Stadt: der größte Reichtum, den ich an ihnen sah. Dagegen haben sie ganz wunderbar in vielen Arten vorgesorgt, denn sie haben keine Volkstribunen, wie die Römer, was teilweise die Ursache von deren Zwietracht war; denn das Volk genießt kein Ansehen und wird in keiner Weise befragt, und alle Ämter, außer denen der Schreiber, sind von Edelleuten besetzt; jene sind keine Edelleute. Auch besteht die Mehrzahl ihres Volkes aus Fremden. Durch Titus Livius kennen sie wohl die Fehler, die die Römer machten; denn sie bewahren dessen Geschichte und auch seine Gebeine im Palast zu Padua auf. Aus diesen und vielen anderen Gründen, die ich an ihnen erkannt habe, sage ich noch einmal, sie sind auf dem Wege, sehr groß zu werden.

## *Neunzehntes Kapitel*

Nun muß ich sagen, welchen Auftrag ich hatte: ich sollte für die guten Antworten danken, die sie zwei Dienern des Königs gegeben hatten, als diese bei ihnen waren; im Vertrauen auf sie habe er diesen Zug unternommen (das war, bevor er von Asti aufbrach). Auch gemahnte ich sie an die alten und langen Bündnisse, die zwischen den französischen Königen und ihnen bestanden hatten; ich bot ihnen ferner Brindisi und Otranto unter der Bedingung an, daß sie es wieder zurückgeben müßten, wenn er ihnen etwas besseres in Griechenland geben würde. Sie sagten mir die schönsten Worte von der Welt über den König und seine Geschäfte, denn sie glaubten nicht, daß er sehr weit kommen würde. Zu dem Angebot, das ich ihnen machte, sagten sie, sie seien seine Freunde und seine Diener, und wollten nicht, daß er ihre Liebe erkaufe. Der König besaß diese Plätze ja auch gar nicht und wünschte daher, daß sie in den Krieg ziehen sollten, was sie aber nicht wollten. Und dann war eine Gesandtschaft aus Neapel da, die sie alle Tage um Hilfe bat und ihnen anbot, was sie wollten; König Alphonso, der damals regierte, bekannte, er habe gegen sie gefehlt; er hielt ihnen die Gefahr vor Augen, in der sie sich befänden, wenn der König in seiner Unternehmung Erfolg hätte. Der Türke schickte ihnen sofort einen Gesandten, den ich mehrere Male sah, der sie auf Bitten eines Abgesandten des Papstes bedrohte, wenn sie sich nicht gegen den König erklärten. Jedem gaben sie eine gute Antwort, hatten aber bei diesem Anfang keine Furcht vor uns, sondern machten sich nur über uns lustig. Der Herzog von Mailand ließ ihnen auch durch seinen Gesandten sagen, sie möchten keine Sorge haben, er wüßte schon das Mittel, den König wieder hinauszubringen, ohne daß er in Italien etwas bekäme; ein gleiches hatte er Pietro von Medici sagen lassen, der es mir mitgeteilt hat.

Als aber sie und der Herzog von Mailand sahen, daß der König die Festungen der Florentiner, und besonders Pisa, in seinen Händen hatte, begannen sie, Angst zu bekommen, und sprachen von den Mitteln, ihn am weiteren Fortschreiten zu hindern. Aber ihre Beratungen sind lang, und der König zog unterdessen weiter; Boten gingen und kamen von einem zum anderen. Der spanische König begann auch, wegen Sizilien und Sardinien Angst zu bekommen. Der römische König fing an, neidisch zu werden, und fürchtete für seine Kaiserkrone; sie sagten, der König wolle sie erwerben und habe den Papst schon darum gebeten; das war nicht wahr.

Wegen dieser Befürchtungen schickten diese beiden Könige große Gesandtschaften nach Venedig, als ich da war. Vier Gesandte schickte der römische König, denn er ist benachbart. Der Bischof von Trient führte sie mit zwei Rittern und einem Doktor, denen, wie mir, große Ehre erwiesen wurde, und die gut hergerichtete Herbergen bekamen, außerdem zehn Dukaten täglich für ihre Ausgaben; ihre Pferde, die in Treviso geblieben waren, wurden frei verpflegt. Gleich darauf kam ein sehr ehrenwerter Ritter aus Spanien mit großem Gefolge und in guter Bekleidung, der auch sehr geehrt und freigehalten wurde. Der Herzog von Mailand schickte einen anderen Gesandten, den Bischof von Como und Herrn Francesco Bernardino Visconti.

Sie begannen heimlich in der Nacht zusammen zu beraten, zuerst durch ihre Sekretäre, denn sie wagten es noch nicht, sich öffentlich gegen den König zu erklären, besonders nicht der Herzog von Mailand und die Venetianer, die noch nicht wußten, ob aus der Liga, von der die Rede war, etwas würde. Die Mailänder Gesandten besuchten mich, überbrachten mir Briefe ihres Herrn und sagten mir, sie seien hier, weil die Venetianer zwei Gesandte nach Mailand geschickt hätten; sie hatten nämlich die Gewohnheit, nur einen dort zu haben. Das aber war gelogen, denn alles war versammelt, um eine Liga gegen den König zu begründen; aber so viele Meinungen konnten in so kurzer Zeit nicht auf einen Nenner gebracht werden.

Nachher fragten sie mich, ob ich nicht wüßte, warum die Spanier und der römische König Gesandte geschickt hätten, sie müßten ihren Herrn davon benachrichtigen. Nun war ich aber schon von mehreren Orten aus, sowohl von den Dienern der Gesandten als auch von anderswoher, benachrichtigt worden, daß der spanische Gesandte verkleidet durch Mailand gereist war und daß die Deutschen alles durch den Herzog führten. Ich wußte auch, daß der Gesandte von Neapel dauernd Briefbündel auslieferte, die aus Neapel kamen: denn alles dies geschah, bevor der König aus Florenz aufbrach. Ich gab einiges aus, um Nachrichten darüber zu bekommen, und hatte dazu gute Mittel. So erfuhr ich schon den Beginn ihrer Artikel, die bereits entworfen, aber noch nicht vereinbart worden waren, denn die Venetianer sind in solchen Entschlüssen sehr langwierig. Aus diesen Gründen, und weil ich die Liga schon so nahe herangekommen sah, wollte ich nicht länger den Unwissenden spielen und antwortete den Mailändern, da sie mir ja ein so befremdliches Benehmen zeigten, wolle ich sie wissen lassen, daß der König die Freundschaft des Herzogs von Mailand nicht verlieren wolle, wenn nur etwas helfen würde. Ich als Diener wolle schon die schlechten Berichte, die man dem Herzog, ihrem Herrn, hinterbracht haben könnte, erklären und entschuldigen. Ich glaube, er sei falsch unterrichtet und solle es sich gut überlegen, bevor er die Dankbarkeit für solchen Dienst, wie er ihn dem König geleistet hätte, verlöre. Unsere französischen Könige seien niemals undankbar; trotz einiger Worte, die gesagt worden seien, dürfe die Liebe zwischen beiden nicht aufhören, die jeder der beiden Seiten wohl anstünde. Ich bäte sie, mir ihre Schmerzen zu sagen, damit ich sie dem König berichten könne, bevor sie etwas anderes täten. Sie schwuren mir alle große Eide, daß sie nichts anderes gewollt hätten; dennoch logen sie und waren nur gekommen, um über die Liga zu verhandeln.

Am nächsten Tage ging ich zur Signorie, um mit ihnen über diese Liga zu sprechen und zu sagen, was mir in diesem Falle dienlich zu sein schien. Unter anderem sagte ich ihnen, das Bündnis, das sie mit dem König hätten, hätten sie schon mit seinem Vater, dem verstorbenen König Ludwig, gehabt; beide dürften nicht die gegenseitigen Feinde unterstützen; und diese Liga, von der man schon spreche, dürften sie nicht eingehen, da das gegen das Versprechen liefe. Sie ließen mich abtreten. Als ich dann wiederkam, sagte der Doge zu mir, ich solle nichts glauben, was man mir in der Stadt sagen würde, denn jeder besäße Freiheit und könne sagen, was er wolle; dennoch hätten sie niemals daran gedacht, eine Liga gegen den König zu gründen, sie hätten nicht einmal davon reden hören. Sie wünschten sogar im Gegenteil eine Liga zwischen dem König, diesen beiden anderen Königen und ganz Italien gegen den Türken; jeder solle seinen Teil und seine Kosten dazu beitragen. Sollte es in Italien jemanden geben, der nicht bezahlen wolle, was beschlossen worden wäre, würden der König und sie ihn schon mit Gewalt zwingen. Sie wollten ein Abkommen treffen, daß der König eine Summe Bargeld nähme, die sie vorstrecken würden; sie würden in Apulien einige Festungen als Pfand besetzen (wie sie es jetzt tun). Mit Zustimmung des Papstes würden sie das Königreich Neapel anerkennen, es würde eine gewisse Summe Steuern jährlich bezahlt, und der König würde dort drei Festungen behalten. Hätte es Gott gefallen, daß der König damals hätte hören wollen!

Ich sagte, ich könne es nicht wagen, diesen Vertrag einzugehen, und bat sie, sich nicht so zu beeilen, diese Liga abzuschließen, damit ich den König von allem benachrichtigen könne; ich bat sie außerdem, wie ich es bei den anderen getan hatte, mir ihre Beschwerden zu sagen; sie sollten sie nicht verschweigen, wie es die Mailänder täten. Sie beklagten sich über die Festungen, die der König vom Papste besetzt hielt, und auch noch mehr über die, welche er von den Florentinern hatte, und besonders über Pisa und sagten, der König hätte ein Schreiben an mehrere Orte und auch zu ihnen gesandt, er wolle in Italien nur das Königreich haben und gegen die Türken gehen, und jetzt zeige er, daß er alles nehmen wolle, was er in Italien bekommen könne, und nicht nach dem Türken frage. Sie sagten noch, der Herr von Orléans, der in Asti geblieben sei, jage dem Herzog von Mailand Furcht ein, und seine Diener stießen große Drohungen aus. Immerhin wollten sie nichts Neues unternehmen, bis ich in der nötigen Zeit, die man dazu brauche, Antwort vom König haben würde; und sie erwiesen mir mehr Ehre als der Herzog von Mailand. Von allem unterrichtete ich den König, bekam aber eine dürftige Antwort. Seitdem versammelten sie sich jeden Tag, da sie wußten, daß ihr Unternehmen entdeckt worden war.

Zu dieser Zeit war der König noch in Florenz. Wenn er in Viterbo Widerstand gefunden hätte, wie sie glaubten, hätten sie Leute hingeschickt, und auch noch nach Rom, wenn König Ferrante dort geblieben wäre; sie hätten niemals gedacht, daß er Rom wieder aufgeben würde. Als sie die Stadt aber doch verlassen sahen, begannen sie, Furcht zu bekommen. Doch bedrängten die Gesandten der beiden Könige sie sehr abzuschließen, sonst würden sie abreisen, da sie schon vier Monate dort gewesen seien. Jeden Tag gingen sie zur Signorie. Ich tat, was ich konnte; denn ich erkannte wohl, daß unsere Eroberung und große Ehre in Rauch aufgehen würden, wenn die Liga geschlossen würde. Noch hatten sie Hoffnung, daß es in San Germano Widerstand geben würde, und daß das ganze Königreich dorthin kommen würde, wie es auch geschah.

## *Zwanzigstes Kapitel*

Als sie dann aber alles verlassen und den König in Neapel sahen, ließen sie mich holen und sagten mir diese Neuigkeiten, indem sie sich sehr erfreut zeigten. Jedoch sagten sie mir, die Burg sei stark besetzt, und ich sah wohl, daß sie hofften, sie werde sich halten. Sie erlaubten auch, daß der Gesandte aus Neapel Truppen in Venedig aushebe, um sie dorthin und nach Brindisi zu schicken, und sie waren gerade dabei, ihre Liga abzuschließen, als ihre Gesandten ihnen schrieben, die Burg sei übergeben. Eines Morgens ließen sie mich von neuem holen; ich fand sie in großer Zahl, etwa fünfzig bis sechzig, im Gemach des Dogen, der an der Kolik erkrankt war. Er erzählte mir mit fröhlichem Gesicht diese Neuigkeiten, aber niemand wußte sich in der Gesellschaft so gut zu verstellen wie er. Die einen saßen auf den Vorstufen der Bänke und hatten den Kopf in ihre Hände gestützt; die anderen zeigten alle in anderer Art, daß sie große Trauer im Herzen hatten. Ich glaube, als die Nachricht von der gegen Hannibal verlorenen Schlacht bei Cannae nach Rom kam, waren die dort gebliebenen Senatoren nicht erschrockener und entsetzter; kein einziger machte Miene, mich anzusehen, oder ein Wort an mich zu richten; ich betrachtete sie mit großem Erstaunen. Der Doge fragte mich, ob der König ihnen halten würde, was er ihnen immer mitgeteilt, und was ich ihnen gesagt habe. Ich bejahte es sehr, eröffnete Wege, um in gutem Frieden zu bleiben und bot mich an, ihnen hier sehr zu dienen in der Hoffnung, ihnen den Argwohn zu nehmen. Dann entfernte ich mich.

Noch war ihre Liga weder geschlossen noch aufgegeben; die Deutschen wollten unzufrieden abreisen. Der Herzog von Mailand ließ sie noch einmal um ich weiß nicht welchen Artikel bitten. Dann wies er dennoch seine Leute an, alles anzunehmen, und so schlossen sie wirklich in aller Eile die Liga. Während dies geschah, hatte ich unaufhörlich den König von allem benachrichtigt und ihn gedrängt, sich zu entschließen, ob er im Königreich bleiben und sich mit mehr Fußvolk und Geld versehen wolle, oder ob er sich zur rechten Zeit auf den Weg machen wolle, damit er sich zurückzöge und die wichtigsten Plätze gut bewacht lasse, bevor sie sich alle vereint hätten. Ich benachrichtigte auch Herrn von Orléans, der mit seinen Haustruppen allein in Asti war, da seine Kompanie beim König war, Leute bereit zu halten, denn sie würden ihn, wie ich ihm versicherte, sogleich angreifen. An Herrn von Bourbon, der als Statthalter für den König in Frankreich geblieben war, schrieb ich in aller Eile, Truppen nach Asti zu schicken, um es zu halten; denn wenn dieser Platz verloren wäre, könnte dem König aus Frankreich keine Hilfe mehr zukommen. Ich warnte auch die Markgräfin von Montferrat, die uns sehr wohlgesinnt und dem Herzog von Mailand feind war, damit sie Herrn von Orléans mit Leuten hülfe, wenn er ihrer bedürfe. Denn sei Asti verloren, wären es die Markgrafschaften Montferrat und Saluzzo auch.

Die Liga wurde an einem Abend sehr spät geschlossen. Am nächsten Tage lud mich die Signorie früher am Morgen vor, als es sonst ihre Gewohnheit war. Als ich erschienen war und mich gesetzt hatte, sagte der Doge zu mir, sie hätten zur Ehre der Heiligen Dreifaltigkeit mit unserem Heiligen Vater, dem Papst, dem römischen König, dem König von Kastilien und mit dem Herzog von Mailand eine Liga in dreierlei Absicht errichtet: erstens zur Verteidigung der Christenheit gegen den Türken; zweitens zur Verteidigung Italiens und drittens zum Schutze ihrer Herrschaften. Ich solle es den König wissen lassen. Sie waren in großer Zahl, zu hunderten oder mehr, versammelt, trugen ihre Köpfe hoch und machten fröhliche Gesichter; sie zeigten ein anderes Verhalten als an dem Tage, an dem sie mir die Einnahme der Burg von Neapel verkündeten. Der Doge sagte mir auch, sie hätten an ihre Gesandten beim König geschrieben, sie möchten abreisen und Urlaub nehmen. Der eine hieß Antonio Loredano und der andere Domenico Trevisano.

Mir war das Herz schwer, und ich war in großer Sorge wegen des Königs und seines ganzen Heeres und hielt, wie sie selbst auch, die Sache schon für viel weiter gediehen als sie in Wirklichkeit war. Ich fürchtete auch, sie hätten Deutsche bereit: wenn das so gewesen wäre, wäre der König niemals wieder aus Italien herausgekommen. Ich entschloß mich, in diesem Zorn nicht zu viele Worte zu sagen; trotzdem ließ ich mich ein wenig hinreißen. Ich antwortete ihnen, seit dem letzten Abend hätte ich mehrmals an den König geschrieben, und er hätte mir auch davon geschrieben, er sei über Rom und Mailand darüber unterrichtet worden. Der Doge zeigte ein erstauntes Gesicht, weil ich gesagt hatte, ich hätte gestern abend geschrieben, denn es gibt niemanden auf der Welt, der so argwöhnisch ist wie sie und die Beratungen so geheim hält; schon öfter haben sie nur aus Argwohn Leute verhaftet. Aus diesem Grunde sagte ich es ihnen. Außerdem sagte ich ihnen, ich hätte auch an die Herren von Orléans und Bourbon geschrieben, damit sie in Asti vorsorgten; und das in der Hoffnung, sie würden ihren Zug nach Asti dadurch verzögern; denn wären sie so bereit gewesen, wie sie sich rühmten und glaubten, hätten sie Asti ohne Schwierigkeiten genommen, da es noch lange Zeit später schlecht versorgt war.

Hierauf sagten sie mir, sie hätten nichts gegen den König, aber sie müßten sich gegen ihn schützen; sie möchten nicht, daß er die Welt so mit seinen Worten täusche und sage, er wolle nur das Königreich gewinnen und dann gegen die Türken ziehen, aber ganz das Gegenteil tue, und daß er den Herzog von Mailand und die Florentiner vernichten und den Kirchenstaat einziehen wolle. Darauf antwortete ich, die französischen Könige hätten die Kirche immer nur gemehrt, bereichert und verteidigt, und unser jetziger würde es eher ebenso machen, als ihr irgendetwas fortnehmen. Diese Gründe aber seien es ja gar nicht, die sie bewegten, sondern sie hätten Lust, Italien zu verwirren und ihren Nutzen daraus zu ziehen; ich glaubte, sie würden es auch tun. Dies nahmen sie mir, wie man mir sagte, ein wenig übel; aber man sieht aus dem, was sie in Apulien von König Ferrante zum Pfand haben, um ihm gegen uns zu helfen, daß ich wahr sprach. Ich wollte mich erheben, um mich zurückzuziehen, sie ließen mich aber wieder Platz nehmen, und der Doge fragte mich, ob ich nicht eine Friedenseröffnung machen wolle, weil ich am Tage vorher davon gesprochen hatte; das aber war unter der Bedingung, daß sie mit dem Abschluß der Liga noch vierzehn Tage warten wollten, damit ich zum König schicken und seine Antwort erhalten könne.

Nachdem diese Worte gesagt waren, zog ich mich in meine Wohnung zurück. Sie ließen alle Gesandten nacheinander zu sich kommen. Als ich ihren Rat verließ, begegnete mir der Gesandte Neapels, der ein schönes neues Gewand trug und eine vergnügte Miene machte; er hatte auch Grund dazu, denn es waren sehr große Neuigkeiten für ihn.

Nach dem Essen trafen sich alle Gesandten der Liga auf den Gondeln; das ist die Vergnügung in Venedig; jeder hat sie je nach der Zahl seiner Leute und auf Kosten der Signorie; es mochten etwa vierzig Gondeln sein, die alle mit Wappen ihrer Herren bewimpelt waren. Diese ganze Gesellschaft kam vor meinen Fenstern mit Musik vorbei. Die Mailänder Gesandten, zum mindesten einer, der mir viele Monate Gesellschaft geleistet hatte, nahm eine Haltung an, als ob er mich nicht mehr kenne. Drei Tage lang gingen weder ich noch meine Leute in die Stadt, obgleich weder mir noch meinen Leuten jemals in der Stadt ein unfreundliches Wort gesagt wurde. Am Abend veranstalteten sie ein wunderbares Feuerwerk auf den Glockentürmen, viele Windlichter wurden auf den Häusern der Gesandten angezündet, und die Artillerie schoß. Ich fuhr in einer geschlossenen Gondel die Straßen entlang, etwa um zehn Uhr abends, um das Fest zu sehen, und besonders vor den Häusern der Gesandten, wo Bankette und großer Trubel war.

An diesem Tage war noch nicht die Veröffentlichung und auch noch kein großes Fest; denn der Papst hatte gebeten, man möchte noch einige Tage bis Palmarum warten, den sie Olivensonntag nennen. Er wollte, daß jeder Fürst und Gesandte, wenn der Vertrag bekanntgemacht würde, einen Ölzweig in der Hand trüge und ihn das Friedens- und Bundeszeichen nennen solle; am selben Tage solle er in Spanien und Deutschland veröffentlicht werden. In Venedig legten sie einen Holzweg über die Erde, wie sie es am Tage des Heiligen Sakraments zu machen pflegen, weit ausgedehnt vom Palast bis zum Ende des Platzes San Marco. Nach der Messe, die der Gesandte des Papstes las, der jedem, der bei der Veröffentlichung war, Absolution von Sünde und Schuld erteilte, zogen die Signorie und Gesandten, alle festlich gekleidet, in Prozession auf diesem Weg; mehrere hatten Gewänder von Karmesinsammet, die ihnen die Signorie gegeben hatte, mindestens die Deutschen. Alle ihre Diener hatten neue Gewänder, aber sie waren sehr kurz. Bei der Rückkehr von der Prozession zeigten sie viele Spiele und Figuren: zuerst Italia und dann alle diese Könige und Fürsten und die Königin von Spanien. Auf dem Rückweg ließen sie an einem Porphyrblock, wo man alle Bekanntmachungen anschlägt, die Liga veröffentlichen. Ein Gesandter des Türken war da, der, schon entlassen, verborgen an einem Fenster stand; sie wollten aber, daß er das Fest mit ansehe. In der Nacht kam er zu mir durch Vermittlung eines Griechen, um mit mir zu sprechen, und blieb wohl vier Stunden in meinem Zimmer; er wollte gern, daß sein Herr unser Freund würde.

Ich wurde zu diesem Fest zweimal eingeladen, entschuldigte mich aber. Ich blieb etwa noch einen Monat in der Stadt und wurde genau so gut behandelt wie vorher. Dann reiste ich, vom König befohlen und mit ihrem Urlaub, ab und wurde auf ihre Kosten in guter Sicherheit bis Ferrara geführt. Der Herzog von Ferrara kam mir entgegen, nahm mich zwei Tage gut auf und hielt mich frei; ebenso Herr Johann Bentivoglio in Bologna. Von da ließen mich die Florentiner holen, und ich ging nach Florenz, um den König zu erwarten, von dem ich nun wieder erzählen muß.

# ACHTES BUCH

## *Erstes Kapitel*

Um besser in meinen Memoiren fortzufahren und Euch zu unterrichten, muß ich wieder dazu übergehen, vom König zu sprechen, der seit seinem Einzug in Neapel bis zu seinem Abmarsch nur daran dachte, sich die Zeit zu vertreiben, während andere sich bereicherten und ihren Nutzen daraus zogen; sein Alter aber entschuldigt ihn: niemand könnte jedoch die Vergehen der anderen rechtfertigen, denn der König glaubte ihnen in allen Dingen. Wenn sie ihm gesagt hätten, er solle drei oder vier Burgen gut versorgen, hielte er noch heute das Königreich oder wenigstens Neapel allein, dessen Lebensmittel er, wie gesagt, vergeben hatte, und die Burg Gaëta. Hätte er aber die Burg Neapel gesichert, hätte sich die Stadt niemals empört. Er zog alle Reisigen in seine Umgebung, seitdem die Liga geschlossen war, und befahl fünfhundert französische Reisige, zweitausendfünfhundert Schweizer und einige wenige französische Fußknechte zum Schutz des Königreiches und entschloß sich, mit dem Rest auf dem Weg, den er gekommen war, wieder nach Frankreich zurückzukehren: die Liga bereitete sich vor, ihn daran zu hindern[1].

Der spanische König sandte einige Karavellen nach Sizilien, aber mit nur wenigen Leuten darauf. Dennoch hatten sie schon, bevor der König aufbrach, Reggio in Kalabrien besetzt, das von Sizilien nicht weit entfernt ist. Ich hatte mehrere Male an den König geschrieben, daß sie dort landen würden, denn der Gesandte aus Neapel hatte es mir gesagt, da er glaubte, sie seien schon dort. Hätte der König rechtzeitig Leute dorthin geschickt, hätte er die Burg genommen, denn das Stadtvolk hielt zu ihm. Auch nach Amantea und Tropea kamen sizilianische Truppen, weil man den Fehler begangen hatte, dort keine Leute hinzulegen. Über Otranto in Apulien, wo sie die Banner des Königs aufgezogen hatten, hißten sie wieder die Fahnen Aragons angesichts der Liga, und weil sie, in der Nähe von Brindisi und Gallipoli gelegen, keine Leute aufbringen konnten; und Don Fredrego, der in Brindisi war, versorgte es. Im ganzen Königreich begannen sie, ihren Sinn zu ändern, und das Glück schlug um, das noch zwei Monate vorher für uns gewesen war, weil man sowohl die Liga als auch den Abmarsch des Königs sah und den, mehr hinsichtlich der Führung als aus Mangel an Leuten, ärmlichen Schutz, den er zurückließ.

Als Führer blieb Herr de Montpensier da, ein guter, kühner, aber wenig kluger Ritter aus dem Hause Bourbon; er stand nicht vor Mittag auf. In Kalabrien ließ er Herrn d'Aubigny, einen Schotten, einen guten,

[1] Hier wird das Thema für das achte Buch gegeben, soweit es noch vom Italienzug handelt.

klugen und ehrenhaften Ritter, der Großkonnetabel des Königreiches wurde; ihm gab er, wie gesagt, die Grafschaft Arena und die Markgrafschaft Squillace. Zunächst ließ er den Seneschall von Beaucaire, Etienne de Vesc, der zum Herzog von Nola und anderen Herrschaften und zum Großkämmerer gemacht worden war, als Hauptmann von Gaëta zurück. Alle Steuern des Königreiches gingen durch seine Hand, und er hatte mehr Lasten, als er tragen konnte. Sehr bemüht war er um den Schutz des Reiches. Er ließ den Lothringer, Herrn Domjulien, dort, den er zum Herzog von Monte Sant'Angelo ernannte, und der hier ausgezeichnet herrschte. In Manfredonia ließ er Herrn Gabriel Montfaucon, einen Mann, den er sehr schätzte. Allen gab er große Ländereien. Dieser letztere führte sich sehr schlecht und übergab seine Stellung nach vier Tagen aus Mangel an Lebensmitteln; er hatte sein Gebiet jedoch gut versorgt vorgefunden und war an einem Ort, der Überschuß an Getreide hatte. Mehrere verkauften alles, was sie in den Burgen fanden, und dieser, sagte man, war einer davon. In Trani war Wilhelm Villeneuve, den seine Diener an Don Fredrego verkauften, der ihn lange Zeit auf einer Gallee hielt. In Tarent blieb George de Sully, der sich dort sehr gut führte und an der Pest starb. Diese Stadt hat sich so lange für den König gehalten, bis Hungersnot sie zwang, sich zu ergeben. In Aquila blieb der Bailly von Vitry und machte seine Sache sehr gut; und Herr Grazian de Guerre machte es ebenso im Abruzzischen.

Alles blieb schlecht mit Geld versehen; man verwies sie aufs Königreich, wo alle Steuern versagten. Der König ließ die Fürsten von Salerno und Bisignano gut ausgestattet zurück (die ihm, so gut sie konnten, gedient haben) und auch die Colonna mit allem, was sie fordern wollten; er beließ ihnen mehr als dreißig feste Plätze für sich und die Ihren. Wenn sie sie für ihn hätten halten wollen, wie sie es sollten und geschworen hatten, hätten sie ihm einen großen Dienst erwiesen und sich Ehre und Nutzen eingebracht, denn ich glaube, sie haben seit hundert Jahren nicht so groß dagestanden. Aber schon vor seinem Abzug begannen sie zu verhandeln. Zwar waren sie wegen Mailand seine Diener, denn von Natur aus gehörten sie zur Partei der Ghibellinen. Das aber durfte sie nicht dahin führen, ihre Treue zu brechen, wo sie doch so großzügig behandelt wurden. Noch mehr tat der König für sie, denn er führte unter Bewachung und als halbe Gefangene Herrn Virginio Orsini und den Grafen Pitigliano, auch einen der Orsini, die ihre Feinde waren, mit sich (und gegen das Recht); denn obgleich sie gefangengenommen worden waren, wußte und erkannte der König wohl, daß sie freies Geleit gehabt hatten, und er bewies es auch, da er sie nur bis Asti mitnehmen und dann zurückschicken wollte. Er tat es auf Bitten der Colonna; noch bevor er dort war, fielen die Colonna als erste von ihm ab, ohne einen Grund anzugeben.

## *Zweites Kapitel*

Nachdem der König seine Angelegenheiten, so wie er es verstand, geordnet hatte, machte er sich mit dem, was er an Leuten noch hatte, auf den Weg; ich schätze sie auf neunhundert Reisige mindestens, seinen Hofstaat einbegriffen, zweitausendfünfhundert Schweizer und wohl im ganzen siebentausend Söldner. Zur Verteidigung etwa eintausendfünfhundert Mann, die als Diener dem Troß des Hofes folgten. Graf Pitigliano, der sie besser als ich gezählt hatte, sagte, es seien im ganzen neuntausend gewesen; er sagte es mir nach unserer Schlacht, von der noch gesprochen werden wird. Der König nahm seinen Weg auf Rom, von wo der Papst vorher abreisen wollte, um nach Padua unter den Schutz der Venetianer zu gehen; hier wurde ihm seine Herberge bereitet. Seitdem war den Venezianern der Mut gewachsen, und sie, wie auch der Herzog von Mailand, schickten einige Truppen dorthin; obgleich sie zur rechten Zeit da waren, wagte der Papst nicht zu warten, wiewohl ihm der König nur alle Ehre und allen Dienst erwiesen und ihm Gesandte geschickt hatte, um ihn zu bitten, er möge warten. Er aber zog sich nach Orvieto und von da nach Perugia zurück und ließ Kardinäle zu Rom, die den König empfingen, der dort nicht lange weilte; niemandem geschah etwas. Er schrieb mir, ich möchte zu ihm nach Siena kommen, wo ich ihn traf. In seiner Güte empfing er mich freundlich und fragte mich lachend, ob die Venetianer ihm jemanden entgegenschicken würden; denn seine ganze Begleitung bestand aus jungen Leuten, die nicht glauben konnten, daß es irgendwelche anderen Leute geben könnte, die Waffen trügen.

Ich sagte ihm, was mir die Signorie beim Abschied vor einem seiner Sekretäre, Bourdin, gesagt hatte, sie und der Herzog von Mailand würden vierzigtausend Mann ins Feld schicken, nicht um anzugreifen, sondern um sich zu verteidigen; am Tag, als ich von ihnen in Padua schied, ließen sie mir heimlich durch einen ihrer Proveditori sagen, der zu uns kam, ihre Leute würden einen Fluß bei Parma nicht überschreiten (ich glaube er hieß Oglio), der noch in ihrem Gebiet liegt, wenn nicht der König den Herzog von Mailand angreife. Wir machten uns gegenseitig Zeichen aus, der Proveditore und ich, um uns in Verbindung setzen zu können, falls es nötig sei, um irgendeinen guten Vertrag zu verhandeln. Ich wollte nichts abbrechen, denn ich wußte nicht, was meinem Herrn noch alles zustoßen könnte. Bei diesen Worten war Ludwig Marcello zugegen, der in diesem Jahr den Monte Vecchio verwaltete; das war eine Art Schatzmeister; sie hatten ihn geschickt, mich zu begleiten. Auch waren dort die Leute des Markgrafen von Mantua, die ihm Geld brachten; sie hörten aber weder die Worte dieser noch andere. Ich brachte dem König schriftlich die Zahl ihrer Reiter, Fußknechte, Stradioten und Namen derer, die das Kommando hatten, Wenige Leute aus der Umgebung des Königs glaubten, was ich sagte.

Als der König in Siena war, drängte ich ihn zum Abmarsch, sowie er dort zwei Tage gewesen und die Pferde ausgeruht waren, denn seine Feinde waren noch nicht versammelt. Ich fürchtete, die Deutschen kämen; der römische König sammelte sie nämlich, wenn auch lässig, denn er brauchte sehr viel Bargeld. Was ich auch sagte, der König brachte erst zwei Dinge vor den Rat, die kurz folgende waren: erstens wollte er wissen, ob man den Florentinern ihre Plätze wiedergeben sollte für dreißigtausend Dukaten, die sie noch von ihrer Gabe schuldeten, und siebzigtausend Dukaten, die sie als Darlehen anboten, und dafür, daß sie dem König mit dreihundert Reisigen unter der Führung des Franz Secco, eines tüchtigen Ritters, dem der König vertraute, und zweitausend Mann Fußvolk, auf unserem Durchzug dienten. Ich war der Meinung, der König solle es tun, und andere auch; man solle nur Livorno zurückbehalten, bis er in Asti sei. Er habe seine Leute gut bezahlt, und es wäre ihm noch Geld übriggeblieben, um seinen Feinden Leute zu entziehen und sie dann aufzusuchen. Dennoch geschah dies nicht und wurde durch Herrn de Ligny, einen jungen Mann und Vetter des Königs, verhindert. Er wußte nicht recht, aus welchem Grund, wenn nicht aus Mitleid mit den Pisanern. Der zweite Punkt war, daß Herr de Ligny durch einen gewissen Gaucher de Dinteville und einige aus Siena vorbringen ließ, sie möchten ihn zum Herrn haben; denn die Stadt ist zu jeder Zeit in Parteien gespalten und wird närrischer regiert als jede andere Stadt Italiens.

Ich wurde als erster hierüber befragt. Mir schiene es das Beste zu sein, sagte ich, der König zöge seine Straße und hielte sich nicht mit diesen dummen Angeboten auf, die nicht eine Woche aufrechterhalten würden; auch sei Siena eine Reichsstadt; das würde das Kaiserreich gegen uns aufbringen. Jeder war dieser Ansicht; dennoch machte man es anders. Die Sienesen machten de Ligny zu ihrem Hauptmann und versprachen ihm eine gewisse Summe Geldes jährlich, wovon er nichts bekam. Dies hielt den König sechs oder sieben Tage auf. Sie zeigten ihm die Damen; der König ließ dort wohl dreihundert Mann und schwächte sich um soviel. Von da zog er nach Pisa und kam über Poggibonsi und Castel-Fiorentino. Diejenigen, die er in Siena ließ, wurden innerhalb eines Monats von dort verjagt.

## *Drittes Kapitel*

Ich habe zu sagen vergessen, daß ich, als ich in Florenz angekommen war, um dem König entgegenzugehen, einen Predigermönch besuchte, den Bruder Girolamo, der in einem reformierten Kloster lebte; er war, wie man sagte, ein Mann von heiligem Wandel, der seit fünfzehn Jahren an diesem Ort wohnte. Bei mir war ein Haushofmeister des Königs mit Namen Johann Français, der ein kluger Mann war. Die Ursache unseres Besuches war, daß er immer sehr zugunsten des Königs gepredigt hatte. Sein Wort hatte die Florentiner davor bewahrt, von uns abzufallen, denn niemals genoß ein Prediger größeren Glauben in der Stadt. Immer hatte er die Ankunft des Königs angekündigt, was man auch vom Gegenteil darüber sagte oder schrieb; er sagte, der König sei von Gott gesandt, um die Tyrannen Italiens zu züchtigen; nichts könne ihm widerstehen und niemand sich gegen ihn verteidigen. Er hatte auch gesagt, er würde nach Pisa kommen und an dem Tage, an dem er dort einzöge, würde in Florenz eine Änderung geschehen (so geschah es, denn an diesem Tage wurde Pietro von Medici verjagt). Vieles andere hatte er gepredigt, bevor es geschehen war, wie den Tod Lorenzos von Medici; er sagte vor allen, er habe ihn durch Offenbarung gesehen. Er predigte, die Kirche werde mit dem Schwert erneuert werden: das ist noch nicht geschehen, war aber sehr nahe; man sagt immer noch, daß es kommen werde.

Mehrere tadelten ihn, weil er gesagt hatte, Gott habe es ihm geoffenbart, andere glaubten ihm. Ich, für mein Teil, halte ihn für einen guten Mann. Ich fragte ihn auch, ob der König angesichts des großen Aufgebotes der Venetianer ohne Lebensgefahr durchkommen könne, von dem er besser zu sprechen wußte als ich, obwohl ich von dort kam. Er antwortete mir, der König werde unterwegs zu tun bekommen, die Ehre aber werde ihm bleiben, und wenn er nur hundert Mann in seiner Begleitung hätte. Gott, der ihn hingeführt habe, werde ihn auch wieder zurückführen. Weil er sich aber so schlecht der Erneuerung der Kirche angenommen habe, was seine Pflicht gewesen wäre; weil er geduldet habe, daß seine Leute so das Volk plünderten und ausraubten und auch die seiner Partei (die, ohne gezwungen zu sein, ihm die Tore öffneten) wie seine Feinde, habe Gott seinen Spruch gegen ihn gefällt, und in kurzer Zeit werde er ihn züchtigen. Ich aber solle ihm sagen, wenn er Mitleid mit dem Volk hätte und sich entschließen könnte, seine Leute davor zu bewahren, Böses zu tun, oder sie zu bestrafen, wenn sie es täten, wie es seinem Amte zukomme, dann würde Gott sein Urteil zurücknehmen oder es mildern; er solle nicht daran denken, sich damit zu entschuldigen, indem er sage: „Ich tue nichts Böses." Er sagte zu mir, er selbst würde ihm entgegengehen und mit ihm sprechen: so geschah es, und er sprach mit ihm über die Rückgabe der florentinischen Festungen.

Mir kommt der Tod des Dauphins in den Sinn, denn ich sehe nichts anderes, was der König sich zu Herzen nahm[2]. Ich sage dieses aber noch, damit man besser erkenne, daß dieser ganze Zug ein wahres Wunder Gottes war.

---

[2] Der Dauphin, geboren 1492, starb im Dezember 1495. Siehe unten im zwanzigsten Kapitel.

## *Viertes Kapitel*

Der König war in Pisa eingerückt; die Pisaner, Männer wie Frauen, baten die Einquartierten, sie möchten um Gottes willen sich beim König dafür einsetzen, daß sie nicht wieder unter die Tyrannei der Florentiner fielen, die sie wirklich sehr schlecht behandelt hatten. So aber geht es vielen anderen Städten in Italien, die von anderen unterworfen worden sind. Und dann waren Pisa und Florenz dreihundert Jahre hindurch Feinde gewesen, bevor die Florentiner es erobert hatten. Diese Worte und Tränen erregten bei unseren Leuten Mitleid, und sie vergaßen die Versprechen und Eide, die der König auf dem Altar St-Johannis geleistet hatte. Alle Arten von Leuten bis zu Bogenschützen und Schweizern mischten sich ein und bedrohten diejenigen, von denen sie dachten, sie wollten, daß der König sein Versprechen hielte, wie der Kardinal von San Malo (ich selbst hörte, wie ihn ein Bogenschütze bedrohte; ich habe ihn anderswo als Generaleinnehmer von Languedoc genannt). Es gab auch Leute, die dem Marschall de Gié grobe Worte sagten. Der Präsident de Ganay wagte mehr als drei Tage nicht, in seiner Herberge zu schlafen. Vor allem aber hielt Graf de Ligny die Hand darüber; die Pisaner kamen mit großen Tränen vor den König und erregten bei jedem Mitleid, der ihnen von Rechts wegen hätte helfen können.

Eines Tages nach dem Essen versammelten sich vierzig bis fünfzig Edelleute seines Hauses; sie trugen ein Beil um den Hals und fanden ihn in einem Zimmer, wo er mit Herrn de Piennes am Brett spielte; nur ein Kammerdiener oder zwei waren dabei, nicht mehr waren bei ihm. Einer der Söhne des älteren Salazar führte zugunsten der Pisaner das Wort, indem er einige oder alle, die ich nenne, anklagte und sagte, sie verrieten ihn. Sehr standhaft schickte sie der König fort; etwas anderes geschah aber seitdem nicht.

Wohl sechs oder sieben Tage verlor der König in Pisa; dann änderte er die Garnison und brachte einen Mann namens Robert de Balzac in die Zitadelle, einen schlechten Menschen, Diener des Herzogs von Orléans; ihn empfahl Herr de Ligny. Fußvolk von Berry wurde dort gelassen. Dieser Balzac tat alles, damit er noch Pietrasanta in seine Hand bekäme; ich glaube, er gab Geld dafür und einen anderen Platz in der Nähe, Motrone. Dafür bekam er einen anderen, Librefatto genannt, in der Nähe von Lucca. Die sehr feste Burg von Sarzana wurde durch Vermittlung des Grafen von Ligny einem Bastard des Herrn de Roussy und Diener des Grafen gegeben. Sarazella gab er einem seiner anderen Diener; der König ließ viele Truppen in diesen Plätzen (obgleich er sie niemals so nötig brauchte) und verweigerte die Hilfe und das von mir gegebene Angebot der Florentiner, die als verzweifelte Leute zurückblieben. Bevor er von Siena abzog, hatte er schon erfahren, daß der Herzog von Orléans dem Herzog von Mailand die Stadt Novara entrissen hatte, wodurch er sicher sein konnte, daß die Venetianer sich gegen ihn erklären würden, da ich ihm doch von ihnen gesagt hatte, wenn er dem Herzog von Mailand Krieg mache, würden sie diesem wegen der kürzlich geschlossenen Liga jede Hilfe leisten; und sie hatten ihre Leute in großer Zahl bereit.

Nun muß man wissen, daß der Herzog von Mailand, als die Liga geschlossen wurde, die Absicht hatte, Asti zu nehmen, und niemanden dort zu finden glaubte. Meine erwähnten Briefe aber hatten sehr geholfen, die Truppen anzutreiben, die der Herzog von Bourbon dorthinschickte. Die ersten, die ankamen, waren etwa vierzig Lanzen der Kompanie des Marschalls de Gié, die in Frankreich geblieben waren — und die kamen gerade im rechten Augenblick —, und fünfhundert Mann zu Fuß, die der Markgraf von Saluzzo dorthin schickte. Das hielt die Leute des Herzogs von Mailand auf, die Herr Galeazzo von San Severino führte; sie lagerten in Anona, einer Burg, die dem Herzog von Mailand gehört, eine halbe Meile von Asti entfernt. Nach und nach kamen dort etwa dreihundertfünfzig Reisige und Edelleute der Dauphiné, zweitausendfünfhundert Schweizer und freie Bogenschützen der Dauphiné an; im ganzen wohl siebentausendfünfhundert Söldner; sie brauchten aber zu lange bis dahin und nützten zu dem Zweck nichts, zu dem sie gerufen worden waren, nämlich dem König zu Hilfe zu kommen. Denn statt daß sie dem König halfen, mußte er ihnen zu Hilfe eilen. An Herrn von Orléans und an die Hauptleute war geschrieben worden, sie sollten nichts gegen den Herzog von Mailand unternehmen, sondern nur Asti decken und dem König bis an den Fluß Tessin entgegenziehen, um ihm beim Übergang zu helfen. Denn es gab keinen anderen Fluß, der ihn hinderte. Man muß wissen, daß der Herzog von Orléans nicht über Asti hinausgekommen war; der König hatte ihn dort gelassen. Dennoch und dessenungeachtet, daß ihm der König geschrieben hatte, kamen ihm die Verhandlungen gerade recht, durch die man ihm die Stadt Novara übergab, die zehn Meilen von Mailand entfernt liegt; er wurde da mit großer Freude sowohl von den Guelfen als auch von den Ghibellinen empfangen; die Markgräfin von Montferrat hatte ihm sehr geholfen, dies zu vollbringen. Die Burg hielt sich noch zwei oder drei Tage; wäre er aber unterdessen nach Mailand gezogen oder hätte dort hingeschickt (Fäden waren gesponnen), wäre er mit größerer Freude empfangen als jemals in seiner Burg Blois, wie mir die Größten des Herzogtums erzählten. Er hätte es in den ersten drei Tagen ohne Gefahr tun können, weil die Truppen des Herzogs von Mailand noch in Anona in der Nähe von Asti waren, als Novara genommen wurde; sie kamen erst vier Tage später. Aber vielleicht glaubte er die Nachrichten nicht, die er darüber erhielt.

## *Fünftes Kapitel*

Von Siena war der König nach Pisa gekommen, und Ihr habt gesehen und gehört, was er dort tat. Von Pisa zog er nach Lucca, wo er von den Bürgern der Stadt gut aufgenommen wurde; er blieb dort zwei Tage, dann kam er nach Pietrasanta, das Balzac hielt; weder er, noch diejenigen, denen er vertraute, fürchteten in irgendeiner Weise seine Feinde. Zwischen Lucca und diesem Ort fand er einen wunderbaren Gebirgspaß, der vom Fußvolk leicht zu verteidigen war. Aber noch waren sie nicht zusammen. In der Nähe von Pietrasanta ist der Paß Della Serravezza, auf der einen Seite der Rotaio und auf der anderen tiefe Meeressümpfe; man muß auf einem Damm wie dem eines Weihers marschieren. Dieser Paß ging von Pisa bis Pontremoli; ich fürchtete ihn am meisten und hatte von ihm viel sagen hören, denn ein quer über den Weg geworfener Wagen und zwei gute Stücke Artillerie hätten mit einer kleinen Anzahl von Leuten uns den Durchzug verwehren können, ohne daß wir uns hätten helfen können.

Von Pietrasanta ging der König nach Sarzana, wo vom Kardinal San Pietro ad Vincula vorgeschlagen wurde, die Genuesen aufzuwiegeln und Leute dorthin zu schicken. Dieser Vorschlag wurde vor den Rat gebracht (ich war in Gesellschaft vieler Edelleute und Hauptmänner dabei), wo von allen beschlossen wurde, nicht darauf zu hören; denn wenn der König die Schlacht gewinnen würde, fiele Genua ihm von selbst zu, verlöre er sie aber, könnte er nichts damit anfangen. Es war das erstemal, daß ich davon sprechen hörte, man glaube, es würde zu einer Schlacht kommen. Der Bericht von diesem Beschluß wurde dem König unterbreitet. Aber dessenungeachtet schickte er Herrn de Bresse dorthin, den späteren Herzog von Savoyen, Herrn Beaumont de Polignac, meinen Schwager[3], und Herrn d'Aubijoux, aus dem Hause Amboise, mit hundertzwanzig Reisigen der Ordonnanz und fünfzehnhundert Armbrustern, die alle frisch aus Frankreich über das Meer gekommen waren. Ich war erstaunt, wie es möglich sein kann, daß ein so junger König nicht einige gute Diener hatte, die es wagten, ihm die Gefahr zu zeigen, in die er sich begab. Mir schien es, als ob er mir nicht glaubte.

Wir hatten eine kleine Flotte, die von Neapel kam, und da waren Herr de Miolans, Statthalter in der Dauphiné, und Etienne de Nèves aus Montpellier, im ganzen etwa acht Galeen. Sie kamen nach La Spezia und Rapallo, wo sie zur Stunde, von der ich spreche, am selben Ort geschlagen wurden, an dem unsere Leute die Truppen des Königs Alphonso zu Beginn des Zuges vernichtet hatten, und zwar von denselben, die in der anderen Schlacht auf unserer Seite gestanden hatten; das war Herr Ludwig Fiesco und Johann Adorno, und alles wurde nach Genua gebracht. Es wäre besser gewesen, wenn alles unter unserem Schutz geblieben wäre; noch waren sie schwach. Herr de Bresse

[3] Seine Frau war die Schwester der Frau von Commynes.

und dieser Kardinal lagerten in den Vorstädten von Genua und glaubten, ihre Partei müsse sich in der Stadt für uns erheben; aber der Herzog von Mailand, die Adorno, die an der Regierung waren, und Herr Johann Ludwig von Fiesco, ein kluger Ritter, hatten hier vorgesorgt; sie gerieten in große Gefahr, ebenso wie die Flotte besiegt zu werden, da sie nur sehr wenige Leute waren. Sie hätten sie nicht gehalten, wenn nicht die in Genua herrschende Partei sich gescheut hätte, die Stadt zu verlassen aus Furcht, daß die Fregosi sich erhöben und ihnen die Tore sperrten. Unsere Leute hatten große Mühe, nach Asti zu gelangen, und waren so bei einer Schlacht nicht dabei, die der König schlug, wo sie sehr nützlich gewesen wären.

Von Sarzana ging der König nach Pontremoli, denn er war gezwungen, hier durchzuziehen; das ist der Eingang in die Berge. Stadt und Burg waren ziemlich gut und lagen in einem gut zu verteidigenden Gelände. Wenn dort eine starke Anzahl Leute gewesen wäre, wäre sie nicht zu nehmen gewesen. Aber es schien wohl wahr zu sein, was Bruder Girolamo gesagt hatte, daß Gott ihn an der Hand führe, bis er in Sicherheit sei; denn es schien, daß seine Feinde verblendet und verdummt waren, da sie diesen Paß nicht verteidigten. Es waren dreihundert bis vierhundert Fußknechte darin. Der König schickte seine Vorhut dorthin, die Marschall de Gié führte. Bei ihm war Herr Johann Jakob Trivulzio, den er aus dem Dienste König Ferrantes angenommen hatte, als er aus Neapel floh; er war ein vornehmer mailändischer Edelmann, guter Hauptmann und Ritter und ein großer Feind des Herzogs von Mailand, der ihn nach Neapel verbannt hatte. Durch seine Vermittlung wurde dieser Platz ohne einen Schuß übergeben, und die Besatzung zog ab.

Hier geschah aber noch ein großes Unglück, denn die Schweizer erinnerten sich, daß das letztemal, als der Herzog von Mailand hierher kam, ein Gefecht zwischen den Bürgern der Stadt und einigen Deutschen stattgefunden hatte (wie ich schon erzählt habe)[4], bei dem etwa vierzig Leute getötet worden waren; trotz der Kapitulation töteten sie aus Rache alle Männer, plünderten die Stadt, setzten sie in Brand und verbrannten die Lebensmittel und alles andere und mehr als zehn ihrer eignen Leute, die betrunken waren. Der Marschall konnte nichts dagegen tun. Sie belagerten die Burg, um alle zu fangen, die darin waren. Das waren Diener des Herrn Johann Jakob Trivulzio, die er hineingelegt hatte, als die anderen abzogen. So mußte der König zu ihnen hinschikken, um sie zum Abzug zu bewegen. Aus der Zerstörung dieser Festung erwuchs ein schwerer Schaden, sowohl wegen der Schmach, als auch wegen der vielen Lebensmittel, die dort gewesen waren, an denen wir schon großen Mangel hatten, obgleich die Bevölkerung in keiner Weise gegen uns war, außer in der Umgebung, wegen des Bösen, das man ihnen hier antat.

[4] Siehe oben im neunten Kapitel des siebenten Buchs.

Aber wenn der König auf die Angebote hätte hören wollen, die Herr Johann Jakob ihm machte, wären mehrere Plätze und Edelleute zu ihm abgefallen. Denn er wollte, daß der König überall das Banner des kleinen Sohnes des letzten Herzogs Gian Galeazzo, der in Pavia gestorben ist, aufziehen lasse; den hatte Herr Lodovico in seinen Händen. Das aber wollte der König aus Liebe zu Herrn von Orléans nicht, der Anspruch auf dieses Herzogtum erhob und erhebt. Der König zog über Pontremoli hinaus und lagerte in einem kleinen Tal, in dem keine zehn Häuser standen, ich weiß seinen Namen nicht mehr; dort blieb er fünf Tage, ohne daß ich einen Grund dafür zu sagen wüßte, in großer Hungersnot und dreißig Meilen von unserer Vorhut entfernt, die weitergezogen war. Die Berge in der Umgebung waren sehr hoch und sehr rauh; dort hatte noch niemand schwere Artillerie, wie Kanonen und große Feldschlangen, die diesmal hinübergelangten, durchgebracht. Der Herzog Galeazzo brachte dort vier „Falken" in den Tagen, von denen ich spreche, hinüber; die waren so groß, daß sie wohl mindestens ihre fünfhundert Pfund wogen. Das war für die Bevölkerung des Landes eine große Sache.

## *Sechstes Kapitel*

Ich muß jetzt vom Herzog von Orléans sprechen, der nach der Einnahme der Burg Novara dort einige Tage verlor und dann nach Vigevano zog. Zwei kleine Städte in der Nähe schickten an ihn, um ihn hineinzulassen, aber er tat klug daran, sie nicht einzunehmen. Die Bürger von Pavia schickten zweimal: darauf hätte er hören müssen. Er fand sich vor Vigevano zur Schlacht ein, wo das ganze Heer des Herzogs von Mailand versammelt war, das die Söhne des San Severino führten, die ich schon häufig genannt habe. Die Stadt ist nicht so viel wert wie St-Martin von Candes, das ein Nichts ist. Eine kurze Zeit danach war ich dort, als der Herzog von Mailand und alle Heerführer, die dabei gewesen waren, da waren. Sie zeigten mir die Orte, wo die beiden sich in der Schlachtreihe gegenübergestanden hatten. Sie waren aber dicht bei der Stadt und darin. Wäre der Herzog noch hundert Schritte weiter marschiert, wären sie über den Tessino zurückgegangen, über den sie eine große Schiffsbrücke geschlagen hatten; sie waren schon am Ufer gewesen. Ich sah, wie ein Erdbollwerk niedergerissen wurde, das sie auf der Flußseite aufgeworfen hatten, um den Übergang zu verteidigen. Sie wollten die Stadt und die Burg aufgeben, was ein großer Verlust für sie gewesen wäre. Das ist der Ort von der Welt, an dem sich der Herzog von Mailand am liebsten aufhält, der schönste Sitz für Jagden und Vogelfang aller Art, den ich wüßte.

Es schien Herrn von Orléans, daß sie sich an einem stark befestigten Ort befänden, und daß er genug getan habe; er zog sich an einen Ort

Trecate zurück, dessen Herr, der ein Kommando des Herzogs von Mailand hatte, einige Tage später mit mir sprach. Nach Trecate schickten an den Herzog von Orléans die Vornehmsten Mailands, um ihn in die Stadt zu bringen, und boten ihm ihre Kinder als Geiseln an. Sie hätten es auch leicht getan, denn Männer von großem Ansehen, die es wußten, haben mir erzählt (was dem Herzog von Orléans und seinen Leuten unbekannt war), daß der Herzog von Mailand nicht genug Truppen gehabt hätte, um sich in der Burg von Mailand belagern zu lassen, und daß Adel und Volk nur den Untergang des Hauses Sforza wollten. Auch haben mir der Herzog von Orléans und seine Leute von diesen Verhandlungen erzählt; sie trauten ihnen nicht recht, und es fehlte ihnen ein Mann, der es besser verstand als sie; und dann waren seine Hauptleute sich nicht einig.

Dem Heer des Herzogs von Mailand gesellten sich zweitausend Deutsche zu, die der römische König schickte, und gut eintausend deutsche Reiter, die Herr Friedrich von Kappeler führte, der aus der Grafschaft Pfirt gebürtig war. Dadurch bekamen Herr Galeazzo und die anderen wieder Mut und sie rückten dicht an Trecate heran, um dem Herzog von Orléans die Schlacht anzubieten. Es wurde ihm aber nicht geraten zu kämpfen, obgleich sein Haufen mehr wert war als der andere. Vielleicht wollten die Hauptleute diese Kompanie nicht aufs Spiel setzen, weil sie fürchteten, wenn sie sie verlören, könnte das das Verderben des Königs sein, von dem sie keine Nachrichten erhielten, weil die Wege bewacht waren. So zog sich diese ganze Schar nach Novara zurück, hatte aber eine sehr schlechte Ordnung in der Verpflegung, sowohl in dem, was sie bei sich hatte, als auch bei der Korneinfuhr in die Stadt, wovon sie aus der Umgebung der Stadt genügend ohne Geld bekommen konnten. Später hatten sie großen Mangel daran. Ihre Feinde lagerten eine halbe Meile von ihnen entfernt.

## *Siebentes Kapitel*

Wir haben den König verlassen, als er diesseits Pontremoli in diesem Tal lag, wo er ohne jede Notwendigkeit fünf Tage in großer Hungersnot verweilte. Unsere Deutschen, die diesen schweren Fehler in Pontremoli begangen hatten, benahmen sich sehr anständig (sie hatten Furcht bekommen, der König würde sie für immer hassen); sie kamen und boten von selbst an, die Artillerie über diesen Bergpfad zu schaffen (so kann ich ihn nennen, denn er ist hoch und steil, und es ist kein gangbarer Weg: ich habe alle großen Gebirge Italiens und Spaniens gesehen, die alle leichter zu passieren gewesen wären). Sie machten dieses Angebot nur unter der Bedingung, daß der König ihnen verzeihen möge, was er auch tat. Es waren vierzehn Stücke der schweren und mächtigen Artillerie. Beim Verlassen des Tales begann man, auf einem sehr steilen Weg emporzusteigen, und ich sah, daß die Maulesel ihn nur mit großer Mühe bewältigten. Die Deutschen koppelten sich zu zweien mit guten Stricken zusammen und arbeiteten immer hundert oder zweihundert Mann auf einmal. Wenn sie müde waren, kamen die anderen an die Reihe. Dessenungeachtet waren auch die Pferde mit bei der Artillerie; und alle Leute vom Hause des Königs, die Troß hatten, liehen jeder ein Pferd her, um besser vorwärts kommen zu können. Aber wenn die Deutschen nicht gewesen wären, hätten die Pferde es niemals geschafft. Um die Wahrheit zu sagen, sie brachten nicht allein die Artillerie hinüber; das Heer hätte es niemals gekonnt, wenn sie nicht gewesen wären. Sie halfen ihnen sehr, denn sie wollten selbst ja auch hinüber wie die anderen, da sie auch große Not litten. Sie taten sehr viel Schlechtes, aber das Gute überwog das Böse. Das Schlimmste war nicht der Aufstieg, denn gleich danach sah man ein Tal; der Weg ist so, wie die Natur ihn gemacht hat, nichts ist daran getan; man mußte Pferde und Menschen bringen, die sich beim Abstieg entgegenstemmten. Das war noch unvergleichlich viel mühevoller als der Aufstieg, und dauernd brauchte man die Zimmerleute oder Hufschmiede, oder es fiel ein Stück, das man mit Mühe wieder aufrichten mußte. Mehrere hatten den Rat gegeben, die ganze schwere Artillerie zu zerschlagen, um schneller vorwärtszukommen. Aber der König wollte um keinen Preis darin einwilligen.

Der Marschall de Gié, der dreißig Meilen von uns entfernt war, drängte den König, sich zu beeilen; wir brauchten drei Tage, um uns mit ihm zu vereinigen. Er hatte die Feinde vor sich, die in einem schönen Lager in der Nähe von mindestens einer halben Meile lagen, die einen guten Handel gemacht hätten, wenn sie erst ihn und dann uns angegriffen hätten. Er war in Fornovo einquartiert (das heißt neues Loch), einem schönen Dorf am Fuße des Gebirges und Eingang der Ebene, um darüber zu wachen, daß sie nicht dazu kämen, uns im Gebirge anzugreifen. Wir hatten aber einen besseren Schutz als ihn, denn Gott gab unseren Feinden einen anderen Gedanken ins Herz. Ihre Habgier war nämlich so groß, daß sie uns lieber in der Ebene erwarten wollten, damit ihnen nichts entwische. Es schien ihnen, man könnte vom Gebirge nach draußen in Richtung auf Pisa und die florentinischen Plätze hin fliehen. Aber sie irrten sich, denn wir waren zu weit davon entfernt; und hätte man sie erst zum Kampf erwartet, wären sie so weit gefolgt, wie man geflohen wäre, und dann kannten sie ihre Wege doch besser als wir.

Noch war bis jetzt von unserer Seite aus der Krieg nicht begonnen. Aber Marschall de Gié meldete dem König, er habe die Berge überquert und gegen das Lager des Feindes vierzig Reiter geschickt, um aufzuklären; diese seien von den Stradioten zurückgeschlagen worden. Sie töteten einen Edelmann namens Le Boeuf, schnitten ihm den Kopf ab, hängten ihn an den Wimpel eines Spießes und brachten ihn ihrem

Proveditore, um dafür einen Dukaten zu bekommen. Stradioten sind in der Kleidung den Türken gleich zu Fuß und zu Pferde, bis auf den Kopf, wo sie nicht diese Binde tragen, die man Turban nennt; sie sind rauhe Menschen, die ebenso wie ihre Pferde das ganze Jahr hindurch draußen schlafen. Sie waren alle Griechen und kamen alle aus den Festungen, die die Venetianer dort hielten, die einen aus Napoli di Romania in der Morea, die anderen aus Albanien bei Durazzo. Ihre Pferde sind gut und alle türkisch. Die Venetianer bedienen sich ihrer gern und vertrauen ihnen. Ich habe sie alle in Venedig landen und auf einer Insel ihre Musterung halten sehen, wo die Abtei San Nicolo liegt; es waren wohl eintausendfünfhundert. Sie sind tapfere Männer, die einem Heer sehr zu schaffen machen.

Die Stradioten jagten, wie ich sagte, bis zum Quartier des Marschalls, wo die Deutschen lagerten, töteten drei oder vier von ihnen und nahmen ihre Köpfe mit: das war so ihre Gewohnheit. Denn als die Venetianer Krieg mit dem Sultan, dem Vater des jetzigen Mohammed II., führten, wollte er nicht, daß seine Leute Gefangene machten, und gab ihnen einen Dukaten für jeden Kopf; die Venetianer machten es ebenso. Ich glaube, sie wollten das Heer erschrecken, was sie auch taten. Aber die Stradioten waren ihrerseits sehr erschrocken über die Artillerie, denn ein ‚Falke' tat einen Schuß und tötete eines ihrer Pferde, was sie sofort zum Rückzug veranlaßte, da sie daran nicht gewöhnt waren. Als sie sich zurückzogen, nahmen sie noch einen Hauptmann unserer Deutschen gefangen, der zu Pferde gestiegen war, um zu beobachten, ob sie sich zurückziehen würden; er bekam einen Lanzenstich durch den Leib, da er unbewaffnet war. Er ist ein kluger Mann und wurde vor den Markgrafen von Mantua gebracht, den obersten Feldherrn der Venetianer. Dort war sein Oheim, Herr Rudolf von Mantua, und Graf Cajazzo, Oberst für den Herzog von Mailand, der diesen Hauptmann gut kannte. Man muß wissen, daß ihr ganzes Heer im Feld stand, mindestens so weit es versammelt war, denn noch war nicht alles gekommen. Seit acht Tagen waren sie da und sammelten sich. Der König hätte es leicht gehabt, sich ohne Gefahr nach Frankreich zurückzuziehen, hätte er nicht diese langen Aufenthalte gemacht, die keinen Zweck gehabt hatten, von denen Ihr gehört habt. Doch unser Herrgott hatte darüber anders beschlossen.

## *Achtes Kapitel*

Da der Marschall fürchtete, angegriffen zu werden, stieg er ins Gebirge; er mochte etwa einhundertsechzig Reisige haben und achthundert Deutsche, nicht mehr, und von uns konnte ihm nicht geholfen werden, denn wir kamen erst ein und einen halben Tag später dort an wegen dieser Artillerie. Der König logierte unterwegs in den Häusern zweier kleiner Markgrafen.

Als die Vorhut das Gebirge erstiegen hatte, um die zu erwarten, die sie draußen im Feld sahen, die ziemlich weit entfernt waren, war sie nicht ohne Furcht. Dennoch nahm Gott, der die Schar retten wollte, den Feinden den Verstand. Unser Deutscher wurde vom Grafen Cajazzo gefragt, wer diese Vorhut führe: er nannte ihn. Er fragte auch noch nach der Zahl unserer Leute, obgleich er sie viel besser kannte als wir selbst, da er den ganzen Sommer bei den Unseren gewesen war. Der Deutsche machte unsere Schar stark und gab dreihundert Reisige und eintausendfünfhundert Schweizer an. Der Graf antwortete ihm, er lüge, im ganzen Heer seien nur dreitausend Schweizer, wovon man nicht die Hälfte hierher geschickt habe. Der Gefangene wurde in das Zelt des Markgrafen von Mantua gebracht. Unter sich sprachen sie davon, den Marschall anzugreifen. Der Markgraf glaubte die Zahl, die der Deutsche genannt hatte, und sagte, sie hätten nicht genug so gutes Fußvolk wie unsere Deutschen, auch seien noch nicht alle ihre Leute angekommen, und man täte ihnen großes Unrecht, ohne sie zu kämpfen. Würde man zurückgeschlagen, könnte sich die Signorie erzürnen; es sei besser, sie in der Ebene zu erwarten, und sie könnten ja anderswo nicht durch als nur bei ihnen. Die beiden Proveditori waren seiner Meinung, gegen die sie nicht zu kämpfen gewagt hätten. Andere sagten, der König wäre gefangen, wenn man die Vorhut zerschlage. Dennoch einigte sich alles leicht dahin, das Heer in der Ebene zu erwarten, und es schien ihnen, daß nichts entrinnen könne. Ich habe dies von denen erfahren, die ich nenne, und wir haben uns später mit ihnen darüber unterhalten, der Marschall de Gié und ich, als wir uns zusammenfanden. So zogen sie sich in ihr Lager zurück und waren sicher, daß der König am nächsten Tage das Gebirge überschritten haben und im Dorfe Fornovo Quartier nehmen würde. Unterdessen kam der ganze Rest ihrer Leute an. Und wir mußten, durch das Gelände gezwungen, an ihnen vorüber.

Beim Niedersteigen vom Gebirge sieht man die große Ebene der Lombardei, die eine der schönsten, besten und bevölkertsten der Welt ist. Obgleich sie sich Ebene nennt, ist es nicht leicht, dort hindurchzureiten, denn sie ist sehr mit Gräben durchzogen, wie Flandern, oder sogar noch mehr; aber sie ist besser und fruchtbarer, sowohl an gutem Weizen, als auch an schönem Wein und Früchten. Niemals liegt ihr Land brach. Wir hatten große Freude an diesem Anblick wegen der starken Hungersnot und der Mühsal, die wir auf diesem Weg seit dem Aufbruch von Lucca erduldet hatten. Aber es war sehr schwierig, die Artillerie dort hinunterzubringen, so steil und schlecht war der Weg. Von oben sah man das Lager der Feinde mit einer großen Anzahl von großen und kleinen Zelten; es schien sehr groß zu sein, und so war es auch. Die Venetianer hielten das, was sie dem König durch mich mitgeteilt hatten, als sie sagten, sie und der Herzog von Mailand würden vierzigtausend Mann ins Feld bringen. Wenn sie auch nicht so viel waren, so fehlte doch nicht viel daran, und es waren wohl fünfunddreißigtausend

Söldner; von fünf aber waren vier von San Marco. Es gab wohl zweitausendsechshundert geharnischte Reisige, von denen jeder einen Armbruster zu Pferde oder einen anderen Mann in Ausrüstung bei sich hatte, indem sie für einen Reisigen vier Pferde ansetzten. Sie hatten sowohl an Stradioten wie an leichter Reiterei fünftausend; der Rest war Fußvolk, und sie lagerten an einem festen, mit Artillerie gut besetzten Ort.

## *Neuntes Kapitel*

Der König stieg etwa um Mittag vom Gebirge ab und lagerte sich im Dorfe Fornovo; das war am 5. Juli des Jahres 1495, an einem Sonntag. Es gab dort eine große Menge Mehl, Wein und Futter für die Pferde. Die Bevölkerung nahm uns überall freundlich auf (es tat ihnen aber auch kein anständiger Mann etwas Böses), und sie brachten Lebensmittel wie kleines, sehr schwarzes Brot, das sie teuer verkauften, und Wein, der zu drei Teilen mit Wasser vermischt war; außerdem einiges an Früchten; sie waren dem Heer gefällig. Ich ließ davon kaufen, ließ sie aber vor mir davon versuchen; denn man hatte großen Verdacht, sie hätten diese Lebensmittel dortgelassen, um das Lager zu vergiften; auf den ersten Blick rührte man nichts an. Zwei Schweizer töteten sich durch zu vieles Trinken, wurden kalt und starben in einem Keller, was den Leuten noch mehr Verdacht einflößte. Aber bevor es Mitternacht war, begannen die Pferde als erste und dann auch die Leute; und man befand sich sehr wohl. Bei dieser Gelegenheit muß ich zur Ehre der Italiener sagen, daß wir nicht festgestellt haben, daß sie irgendwelches Gift gebrauchten. Wenn sie es hätten tun wollen, hätte man sich auf diesem Zug nur schwer davor schützen können.

Wie Ihr gehört habt, kamen wir eines Sonntagmittags an; mancher Edelmann aß ein Stück Brot, wenn der König abstieg und etwas trank. Ich glaube, zu dieser Stunde gab es kaum andere Lebensmittel, da man noch nicht wagte, von denen am Ort zu essen. Gleich nach dem Essen kamen einige Stradioten bis an unser Lager gelaufen und veranlaßten großen Alarm, da unsere Leute sie noch nicht kannten. Das ganze Heer fiel in wunderschöner Ordnung in drei Schlachtreihen auf die Felder aus: Vorhut, Hauptheer und Nachhut; von einer Schlachtreihe zur anderen war es noch nicht ein Kugelschuß; leicht hätte die eine der anderen helfen können. Aber es war nichts, und man zog sich ins Quartier zurück. Bevor es Nacht wurde, kam bald ein weiterer Alarm oder noch zwei. Wir hatten große und kleine Zelte nur in geringer Anzahl, und unser Lager erstreckte sich auf ihres zu; daher genügten schon zwanzig Stradioten, um uns zu alarmieren; sie wichen nicht vom Ende unseres Lagers, denn es befand sich dort ein Wald in dessen Deckung sie herauskamen.

Wir waren in einem Tal zwischen zwei kleinen Hügeln, durch das ein Fluß lief, den man auf einer Furt überschreiten konnte, wenn er nicht anschwoll, was in diesem Lande leicht und schnell geschehen kann, aber nicht lange dauert; sie nennen diese Art von Flüssen Torrente. Das ganze Tal war voll von Kies und großen Steinen und sehr beschwerlich für die Pferde. Es war etwa eine viertel Meile breit, und auf einem der Hügel zur rechten Hand lagerten unsere Feinde. Wir waren gezwungen, gerade gegenüber von ihnen vorbeizuziehen, den Fluß zwischen beiden; es mochte zu ihrem Lager eine halbe Meile sein. Es hätte noch einen anderen Weg gegeben, wenn wir den Hügel zur Linken erstiegen hätten, da wir auf ihrer Seite lagerten; aber das hätte ausgesehen, als wolle man sich zurückziehen.

Etwa zwei Tage vorher hatte man mir gesagt, ich solle gehen und mit ihnen sprechen (denn die Klügsten begannen, Furcht zu bekommen), und ich solle irgendeinen mit mir nehmen, um das Heer gut zu zählen und alles auszukundschaften. Das unternahm ich nicht gern (und konnte auch ohne freies Geleit nicht gehen); ich antwortete ihnen aber, ich hätte gute Beziehungen zu den Proveditori bei meiner Abreise von Venedig und am Abend, als ich in Padua ankam, angeknüpft und glaubte, sie würden gern mit mir auf halbem Wege zwischen den beiden Lagern unterhandeln; wenn ich mich anbieten würde, zu ihnen zu gehen, würde ich sie zu sicher machen, und man habe es mir auch zu spät gesagt.

An diesem Sonntag, von dem ich spreche, schrieb ich an beide Proveditori (der eine nannte sich Herr Lucca Pisani, der andere Herr Marco Trevisano): ich bat sie, einer möchte auf Sicherheit kommen, um mit mir zu unterhandeln, so wie es mir beim Abschied aus Padua angeboten worden sei (wie vorher gesagt worden ist). Sie antworteten, sie hätten es gern getan, wenn nicht der Krieg gegen den Herzog von Mailand begonnen worden wäre, trotzdem aber würde sich einer oder beide auf halbem Wege, wie verabredet, einfinden. Diese Antwort bekam ich am Sonntagabend. Keiner von denen, die Vertrauen genossen, machte sich etwas daraus. Ich fürchtete, zu viel zu unternehmen, oder, daß man es für eine Feigheit hielte, wenn ich so darauf drängte, und so ließ ich die Sache für diesen Abend, obgleich ich gern geholfen hätte, den König und sein Heer da herauszuziehen, wenn ich es ohne Gefahr gekonnt hätte. Um Mitternacht sagte mir der Kardinal von San Malo, der von einer Unterredung mit dem König kam (sein Zelt war nahe dem meinen), der König werde am Morgen aufbrechen, bei ihnen vorbeimarschieren und einige Kanonenschüsse in ihr Lager abfeuern, um Eindruck zu machen, und dann ohne Aufenthalt weiterziehen. Ich glaube wohl, daß das seine eigene Meinung war, da er wenig von solchen Dingen zu reden wußte und nichts davon verstand. Es hätte sich wohl gehört, daß der König klügere Männer und Hauptleute versammelt hätte, um sich zu beraten. Ich sah ihn aber nur dreimal auf diesem Zuge eine Beratung abhalten, wonach man das Gegenteil der gefaßten Entschlüsse tat. Ich sagte zum Kardinal, wenn man so dicht vorbeiziehe, daß man in ihr Lager schießen könne, sei es nicht möglich, daß nicht Leute zum Scharmützel ausfielen, die sich auf keiner Seite wieder zurückziehen würden, ohne daß es zur Schlacht käme; auch würde das dem entgegenlaufen, was ich eingeleitet hätte. Es mißfiel mir sehr, daß die Dinge so gehen sollten, aber meine Angelegenheiten waren zu Beginn der Regierungszeit dieses Königs so gewesen, daß ich nicht wagen konnte, mich einzuschalten, um mir nicht die zu Feinden zu machen, denen er Ansehen gab, das so groß war, und wenn er es dazu machte, nur zu groß.

In dieser Nacht hatten wir noch zwei große Alarme, und alles, weil man keine Anordnungen gegen die Stradioten getroffen hatte, wie man es tun muß, und wie man es gewohnt ist, gegen leichte Reiterei zu tun, da zwanzig unserer Reisigen mit ihren Bogenschützen immer zweihundert von ihnen aufhalten würden. Aber die Sache war noch neu. In dieser Nacht fiel ein ungeheurer Regen mit Blitz und Donner, so stark, wie man es kaum sagen kann. Himmel und Erde schienen zu bersten und ein großes kommendes Unglück anzukündigen. Wir waren auch am Fuß der hohen Berge, in einem heißen Land und im Sommer. Obgleich es eine natürliche Sache war, war es doch entsetzlich, in solcher Gefahr zu sein, so viele Truppen vor sich und kein anderes Mittel zum Durchkommen zu sehen, als zu kämpfen und dazu noch in kleiner Schar. Denn zum Kampf hatte man, gute wie schlechte, nicht mehr als neuntausend Mann, von denen ich zweitausend für Gefolge und Diener des Adels im Lager rechne. Pagen, Saumtiertreiber und solche Leute zähle ich nicht.

## *Zehntes Kapitel*[5]

Am Montagmorgen, etwa um sieben Uhr, am 6. Juli 1495, stieg der König zu Pferde und ließ mich mehrere Male rufen. Ich kam zu ihm und fand ihn vollständig gerüstet und auf dem schönsten Pferd sitzend, das ich zu meiner Zeit gesehen habe, ‚Savoyen' genannt. Mehrere sagten, es sei aus Bresse: Herzog Karl von Savoyen habe es ihm geschenkt; es war ein einäugiger Rappe mittlerer Größe und gerade richtig für den, der darauf saß. Es schien mir, als sei dieser junge Mann da ein ganz anderer, als seine Natur, seine Gestalt und seine Veranlagung anzeigten; denn an sich ist er noch heute sehr furchtsam im Sprechen (er ist ja auch in großer Furcht aufgewachsen) und klein von Gestalt. Auf diesem Pferd aber erschien er groß, hatte ein gutes Gesicht mit frischer

[5] Zum Treffen von Fornovo vergleiche besonders die ausführliche Kommentierung des Commynes-Textes bei Mandrot II, 267 ff. und die Karte am Ende von Mandrot II. Die beste deutsche Darstellung bei Fueter (siehe oben Anmerkung zum ersten Kapitel des siebenten Buches) 256 f. Dem Urteil bei Hauser (siehe ebenda) Seite 76 kann ich nicht zustimmen.

Farbe und sprach kühn und klug. Es wurde mir klar, und ich erinnerte mich, daß Bruder Girolamo wahrgesagt hatte, als er sprach, Gott führe ihn an der Hand, er würde unterwegs zu tun bekommen, aber die Ehre würde ihm bleiben. Der König sagte zu mir, wenn die Leute verhandeln wollten, solle ich sprechen. Weil der Kardinal anwesend war, ernannte er ihn dazu ebenso wie den Marschall de Gié, was schlecht möglich war, da der noch diesen Morgen die Vorhut führte; er tat es wegen eines Streites zwischen den Grafen von Narbonne und von Guise, die manchmal Kommandos geführt hatten, und von denen jeder sagte, es gebühre ihm, die Vorhut zu führen. Ich sagte ihm: „Herr, ich werde es gern tun; aber ich habe noch niemals zwei so große Heere so dicht beieinander gesehen, die sich ohne Kampf trennten."

Das ganze Heer war in diesem Geröll in Schlachtreihe, eine nach der anderen, wie am Tage vorher, aufgestellt. Aber mir schien diese Macht sehr klein zu sein im Vergleich zu derjenigen, die ich bei Herzog Karl von Burgund und beim König, seinem Vater, gesehen hatte. Über dieses Geröll zogen wir abseits, der Kardinal und ich, und diktierten einen Brief an die beiden obengenannten Proveditori, den ein Sekretär des Königs, Robertet, schrieb, dem er vertraute. Der Kardinal sagte, es gehöre zu seiner Aufgabe und zu seinem Amt, Frieden zu stiften, und das komme auch mir zu, der ich kürzlich aus Venedig als Botschafter gekommen sei und schon die Vermittlung begonnen hätte; er kündigte ihnen an, der König wolle nur seines Weges ziehen und niemandem etwas zu Leide tun; wenn sie darüber verhandeln wollten, wie es am Tage zuvor vereinbart worden sei, würden wir zufrieden sein und alles unternehmen, um es gut werden zu lassen.

Schon waren Plänkler auf allen Seiten. Wir zogen Schritt für Schritt unseren Weg an ihnen vorbei, den Fluß, wie gesagt, zwischen uns; eine viertel Meile war es zwischen uns und ihnen, die alle in Schlachtordnung in ihrem Lager waren, denn sie machen gewöhnlich ihr Lager so groß, daß alle in Schlachtreihe dort aufgestellt sein konnten. Sie schickten einen Teil ihrer Stradioten und Armbruster zu Pferd und einige Reisige, die einen ziemlich gedeckten Weg entlang kamen, um in das Dorf einzudringen, aus dem wir ausrückten, und um dort über einen Bach zu setzen, um unser großes Gepäck zu überfallen. Ich glaube, es überstieg sechstausend Säumer, Maulesel, Pferde und Esel. Mehrere Tage vorher hatten sie ihre Schlachtreihe so schön angeordnet, daß man besseres gar nicht finden könnte, und zwar so, daß sie im Vertrauen auf ihre große Zahl den König und sein ganzes Heer so einkreisen konnten, daß kein einziger Mann hätte entwischen können, wenn unsere Truppen gerade beim Übergang gewesen wären. Diejenigen, die ich nenne, gingen auf unser Gepäck los.

Auf der linken Seite rückten der Markgraf von Mantua, sein Oheim, Herr Rudolf, Graf Bernardino von Montone mit der ganzen Blüte seines Heeres heran, in einer Zahl von sechshundert Reisigen, wie sie mir später erzählten. Sie kamen, um sich gerade am Ufer auf unsere Nachhut zu werfen, alles geharnischte Reisige, mit schönem Federschmuck und schönen Degen, von Armbrustern zu Pferd, von Stradioten und Fußvolk sehr gut begleitet. Dem Marschall de Gié und unserer Vorhut gegenüber zog Graf Cajazzo mit etwa vierhundert Reisigen, ebenso begleitet, und mit einer großen Anzahl Fußvolk auf. Hinter ihm eine andere Kompanie mit etwa zweihundert Reisigen, die der Sohn des Herrn Johann Bentivoglio von Bologna führte, ein junger Mann, der nie etwas gesehen hatte (sie hatten an Führern den gleichen Mangel wie wir). Dieser sollte nach dem Grafen Cajazzo gegen die Vorhut vorgehen. Ebenso war eine ähnliche Kompanie hinter dem Markgrafen von Mantua (zum selben Zweck), die von Herrn Anton von Urbino geführt wurde, dem Bastard des verstorbenen Herzogs von Urbino. In ihrem Heerlager blieben zwei große Kompanien. Das wußte ich von ihnen selbst, denn von dem nächsten Tage an verhandelte ich dort mit ihnen und sah es mit eigenen Augen. Die Venetianer wollten nicht alles auf einmal aufs Spiel setzen und ihr Lager nicht ganz entblößen; dennoch wäre es für sie besser gewesen, alles ins Feld zu bringen, als sie begannen.

Ich verlasse dieses Thema ein wenig, um zu erzählen, was aus unserem Brief wurde, den der Kardinal und ich durch einen Trompeter hingeschickt hatten. Er wurde von den Proveditori empfangen; als sie ihn gelesen hatten, begann unsere Artillerie den ersten Schuß abzufeuern, die bis dahin noch nicht geschossen hatte. Unverzüglich schoß die ihre, die nicht so gut war. Die Proveditori schickten gleich unseren Trompeter zurück und der Markgraf einen der seinen und ließ sagen, sie seien mit der Unterhandlung einverstanden, vorausgesetzt, daß man mit dem Schießen aufhöre; auch sie wollten ihr Geschütz schweigen lassen.

Ich war nun vom König entfernt, der hin und her ging und beide Trompeter mit dem Bescheid zurückschickte, er werde alles aufhören lassen. Er befahl dem Geschützmeister: „Nicht weiterschießen!“ Alles hörte auf beiden Seiten ein wenig auf. Dann plötzlich feuerten sie einen Schuß, und die unsere begann noch stärker als vorher; sie brachten drei Stücke Artillerie heran. Als unsere zwei Trompeter ankamen, nahmen sie den unseren und schickten ihn in das Zelt des Markgrafen; sie beschlossen zu kämpfen. Wie mir die Anwesenden berichteten, sagte Graf Cajazzo, es sei nicht die Zeit zu unterhandeln, wir seien ja schon halb besiegt. Der eine der Proveditore, der es mir berichtet hat, war dafür, der andere dagegen. Der Markgraf war dafür; sein Oheim, der gut und klug war, der uns liebte und mit Bedauern gegen uns war, widersprach mit aller Gewalt. Zum Schluß stimmten alle zu.

## *Elftes Kapitel*

Man muß wissen, daß der König seine ganze Kraft auf seine Vorhut warf, in der dreihundertfünfzig Reisige und dreitausend Schweizer waren, in denen die Hoffnung des Heeres lag. Mit ihnen ließ der König dreihundert Bogenschützen seiner Garde absitzen, für ihn ein großer Verlust, und einige Armbruster zu Pferde von den zweihundert, die er in seiner Garde hatte. Anderes Fußvolk gab es wenig, aber das, was da war, wurde dort hingezogen. Bei den Deutschen waren zu Fuß Engelbert von Kleve, der Bruder des Herzogs von Kleve, Lornay, und der Bailly von Dijon, der Führer der Deutschen, und vor ihnen war die Artillerie. Hier hätten diejenigen sehr notgetan, die man in den Gebieten der Florentiner und gegen die Meinung aller nach Genua geschickt hatte. Diese Vorhut war schon bis zu ihrem Lager vorgerückt; man glaubte, sie würden beginnen, und man hatte sie deshalb so stark gemacht. Unsere anderen beiden Schlachtreihen waren nicht so nahe, um sich zu helfen, wie am Tage zuvor. Da der Markgraf schon übers Ufer vorgestoßen war, den Fluß auf unserer Seite überquert hatte und gerade eine viertel Meile im Rücken unserer Nachhut war (sie kamen in kleinen Schritten dicht geschlossen heran, was ein herrlicher Anblick war), wurde der König gezwungen, seiner Vorhut den Rücken zuzuwenden, sich mit dem Gesicht gegen den Feind seiner Nachhut zu nähern und von der Vorhut wegzuziehen. Ich war damals mit dem Kardinal zusammen, wartete auf Antwort und sagte zu ihm, ich sähe wohl, es sei keine Zeit mehr, hier zu warten, ging dorthin, wo der König war, und verließ die Schweizer. Unterwegs verlor ich einen Pagen, der mein Vetter war, einen Kammerdiener und einen Lakaien, die mir in geringer Entfernung gefolgt waren; ich sah aber nicht, wie sie getötet wurden.

Ich war noch keine hundert Schritte entfernt, als der Lärm dort, woher ich kam, oder nur ein wenig weiter hinten, begann. Das waren die Stradioten, die beim Gepäck und Quartier des Königs, drei oder vier Häusern, waren und dort vier oder fünf Leute töteten oder verwundeten. Die übrigen entkamen. Sie töteten wohl hundert Saumtiertreiber und brachten den Troß in große Unordnung. Als ich dort ankam, wo der König sich befand, sah ich ihn dabei, wie er einige zu Rittern schlug. Die Feinde waren schon sehr in seiner Nähe; man bat ihn aufzuhören. Ich hörte den Bastard von Bourbon, Mathieu, dem der König Vertrauen schenkte, und einen namens Philipp Du Moulin, einen einfachen, aber angesehenen Edelmann, dem König zurufen: „Kommt, Herr, kommt!“ Und sie ließen ihn vor seine Schlachtreihe und vor die Standarte kommen. Ich sah niemanden dichter am Feind außer dem Bastard (dieses alles geschah in einem Augenblick, ich war noch keine Viertelstunde dort), und die Feinde waren auf hundert Schritt an den König herangekommen, der so schlecht geschützt und begleitet wurde. So sind seine

Vorgänger nie in die Schlacht gegangen, sondern sie waren besser gedeckt. Doch schließlich ist der gut beschützt, der in Gottes Hut ist, und so erfüllte sich die Prophezeiung des Bruders Girolamo, daß Gott ihn an der Hand führte. Seine Nachhut ihm zur Rechten war ein wenig zurückgewichen; die ihm nächste Kompanie zu dieser Seite war die des Robinet de Framezelles, der die Leute des Herzogs von Orléans führte, etwa achtzig Lanzen, und Herr de La Trémoïlle, der ungefähr vierzig Lanzen hatte. Hundert schottische Bogenschützen waren auch da, die in der Verlegenheit als Reisige verwandt wurden. Ich befand mich auf der linken Seite, wo die Edelleute, die anderen des königlichen Hauses und die Pensionäre waren. Um der Kürze willen unterlasse ich es, die Hauptleute zu nennen; Graf von Foix aber war der Führer unserer Nachhut.

Eine Viertelstunde nach meiner Ankunft, als der König so dicht bei ihnen war, legten die Feinde die Lanzen ein, gingen ein wenig in Galopp und setzten mit zwei Kompanien an. Unsere beiden Kompanien auf der rechten Seite und die schottischen Bogenschützen schlugen fast beide auf einmal heftig drein und der König mit ihnen. Der linke Flügel, auf dem ich war, packte sie an der Seite; das war ein großer Vorteil; es ist auf der Welt nicht möglich, kühner dreinzuschlagen, und man tat es auf beiden Seiten. Ihre Stradioten, die im Hintertreffen waren, sahen Maulesel und Troß nach unserer Vorhut hin fliehen und ihre Kompanien gewinnen. Sie eilten in diese Richtung, ohne den Reisigen zu folgen, die nun nicht mehr begleitet wurden. Ohne Zweifel : wären noch eintausendfünfhundert leichte Reiter auf uns eingestürmt mit ihren schrecklichen krummen Türkensäbeln in der Faust, wären wir ohne Rettung bei unserer kleinen Zahl vernichtet worden. Gott gab uns diese Hilfe, und bald nach dem Lanzenstechen begannen alle Italiener zu fliehen, und ihr Fußvolk warf sich zum größten Teil den Hügel hinauf.

In demselben Augenblick, als sie auf uns losgingen, setzte Graf Cajazzo auf die Vorhut an; aber sie kamen nicht sehr dicht aneinander, und als es Zeit wurde, die Lanzen einzulegen, bekamen sie Furcht und fielen selbst aus ihrer Reihe. Fünfzehn bis zwanzig nahmen unsere Deutschen an den Zügeln und töteten sie. Der Rest floh und wurde schlecht verfolgt, denn der Marschall bemühte sich sehr, seine Kompanie zusammenzuhalten, denn er sah noch in seiner Nähe eine starke Truppe. Dennoch verfolgten sie einige, und ein Teil der Flüchtlinge kam den Weg auf unseren Kampfplatz zu, das Ufer entlang mit dem Degen in der Faust, denn die Lanzen hatten sie fortgeworfen.

Nun muß man wissen, daß diejenigen, die den König angegriffen und sich gleich auf die Flucht begeben hatten, sehr lebhaft verfolgt wurden, da alles ihnen auf den Fersen blieb. Die einen nahmen den Weg zum Dorf, aus dem wir aufgebrochen waren, die anderen den kürzesten in ihr Lager. Alle, außer dem König, machten sich auf die Verfolgung. Mit wenigen Leuten blieb er da und begab sich dadurch, daß er nicht bei uns blieb, in große Gefahr. Einer der ersten Toten war Herr Rudolf von Mantua, der Oheim des Markgrafen, der Herrn Anton von Urbino melden sollte, wann es Zeit sei, daß er marschiere. Sie glaubten, dieser Kampf müßte so lange dauern wie ihre italienischen Waffentaten. Dafür hat sich Herr Anton entschuldigt. Ich glaube aber, er sah die Zeichen nicht, die ihn riefen.

Wir hatten ein großes Gefolge von Knechten und Dienern, die alle um diese italienischen Reisigen waren, und die meisten von denen, die getötet wurden, niedermachten. Fast alle hatten Äxte zum Holzschlagen in der Hand, mit denen sie unsere Quartiere bereiteten, und mit denen sie jetzt die Visiere der Bewaffneten zerbrachen und ihnen einen Schlag auf den Kopf versetzten; denn sie waren nicht leicht zu töten, da sie sehr stark gewappnet waren, und ich sah, daß niemand getötet wurde, der nicht von drei oder vier Männern umgeben war. Auch die langen Degen, die unsere Bogenschützen und Diener hatten, taten große Wirkung. Der König blieb ein wenig an dem Ort, wo man ihn angegriffen hatte, und sagte, er wolle weder verfolgen, noch sich zu seiner Vorhut zurückziehen, die ihm zu weit entfernt schien. Er hatte sieben oder acht jungen Edelleuten befohlen, bei ihm zu bleiben. Diesen ersten Anprall hatte er wohl überstanden, obgleich er einer der vordersten gewesen ist, denn der Bastard von Bourbon wurde zwanzig Schritt von ihm entfernt gefangengenommen und ins Lager der Feinde gebracht.

## *Zwölftes Kapitel*

Nun befand sich der König an diesem besagten Ort in ziemlich kleiner Gesellschaft, so daß er nur einen Kammerdiener hatte, Anton Des Aubus genannt, ein kleiner, schlecht bewaffneter Mann. Die anderen waren ein wenig zerstreut, wie es mir der König vor ihnen selbst am Abend erzählte, was eine große Schande für sie sein mußte, da sie ihn so allein gelassen hatten. Dennoch kamen sie noch zur rechten Zeit, als eine kleine Truppe einiger zersprengter Reisiger am Ufer entlang ritt, die den König und seinen Kammerdiener entblößt von Leuten sah und ihn angreifen wollte. Unser Herr hatte das beste Pferd von der Welt für sich; er ritt ab und verteidigte sich; im rechten Augenblick kamen seine anderen Leute herbei, die nicht weit fort waren, und die Italiener begaben sich auf die Flucht. Dann folgte der König dem Rat und zog zur Vorhut, die niemals gewichen war; das war dem König sehr günstig. Wäre sie aber noch hundert Schritte vormarschiert, wäre das ganze Heer der Feinde geflohen. Die einen sagten, sie hätten vorrücken müssen, die anderen das Gegenteil.

Diejenigen der Unseren, die sich auf die Verfolgung begeben hatten, kamen dicht an das Ende ihres Lagers, das sich nach Fornovo hinzog, und ich sah nicht, daß ein einziger von uns einen Schlag erhielt, außer dem Julian Bournel. Der bekam einen Schlag von einem vorbeireitenden Italiener und fiel tot um; er war auch schlecht gewappnet. Da hielt man an und sagte: „Auf zum König!“ Bei diesem Ruf hielt alles an, um die Pferde verschnaufen zu lassen, die sehr erschöpft waren, denn sie waren lange auf dem schlechten Weg und den Kieseln gelaufen. In unserer Nähe kam eine Kompanie Flüchtlinge vorbei, dreißig Reisige, um die sich niemand kümmerte; wir fürchteten uns. Als die Pferde ein wenig ausgeruht hatten, nahmen wir den Weg zum König; wir wußten nicht, wo er war, und ritten in großem Trab. Wir waren noch nicht lange geritten, als wir ihn von weitem sahen; nun ließen wir die Diener absteigen und die Lanzen auf dem Feld auflesen, von denen es dort genug gab, besonders die italienischen „Bourdonassen“, die nicht viel wert, hohl und leicht waren und nicht so viel wogen wie ein kleiner Wurfspieß; sie waren aber schön bemalt; so waren wir besser mit Lanzen versehen als am Morgen. Wir zogen direkt zum König und trafen unterwegs eine Anzahl ihres Fußvolkes, das das Feld überquerte; es gehörte zu denen, die sich auf den Hügeln verbargen, und die der Markgraf gegen den König geführt hatte. Mehrere wurden getötet; andere entwischten und überquerten den Fluß; man verweilte dabei nicht lange. Mehrere Male war von einigen beim Kampf gerufen worden: „Denkt an Guinegate!“[6] Das war eine Schlacht zur Zeit König Ludwigs XI. gegen den römischen König, die verloren wurde, weil man sich darüber gemacht hatte, das Gepäck zu plündern. Hier aber wurde weder geraubt noch geplündert.

Ihre Stradioten nahmen von den Säumern, was sie wollten; sie nahmen zwar nur fünfundfünfzig von ihnen davon, aber alle die besten und die am besten beladen waren, wie die des Königs und aller seiner Kämmerer, auch einen königlichen Kammerdiener, Gabriel, der seine Reliquien bei sich hatte, die lange Zeit den Königen gehört hatten; der führte diese Säumer, weil das Bett des Königs dabei war. Eine große Anzahl anderer Gepäckstücke ging hier verloren, die von den Unsern selbst hingeworfen und beraubt wurden. Aber die Feinde nahmen nur das mit, was ich gesagt habe. In unserem Lager war ein großer Schwarm von Vagabunden und Marodeuren, Männern und Frauen, die die Leichen ausräuberten.

Auf den beiden Seiten wurden die folgenden verloren: Julian Bournel, der Torhauptmann des Königs, und ein Edelmann; von den schottischen Bogenschützen fielen neun, von anderen Reitern dieser Vorhut etwa zwanzig, bei den Säumern etwa sechzig bis achtzig Treiber. Ich glaube das Richtige zu treffen, denn ich bin von beiden Seiten gut unterrichtet. Der Feind verlor dreihundertfünfzig Reisige, die auf dem Platz blieben; Gefangene wurden nicht gemacht, was sonst nie in einer Schlacht geschah. Von den Stradioten fielen wenige, da sie sich auf das Plündern

[6] Schlacht von Guinegate am 7. August 1479. Siehe oben fünftes Kapitel des sechsten Buchs.

verlegten. Im ganzen fielen hier wohl dreihundertfünfzig Mann, wie mehrere der Großen auf ihrer Seite mir erzählt haben (andere sagten mehr); es starben aber Edelleute, und ich sah in einer Liste bis zu achtzehn Edelleute, unter denen vier oder fünf Gonzaga hießen; das ist der Name des Markgrafen. Er verlor wohl sechzig Reisige, Edelleute seiner Länder, und bei allen denen fand sich nicht ein einziger Mann zu Fuß. Es ist eine große Sache, so viele Leute im Nahkampf getötet zu haben, denn ich glaube nicht, daß die Artillerie auf beiden Seiten auch nur zehn Mann tötete; der Kampf dauerte keine Viertelstunde; denn sobald sie ihre Lanzen gebrochen oder weggeworfen hatten, floh alles. Die Verfolgung dauerte etwa dreiviertel Stunden. Ihre italienischen Schlachten gehen gewöhnlich sonst nicht so schnell. Denn sie kämpfen Einheit nach Einheit, und es dauert manchmal den ganzen Tag, ohne daß der eine oder der andere gewinnt.

Die Flucht war auf ihrer Seite groß; es flohen wohl dreihundert Reisige und die Mehrzahl ihrer Stradioten. Die einen flohen nach Reggio, was sehr weit von dort ist, die anderen nach Parma, wohin es wohl acht Meilen sein mochten. Zur Stunde, als die Truppen am Morgen zusammenstießen, flohen von uns der Graf Pitigliano und Herr Virginio Orsini; dieser aber ging nur in das Haus eines Edelmannes. Sie waren bei uns auf ihr Ehrenwort[7]. Doch ist es wahr, daß man ihnen Unrecht tat. Der Graf ging geradeswegs zu den Feinden. Er war bei den Reisigen sehr bekannt, weil er immer ein Kommando bei den Florentinern und bei König Ferrante gehabt hatte; und immer „Pitigliano, Pitigliano!" rufend, eilte er den Fliehenden nach; als er dort ankam, luden sie in ihrem Lager die Zelte auf. Da waren eine große Anzahl bepackter Maulesel. Mehr als drei Meilen eilte er den Fliehenden nach und rief, alles sei ihres, sie sollten kommen und Beute machen; er brachte die meisten wieder zurück und ermutigte sie. Hätte er es nicht getan, wäre alles geflohen. Von einem solchen Mann jedoch, der von uns entflohen war, war es für sie kein kleiner Trost. Am Abend schlug er vor, uns anzugreifen; aber das wollten sie nicht hören. Später hat er es mir erzählt und auch der Markgraf von Mantua, der sagte, er sei es gewesen, der diesen Rat gegeben hätte. Aber, um bei der Wahrheit zu bleiben: wäre der Graf nicht gewesen, wären sie alle in dieser Nacht entflohen.

Als alles beim König versammelt war, sah man noch außerhalb ihres Lagers eine große Anzahl Reisige in Schlachtordnung. Man sah nur ihre Köpfe und Lanzen und auch Fußvolk; sie waren immer dort gewesen. Aber der Weg war weiter als er schien, und man hätte wieder den Fluß überschreiten müssen, der gewachsen war und noch wuchs, denn es hatte den ganzen Tag gedonnert und geblitzt und sehr geregnet, besonders als man kämpfte und jagte. Der König beriet, ob er gegen sie kämpfen sollte oder nicht. Bei ihm waren drei italienische Ritter: der eine war Herr Johann Jakob Trivulzio, der noch lebt und sich an diesem Tag

[7] Siehe oben Kapitel 16 im siebenten Buch und Kapitel 1 des achten Buchs.

gut hielt; der andere hieß Herr Franz Secco, ein sehr tapferer Ritter im Solde der Florentiner, ein Mann von zweiundsiebzig Jahren; der dritte war Herr Camillo Vitelli. Er und drei Brüder waren im Solde des Königs von Citta di Castello bis gegen Sarzana gekommen, um an dieser Schlacht teilzunehmen, ohne Befehl erhalten zu haben; das war ein weiter Weg. Als er sah, daß er den König mit seiner Gruppe nicht einholen konnte, kam Camillo allein dorthin.

Diese waren der Meinung, man solle gegen die vorgehen, die man noch sehe. Die Franzosen, die man um Rat fragte, waren nicht dieser Meinung, sondern sagten, man habe genug getan, es sei spät, und man müsse sich lagern. Herr Franz Secco unterstützte seine Meinung sehr und zeigte auf Leute, die den großen Weg, der nach Parma führte, hin- und hergingen, was die nächste Stadt ihrer Rückzugsstraße ist, und gab an, das seien Flüchtlinge oder Leute, die von dort herkämen. Nach dem, was wir später erfuhren, hatte er wahr gesprochen, und seine Worte und seine Haltung waren die eines kühnen und klugen Ritters; wenn man marschiert wäre, wäre alles geflohen (alle Führer haben es mir bestätigt und einer vorm Herzog von Mailand); das wäre seit zweihundert Jahren der größte und ergiebigste Sieg gewesen. Wenn man ihn richtig verfolgt und seinen Nutzen daraus zu ziehen gewußt hätte, sich klug aufgeführt und das Volk gut behandelt hätte, wäre dem Herzog von Mailand, bei der Lust seiner Untertanen, sich zu empören, bestenfalls noch die Burg von Mailand geblieben. Genau so wäre es den Venetianern ergangen, und man hätte es nicht nötig gehabt, sich um Neapel zu sorgen, denn die Venetianer hätten nicht gewußt, woher sie Leute auftreiben sollten, es sei denn in Venedig selbst, Brescia und Cremona, das nur eine kleine Stadt ist. Gott aber hat das getan, was mir der Bruder Girolamo sagte: die Ehre war uns geblieben. Denn in Anbetracht der geringen Klugheit und Ordnung, die unter uns war, konnte uns so großes Gut nicht zuteil werden, und wir hätten es auch damals gar nicht zu brauchen gewußt. Aber ich glaube, wenn zu dieser Stunde, im Jahre 1497, dem König ein solches Glück widerführe, er wüßte es besser zu brauchen[8].

Über diesen Diskussionen näherte sich die Nacht, und die Kompanie, die uns gegenüber war, zog sich in ihr Lager zurück, und auch wir auf unserer Seite. Wir lagerten uns eine Viertelmeile vom Schlachtfeld entfernt. Der König stieg in einer ärmlich gebauten Meierei ab, aber es befand sich da unendlich viel Korn in Garben, wovon das ganze Heer nahm. Einige andere Häuschen waren noch da, die wenig nützten, da jeder lagerte, wo es ihm gefiel, ohne Quartier zu machen. Ich weiß noch, daß ich in einem Weinberg schlief, auf bloßer Erde, ohne einen anderen Schutz und ohne Mantel, denn der König hatte den meinen am Morgen entliehen, und meine Säumer waren ziemlich weit, und es war

8 Wichtig für die Datierung. Kaum spätere Zufügung, wie Calmette III, 195, Anm. 7 als möglich annimmt.

zu spät, um sie zu suchen. Wer etwas hatte, nahm ein Vesper ein, aber nur wenige hatten etwas, höchstens irgendeinen Bissen Brot von einem Diener. Ich sah den König in seiner Kammer, wo Verwundete lagen, wie der Seneschall von Lyon und andere, die er verbinden ließ, und er war guten Mutes. Jeder schien froh zu sein, so davon gekommen zu sein, und nicht mehr so stolz wie noch kurz vor der Schlacht: die Feinde sahen wir nahe bei uns. In dieser Nacht übernahmen unsere Deutschen die ganze Wache, und der König gab ihnen dreihundert Taler. Sie machten es gut und ließen ihre Trommeln ertönen.

## *Dreizehntes Kapitel*

Am nächsten Morgen entschloß ich mich, noch einmal mit dem Verhandeln zu beginnen, da ich immer den Durchzug des Königs in Sicherheit wünschte. Aber ich konnte kaum einen Trompeter finden, der in das feindliche Lager gehen wollte, weil in der Schlacht neun ihrer Trompeter, die nicht erkannt wurden, getötet worden waren und sie einen der unseren gefangengenommen hatten; das war der, den ich genannt habe, und den der König vor Beginn der Schlacht geschickt hatte. Dennoch ging einer hin und trug ein freies Geleit vom König zu ihnen; und man brachte mir eines, um auf halbem Wege zwischen den beiden Lagern zu unterhandeln, was mir untunlich schien. Aber ich wollte nicht abbrechen oder Schwierigkeiten machen. Der König ernannte den Kardinal von San Malo und Herrn de Gié, Marschall von Frankreich, Herrn de Piennes, seinen Kämmerer, und mich in ihrer Gesellschaft; die Feinde ernannten den Markgrafen von Mantua, den Generalobersten der Signorie, den Grafen Cajazzo (der mehrere Male in diesen Memoiren genannt worden ist, vor kurzem noch einer der Unseren und Hauptmann der Truppen des Herzogs von Mailand war), Herrn Luca Pisani und Marco Trevisano, Proveditori der Signorie von Venedig. Wir kamen ihnen so nahe, daß wir sie sahen (nur die vier waren auf dem Kies), denn der Fluß, der seit dem vorhergegangenen Tag sehr gestiegen war, war zwischen uns und ihnen. Außerhalb ihres Lagers war dort nichts, und auf unserer Seite außer uns nur unsere Wache, die an dieser Stelle war. Man schickte ihnen einen Herold, um zu erfahren, ob sie über den Fluß kommen wollten. Wie gesagt, fand ich es sehr schwierig, daß wir zusammenkommen könnten und dachte, jeder hätte wohl Angst dabei. Und sie zeigten sie auch, denn sie antworteten, es sei ausgemacht worden, man wolle in der Mitte zwischen beiden Lagern verhandeln, und sie hätten schon mehr als die Hälfte des Weges zurückgelegt; sie würden den Fluß nicht überschreiten, sie seien alle Heerführer und wollten sich nicht alle in Gefahr begeben. Die Unseren ihrerseits bekamen Angst, liebten auch ihr Leben und sagten zu mir, ich möchte hingehen, ohne mir zu sagen, was ich dort tun oder reden sollte. Ich sagte, ich würde nicht allein gehen und wollte einen Zeugen. So gingen Robertet, der Sekretär des Königs, ein Diener von mir und ein Herold mit, und ich überschritt den Fluß. Ich dachte, wenn ich nichts erreichte, erfüllte ich doch wenigstens gegen die, die sich durch meine Vermittlung versammelt hatten, meine Pflicht.

Als ich angekommen war, zeigte ich ihnen, daß sie nicht halbwegs gekommen waren, wie sie gesagt hatten; sie hätten mindestens bis zum Flußufer gehen sollen. Ich glaubte, wenn sie erst einmal so weit wären, würden sie nicht davongehen, ohne zu unterhandeln. Sie sagten zu mir, der Fluß sei zu breit und fließe zu stark, weshalb man sich beim Sprechen nicht verstehen würde. Ich konnte sie nicht dazu bringen, weiter vorzugehen. Sie sagten mir, ich solle ein Angebot machen. Ich hatte keinen Auftrag und sagte ihnen, ich allein könne ihnen nichts anderes sagen, aber wenn sie einen Vorschlag machen wollten, würde ich dem König darüber Bericht erstatten. Als wir bei dieser Verhandlung waren, kam einer unserer Herolde, der mir sagte, die genannten Herren würden jetzt fortgehen, ich solle anbieten, was ich wolle. Das aber wollte ich nicht tun, denn sie wußten von den Wünschen des Königs mehr als ich, sowohl, weil sie ihm näher standen, als auch, weil sie mit ihm bei unserem Abgang leise gesprochen hatten. Doch von seiner Sache verstand ich damals ebensoviel wie sie.

Der Markgraf von Mantua begann mit mir sehr eifrig von der Schlacht zu sprechen und fragte mich, ob ihn der König hätte töten lassen, wenn er in Gefangenschaft geraten wäre. Ich sagte nein und meinte, er hätte ihn gut aufgenommen und habe Grund, ihn zu lieben, da er ihm große Ehre beim Angriff eingetragen hätte. Dann empfahl er mir die Gefangenen, besonders seinen Oheim, Herrn Rudolf, den er noch für lebend hielt; ich aber wußte das Gegenteil. Ich versicherte ihm, daß alle Gefangenen gut behandelt würden, und legte ihm den Bastard von Bourbon ans Herz, den er gefangen hatte. Die Gefangenen waren sehr leicht zu versorgen, da man gar keine hatte, was sonst, wie ich gesagt habe, in einer Schlacht nie geschah. Hier hatte der Markgraf mehrere seiner Verwandten verloren, bis zu sieben oder acht, und von seiner ganzen Kompanie wohl einhundertzwanzig Reisige. Nach dieser Unterredung nahm ich von ihnen Urlaub und sagte ihnen, ich sei vor Beginn der Nacht wieder zurück; wir machten Waffenstillstand bis zur Nacht.

Als ich dort angekommen war, wo sich der König aufhielt, und der Sekretär mit mir, fragten sie mich, was ich Neues brächte. Der König begab sich zum Rat in seine ärmliche Kammer, wo aber nichts beschlossen wurde, da jeder seinen Nachbarn betrachtete. Der König flüsterte dem Kardinal etwas ins Ohr und sagte dann zu mir, ich müsse nochmals zurückkehren, um zu sehen, was sie sagen wollten (nun war die Initiative der Unterhandlungen von mir ausgegangen, so war es wahrscheinlich, daß sie wollten, daß ich zuerst spräche); dann sagte mir der Kardinal, ich solle nichts abschließen. Ich hütete mich wohl davor, denn man hatte mir nichts gesagt. Ich wollte nichts einwenden, noch mein Gehen vereiteln, denn ich hoffte sehr, nichts zu verderben, um mindestens etwas von der Haltung unserer Feinde zu sehen, die ohne Zweifel erschrockener als wir waren, und die vielleicht etwas hätten eröffnen können, was beiden Parteien Sicherheit hätte geben können. Ich machte mich auf den Weg. Aber schon brach die Nacht herein, als ich am Ufer des Flusses ankam. Einer ihrer Trompeter erschien dort bei mir und meldete, die genannten vier ließen mir sagen, ich solle diesen Abend nicht kommen, da es schon spät sei und ihre Wache von Stradioten versehen würde, die niemanden kennten; das könne gefährlich für mich sein. Doch der Trompeter wollte die Nacht über dableiben, um mich am Morgen zu begleiten. Ich schickte ihn zurück und sagte ihm, ich würde am nächsten Morgen, etwa um acht Uhr, am Ufer des Flusses sein, dort möchte er mich erwarten. Sollte sich irgendetwas verändert haben, würde ich ihnen einen Herold schicken. Denn ich wollte nicht, daß er in dieser Nacht etwas von unserer Lage erkenne; auch wußte ich nicht, welchen Entschluß der König fassen würde, denn ich hatte die Worte, die ins Ohr geflüstert wurden, bemerkt, was mich zweifeln ließ. Ich kehrte zurück, um dem König zu berichten.

Jeder aß von dem, was er hatte, und legte sich auf die Erde, um zu schlafen. Bald nach Mitternacht befand ich mich im Zimmer des Königs. Seine Kämmerer waren da und gerade im Begriff, zu Pferde zu steigen und sagten mir, der König habe sich entschlossen, in aller Eile nach Asti zu ziehen oder in die Länder der Markgräfin von Montferrat. Sie sagten mir, ich solle nur hinten bleiben, um die Unterhandlungen weiterzuführen: ich entschuldigte mich und sagte, ich wolle nicht freiwillig in den Tod gehen und würde nicht unter den letzten zu Pferde sitzen.

Der König erwachte früh, hörte die Messe und stieg eine Stunde vor Tage zu Pferd. Eine Trompete blies: „Haltet gute Wacht!", etwas anderes aber wurde nicht zum Aufbruch geblasen; ich glaube auch, das war gar nicht nötig. Immerhin erweckte das das Heer, mindestens die Eingeweihten; dann wandten wir den Feinden den Rücken und machten uns davon, was eine schreckliche Sache für ein Heerlager ist. Der Aufbruch aus dem Quartier ging sehr schlecht wegen der Hohlwege und des Gehölzes. Wir kamen von unserem Weg ab, denn es gab keine Führer. Ich hörte, wie man die Führer der Fähnlein und denjenigen, der das Amt des Großmarschalls versah, nach dem Weg fragte; aber jeder antwortete: „Ich weiß keinen." Da seht Ihr, daß man keinen Führer brauchte, denn Gott allein hatte das Heer beim Kommen geführt und wollte uns auch, nach den Worten des Bruders Girolamo, wieder zurückführen. Denn es war nicht zu glauben, daß ein solcher König in der Nacht ohne Führer ritt, wo er doch genug hätte finden können. Noch ein größeres Zeichen, daß er uns retten wollte, offenbarte unser Herrgott damit, daß die Feinde erst mittags etwas von unserem Abzug merkten, weil sie immer das Gespräch erwarteten, das ich angefangen hatte. Dann wuchs der Fluß so gewaltig an, daß es vier Uhr wurde, bevor jemand das Abenteuer wagen konnte überzusetzen, um uns zu verfolgen. Dann setzte der Graf Cajazzo mit zweihundert leichten italienischen Reitern über, der wegen der Kraft des Wassers in großer Gefahr war. Ein Mann oder zwei ertranken, wie er mir später erzählte. Wir marschierten im Gänsemarsch auf verwachsenen Waldwegen; das ging so etwa sechs Meilen. Dann fanden wir eine schöne weite Ebene, wo schon unsere Vorhut, Artillerie und der sehr große Troß waren. Von weitem erschien es wie eine große Schar. Beim ersten Anblick bekamen wir Angst wegen des weißen viereckigen Fähnleins des Herrn Johann Jakob Trivulzio, das dem glich, das der Markgraf von Mantua in der Schlacht geführt hatte. Die Vorhut andererseits fürchtete sich vor der Nachhut, die sie von weitem ohne Weg herankommen sah, um am schnellsten zu marschieren. Jeder setzte sich in Gefechtsbereitschaft. Dieser Schrecken dauerte aber nicht lange, da Reiter von beiden Seiten herankamen und einander sogleich erkannten.

Von dort zogen wir nach Borgo San Donino, um uns auszuruhen; man rief einen Alarm aus, um die Deutschen abzulenken, da man Furcht hatte, sie würden die Stadt plündern. Das Nachtlager machten wir in Fiorenzuola. Am zweiten Tage schliefen wir in der Nähe von Piacenza und überschritten den Fluß Trebbia; auf der anderen Seite blieben aber zweihundert Lanzen, unsere Schweizer und die ganze Artillerie außer sechs Stücken, die der König mitnahm. Das geschah, um besser in der Breite gelagert zu sein, denn dieser Fluß ist in der Regel klein und besonders in der damaligen Jahreszeit. Dennoch wuchs der Fluß etwa um zehn Uhr nachts so hoch, daß kein Mann zu Fuß oder zu Pferde hätte übersetzen, noch eine Kompanie der anderen hätte helfen können. Das war Ursache zu großer Furcht, da man die Feinde in der Nähe hatte, und man suchte die ganze Nacht, um ein Mittel zu finden, von einer Seite zur anderen zu kommen. Man fand aber keins, bis der Fluß ungefähr um fünf Uhr morgens von selbst wieder sank. Dann spannte man Seile von einem Ufer zum anderen, um dem Fußvolk beim Durchwaten zu helfen, da das Wasser bis an die Brust ging. Bald danach setzten die Reiter und die Artillerie über; das aber war ein plötzliches und gefährliches Abenteuer, wenn man den Ort in Betracht zieht, an dem wir uns befanden und die Nähe der Feinde, das heißt, der Besatzung von Piacenza und des Grafen von Cajazzo, der dort eingerückt war. Denn einige der Stadt arbeiteten daran, den König dort einziehen zu lassen; sie wollten aber, daß dieses unter dem Rechtstitel eines kleinen, von Galeazzo nachgelassenen Sohnes geschähe; dieser letzte Herzog war, wie Ihr gehört habt, vor kurzem gestorben. Wenn der König in diese Verhandlungen hätte eintreten wollen, wären ihm mehrere Städte und andere Personen durch Vermittlung des Johann Jakob Trivulzio und anderer zugefallen. Unser König aber wollte diesen Verdruß dem Herzog von Orléans, seinem Vetter, nicht antun, der wie Ihr gesehen habt, schon in Novara war. Um die Wahrheit zu sagen, wünschte er andererseits nicht, seinen Vetter so groß zu sehen. Ihm genügte es, vorbeizuziehen und den Streit laufen zu lassen, wie er lief.

Den dritten Tag nach dem Abzug vom Schlachtfelde speiste der König zu Castello San Giovanni und schlief in einem Walde; am vierten speiste er zu Voghera und schlief in Ponte Curone. Am fünften Tage schlief er in der Nähe von Tortona und überschritt den Fluß Scrivia, den Fracassa verteidigte; denn die Truppen, die unter seinem Kommando waren, hielten Tortona für den Herzog von Mailand. Als er aber von denen, die des Königs Quartiere machten, benachrichtigt wurde, unser Herr wolle nur durchmarschieren, zog er sich in die Stadt zurück und zeigte an, er werde Lebensmittel herausgeben, soviel man haben wolle. So geschah es, denn das ganze Heer zog dicht an dem Tor von Tortona vorüber, und Fracassa kam dem König bewaffnet entgegen; er hatte aber nur zwei Leute bei sich und entschuldigte sich sehr beim König, daß er ihn nicht in der Stadt beherberge. Er ließ eine Menge Lebensmittel aus der Stadt schaffen, womit das ganze Heer gut versorgt wurde. Am Abend kam er zum Nachtlager des Königs. Man muß wissen, daß er aus dem Hause San Severino war, ein Bruder des Grafen Cajazzo und des Herrn Galeazzo, und noch kurz vorher in der Romagna im Sold des Königs gestanden hatte, wie an anderer Stelle schon gesagt worden ist. Von da kam der König nach Nizza della Paglia in die Markgrafschaft Montferrat, die wir sehnlichst zu erreichen wünschten, um in einem Lande von Freunden und in Sicherheit zu sein; denn die leichte Reiterei des Grafen Cajazzo war uns ohne Aufenthalt auf den Fersen und belästigte uns in den ersten Tagen sehr. Wir hatten wenig Reiter, die hinten sein wollten; denn je mehr wir uns den sicheren Orten näherten, je weniger Lust zeigten die Unseren zu kämpfen. So, sagt man, sei es die Art unter uns Franzosen, und die Italiener haben in ihren Geschichten geschrieben, beim Kommen seien die Franzosen mehr als Männer, auf ihrem Rückzuge aber weniger als Weiber. Was den ersten Punkt anbetrifft, glaube ich ihnen; denn sie sind beim Angriff die ungestümsten Leute, die es in der ganzen Welt gibt, und zwar die Reiterei. Beim Rückzug von einer Unternehmung aber sind alle Leute auf der Welt weniger mutig als beim Aufbruch.

## *Vierzehntes Kapitel*

Um bei meinem Thema fortzufahren: unsere Nachhut wurde von dreihundert Deutschen verteidigt, die reichlich Feldschlangen bei sich hatten, und man brachte ihnen große Büchsen mit Stützen. So hielten sie die Stradioten, die in nicht sehr großer Zahl da waren, gut zurück. Das große Heer, das mit uns bei Fornovo gekämpft hatte, kam, so gut es konnte. Weil es aber einen Tag später als wir aufgebrochen war, und weil dort die Pferde gepanzert waren, konnte es uns nicht einholen. Wir verloren niemals einen Mann auf dem Weg, und nie kam der Feind uns auf zwanzig Meilen nahe. Als sie sahen, daß sie uns nicht einholen konnten (vielleicht hatten sie auch keine große Lust dazu), zogen sie vor Novara, wo die Leute des Herzogs von Mailand und die Ihren waren, wie Ihr schon gehört habt. Hätten sie uns auf unserem Rückzug erreicht, hätten sie vielleicht einen besseren Handel gemacht als in Fornovo.

Ich habe an mehreren Stellen gesagt, wie Gott überall gezeigt hat, daß er diesen Zug leitete. Doch hier muß ich es noch einmal sagen; denn niemals wurde seit dem Tage der Schlacht bis nach Nizza della Paglia Quartier verteilt, sondern jeder lagerte, wie er konnte. An Lebensmitteln hatten wir große Not; immerhin brachten die Leute des Landes einiges wenige, die uns leicht hätten vergiften können, wenn sie gewollt hätten, sowohl mit ihren Lebensmitteln und Weinen als auch mit dem Wasser, das im Augenblick verdorben war, auch in den Brunnen (auch sah ich nur kleine Fontänen). Sie hätten aber nicht fehlen können, wenn sie es hätten versuchen wollen. Also hatte ihnen der Herrgott den Willen dazu genommen. Ich habe gesehen, daß der Durst so groß war, daß viele Fußknechte aus den Gräben der kleinen Städte tranken, durch die wir kamen. Wir tranken in tiefen und langen Zügen das schmutzige und stehende Wasser; zum Trinken stellten sie sich bis zum Gürtel hinein; es folgte uns auch viel Volk, das kein Kriegsvolk war, und eine große Anzahl Säumer.

Auch habe ich um Quartier niemals Gezänk gesehen. Der König brach vor Tage auf, und ich habe nie gehört, daß Wegweiser da waren; er ritt bis zum Mittag und ruhte dann; jeder nahm seinen Platz ein; Pferdefutter mußte man sich unter den Armen herbeitragen, und jeder ließ sein Pferd ausruhen. Ich weiß genau, daß ich es zweimal so gemacht habe, und daß ich zwei Tage nur schlechtes Brot gegessen habe, sonst nichts; und dabei war ich immer noch unter denen, die weniger Not litten.

Wegen einer Sache muß ich dieses Heer loben: ich habe nämlich niemals einen Mann sich über die Not, die er leide, beklagen hören, und dennoch war dieses der mühseligste Feldzug, den ich jemals in meinem Leben gesehen habe, obgleich ich bei dem Herzog Karl von Burgund sehr scharfe mitgemacht habe. Wir gingen nicht schneller als die schweren Stücke Artillerie, die oft Mühe mit ihrem Transport hatten und denen es an Pferden mangelte. Aber immer, wenn man Pferde brauchte, holte man sie sich im Lager von den Edelleuten, die sie gern hergaben; kein einziges Stück und kein Pfund Pulver ging verloren. Ich glaube, noch niemals hat jemand Artillerie von solcher Schwere in solcher Schnelligkeit durch die Ortschaften laufen sehen, wie diese, wo sie durchkam. Wenn ich von der Unordnung gesprochen habe, die sowohl in unserem

Lager, als auch in anderen Dingen einriß, so war das nicht aus Mangel an erfahrenen Rittern im Lager, sondern das Schicksal wollte es, daß diese wenig Vertrauen genossen. Der König war jung und launisch, wie anderswo schon gesagt worden ist. Und, um diesen Punkt abzuschließen, es scheint, daß unser Herrgott gewollt hat, daß aller Ruhm des Feldzuges ihm zuteil würde.

Am siebenten Tage nach dem Abmarsch vom Schlachtfeld brachen wir von Nizza della Paglia auf und lagerten im Feld alle zusammen ziemlich nahe bei Alessandria; die ganze Nacht wurde scharf Wache gehalten. Am Morgen vor Tag brachen wir auf und zogen nach Asti, das heißt der König und die Leute seines Hauses; die Reisigen blieben dort in der Nähe auf den Feldern. Wir fanden die Stadt Asti gut versorgt mit allen Lebensmitteln, die für das ganze Heer eine große Hilfe bedeuteten, denn es hatte großen Hunger und Durst erlitten, große Mühsal, Hitze und Mangel an Schlaf. Die Ausrüstungen waren alle verdorben und zerrissen.

Als der König in Asti angekommen war, schickte ich gleich vor dem Schlafengehen einen Edelmann, Philipp de La Couldre, nach Novara, der mir einst gedient hatte und jetzt Diener des Herzogs von Orléans war. Dieser wurde dort von seinen Feinden belagert, wie Ihr hören konntet. Die Belagerung war noch nicht so dicht, daß nicht Leute einund ausgehen konnten, weil sie nur versuchten, ihn auszuhungern. Durch diesen Edelmann meldete ich ihm, durch den König seien mehrere Verhandlungen mit dem Herzog von Mailand im Gange; ich selbst führte eine durch die Vermittlung des Herzogs von Ferrara. Aus diesem Grunde schiene es mir gut, daß er von dort aus zum König komme und denjenigen, die er in der Stadt ließe, fest zusichere, in Kürze wieder zurückzukehren oder ihnen Hilfe zu schicken. Es waren siebentausendfünfhundert Söldner, die schönste Kompanie, die man zu sagen wüßte (im Verhältnis zu ihrer Stärke), sowohl Franzosen wie Schweizer.

Nachdem der König einen Tag in Asti verweilt hatte, wurde ihm vom Herzog von Orléans wie auch von anderen gemeldet, daß die beiden Heere sich vor Novara vereinigt hätten; der Herzog von Orléans wünschte, Hilfe zu bekommen, weil seine Lebensmittel abnähmen, die schon zu Beginn in schlechter Ordnung gewesen waren. Es gab an sich genug in der Stadt und Umgebung, besonders Korn. Wenn die Versorgung rechtzeitig und gut durchgeführt worden wäre, hätten sie die Stadt niemals eingenommen, sondern die Unseren hätten zu ihrer Ehre Ausfälle gemacht, und der Feind wäre in großer Beschämung abgezogen; sie hätten nur noch einen Monat aushalten müssen.

## *Fünfzehntes Kapitel*

Nachdem der König einige Tage in Asti geweilt hatte, zog er nach Turin. Beim Abzug aus Asti fertigte er einen Hofmeister, Perron de Baschi ab, um eine Kriegsflotte in Nizza zu rüsten; diese sollte den Burgen von Neapel helfen, die noch standhielten; so geschah es. Diese Flotte brachte Herr d'Arbent auf, der ihr Führer war. Der ging bis Ponza, wo er die Feinde sichtete; aber die Ungunst des Wetters hinderte eine Annäherung. Die Schiffe nützten wenig, weil Herr d'Arbent nach Livorno zurückkehrte, wo die Mehrzahl seiner Leute ans Land floh und die Schiffe leer zurückließ. Die feindliche Flotte fuhr in den Hafen Longone bei Piombino; dort lag sie zwei Monate still, ohne auszufahren. Wenn die Leute unserer Schiffe nicht von Bord gelaufen wären, hätte unsere Flotte die Burgen leicht entsetzen können, weil der Hafen von Longone so beschaffen ist, daß man ihn nur mit einem ganz bestimmten Wind verlassen kann, der im Winter sehr selten weht. Herr d'Arbent war ein tapferer, aber im Seekrieg unerfahrener Mann[9].

Zur selben Zeit, als der König in Turin angekommen war, bahnten sich mehrere Verhandlungen zwischen ihm und dem Herzog von Mailand an; die Herzogin von Savoyen, die aus dem Hause Montferrat war, Witwe und Mutter eines damals kleinen Sohnes, bemühte sich auch darum. Durch andere Kanäle wurde auch noch verhandelt. Auch ich mischte mich hinein; die von der Liga, das heißt die Führer, die im Lager vor Novara lagen, wünschten sehr, daß ich mich daran beteiligen sollte, und schickten mir ein freies Geleit. Aber wie die Neider unter den Hofleuten nun einmal sind: der schon oft genannte Kardinal hintertrieb es, daß ich mich damit beschäftigte. Er wollte, daß die Verhandlung der Dame von Savoyen ihre Wirkung zeige; diese wurde von seinem Wirt, dem Schatzmeister Savoyens, einem klugen und guten Diener seiner Herrin, geführt. Diese Verhandlung zog sich lange hin; aus diesem Grunde wurde der Bailly von Dijon als Gesandter zu den Schweizern geschickt, um bis zu fünftausend von ihnen auszuheben.

Kurz vorher habe ich erzählt, wie die Flotte in Nizza ausgerüstet wurde, um die Burgen von Neapel zu entsetzen, wozu es aus den obengenannten Gründen nicht kommen konnte. Als Herr de Montpensier und die anderen Edelleute, die in diesen Burgen waren, dieses Unglück sahen, faßten sie einen Entschluß und verließen die Burgen mit Hilfe der Flotte, die damals gerade in der Nähe der Burgen lag; es blieb eine Anzahl zurück, die genügte, um die Burgen zu bewachen, so gut es bei den sehr knappen Vorräten noch ging. Sie brachen mit zweitausendfünfhundert Mann auf und ließen als Führer Ognoys und zwei andere Edelleute zurück.

Herr de Montpensier, der Fürst von Salerno, der Seneschall von Beaucaire und die anderen, die dabei waren, gingen nach Salerno. König

---

9 Die Flottenbewegungen fanden im September und Oktober 1495 statt.

Ferrante wollte sagen, sie hätten den Vertrag gebrochen, damit er ihre Geiseln töten lassen konnte, die sie einige Tage vorher gegeben hatten; das waren Herr d'Alègre, ein de La Marck aus den Ardennen, Herr de La Chapelle von Anjou, ein Katalane Rocaberti und de Genlis. Man muß nämlich wissen, daß der König Ferrante vor ungefähr drei Monaten durch Beziehungen und infolge der schlechten Ordnung der Unseren in Neapel eingezogen war; die Unseren waren von allem gut unterrichtet, wußten aber nichts dagegen zu tun. Ich würde gern ausführlicher von diesem Thema sprechen, kann aber nur das berichten, was ich ihre Führer habe sagen hören, und halte mich nicht gern lange bei Dingen auf, die ich nicht miterlebt habe. Als König Ferrante so in der Stadt war, kam das Gerücht und die Nachricht dorthin, der König sei in der Schlacht von Fornovo gefallen. Unseren Leuten, die in der Burg waren, wurden durch Briefe und Lügennachrichten, die vom Herzog von Mailand geschickt worden waren, bestätigt, daß es so sei, und sie glaubten es. Das taten auch die Colonna, die sich sofort gegen uns wandten, mit ihrem festen Willen, immer mit den Stärkeren zu gehen; denn sie waren, wie an anderer Stelle schon gesagt wurde, dem König sehr verpflichtet gewesen.

Wegen dieser Lügen und hauptsächlich, weil unsere Leute sich in so großer Zahl mit wenig Lebensmitteln in der Burg zusammengezogen sahen und weil sie alle ihre Pferde und anderen Güter verloren hatten, die sie in der Stadt besessen hatten, kapitulierten sie am 6. Oktober des Jahres 1495, nachdem sie schon drei Monate und vier Tage eingeschlossen gewesen waren. Etwa zwanzig Tage später zogen sie, wie gesagt, ab. Sie versprachen, sie würden, falls sie nicht in einer bestimmten Anzahl von Tagen Hilfe bekämen, nach der Provence abziehen und die Burgen verlassen, ohne diesem Königreich weiter den Krieg zu Meer oder zu Land zu machen, und stellten die obengenannten Geiseln. Dennoch brachen sie, nach Aussagen des Königs Ferrante, ihren Vertrag, als sie ohne Urlaub abzogen. Die Unseren sagten das Gegenteil. Die Geiseln aber waren in großer Gefahr, und das nicht ohne Grund. Ich glaube, unsere Leute taten klug daran abzuziehen, welchen Vertrag sie auch gemacht hatten; noch besser aber hätten sie daran getan, an diesem Tage die Burgen zu übergeben und die Geiseln zurückzufordern; denn sie hielten so auch nur aus Mangel an Lebensmitteln zwanzig Tage länger aus und hatten keine Hoffnung auf Hilfe. Mit dieser Burg Neapel ging das Königreich gänzlich verloren.

## *Sechzehntes Kapitel*

Als der König, wie ich gesagt habe, in Turin war, ging er manchmal nach Chieri, um sich zu unterhalten; er erwartete dort Nachricht von den Deutschen, die er hatte anwerben lassen, und versuchte auch, wenn er könnte, den Herzog von Mailand zu gewinnen, denn das wollte er sehr gern. Die Sache des Herzogs von Orléans berührte ihn nicht sehr; dieser begann, vom Mangel an Lebensmitteln bedrängt zu werden, und schrieb jeden Tag um Entsatz; er wurde auch enger eingeschlossen als vorher, und das Heerlager war um eintausend deutsche Reiter gewachsen, die Herr Friedrich von Kappeler aus der Grafschaft Pfirt führte, ein sehr tapferer und sowohl in Frankreich als auch in Italien erfahrener Ritter. Dazu kamen eintausendeinhundert Deutsche aus den Ländern des römischen Königs und Landsknechte, die Herr Georg von Ebenstein führte, ein tüchtiger Ritter, der in Österreich geboren war (dieser hatte für den römischen König St-Omer gewonnen). Als man die Zahl der Feinde zunehmen sah und merkte, daß keine Einigung zur Ehre des Königs gefunden werden konnte, wurde dem König geraten, sich nach Vercelli zu begeben, um von dort aus zu sehen, wie man den Herzog von Orléans und sein Heer retten könne, das, wie anderswo schon gesagt, bereits wenig Lebensmittel hatte, als es in Novara ankam.

Für den Herzog von Orléans wäre es besser gewesen, wenn er das getan hätte, was ich ihm, wie ich oben schrieb, geraten hatte, als wir in Asti ankamen, nämlich abzuziehen, alle überflüssigen Menschen mit hinauszunehmen und zum König zu kommen, denn seine Gegenwart hätte schon zum Teil zu dem geführt, was er gewollt hätte. Zum mindesten hätten die, die er zurückgelassen hatte, nicht eine so große Hungersnot erlitten, wie sie es taten, denn er hätte eher einen Vertrag geschlossen, wenn er eingesehen hätte, daß nichts anderes mehr übrig geblieben wäre. Aber der Erzbischof von Rouen, der zu Beginn bei ihm in Novara gewesen war, war zum König gekommen, um ihm aufzuwarten, und war bei den Geschäften anwesend; er ermahnte den Herzog immer, nicht fortzugehen, es werde Hilfe kommen. Er stützte sich auf das, was der Kardinal von San Malo gesagt hatte, der das ganze Vertrauen genoß. Seine Neigung zu ihm ließ ihn so sprechen; ich aber war vom Gegenteil überzeugt, denn keiner wollte wieder in die Schlacht zurückgehen, wenn es der König nicht tat, und der hatte keine Lust dazu. Denn es ging nur noch um diese einzige Stadt[10], die der Herzog von Orléans behalten und der Herzog von Mailand zurückhaben wollte, da sie zehn Meilen von Mailand entfernt ist. Einer mußte aber alles haben: denn im Herzogtum Mailand sind neun oder zehn große Städte in geringen Abständen dicht beieinander. Wohl sagte aber der Herzog von Mailand, wenn man ihm Novara lasse und nicht Genua von ihm fordere, würde er alles für den König tun.

Mehrere Male schickte man Mehl nach Novara, von dem die Hälfte unterwegs verloren ging; einmal wurden sechzehn Reisige zersprengt, die einer namens Châtillon, ein junger Edelmann aus dem Hause des Königs, führte. Einige wurden gefangen, andere kamen hinein, andere entrannen mit großer Mühe. Man kann kaum glauben, in welcher Not das Heer in Novara war, denn jeden Tag starben Leute Hungers, und

---

10 Novara.

zwei Drittel waren krank; unter großen Schwierigkeiten kamen mitleiderregende Briefe in Geheimschrift. Immer machte man ihnen Mut, aber alles war Täuschung. Die aber, die die Geschäfte des Königs führten, wollten die Schlacht und zogen nicht in Betracht, daß niemand anders sie wollte als nur sie: denn alle großen Führer, wie der Prinz von Oranien, der kürzlich gekommen war, und auf den der König in Kriegssachen sehr viel gab, und alle anderen Kriegsobersten, suchten einen ehrenhaften Ausgang durch ein Abkommen, da man sah, daß der Winter herannahte, daß man kein Geld hatte, und daß die Zahl der Franzosen klein war, viele krank waren und jeden Tag Leute ohne Urlaub fortgingen und andere wieder vom König Urlaub bekamen. Alle diese Zeichen aber konnten diejenigen, von denen ich gesprochen habe, nicht davon abhalten, den Herzog von Orléans zu ermahnen, nicht abzuziehen, wodurch sie ihn in große Gefahr brachten: sie vertrauten auf die Zahl der Deutschen, die uns der Bailly von Dijon zugesichert hatte; ihn hatten einige gemahnt, er möchte mitbringen, was er könne. Wir waren eine uneinige Gesellschaft, jeder sagte und schrieb, was er wollte. Diejenigen, die weder eine Einigung wollten, noch, daß man sich träfe, um darüber zu unterhandeln, sagten, der König dürfe nicht damit beginnen, sondern müsse es seinen Feinden überlassen zu sprechen, die wiederum auch sagten, sie wollten nicht als erste anfangen. Und immer schritt mit der Zeit das Elend der Besatzung von Novara fort. Ihre Briefe sprachen nur von denen, die jeden Tag Hungers starben, sie könnten nur noch zehn Tage aushalten, dann acht, und dann sah ich, daß sie bei drei waren, vorher aber verstrichen ihre Fristen, die sie gesetzt hatten. Und wirklich haben hundert Jahre, bevor wir geboren wurden, Menschen keinen solchen Hunger erlitten.

Während diese Dinge im Zuge waren, starb die Markgräfin von Montferrat; es kam zu einem inneren Streit um die Herrschaft, die auf der einen Seite der Markgraf von Saluzzo beanspruchte und auf der anderen Herr Konstantin, der Oheim der verstorbenen Markgräfin, ein Grieche; sie war die Tochter des Königs von Serbien gewesen; alle beide waren durch den Türken vertrieben. Herr Konstantin hatte sich fest in die Burg Casale gelegt und hatte die beiden Söhne in seinen Händen, von denen der ältere erst neun Jahre alt war; das waren die Kinder des Markgrafen und dieser klugen und schönen Dame, einer großen Freundin Frankreichs, die mit neunundzwanzig Jahren gestorben war. Andere Parteigänger versuchten noch, an diese Herrschaft zu kommen, und beklagten sich für die, die sie unterstützten, sehr beim König. Unser Herr befahl mir, dort hinzugehen, um die Frage zur Sicherheit der Kinder und zum Gefallen der Mehrzahl des Landes zu schlichten, da er fürchtete, der Streit möchte sie veranlassen, den Herzog von Mailand anzurufen; und der Dienst dieses Hauses war uns sehr angenehm.

Es mißfiel mir sehr abzureiten, bevor ich die Friedensverhandlungen ins Rollen gebracht hatte; ich sah das besagte Unglück und das Herannahen des Winters. Ich fürchtete, diese Prälaten würden die Ursache werden, den König wieder in die Schlacht zu führen, der schlecht gerüstet war, wenn er nicht Verstärkung von Fremden, wie von den Schweizern, erhalten würde. Und wenn sie auch so stark kommen würden, wie man gesagt hatte, würde es für den König gefährlich sein, sich in ihre Hände zu begeben. Die Feinde waren sehr mächtig und lagerten an einem von Natur aus starken und gut befestigten Ort. In Anbetracht dieser Tatsachen wagte ich es, zum König zu sagen, es schiene mir, als wolle er seine Person und seine Macht wegen eines kleinen Anlasses aufs Spiel setzen. Er möge sich an die große Gefahr erinnern, in der er in Fornovo gewesen sei; dort aber sei er dazu gezwungen gewesen, hier aber gebe es keinen zwingenden Grund. Er möge nichts unterlassen, um ein ehrenhaftes Abkommen zu finden, auch wenn man sagte, er dürfe damit nicht den Anfang machen; wenn er wolle, würde ich sie schon so sprechen lassen, daß die Ehre beider Seiten wohl gewahrt bliebe. Er antwortete mir, ich solle mit dem Kardinal sprechen, was ich tat. Dieser aber gab mir seltsame Antworten; er wünschte die Schlacht und hielt den Sieg nach seinen Worten für sicher. Man sagt, es seien ihm vom Herzog von Orléans für seinen Sohn zehntausend Dukaten Rente versprochen worden, wenn er dieses Herzogtum Mailand bekäme. Am nächsten Tag kam ich, um vom König Urlaub zu nehmen und nach Casale zu gehen, wohin es etwa ein und eine halbe Tagesreise war. Ich traf Herrn de La Trémoïlle und erzählte ihm die Sache, weil er zu den Vertrauten des Königs gehörte, und fragte ihn, ob ich noch weiter mit ihm darüber sprechen sollte. Er bestärkte mich und bejahte es, denn jeder wünschte abzuziehen.

Der König war in einem Garten. Vor dem Kardinal wiederholte ich die obengesagten Worte; dieser sagte, er als Mann der Kirche müsse anfangen. Ich antwortete ihm, wenn er nicht anfinge, würde ich es tun, denn es schien mir, daß der König darüber nicht böse sein würde und seine Nächsten auch nicht. So reiste ich ab. Beim Fortgehen sagte ich zum Prinzen von Oranien, der den Oberbefehl im Heere hatte, wenn ich etwas einleitete, würde ich mich an ihn wenden. Ich ging nach Casale und wurde von allen Mitgliedern des Hauses gut empfangen. Die meisten fand ich mit Herrn Konstantin geeinigt. Es schien allen, als würde das den Kindern mehr Sicherheit bieten, da er nicht zur Nachfolge kommen konnte und der Markgraf von Saluzzo ein Recht darauf beanspruchte. Ich berief mehrere Versammlungen des Adels, der Kirche und der Städte und erklärte auf Bitten der Mehrzahl, es sei der Wille des Königs, daß Herr Konstantin in seiner Regierung bleibe; denn angesichts der Macht des Königs jenseits der Alpen und der Zuneigung, die dieses Land dem Hause Frankreich entgegenbringt, konnten sie dem Willen des Königs nicht widersprechen.

Am dritten Tag etwa als ich dort war, kam ein Hofmeister vom Markgrafen von Mantua, dem Befehlshaber der Venetianer, der als Verwandter sein Beileid zum Tode der Markgräfin mitteilen ließ. Er und ich traten in Unterhandlungen, um den Kampf zwischen den beiden Heeren zu vermeiden, da die Dinge sich so fügten. Der König lagerte im Feld in der Nähe von Vercelli; er überschritt aber, um die Wahrheit zu sagen, nur den Fluß und lagerte sein mit kleinen und großen Zelten schlecht versorgtes Heer, denn er hatte nur wenige mitgebracht, und die waren auch noch verloren. Wegen des herannahenden Winters war der Ort feucht, und das Land liegt tief. Der König lagerte nur eine Nacht und zog sich am folgenden Tag in die Stadt zurück; aber der Prinz von Oranien, Graf von Foix und Graf Vendôme blieben dort; der letztere zog sich da ein Fußleiden zu, an dem er starb; das war schade, da er ein schöner, junger, kluger Mann gewesen war, der in aller Eile dorthin gekommen war, weil man sagte, es würde zu einer Schlacht kommen, denn den Zug nach Italien mit dem König hatte er nicht mitgemacht. Mit diesen blieben noch Marschall de Gié und mehrere andere Hauptleute; die Hauptmacht aber bestand aus den Deutschen, die mit dem König den Zug gemacht hatten, denn die Franzosen blieben sehr unwillig so nahe von der Stadt; mehrere waren krank, mehrere waren fortgegangen, die einen mit, die anderen ohne Erlaubnis. Von diesem Lager bis nach Novara waren es zehn große italienische Meilen, was wohl sechs französischen gleichkommt, ein schweres aufgeweichtes Land wie Flandern, wegen der Gräben, die sich auf beiden Seiten der Wege hinziehen, die sehr viel tiefer als die flandrischen sind. Im Winter ist dort viel Dreck und im Sommer viel Staub. Zwischen unserem Heerlager und Novara befand sich ein kleiner Platz, Borgo genannt, eine Meile von uns entfernt, den wir hielten. Sie hielten einen anderen, Camara, eine Meile von ihrem Lager entfernt; und schon waren die Fluten sehr groß geworden, so daß man kaum von einem Lager zum anderen gehen konnte.

Wie ich schon begonnen habe zu sagen, führten der Hofmeister des Markgrafen von Mantua, der nach Casale gekommen war, und ich unsere Gespräche fort. Ich sagte ihm die Gründe, weshalb sein Herr diese Schlacht vermeiden müsse, er habe die Gefahr gesehen, in der er das erstemal gewesen sei; er kämpfe für Leute, die ihm niemals den Dienst, den er ihnen leiste, lohnen würden; er müsse ein Abkommen zustande bringen, und ich würde ihm auf unserer Seite helfen. Er antwortete mir, sein Herr wolle es wohl, aber (wie mir ein anderes Mal schon gesagt worden war) es sei nötig, daß wir die ersten Worte sprächen, in Anbetracht ihrer Liga, in der der Papst, der römische und der spanische König und der Herzog von Mailand seien; das sei doch mehr als der König. Ich sagte ihm, es sei dumm, sich auf solche Zeremonien festzulegen, der König müsse vorgehen, denn er sei in Person hier und die anderen hätten nur ihre Vertreter; ich und er, wir sollten als Vermittler den Anfang machen, wenn er wolle; ich müsse nur sicher sein, daß sein Herr fortfahren würde und zwar bald. Wir beschlossen, ich solle am nächsten Tage einen Trompeter in ihr Lager schicken, und ich schrieb an die beiden venetianischen Proveditori Luca Pisani und Marco Trevisano; diese haben Amt und Auftrag, ihre Hauptleute zu beraten und die Geschäfte ihres Heeres zu führen.

Unseren Beschlüssen gemäß schrieb ich ihnen das, was ich dem Hofmeister gesagt hatte: ich hätte die Gelegenheit, das Amt des guten Vermittlers fortzusetzen, denn so hätte ich es beim Abschied von Venedig versprochen, und auch dem König wäre es sehr angenehm; es schiene mir auch notwendig, da sich immer genug Leute fänden, die eine Angelegenheit verwirren, aber wenige seien da, die die Gelegenheit und den Willen hätten, sich über einen so großen Zwist zu einigen, und die so viele Reden derjenigen, die über solche Dinge verhandelten, aushalten können; in solchen Lagern nämlich gebe es viele verschiedene Meinungen. Die Proveditori wurden über diese Nachrichten froh und schrieben mir, sie würden mir bald antworten und es durch ihre Post nach Venedig melden. Gleich erhielten sie Antwort; in das Lager des Königs kam ein Graf vom Herzog von Ferrara, der dort Leute hatte, denn sein ältester Sohn war da im Solde des Herzogs von Mailand, und dieser war auch dabei. Der Herzog von Ferrara hatte auch einen Sohn beim König. Der Graf hieß Albertino. Er besuchte Herrn Johann Jakob und wandte sich an den Prinzen von Oranien, so wie es zwischen dem Hofmeister und mir beschlossen worden war; er sagte, er komme im Auftrage des Markgrafen von Mantua, der Proveditori und der anderen Hauptleute in ihrem Lager, um für den Markgrafen und die anderen freies Geleit bis zu fünfzig Pferden zu erbitten; sie möchten mit denjenigen, die der König dazu befehlen würde, unterhandeln; sie hätten erkannt, daß es recht sei, wenn sie oder die Ihrigen zuerst zum König kämen, und sie würden ihm auch gern diese Ehre erweisen. Dann bat er um Urlaub, damit er mit dem König allein reden könne. Das geschah. Als sie allein waren, widerriet er alles und sagte, das Heerlager dort sei in großer Furcht und würde in Kürze aus der Stellung gehen; durch diese heimlichen Reden zeigte er an, daß er diese Versöhnung hintertreiben wollte, daß er sie weder zustande bringen, noch dazu helfen wollte, obgleich sein öffentlicher Auftrag, wie Ihr gehört habt, dahin lautete. Bei dieser geheimen Unterredung war Herr Johann Jakob Trivulzio zugegen, der große Feindschaft gegen den Herzog von Mailand hatte und gern diesen Frieden verhindert hätte. Vor allem aber wünschte der Gebieter des Herrn Albertino, der Herzog von Ferrara, wegen seiner großen Feindschaft gegen die Venetianer den Krieg, weil sie Länder von ihm besetzt hielten, wie Polesina und andere. Er war in das obengenannte Lager zum Herzog von Mailand gekommen, der seine Tochter zur Frau hatte.

Sowie der König den Grafen angehört hatte, ließ er mich rufen und legte es dem Rat vor, ob er das freie Geleit gewähren solle oder nicht. Diejenigen, die den Frieden nicht wollten, wie Herr Johann Jakob und andere, die angeblich zugunsten des Herzogs von Orléans sprachen, zeigten, daß sie die Schlacht wollten. Das waren die Diener der Kirche, die dann nicht dabei gewesen wären. Sie sagten, es sei ganz sicher, daß die Feinde ihre Stellung wechseln und vor Hunger sterben würden. Andere sagten (und unter diesen war ich), daß wir viel eher Hungers sterben würden als sie, die in ihrem eigenen Land seien; sie seien zu mächtig, um zu fliehen oder sich schlagen zu lassen; diese Reden kämen von Leuten, die wünschten, daß man sich wegen ihrer Streitereien schlüge, und daß der König sich und sein Heer aufs Spiel setze. Um es kurz zu machen, das freie Geleit wurde trotzdem gewährt und hingeschickt, und es wurde vereinbart, daß am nächsten Tag um zwei Uhr nachmittags der Prinz[11], Marschall de Gié, Herr de Piennes und ich in ihrer Begleitung, uns zwischen Borgo und Camara, in der Nähe des Turmes, bei dem die Feinde ihre Wache hielten, einfinden und dort unterhandeln sollten.

Wir fanden uns dort, von Reisigen gut begleitet, ein. Der Markgraf und ein Venetianer, der das Kommando über ihre Stradioten hatte, kamen dorthin und begrüßten uns mit ehrenvollen Worten; sie sagten, sie ihrerseits wünschten den Frieden. Es wurde beschlossen, um ausführlicher sprechen zu können, sollten morgen einige ihrer Leute ins Lager kommen; der König würde hinterher von den Seinen in ihr Lager senden. So geschah es. Am nächsten Tage kamen Herr Francesco Bernardino Visconti für den Herzog von Mailand und ein Sekretär des Markgrafen von Mantua zu uns, und wir, die ich schon genannt habe, und der Kardinal von San Malo, traten in die Friedensverhandlungen ein. Wir forderten Novara, worin der Herzog von Orléans belagert wurde, und auch Genua, indem wir sagten, es sei königliches Lehen, das der Herzog von Mailand konfisziert hätte. Sie entschuldigten sich und sagten, sie hätten nichts weiter gegen den König unternommen als sich verteidigt, und der Herzog von Orléans habe ihnen Novara fortgenommen und den Krieg mit den Leuten des Königs begonnen; sie glaubten nicht, daß ihr Herr etwas von unseren Forderungen bewilligen würde, er würde aber alles andere tun, um dem König zu gefallen. Sie blieben zwei Tage da und kehrten dann in ihr Lager zurück, wohin wir, Marschall de Gié, Herr de Piennes und ich, gingen, immer mit der Forderung der beiden Städte. Wir wären wohl zufrieden gewesen, wenn Novara in die Hände der Truppen des römischen Königs gekommen wäre, die in ihrem Lager waren und deren Führer Herr Georg von Ebenstein, Friedrich von Kappeler und ein Herr Hans waren; denn wir konnten der Stadt doch nur durch eine Schlacht helfen, und das wollten wir nicht. Wir sagten es, weil das Herzogtum Mailand kaiserliches Lehen ist und um uns dessen ehrenhaft zu entledigen.

Mehrere Male ging man von uns in ihr Lager und von ihrem in das unsere, ohne etwas zu beschließen. Ich blieb aber immer über Nacht in ihrem Lager, denn so wünschte es der König, der nichts abbrechen

11 Der Prinz von Oranien.

wollte. Endlich kehrten wir alle dahin zurück; außerdem kam Präsident Ganay, um das Wort auf Lateinisch zu führen, und einer namens Morvilliers, Bailly von Amiens; denn bis dahin hatte ich in schlechtem Italienisch geredet; aber wir waren dabei, unsere Artikel schriftlich niederzulegen.

Unsere Art vorzugehen war folgende: sobald wir im Lager des Herzogs angekommen waren, kamen er und die Herzogin uns bis zum Ende einer Galerie entgegen; beim Eintritt in sein Zimmer ließ er uns alle vorangehen, wo wir zwei lange Reihen von Sesseln dicht und einander gegenüber vorfanden. Sie nahmen auf der einen Seite Platz, wir auf der anderen; zuerst saß bei ihnen ein Bevollmächtigter für den römischen König, dann der spanische Gesandte, der Markgraf von Mantua, die beiden venetianischen Proveditori und ein venetianischer Gesandter, dann der Herzog von Mailand mit seiner Gattin und zum Schluß der Gesandte von Ferrara. Auf ihrer Seite sprach niemand als nur der Herzog und auf unserer einer. Unsere Art aber ist es nicht, so zurückhaltend zu sprechen, wie sie es tun, von uns sprachen manchmal zwei oder drei zusammen; dann sagte der Herzog: „Ho, einer nach dem anderen!" Als man daranging, die Artikel niederzulegen, wurde sofort alles, was vereinbart war, von einem Sekretär der Unsern und auch von einem der Ihren niedergeschrieben und beim Abschied von beiden Sekretären, von dem einen auf italienisch und von dem anderen auf französisch, vorgelesen; ebenso, als man sich wieder versammelte, um zu sehen, ob man nichts geändert habe, und auch, um es noch kürzer zu machen. Das ist eine gute Form, um eine große Angelegenheit zu erledigen. Diese Verhandlung dauerte etwa vierzehn Tage und mehr. Schon am ersten Tage aber, an dem wir mit den Verhandlungen begannen, wurde bewilligt, daß Herr von Orléans von dort abziehen könne; an diesem Tag schlossen wir Waffenstillstand, der Tag für Tag bis zum Frieden weiterging. Für die Sicherheit dieses Herzogs wurde der Markgraf von Mantua als Geisel in die Hände des Grafen von Foix gegeben; er tat es sehr gern, mehr aus Gefälligkeit als aus Furcht, daß es notwendig sei. Zuerst ließen sie uns schwören, daß wir beim Friedensvertrag redlich vorgehen und daß wir ihn nicht nur schließen würden, um den Herzog von Orléans zu befreien.

## *Siebzehntes Kapitel*

Marschall de Gié ging mit anderen vom Herzog von Mailand nach Novara und ließ den Herzog allein mit einer kleinen Schar abziehen, die sehr erfreut war, als sie heraus konnte. Die Besatzung dieser Feste war so von Hunger und Krankheit mitgenommen, daß der Marschall ihnen seinen Neffen, Herrn de Ramefort, als Geisel mit dem Versprechen daließ, daß sie alle innerhalb von drei Tagen abziehen könnten.

Ihr habt wohl gehört, wie vorher der Bailly von Dijon zu den Schweizern durch alle ihre Kantone geschickt worden war, um bis zu fünftausend Deutsche zu sammeln, die zur Zeit des Abmarsches des Herzogs von Orléans aus Novara immer noch nicht angekommen waren. Denn wären sie gekommen, hätte man meiner Meinung nach ohne Zweifel gekämpft. Obgleich man sicher war, daß viel mehr als die geforderte Zahl kommen würde, war es doch wegen der großen Hungersnot, in der sich Novara befand, nicht möglich, darauf zu warten; wohl zweitausend Menschen waren durch Hunger und Krankheit gestorben und die übrigen so abgemagert, daß sie eher Toten als Lebenden glichen. Ich glaube nicht, daß je Menschen seit der Belagerung Jerusalems eine schlimmere Hungersnot erlitten haben. Hätte Gott sie so klug sein lassen, daß sie gleich, als sie die Stadt einnahmen, das in der Umgebung wachsende Korn mit hineingenommen hätten, dann wären sie niemals in dieses Unglück gekommen, und ihre Feinde hätten zu ihrer großen Beschämung die Belagerung wieder aufheben müssen.

Drei oder vier Tage nach dem Abzug des Herzogs von Orléans aus Novara wurde von beiden Seiten vereinbart, daß alle Kriegsleute hinaus sollten. Dem Markgrafen von Mantua und Herrn Galeazzo von San Severino wurden als Obersten des venetianischen Heeres und des Herzogs von Mailand befohlen, sie in Sicherheit zu geleiten, was sie taten. Die Festung blieb in der Hand der Bürger, die einen Eid schworen, weder Franzosen noch Italiener hineinzulassen, bis der Friedensvertrag geschlossen sei. Dreißig Mann blieben auf der Burg, denen der Herzog von Mailand für ihr Geld Lebensmittel kommen ließ, die er ihnen immer nur einen Tag gab. Niemand, der es nicht selbst gesehen hat, kann sich eine Vorstellung von dem Elend dieser Leute machen, die herauskamen. Nur wenige Pferde waren dabei, da alles aufgegessen worden war; nicht sechshundert Mann hätten sich verteidigen können, obgleich wohl fünftausendfünfhundert herauskamen. Viele blieben auf den Wegen liegen; denen leisteten die Feinde selbst Beistand. Ich weiß, daß ich fünfzig bei der kleinen Burg Camara, die die Feinde hielten, für einen Taler rettete. Sie wurden in einen Garten gebettet, und man gab ihnen Suppe; nur einer von ihnen starb. Auf dem Weg starben ungefähr vier, denn es waren von Novara bis Vercelli, wohin sie gingen, zehn Meilen. An denen, die in Vercelli anlangten, übte der König christliche Liebe und befahl, achthundert Franken an Almosen und auch ihre Löhnungen auszuteilen; Tote und Lebende wurden gelöhnt; auch die Schweizer, von denen vierhundert gestorben waren. Aber, was man ihnen auch Gutes tat, in Vercelli starben noch dreihundert Mann, die einen, weil sie zu viel aßen, die anderen, weil sie krank waren, und überall lagen sie auf den Abfallhaufen der Stadt.

Ungefähr zu der Zeit, als alles draußen war, außer den dreißig Mann, die man in der Burg gelassen hatte (von denen jeden Tag einer fehlte), kamen die Schweizer in Zahl von achttausend bis zehntausend Mann in unserem Lager an, wo schon zweitausend waren, die dem König auf dem Zug nach Neapel gedient hatten. Die anderen blieben ungefähr zehn Meilen von Vercelli. Dem König wurde abgeraten, diese beiden Scharen zu vereinigen, da sonst zweiundzwanzigtausend zusammen gewesen wären. Ich glaube, niemals befanden sich so viele von ihnen zusammen. Nach der Meinung derjenigen, die sie kannten, blieben nur wenige streitbare Leute in ihrem Land; die meisten kamen, obgleich schon einige hier waren. Man mußte den Eingang in das Land Piemont bewachen, um nicht noch mehr durchzulassen, sonst wären noch Frauen und Kinder gekommen. Man könnte fragen, ob diese Ankunft aus großer Zuneigung geschah, da ihnen der verstorbene König Ludwig viel Gutes erwiesen und ihnen geholfen hatte, sich Ruhm und Ruf in der Welt zu erwerben. Es ist wahr, daß einige Alte noch mit Liebe an König Ludwig hingen, und es waren viele Hauptleute dabei, die älter als zweiundsiebzig Jahre waren und schon als Hauptleute gegen Herzog Karl von Burgund gedient hatten; der Hauptgrund aber war Habgier und ihre große Armut, denn zwei Kantone hatten sich gegen uns erklärt, wie Bern und Schwyz[12]. Alle ihre streitbaren Männer kamen. So viele schöne Männer habe ich niemals gesehen. Es schien mir unmöglich, sie zu schlagen, wenn sie nicht durch Hunger, Kälte oder andere Not übermannt würden.

Wir müssen nun zum Hauptpunkt der Friedensverhandlungen zurückkommen. Der Herzog von Orléans hatte schon acht bis zehn Tage zu seinem Vergnügen gelebt und war mit allerhand Leuten umgegangen, und es schien ihm, daß einige Leute davon redeten, wie er sich mit so vielen Leuten in Novara in diese Not habe bringen lassen; er sprach viel von der Schlacht und einer oder zwei mit ihm, wie Herr de Ligny und der Erzbischof von Rouen, der sich in seine Angelegenheiten mischte, dazu zwei bis drei geringe Leute. Sie bearbeiteten einige Schweizer, die kamen, um sich zum Kämpfen anzubieten. Einen Grund gaben sie nicht an, denn der Herzog von Orléans hatte in der Festung nur die zwanzig bis dreißig Mann auf der Burg. Einen Anlaß zum Kampf gab es nicht, denn der König wollte keinen Streit und hatte nur gekämpft, um die Person des Herzogs und seine anderen Diener und Untertanen zu retten. Die Feinde waren sehr stark, und es war unmöglich, sie in ihrem Lager zu fassen, so sehr waren sie von Wassergräben umschlossen und in günstiger Stellung; sie brauchten sich nur noch gegen uns zu verteidigen, denn vor den Bürgern der Stadt hatten sie keine Furcht. Es waren zweitausendachthundert geharnischte Reisige, fünftausend leichte Reiter, elftausendfünfhundert Deutsche, die von guten Obersten geführt wurden, wie von Herrn Georg von Ebenstein, Herrn Friedrich von Kappeler, Herrn Hans und anderen, und eine große Anzahl Fußvolk. Es schien sehr leichtfertig gesprochen zu sein, wenn man sagte, man müßte sie in ihrem Lager gefangennehmen, daß sie nicht fliehen könnten. Eine

---

12 Bern und Zürich.

andere größere Sorge war die: wenn alle Schweizer sich zusammentun würden, könnten sie den König und alle reichen Männer seines Gefolges gefangennehmen, das im Vergleich zu ihnen sehr schwach war, und sie in ihr Land entführen. Wie Ihr am Friedensschluß sehen werdet, war etwas daran.

## *Achtzehntes Kapitel*

Als alle diese Fragen zwischen uns schwebten und der Herzog von Orléans deswegen mit dem Prinzen von Oranien Streit hatte und ihn sogar einen Lügner nannte, kehrten wir, der Marschall, Herr de Piennes, Präsident Ganay, Herr Morvilliers, der Vidame von Chartres und ich, in das Lager der Feinde zurück und schlossen den Frieden. Wir glaubten aus den Zeichen, die wir sahen, erkennen zu können, daß er nicht lange halten würde. Aber wir waren gezwungen, ihn zu schließen, aus vielen Gründen, die Ihr gehört habt; die Jahreszeit zwang uns dazu, wir hatten Mangel an Geld, und wir mußten ehrenvoll mit einem ehrenhaften schriftlichen Frieden scheiden, der überallhin verschickt werden konnte, wie er es wurde. So hatte es der König in einem großen Rat unter Anwesenheit des Herzogs von Orléans beschlossen.

Der Hauptinhalt dieses Friedens war, daß der Herzog von Mailand dem König für Genua gegen alle Welt dienen solle, und jetzt sofort mit zwei Schiffen auf seine Kosten, um die Burg Neapel zu entsetzen, die sich noch hielt; im Jahr darauf mit drei Schiffen. Er solle dem König von neuem in Person bei der Eroberung des Königreiches dienen, im Falle der König dorthin zurückkehren würde, und er solle den königlichen Truppen Durchzug gewähren. Falls die Venetianer innerhalb von zwei Monaten den Frieden nicht annehmen und das Haus Aragon unterstützen würden, müsse er dem König gegen sie dienen unter der Bedingung, daß alles, was der König von ihren Ländern nähme, ihm gegeben würde; er selbst und seine Untertanen müßten dabei verwendet werden. Er würde dem König achtzigtausend Dukaten von einhundertachtzigtausend quittieren, die er dem König auf seinem Zug geliehen hatte. Zur Sicherheit würde er zwei Geiseln aus Genua stellen. Die kleine Burg[13] würde in die Hände des Herzogs von Ferrara als Neutralen auf zwei Jahre gegeben; der Herzog würde die eine Hälfte ihrer Besatzung bezahlen, die in der Burg sein würde, und der König die andere; falls der Herzog von Mailand von Genua aus etwas gegen den König unternähme, würde der Herzog von Ferrara die Burg dem König übergeben. Er mußte noch zwei Geiseln aus Mailand stellen, was er auch tat. Das hätten auch die Genuesen getan, wenn der König nicht so schnell abgezogen wäre; wie der Herzog aber sah, daß er abgezogen war, entschuldigte er sich.

[13] Die „kleine Burg“ (Rocca) von Genua.

Als wir wieder zurückgekehrt waren, um diesen Frieden vom Herzog von Mailand beschwören zu lassen, und die Venetianer eine Frist von zwei Monaten genommen hatten, um ihn anzunehmen oder nicht (denn sie wollten sich vorher nicht darauf festlegen), beschwor der König auch diesen Frieden und entschloß sich abzureisen, wie einer, der große Lust hat, nach Frankreich zurückzukehren, und ebenso alle die, die ihn begleiteten. In der Nacht aber hielten die Schweizer, die in unserem Lager waren, mehrere Beratungen, jeder mit denen aus seinem Kanton, ließen ihre Trommeln ertönen und hielten ihren Ring (das ist ihre Form des Rates). Diese besagten Dinge erzählte mir Lornay, der immer ihr Führer gewesen war, und der ihre Sprache gut versteht. Er hatte im Lager geschlafen und kam in der Nacht, um den König zu warnen. Die einen sagten, sie würden den König mit seiner ganzen Begleitung gefangennehmen, das heißt, mit den Reichen; die anderen stimmten zu, aber man solle den König erst um die Löhnung für drei Monate bitten, und sagten, so sei es ihnen vom König, seinem Vater, versprochen worden, daß sie jedesmal, wenn sie aus ihrem Land mit ihren Bannern auszögen, eine solche Bezahlung erhielten. Andere wollten, man solle nur die Vornehmsten fangen, ohne den König anzurühren, und überlegten schon, wie sie es ausführen sollten; sie hatten schon reichlich Leute in der Stadt. Bevor sie es aber beschlossen hatten, zog der König nach Trino, einer Stadt des Markgrafen von Montferrat. Sie hatten jedoch unrecht; denn ihnen war nur Löhnung für einen Monat versprochen; auch dienten sie nur fünf Tage. Endlich vertrug man sich mit ihnen. Vorher aber fingen sie noch den Bailly von Dijon und Lornay, die immer ihre Führer gewesen waren (das taten die, die mit uns in Neapel gewesen waren), um für vierzehn Tage Löhnung zu erhalten und dann nach Hause zurückzukehren. Die anderen aber wurden für drei Monate bezahlt, und das Ganze erreichte fünfhunderttausend Franken. Sie verließen sich auf Bürgen und Geiseln. Das kam von den Franzosen selbst, die ihnen das vorschlugen, denn einer ihrer Hauptleute kam und sagte es dem Prinzen von Oranien, der es dem König berichtete, und das kam vom Verdruß über diesen Frieden.

Als der König in Trino angekommen war, sandte er den Marschall de Gié, den Präsidenten Ganay und mich wieder zum Herzog von Mailand zurück, damit er zu unserem Herrn käme, um mit ihm zu sprechen; wir sagten ihm mehrere Gründe, um ihn zum Kommen zu bewegen, und sagten, das wäre die wahre Bestätigung des Friedens. Er antwortete uns mit mehreren Gegengründen und entschuldigte sich mit einigen Worten, die Herr de Ligny gesagt hätte: man hätte ihn gefangennehmen sollen, als er beim König in Pavia gewesen wäre, und mit anderen Reden, die der Kardinal, der ja das volle Vertrauen des Königs genieße, gesagt hätte. Es ist wohl wahr, daß mehrere dumme Worte gesagt worden waren (ich weiß nicht von wem), damals aber hatte der König Lust, sein Freund zu sein. Er war an einem Orte Robbio und wollte gern unterhandeln mit einer Schranke oder einem Fluß zwischen beiden. Als der König diese Antwort hörte, zog er nach Chieri, blieb dort nur eine Nacht oder zwei und setzte seinen Weg fort, um die Alpen zu übersteigen. Mich schickte er nach Venedig, andere nach Genua, um die beiden Schiffe auszurüsten, die der Herzog von Mailand ihm geben mußte. Der aber tat von allem nichts, ließ sie große Ausgaben und Vorbereitungen machen und hinderte sie dann am Auslaufen, schickte aber zwei gegen uns, anstatt sein Versprechen zu halten.

## *Neunzehntes Kapitel*

Meine Aufgabe in Venedig war zu erforschen, ob sie den Frieden annehmen wollten, und die folgenden drei Dinge auszuführen: erstens, Monopoli zurückzuerlangen, das sie uns fortgenommen hatten; zweitens, den Markgrafen von Mantua und andere, die sie im Königreich Neapel in Diensten des Königs Ferrante hatten, zurückzuziehen; drittens sollten sie erklären, daß König Don Ferrante nicht zur Liga gehöre, die sie kürzlich geschlossen hatten, wo allein der Papst, der römische König, der spanische König und der Herzog von Mailand genannt waren. Als ich in Venedig ankam, empfingen sie mich ehrenvoll, aber nicht so sehr, wie sie es das erstemal getan hatten. Wir waren ja jetzt in erklärter Feindschaft und damals waren wir im Frieden.

Ich sagte ihnen meinen Auftrag. Der Doge antwortete mir: er hieß mich willkommen und er würde mir in Kürze Antwort geben lassen, er müsse sich erst mit seinem Senat beraten. Drei Tage lang veranstalteten sie allgemeine Prozessionen, große Almosen und öffentliche Predigten und baten unseren Herrgott, er möchte ihnen die Gnade gewähren, einen guten Rat zu finden. Mir wurde gesagt, daß sie es in ähnlichen Fällen oft tun. Wirklich scheint mir diese Stadt aber in kirchlichen Sachen die frömmste, die ich je gesehen und diejenige, die ihre Kirchen am besten geschmückt und ausgestattet hat. In diesen Dingen erachte ich sie den Römern ebenbürtig und glaube, daß die Größe ihrer Signorie von dort herrührt, die eher wert ist zu wachsen als zu schwinden.

Um meine Mission zu beenden, wartete ich vierzehn Tage, bevor ich Antwort erhielt, die eine Ablehnung aller meiner Forderungen war; sie sagten, sie hätten keinen Krieg mit dem König, und das, was sie getan hätten, sei nur geschehen, um dem Herzog von Mailand, ihrem Verbündeten, zu helfen, den der König vernichten wollte. Sie ließen den Dogen dann allein mit mir sprechen; er bot mir einen guten Vertrag an, nämlich, König Ferrante würde unter Zustimmung des Papstes dem König den Lehnseid für das Königreich Neapel schwören; er würde fünfzigtausend Dukaten jährlich Zins zahlen und noch eine Summe baren Geldes, die sie ihm leihen würden. Sie rechneten nämlich damit, durch dieses Darlehen die Plätze, die sie in Apulien besetzt haben, wie Brindisi, Otranto, Trani und andere, in ihre Hände zu bekommen. Auch würde Don Ferrante dem König einen Platz in Apulien zur Sicherheit abtreten oder belassen; sie wollten Tarent sagen, das der König noch hatte. Außerdem bekäme er noch einen oder zwei. Sie wollten sie an dieser Küste abtreten und begründeten es damit, daß diese sehr weit von uns entfernt sei und der richtige Ort, um gegen die Türken vorzugehen, wovon der König immer gesprochen habe, als er nach Italien kam; er habe ja gesagt, diese Unternehmung diene zu dem Zweck, und von dort aus sei es sehr nahe. Das war eine boshafte Anspielung, denn das war eine Lüge, und vor Gott kann man seine Gedanken nicht verbergen. Außerdem eröffnete mir der Doge von Venedig, wenn der König gegen den Türken vorgehen wolle, hätte er genug Plätze an den von mir erwähnten Orten, ganz Italien würde dazu beitragen, und der römische König würde von seiner Seite auch den Krieg beginnen; der König und sie würden die Macht über ganz Italien haben, und niemand würde sich ihren Befehlen widersetzen dürfen. Sie für ihren Teil würden dem König mit hundert Galeen auf ihre Kosten dienen und zu Lande mit fünftausend Pferden.

Ich nahm Urlaub vom Dogen und von der Signorie und sagte, ich würde darüber Bericht erstatten. Ich kam nach Mailand zurück und traf den Herzog von Mailand in Vigevano, wo sich ein Hofmeister des Königs, Rigault, als Gesandter aufhielt. Der Herzog kam mir entgegen (er gab vor, auf die Jagd zu gehen), denn sie behandeln Gesandte sehr ehrenvoll. Er ließ mich in seinem Schloß unter sehr großen Ehren wohnen. Ich bat ihn, mit ihm allein sprechen zu können. Er sagte, er würde es tun, zeigte aber, daß ihm nichts daran lag. Ich wollte ihn wegen dieser Schiffe bedrängen, die er uns in dem Vertrag von Vercelli versprochen hatte; sie waren im Begriff auszulaufen; (noch immer hielt die Burg von Neapel, und er heuchelte, er wolle sie uns geben)[14]. In Genua waren für den König sein Hofmeister Perron Baschi und Etienne de Nèves, die mir plötzlich schrieben, sobald sie meine Ankunft dort erfuhren und sich über die Täuschungen des Herzogs von Mailand beklagten, der vorgab, ihnen die Schiffe zu geben und im Gegenteil zwei gegen uns geschickt hätte. Eines Tages antwortete der Doge von Genua, er würde es nicht dulden, daß diese Schiffe mit Franzosen bemannt würden; in jedes dürften nur fünfundzwanzig, und viele andere Ausflüchte dieser Art. Sie wollten nur hinhalten und warteten auf die Nachricht, daß die Burg von Neapel sich ergeben hätte, von der der Herzog wohl wußte, daß sie nur noch für etwa einen Monat Lebensmittel hatte. Das Heer, das in der Provence aufgestellt worden war, konnte ohne diese beiden Schiffe keine Hilfe bringen, denn die Feinde hatten vor der Burg eine große Flotte, sowohl von ihrer Seite als von seiten der Venetianer und des spanischen Königs.

---

14 25. November 1495.

Drei Tage war ich bei dem Herzog. Eines Tages begab er sich in den Rat und war erzürnt, daß ich seine Antwort wegen der Schiffe nicht gut fand. Er habe durch den Vertrag von Vercelli wohl versprochen, dem König mit zwei Schiffen zu dienen, aber nicht, sie mit Franzosen bemannen zu lassen. Ich antwortete ihm darauf, ich fände diese Entschuldigung sehr dürftig, wenn er mir zum Beispiel ein gutes Maultier leihen würde, um über die Alpen zu gehen, würde er dann nur erlauben, daß ich es ansehen dürfe, ohne mich darauf setzen zu können? Nach langer Debatte zog er mich abseits in eine Galerie. Dort machte ich ihm klar, wieviel Mühe ich und andere uns um diesen Vertrag von Vercelli gegeben hätten, und in welche Gefahr er uns brächte, indem er einfach das Gegenteil tue und dem König die Burgen fortnehme, die den vollen Verlust des Königreiches bedeuteten? Das würde ewigen Haß zwischen dem König und ihm hervorrufen. Als Entschädigung bot ich ihm das Fürstentum Tarent mit dem Herzogtum Bari an, das er schon hatte. Ich zeigte ihm die Gefahr, in die er sich und ganz Italien stürzen würde, wenn er zubillige, daß die Venetianer diese Plätze in Apulien bekämen. In allem, was ich sagte, gab er mir recht, besonders in dem über die Venetianer; aber zum Schluß sagte er mir, bei dem König könne er weder Sicherheit noch Vertrauen finden.

Nach diesen Gesprächen nahm ich Abschied vom Herzog, der mich eine halbe Meile weit begleitete. Beim Abschied gab er mir eine wunderschöne Lüge mit (wenn man so von Fürsten sprechen darf; denn es schien ihm, als ob ich melancholisch fortginge). Er sagte mir nämlich plötzlich, wie ein Mann der seinen Sinn ändert, er wolle mir noch einen Beweis der Freundschaft geben, damit der König Gelegenheit habe, mich gut zu empfangen: er würde am nächsten Tage Herrn Galeazzo schicken (wenn er diesen nannte, war es sehr viel), damit die Schiffe abfahren und sich mit unserem Heer vereinigen könnten; er würde dem König noch diesen Dienst leisten und ihm die Burg Neapel retten; und dies würde ihm das Königreich erhalten. Das war richtig, wenn er es nur getan hätte. Wenn sie abgefahren wären, würde er es mir eigenhändig schreiben, damit der König von mir zuerst die Neuigkeiten erführe und sähe, daß ich ihm solchen Dienst geleistet hätte; der Bote werde mich erreichen, noch ehe ich in Lyon sei. Mit dieser guten Hoffnung schied ich und begab mich über die Alpen. Ich hörte keine Post hinter mir herkommen, so daß ich nicht denken konnte, es sei diejenige, die mir die obengenannten Briefe bringen würde, obgleich ich schon daran zweifelte, da ich den Mann kannte. Ich kam bis nach Chambéry und traf dort Herrn von Savoyen, der mich freundlich aufnahm, und bei dem ich einen Tag blieb. Dann ging ich nach Lyon, ohne daß mein Bote gekommen wäre. Von allem machte ich dem König meinen Bericht, der sich damals dort aufhielt und sich damit beschäftigte, zu feiern und zu turnieren. Um etwas anderes kümmerte er sich nicht.

Diejenigen, die über den Frieden von Vercelli sehr erzürnt gewesen waren, waren jetzt über die Täuschung, die uns der Herzog von Mailand angetan hatte, sehr erfreut, und ihr Ansehen stieg. Sie wuschen mir heftig den Kopf, wie man es bei derartigen Fällen an Fürstenhöfen gewohnt ist zu tun. Ich selbst war darüber böse genug. Ich berichtete dem König und zeigte das Angebot, das die Venetianer ihm machten, schriftlich, das Ihr vorher gehört habt. Er hielt nichts davon und der Kardinal von San Malo, der alles leitete, noch weniger. Dennoch sprach ich noch einmal davon, und es schien mir, es wäre besser gewesen, dieses Angebot anzunehmen, als alles zu verlieren: auch sah ich keine Leute, die Lage zu meistern; niemanden, der ihnen hätte helfen können, riefen sie an, oder doch nur so selten wie möglich. Der König hätte es gern gewollt, aber er fürchtete, denjenigen, denen er Vertrauen schenkte, zu mißfallen und besonders denen, die seine Finanzen führten, wie dem Kardinal, seinen Brüdern und Verwandten. Das ist ein gutes Beispiel für die Fürsten, denn es ist nötig, daß sie sich die Mühe machen, ihre Geschäfte selbst zu führen, mindestens sechs damit beauftragen und manchmal andere heranziehen, je nach den Angelegenheiten, und sie etwa gleichstellen; denn, wenn einer so groß ist, daß die anderen ihn fürchten (so wie es Karl VIII. machte und bis heute gemacht hat, der immer einen solchen hatte), dann ist dieser in Wirklichkeit König und Herr. Der Herr selbst findet sich dann schlecht bedient, wie der König von seinen Regenten, die ihre Sachen immer gut, die seinen aber schlecht besorgt haben. So wurde er oft sehr wenig geschätzt.

## *Zwanzigstes Kapitel*

Seine Rückkehr nach Lyon geschah am 12. Dezember des Jahres 1495, und ich war auf diesem Zuge zweiundzwanzig Monate draußen gewesen. Wie ich schon vorher gesagt habe, hielten sich noch immer die Burgen von Neapel. Noch waren im Königreich Neapel Herr de Montpensier, der Statthalter des Königs, in Salerno bei dem Fürsten des Ortes, und Herr d'Aubigny in Kalabrien, wo er fast immer krank gewesen war, aber großartig gedient hatte. Herr Gratian de Guerre war im Abruzzischen, Domjulien in Monte Sant'Angelo, und George de Sully in Tarent; aber alle waren so arm, daß niemand es sich denken kann, und so verlassen, daß sie nur mit großer Mühe Nachrichten erhalten konnten, und die, die sie erhielten, waren Lügen und Versprechungen ohne Wirkung; denn der König tat, wie gesagt, von sich aus nichts. Wenn man sie nur rechtzeitig mit Geld versehen hätte (von dem man dann das sechsfache ausgegeben hat), hätten sie das Königreich niemals aufgeben müssen. Ich will nur von den vierzigtausend Dukaten reden, die ihnen, als schon alles verloren war, als Teil ihres Soldes für ein Jahr und mehr, geschickt wurden; wenn die einen Monat früher angekommen wären, wäre ihnen das Übel und die Schmach, die über sie kamen, wovon Ihr hören werdet, erspart geblieben, und ebenso die Zwietracht, und das alles wegen des Fehlers, daß der König nichts selbst tat und nicht auf die Leute hörte, die von dort kamen. Seine Diener, die sich darein mischten, waren wenig erfahren und faul. Ich glaube, einige standen in Beziehungen zum Papst. Es schien, als ob Gott dem König in jeder Weise seine Gnade entzog, die er ihm beim Auszug gewährt hatte.

Nachdem sich der König etwa zwei Monate in Lyon aufgehalten hatte, erreichte ihn die Nachricht, der Dauphin, sein Sohn, sei in Lebensgefahr. Drei Tage später erfuhr er, daß er gestorben sei. Wie es recht ist, trauerte unser Herr; es dauerte jedoch nicht lange. Aber die Mutter, die Königin von Frankreich und Herzogin der Bretagne, Anna, verfiel in die tiefste Trauer, die einer Frau möglich sein kann; sie dauerte sehr lange. Ich glaube, daß außer der natürlichen Trauer, die Mütter bei dem Verlust ihrer Kinder empfinden, noch eine Ahnung von bevorstehendem Unglück ihr Herz bewegte. Wie gesagt, trauerte der König, ihr Gatte, nicht lange; er wollte sie damit trösten, daß er vor ihr tanzen ließ. Es kamen einige junge Herren und Edelleute, die der König einlud, im Wams, um zu tanzen; unter ihnen war der Herzog von Orléans, der etwa vierunddreißig Jahre alt sein mochte; darüber war die Dame sehr traurig; denn es schien ihr, als ob er sich über diesen Tod freute, weil er nach dem König der nächste an der Krone war. Aus diesem Grunde sprachen sie lange kein Wort miteinander. Der Dauphin war etwa drei Jahre alt gewesen, ein schönes und im Reden lebhaftes Kind, das sich nicht vor den Dingen fürchtete, vor denen andere Kinder gewöhnlich Angst haben. Ich sage Euch, daß der König aus diesen Gründen so leicht seine Trauer überwand, da er schon fürchtete, daß dieses Kind bald groß werden würde und ihm, wenn es seine Anlagen so fortsetzte, Ansehen und Macht schmälern könnte. Denn ein körperlich so kleiner Mann wie unser König hatte niemals gelebt, und er war wenig verständig, aber er war so gut, daß es nicht möglich war, ein besseres Geschöpf zu sehen.

Ihr erkennt nun, wie groß das Elend der großen Könige und Fürsten ist, die Furcht vor ihren eigenen Kindern haben! König Ludwig, der so klug und tüchtig war, hatte auch Furcht davor (nämlich vor dem jetzigen König Karl); aber er sorgte sehr klug vor und hinterließ ihm im Alter von vierzehn Jahren die Krone. König Ludwig hatte seinem Vater, dem König Karl VII., Furcht eingeflößt, und er stand wegen Wirren am Hof und in der Regierung gegen ihn mit einigen Herren und Rittern dieses Reiches zusammen in Waffen und Verschwörung. Er hat es mir oft erzählt. Das geschah, als er etwa dreizehn Jahre alt war, und dauerte nicht lange. Aber als Mann hatte er großen Streit mit seinem Vater, König Karl VII., zog in die Dauphiné und von dort aus nach Flandern, indem er seinem Vater die Dauphiné überließ; Krieg nämlich bekamen sie nicht miteinander. Über dieses Thema ist zu Beginn dieser Memoiren gesprochen worden.

Keine Kreatur ist von Leiden ausgenommen, alle essen ihr Brot in Mühe und Arbeit, wie es unser Herrgott ihnen versprach, als er den Menschen schuf, und treu hat er allen Menschen Wort gehalten. Aber es gibt verschiedene Mühen und Leiden, diejenigen des Leibes sind die geringsten, die des Geistes die schlimmsten. Die der Weisen sind von einer Art und die der Narren von einer anderen; mehr Schmerz und Leiden aber als der Kluge trägt der Dumme, obgleich vielen das Gegenteil scheint, und dieser hat auch weniger Trost. Die armen Leute, die arbeiten und sich plagen, um sich und ihre Kinder zu ernähren, Steuern und andere Abgaben ihren Herrn bezahlen, müßten in großem Elend leben, wenn die großen Fürsten und Herren nur alle Freuden in der Welt hätten und sie alle Arbeit und Mühsal. Aber die Sache ist wohl anders, denn wenn ich mich daran machen wollte, alle Leiden aufzuschreiben, die ich die Großen, Männer wie Frauen, nur seit dreißig Jahren habe tragen sehen, würde ich ein Buch davon vollschreiben können. Ich meine nicht die von der Beschaffenheit jener, die im Buch des Boccaccio[15] genannt sind, sondern die, die man in allem Reichtum, Gesundheit und Wohlstand sieht. Diejenigen, die nicht so aus der Nähe mit ihnen verhandelt haben wie ich, würden sie für sehr glücklich halten. Ich habe viele Male ihren Jammer und ihre Schmerzen aus so geringem Anlaß gesehen, daß diejenigen Leute, die nicht mit ihnen verkehren, es nicht hätten glauben wollen. Meistens aber waren sie auf Argwohn und Verleumdung gegründet, dieser versteckten Krankheit, die in den Häusern der großen Fürsten herrscht, wodurch sowohl ihnen, als auch ihren Dienern und Untertanen viel Unglück zustößt; damit verkürzen sie ihr Leben so sehr, daß kaum ein französischer König, seit Karl dem Großen, je das sechzigste Lebensjahr überschritten hat. Aus diesem Argwohn heraus hielt sich König Ludwig, als er in dieses Alter kam und an einem anderen Übel erkrankte, schon für tot. Als sein Vater Karl VII., der so viel Gutes in Frankreich tat, krank war, bildete er sich ein, man wolle ihn vergiften: er wollte niemals essen. Anderen Verdacht hatte König Karl VI., der verrückt wurde, und alles durch Berichte. Es muß den Fürsten zum schweren Fehler angerechnet werden, daß sie nicht nachprüfen, was berichtet wird, wenn es Dinge sind, die sie angehen, auch wenn sie nicht von so großer Wichtigkeit sind; denn durch die Anwendung dieses Mittels würde vieles vermieden. Man müßte es den Leuten in Anwesenheit des anderen sagen; ich meine den Ankläger und den Angeklagten; dann würde kein unwahrer Bericht mehr erstattet. Aber manche Leute sind so dumm, daß sie versprechen und

15 In den letzten drei Jahrzehnten des 15. Jahrhunderts erschienen mehrere Drucke einer französischen Übersetzung von Boccaccios Werken über berühmte Männer und Frauen (eigentlich „De claris mulieribus" und „De casibus virorum illustrium").

schwören, nichts zu sagen; infolgedessen stehen die Fürsten manchmal die Todesängste aus, von denen ich sprach, hassen die besten und treuesten ihrer Diener, fügen ihnen auf die Verleumdung der Schlechtesten hin Schaden zu, ihren Untertanen aber legen sie großes Unrecht und drückende Beschwerden auf.

## *Einundzwanzigstes Kapitel*

Der Tod des Dauphins, des einzigen Sohnes König Karls VIII., erfolgte etwa zu Beginn des Jahres 1496[16]. Das war der schwerste Verlust, der ihm jemals geschehen war und geschehen konnte, denn niemals hatte er wieder ein lebendes Kind. Dieses Unglück kam nicht allein, denn zur selben Zeit erreichte ihn die Nachricht, daß die Burg Neapel von denjenigen, die Herr de Montpensier dort gelassen hatte, übergeben wurde; einmal aus Hungersnot und auch, weil man die Geiseln wieder haben wollte, die Herr de Montpensier gestellt hatte; es waren: Herr d'Alègre, einer der Söhne de La Marck von den Ardennen, Herr Lodunois, Johann Rocaberti, der Katalane. Diejenigen, die in der Burg gewesen waren, kehrten über das Meer zurück.

Eine weitere Schmach und Schande traf ihn, da Balzac, der die Zitadelle von Pisa hielt, die die Feste war und die Stadt in Unterwerfung hielt, den Pisanern auslieferte, was dem Eide des Königs zuwider war. Er hatte den Florentinern zweimal geschworen, ihnen die Stadt und andere Plätze wiederzugeben, wie Sarzana, Sarzanella, Pietrasanta, Librefatto und Motrone, die die Florentiner unserem Herrn geliehen hatten, als er sie bei seiner Ankunft in Italien so nötig brauchte, außerdem hundertzwanzigtausend Dukaten, von denen nur noch dreißigtausend zu zahlen blieben. An anderer Stelle ist darüber schon gesprochen worden[17]. Alle diese Städte aber wurden verkauft: die Genuesen kauften Sarzana und Sarzanella, die ihnen ein Bastard von St-Pol verkaufte; Pietrasanta verkaufte noch Balzac an die Leute von Lucca, Librefatto an die Venetianer; das Ganze gereichte dem König und seinen Untertanen zu großer Schmach, Schaden und zum endgültigen Verlust des Königreiches Neapel. Wie anderswo schon gesagt worden ist, leistete der König den ersten Eid über die Zurückerstattung dieser Plätze in Florenz auf dem Hochaltar der Kirche des heiligen Johannes. Der zweite wurde in Asti geleistet, als er zurückgekehrt war. Die Florentiner liehen ihm dreißigtausend Dukaten bar, die er sehr nötig brauchte, unter der Bedingung, daß der König nichts von dieser Summe wieder zurückzuzahlen brauchte und die ihnen gegebenen Pfänder und Kleinodien zurückfallen würden, wenn Pisa sich ergeben würde. Außerdem mußten sie dem König noch siebzigtausend Dukaten leihen und sie im

---

16 6. Dezember 1495.
17 Im elften Kapitel des siebenten Buches.

Königreich Neapel bar an diejenigen zahlen, die noch für den König dort waren, und im Königreich ständig dreihundert Reisige auf ihre Kosten im Dienste unseres Herrn halten, bis zum Ende des Unternehmens. Wegen dieser Bosheit wurde aus den Dingen nichts; man mußte die dreißigtausend Dukaten, die die Florentiner hergeliehen hatten, wieder herausgeben. Dieser ganze Schaden geschah nur aus Mangel an Gehorsam und durch heimliche Zuflüsterung, denn einige aus der Nähe des Königs machten dem Balzac Mut, so vorzugehen.

Zu derselben Zeit, zwei Monate früher oder später, zu Beginn dieses Jahres 1496, sahen Herr de Montpensier, Virginio Orsini, Camillo Vitelli und andere französische Hauptleute, daß so alles verloren war, begaben sich ins Feld und nahmen einige kleine Festungen. Da kam ihnen König Ferrante entgegen, der Sohn des Königs Alphonso, der sich, wie Ihr vorher gehört habt, dem geistlichen Leben geweiht hatte. Bei ihm war der Markgraf von Mantua, der Bruder der Frau von Herrn de Montpensier, und der Feldhauptmann der Venetianer; sie trafen Herrn de Montpensier, als er in einer Stadt Atella lagerte, einem für die Lebensmittelzufuhr sehr ungünstigen Ort. Ferrante und der Markgraf von Mantua lagerten sich auf einer Anhöhe und befestigten ihre Stellung, wie Leute, die eine Schlacht fürchteten, denn König Ferrante und die Seinen waren immer und an allen Orten geschlagen worden, und der Markgraf kam von Fornovo, wo er mit uns gekämpft hatte.

Die Venetianer hatten in Apulien sechs Plätze von großer Bedeutung als Pfand; das waren: Brindisi, Otranto, Gallipoli, Trani und andere. Monopoli hatten sie auch; sie hatten es uns fortgenommen, aber es war wenig wert. Sie liehen dem König Ferrante eine Summe Geldes und berechneten den Dienst ihrer Reisigen, die sie in diesem Königreich hatten, mit zweihundertfünfzigtausend Dukaten so hoch, daß sie dafür die Plätze behielten. Dann wollten sie noch die Kosten ihrer Bewachung rechnen. Ich glaube aber, es ist ihre Absicht, sie nicht wiederzugeben, denn das ist nicht ihre Gewohnheit, wenn sie ihnen sehr gelegen kommen; auch liegen sie gerade auf ihrer Seite des Meerbusens, dessen wirkliche Herren sie damit werden, und das ist es ja, was sie wünschten. Mir scheint, von Otranto, das am Ende des Golfes liegt, bis Venedig sind es neunhundert Meilen. Der Papst hat dort Ancona und andere Plätze dazwischen; aber alles, was durch diesen Golf segeln will, muß an Venedig Zoll zahlen; diese Plätze erworben zu haben, ist für die Venetianer eine größere Sache, als viele Menschen denken; sie beziehen von dort große Getreidemengen und Öl, zwei ihnen sehr gelegene Dinge.

In Atella erhob sich unter den Unsern Streit, sowohl wegen der Lebensmittel, die anfingen zu schwinden, als auch wegen des Mangels an Geld; denn man schuldete den Reisigen über ein und ein halbes Jahr Löhnung, und sie hatten große Armut ausgehalten. Den Deutschen war man auch noch reichlich schuldig, aber nicht so viel; denn alles

Geld, das Herr de Montpensier in diesem Königreich auffinden konnte, war für sie. Dennoch war er ihnen für ein Jahr und länger schuldig. Sie hatten aber mehrere kleine Städtchen geplündert, durch die sie sehr reich geworden waren. Immerhin, wenn die vierzigtausend Dukaten dagewesen wären, die man ihnen sofort zu schicken versprochen hatte, oder wenn man gewußt hätte, daß sie in Florenz wären, wäre dieser ganze Streit, der hier vorfiel, nicht geschehen. Alles aber war hoffnungslos. Dennoch, wären unsere Leute einig gewesen zu kämpfen, hätten sie, wie mir mehrere ihrer Führer erzählt haben, wahrscheinlich die Schlacht gewinnen können; und hätten sie sie verloren, hätten sie nicht die Hälfte der Leute eingebüßt, die sie verloren, als sie ein so schändliches Abkommen eingingen. Herr de Montpensier und Herr Virginio Orsini, ihre beiden Führer, wollten die Schlacht; sie sind in der Gefangenschaft gestorben. Ihnen wurde dieses Abkommen nicht eingehalten. Diese beiden Besagten beschuldigten Herrn de Précy, einen jungen Ritter der Auvergne, er sei schuld daran gewesen, daß man nicht kämpfte. Er war dennoch ein sehr tapferer Ritter, wenn er auch seinem Führer wenig gehorchte.

Es gab zwei Arten von Deutschen dort im Heer, eintausendfünfhundert Schweizer, die dort waren, seitdem der König dorthin gegangen war; diese dienten ihm treu bis in den Tod, so treu, daß sie treuer nicht sein konnten. Es waren noch andere da, die wir gemeinhin ‚Landsknechte' nennen; diese hassen von Natur die Schweizer ebenso wie die Schweizer sie. Sie kommen aus allen Ländern, wie aus den Ländern oberhalb des Rheins und aus Schwaben. Es waren einige aus dem Waadtland in Savoyen und dem Lande Geldern. Alles dieses belief sich auf sieben- bis achthundert Mann, die man kürzlich mit einer Löhnung für zwei Monate hingeschickt hatte, die schon verbraucht war, als sie ankamen; und eine andere Bezahlung fanden sie da nicht vor. Als sie sich in dieser Gefahr und Not sahen, brachten sie uns nicht so viel Liebe entgegen wie die Schweizer; sie verhandelten und wandten sich auf die Seite des Don Ferrante. Aus diesem Grund und wegen der Streitigkeiten des Führers machten unsere Leute einen schimpflichen und häßlichen Vertrag mit Don Ferrante, der wohl schwur, ihn zu halten, denn der Markgraf von Mantua wollte das Leben seines Schwagers, Herrn de Montpensier, sichern.

Durch dieses Übereinkommen ergaben sich alle in die Hand ihrer Feinde, gaben die ganze Artillerie des Königs hin und versprachen, ihm alle Plätze zu übergeben, die der König noch in diesem Königreich hielt, sowohl in Kalabrien, wo Herr d'Aubigny saß, als auch Gaëta und Tarent und im Abruzzischen, wo Herr Gracian de Guerre war. Hierfür sollte König Ferrante sie in die Provence übers Meer schicken mit ihrem Gepäck, das nicht viel wert war. Ferrante ließ sie aber alle nach Neapel führen. Es waren etwa fünf- bis sechstausend Leute oder mehr.

Ein so unehrenhaftes Abkommen ist weder zu unserer Zeit noch in der Vergangenheit gemacht worden. Ich habe auch von keinem solchen gelesen, außer bei Titus Livius von einem, das zwei römische Konsuln mit den Samniten schlossen, die heute die Bewohner von Benevent sind, an einem Ort, der damals Furca Claudina hieß und ein Gebirgsübergang ist: diesen Vertrag wollten die Römer nicht halten und schickten die beiden Konsuln als Gefangene zu ihren Feinden[18]. Wenn unsere Leute gekämpft hätten und die Schlacht wäre ihnen verlorengegangen, hätten sie nicht so viele Tote gehabt, denn zwei Drittel der Unseren starben an Hunger oder Pest, viele wurden in ihren Schiffen bei der Insel Procida gefangengehalten, wohin sie seitdem von König Ferrante verschickt wurden. Selbst Herr de Montpensier starb dort, einige sagen durch Gift, andere an Fieber, was ich eher glaube. Ich glaube nicht, daß von dieser ganzen Zahl je eintausendfünfhundert zurückgekommen sind, denn von den eintausenddreihundert Schweizern kamen nicht mehr als dreihundertfünfzig wieder, und alle waren krank. Diese müssen wegen ihrer Treue gelobt werden, denn niemals wollten sie für König Ferrante Partei ergreifen und eher den Tod erleiden, was auch vielen auf der Insel Procida sowohl durch die Hitze als auch durch Krankheit und Hunger geschah, denn man hielt sie lange Zeit in ihren Schiffen in so großer Lebensmittelknappheit, daß es kaum zu glauben ist. Ich sah diejenigen, die zurückkehrten, besonders die Schweizer, die alle ihre Fähnlein mitbrachten; an ihren Gesichtern sah man, daß sie sehr gelitten hatten, und alle waren krank. Als sie aus den Schiffen stiegen, um ein wenig Luft zu schöpfen, mußte man sie stützen. Herr Virginio konnte durch diesen Vertrag in seine Länder zurückkehren, ebenso sein Sohn und alle Italiener, die dem König dienten. Dennoch hielten sie ihn zurück und auch seinen besagten legitimen Sohn (er hatte noch einen Bastard, einen Edelmann mit Namen Carlo). Mehrere Italiener ihrer Kompanie überfielen ihn, als er abzog. Wenn solches Unglück nur auf die gekommen wäre, die dieses Abkommen gemacht hatten, hätte man sie nicht zu beklagen brauchen.

Bald nachdem König Ferrante diese Ehre erworben hatte, von der ich oben gesprochen habe, und als er erst kurz mit der Tochter seines Großvaters, des Königs Ferrante, vermählt war, der Schwester des heute regierenden Königs von Kastilien, also mit der Schwester seines eigenen Vaters Alphonso, die dreizehn oder vierzehn Jahre alt war, befiel ihn ein ständiges Fieber, woran er nach wenigen Tagen starb. Das Königreich kam jetzt in den Besitz des heute regierenden Königs Fredrego, des Oheims von Ferrante. Es schaudert mich, von einer solchen Ehe zu sprechen, von denen in diesem Hause seit dreißig Jahren, neueren Angedenkens, schon mehrere geschlossen worden sind. Dieser Todesfall trat gleich nach dem Abkommen ein, das in Atella im Jahre 1496 geschlossen worden ist. Don Ferrante und auch König Don Fredrego, der seitdem

18 Livius, erste Dekade, in den ersten Kapiteln des neunten Buchs.

regierte, entschuldigten sich damit, daß Herr de Montpensier nicht die Plätze übergeben hätte, wie er es versprochen habe, als dieser Vertrag gemacht wurde. Gaëta und andere waren gar nicht in seiner Hand, obgleich er Statthalter für den König war; so waren diejenigen, die diese Plätze für den König hielten, nicht dazu verpflichtet, sie auf seinen Befehl zu übergeben; der König hätte zwar nicht viel damit verloren, denn es kostete viel, sie zu schützen und zu verproviantieren, und sie gingen doch verloren. Ich lüge nicht, denn ich war dabei und sah, wie man einige drei- oder viermal abfertigte, um die Burgen Neapels zu verproviantieren und zu entsetzen, und nachher dreimal Gaëta. Aber diese vier Fahrten kosteten mehr als dreihunderttausend Franken und waren doch vergeblich.

## *Zweiundzwanzigstes Kapitel*

Seit seiner Rückkehr von dem obengenannten Zuge hielt sich der König, wie gesagt, eine lange Zeit in Lyon auf, veranstaltete Turniere und Tjoste, wünschte aber, die Plätze nicht zu verlieren, von denen ich gesprochen habe. Es machte ihm nichts, daß es etwas kostete, aber er wollte sich nicht die Mühe machen, sich mit der Sache selbst zu befassen. Vorschläge kamen für ihn genug aus Italien, und zwar große und sichere für einen König von Frankreich, das reich bevölkert ist und das in Languedoc, Provence und anderen Landschaften reichlich Getreide hervorbringt, um es hinzuschicken, und Geld ist auch da. Aber ein anderer Fürst als der König von Frankreich würde sich immer in Not begeben, wenn er sich mit dem Dienst der Italiener, ihren Unternehmungen und ihrer Hilfe abgeben würde; denn er wird immer das, was er hat, daransetzen und nichts erreichen. Sie tun nämlich nichts ohne Geld, wenn es nicht der Herzog von Mailand oder eine der Signorien ist. Ein armer Hauptmann aber, selbst wenn er große Neigung dazu hätte, einem aus dem Hause Frankreich zu dienen, der Recht auf das Königreich hätte, oder einem anderen, der das Herzogtum Mailand beanspruchte, welche Treue auch in ihm sein mag, oder noch mehr, wenn er Euer Parteigänger ist (denn eine größere Sicherheit kann man in Italien nicht haben als eine Partei), würde Euch nicht lange dienen, wenn die Bezahlung ausbliebe, denn seine Leute würden ihn verlassen und der Hauptmann hätte seinen Ruf verloren. Die meisten haben nämlich nichts als das Vertrauen ihrer Reisigen, die von ihrem Hauptmann bezahlt werden, und der läßt sich von demjenigen bezahlen, dem er dient.

Was aber waren die Verhandlungen und Vorschläge, die ich meine? – Nichts weniger, als daß der Abzug des Herzogs von Orléans nach Asti mit einer guten und großen Schar von Leuten vorbereitet wurde. Dies geschah vor dem Fall von Gaëta und noch später, zwei Jahre nach der

Rückkehr des Königs, und als der Herzog von Mailand nicht hielt, was er versprochen hatte. (Der Herzog von Mailand tat nicht alles, um zu täuschen und aus Bosheit, sondern zum Teil aus Furcht, der König möchte ihn, wenn er so groß geworden wäre, hinterher stürzen, denn er hielt den König für einen Mann von wenig Haltung und Sicherheit.) Ich sah den Herzog schon bereit abzureisen und seinen Troß abgehen. Uns waren vom Herzog von Ferrara fünfhundert Reisige und zwanzigtausend Mann zu Fuß zugesichert, obgleich er der Schwiegervater des Herzogs von Mailand war; er wollte sich aber aus der Gefahr ziehen, in der er sich zwischen den Venetianern und dem Herzog sah (schon vor langer Zeit hatten die Venetianer ihm, wie man oben sehen konnte, Polesina fortgenommen und forderten nur seine Vernichtung); so hatte er seine Sicherheit und die seiner Kinder der Freundschaft vorgezogen, die ihn mit seinem Schwiegersohn verband, und er glaubte, der Herzog würde mit dem König durch seine Vermittlung ein Übereinkommen treffen, wenn er sich in dieser Furcht sähe. Der Markgraf von Mantua, der noch vor kurzem der oberste Führer der Venetianer gewesen war, und es noch war, wenn auch von ihnen verdächtigt und unzufrieden mit ihnen, vereinigte sich mit seinem Schwiegervater, dem Herzog von Ferrara, mit dreihundert Reisigen; zur Frau hatte er (und er hat sie noch heute) die Schwester der Herzogin von Mailand und Tochter des Herzogs von Ferrara. Herr Johann Bentivoglio, der Bologna regiert, hatte einhundertfünfzig Reisige gestellt und zwei seiner Söhne, die Reisige und gutes Fußvolk bei sich hatten. Er war an einem Ort, wo er gut gegen den Herzog von Mailand dienen konnte. Die Florentiner, die sich geschlagen sahen, wenn sie nicht von dem einen großen Unglück sich wieder erholen würden, da ihnen Pisa und die anderen besagten Plätze fortgenommen worden waren, rüsteten auf ihre Kosten achthundert Reisige und fünftausend Fußknechte; ihre Löhne hatten sie voraus gedeckt. Die Orsini und Vitelli und der Präfekt, der Bruder des Kardinals San Pietro ad Vincula, von denen mehrere Male gesprochen worden ist, denn sie waren im Solde des Königs, hätten wohl eintausend Reisige aufgebracht. Man muß aber bedenken, daß das Gefolge ihrer Reisigen nicht dem Gefolge der Unseren entspricht, die Bogenschützen haben. Der Sold ist aber der gleiche, denn ein gut bezahlter Reisiger kostet hundert Dukaten jährlich, eintausend Reisige hunderttausend Dukaten und das Doppelte kosten uns die Bogenschützen.

Diesen Söldnern mußte man wohl etwas bezahlen, den Florentinern aber nichts. Dem Herzog von Ferrara, dem Markgrafen von Mantua und dem Bentivoglio nur einen Teil ihrer Ausgaben, denn sie strebten Landgewinn auf Kosten des Herzogs von Mailand oder der Venetianer an. Nun seht, ob der Herzog von Mailand, wenn er so plötzlich von denen, die der Herzog von Orléans heranführte, und allen denen, die ich genannt habe, angegriffen worden wäre, sich hätte verteidigen können, ohne vernichtet zu werden, oder ob er nicht gezwungen gewesen wäre, sich auf die Seite des Königs gegen die Venetianer zu stellen. Weniger als achtzigtausend Taler hätten alle Italiener eine lange Zeit im Feld gehalten. Wäre der Herzog von Mailand niedergeworfen worden, würde das Königreich Neapel von selbst wieder zurückkommen.

Daß man dieses schöne Abenteuer nicht versuchte, kam daher, daß der Herzog von Orléans seinen Sinn änderte und den König zweimal bat, er möchte diese Sache vor den Rat bringen; man hatte zwar schon gehört, er solle vom Abend zum Morgen aufbrechen, weil er alles vorausgeschickt hatte, was seiner Person diente, er selbst nur noch abzureisen brauchte und das Heer bereit und bezahlt war; denn in Asti waren achthundert französische Reisige und wohl sechstausend Mann zu Fuß, worunter viertausend Schweizer waren. Nun wurde zweimal Rat gehalten, und ich befand mich beide Male dabei. Es wurde einstimmig beschlossen (obgleich immer mindestens zehn bis zwölf Personen anwesend waren), daß er gehen solle, da man alle Freunde in Italien davon unterrichtet hätte (die oben genannt worden sind), die schon Ausgaben gemacht hätten und sich bereithielten. Damals sagte der Herzog von Orléans, er würde nicht wegen seines Anspruchs dahin gehen, gern aber als Statthalter des Königs und auf seinen Befehl. Er war nämlich von irgend jemand beraten worden oder verschob seine Abreise, weil er den König bei schlechter Gesundheit sah, dessen Erbe er sein sollte, wenn er sterben würde. So endete dieser Rat. Am nächsten Tag und mehrere Tage später drängten die florentinischen Gesandten und andere den König sehr, den Herzog abreisen zu lassen; der König aber antwortete, er würde niemals einen mit Gewalt in den Krieg schicken: so wurde dieser Zug aufgegeben. Das mißfiel dem König sehr, der große Ausgaben gemacht und große Hoffnung hatte, sich am Herzog von Mailand zu rächen, angesichts der Nachrichten, die er von Stunde zu Stunde über die Beziehungen bekam, die Herr Johann Jakob Trivulzio unterhielt, der der Statthalter des Königs und des Herzogs von Orléans in Asti war; er war in Mailand geboren und war im Herzogtum Mailand sehr beliebt und geschätzt, wo es reichlich Leute gab, die gute Verbindungen mit ihm hatten, sowohl Verwandte als auch andere.

Nachdem diese Unternehmung fehlgeschlagen war, boten sich gleich danach eine, zwei oder drei neue auf einen Schlag in Genua, wo die Leute zu jedem Umsturz geneigt sind. Die eine bezog sich auf Herrn Battista Campofregoso, der ein großer Führer in den Parteistreitigkeiten von Genua war; er war aber verbannt, und seine Partei vermochte nichts, ebensowenig die Doria, die Edelleute sind, und die Fregosi. Die Doria sind Parteigänger der Fregosi und können als Adlige keine Dogen werden; denn kein Edelmann kann es werden. Herr Battista war es kürzlich gewesen; er wurde aber von seinem Oheim, dem Kardinal von Genua, betrogen, der die Signorie von Genua vor noch nicht sehr langer Zeit in die Hände des Herzogs von Mailand gegeben hatte. In Genua regierten jetzt die Adorno, die keine Edelleute, aber oft Dogen von Genua gewesen sind; sie wurden von den adeligen Spinolas unterstützt. So machten die Adeligen in Genua den Dogen, konnten es aber selbst nicht werden. Herr Battista hoffte, seine Partei sowohl in der Stadt, als auch auf dem Land zu den Waffen zu holen; die Oberherrschaft sollte der König haben. Er und die Seinen würden herrschen und die anderen hinausjagen. Mehrere in Savona hatten sich an den Kardinal San Pietro ad Vincula gewandt und versichert, sie könnten ihm diese Stadt ausliefern, da sie auf Freiheit hofften. Denn die Stadt war Genua untertan und bezahlte Zins. Wer diesen Ort hatte, konnte Genua scharf bedrohen, da der König die Provence hielt und Savoyen unter seinem Befehl stand.

Wegen aller dieser Nachrichten befahl der König Herrn Johann Jakob Trivulzio, er solle Herrn Battista Campofregoso unterstützen und ihm Leute leihen, ihn bis an die Tore Genuas zu begleiten, um zu sehen, ob sich seine Partei erheben könne. Auf der anderen Seite wurde er vom Kardinal San Pietro ad Vincula bedrängt, daß der König auch an Herrn Johann Jakob schrieb, er möchte dem Kardinal Leute mitgeben, um ihn nach Savona zu führen. Er trug es ihm mündlich durch Herrn de Serenon auf, dem Provencalen, einem Freund des Kardinals und sehr kühnen Sprecher. Der König befahl Herrn Johann Jakob, sich an einen Ort zu begeben, wo er beide Scharen unterstützen könne; er möchte nichts gegen den Herzog von Mailand und gegen den Frieden, den man im letzten Jahr mit dem Herzog (wie man anderswo sehen kann) geschlossen habe, unternehmen. Das waren nun sehr widersprechende Befehle. So werden die Geschäfte von großen Fürsten erledigt, wenn sie nicht selbst dabei sind und plötzlich Briefe und Leute schicken, ohne vorher so schwerwiegende Sachen vor ihnen beraten zu lassen. Man versteht, daß das, was Herr Battista Campofregoso wünschte, und das, was der Kardinal suchte, unmöglich beiden auf einmal gegeben werden konnte. Denn man konnte nicht bis an die Mauern Genuas ohne eine große Zahl Truppen gehen, da es dort viel kühnes und gut bewaffnetes Volk gibt. Wenn man dem Kardinal Leute gab, war das Heer in drei Teile geteilt, da Herrn Johann Jakob noch einige bleiben mußten. In Genua und Savona lagen reichlich Leute, die der Herzog von Mailand und die Venetianer hingeschickt hatten, die alle beide große Furcht hatten, daß Genua abfallen würde; ebenso fürchteten sich Don Fredrego und der Papst.

Nun hatte Herr Johann Jakob noch eine dritte Unternehmung auf dem Herzen; er wollte geradeswegs gegen den Herzog von Mailand ziehen und die anderen beiden Unternehmungen fallen lassen. Wenn man ihn das hätte machen lassen, wäre es eine große Sache gewesen. Und er begann wirklich: in einem Schreiben an den König gab er als Grund an, er könne diejenigen, die nach Genua oder Savona gingen, nicht vor Schaden schützen, und legte sich auf die große Straße von

Alessandria nach Genua, denn auf einem anderen Weg konnte der Herzog keine Leute gegen die Unseren schicken; Herr Johann Jakob nahm drei oder vier kleine Städte, die ihm öffneten. Er sagte, er mache dem Herzog deswegen nicht den Krieg, obgleich es nötig sei, daß er sich dort festsetze. Auch der König dachte nicht daran, mit dem Herzog Krieg zu führen, um Genua oder Savona zu bekommen, wenn er es gekonnt hätte, und sagte, der Herzog hätte sie verwirkt, und sie wären ihm wieder zugefallen. Um den Kardinal zu befriedigen, gab Herr Johann Jakob ihm einen Teil des Heeres nach Savona. Er fand den Platz scharf besetzt und seine Unternehmung vereitelt. Man zog sich wieder zurück. Andere wurden Herrn Battista mitgegeben, um nach Genua zu gehen; er versicherte, es könne nicht fehlschlagen. Als man drei oder vier Meilen marschiert war, hegten diejenigen, die in seiner Schar gingen, Zweifel gegen ihn, sowohl Deutsche wie Franzosen: dennoch war es zu Unrecht. Ihre Schar aber, die nicht groß war, hätte sich in Gefahr begeben, wenn seine Partei sich nicht erhoben hätte.

So scheiterten alle Unternehmungen; schon hatte sich der Herzog von Mailand verstärkt, der in großer Gefahr gewesen wäre, wenn man Herrn Johann Jakob hätte machen lassen. Viele Leute der Venetianer waren zu ihm gestoßen. Unser Heer zog sich zurück, und man gab den Fußknechten Urlaub. Die kleinen Städte, die man eingenommen hatte, wurden geräumt, und der Krieg endete mit geringem Vorteil für den König, da sehr viel Geld darauf verwandt worden war.

## *Dreiundzwanzigstes Kapitel*[19]

Seit Beginn des Jahres 1496, als der König schon drei bis vier Monate diesseits der Berge war, unternahm er nichts anderes in Italien. Ich befand mich diese ganze Zeit bei ihm und war bei den meisten Dingen anwesend. Von Lyon ging der König nach Moulins und von Moulins nach Tours; überall veranstaltete er Turniere und Tjoste und dachte an nichts anderes. Diejenigen, die in seiner Umgebung das meiste Vertrauen genossen, waren so uneinig wie nur möglich. Die einen wollten, daß er die Unternehmung in Italien weiterführe; das waren der Kardinal und der Seneschall, die ihren Nutzen und ihren Einfluß in der Fortsetzung sahen; alles ging durch ihre Hände. Auf der anderen Seite war der Admiral[20], der vor diesem Zug beim König das ganze Ansehen gehabt hatte. Dieser wollte, daß man dieses Unternehmen gänzlich lassen sollte. Er sah darin seinen Nutzen, die Rückkehr seines alten Einflusses und den Sturz der anderen. So gingen die Dinge etwa ein und ein halbes Jahr.

19 Hier beginnt der 1498 geschriebene Teil.
20 Louis Malet, Seigneur de Graville.

Gesandte gingen zum König und der Königin von Kastilien, da der König sehr wünschte, diese Seite zu befrieden, die mit ihm im Krieg war. Die Kastilier waren zu Meer und zu Land stark. Obgleich sie zu Land wenig Waffentaten verrichteten, hatten sie doch zu Meer den Königen Ferrante und Fredrego sehr geholfen; Sizilien liegt nämlich bei Reggio in Kalabrien ein und eine halbe Meile vom Königreich Neapel entfernt; einige wollten sagen, daß einst alles Land war, daß sich aber das Meer diesen Durchgang geschaffen habe, den man heute den Faro di Messina nennt. Von Sizilien, dessen Oberherren der König und die Königin von Kastilien waren, kam viel Hilfe von Neapel, sowohl an Karavellen, die sie von Spanien dorthin geschickt hatten, als auch an Truppen. In Sizilien selbst befand sich eine Anzahl Reisige und Genetaren[20a], die nach Kalabrien übergesetzt waren; sie machten denen, die dort für den König waren, den Krieg. Ihre Schiffe waren unablässig bei denen der Liga: wenn so alles versammelt war, war der König zu Meer viel zu schwach.

Anderswo schadete der König von Kastilien dem König nur wenig. Eine große Anzahl Reiter kam ins Languedoc, plünderte dort und lag im Land. Mehrere blieben in diesem Land zwei, drei oder vier Tage: eine andere Waffentat verrichteten sie nicht. Herr de St-André aus dem Bourbonnais war für den Herzog von Bourbon, den Statthalter von Languedoc, an dieser Grenze. Dieser unternahm es, Salses, eine kleine Stadt in Roussillon, zu nehmen, denn von dort aus machten sie dem König den Krieg. Zwei Jahre vorher hatte der König ihnen Roussillon wiedergegeben, in dem die Landschaft Perpignan liegt, zu der diese kleine Stadt gehört. Die Unternehmung war groß, weil dort reichlich Leute waren und außerdem Edelleute aus dem Hause des Königs von Kastilien. Ihr Heer lag eine Meile von dort zu Felde und war größer als das unsere. Dennoch führte Herr de St-André sein Unternehmen so klug und so heimlich durch, daß er in zehn Stunden den Platz einnahm, wie ich aus seinen Briefen sah. Er wurde im Sturm genommen; dreißig bis vierzig angesehene spanische Edelleute fielen; unter anderen der Sohn des Erzbischofs von San Jago und drei- bis vierhundert andere Männer, die nicht erwartet hatten, daß sie so schnell genommen werden würde. Denn sie wußten nicht, welche Wirkung unsere Artillerie hatte, die wirklich jede Artillerie der Welt übertrifft. Das ist der ganze Waffengang, der zwischen den beiden Königen stattfand; er gereichte aber dem König von Kastilien zur Schande und zum Verlust seines Rufes, da sein Heer sehr groß war. Wenn aber unser Herrgott beginnen will, die Menschen zu strafen, schickt er ihnen gern zu Anfang solche kleinen Schmerzen; denn dem König und der Königin von Kastilien geschahen später viel größere; so machte er es auch mit uns.

Der König und die Königin taten großes Unrecht, daß sie sich so gegen den König verschworen hatten, nachdem er ihnen die große Güte

[20a] Reiter auf kleinen arabischen Pferden.

erwiesen und ihnen das Land Roussillon zurückgegeben hatte; es hatte seinen Vater viel gekostet, es wiederherzustellen und zu sichern; er hatte es für dreihunderttausend Taler zum Pfande, die er ihnen erließ. Und dies alles, damit sie ihn nicht bei der Eroberung Neapels hindern würden, die er zu vollenden hoffte. Sie erneuerten die alten kastilischen Bündnisse, von König zu König, von Reich zu Reich, von Untertan zu Untertan, in denen sie gelobten, ihn nicht bei seiner Eroberung zu hindern und keine ihrer Töchter in die Häuser Neapel, England und Flandern zu verheiraten. Dieses scharfe Heiratsverbot kam von ihrer Seite und wurde durch einen Franziskaner, Bruder Juan von Mauléon genannt, von der Königin von Kastilien eröffnet. Seit sie aber sahen, daß der Krieg begonnen hatte und der König in Rom war, schickten sie ihre Gesandten überall hin, um Bündnisse gegen den König zu schließen, sogar nach Venedig, wo ich war. Dort wurde die besagte Liga geschlossen, zwischen dem Papst, dem römischen König, ihnen, der Signorie von Venedig und dem Herzog von Mailand. Sogleich begannen sie den Krieg gegen den König und sagten, eine solche Verpflichtung, daß sie ihre Töchter nicht an die besagten Könige verheiraten dürften, sei nicht zu halten (sie hatten vier und einen Sohn). Und dabei war, wie Ihr gesehen habt, dieses Angebot von ihnen selbst gekommen.

Um nun zu unserem Thema zurückzugehen: alle diese italienischen Kriege waren fehlgeschlagen; der König hielt im Königreich nur noch Gaëta (denn noch hatte er es, als die Friedensverhandlungen zwischen den Königen und der Königin begannen, aber bald danach ging es auch verloren; auch auf der Seite von Roussillon führte man keinen Krieg mehr, jeder aber bewachte das Seine). Sie schickten einen Edelmann und einen Mönch aus Montferrat; denn alle ihre Werke ließen sie von solchen Leuten ausführen, entweder aus Heuchelei oder um weniger auszugeben. Dieser Franziskanerbruder Juan von Mauléon, von dem gesprochen worden ist, führte ja auch die Verhandlungen über die Rückgabe von Roussillon. Diese Gesandten baten zu Beginn den König, er möchte, wenn es ihm gefiele, nicht mehr an das Unrecht denken, das der König und die Königin von Kastilien ihm zugefügt hätten (man nannte immer die Königin, weil die Krone von Kastilien von ihrer Seite herkam; auch hatte sie die eigentliche Macht; es ist aber eine sehr gute und einträchtige Ehe gewesen). Dann baten sie um einen Waffenstillstand, in dem die ganze Liga einbegriffen sein sollte; der König solle im Besitz von Gaëta und anderen Städten bleiben, die er in diesem Königreiche habe, und könne sie während des Waffenstillstands nach seinem Belieben verproviantieren. Man solle eine Tagung ansetzen, zu der sich die Gesandten der ganzen Liga einfinden würden, um, wenn möglich, über den Frieden zu verhandeln. Danach wollten die Könige in ihrer Eroberung oder Unternehmung gegen die Mauren fortfahren und über das Meer zwischen Granada und Afrika vorstoßen, wo ihnen das Land des

Königs von Fez das nächste war. Dennoch wollten einige sagen, ihr Wille stünde nicht danach, und sie würden sich mit dem zufrieden geben, was sie erreicht hatten, nämlich mit der Eroberung des Königreiches von Granada, was wirklich eine schöne und große Eroberung gewesen ist, die schönste unserer Zeit, die ihre Vorfahren niemals zustande gebracht hatten. Ich wollte, aus Liebe zu ihnen, sie hätten niemals auf etwas anderes gesonnen und unserem König gehalten, was sie ihm versprochen hatten.

Der König schickte mit diesen beiden Gesandten Herrn de Clérieux aus der Dauphiné und versuchte, mit ihnen einen Frieden oder Waffenstillstand zu schließen, ohne die Liga einzubeziehen. Hätte er ihr Angebot angenommen, wäre immerhin Gaëta gerettet worden, was genügt hätte, um das Königreich Neapel zurückzugewinnen, da der König dort Freunde hatte. Als Herr de Clérieux zurückkam, brachte er neue Verhandlungsvorschläge mit; schon bevor er in Kastilien war, war Gaëta verloren. Diese neuen Vorschläge waren: der König und sie würden zu ihrer alten Freundschaft zurückkehren; beide würden die ganze Eroberung Italiens als gemeinsame Beute auf gemeinsame Kosten unternehmen; beide Könige würden zusammen sein. Aber erstens wollten sie einen allgemeinen Waffenstillstand, in dem die Liga einbegriffen sein sollte, und zweitens eine Tagung in Piemont, zu der jeder Gesandte schicken sollte, da sie sich ehrenhaft von der Liga lösen wollten. Meiner Meinung nach war dieses ganze Angebot nach dem, was man später gesehen hat, nur ein Vorwand, um Zeit zu gewinnen und den König Ferrante, der noch lebte, und Don Fredrego, der kürzlich seinen Einzug ins Königreich gehalten hat, zur Ruhe kommen zu lassen. Dennoch hätten sie gern das Königreich für sich gehabt, denn sie hatten hier mehr Recht als die, die es besaßen und besitzen. Man sagt aber, das Haus Anjou, von dem der König sein Recht ableitet, gehe vor. Nach der Natur der Leute aber, die dort wohnen, scheint es mir, daß es demjenigen gehört, der es besitzen kann, denn sie wollen nur Unruhe.

Dann kehrten Herr de Clérieux und einer namens Miguel von Gramont mit einigen Eröffnungen zurück. Der de Clérieux brachte diesem Hause Aragon einige Zuneigung entgegen und hoffte, die Markgrafschaft Cotrone in Kalabrien zu bekommen, die der spanische König von der letzten Eroberung behauptete, die seine Truppen in Kalabrien gemacht hatten; Herr de Clérieux machte darauf für sich Ansprüche. Er ist ein guter Mann, der besonders so hohen Personen leicht vertraute. Als er zum zweitenmal wiederkam, brachte er einen Gesandten dieser Könige mit und berichtete, sie würden sich mit dem zufrieden geben, was Sizilien am nächsten liege, das sei Kalabrien, wegen des Rechtes, das sie auf dieses Königreich hätten; der König solle den Rest bekommen. Der König von Kastilien würde selbst zu dieser Eroberung kommen und würde ebenso viele Kosten für das Heer bezahlen wie der König. Schon habe er vier oder fünf feste Plätze in Kalabrien, von denen Cotrone einer war, eine gute und feste Stadt. Ich war bei diesem Bericht anwesend. Mehreren schien es, es sei nur ein Betrug und man müsse einen Verständigen hinschicken, der sich dieser Verhandlungen aus der Nähe annähme. Aus diesem Grund wurde den ersten Herr du Bouchage mitgegeben, ein sehr kluger Mann, der bei König Ludwig großes Vertrauen genoß und es auch jetzt noch bei König Karl, dem Sohne des verstorbenen Königs Ludwig, hat. Der Gesandte, den Herr de Clérieux mitgebracht hatte, wollte niemals bestätigen, was dieser sagte. Er erklärte vielmehr, er glaube, Herr de Clérieux könnte es nicht sagen, wenn die Herren es ihm nicht mitgeteilt hätten; und das bestätigte den Betrug. Niemand konnte glauben, daß der König von Kastilien in Person hinkommen würde, noch, daß er ebensoviel wie der König ausgeben wollte oder könnte.

Als die Herren du Bouchage, Clérieux, Miguel von Gramont und andere vor den König und die Königin von Kastilien gekommen waren, ließ man sie an einem Ort Quartier nehmen, wo niemand mit ihnen Verbindungen unterhalten konnte. Es waren Leute da, die sie bewachten. Der König und die Königin sprachen dreimal mit ihnen. Als es aber dazu kam, daß Herr du Bouchage ihnen sagte, was Herr de Clérieux und Miguel von Gramont berichteten, gaben sie zur Antwort, sie hätten wohl in Form einer Unterhaltung darüber gesprochen, aber nicht weiter; sie wollten sich gern für den Frieden einsetzen und dafür, daß er für den König zu Ehren und Vorteil geschlossen werde. Mit dieser Antwort war Herr de Clérieux sehr unzufrieden und das nicht ohne Grund; er hielt in Gegenwart des Herrn du Bouchage vor ihnen aufrecht, daß sie so zu ihm gesprochen hätten. Damals wurde von Herrn du Bouchage und seinen Begleitern ein Waffenstillstand auf zwei Monate Kündigung geschlossen, ohne die Liga einzubeziehen. Wohl aber waren die, die ihre Töchter geheiratet hatten, und die Väter ihrer Schwiegersöhne einbegriffen: das waren der römische König und der englische, denn der Prinz von Wales und der Erzherzog von Österreich hatten sie geheiratet. Der Prinz von Wales ist aber noch sehr jung. Eine von den vier Töchtern ist noch nicht verheiratet; die älteste war Witwe. Sie hatte den Sohn des kürzlich verstorbenen Königs von Portugal geheiratet, der sich vor ihren Augen den Hals brach, als er auf einem Hengst durch die Bahn ritt. Das geschah drei Monate nach ihrer Hochzeit.

Als Herr du Bouchage angekommen war und Bericht erstattet hatte, erkannte der König, daß er gut daran getan hatte, diesen dorthin zu schicken, und daß er zum mindesten über das Gewißheit erlangte, worüber er in Zweifel war. Es schien ihm sehr, daß Herr de Clérieux zu leichtgläubig gewesen war. Überdies sagte ihm Herr du Bouchage, daß er nichts anderes als den Waffenstillstand habe erreichen können; es stehe in der Wahl des Königs, ihn anzunehmen oder nicht. Der König nahm ihn an; und er war auch gut, angesichts der Trennung der

Liga, die ihn bei seinen Plänen so gestört hatte; niemals hatte er ein Mittel gefunden, sie zu trennen, so oft er es auch versucht hatte. Außerdem sagte ihm Herr du Bouchage, nach ihm kämen Gesandte zum König; der König und die Königin hätten ihm bei seiner Abreise versichert, die Gesandten hätten Vollmacht, einen guten Frieden abzuschließen. Auch sagte er, sie hätten den Prinzen von Kastilien, ihren einzigen Sohn, krank zurückgelassen.

## *Vierundzwanzigstes Kapitel*

Zehn oder zwölf Tage nach der Ankunft des Herrn du Bouchage und seiner Gefährten kamen Briefe an diesen von einem der königlichen Herolde, die er dagelassen hatte, um die Gesandtschaft zu geleiten, die kommen sollte. Diese Briefe besagten, daß er sich nicht wundern solle, wenn die Gesandten sich einige Tage verspäten würden, da der Prinz von Kastilien gestorben sei; die Könige (so nennt man sie) zeigten darüber so große Trauer, daß man es kaum glauben könne; besonders die Königin, von der man glaubte, sie sei dem Tode näher als dem Leben. Und wirklich habe ich niemals von größerer Trauer reden hören, als damals in allen ihren Kronlanden, denn sämtliche Handwerker hörten vierzig Tage auf zu arbeiten (so sagten mir ihre Gesandten später), jeder ging schwarz gekleidet in groben Wollstoffen; der Adel und die Vornehmen ritten auf Maultieren, die bis auf die Knie mit Tuch verhüllt waren, so daß nur die Augen sichtbar blieben; schwarze Banner wehten auf allen Stadttoren. Als die Dame Margarete, die Tochter des römischen Königs, Schwester des Erzherzogs von Österreich und Gattin dieses Prinzen, diese traurige Nachricht erfuhr (sie war im sechsten Monat schwanger), gebar sie eine tote Tochter[21].

Welch schmerzliche Ereignisse in diesem Hause, das soviel Ruhm und Ehre erworben hatte und mehr Land durch Erbschaft besaß als je ein Fürst der Christenheit; das diese schöne Eroberung von Granada gemacht hat, das den König zwang, aus Italien zu gehen und seine Unternehmung aufzugeben, was sie als wichtige Sache ansahen, und das so von aller Welt geehrt wurde! Der Papst hatte ihnen den Titel des „Sehr Christlichen Königs" beilegen und diesen dem französischen König fortnehmen wollen; mehrmals hatte er sie so in den Briefen angeredet, die er ihnen schickte. Weil einige Kardinäle sich diesem Titel widersetzten, gab er ihnen einen anderen und nannte sie „Sehr Katholische Könige"; so schreibt er ihnen noch, und man kann glauben, daß dieser Name ihnen zu Rom verbleiben wird. Sie hatten in ihrem Lande großen Gehorsam und Gerechtigkeit; es schien, als ob Gott und die Welt sie mehr ehren wollten als alle anderen Fürsten; persönlich gedieh ihnen alles wohl.

21 Es war ein Sohn, was Commynes selbst oben im vierten Kapitel des siebenten Buches richtig gesagt hatte.

Noch waren sie nicht verlassen, denn ihre älteste Tochter, die sie nach dem Verlust ihres Sohnes, des Prinzen, über alles liebten, war seit einigen Tagen mit Emanuel, dem König von Portugal, vermählt, einem jungen Fürsten, der seit kurzem König geworden war. Ihm fiel die Krone durch den kürzlich erfolgten Tod des Königs zu, der grausam geherrscht hatte; er ließ nämlich dem Vater seiner Gattin den Kopf abschlagen, tötete dann ihren Bruder, den Sohn des Obengenannten, und ältesten Bruder desjenigen, der heute König von Portugal ist, den er in großer Furcht und Angst hatte leben lassen. Er tötete den Bruder eigenhändig beim Essen in Anwesenheit seiner Frau und hatte Lust, seinen Bastard zum König zu erheben. Seit diesen beiden Grausamkeiten lebte er in großer Furcht und großem Argwohn und verlor bald nach diesen beiden Taten seinen einzigen Sohn, der sich den Hals brach, als er, wie gesagt, auf einem Hengst durch die Rennbahn ritt. Er war der erste Gemahl der besagten Dame, die jetzt den heute regierenden König von Portugal geheiratet hat; so war sie zweimal nach Portugal gekommen; man sagte, sie sei unter allen klugen Damen der Welt eine besonders kluge und ehrenhafte Dame.

Fahren wir mit den traurigen Schicksalen fort, die in einem so kurzen Zeitraum den König und die Königin von Kastilien betroffen hatten, die so ruhmvoll und glücklich bis in ihr fünfzigstes Jahr gelebt hatten; die Königin war übrigens zwei Jahre älter. Sie hatten ihre Tochter dem König von Portugal gegeben, um in Spanien keinen Feind zu haben, das sie außer Navarra beherrschten; sie besitzen dort das, was ihnen gefällt, und haben vier der wichtigsten Plätze. Sie hatten es auch getan, um über das Wittum und die Mitgift dieser Dame beruhigt zu sein, und weil einige portugiesische Herren aus dem Land verbannt worden waren, als der verstorbene König die beiden besagten Herren töten ließ und ihre Güter konfisziert hatte. (Auf diese Weise besteht die Konfiskation heute noch, obgleich das Verbrechen, dessen sie angeklagt waren, darin bestand, daß sie den zum König von Portugal machen wollten, der es heute ist). Diese Ritter wurden in Kastilien entschädigt. Ihre Länder verblieben der Königin von Portugal, von der ich gesprochen habe. Man muß wissen, daß es kein Volk gibt, das die Spanier so haßt wie die Portugiesen; sie verachten sie und machen sich über sie lustig. Aus diesem Grund mißfiel es dem Königspaar sehr, ihre Tochter einem Mann gegeben zu haben, der dem Königreich Kastilien und ihren anderen Herrschaften nicht angenehm sein würde. Wenn sie ihre Tochter nach ihrem Willen hätten verheiraten können, hätten sie es niemals getan: das war für sie ein anderer bitterer Kummer und noch dazu, daß sie von ihnen scheiden mußte. Dennoch haben sie sie, als ihr Kummer vorüber war, durch alle Hauptstädte ihrer Königreiche geführt und sie als Prinzessin und den König von Portugal als Prinzen empfangen und ihn zum König nach ihrem Tode bestimmt. Ein kleiner Trost widerfuhr ihnen noch: diese Dame nämlich, die Prinzessin von

Kastilien und Königin von Portugal, war schwanger, und das Kind bewegte sich schon. Hier aber geschah ihnen das Schmerzlichste, und ich glaube, sie haben gewollt, daß Gott sie aus der Welt nehmen möchte; denn diese Dame, die sie so liebten und schätzten, starb an diesem Kind. Das ist, glaube ich, noch nicht einen Monat her, und wir sind jetzt im Oktober des Jahres 1498. Der Sohn aber, an dessen Geburt sie starb, blieb am Leben und wurde nach seinem Vater Emanuel genannt[22].

Alle diese schweren Geschicke trafen sie in einer Zeitspanne von nur drei Monaten. Vor dem Tod dieser Dame aber ist in unserem Königreich eine andere große Trauer und Trübsal vorgefallen, denn König Karl VIII., von dem ich so viel gesprochen habe, ist verschieden, wie ich nachher erzählen werde. Es scheint, als ob der Herrgott diese beiden Häuser mit strenger Miene betrachtete und nicht wünschte, daß ein Königreich das andere verachte. Denn keine Veränderung kann in einem Reiche geschehen, die nicht für die Mehrzahl schmerzlich wäre; obwohl einige dabei gewinnen, so sind es doch hundertmal mehr, die dabei verlieren. Bei einem solchen Wechsel müssen viele Gewohnheiten und Lebensformen geändert werden, denn was dem einen König gefällt, mißfällt dem anderen. Und, wie ich schon an einer anderen Stelle gesagt habe, wenn man auf die grausamen und plötzlichen Strafen achten würde, die unser Herrgott den Großen seit dreißig Jahren geschickt hat, so würde man ihrer mehr vorfinden als in den vergangenen zweihundert Jahren, und zwar für Frankreich, Kastilien, Portugal, England, das Königreich Neapel, Flandern und die Bretagne zusammen. Wollte man alle die einzelnen Fälle, die ich erlebt habe, beschreiben (und fast alle Personen, sowohl Männer als auch Frauen), würde man ein großes verwunderliches Buch daraus machen können, selbst wenn darin nur stände, was sich seit zehn Jahren zugetragen hätte. Daraus müßte die Allmacht Gottes wohl erkannt und verstanden werden. Die Schläge, die er den Großen gibt, sind viel grausamer, mächtiger und andauernder, als die, die auf die kleinen Leute niedergehen. Wenn man alles betrachtet, so scheint es mir schließlich, daß sie in dieser Welt den anderen nichts voraus haben. Wollten sie doch besser beachten und sich zunutze machen, was sie bei ihren Nachbarn geschehen sehen, und fürchten, daß das gleiche sie treffen könne, sie würden es erkennen. Denn so wie sie diejenigen, die unter ihnen leben, nach ihrer Willkür züchtigen, so verfährt unser Herrgott mit ihnen nach seinem Willen, da sie sonst niemand mehr über sich haben. Ein Land oder Königreich ist glücklich, wenn es einen weisen König oder Herrn hat, der Gott fürchtet und seine Gebote achtet.

Wir haben in kurzen Worten die Schmerzen gezeigt, die diese beiden großen und mächtigen Königreiche in drei Monaten erlitten haben, die noch kurz vorher so gegeneinander entflammt und so damit beschäftigt waren, einander zu quälen und nur darauf bedacht, sich zu ver-

[22] In Wirklichkeit Michael. — Irrtum Commynes'.

größern, ohne sich mit dem zu bescheiden, was sie hatten. Ich gestehe, wie gesagt, gern, daß es immer Leute gibt, die an solchen Veränderungen Freude und Vorteil haben; aber auch ihnen ist beim ersten Anblick ein solches so plötzliches Sterben schrecklich.

## *Fünfundzwanzigstes Kapitel*

Nun will ich aufhören, von den Begebenheiten in Italien und Kastilien zu sprechen, und zu unseren besonderen Schmerzen und Verlusten in Frankreich zurückkehren und auch zu der Freude, die jene empfunden haben können, die dabei gewonnen haben; ich will von dem plötzlichen Tod unseres Königs Karl VIII. reden. Dieser war in seinem Schloß Amboise, wo er das größte Bauunternehmen an Burg wie Stadt begonnen hatte, das ein König seit hundert Jahren unternahm. Das kann man an den Türmen sehen, in denen man zu Pferde emporreitet, und an dem, was er in der Stadt unternommen hatte. Die Pläne dazu waren mit großem Aufwand und großen Kosten hergestellt und man hätte lange gebraucht, bis die Arbeiten zu Ende gewesen wären. Er hatte aus Neapel mehrere ausgezeichnete Meister für verschiedene Arbeiten mitgebracht, als Bildhauer und Maler. Es schien sehr, daß dieses Unternehmen von einem jungen König angefangen wurde, der nicht an den Tod dachte, sondern auf ein langes Leben hoffte; denn er sammelte alle schönen Dinge, die für ihn zu erreichen waren, in welchem Lande er sie auch gesehen hatte, Frankreich, Italien oder Flandern. Immer trug er die Rückkehr nach Italien im Herzen, gestand wohl ein, reichlich Fehler gemacht zu haben, und zählte sie auf. Er glaubte aber, er würde besser auf den Schutz des Landes bedacht sein, als er es gewesen ist, wenn er noch einmal dahin zurückkehren würde.

Verhandlungen wurden auf allen Seiten geführt und dabei eine ganz neue, um ins Königreich Neapel fünfzehnhundert italienische Reisige zu bringen, die der Markgraf von Mantua, die Orsini und Vitelli und der Präfekt, der Bruder des Kardinals San Pietro ad Vincula, führen sollten. Herr d'Aubigny, der ihm so treu in Kalabrien gedient hatte, ging nach Florenz; sie zahlten die Hälfte der Kosten für sechs Monate. Zuerst sollte man Pisa nehmen oder mindestens die kleinen Plätze in der Umgebung, und dann gemeinsam ins Königreich Neapel eindringen, von dem dauernd Botschaften kamen. Der gegenwärtige Papst Alexander befand sich in großen Verhandlungen auf vielen Seiten, um sich dem König anzunähern, war mit den Venetianern unzufrieden und hatte einen geheimen Boten geschickt, den ich in das Zimmer des Königs kurz vor dessen Tode führte. Die Venetianer waren bereit, gegen Mailand zu verhandeln. Die spanischen Unterhandlungen waren so, wie Ihr sie gesehen habt. Der römische König wünschte nichts auf der Welt so sehr wie unseres Königs Freundschaft, und daß sie beide zusammen ihre Geschäfte in Italien machten; der römische König namens Maximilian ist den Venetianern sehr feindlich gesinnt; diese besaßen auch viel vom Hause Österreich, aus dem er stammte, und vom Kaiserreich.

Ferner hatte sich der König von neuem einen Plan gemacht, nach den Geboten Gottes zu leben, der Justiz und Kirche eine neue Ordnung zu geben und auch seine Finanzen dergestalt zu regeln, daß er von seinem Volk eine Million zweihunderttausend Franken erhebe in Form einer Steuer über sein Eigengut hinaus: das war die Summe, die die drei Stände zu Tours[23] ihm bewilligt hatten, als er König wurde. Er verlangte diese Summe mit Bewilligung für die Verteidigung des Reiches. Er selbst wollte von seinem Eigengut leben, wie es ehemals die Könige gemacht haben. Das konnte er auch gut machen, denn die Domäne ist sehr groß, wenn sie gut verwaltet wird, einbegriffen die Zölle, Salzsteuern und bestimmte Abgaben; das übersteigt eine Million Franken. Doch wäre das eine große Erleichterung für das Volk gewesen, das heute noch über zweieinhalb Millionen Steuern zahlt. Er gab sich große Mühe, die im St.-Benediktiner und anderen Orden eingerissenen Mißbräuche abzuschaffen. Gute Mönche zog er in seine Nähe und hörte sie sprechen. Er hatte den guten Willen (wenn er es gekonnt hätte), es so einzurichten, daß jeder Bischof nur sein Bistum hätte, wenn er nicht Kardinal wäre; dieser sollte zwei haben; sie hätten sich in ihren Pfründen aufzuhalten. Er hätte aber sehr viel zu tun gehabt, wenn er die Diener der Kirche hätte zur Ordnung bringen wollen. Den Bettlern gab er große Almosen. Wenige Tage vor seinem Tode, so erzählte mir sein Beichtvater, der Bischof von Angers, ein angesehener Prälat, hatte er eine öffentliche Audienz veranstaltet, in der er jeden anhörte und besonders die Armen; er fertigte sie gut ab. Ich habe ihn acht Tage vor seinem Tod zwei gute Stunden gesehen; dann sah ich ihn nicht wieder. Wenn auch auf dieser Audienz keine großen Entscheidungen getroffen wurden, so diente sie doch mindestens dazu, jeden in Furcht zu erhalten und besonders seine Beamten, von denen einige wegen Räubereien entlassen wurden.

Als er nun in so hohem Ruhm vor der Welt und in so gutem Willen vor Gott stand, ging er am 7. April des Jahres 1498, am Vorabend des Palmsonntags, aus dem Gemach der Königin Anna von der Bretagne, seiner Gemahlin, und führte sie, um denen zuzusehen, die in den Schloßgräben Ball spielten; nur dieses eine Mal führte er sie hin. Sie traten zusammen in eine Galerie, die wegen der Bauarbeiten eingerissen war, die man die Galerie von „Hakelbach" nannte, weil dieser sie ehemals in Obhut gehabt hatte. Dieses war der unsauberste Ort, denn jeder verunreinigte ihn, und er war eingebrochen. Beim Eintritt stieß der König mit der Stirn gegen die Tür, obgleich er sehr klein war. Dann betrachtete er eine Zeitlang die Spieler und unterhielt sich mit jedem. Ich war nicht dort, aber sein Beichtvater, der Bischof von Angers, und seine nächsten Kammerherrn haben es mir erzählt. Ich war nämlich

[23] Tours 1484.

acht Tage vorher von dort abgereist und nach Haus gegangen. Sein letztes Wort, das er sprach, als er noch gesund war, war, daß er hoffte, niemals eine Todsünde oder eine läßliche Sünde zu begehen, wenn er könnte. Als er dieses sprach, fiel er rückwärts und verlor die Sprache. Es mochte etwa zwei Stunden nach Mittag gewesen sein. Er blieb an diesem Ort bis elf Uhr nachts. Dreimal kam ihm die Sprache wieder, aber immer nur kurz, wie mir sein Beichtvater erzählte, dem er diese Woche zweimal beichtete, einmal wegen der Skrofulosen, die zu ihm kamen. Jeder, der es wollte, ging in die Galerie. Man fand ihn auf einem ärmlichen Strohsack liegen, von dem er sich nicht mehr erhob, bis er seinen Geist aufgab. Das war um neun Uhr. Der Beichtvater, der immer bei ihm war, hat mir erzählt, als ihm die Sprache wiederkam, habe er alle drei Mal gesagt: „Mein Gott und Du, heilige Jungfrau Maria, und Ihr Heiligen Claudius und Blasius, steht mir bei!" So schied dieser große und mächtige König an einem so erbärmlichen Ort aus dieser Welt, der so viele schöne Häuser hatte und ein so schönes baute, und er konnte zum Sterben nicht einmal eine ärmliche Kammer finden.

Wie sehr kann man an diesen beiden hier oben erwähnten Beispielen[24] erkennen, daß die Macht Gottes groß und unser Leben sehr elend ist, daß wir uns so viel Mühe um die Dinge dieser Welt geben, und daß die Könige nicht länger standhalten können als ein kleiner Bauer.

## *Sechsundzwanzigstes Kapitel*

An irgendeinem Punkt dieser italienischen Angelegenheiten habe ich erzählt, wie ein Predigermönch oder Jakobiner fünfzehn Jahre in Florenz gelebt hatte und berühmt war wegen seines heiligen Lebenswandels (ich sah und sprach ihn im Jahre 1495), Bruder Girolamo genannt; der prophezeite vieles, was auch eingetroffen ist, wie ich an anderer Stelle sage, wo ich von ihm spreche; immer hat er darauf bestanden, daß der König die Alpen überschreiten werde und es öffentlich gepredigt; er sagte, er sehe es durch Offenbarung Gottes, sowohl dies als auch andere Dinge, von denen er sprach. Er sagte, der König sei von Gott auserwählt, die Kirche zu reformieren und die Tyrannen zu züchtigen. Weil er erklärte, er wisse es aus Offenbarungen, murrten mehrere gegen ihn, und er zog sich den Haß des Papstes und mehrerer Bürger von Florenz zu. Soweit man sehen konnte, war sein Lebenswandel der beste von der Welt und seine Predigten die besten, die gegen die Laster gehalten wurden. Viele Leute in dieser Stadt hat er zu gutem Leben bekehrt, wie ich gesagt habe.

In diesem Jahre 1498, in dem König Karl VIII. gestorben ist, hat auch vier oder fünf Tage früher oder später der Bruder Girolamo sein

[24] Das andere Beispiel ist der Tod Ludwigs XI. (siehe Ende des 6. Buchs).

Leben beendet. Ich will sagen, weshalb ich es Euch erzähle. Er hat immer öffentlich gepredigt, der König würde von neuem nach Italien zurückkehren, um seine Sendung zu erfüllen, die Gott ihm auferlegt habe; sie bestehe darin, die Kirche mit dem Schwert zu reformieren und die Tyrannen aus Italien zu verjagen; wenn er es nicht täte, würde Gott ihn grausam bestrafen. Alle seine ersten und heutigen Predigten hat er drucken lassen, und sie werden verkauft. Diese Drohung an den König, Gott würde ihn grausam strafen, wenn er nicht zurückkehren würde, hat er ihm mehrmals kurz vor seinem Tode geschrieben; mir hat er mündlich gesagt, als ich mit ihm auf der Heimkehr aus Italien sprach, der Urteilsspruch gegen ihn sei im Himmel gefällt worden, falls er nicht erfüllen würde, was Gott ihm befohlen habe, und wenn er seine Truppen nicht vor dem Plündern bewahre.

Nun waren ungefähr zur Zeit, als der König starb, die Florentiner in ihrer Stadt in großem Streit. Die einen erwarteten noch die Ankunft des Königs und wünschten sie, von der Hoffnung getragen, die Bruder Girolamo ihnen machte; sie verausgabten sich und wurden sehr arm infolge der Kosten, die sie sich machten, da sie glaubten, Pisa und die anderen Städte wiederzugewinnen, die sie dem König gegeben hatten. Die Venetianer behielten Pisa für sich. Mehrere in der Stadt wollten, man solle der Liga beitreten und den König gänzlich verlassen; sie sagten, es sei Betrug und Dummheit, auf ihn zu warten, Bruder Girolamo sei nur ein Ketzer und Vagabund, man solle ihn in einem Sack in den Fluß werfen. Er wurde aber in der Stadt so sehr unterstützt, daß sie nicht wagten, es zu tun. Der Papst und der Herzog von Mailand schrieben oft gegen den Bruder und versicherten den Florentinern, sie würden ihnen Pisa und andere Städte wiedergeben, wenn sie die Freundschaft des Königs aufgeben, Bruder Girolamo gefangennehmen und ihn bestrafen würden. Es geschah damals, daß zu der Stunde eine Signorie in Florenz erhoben wurde, in der mehrere seiner Feinde waren, denn die Signorie wechselt von zwei zu zwei Monaten. Es befand sich dort ein Franziskaner, der, entweder aufgestachelt oder freiwillig, in Streit mit dem Bruder Girolamo kam und ihn einen Ketzer und Volksbetrüger nannte, da er sagte, er hätte Offenbarungen und ähnliche Dinge, und sich anbot, sie mit der Feuerprobe zu beweisen. Diese Worte sagte er vor der Signorie. Bruder Girolamo wollte sich nicht dem Feuer aussetzen, aber einer seiner Gefährten sagte, er würde es für ihn gegen den Franziskaner tun. Dann stellte sich auch ein Begleiter des Franziskaners auf der anderen Seite. Es wurde ein Tag vereinbart, an dem sie durchs Feuer gehen sollten; beide stellten sich am verabredeten Tag, von ihren Mönchen begleitet. Der Jakobiner aber trug in seiner Hand das Corpus Domini; die Franziskaner und auch die Signorie wollten, daß er es fortnehme, was er aber nicht tun wollte; so kehrten sie wieder in ihre Konvente zurück. Das Volk, erregt durch die Feinde des Bruders und im Auftrage der Signorie, ergriff ihn mit zwei anderen im Konvent und folterte ihn gleich zu Beginn sehr. Außerdem tötete es den vornehmsten Mann der Stadt, Franz Valori, einen Freund des Bruders. Der Papst schickte ihnen eine Vollmacht und einen Kommissar, um ihm den Prozeß zu machen, und schließlich verbrannten sie sie alle drei. Die Anklagen waren nur, er verbreite Zwietracht in der Stadt, und das, was er als Prophezeiung verkünde, erführe er durch seine Freunde im Rat.

Ich will ihn weder verteidigen noch anschuldigen, und ich weiß nicht, ob sie gut oder schlecht daran taten, ihn zu töten; er hat aber viele wahre Dinge gesagt, die diejenigen von Florenz ihm nicht hätten sagen können. Was aber den König und die Übel anbetraf, die, wie er sagte, ihm geschehen sollten, so ist das eingetroffen, was Ihr seht, zuerst der Tod seines Sohnes und dann sein eigner; ich habe Briefe gelesen, die er an unseren Herrn schrieb.

## *Siebenundzwanzigstes Kapitel*

Das Übel des Königs war ein Schlaganfall; die Ärzte hofften, es würde sich auf einen Arm legen, er werde gelähmt werden, aber nicht daran sterben; dennoch aber kam es anders. Er hatte vier gute Ärzte, vertraute aber nur dem dümmsten. Diesem gab er so viel Ansehen, daß die anderen nicht zu sprechen wagten, die ihn gern vier Tage vorher purgiert hätten, da sie die Zeichen des herannahenden Todes sahen. Jeder lief zum Herzog von Orléans, dem als Nächstem die Krone zukam. Die Kämmerer des Königs Karl ließen ihn sehr reich einkleiden, und von da an begann der Dienst für ihn, der weder Tag noch Nacht aussetzte. Sobald die Domherren aufgehört hatten, begannen die Franziskaner, und als die geendet hatten, fingen die ‚Guten Brüder‘ an, deren Orden er gegründet hatte. Er blieb acht Tage in Amboise, teils in einem wohl ausgeschmückten Gemach, teils auch in der Kirche, und alles war reicher als je bei einem König. Alle seine Kämmerer und Vertrauten und seine Beamten wichen nicht aus der Nähe des Leichnams. Dieser Dienst und diese Ehrenwache dauerten an, bis er in die Erde gesenkt wurde, was nach einem Monat geschah. Wie mir die Finanzleute sagten, kostete es fünfundvierzigtausend Franken.

Ich kam zwei Tage nach seinem Tod in Amboise an und ging dahin, wo der Leichnam lag, um mein Gebet zu verrichten; dort war ich fünf oder sechs Stunden. Und wirklich, nie habe ich eine solche Trauer gesehen, die so lange dauerte. Auch waren seine Nächsten, die Kammerherrn und zehn bis zwölf Edelleute, besser gehalten und hatten größere Ämter und Geschenke, als je ein König gegeben hat, und zwar zu viele. Außerdem hatte er die menschlichste und sanfteste Sprache, die je ein Mensch gehabt hat; denn ich glaube, er hat niemals jemandem etwas gesagt, was diesem mißfallen hätte. Zu einer besseren Stunde hätte er niemals sterben können, um im Ruhm der Geschichte und im tiefen Bedauern derjenigen, die ihm gedient haben, zu bleiben. Ich glaube, ich bin der Mann gewesen, den er auf der Welt am schlechtesten behandelt hat. Da ich aber einsehe, daß es in seiner Jugend geschah und nicht von ihm herkam, habe ich es ihm niemals nachgetragen.

Als ich eine Nacht in Amboise geschlafen hatte, ging ich zu dem neuen König, von dem ich auch wie kein anderer beraubt worden war; und dabei war ich um seinetwillen in allen den Wirren und Verlusten gewesen. Jedoch entsann er sich zu dieser Stunde dessen nicht sehr. Er trat aber den Besitz des Königtums sehr weise an, denn er änderte für dieses Jahr nichts an den Pensionen, die noch sechs Monate dauerten, nahm wenig Ämter fort und sagte, er wolle jeden Mann in seiner Stellung und Amt lassen (das war alles sehr gut für ihn) und er wolle, sobald er könne, zu seiner Krönung schreiten, bei der ich zugegen war. Als Pairs von Frankreich waren da folgende: als erster der Herzog von Alençon, der ihm für den Herzog von Burgund diente; als zweiter Herr von Bourbon, der den Herzog von der Normandie vertrat; als dritter der Herzog von Lothringen, der ihm für den Herzog von Guyenne diente; der erste Graf war Philipp, Herr de Ravenstein, der den Grafen von Flandern vertrat; der zweite Engelbert von Kleve, für den Grafen von der Champagne; als dritter Herr von Foix für den Grafen von Toulouse. Diese Krönung des Königs Ludwig XII., unseres jetzigen Königs, begab sich zu Reims am 27. Mai 1498.

Er war der vierte König aus einer Nebenlinie. Die ersten beiden waren Karl Martell oder sein Sohn Pippin und Hugo Capet: alle beide waren Hofmeister oder Regenten der Könige gewesen, die sie absetzten und deren Königreiche sie für sich nahmen. Der dritte war Philipp von Valois und der vierte der jetzige König. Auf diese beiden kam das Königreich rechtmäßig. Die erste Linie der französischen Könige beginnt mit Merovech. Es gab in Frankreich zwei Könige vor Merovech, das war Pharamond, der als erster zum König von Frankreich erwählt wurde, denn die anderen nannten sich Herzöge oder Könige von Gallien. Dieser Pharamond hatte einen Sohn Clojo. Pharamond wurde im Jahre 420 zum König gewählt und regierte zehn Jahre. Sein Sohn Clojo herrschte achtzehn Jahre. Zusammen regierten diese beiden Könige also achtundzwanzig Jahre. Merovech, der nach Clojo kam, war nicht sein Sohn, sondern sein Verwandter; dadurch scheint es, als ob es fünf Veränderungen in der königlichen Familie gegeben hätte. Dennoch begann, wie ich sagte, die erste Linie bei Merovech, der im Jahre 448 König wurde. Sie dauerte bis zur Krönung des Königs Ludwig XII., der heute regiert, eintausendachtundvierzig Jahre, bevor die Linie dieser Könige von Frankreich begann. Will man von Pharamond an rechnen, so muß man noch achtundzwanzig Jahre hinzuzählen; dann wären eintausendsechsundsiebzig Jahre vergangen, seit zum erstenmal ein König König von Frankreich genannt wurde. Von Merovech bis Pippin dauerte die Linie der Merowinger dreihundertdrei Jahre. Von Pippin bis zu Hugo Capet dauerte die wahre Linie von Pippin und Karl dem Großen, seinem Sohn, zweihundertsiebenunddreißig Jahre. Die richtige Linie von Hugo Capet dauerte dreihundertneununddreißig Jahre und endete mit Philipp von Valois. Die wahre Linie des Königs Philipp von Valois dauerte bis zum Tode Karls VIII. im Jahre 1498. Dieser war der letzte dieser Linie, die einhundertneunundsechzig Jahre gedauert hatte, und in der sieben Könige regiert haben. Das waren: Philipp von Valois, König Johann, König Karl V., König Karl VI., König Karl VII., König Ludwig XI. und König Karl VIII.

# ZEITTAFEL

(Ereignisse aus dem Leben Commynes' sind kursiv gesetzt.)

1435 Vertrag von Arras: Burgund löst sich von seinem Bündnis mit England und schließt Frieden mit Frankreich.

1440–1493 Friedrich III. König und (seit 1452) Kaiser im Reich.

1447 *Philippe de Commynes geboren.*

1455 Der Krieg der beiden Rosen in England.

1461–1483 Ludwig XI., König von Frankreich.

1464 *Commynes kommt an den Hof Karls des Kühnen von Burgund.*

1465 „Krieg der Öffentlichen Wohlfahrt". Schlacht bei Montlhéry.

1467–1477 Karl der Kühne Herzog von Burgund.

1468 Ludwig XI. bei Karl dem Kühnen in Péronne.

1471 Eduard IV. (von York) besiegt die Partei der Lancaster.

1472 Karl von Frankreich, Bruder Ludwigs XI., gestorben. *Commynes geht von Karl dem Kühnen zu Ludwig XI. über.*

1475 Die Engländer landen in Frankreich. Nach Verhandlungen ziehen sie wieder ab.

1476 Niederlagen Karls des Kühnen gegen die Eidgenossen bei Granson und Murten.

1477 Karl der Kühne fällt vor Nancy. Der Habsburger Maximilian heiratet Karls Tochter und Erbin Maria von Burgund und beginnt den Kampf mit Frankreich.

1479 Erster Schlaganfall Ludwigs XI. Maximilian siegt bei Guinegate.

1483 Eduard IV. stirbt. Richard III. von England.
Tod Ludwigs XI. Sein Sohn Karl VIII. noch minderjährig. Regentschaft der Anne de Beaujeu.

1484 Französische Stände in Tours.

1485 Sieg Heinrichs (Tudor) über Richard III. Heinrich VII.

1488 *Commynes im Gefängnis als Aufrührer gegen Anne de Beaujeu.*

1491 Karl VIII. heiratet die Erbin der Bretagne.

1493 Friede zu Senlis zwischen Habsburg und Frankreich. Friedrich III. gestorben. Maximilian I. (König seit 1486).

1494/5 Italienzug Karls VIII. *Commynes als Gesandter in Venedig.*

1498 Tod Karls VIII. Ludwig von Orléans wird französischer König: Ludwig XII.

1511 *Philippe de Commynes gestorben.*

# PERSONENREGISTER

von Dr. Hans Krabusch

Ein vollständiges, auch alle indirekten Hinweise und sachlichen Schlagworte umfassendes Register würde die Ausgabe dieser deutschen Übersetzung zu sehr belasten. Wer ein solches zum Commynes-Text sucht, wendet sich am besten an die Ausgabe Mandrot (s. S. XXXVIII). Das folgende Register soll nur eine Hilfe zur Erschließung des vorliegenden deutschen Textes sein. Dabei ist im einzelnen zu beachten:

1. In der Regel ist unter den Familiennamen nachzuschlagen. Vornamen werden nur als Stichworte gegeben bei Herrscherhäusern und da, wo sie im Text allein auftreten. Die Namen sind in der im Text vorkommenden Sprachform aufgeführt. Zum Verständnis notwendige, aber im Text nicht erscheinende Namen sind im Register in Klammern beigefügt.
2. Commynes selbst wird nur nachgewiesen, wenn er handelnd auftritt, seine Teilnahme oder Nichtteilnahme an einem Vorgang betont oder wenn er Gewährsmänner für eine Angabe nennt.
3. Ludwig XI. und Karl der Kühne werden nur bei Erwähnungen nach ihrem Tod (also von 1483 bzw. von 1477 an) angeführt.
4. Verweise werden nur gegeben, wo der ganze Name aus dem unmittelbaren Zusammenhang des Textes nicht zu erschließen ist.
5. Stellen, in denen über die genannten Personen Allgemeineres gesagt wird, sind durch Kursivsatz hervorgehoben.